PERSPECTIVAS

INTERMEDIATE SPANISH | A CULTURAL APPROACH

JOSÉ A. BLANCO
DAWN M. HESTON

VISTA HIGHER LEARNING
Boston, Massachusetts

On the cover: Ballet dancer on the Malecón seawall, Havana, Cuba

Creative Director: José A. Blanco
Executive Vice President and General Manager of Higher Education: John Tweeddale
Vice President and Publisher of Higher Education: Judith Bach
Editorial Development: Armando Brito, Carlos Calvo, Gonzalo Montoya, Elizabeth Orrego
Project Management: Erik Restrepo
Rights Management: Jorgensen Fernandez, Annie Pickert Fuller, Kristine Janssens
Technology Production: Matthew Haronian, Lauren Krolick, Lillyana Uribe
Design: Daniela Hoyos, José Alejandro Jiménez, Radoslav Mateev, Gabriel Noreña, Verónica Suescún, Andrés Vanegas, Manuela Zapata
Production: Thomas Casallas, Oscar Díez, Sebastián Díez, Andrés Escobar, Adriana Jaramillo, Daniel Lopera, Daniela Peláez

Student Text (paperback) ISBN: 978-1-66993-426-4
Instructor's Annotated Edition ISBN: 978-1-66993-428-8

Library of Congress Control Number: 2024933687

1 2 3 4 5 6 7 8 9 SP 29 28 27 26 25 24

Printed in the United States of America.

Getting to Know *Perspectivas*

Perspectivas, Second Edition, is an exciting intermediate Spanish program designed to provide you with an active and rewarding learning experience as you continue to strengthen your language skills and develop your intercultural skills.

Here are some of the key features you will find in **Perspectivas**:

- A cultural focus integrated throughout the entire lesson, with an emphasis on the products and practices that relate to the cultural perspectives of a specific Spanish-speaking country or region
- A highly structured, easy-to-navigate design, with two facing pages for each lesson
- Clear illustrations, illustrations, photos, charts, and graphs, all specifically chosen or created to help you learn
- An emphasis on authentic language and practical vocabulary for communicating in real-life situations
- Thoughtful activities that develop your interpretive, interpersonal, presentational, and intercultural communication proficiency
- Clear and well-organized grammar explanations that highlight Intermediate Spanish concepts
- Short and comprehensible cultural and literary readings that recognize and celebrate the diversity of the Spanish-speaking world
- A complete set of print and online components to equip you with the tools you need to make learning Spanish easier
- Authentic documentary-type videos integrated with lesson themes and grammar topics
- A contemporary cultural focus, with contents correlated to the ACTFL principles to help you interact with the perspectives of other cultures by means of your own
- Multiple opportunities for intercultural analysis and communication using authentic articles and hybrid readings
- Authentic TV clips, audio and literary pieces
- Development of writing skills with emphasis on presentational communication and strategies for several writing genres, such as description, opinion, comparison, etc.

NEW to the Second Edition

- Visible Communicative Objectives and Can-Do Statements for most sections
- Participate in new activities, such as group chats, and video-record and submit.
- Integrated viewing activities which check comprehension as you watch the **Documental** videos
- Four new authentic documentary-type videos, two new authentic articles, one new article with three new authentic video clips, and three new authentic literary pieces
- An engaging, theme-based project in every lesson, available online
- Integrated Performance Assessments (IPAs), now assignable on the Supersite

PERSPECTIVAS
Video Collection

The **Perspectivas** Video Collection features short documentary-type videos from around the Spanish-speaking world. These videos are a key feature of the lessons, provide new thematic vocabulary as well as opportunities to review and recycle vocabulary from **Así lo decimos**, and preview and contextualize the grammar in **Estructuras**. The videos are available for viewing on the Supersite.

LECCIÓN 1

Trayectoria de Rab'in Ajaw
(Guatemala; 6:16 minutos)

A new *Rab'in Ajaw* ("daugther of the king" in Mayan) has the duty to promote indigenous ancient knowledge in Guatemala.

LECCIÓN 2

Tres famosas marisquerías para disfrutar en la Ciudad de México
(México; 9:22 minutos)

A mouthwatering tour of seafood restaurants which will whet your appetite… and prove that Mexican food is much more than tacos.

LECCIÓN 3

Máscaras de vejigante en coco
(Puerto Rico; 9:08 minutos)

In time of festivities in Puerto Rico, characters called "vejigantes" jump in the streets to liven up the celebrations. Let's see how the traditional masks they wear are made.

LECCIÓN 4

El sueño de Pampa
(Argentina; 8:31 minutos)

Pampa's family traveled around the world. Now, Pampa decides to experience his own journeys with his friends.

LECCIÓN 5

"Mis manos, mi voz", para una educación inclusiva
(Colombia; 4:43 minutos)

As part of Colombia's push for accessible education, the García Lorca school in Bogotá developed a model curriculum to educate its deaf students and their families.

LECCIÓN 6

El sistema de salud de Costa Rica
(Costa Rica; 6:30 minutos)

Costa Rica has one of the best health care systems in the world, but many of its citizens still choose private insurance. Why?

LECCIÓN 7

Los cuadros que salvó la República del Museo del Prado
(España; 14:31 minutos)

War destroys everything. During the Spanish Civil War, however, a heroic operation saved hundreds of works of art.

LECCIÓN 8

La expansión de la murga estilo uruguayo en América Latina
(Uruguay; 7:23 minutos)

Carnival in Uruguay features parades, dancing, and stage shows. This unique tradition is spreading.

LECCIÓN 9

Pueblos indígenas de Bolivia reciben el año 5527
(Bolivia; 3:04 minutos)

Some Andean peoples live in the 56th century. What do they commemorate and how do they celebrate their new year?

LECCIÓN 10

De los campos de Florida a traductora maya en los EE.UU.
(Estados Unidos; 4:26 minutos)

Carmelina migrated from Guatemala in the 80s. Now she provides translation services into twenty-one Mayan languages in the US.

Supersite

Each section of the textbook comes with resources and activities on the **Perspectivas**, Second Edition, Supersite, many of which are auto-graded and provide immediate feedback. Plus, the Supersite is mobile-friendly, so it can be accessed on the go! Visit **vhlcentral.com** to explore these exciting resources.

ASÍ LO DECIMOS	• Audio of the **Vocabulary** with recording activity for oral practice • Textbook and extra practice activities • Partner Chat, Video Virtual Chat, and Group Chat activities for increased oral practice
DOCUMENTAL	• Streaming video of the short documentary-type videos with instructor-controlled options for subtitles • Pre- and post-viewing activities
ESTRUCTURAS	• Textbook grammar presentations, activities, and extra practice activities • Animated grammar tutorials with checkpoints • Partner Chat and Group Chat activities for increased oral practice
ENFOQUE	• Four geographically focused **Enfoque** cultural paragraphs which are audio-synced • Textbook and extra practice activities • Video Virtual Chat activities for increased oral practice
ESCUCHAR	• Audio files for listening activity and additional activities for extra practice
ARTÍCULO	• Audio-synced reading of both **Artículo** texts • Textbook and extra practice activities • Streaming of integrated **Artículo** video clips
LITERATURA	• Audio-synced reading of the literary text • Textbook and extra practice activities
ESCRIBIR	• Textbook writing activity with composition engine and editable rubrics for grading students • Extra practice activities
PROYECTO	• Presentational theme-based activities with focus on culture
VOCABULARIO	• Vocabulary list with audio • Vocabulary Tools: customizable word lists and flashcards with audio
MANUAL DE GRAMÁTICA	• Textbook grammar presentations • Practice activities with immediate feedback • Animated grammar tutorials with checkpoints

Plus! Also found on the Supersite:

- MP3 files for student edition and Lab Manual audio
- Forums for oral assignments, group presentations, and projects
- Live Chat to connect with students in real time, without leaving your browser (instant messaging, audio chat, video chat)
- Communication Center for instructor notifications and feedback
- A single gradebook for all Supersite activities
- WebSAM online Student Activities Manual (Workbook, Lab Manual)
- **vText** the online, interactive student edition with access to Supersite activities, audio, and video
- News and Cultural Updates plus activities, updated monthly
- Theme-based projects in every lesson

CONTENIDO

CONTENIDO

FORMAS DE EXPRESIÓN

Reference

Icons

Familiarize yourself with these icons that appear throughout **Perspectivas**, Second Edition.

 Content on the Supersite: audio, video, and presentations

 Textbook activity available online

 Partner Chat or Video Virtual Chat activity available online

 Group Chat activity available online

 Listening activity

 Activity or excerpt of an article with video available online

Additional practice on the Supersite that is not included in the textbook is indicated with this icon:

LESSON OPENER

outlines the content and themes of each lesson.

LESSON OPENER The first two pages introduce you to the lesson theme. Dynamic photos and brief descriptions of the theme's short documentary-type video, culture topics, and literature serve as a springboard for class discussion. A NEW initial activity jump-starts the lesson, allowing you to use the Spanish you know to talk about the photos.

LESSON OBJECTIVES Objectives at the beginning of each lesson preview the goals toward which you will work throughout the lesson. The first through third objectives target interpretive, interpersonal, and presentational communication, respectively, whereas the fourth and fifth target intercultural communication.

Supersite

Supersite resources are available for every section of the lesson at **vhlcentral.com**. Icons show you which textbook activities are also available online and where additional practice activities are available. The description next to the Ⓢ icon indicates what additional resources are available for each section: videos, audio recordings, readings and presentations, and more!

ASÍ LO DECIMOS

introduces thematic vocabulary in real-life contexts.

88 | **ASÍ LO DECIMOS** | Vocabulary Tools | **Communicative Objective:** Talk about sports, games, and recreational activities

Las aficiones

Una de las **aficiones** preferidas de Laura es hacer excursiones por la montaña. **Disfruta** mucho pasando tiempo al **aire libre**. A veces su hermana Carol la acompaña, pero a ella la naturaleza no le gusta tanto y normalmente **se aburre** pronto. Carol **se divierte** más con otras actividades de **ocio**. Por ejemplo, **se le da muy bien** bailar.

aburrirse *to get bored*
la afición *hobby*
al aire libre *outdoors*
dársele bien/mal (algo a alguien) *to be good/bad (at something)*
disfrutar *to enjoy*
divertirse (e:ie) *to have fun*
el ocio *leisure*
el pasatiempo *pastime*

Los deportes

De pequeño, Jaime soñaba con ser **deportista** profesional. Ahora quiere ser médico, pero el deporte es su mayor afición y lo practica a menudo. Este mes, tiene **entrenamiento** de fútbol tres veces por semana, ya que su equipo está participando en una **liga**. En el próximo partido, su equipo necesita ganar o, al menos, **empatar** para poder seguir en la liga.

el/la deportista *athlete*
empatar *to tie (a game)*
el/la entrenador(a) *coach*
el entrenamiento *practice*
el gimnasio *gym*
la liga *league*
marcar (un gol/punto) *to score (a goal/point)*

Los juegos

Muchos domingos después de comer, José juega con su familia unas **partidas** de **cartas** o a algún **juego de mesa**. Es una costumbre que le encanta. Por su cumpleaños siempre pide que le regalen algún juego nuevo. Sus amigos, en cambio, prefieren los **videojuegos**.

el ajedrez *chess*
las cartas *cards*
los dados *dice*
la ficha *tile; game piece*
hacer trampa *to cheat*
el juego de mesa *board game*
la partida *game; hand*
el videojuego *video game*

Las artes

Irene conoció a sus mejores amigos en una escuela de música. Los tres **tocan** la guitarra juntos cada semana. Este viernes querían ir a un **concierto**, pero los **boletos** están **agotados**. Al final, irán al **estreno** de una película o a ver una **obra de teatro**.

agotado/a *sold out*
el boleto *ticket*
el concierto *concert*
el estreno *premiere*
la exposición *exhibition*
la obra (de arte/teatro) *work of art; play*
tocar *to play (an instrument)*

Practice more at vhlcentral.com.

Práctica LECCIÓN 3 | 89

1 ¿Qué hacemos hoy? Completa la conversación.

al aire libre	gimnasio
entrenamiento	hacer trampa
estreno	juego de mesa
exposición	partida

JUAN: ¿Vamos al Museo de Ciencias esta tarde? Hay una nueva (1) ________ y hoy es gratis.
LAURA: ¿Por qué no vamos mejor a mi casa? Podemos jugar alguna (2) ________ de cartas o al (3) ________ que me regalaron. ¡Pero esta vez sin (4) ________!
ANDRÉS: Con el buen tiempo que hace, yo prefiero hacer algo (5) ________. Podríamos organizar un partido de fútbol.
JUAN: ¿Otra vez? Ayer ya tuvimos (6) ________. Además esta mañana fui al (7) ________. No quiero hacer más ejercicio por hoy.
LAURA: ¿Pues entonces qué hacemos? ¿Quieren ir al cine? Ayer fue el (8) ________ de la nueva película de Guillermo del Toro. ¿Vamos a verla?

2 Tiempo libre En parejas, contesten las preguntas.

1. ¿Practicas algún deporte? ¿Cuál? ¿Desde cuándo?
2. ¿Prefieres leer o ver la televisión? ¿Por qué? ¿A cuál le dedicas más tiempo?
3. ¿Te gusta hacer actividades por tu cuenta (*on your own*) o prefieres las actividades en grupo?
4. ¿Qué haces normalmente en tu tiempo libre cuando estás con tus amigos? ¿Y cuando estás con tu familia?

3 Reflexión Haz una lista con cinco de tus aficiones en orden de preferencia. Después, en grupos de cuatro, comparen sus listas y contesten las preguntas.

1. ¿Tienen aficiones en común? ¿Cuáles?
2. ¿Qué actividades de ocio son populares en su país o comunidad?
3. ¿Creen que sus aficiones dependen solo de sus gustos propios o creen que están influenciadas por la sociedad? Expliquen.

PUEDO conversar sobre deportes, juegos y actividades recreativas.

COMMUNICATIVE OBJECTIVES highlight the real-life tasks you will be able to carry out in Spanish by the end of each lesson.

VOCABULARY Easy-to-study contextualized lists present culturally relevant vocabulary.

PHOTOS AND ILLUSTRATIONS Dynamic, full-color photos and art illustrate cultural themes.

PRÁCTICA Activities practice vocabulary comprehension and provide opportunities for self-reflection and intercultural analysis.

CAN-DO STATEMENTS This section concludes with a Can-Do Statement, which indicates what you are now able to accomplish in Spanish.

Supersite

- Audio recordings of all vocabulary items
- Textbook activities including Partner Chat, Video Virtual Chat, and Group Chat activities
- Additional online-only practice activities

DOCUMENTAL

features high-interest documentary-type videos about products and practices from a variety of Spanish-speaking countries and regions.

92 | DOCUMENTAL | Video

Máscaras de vejigante en coco

Artesanías locales para las fiestas de Santiago Apóstol en Puerto Rico

Escenas — LECCIÓN 3 | La buena vida | 93

ARGUMENTO

Los artesanos de máscaras de vejigante en Puerto Rico crean estas bellas máscaras elaboradas con cocos para las fiestas en honor a Santiago Apóstol.

1 **TEDDY VÁZQUEZ:** Me encuentro en el pueblo de Gurabo. Soy artesano de máscaras de vejigante en coco. Bienvenidos a mi taller.

2 **TEDDY VÁZQUEZ:** Si lo vemos desde otro punto de vista°, el vejigante representa resistencia.

3 **TEDDY VÁZQUEZ:** En Loíza, que es un pueblo que tiene más de 300 años de tradición y de cultura, se trabaja la máscara con el coco.

4 **TEDDY VÁZQUEZ:** El interés por las máscaras de vejigante en coco comenzó desde mi niñez°.

5 **TEDDY VÁZQUEZ:** Al conocer a mi esposa, Wilda Cruz Ortiz, que es una maestra artesana en confección de caretas° de vejigante, con una vasta experiencia en ellas, vi la oportunidad de aprender a hacer esas máscaras.

6 **WILDA CRUZ:** Siempre mi papá me enseñó a trabajar cosas duras, a auparme como mujer, pero a la vez a ser valiente°, enfrentarme a todo lo que había en la vida.

el punto de vista *point of view*
niñez *childhood*
caretas *masks*
valiente *brave*

SHORT DOCUMENTARIES AND NEWS REPORTS Compelling short documentary-type videos from a variety of Spanish-speaking countries and regions let you see and hear Spanish in authentic and culturally relevant contexts.

ESCENAS Video stills with captions from the documentary-type videos prepare you for the audiovisual content and introduce some of the expressions you will encounter.

- Streaming video of short documentary-type materials with instructor-controlled subtitle options.
- Integrated viewing activities to check your comprehension at different checkpoints of the video.

PREPARACIÓN and ANÁLISIS

activities develop intercultural and language skills by focusing on the cultural perspectives central to the documentary-type videos.

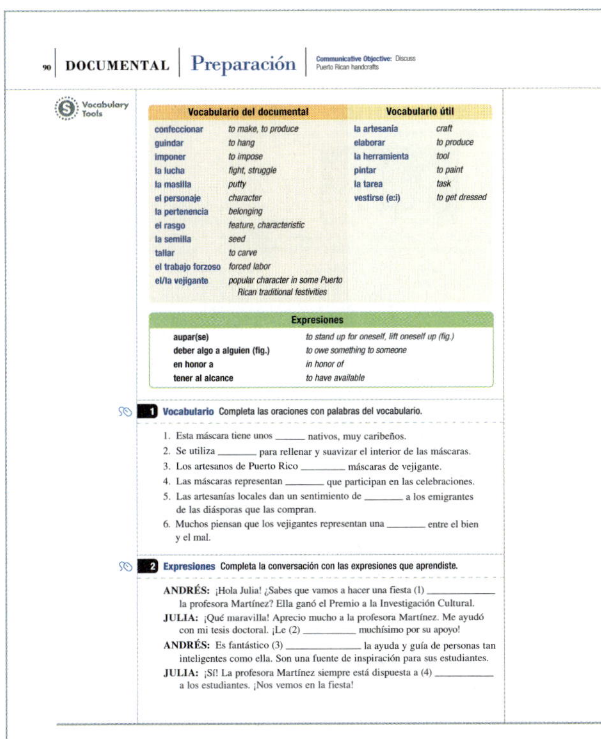

90 | DOCUMENTAL | Preparación | Communicative Objective: Discuss Puerto Rican handcrafts

Vocabulary Tools

Vocabulario del documental		Vocabulario útil	
confeccionar	to make, to produce	la artesanía	craft
guindar	to hang	elaborar	to produce
imponer	to impose	la herramienta	tool
la lucha	fight, struggle	pintar	to paint
la masilla	putty	la tarea	task
el personaje	character	vestirse (e:i)	to get dressed
la pertenencia	belonging		
el rasgo	feature, characteristic		
la semilla	seed		
tallar	to carve		
el trabajo forzoso	forced labor		
el/la vejigante	popular character in some Puerto Rican traditional festivities		

Expresiones	
aupar(se)	to stand up for oneself, lift oneself up (fig.)
deber algo a alguien (fig.)	to owe something to someone
en honor a	in honor of
tener al alcance	to have available

1 Vocabulario Completa las oraciones con palabras del vocabulario.

1. Esta máscara tiene unos ______ nativos, muy caribeños.
2. Se utiliza ______ para rellenar y suavizar el interior de las máscaras.
3. Los artesanos de Puerto Rico ______ máscaras de vejigante.
4. Las máscaras representan ______ que participan en las celebraciones.
5. Las artesanías locales dan un sentimiento de ______ a los emigrantes de las diásporas que las compran.
6. Muchos piensan que los vejigantes representan una ______ entre el bien y el mal.

2 Expresiones Completa la conversación con las expresiones que aprendiste.

ANDRÉS: ¡Hola Julia! ¿Sabes que vamos a hacer una fiesta (1) ______ la profesora Martínez? Ella ganó el Premio a la Investigación Cultural.
JULIA: ¡Qué maravilla! Aprecio mucho a la profesora Martínez. Me ayudó con mi tesis doctoral. ¡Le (2) ______ muchísimo por su apoyo!
ANDRÉS: Es fantástico (3) ______ la ayuda y guía de personas tan inteligentes como ella. Son una fuente de inspiración para sus estudiantes.
JULIA: ¡Sí! La profesora Martínez siempre está dispuesta a (4) ______ a los estudiantes. ¡Nos vemos en la fiesta!

LECCIÓN 3 | La buena vida | 95

4 Historia En el video se habla de la historia de Puerto Rico y de su importancia para la celebración con los vejigantes. En parejas, busquen información en Internet sobre la llegada de los colonizadores europeos que se menciona en el video y qué significado tiene para esta celebración. Comenten la información que encuentran.

5 Vocabulario boricua En el video se puede encontrar algunas palabras boricuas (puertorriqueñas) como "guindar" o "vejigante". Busquen otras palabras boricuas en Internet con su significado y traten de identificar un equivalente en español más neutro.

6 Reflexión El carnaval de los vejigantes es una celebración con más de trescientos años de historia. La música y las culturas taína y africana son centrales en estas fiestas. En grupos de tres, respondan estas preguntas.

1. ¿Qué celebraciones de sus países o de los Estados Unidos tienen también mucha historia? ¿En qué se parecen a los carnavales boricuas y en qué se diferencian?
2. ¿Qué culturas indígenas tienen un impacto en las celebraciones de sus países o de los Estados Unidos? ¿En cuáles celebraciones? ¿Por qué creen que es así?
3. ¿De qué maneras creen que se refleja la mezcla de las culturas taína, africana y europea en los carnavales de Puerto Rico?
4. ¿A qué celebración de sus países o de los Estados Unidos llevarían a una persona que acaba de llegar al país? ¿Por qué?

7 A ritmo de bomba y plena La bomba y la plena son dos géneros musicales puertorriqueños que pueden escucharse durante los carnavales. En grupos, investiguen sobre estas músicas boricuas y comenten sobre estas preguntas.

- ¿Qué temas tienen normalmente las letras de la bomba y la plena?
- ¿Qué instrumentos se usan en estos géneros musicales?
- ¿Qué diferencias hay entre la bomba y la plena? ¿Qué características son similares?
- ¿Cómo se formaron estos géneros musicales? ¿Qué influencias tienen?
- ¿Qué estilos musicales de tu país se parecen a la bomba y la plena? ¿Por qué?

8 Canción de carnaval En grupos de tres, escriban un canción corta de mínimo cuatro líneas y con rima para cantar en los carnavales de vejigantes. Utilicen información del video y lo que aprendieron investigando esta celebración. Pueden considerar estas opciones como tema de la canción. Al final, presenten la canción a la clase.

- valor cultural
- alegría de celebrar
- variedad de actividades
- autenticidad del carnaval

PUEDO reflexionar sobre el significado del carnaval en la cultura puertorriqueña y en la mía propia.

Practice more at vhlcentral.com.

COMMUNICATIVE OBJECTIVES highlight the real-life tasks you will be able to carry out in Spanish by the end of each lesson.

PREPARACIÓN Pre-viewing activities set the stage for the documentary-type videos by providing vocabulary support, background information, and opportunities to anticipate the audiovisual content and explore the intercultural themes.

ANÁLISIS Post-viewing communication activities range from interpretive reading and comprehension to interpersonal partner and group work to presentational speaking and writing. You are encouraged to reflect on cultural perspectives and make comparisons to your own culture.

CAN-DO STATEMENTS This section concludes with a Can-Do Statement, which indicates what you are now able to accomplish in Spanish.

Supersite

- Audio recordings of all vocabulary items
- Pre- and post-viewing textbook activities
- Additional online-only practice activities

ESTRUCTURAS

presents intermediate grammar topics with *Documental* video integration and other visual support.

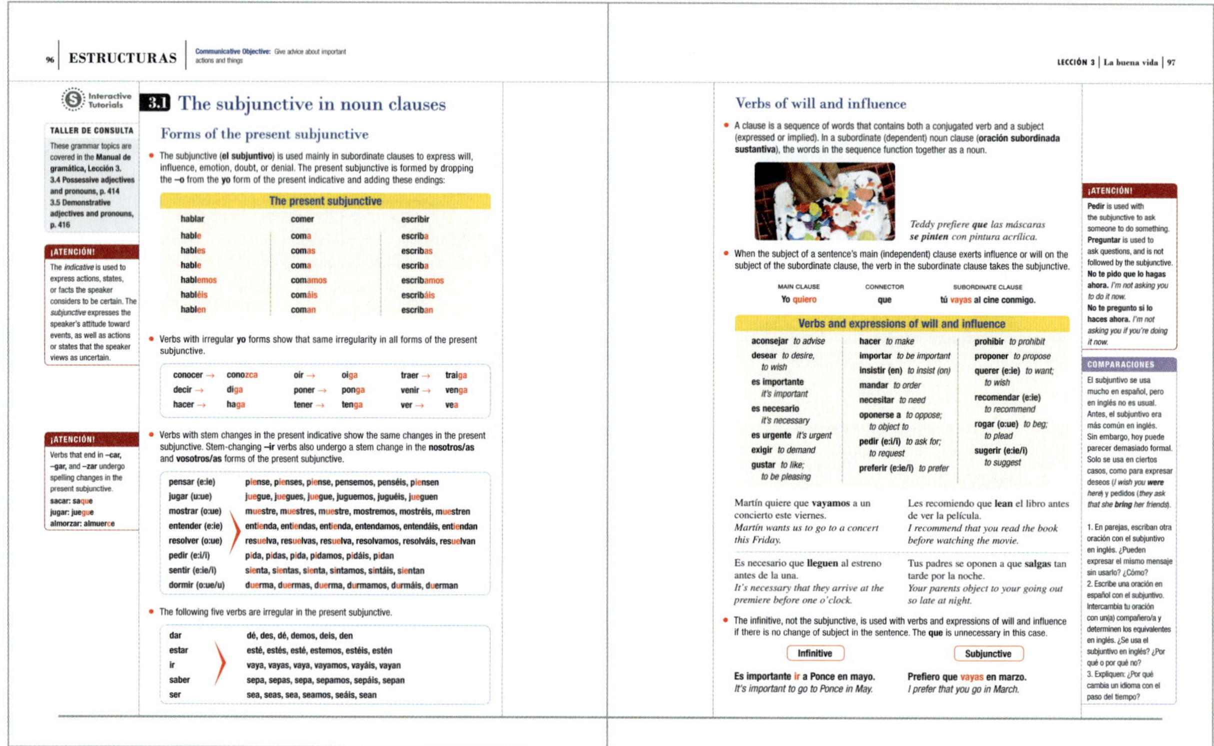

96 | ESTRUCTURAS | **Communicative Objective:** Give advice about important actions and things

Interactive Tutorials

TALLER DE CONSULTA
These grammar topics are covered in the **Manual de gramática, Lección 3.**
3.4 Possessive adjectives and pronouns, p. 414
3.5 Demonstrative adjectives and pronouns, p. 416

¡ATENCIÓN!
The *indicative* is used to express actions, states, or facts the speaker considers to be certain. The *subjunctive* expresses the speaker's attitude toward events, as well as actions or states that the speaker views as uncertain.

¡ATENCIÓN!
Verbs that end in **–car, –gar,** and **–zar** undergo spelling changes in the present subjunctive.
sacar: saque
jugar: juegue
almorzar: almuerce

3.1 The subjunctive in noun clauses

Forms of the present subjunctive

- The subjunctive (**el subjuntivo**) is used mainly in subordinate clauses to express will, influence, emotion, doubt, or denial. The present subjunctive is formed by dropping the **–o** from the **yo** form of the present indicative and adding these endings:

The present subjunctive

hablar	comer	escribir
hable	coma	escriba
hables	comas	escribas
hable	coma	escriba
hablemos	comamos	escribamos
habléis	comáis	escribáis
hablen	coman	escriban

- Verbs with irregular **yo** forms show that same irregularity in all forms of the present subjunctive.

conocer →	conozca	oír →	oiga	traer →	traiga
decir →	diga	poner →	ponga	venir →	venga
hacer →	haga	tener →	tenga	ver →	vea

- Verbs with stem changes in the present indicative show the same changes in the present subjunctive. Stem-changing **–ir** verbs also undergo a stem change in the **nosotros/as** and **vosotros/as** forms of the present subjunctive.

pensar (e:ie)	piense, pienses, piense, pensemos, penséis, piensen
jugar (u:ue)	juegue, juegues, juegue, juguemos, juguéis, jueguen
mostrar (o:ue)	muestre, muestres, muestre, mostremos, mostréis, muestren
entender (e:ie)	entienda, entiendas, entienda, entendamos, entendáis, entiendan
resolver (o:ue)	resuelva, resuelvas, resuelva, resolvamos, resolváis, resuelvan
pedir (e:i/i)	pida, pidas, pida, pidamos, pidáis, pidan
sentir (e:ie/i)	sienta, sientas, sienta, sintamos, sintáis, sientan
dormir (o:ue/u)	duerma, duermas, duerma, durmamos, durmáis, duerman

- The following five verbs are irregular in the present subjunctive.

dar	dé, des, dé, demos, deis, den
estar	esté, estés, esté, estemos, estéis, estén
ir	vaya, vayas, vaya, vayamos, vayáis, vayan
saber	sepa, sepas, sepa, sepamos, sepáis, sepan
ser	sea, seas, sea, seamos, seáis, sean

LECCIÓN 3 | La buena vida | 97

Verbs of will and influence

- A clause is a sequence of words that contains both a conjugated verb and a subject (expressed or implied). In a subordinate (dependent) noun clause (**oración subordinada sustantiva**), the words in the sequence function together as a noun.

Teddy prefiere ***que*** *las máscaras* ***se pinten*** *con pintura acrílica.*

- When the subject of a sentence's main (independent) clause exerts influence or will on the subject of the subordinate clause, the verb in the subordinate clause takes the subjunctive.

MAIN CLAUSE	CONNECTOR	SUBORDINATE CLAUSE
Yo quiero	que	tú vayas al cine conmigo.

Verbs and expressions of will and influence

aconsejar *to advise*	**hacer** *to make*	**prohibir** *to prohibit*
desear *to desire, to wish*	**importar** *to be important*	**proponer** *to propose*
es importante *it's important*	**insistir (en)** *to insist (on)*	**querer (e:ie)** *to want; to wish*
es necesario *it's necessary*	**mandar** *to order*	**recomendar (e:ie)** *to recommend*
es urgente *it's urgent*	**necesitar** *to need*	**rogar (o:ue)** *to beg; to plead*
exigir *to demand*	**oponerse a** *to oppose; to object to*	**sugerir (e:ie/i)** *to suggest*
gustar *to like; to be pleasing*	**pedir (e:i/i)** *to ask for; to request*	
	preferir (e:ie/i) *to prefer*	

Martín quiere que **vayamos** a un concierto este viernes.
Martín wants us to go to a concert this Friday.

Les recomiendo que **lean** el libro antes de ver la película.
I recommend that you read the book before watching the movie.

Es necesario que **lleguen** al estreno antes de la una.
It's necessary that they arrive at the premiere before one o'clock.

Tus padres se oponen a que **salgas** tan tarde por la noche.
Your parents object to your going out so late at night.

- The infinitive, not the subjunctive, is used with verbs and expressions of will and influence if there is no change of subject in the sentence. The **que** is unnecessary in this case.

Infinitive	Subjunctive
Es importante ir a Ponce en mayo. *It's important to go to Ponce in May.*	**Prefiero que vayas en marzo.** *I prefer that you go in March.*

¡ATENCIÓN!
Pedir is used with the subjunctive to ask someone to do something. **Preguntar** is used to ask questions, and is not followed by the subjunctive.
No te pido que lo hagas ahora. *I'm not asking you to do it now.*
No te pregunto si lo haces ahora. *I'm not asking you if you're doing it now.*

COMPARACIONES
El subjuntivo se usa mucho en español, pero en inglés no es usual. Antes, el subjuntivo era más común en inglés. Sin embargo, hoy puede parecer demasiado formal. Solo se usa en ciertos casos, como para expresar deseos (*I wish you* ***were*** *here*) y pedidos (*they ask that she* ***bring*** *her friends*).

1. En parejas, escriban otra oración con el subjuntivo en inglés. ¿Pueden expresar el mismo mensaje sin usarlo? ¿Cómo?
2. Escribe una oración en español con el subjuntivo. Intercambia tu oración con un(a) compañero/a y determinen los equivalentes en inglés. ¿Se usa el subjuntivo en inglés? ¿Por qué o por qué no?
3. Expliquen: ¿Por qué cambia un idioma con el paso del tiempo?

COMMUNICATIVE OBJECTIVES highlight the real-life tasks you will be able to carry out in Spanish by the end of each lesson.

INTEGRATION OF *DOCUMENTAL* Photos with captions from the lesson's short documentary-type materials show the new grammar structures in cultural and thematic contexts.

GRAMMAR EXPLANATIONS Easy to understand explanations, comprehensible charts, diagrams, and model sentences highlight grammar and thematic vocabulary.

ATENCIÓN These sidebars expand on the current grammar point and call attention to possible sources of confusion.

TALLER DE CONSULTA These sidebars reference related grammar points presented actively in **Estructuras** and refer you to the supplemental **Manual de gramática** found at the end of the book.

COMPARACIONES These sidebars provide opportunities to use your Spanish to reflect on the nature of language through comparisons with your own.

- Grammar presentations
- Animated grammar tutorials

ESTRUCTURAS

progresses from directed to communicative practice.

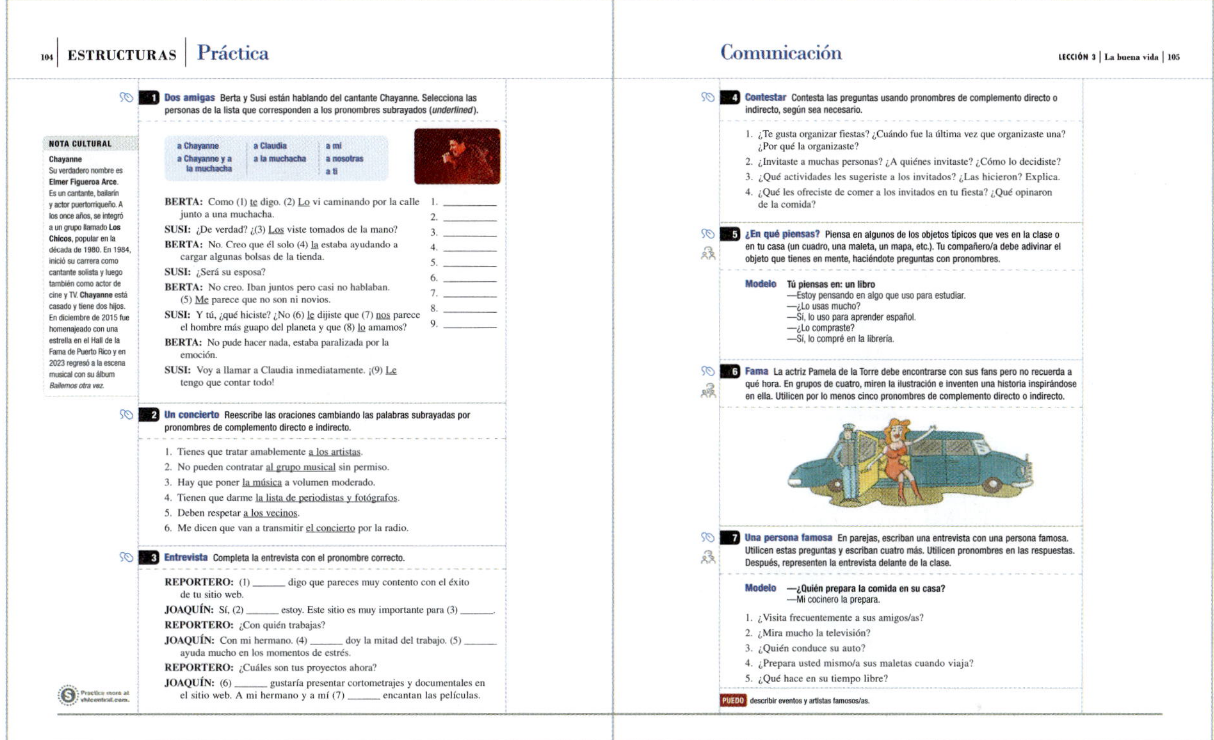

PRÁCTICA Directed activities support you as you work with the grammar structures, helping you master the forms you need for personalized communication.

NOTA CULTURAL These sidebars reference specific cultural products, practices, and perspectives embedded into directed or communicative activities.

COMUNICACIÓN Open-ended, communicative activities help you internalize the grammar point in a range of contexts involving pair and group work. The organization of activities follows ACTFL 3-modes of communication sequence: interpretive-interpersonal-presentational.

CAN-DO STATEMENTS This section concludes with a Can-Do Statement, which indicates what you are now able to accomplish in Spanish.

MANUAL DE GRAMÁTICA Practice for grammar points related to those taught in Estructuras are included for review and/or enrichment at the end of the book.

Supersite

- All textbook activities including Partner Chat and Group Chat activities
- Additional online-only practice and **Repaso** activities
- **Manual de gramática** with corresponding activities

ENFOQUE

provides insight into the cultural products and practices of a different region of the Spanish-speaking world, including the United States.

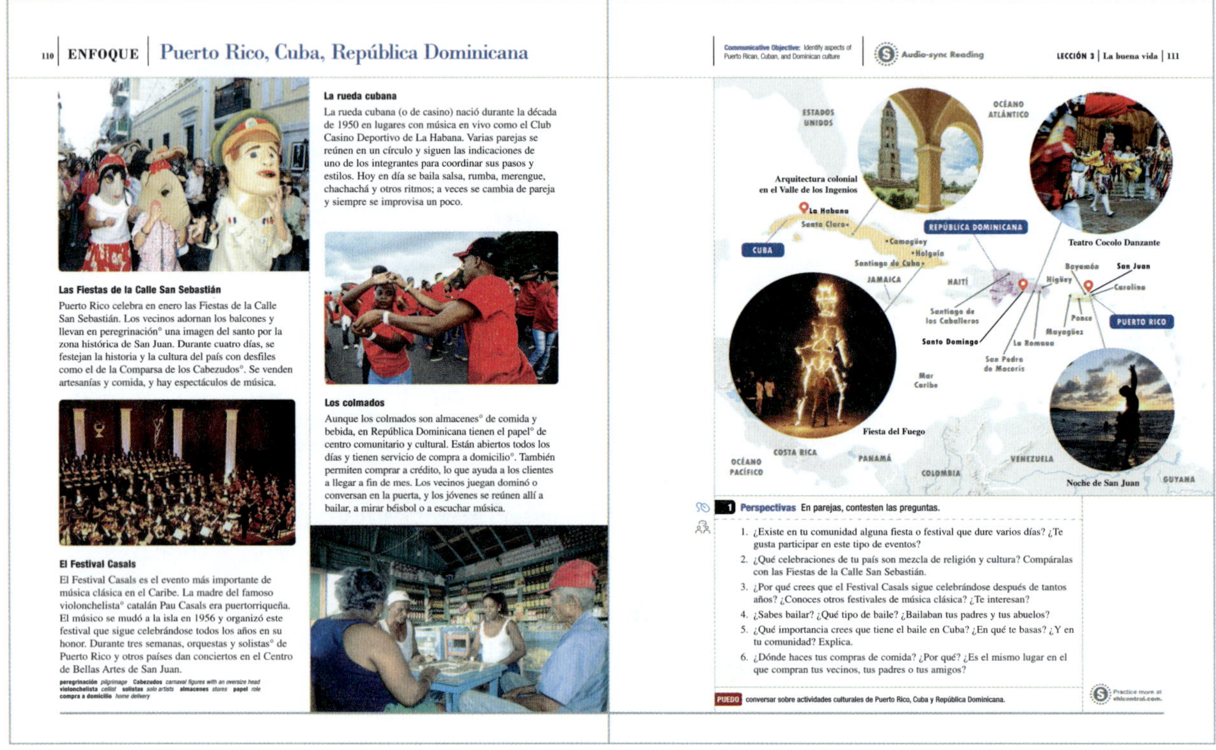

110 | ENFOQUE | Puerto Rico, Cuba, República Dominicana

Las Fiestas de la Calle San Sebastián

Puerto Rico celebra en enero las Fiestas de la Calle San Sebastián. Los vecinos adornan los balcones y llevan en peregrinación° una imagen del santo por la zona histórica de San Juan. Durante cuatro días, se festejan la historia y la cultura del país con desfiles como el de la Comparsa de los Cabezudos°. Se venden artesanías y comida, y hay espectáculos de música.

El Festival Casals

El Festival Casals es el evento más importante de música clásica en el Caribe. La madre del famoso violonchelista° catalán Pau Casals era puertorriqueña. El músico se mudó a la isla en 1956 y organizó este festival que sigue celebrándose todos los años en su honor. Durante tres semanas, orquestas y solistas° de Puerto Rico y otros países dan conciertos en el Centro de Bellas Artes de San Juan.

peregrinación *pilgrimage* **Cabezudos** *carnaval figures with an oversize head* **violonchelista** *cellist* **solistas** *solo artists* **almacenes** *stores* **papel** *role* **compra a domicilio** *home delivery*

La rueda cubana

La rueda cubana (o de casino) nació durante la década de 1950 en lugares con música en vivo como el Club Casino Deportivo de La Habana. Varias parejas se reúnen en un círculo y siguen las indicaciones de uno de los integrantes para coordinar sus pasos y estilos. Hoy en día se baila salsa, rumba, merengue, chachachá y otros ritmos; a veces se cambia de pareja y siempre se improvisa un poco.

Los colmados

Aunque los colmados son almacenes° de comida y bebida, en República Dominicana tienen el papel° de centro comunitario y cultural. Están abiertos todos los días y tienen servicio de compra a domicilio°. También permiten comprar a crédito, lo que ayuda a los clientes a llegar a fin de mes. Los vecinos juegan dominó o conversan en la puerta, y los jóvenes se reúnen allí a bailar, a mirar béisbol o a escuchar música.

Communicative Objective: Identify aspects of Puerto Rican, Cuban, and Dominican culture | Audio-sync Reading | LECCIÓN 3 | La buena vida | 111

1 Perspectivas En parejas, contesten las preguntas.

1. ¿Existe en tu comunidad alguna fiesta o festival que dure varios días? ¿Te gusta participar en este tipo de eventos?
2. ¿Qué celebraciones de tu país son mezcla de religión y cultura? Compáralas con las Fiestas de la Calle San Sebastián.
3. ¿Por qué crees que el Festival Casals sigue celebrándose después de tantos años? ¿Conoces otros festivales de música clásica? ¿Te interesan?
4. ¿Sabes bailar? ¿Qué tipo de baile? ¿Bailaban tus padres y tus abuelos?
5. ¿Qué importancia crees que tiene el baile en Cuba? ¿En qué te basas? ¿Y en tu comunidad? Explica.
6. ¿Dónde haces tus compras de comida? ¿Por qué? ¿Es el mismo lugar en el que compran tus vecinos, tus padres o tus amigos?

PUEDO conversar sobre actividades culturales de Puerto Rico, Cuba y República Dominicana.

Practice more at vhlcentral.com.

COMMUNICATIVE OBJECTIVES highlight the real-life tasks you will be able to carry out in Spanish by the end of each lesson.

READINGS Four dynamic paragraphs draw your attention to culturally significant practices and products of the country or region of focus.

PERSPECTIVAS Activity encourages you to investigate, explain, and reflect on the culture at hand.

GEOGRAPHY A map of the Spanish-speaking country or region highlights additional cultural products and practices in relation to its major geographical features.

CAN-DO STATEMENTS This section concludes with a Can-Do Statement, which indicates what you are now able to accomplish in Spanish.

Supersite

- Four geographically focused cultural paragraphs
- Partner Chat, Video Virtual Chat, and Group Chat activities for increased oral practice
- Textbook and additional online-only practice activities
- Audio-sync technology that highlights text as it is read

ESCUCHAR

features a variety of authentic audio materials from radio shows to podcasts.

112 | ESCUCHAR | Entrevista a pie de calle | Communicative Objective: Recognize Mexican people's hobbies and leisure activities

Audio

En el audio "¿Cuáles son los *hobbies* de los mexicanos?", se entrevista a varios ciudadanos de México sobre las actividades que realizan en su tiempo libre.

Antes de escuchar

1 **Activar el conocimiento previo** Habla con un(a) compañero/a sobre sus actividades favoritas. ¿Cuáles hacen en su tiempo libre? ¿Por qué les gusta hacerlas? ¿Practican algún deporte?

Mientras escuchas

2 **Estrategia: Visualizar** Mientras escuchas el audio, piensa en las actividades que mencionan las personas entrevistadas. Anota algunas de ellas en una lista.

3 **Escucha una vez** Escucha el audio y concéntrate en el vocabulario nuevo. Anota palabras que no conozcas.

4 **Escucha de nuevo** Ahora, vuelve a escuchar el audio y completa tu lista inicial. Trata de descifrar el significado de las palabras nuevas.

Después de escuchar

5 **Comprensión y reflexión** En grupos pequeños, contesten las preguntas.

1. ¿Cuáles son algunos *hobbies* que se nombran en el audio?
2. ¿Cuál es el *hobby* más común entre los mexicanos?
3. ¿Comparten alguna de las actividades con los entrevistados?
4. ¿Qué dice la entrevistadora sobre las respuestas de los mexicanos?
5. ¿Por qué creen que dice que "las cosas se pusieron curiosas"?

6 **Discusión** En grupos de cuatro, comenten los *hobbies* que han escuchado en el audio y contesten: ¿Creen que, si se entrevistara a jóvenes de su país, darían respuestas similares? Hablen sobre otras maneras de pasar el tiempo libre que les gusten a ustedes y comparen los puntos positivos y negativos de cada actividad.

Actividad	Puntos positivos	Puntos negativos

Practice more at vhlcentral.com.

PUEDO discutir sobre diferentes actividades de ocio.

COMMUNICATIVE OBJECTIVES highlight the real-life tasks you will be able to carry out in Spanish by the end of each lesson.

ESTRATEGIA Strategies help you process the audio and focus on the key content.

ACTIVITIES Pre-listening and listening activities activate background knowledge and provide opportunities for self-reflection and cultural analysis.

CAN-DO STATEMENTS This section concludes with a Can-Do Statement, which indicates what you are now able to accomplish in Spanish.

Supersite

- Audio files for listening activity
- Additional activities for extra practice

ARTÍCULO

features two readings: the first one is an authentic article.

EL DOMINÓ

es el juego de Cuba

Bárbara Vasallo

El dominó en Cuba, una marca de identidad

ES MUY USUAL CAMINAR POR LAS CIUDADES y pueblos de Cuba y encontrar personas jugando dominó en la calle, en las casas, en las fiestas. Sin embargo, la forma de juego cubana es diferente a la del resto del mundo, muy característica y más azarosa° podríamos decir.

Pero ¿cómo el dominó se convierte en algo representativo de una cultura? ¿Qué podemos aprender a través del dominó sobre los cubanos, su manera de pensar, de hablar y de comportarse a veces? ¿Dónde está la diversión de pasar horas sentado en una mesa poniendo fichas?

El dominó en las calles cubanas

El dominó cubano se ha convertido prácticamente en deporte o *hobby* nacional. Se organizan campeonatos en los barrios° y municipios° que el gobierno apoya y promueve°. Es habitual que cuando las familias se reúnen se juegue dominó. Así, no falta los 31 de diciembre en las viviendas cubanas, junto al cerdo asado°, la yuca con mojo° y el congrí°, ya sea en el campo o la ciudad. Tampoco en fiestas de aniversarios acompañado de música, bebida y conversaciones.

Es increíble cómo hasta los más jóvenes disfrutan y juegan; todas las generaciones se pueden juntar en una mesa y hacer retumbar° las fichas. Se dice que años atrás era más común encontrarlo dentro de las casas y en fiestas, pero actualmente cualquier esquina, parque o rincón en las calles puede convertirse en sitio de encuentro para jugar dominó. A veces hasta sin mesa, simplemente una tabla de madera° que se colocan los jugadores en las piernas puede dar comienzo a este *hobby*.

> “Cualquier esquina, parque o rincón en las calles puede convertirse en sitio de encuentro para jugar dominó.”

Así que no le sorprenda encontrar de repente mientras camina por algún lugar del país un grupo de personas alrededor de una mesa muy concentradas. Sí, porque no solo las cuatro personas que se encuentren jugando son las que intervienen, muchas veces la gente que espera a sentarse en la mesa también opina al final de cada partida, porque es como el ojo que todo lo ve, y, por tanto, comentan las jugadas de los otros.

Es una manera muy cubana de socializar y pasar el rato. Incluso, en la noche puede ver, en un parque iluminado o en una esquina donde haya un foco de luz pública, a los cubanos poniendo fichas y discutiendo. En ocasiones, existen en los barrios peñas de dominó, es decir, que en determinados horarios ya todos saben que de seguro se sentarán a jugar y los que gustan de él se preparan para asistir. Hay grupos de personas mayores que mantienen la tradición, por muchos años, de ubicarse en el mismo lugar, que puede ser una bodega°, una esquina o vivienda, para practicarlo.

El dominó al estilo cubano

Se diferencia del que se juega en otros países por la cantidad de fichas, que son 55, y por la dinámica del juego, aunque las reglas cambian en una zona u otra del país. Por ejemplo, se dice que en el oriente de Cuba es más común jugar con 28 fichas, es decir, hasta el doble 6; mientras que en el occidente son 55 fichas hasta el doble 9.

La diferencia es que en la segunda variante los 4 jugadores toman 10 fichas y otras 15 quedan fuera de la partida, por lo que no se sabe exactamente la cantidad de piezas de un mismo número que hay en el momento del juego. Cuando este termina, vuelven a unir todas las fichas, las revuelven y comienza otro juego. Esta variante es más azarosa y depende de la suerte y hasta de la intuición de los jugadores.

La jerga del dominó en Cuba

Muchas fichas y números se han renombrado a partir de frases populares o de personajes históricos. Muchas veces al nombrarla se imita la similitud en la fonética del número cuando se pone la ficha, es decir, diciendo una frase en la que en algún momento se menciona el número o parte de este. Por ejemplo, y para que sea más visible, cuando un jugador pone un cuatro en la mesa puede decir “cuarteles° que son escuelas”, una frase que se popularizó a inicios de la Revolución Cubana y su campaña por la educación, pero dentro de la frase aparecen casi completamente las letras del número.

Lo curioso es que la fraseología del dominó es algo ampliamente° estandarizado que los cubanos utilizan en las partidas y todos comprenden perfectamente de qué se habla. Incluso esas frases pueden pasar al habla cotidiana. Por ejemplo, “dar agua”, que significa recoger las fichas y revolverlas cuando acaba cada partida, lo utilizan popularmente las personas para expresar que algo terminó o va a terminar. Por tanto, el dominó forma parte del habla popular del cubano y el discurso° oral, tiene su propia jerga.

Así que ni bingo, ni damas, ni ajedrez, ni barajas, el dominó es el juego de Cuba, una expresión más de su autenticidad y su cultura popular. Si camina por las calles del país seguro se percatará de° esta realidad que durante años ha divertido a los cubanos y que seguirá haciéndolo. ■

azarosa *random*
barrios *neighborhoods*
municipios *towns*
apoya y promueve *supports and promotes*
asado *roasted*
mojo *garlic sauce*
congrí *rice and bean dish*
retumbar *rumble*
tabla de madera *wooden board*
bodega *grocery store*
cuarteles *barracks*
ampliamente *widely*
discurso *speech*
percatará de *will notice*

READINGS The first **Artículo** reading is an authentic article written by a native speaker of Spanish for native speakers of Spanish.

DESIGN Readings are carefully laid out with line numbers, marginal glosses, and pull-quotes to help make each piece easy to navigate.

PHOTOS Vibrant, dynamic photos visually illustrate the reading.

- Audio-sync technology for the reading that highlights text as it is being read

PREPARACIÓN and ANÁLISIS

activities provide in-depth pre- and post-reading support for the first ARTÍCULO.

ARTÍCULO | Preparación | Communicative Objective: Understand the relevance of playing dominoes in Cuba

LECCIÓN 3 | 113

Vocabulary Tools

SOBRE LA AUTORA

Bárbara Vasallo nació en la capital cubana, La Habana, ciudad por la que siente una gran pasión. A finales de los años 1990, se licenció (*graduated*) en periodismo en Cuba y posteriormente hizo un Máster en Comunicación Social en España, país donde reside. Vasallo posee profundos conocimientos acerca de diversos temas relacionados con Cuba, sobre los cuales escribe frecuentemente en varios blogs y otras publicaciones de viajes.

Vocabulario de la lectura		Vocabulario útil	
la baraja	*deck of cards*	apuntarse	*to sign up*
el campeonato	*championship*	arriesgarse	*to take a risk*
la jerga	*slang*	el azar	*fate*
la jugada	*move*	el blanco	*target*
pasar el rato	*to spend time*	la derrota	*defeat*
la peña	*club*	interponerse	*to interfere*
la regla	*rule*	rendirse (e:i)	*to give up*

1 Vocabulario Completa el mensaje de voz.

Hola, mamá. ¿Qué tal por el pueblo? ¿Por qué no contestas al teléfono? Supongo que estás (1) _________ con tus amigas. Te llamaba para darte buenas noticias. ¡He ganado el (2) _________ de cartas! La final fue muy difícil; casi me (3) _________, pero conseguí ganar en la última (4) _________. Y, por supuesto, gané sin hacer trampas; seguí todas las (5) _________. Esta noche voy a celebrarlo con mis compañeros de la (6) _________. La verdad es que me siento un poco mal por ellos, porque mi victoria supone su (7) _________, pero así es el juego. Yo me voy a (8) _________ al campeonato todos los años y voy a intentar ganar siempre. Bueno, mamá, llámame. Un beso grande.

2 Juegos de mesa En parejas, háganse las preguntas.

1. ¿Qué juegos de mesa son populares en tu comunidad?
2. ¿A qué juegos jugabas cuando eras niño/a? ¿Jugabas en la calle?
3. ¿Juegas ahora a algún juego de mesa? ¿A cuál? ¿Qué juego se te da mejor?
4. ¿Qué diferencias hay entre los juegos a los que tú jugabas de niño/a y los de la generación de tus padres? ¿Y los de hoy en día?
5. Hay muchas versiones en línea de los juegos de mesa tradicionales. ¿Qué diferencias hay entre jugar en línea y jugar cara a cara con amigos?

3 Los mejores En grupos de tres, hagan una lista de los diez mejores juegos de mesa. Después, comenten los beneficios que tiene jugar a cada uno.

Practice more at vhlcentral.com.

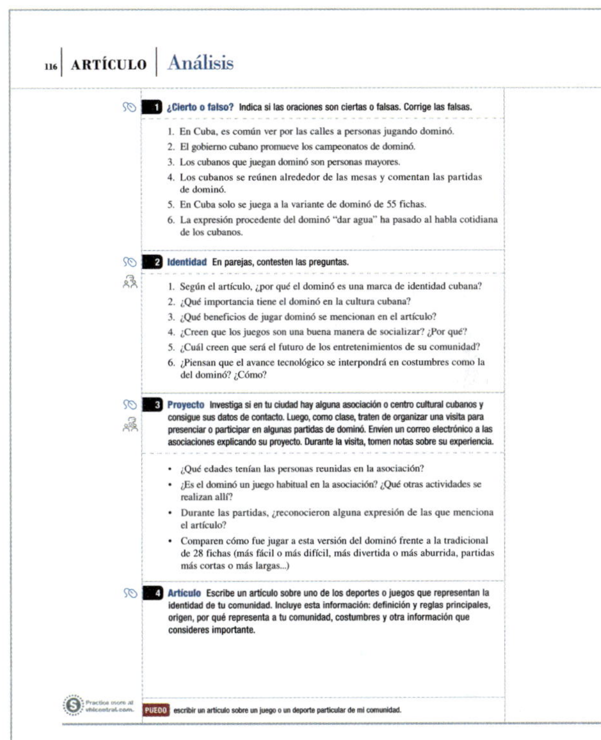

116 | ARTÍCULO | Análisis

1 ¿Cierto o falso? Indica si las oraciones son ciertas o falsas. Corrige las falsas.

1. En Cuba, es común ver por las calles a personas jugando dominó.
2. El gobierno cubano promueve los campeonatos de dominó.
3. Los cubanos que juegan dominó son personas mayores.
4. Los cubanos se reúnen alrededor de las mesas y comentan las partidas de dominó.
5. En Cuba solo se juega a la variante de dominó de 55 fichas.
6. La expresión procedente del dominó "dar agua" ha pasado al habla cotidiana de los cubanos.

2 Identidad En parejas, contesten las preguntas.

1. Según el artículo, ¿por qué el dominó es una marca de identidad cubana?
2. ¿Qué importancia tiene el dominó en la cultura cubana?
3. ¿Qué beneficios de jugar dominó se mencionan en el artículo?
4. ¿Creen que los juegos son una buena manera de socializar? ¿Por qué?
5. ¿Cuál creen que será el futuro de los entretenimientos de su comunidad?
6. ¿Piensan que el avance tecnológico se interpondrá en costumbres como la del dominó? ¿Cómo?

3 Proyecto Investiga si en tu ciudad hay alguna asociación o centro cultural cubanos y consigue sus datos de contacto. Luego, como clase, traten de organizar una visita para presenciar o participar en algunas partidas de dominó. Envíen un correo electrónico a las asociaciones explicando su proyecto. Durante la visita, tomen notas sobre su experiencia.

- ¿Qué edades tenían las personas reunidas en la asociación?
- ¿Es el dominó un juego habitual en la asociación? ¿Qué otras actividades se realizan allí?
- Durante las partidas, ¿reconocieron alguna expresión de las que menciona el artículo?
- Comparen cómo fue jugar a esta versión del dominó frente a la tradicional de 28 fichas (más fácil o más difícil, más divertida o más aburrida, partidas más cortas o más largas...)

4 Artículo Escribe un artículo sobre uno de los deportes o juegos que representan la identidad de tu comunidad. Incluye esta información: definición y reglas principales, origen, por qué representa a tu comunidad, costumbres y otra información que consideres importante.

Practice more at vhlcentral.com.

PUEDO escribir un artículo sobre un juego o un deporte particular de mi comunidad.

COMMUNICATIVE OBJECTIVES highlight the real-life tasks you will be able to carry out in Spanish by the end of each lesson.

PREPARACIÓN Vocabulary presentation and practice, author biographies, and pre-reading discussion activities prepare you for the first **Artículo**.

ANÁLISIS Post-reading activities check your understanding and guide you to discuss the topic of the first reading through intercultural reflection.

CAN-DO STATEMENTS This section concludes with a Can-Do Statement, which indicates what you are now able to accomplish in Spanish.

Supersite

- Audio recordings of all vocabulary items
- Textbook and additional online-only practice activities

ARTÍCULO

features a second, hybrid cultural article that integrates text and authentic video.

118 | ARTÍCULO | Audio-sync Reading

La bachata, ritmo dominicano

NOTA CULTURAL

El **son** y el **bolero** son géneros musicales que surgieron (*emerged*) en Cuba en el siglo XIX. La **güira** es un instrumento de percusión originario de la República Dominicana hecho de metal y con forma de cilindro granulado (*grainy*). Se toca sosteniéndola verticalmente con una mano y raspando (*scraping*) su superficie con una especie de peine metálico con la otra mano. El **bongó** es un instrumento de percusión de la música popular cubana formado por dos tambores pequeños hechos de madera.

Fiestas y música popular: el origen de la bachata

Hoy en día, la bachata es una de las señas° de identidad de la República Dominicana y uno de los géneros musicales y bailes latinos más populares en todo el mundo, pero no siempre fue así.

La palabra "bachata", que significa fiesta o jolgorio, se utilizaba para referirse a las reuniones sociales en las que se tocaba música popular. No fue hasta principios de los años 60 cuando el término se empezó a utilizar para nombrar al género musical nacido en la República Dominicana. En un principio, la bachata fue considerada una variante del bolero, pero poco a poco y debido a la influencia de otros géneros e instrumentos fue adquiriendo un estilo propio. Así, las maracas del bolero fueron sustituidas por la güira, y se incorporaron instrumentos como el bongó, característico del son cubano, y las guitarras de los populares tríos latinos. Las letras de sus canciones se caracterizaban por su melancolía y trataban generalmente sobre romances, desamor y despecho°. De hecho, la bachata también era conocida como música de amargue°. En esta época, la bachata era considerada un género musical típico de las clases sociales bajas y los barrios más pobres, ignorada e incluso rechazada por las clases sociales medias y altas.

"Borracho de amor", de José Manuel Calderón, es la primera canción de bachata que se grabó. Sin embargo, fue el cantautor Rafael Encarnación quien hizo que la bachata fuera ganando popularidad entre los gustos de la gente, con temas como "Muero contigo", "Ya es muy tarde" y "Esclavo de tu amor".

señas *signs*; despecho *spite*; amargue *bitterness*

Hacia el éxito

En los años 80 la bachata ganó mayor fama y dejó de considerarse un género musical de las clases sociales más bajas para empezar a convertirse en referente de la música dominicana. Radio Guarachita, una emisora de radio de Santo Domingo, contribuyó en gran parte a este éxito difundiendo las voces de una nueva generación de cantantes de bachata. Luis Segura, con su canción "Pena por ti", fue uno de los grandes nombres de esta época.

Además, el género fue evolucionando en cuanto a arreglos° musicales y letras, de forma que se crearon canciones y álbumes más elaborados y de mayor calidad.

arreglos *arrangements*

LECCIÓN 3 | La buena vida | 119

En 1990, el cantante y músico dominicano Juan Luis Guerra, que era ya un artista consagrado°, lanzó al mercado su álbum *Bachata Rosa*. Este se convirtió en todo un éxito comercial y difundió el género musical de la bachata no solo por la República Dominicana y América Latina, sino por países de todo el mundo.

A mediados de la década, tuvo lugar otro de los momentos clave para la historia de la bachata y esta vez el lugar de origen fue Estados Unidos. Cuatro amigos de origen dominicano-estadounidense formaron en El Bronx el grupo Los Tinellers (más tarde rebautizado° como Aventura) y se convirtieron prácticamente en los embajadores° contemporáneos de este género musical. Uno de los grandes méritos de la banda fue su carácter innovador, al fusionar la bachata tradicional con ritmos modernos como el hip hop y el rhythm and blues. En 2002, su canción "Obsesión" se convirtió en uno de los temas más escuchados en radios de todo el mundo.

En 2011, Aventura anunció su separación, pero su vocalista, Romeo Santos, comenzó su carrera en solitario. En la actualidad se le conoce como el "rey de la bachata del siglo XXI" y es uno de los artistas latinos más influyentes. Su música se caracteriza por una fusión con estilos más urbanos y temáticas diferentes a las habituales. Siguiendo este camino, la bachata actual está marcada por la fusión con otros géneros musicales y la introducción de otros instrumentos.

consagrado *renowned*; rebautizado *renamed*; embajadores *ambassadors*

> El éxito de la bachata está muy ligado a la expansión internacional de su baile.

El baile

La bachata es un baile romántico y rítmico que se baila en pareja. Sus movimientos están centrados en los pies y se baila en ocho tiempos°, divididos en dos partes de cuatro tiempos cada una. Los movimientos básicos de la bachata consisten en tres pasos y un toque° final con la planta° del pie. Esta es la bachata tradicional y auténtica que fuera de la República Dominicana se conoce como bachata dominicana. Sin embargo, en paralelo a la evolución de la bachata como género musical, en el baile también han surgido diferentes estilos. Algunos de estos estilos son la bachata sensual, que se caracteriza por la cercanía de los bailarines y los movimientos corporales más complejos, o la bachata urbana, que incorpora movimientos de hip hop.

El éxito de la bachata está muy ligado a la expansión internacional de su baile. En la actualidad, la bachata es uno de los bailes latinos más populares y está extendido por todo el mundo a través de escuelas de danza, congresos, competiciones y otros eventos. Así, la bachata pasó de ser un género humilde, popular y asociado a las clases sociales bajas, a convertirse en un fenómeno mundial y un símbolo de identidad de la República Dominicana. ■

tiempos *beats*; toque *tap*; planta *sole*

Watch related video at vhlcentral.com.

TEXT AND VIDEO INTEGRATION The second **Artículo** features a leveled, hybrid reading that integrates text with three related authentic video clips. The integration offers a unique multimodal approach to the topic.

DESIGN Readings are carefully laid out with line numbers, marginal glosses, and pull-quotes to help make each piece easy to navigate.

PHOTOS Vibrant, dynamic photos visually illustrate the reading.

- Audio-sync technology for the reading that highlights text as it is being read
- Streaming of integrated **Artículo** video clips

PREPARACIÓN and ANÁLISIS

activities provide in-depth pre- and post-reading support for the second ARTÍCULO.

Preparación | Communicative Objective: Identify different musical rhythms from the Caribbean

LECCIÓN 3 | 117

Vocabulary Tools

Vocabulario de la lectura		Vocabulario útil	
el/la cantante	*singer*	el baile de salón	*ballroom dance*
el/la cantautor(a)	*singer-songwriter*	el/la compositor(a)	*composer*
la emisora	*(radio) station*	el disco	*record*
grabar	*to record*	la discoteca	*nightclub*
el grupo	*band*	el dúo	*duet*
el jolgorio	*revelry*	la melodía	*tune*
lanzar	*to release (an album)*	la pista de baile	*dance floor*
el tema	*song*	poner música	*to play music*
		el/la solista	*solo artist*

1 No pertenece Indica qué opción no está relacionada con la palabra destacada.

1. **disco**	a. grabar	b. lanzar	c. emisora
2. **artista**	a. compositor	b. disco	c. cantautor
3. **canción**	a. melodía	b. tema	c. discoteca
4. **grupo**	a. jolgorio	b. dúo	c. cantante
5. **bailar**	a. pista de baile	b. baile de salón	c. solista

2 El concierto Completa la noticia.

cantante	dúos	lanzar	pista de baile
discos	grupos	melodías	temas

CONCIERTO DE RICKY MARTIN EN PUERTO RICO

El (1) ________ Ricky Martin regresó con su música a su ciudad natal, San Juan, Puerto Rico. El artista interpretó todas las canciones esperadas, incluso (2) ________ de sus primeros (3) ________. El público participó entusiasmado, cantando y bailando las animadas (*lively*) (4) ________ durante todo el concierto. Durante dos horas, el estadio Hiram Bithorn se convirtió en una auténtica (5) ________. Recientemente, Ricky Martin ha colaborado con otros (6) ________ y ha hecho algunos (7) ________ con otros artistas. Sus fans creen que Ricky Martin va a (8) ________ un nuevo álbum pronto.

3 Gustos musicales En parejas, contesten las preguntas.

1. ¿Escuchas música a menudo? ¿Cuál es tu género preferido? ¿Y tu grupo?
2. ¿Te gusta ir a conciertos? ¿Has ido a alguno recientemente?
3. ¿Te gusta bailar? ¿Crees que el baile es una parte imprescindible de la música?
4. ¿Tocas algún instrumento? Cuenta tu experiencia.

Practice more at vhlcentral.com.

120 | ARTÍCULO | Análisis

1 Comprensión Contesta las preguntas.

1. ¿A qué hacía referencia originalmente la palabra "bachata"?
2. ¿Qué elementos hicieron que la bachata se convirtiera en un género propio diferenciado del bolero?
3. ¿Por qué a la bachata también se la llamaba música de amargue?
4. ¿Por qué Radio Guarachita fue importante para la historia de la bachata?
5. ¿En qué se diferencia la bachata sensual de la bachata dominicana?

2 Opiniones En parejas, conversen sobre estas preguntas.

1. ¿Por qué creen que la bachata fue rechazada inicialmente por las clases sociales altas?
2. ¿Qué factores creen que influyen en los gustos y preferencias musicales?
3. ¿Por qué creen que el desamor es un tema recurrente en las letras de las canciones de bachata? Mencionen otros temas frecuentes en las canciones de otros géneros musicales.
4. ¿Creen que la radio sigue contribuyendo hoy en día a la difusión de géneros musicales y artistas? Comparen su influencia con la de la televisión e Internet.

3 Otros géneros Elige un género musical surgido en tu país y completa la tabla.

GÉNERO MUSICAL	
Lugar y época de origen	
Origen social y cultural	
Instrumentos	
Artistas y canciones famosos	
Baile y otros elementos característicos	

4 Citas En grupos de tres, expliquen qué significan estas citas. Luego, contesten las preguntas.

"La música es una cosa amplia, sin límites, sin fronteras, sin banderas."
—León Gieco, músico y compositor argentino

"Cada uno tiene su forma de agarrar la guitarra, y para eso no hay profesión."
—Carlos Santana, guitarrista mexicano

- ¿Creen que la música es un lenguaje universal o creen que cada género está ligado a una cultura determinada?
- ¿Piensan que es positivo que los géneros musicales evolucionen y se fusionen?

Practice more at vhlcentral.com.

PUEDO investigar y comentar sobre géneros musicales de los latinos.

COMMUNICATIVE OBJECTIVES highlight the real-life tasks you will be able to carry out in Spanish by the end of each lesson.

PREPARACIÓN Vocabulary presentation and practice, and pre-reading discussion activities prepare you for the second **Artículo**.

ANÁLISIS Post-reading activities check your understanding and guide you to discuss the topic of the second reading through intercultural reflection.

CAN-DO STATEMENTS This section concludes with a Can-Do Statement, which indicates what you are now able to accomplish in Spanish.

Supersite

- Audio recordings of all vocabulary items
- Textbook and additional online-only practice activities

LITERATURA

showcases authentic literary texts by notable writers from across the Spanish-speaking world.

122 | LITERATURA | Audio-sync Reading

Como la nieve

Rosa Fasolís

—¡Es lluvia...! —dijeron unos.

—¡Es nieve…! —dijeron otros.

—¡Es dulce…! —dijeron los niños que, como todos los niños del mundo, eran muy curiosos y se la habían llevado a la boca°.

—¡Tiene gusto a° frutilla! —dijeron unos.

—¡Tiene sabor a ananá! —dijeron otros.

—¡Es como chocolate blanco! —dijeron los niños que, como todos los niños del mundo, nunca se equivocan.

> La verdad es que era nieve, nieve que caía en copos tenues, blanda, plena de mansedumbre.

La verdad es que era nieve, nieve que caía en copos° tenues°, blanda, plena de mansedumbre°. Nieve con sabor a helado de frutas, y a chocolate blanco.

Esa tarde de verano, pesada y caliente, el sol se había ocultado° temprano detrás de un espeso° colchón° de nubes bajas.

—¡Tormenta° de tierra! —habían dicho unos.

—¡Lluvia segura! —habían dicho otros.

—¡Haremos barquitos de papel! —dijeron los niños que, como todos los niños del mundo, solo pensaban en jugar.

Pero no había sido tormenta de tierra, ni lluvia de verano, ni los niños habían podido hacer navegar° sus barquitos de papel. El pueblito serrano°, escondido en el valle, se vio cubierto, en la plácida° media tarde de enero, por inesperados° copos de nieve. Nieve, nieve espesa, nieve blanca, nieve pura… pero con sabor a frutas. Y a helado de chocolate blanco. Y que, además, no se derretía° por el calor; por lo contrario, un agradable aire fresco se movía entre los copos, con reminiscencia° de invierno.

El telegrafista° de la oficina de correos quiso telegrafiar a todo el mundo el milagro° que estaba sucediendo. Pero no pudo: algo andaba mal. Tampoco pudo utilizar otros medios: algo estaba fallando°. "Debe ser por la nieve", pensaron. Y salieron a la puerta: no querían perder el espectáculo. La calle ya estaba tapizada° por diez centímetros de blancura.

Hacia el ocaso°, el pueblo era una fiesta. Chicos y grandes hicieron muñecos de nieve, jugaron con pelotas de nieve, comieron helados de nieve.

to put in one's mouth; to taste like; snowflakes / faint; meekness; had set/had hidden; thick / cushion; storm; to sail / mountain village; peaceful / unexpected; melted; reminiscence/memory; telegrapher; miracle; something was wrong; was covered; sunset

LECCIÓN 3 | La buena vida | 123

—¡Milagro! —decían unos.

—¡Ciencia! —decían otros.

—¡Juguemos! —decían los niños, con las bocas llenas de dulzura, como las bocas de todos los niños del mundo.

Al caer la tarde, el pueblo todo estaba blanco de blancura de nieve.

—¿Y si esto sigue°? —preguntaron unos.

—¿Cómo saldremos de aquí? —preguntaron otros.

—¡Que siga, que siga! —exclamaron los niños que, como todos los niños del mundo, pensaban solo en la maravilla del presente.

A la mañana siguiente, la nevada continuaba. Las sierras se desdibujaban° en albas° colinas distantes. El sol se manifestaba en una vaga° claridad de límites azulados. Un frío seco y casi palpable° se adhería° a las cosas. Y ya era tarde… Era tarde para intentar salir del pueblo; era tarde para intentar salir de las casas. Por dos motivos°: por los dos metros de nieve que ocultaron las calles y sellaron° todas las puertas, y por una dulce somnolencia° que se había filtrado en los cuerpos° y en las mentes de todos los habitantes° del pueblito serrano. En los animales, también…

Tres semanas después llegaron los camiones. Enormes, con carrocerías blindadas°. De ellos bajaron hombres que vestían trajes° como los de los astronautas, aunque no lo eran. En sus cabezas portaban escafandras°; espesos guantes cubrían sus manos, que empuñaban° extraños aparatos. En la espalda° cargaban tubos° de limpio oxígeno. De los camiones bajaron, también, artefactos sofisticados, computadoras, cables, luces portátiles°, pequeños transportadores, muchas cajas, muchas órdenes.

En las laderas° de las sierras, en los techos de las casas, en las calles, en los jardines, podía observarse un manto° muy blanco, como de blanca ceniza°. Las casas, adentro, estaban vacías. De tanto en tanto podía verse un exiguo° montoncito de ceniza gris.

—¡El Proyecto ha sido un éxito! —dijeron unos.

—¡Es el arma° más rápida limpia, efectiva y eficaz! —dijeron otros.

—¡Es un día de gloria para nuestro Imperio° ! —exclamaron todos, al unísono°.

Los niños, nada dijeron. Allí no había ningún niño que se pusiera a llorar°. ■

if this continues; are blurred; white / diffuse; palpable/tangible; adhered/clung; reasons / sealed; drowsiness / bodies; inhabitants; armored bodies; suits/outfits; diving helmets/diving suits; wielded/taken up; back / oxygen tubes; portable lights; hillside; mantle / ash; meager/small; weapon; empire; with a united voice/in unison; started crying

LITERATURA Comprehensible and compelling, these readings present new avenues for using the lesson's grammar and vocabulary for intercultural reflection.

DESIGN Each reading is presented in the attention-grabbing visual style you would expect from a magazine, along with line numbers, marginal glosses, and pull-quotes.

- Audio-sync technology for the literary reading that highlights text as it is being read

PREPARACIÓN and ANÁLISIS

activities provide in-depth pre- and post-reading support for each selection in LITERATURA.

LITERATURA | Preparación | **Communicative Objective:** Identify some Argentinian traditional games in a literary piece | LECCIÓN 3 | 121

Vocabulary Tools

SOBRE LA AUTORA

Rosa Fasolís nació en Rosario, Argentina, en 1946. Durante muchos años se dedicó a la enseñanza y a la literatura. Recibió premios y reconocimientos locales, nacionales e internacionales por sus trabajos en poesía, narrativa y ensayos. La literatura es su gran pasión, pero Rosa Fasolís se reconoce esencialmente como una maestra. El cuento "Como la nieve" publicado en su libro *Después* fue interpretado por actores en el acto *Mil grullas por la paz* en 2014, en el Monumento Nacional a la Bandera.

Vocabulario de la lectura		Vocabulario útil	
el ananá	*pineapple*	el aire libre	*outdoors*
el barquito de papel	*paper boat*	divertido/a	*fun*
caer	*to fall*	entretenido/a	*entertaining*
el éxito	*success*	el juego	*game*
la fiesta	*party*	reunirse (con)	*to get together (with)*
la frutilla	*strawberry*	salir (con)	*to go out (with)*
el helado	*ice cream*	el tiempo libre	*leisure*
jugar	*to play*		
la lluvia	*rain*		
el muñeco de nieve	*snowman*		
la nieve	*snow*		
el verano	*summer*		

NOTA CULTURAL

En Argentina existen muchos juegos tradicionales. Los niños remontan barriletes (elevan cometas) y juegan a la mancha (*tag*) o al fútbol (*soccer*) en parques y plazas. Siempre hay una pelota o se fabrica una, como en el cuento "Como la nieve". Mientras tanto, los adultos charlan y toman mate, la típica bebida argentina. También es frecuente coleccionar figuritas (*cards*) e intercambiarlas con otros niños. Uno de los juegos infantiles más tradicionales es la rayuela (*hopscotch*). A propósito, el célebre autor Julio Cortázar escribió la novela *Rayuela*, en la que el lector puede saltar por los capítulos y elegir su propio recorrido de lectura, como en el juego.

1 Vocabulario Completa las oraciones.

1. Ayer cayó tanta nieve que los niños hicieron un enorme ________.
2. Mi ______ favorito es el ajedrez.
3. En el verano hace mucho calor y los niños prefieren las actividades al ________.
4. En la fiesta organizaron juegos entretenidos y ________.
5. Mis amigos ________ con Juan David y organizaron un pícnic.

2 ¡A jugar! Contesta las preguntas, luego, en parejas, discutan las respuestas.

1. ¿Qué actividades te gusta hacer en tu tiempo libre?
2. ¿Cuál es tu juego o deporte favorito? ¿Cómo se juega?
3. ¿Cuáles son los juegos infantiles tradicionales de tu país?
4. ¿A qué jugabas cuando eras niño/a?
5. ¿Qué cuentos te contaban en la infancia? ¿Qué canciones cantabas?

Practice more at vhlcentral.com.

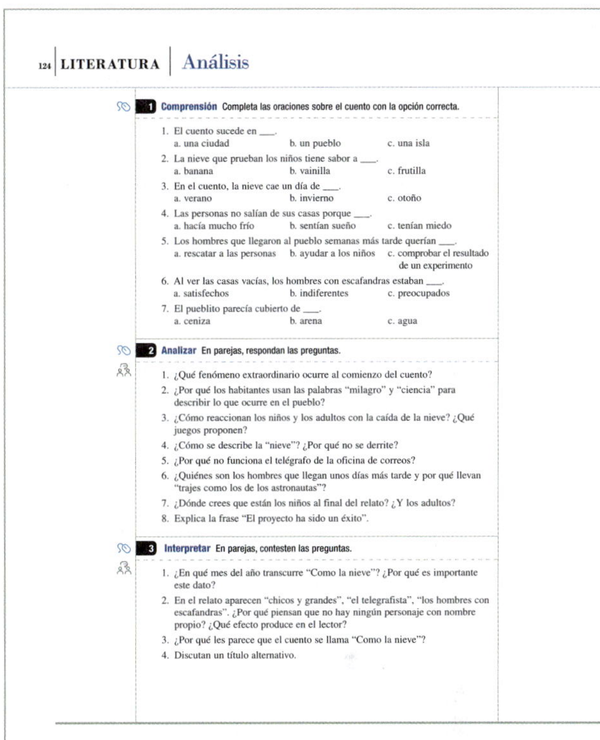

124 | LITERATURA | Análisis

1 Comprensión Completa las oraciones sobre el cuento con la opción correcta.

1. El cuento sucede en ____.
   a. una ciudad b. un pueblo c. una isla
2. La nieve que prueban los niños tiene sabor a ____.
   a. banana b. vainilla c. frutilla
3. En el cuento, la nieve cae un día de ____.
   a. verano b. invierno c. otoño
4. Las personas no salían de sus casas porque ____.
   a. hacía mucho frío b. sentían sueño c. tenían miedo
5. Los hombres que llegaron al pueblo semanas más tarde querían ____.
   a. rescatar a las personas b. ayudar a los niños c. comprobar el resultado de un experimento
6. Al ver las casas vacías, los hombres con escafandras estaban ____.
   a. satisfechos b. indiferentes c. preocupados
7. El pueblito parecía cubierto de ____.
   a. ceniza b. arena c. agua

2 Analizar En parejas, respondan las preguntas.

1. ¿Qué fenómeno extraordinario ocurre al comienzo del cuento?
2. ¿Por qué los habitantes usan las palabras "milagro" y "ciencia" para describir lo que ocurre en el pueblo?
3. ¿Cómo reaccionan los niños y los adultos con la caída de la nieve? ¿Qué juegos proponen?
4. ¿Cómo se describe la "nieve"? ¿Por qué no se derrite?
5. ¿Por qué no funciona el telégrafo de la oficina de correos?
6. ¿Quiénes son los hombres que llegan unos días más tarde y por qué llevan "trajes como los de los astronautas"?
7. ¿Dónde crees que están los niños al final del relato? ¿Y los adultos?
8. Explica la frase "El proyecto ha sido un éxito".

3 Interpretar En parejas, contesten las preguntas.

1. ¿En qué mes del año transcurre "Como la nieve"? ¿Por qué es importante este dato?
2. En el relato aparecen "chicos y grandes", "el telegrafista", "los hombres con escafandras". ¿Por qué piensan que no hay ningún personaje con nombre propio? ¿Qué efecto produce en el lector?
3. ¿Por qué les parece que el cuento se llama "Como la nieve"?
4. Discutan un título alternativo.

COMMUNICATIVE OBJECTIVES highlight the real-life tasks you will be able to carry out in Spanish by the end of each lesson.

PREPARACIÓN Vocabulary presentation and practice, author biographies, and pre-reading discussion activities prepare you for the **Literatura** reading.

NOTA CULTURAL This sidebar in **Preparación** provides the context you need to appreciate the cultural perspectives woven into the literature.

ANÁLISIS Post-reading activities check your understanding and guide you to discuss the topic of the literary text through intercultural reflection.

CAN-DO STATEMENTS This section concludes with a Can-Do Statement, which indicates what you are now able to accomplish in Spanish.

Supersite

- Audio recordings of all vocabulary items
- Textbook and additional online-only practice activities
- **Sobre el/la autor(a)** reading

ESCRIBIR and VOCABULARIO

ESCRIBIR focuses on writing strategies and process writing. VOCABULARIO summarizes the active vocabulary from each lesson.

126 | ESCRIBIR | Narración: el fin de semana | **Communicative Objective:** Write a composition about past leisure activities

En esta lección has hablado sobre el tiempo libre y el entretenimiento. Ahora vas a escribir una narración sobre el fin de semana pasado.

Planificar y preparar la escritura

1 **Estrategia: Determina el tema de tu narración** Piensa en qué hiciste el fin de semana pasado. ¿Practicaste algún deporte? ¿Hiciste algo especial con tu familia o amigos? ¿Qué hiciste para divertirte? Elige el tema central sobre el que escribir. Completa el diagrama para ayudarte con la secuencia de sucesos.

Tema: Visita a una granja
la granja de la tía Alicia
montamos a caballo
comida familiar

2 **Estrategia: Desarrolla el cuerpo de la narración**

- Piensa en cómo usar los datos de tu diagrama para escribir tu narración.
- Desarrolla el cuerpo de la narración con la información del diagrama. Aporta más datos que la complementen y te ayuden a describir el fin de semana.

Escribir

3 **Tu narración** Ahora escribe tu narración. Utiliza la información que has reunido y sigue estos pasos.

- **Introducción:** Presenta el tema del fin de semana: cómo fue, dónde y con quién estuviste. Usa palabras descriptivas.
- **Desarrollo:** Explica qué hiciste durante el fin de semana en un orden lógico. Agrega algún detalle curioso y expresa tu opinión personal.
- **Conclusión:** Resume tus observaciones y termina la narración.

Revisar y leer

4 **Lectura** Léeles tu narración a varios/as compañeros/as. Pídeles que te hagan preguntas sobre puntos interesantes que les hayan llamado la atención.

Practice more at vhlcentral.com.

PUEDO escribir un texto de forma estructurada sobre experiencias pasadas.

VOCABULARIO | Vocabulary Tools | LECCIÓN 3 | La buena vida | 127

La buena vida

Así lo decimos

la afición *hobby*
el ajedrez *chess*
el boleto *ticket*
las cartas *cards*
el concierto *concert*
los dados *dice*
el/la deportista *athlete*
el/la entrenador(a) *coach*
el entrenamiento *practice*
el estreno *premiere*
la exposición *exhibition*
la ficha *tile; game piece*
el gimnasio *gym*
el juego de mesa *board game*
la liga *league*
la obra (de arte/teatro) *work of art; play*
el ocio *leisure*
la partida *game; hand*
el pasatiempo *pastime*
el videojuego *video game*

aburrirse *to get bored*
dársele bien/mal (algo a alguien) *to be good/bad (at something)*
disfrutar *to enjoy*
divertirse (e:ie) *to have fun*
empatar *to tie (a game)*
hacer trampa *to cheat*
marcar (un gol/punto) *to score (a goal/point)*
tocar *to play (an instrument)*

agotado/a *sold out*
al aire libre *outdoors*

Documental

la artesanía *craft*
la herramienta *tool*
la lucha *fight, struggle*
la masilla *putty*
el personaje *character*
la pertenencia *belonging*
el rasgo *feature, characteristic*
la semilla *seed*
la tarea *task*
el trabajo forzoso *forced labor*
el/la vejigante *popular character in some Puerto Rican traditional festivities*

confeccionar *to make, to produce*
elaborar *to produce*
guindar *to hang*
imponer *to impose*
pintar *to paint*
tallar *to carve*
vestirse (e:i) *to get dressed*

Artículo

el azar *fate*
la baraja *deck of cards*
el blanco *target*
el campeonato *championship*
la derrota *defeat*
la jerga *slang*
la jugada *move*
la peña *club*
la regla *rule*

apuntarse *to sign up*
arriesgarse *to take a risk*
interponerse *to interfere*
pasar el rato *to spend time*
rendirse (e:i) *to give up*

el baile de salón *ballroom dance*
el/la cantante *singer*
el/la cantautor(a) *singer-songwriter*
el/la compositor(a) *composer*
el disco *record*
la discoteca *nightclub*
el dúo *duet*
la emisora *(radio) station*
el grupo *band*
el jolgorio *revelry*
la melodía *tune*
la pista de baile *dance floor*
el/la solista *solo artist*
el tema *song*

grabar *to record*
lanzar *to release (an album)*
poner música *to play music*

Literatura

el aire libre *outdoors*
el ananá *pineapple*
el barquito de papel *paper boat*
el éxito *success*
la fiesta *party*
la frutilla *strawberry*
el helado *ice cream*
el juego *game*
la lluvia *rain*
el muñeco de nieve *snowman*
la nieve *snow*
el tiempo libre *leisure*
el verano *summer*

caer *to fall*
jugar *to play*
reunirse (con) *to get together (with)*
salir (con) *to go out (with)*

divertido/a *fun*
entretenido/a *entertaining*

Ahora yo puedo...

- identificar la idea principal de textos orales y escritos sobre las aficiones y el tiempo libre.
- intercambiar ideas sobre las formas de entretenimiento en mi país frente a otros países.
- escribir un artículo acerca de los deportes y juegos que representan la identidad de mi comunidad.
- comparar los productos relacionados con festivales y parques de atracciones en mi cultura y otras.
- seguir las normas de protocolo para participar en celebraciones, juegos y eventos musicales con mis compañeros hispanohablantes.

Practice more at vhlcentral.com.

COMMUNICATIVE OBJECTIVES highlight the real-life tasks you will be able to accomplish in Spanish by the end of each lesson.

WRITING GENRES A variety of different genres, such as description, opinion, and comparison, develop your presentational communication skills.

VOCABULARIO All the lesson's active vocabulary is grouped in easy-to-study thematic lists and tied to the lesson section in which it was presented.

AHORA YO PUEDO Can-Do statements at the end of each lesson remind you of what you have achieved. The first through third statements cover interpretive, interpersonal, and presentational communication, respectively, whereas the fourth and fifth cover intercultural communication.

Supersite

- Textbook writing activity with composition engine
- Audio recordings of all vocabulary items
- Vocabulary Tools: customizable word lists and flashcards with audio

Program Components

Student Edition vText

This virtual, interactive student edition is a digital textbook, with links to Supersite activities and media.

Student Activities Manual (SAM)

The **Student Activities Manual** consists of two parts: the **Workbook** and the **Lab Manual**.

- Workbook

  The **Workbook** activities provide additional practice of the vocabulary, grammar, and cultural content for each textbook lesson.

- Lab Manual

  The **Lab Manual** activities focus on improving students' Spanish pronunciation and listening comprehension skills. They also provide additional practice of the vocabulary and grammar of each lesson.

Perspectivas, Second Edition, Supersite

Included with the purchase of every new student edition, the passcode to the Supersite (**vhlcentral.com**) gives students access to a wide variety of interactive activities for each section of every lesson, including auto-graded activities for extra practice with vocabulary, grammar, video, and cultural content; reference tools; the **Artículo** video clips; the short documentaries; News and Cultural Updates; the MP3 files for the textbook and Lab Manual audio; and more.

- WebSAM

  Completely integrated with the **Perspectivas**, Second Edition, Supersite, the **WebSAM** provides access to online **Workbook** and **Lab Manual** activities with instant feedback and grading for select activities. The complete audio program is accessible online in the **Lab Manual** and features record-and-submit functionality for select activities. The MP3 files can be downloaded from the **Perspectivas**, Second Edition, Supersite and can be played on a computer or mobile device.

Reviewers

On behalf of its writers and editors, Vista Higher Learning expresses sincere thanks to the instructors nationwide who reviewed **Perspectivas**. Their insights, ideas, and detailed comments were invaluable to the final product.

Felipe Amaro
Ransom Everglades School, Miami, FL

Maria Consuelo Arellano
Oak Forest High School, Oak Forest, IL

José Román Benítez Meléndez
Rye Country Day School, Rye, NY

Donna Binkowski
Southern Methodist University, Dallas, TX

Michael Blakley
Oak Forest High School, Oak Forest, IL

Joelle Bonamy
Columbus State University, Columbus, GA

Carolina Burelli
Carrollton School of the Sacred Heart, Miami, FL

Krissie Butler
Anderson University, Anderson, SC

Margarita Cabán-Dooley
The Out-of-Door Academy, Sarasota, FL

Sandra Cantu Torres
United Township High School, East Moline, IL

Sarah DeSmet
Wesleyan College, Macon, GA

Maria Dessipris
Glen Ridge High School, Glen Ridge, NJ

Michelle Dumais
Savannah Country Day School, Savannah, GA

Jeff Farris
Dover-Sherborn High School, Dover, MA

Melissa Fiori
Daemen University, Buffalo-Amherst, NY

Marta Herrera
Plainview-Old Bethpage JFK High School, Plainview, NY

Dawn Heston
University of Missouri, Columbia, MO

Janica Jackson
Providence Hall High School, Herriman, UT

Stephanie La Manna Gutting
Fishers High School, Fishers, IN

Elizabeth Langley
Fort Hays State University, Tallahassee, FL

Nelson López
Bellarmine University, Louisville, KY

Melissa Manchester Mulder
Hope College, Holland, MI

Mariana Mariel
Greenhill School, Addison, TX

Alfredo Palacio
Ransom Everglades School, Coconut Grove, FL

Karina Peña
Albuquerque Academy, Albuquerque, NM

Oscar Reynoso
Jurupa Unified School District, Jurupa Valley, CA

Gabriel Rico
Louisiana State University, Baton Rouge, LA

Miguel Rincón
Bellarmine University, Louisville, KY

Daniela Rozanes
The Out-of-Door Academy, Sarasota, FL

Makenzie Seiple
North Cross School, Roanoke, VA

Susana Solera Adoboe
Southern Methodist University, Dallas, TX

Kate Sullivan
University School of Nashville, Nashville, TN

Julie Tobias
Hamilton Southeastern School System, Fishers, IN

Wendy Valenteen
Mercersburg Academy, Mercersburg, PA

Gretchen Wachter
Ojai Valley School, Ojai, CA

Susan Williams
Jackson Liberty High School, Jackson, NJ

Kinnereth Winegarner
Napa Valley Unified School District, Napa, CA

Rachel Zimmerman
Kent School, Kent, CT

Estados Unidos
R. Colorado
Tijuana
Mexicali
Nogales
Ciudad Juárez
Río Grande
Río Bravo del Norte
BAJA CALIFORNIA
Golfo de California
Hermosillo
Sierra Madre Occidental
Chihuahua
R. Conchos
Sierra Madre Oriental
Nuevo Laredo
Reynosa
Matamoros
México
Monterrey
Saltillo
Golfo de México
Ciudad Victoria
La Paz
Mazatlán
N
O
E
S
Zacatecas
San Luis Potosí
Tampico
Aguascalientes
León
Guanajuato
Puerto Vallarta
Guadalajara
Bahía de Campeche
Mérida
Cancún
Campeche
YUCATÁN
Jalapa
Morelia
Ciudad de México, D.F.
Uruapan del Progreso
Cuernavaca
Puebla
Veracruz
Villahermosa
R. Balsas
Océano Pacífico
Oaxaca
ISTMO DE TEHUANTEPEC
Acapulco
Belice
Guatemala
Honduras
El Salvador

México

América Central y el Caribe
N
O
E
S
Estados Unidos
Golfo de México
Océano Atlántico
Estrechos de la Florida
Canal de Yucatán
Islas Bahamas
La Habana
Matanzas
Pinar del Río
Cienfuegos
Cuba
Camagüey
Guantánamo
Santiago de Cuba
Haití
Puerto Príncipe
República Dominicana
Santo Domingo
Puerto Rico
San Juan
Mayagüez
Ponce
Jamaica
Kingston
México
Belice
Belmopán
Guatemala
Cobán
Quetzaltenango
Ciudad de Guatemala
San Salvador
El Salvador
Honduras
Tegucigalpa
Nicaragua
Managua
Mar Caribe
Puntarenas
San José
Puerto Limón
Costa Rica
Canal de Panamá
Colón
Ciudad de Panamá
Panamá
Océano Pacífico
Colombia
Venezuela
Antigua y Barbuda
Islas Vírgenes (EE.UU.)
Guadalupe (Francia)
Antillas Menores
Dominica
Martinica (Francia)
Sta. Lucía
San Vicente y las Granadinas
Aruba (Países Bajos)
Bonaire(Países Bajos)
Barbados
Granada
Curaçao (Países Bajos)
Isla de Margarita
Trinidad y Tobago
Puerto España

Mar Caribe
Barranquilla
Maracaibo
Caracas
Puerto España
Trinidad y Tobago
Venezuela
Colombia
Medellín
Bogotá
Cali
Pasto
R. Orinoco
Georgetown
Guyana
Paramaribo
Surinam
Cayena
Guayana Francesa
Quito
Ecuador
Guayaquil
Iquitos
Perú
R. Negro
R. Amazonas
Manaus
Belém
R. Madeira
Cordillera de los Andes
Lima
Cuzco
Lago Titicaca
Arequipa
La Paz
Bolivia
Sucre
Arica
Iquique
Océano Pacífico
Recife
Salvador
Brasil
Brasilia
R. Paraguay
R. Paraná
Belo Horizonte
São Paulo
Río de Janeiro
Santos
Antofagasta
Salta
Paraguay
Asunción
Chile
R. Uruguay
Porto Alegre
Córdoba
Valparaíso
Mendoza
Santiago
Rosario
Buenos Aires
Uruguay
Montevideo
Concepción
Argentina
Bahía Blanca
Puerto Montt
Océano Atlántico
N
O
E
S
Estrecho de Magallanes
Islas Malvinas
Punta Arenas
Tierra del Fuego
Islas Galápagos
Océano Pacífico
Isla Pinta
Isla Marchena
Isla Genovesa
Isla Isabela
Línea ecuatorial
Volcán Darwin
Isla Santiago
(San Salvador)
Isla Fernandina
Puerto Ayora
Isla San Cristóbal
Santo Tomás
Isla Santa Cruz
Puerto Baquerizo Moreno
Isla Santa María
Isla Española
América del Sur

Mar Cantábrico
Océano Atlántico
Portugal
Lisboa
Oporto
Braga
Coimbra
Serra da Estrela
Setúbal
España
Madrid
Andorra
Pirineos
GALICIA
La Coruña
Pontevedra
Vigo
ASTURIAS
Avilés
Gijón
Oviedo
CANTABRIA
Santander
Bilbao
San Sebastián
PAÍS VASCO
Pamplona
NAVARRA
LA RIOJA
Burgos
CATALUÑA
Gerona
Barcelona
Tarragona
Lérida
Zaragoza
ARAGÓN
Palencia
Valladolid
Zamora
CASTILLA-LEÓN
Salamanca
Segovia
Ávila
Toledo
COMUNIDAD VALENCIANA
Valencia
Cáceres
EXTREMADURA
Mérida
Badajoz
CASTILLA-LA MANCHA
Albacete
Alicante
Murcia
Cartagena
Sierra Morena
Córdoba
Jaén
ANDALUCÍA
Sevilla
Huelva
Granada
Sierra Nevada
Almería
Málaga
Cádiz
Algeciras
Gibraltar (R.U.)
Ceuta (Esp.)
Estrecho de Gibraltar
Melilla (Esp.)
Marruecos
Islas Baleares
Menorca
Mallorca
Palma
Ibiza
Formentera
Mar Mediterráneo
N
S
E
O
Islas Canarias
La Palma
Santa Cruz de la Palma
Tenerife
Santa Cruz de Tenerife
Gomera
Hierro
Lanzarote
Arrecife
Puerto del Rosario
Fuerteventura
Las Palmas
Gran Canaria
Océano Atlántico
Marruecos

SECOND EDITION

PERSPECTIVAS

INTERMEDIATE SPANISH | A CULTURAL APPROACH

Fiestas tradicionales En parejas, investiguen y comenten sobre las celebraciones tradicionales de sus países de origen. Después, respondan: ¿en qué época se celebran? ¿Qué actividades se realizan? ¿Son auténticas esas celebraciones o provienen de otras culturas?

COSTUMBRES Y TRADICIONES

De fiesta

LECCIÓN

1

LESSON OBJECTIVES

You will learn how to...

- identify the main idea of spoken and written texts related to festivities and celebrations.
- participate in a conversation about the importance of customs and traditions in your family.
- write about a holiday in your community and one in a Spanish-speaking country.
- compare perspectives about food, music, and other celebrations in your own and other cultures.
- show respect towards the different ways a community celebrates cultural traditions.

GUATEMALA, HONDURAS Y EL SALVADOR

Las fiestas

Desde siempre, la **Nochevieja** ha sido la fiesta preferida de Laura, porque le encanta pensar en planes y propósitos para el año nuevo. Su escuela cierra desde el día de **Navidad** y ella suele pasar estos **días feriados** con su familia. Además, su hermano nació a finales de diciembre, así que en esas fechas celebran también su **cumpleaños**.

el aniversario *anniversary*
el cumpleaños *birthday*
el día feriado *holiday*
la Navidad *Christmas*
la Nochebuena *Christmas Eve*
la Nochevieja *New Year's Eve*
la Pascua *Easter*
la Pascua Judía *Passover*

Las tradiciones

El Inti Raymi es una **ceremonia** de **origen** inca que se celebra cada 24 de junio en Cusco, Perú. Coincide con el solsticio de invierno en el hemisferio sur. En ella se **honra** al dios Sol. Fue prohibida durante la colonización al considerarse una fiesta **pagana**, pero hoy en día se celebra con una representación teatral de los **ritos** originales.

ancestral *ancestral*
la ceremonia *ceremony*
conmemorar *to commemorate*
la creencia *belief*
honrar *to honor*
el origen *origin*
pagano/a *pagan*
el rito *rite*
sagrado/a *sacred*

Las diversiones

Arturo recuerda con nostalgia las fiestas populares de su pueblo cada verano. Su familia siempre participaba en la **procesión**, recorriendo las calles al son (*sound*) de la **banda de música** y sus marchas solemnes. Él, sin embargo, prefería ir a la **feria** con sus amigos. Cada tarde, había un **espectáculo** de música o teatro, y la noche terminaba con **fuegos artificiales**.

la banda de música *marching band*
la comparsa *troupe*
el concurso *contest*
el desfile *parade*
el disfraz *costume*
el espectáculo *show*
la feria *fair*
los fuegos artificiales *fireworks*
la procesión *procession*

Práctica

Las decoraciones

Los **altares** son un elemento común de la celebración del Día de Muertos en México. Se instalan en los hogares en honor a los muertos de la familia. Se decoran con alimentos como **pan de muerto** y calaveras (*skulls*) de azúcar, y con **adornos** como cruces, **velas** y **arreglos florales**.

el adorno *ornament*
el altar *altar*
el arreglo floral *flower arrangement*
el globo *balloon*
la guirnalda *garland*
el pan de muerto *sweet bread*
el papel de envolver *wrapping paper*
la vela *candle*

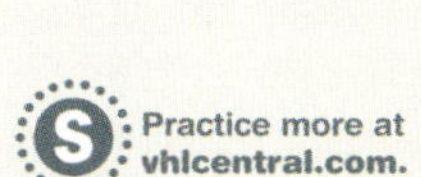

1 Completa Elige la palabra adecuada.

arreglos florales	desfile	feria
comparsas	disfraz	honrar
concurso	espectáculos	origen

La (1) __________ de las Flores se celebra en Medellín, Colombia, durante el mes de agosto y tiene su (2) __________ en el año 1957. Esta festividad se estableció para (3) __________ a los productores de flores de la región. El evento central de la fiesta es el (4) __________ de silleteros, en el que los participantes marchan por las calles mostrando sus silletas, acompañados de animadas (5) __________. Las silletas son (6) __________ muy elaborados hechos con diferentes variedades de flores. Otros eventos son (7) __________ musicales o una marcha de ciclistas, que van disfrazados y participan en un (8) __________ donde se elige el mejor (9) __________.

2 Comparte En parejas, contesten estas preguntas.

1. ¿Qué te gusta hacer en Nochevieja? ¿Cómo se celebra el año nuevo en tu país?
2. ¿Qué importancia tienen los ritos en las culturas? ¿Y en tu cultura?
3. ¿Cuál es el aspecto que más te gusta de celebrar una fiesta? ¿Por qué?
4. ¿Para qué fiesta te gusta más decorar tu casa? ¿Qué tipo de adornos son típicos de esa fiesta?

3 De fiesta

A. Completa la información sobre una fiesta tradicional de tu país.

Fechas	
Origen	
Actividades	
Decoración	

B. Ahora, escribe un breve texto usando la información en la tabla. Intercambia tu texto con el de un(a) compañero/a y hagan una lista de los elementos que tienen en común.

PUEDO comparar celebraciones tradicionales de mi cultura con las de otras culturas.

Preparación

Communicative Objective: Discuss about Guatemalan traditions of indigenous people

Vocabulario del documental		Vocabulario útil	
agradecer (c:zc)	*to thank*	**los antepasados**	*ancestors*
el apoyo	*support*	**celebrar**	*to celebrate*
el aprendizaje	*learning*	**compartir**	*to share*
el cargo	*position, post*	**el ramo**	*bouquet*
el cuento de hadas	*fairy tale*	**tradicional**	*traditional*
fortalecer (c:zc)	*to strengthen*	**el traje**	*dress, costume*
la herencia cultural	*cultural heritage*		
inesperado/a	*unexpected*		
inigualable	*incomparable*		
el legado	*legacy*		
el orgullo	*pride*		
la plática	*talk, conversation*		

Expresiones	
un mar de (algo)	*many, a flood of (something)*
si bien	*although*
sentirse invadido/a por	*to be overcome by*

1 Vocabulario Completa las oraciones.

1. La ceremonia es maravillosa, es como estar en un ____________.
2. Mis amigos me dan todo el ____________ que necesito, ¡son fantásticos!
3. La profesora ____________ a los estudiantes la atención en clase.
4. El sabor del helado de chocolate es ____________, es el mejor.
5. Siempre tenemos una ____________ muy respetuosa en nuestro grupo de amigos.
6. El ____________ de un idioma nuevo necesita práctica y estudio.
7. Nuestra ____________ hace nuestras relaciones humanas más interesantes.
8. El argumento de la película da un giro ____________, ¡qué sorpresa!
9. ¿Cuál es el ____________ que te dejan tus abuelos?
10. Practicar un deporte permite ____________ los músculos del cuerpo.

2 Expresiones Completa el texto con las expresiones que aprendiste.

Hoy es la fiesta de bienvenida de mi amiga Mariana. ¡Hace cinco años que vive en El Salvador! Es muy emocionante... Siento que voy a llorar ____________ lágrimas (*tears*) al verla. Me ____________ por la emoción de reencontrarnos después de tanto tiempo. ____________ es cierto que nos escribimos a menudo, yo tenía muchísimas ganas de verla en persona. ¡Ella es mi mejor amiga de toda la vida!

3 Preparación En parejas, respondan las preguntas.

1. ¿Vas a alguna celebración especial con mucha gente y música en vivo? ¿Cuál? ¿Qué te parece?
2. ¿Conoces celebraciones tradicionales donde llevan trajes o vestidos típicos? ¿Cuáles? ¿Cómo son?
3. ¿En tu ciudad hay festivales culturales? ¿Qué tipo de festival o tradición te gustaría celebrar en tu ciudad? ¿Por qué?

4 Fiesta En parejas, elijan una fiesta tradicional de su país y marquen las características que aplican para esa fiesta. Comenten sus elecciones.

Característica	¿Aplica?
1. Tiene música.	☐
2. Hay vestidos tradicionales.	☐
3. Se sirve comida típica.	☐
4. Se celebra más de un día.	☐
5. Participan niños y adultos.	☐

Característica	¿Aplica?
6. Hay bailes tradicionales.	☐
7. Siempre es igual todos los años.	☐
8. Es una fiesta religiosa.	☐
9. Hay venta de artesanías.	☐
10. Tiene un personaje central.	☐

5 A celebrar En grupos de cuatro, discutan sobre la creación de una nueva celebración para su comunidad. Guíense por las preguntas para conversar sobre ella.

- ¿Cuánto tiempo dura?
- ¿Cómo se llama?
- ¿Qué actividades hay?
- ¿Hay música? ¿Comida? ¿Baile?
- ¿Cuál es el mensaje o propósito de esta celebración?

6 Comentar En grupos de tres, comenten una experiencia personal relacionada con una celebración de su país. Luego, comparen su experiencia con las imágenes de fiestas y carnavales en Latinoamérica.

Carnaval de Barranquilla, Colombia

Día de la Independencia, México

Día de Reyes, Puerto Rico

Practice more at vhlcentral.com.

Trayectoria de Rab'in Ajaw

Una celebración de la cultura maya guatemalteca

ARGUMENTO

Rab'in Ajaw es una celebración de Guatemala en la que se elige cada año a la reina indígena nacional. Es una fiesta colorida, con bailes y procesiones, en la que las candidatas se visten con trajes tradicionales.

PRESENTADOR: ¡Tenemos nueva Rab'in Ajaw!

ALMA IRENE: No puedo describir exactamente lo que sentí. Es un mar de emociones.

ALMA IRENE: Pero hay un componente que me ayudó demasiado, que es la parte espiritual, la cosmogonía° que tenemos como pueblos.

ALMA IRENE: Nunca esperamos esto porque nuestra lucha° ha sido por amor a la cultura.

ALMA IRENE: A veces, yo no me imagino la magnitud de lo que significa ser Rab'in Ajaw, porque es una persona que transmite el legado de mis abuelos, de nuestros pueblos.

ALMA IRENE: "Que todos se levanten, que nadie se quede atrás".

la cosmogonía *cosmogony*
la lucha *fight, struggle*

Análisis

1 ¿Cierto o falso? Indica si las oraciones son ciertas o falsas. Corrige las falsas.

1. La celebración de Rab'in Ajaw sucede en varios países de Latinoamérica cada año.
2. Alma Irene se siente afortunada y da gracias a su pueblo por ser Rab'in Ajaw.
3. A Alma Irene le pareció fácil el proceso para llegar a ser Rab'in Ajaw.
4. Para ser Rab'in Ajaw, Alma Irene se formó, aprendió e investigó sobre su cultura.
5. Alma Irene agradece a los ancestros por la herencia cultural.
6. La formación educativa de Alma Irene es en ciencias y letras.
7. La familia de Alma Irene quiere un cargo oficial en el gobierno.
8. Para Alma Irene, ser Rab'in Ajaw fue algo que esperaba desde mucho tiempo.
9. Las actividades que se realizan no son solo por folclor, sino para dar a conocer la cultura y la voz de las mujeres.
10. El papel de la Rab'in Ajaw es transmitir el legado de su cultura.

2 Opinión En parejas, respondan las preguntas.

1. ¿Cómo puedes resumir la celebración de Rab'in Ajaw? ¿Te parece única, o conoces alguna celebración similar?
2. ¿Te gustaría participar en una celebración como la de Rab'in Ajaw? ¿Por qué?
3. ¿Cuáles crees que son las responsabilidades de una Rab'in Ajaw? ¿Por qué son importantes?
4. ¿Qué maneras de conservar y compartir la cultura indígena conoces en tu país? ¿Qué actividades se hacen para esto?
5. ¿Cómo crees que se puede ayudar a aprender más sobre nuestra cultura? ¿Qué tipo de actividades o festivales se pueden hacer? Explica.
6. ¿Crees que un festival como el de Rab'in Ajaw se podría celebrar en tu ciudad? ¿Por qué? ¿Cómo se puede adaptar para que tenga un sabor local?

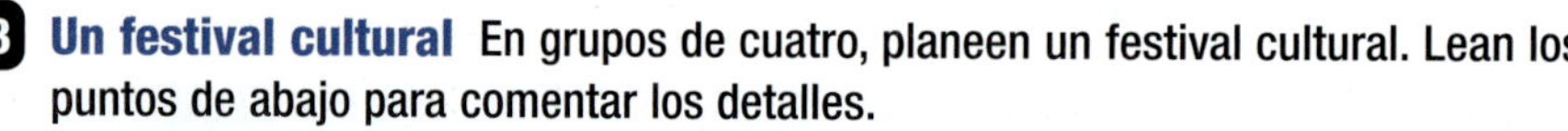

3 Un festival cultural En grupos de cuatro, planeen un festival cultural. Lean los puntos de abajo para comentar los detalles.

- ¿Cuál es el objetivo principal del festival?
- ¿Qué identidad cultural representa?
- Expliquen con detalle el programa de actividades del festival.
- ¿Qué beneficios tiene poder compartir las tradiciones culturales en este festival?

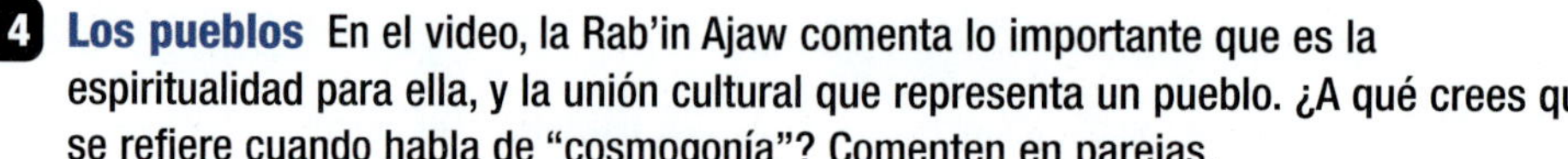

4 Los pueblos En el video, la Rab'in Ajaw comenta lo importante que es la espiritualidad para ella, y la unión cultural que representa un pueblo. ¿A qué crees que se refiere cuando habla de "cosmogonía"? Comenten en parejas.

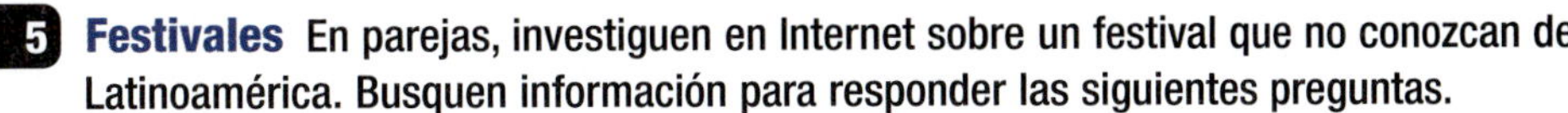

5 Festivales En parejas, investiguen en Internet sobre un festival que no conozcan de Latinoamérica. Busquen información para responder las siguientes preguntas.

1. ¿Cómo se llama? ¿Cuándo y dónde se celebra?
2. ¿Quién participa en el festival? ¿Qué hacen?
3. ¿Cuál es la historia y el origen de este festival?
4. ¿En qué se parece y en qué se diferencia de la celebración de Rab'in Ajaw?

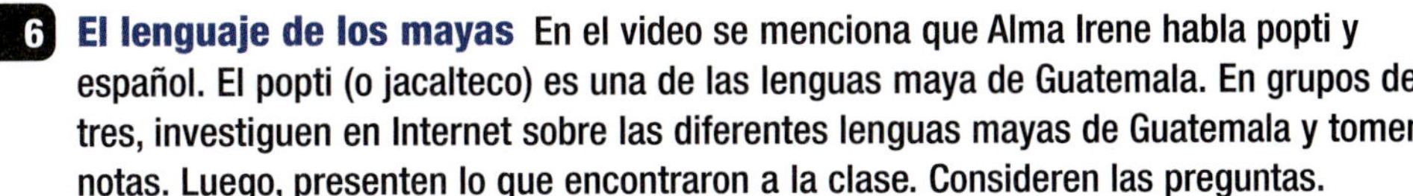

6 El lenguaje de los mayas En el video se menciona que Alma Irene habla popti y español. El popti (o jacalteco) es una de las lenguas maya de Guatemala. En grupos de tres, investiguen en Internet sobre las diferentes lenguas mayas de Guatemala y tomen notas. Luego, presenten lo que encontraron a la clase. Consideren las preguntas.

- ¿Cuántas lenguas se hablan en Guatemala?
- ¿Cuáles son las tres más habladas?
- ¿Dónde se habla el popti?
- ¿Cómo se diferencian las lenguas de Guatemala de las que se hablan en Estados Unidos?

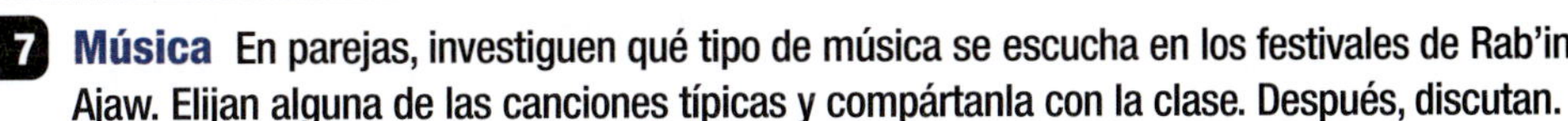

7 Música En parejas, investiguen qué tipo de música se escucha en los festivales de Rab'in Ajaw. Elijan alguna de las canciones típicas y compártanla con la clase. Después, discutan.

- ¿Qué les gustó de esa canción en particular?
- ¿Qué les sorprendió sobre la música de Rab'in Ajaw? ¿Por qué?
- ¿Se parece esta música a canciones que ya conocían? ¿A cuál(es)?
- ¿Qué instrumentos musicales se escuchan en la canción? ¿Son similares a los que se usan en su(s) país(es)?
- ¿Conocen alguna canción típica de las celebraciones de su(s) comunidad(es)? ¿De qué tratan?

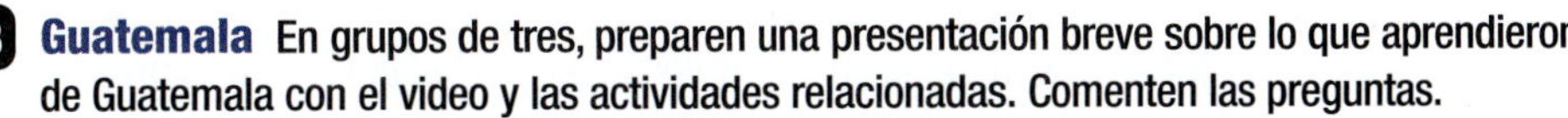

8 Guatemala En grupos de tres, preparen una presentación breve sobre lo que aprendieron de Guatemala con el video y las actividades relacionadas. Comenten las preguntas.

1. ¿Qué les pareció más sorprendente?
2. ¿Qué aspectos ya conocían?
3. ¿En qué se parece la cultura guatemalteca a la suya? ¿En qué se diferencia?
4. ¿Qué más les gustaría saber sobre Guatemala? ¿Por qué?
5. ¿Qué personas o instituciones se dedican a conservar la herencia cultural en su(s) comunidad(es)?
6. ¿Se interesan los jóvenes de su(s) comunidad(es) o de su(s) país(es) en la preservación de la cultura de sus ancestros? Expliquen.

PUEDO discutir sobre tradiciones indígenas guatemaltecas.

Communicative Objective: Express everyday actions or general ideas

1.1 The present tense

Regular *–ar, –er, –ir* verbs

- The present tense **(el presente)** of regular verbs is formed by dropping the infinitive ending **–ar**, **–er**, or **–ir** and adding personal endings.

The present tense of regular verbs

	hablar	beber	vivir
yo	hablo	bebo	vivo
tú	hablas	bebes	vives
Ud./él/ella	habla	bebe	vive
nosotros/as	hablamos	bebemos	vivimos
vosotros/as	habláis	bebéis	vivís
Uds./ellos/ellas	hablan	beben	viven

- The present tense is used to express actions or situations that are going on at the present time and to express general truths.

¿Qué fiesta **celebran** hoy?
What holiday do you celebrate today?

Celebramos el Día de Muertos.
We celebrate the Day of the Dead.

- The present tense is also used to express habitual actions or actions that will take place in the near future.

Mis padres **preparan** pavo relleno cada Navidad.
My parents prepare stuffed turkey every Christmas.

Mañana los **ayudo** a preparar el pavo y los postres.
Tomorrow I'm helping them prepare the turkey and the desserts.

Stem-changing verbs

- Some verbs have stem changes in the present tense. In many **–ar** and **–er** verbs, **e** changes to **ie** and **o** changes to **ue**. In some **–ir** verbs, **e** changes to **i**. The **nosotros/as** and **vosotros/as** forms never have stem changes in the present tense.

Stem-changing verbs

e → ie	o → ue	e → i
pensar *to think*	**poder** *to be able to, can*	**pedir** *to ask for*
pienso	puedo	pido
piensas	puedes	pides
piensa	puede	pide
pensamos	podemos	pedimos
pensáis	podéis	pedís
piensan	pueden	piden

TALLER DE CONSULTA

These grammar topics are covered in the **Manual de gramática, Lección 1.**

1.4 Nouns and articles, p. 406
1.5 Adjectives, p. 408

For more stem-changing verbs, see the **Verb conjugation tables, pp. 440–450.**

¡ATENCIÓN!

Subject pronouns are normally omitted in Spanish. They are used to emphasize or clarify the subject.

—¿Viven en Guatemala?
Do they live in Guatemala?
—Sí, ella vive en Ciudad de Guatemala, y él vive en Cobán.
Yes, she lives in Guatemala City, and he lives in Cobán.

¡ATENCIÓN!

Jugar changes its stem vowel from **u** to **ue**. **Construir, destruir, incluir,** and **influir** add a **y** before the personal endings. As with other stem-changing verbs, the **nosotros/as** and **vosotros/as** forms do not change.

jugar
juego, juegas, juega, jugamos, jugáis, juegan
incluir
incluyo, incluyes, incluye, incluimos, incluís, incluyen

Irregular *yo* forms

- Many **–er** and **–ir** verbs have irregular **yo** forms in the present tense. Verbs ending in **–cer** or **–cir** change to **–zco** in the **yo** form; those ending in **–ger** or **–gir** change to **–jo**. Several verbs have irregular **–go** endings, and a few have individual irregularities.

Ending in *–go*		Ending in *–zco*	
caer *to fall*	**yo caigo**	**conducir** *to drive*	**yo conduzco**
distinguir *to distinguish*	**yo distingo**	**conocer** *to know*	**yo conozco**
hacer *to do, to make*	**yo hago**	**crecer** *to grow*	**yo crezco**
poner *to put, to place*	**yo pongo**	**obedecer** *to obey*	**yo obedezco**
salir *to leave, to go out*	**yo salgo**	**parecer** *to seem*	**yo parezco**
traer *to bring*	**yo traigo**	**producir** *to produce*	**yo produzco**
valer *to be worth*	**yo valgo**	**traducir** *to translate*	**yo traduzco**

Ending in *–jo*		Other verbs	
dirigir *to direct, manage*	**yo dirijo**	**caber** *to fit*	**yo quepo**
escoger *to choose*	**yo escojo**	**saber** *to know*	**yo sé**
exigir *to demand*	**yo exijo**	**ver** *to see*	**yo veo**
proteger *to protect*	**yo protejo**		

- Verbs with prefixes follow the same patterns.

reconocer *to recognize*	**yo reconozco**	**oponer** *to oppose*	**yo opongo**
deshacer *to undo*	**yo deshago**	**proponer** *to propose*	**yo propongo**
rehacer *to remake, redo*	**yo rehago**	**suponer** *to suppose*	**yo supongo**
aparecer *to appear*	**yo aparezco**	**atraer** *to attract*	**yo atraigo**
desaparecer *to disappear*	**yo desaparezco**	**contraer** *to contract*	**yo contraigo**
componer *to make up*	**yo compongo**	**distraer** *to distract*	**yo distraigo**

Irregular verbs

- Other commonly used verbs in Spanish are irregular in the present tense or combine a stem change with an irregular **yo** form or other spelling change.

dar *to give*	**decir** *to say*	**estar** *to be*	**ir** *to go*	**oír** *to hear*	**ser** *to be*	**tener** *to have*	**venir** *to come*
doy	**digo**	**estoy**	**voy**	**oigo**	**soy**	**tengo**	**vengo**
das	**dices**	**estás**	**vas**	**oyes**	**eres**	**tienes**	**vienes**
da	**dice**	**está**	**va**	**oye**	**es**	**tiene**	**viene**
damos	**decimos**	**estamos**	**vamos**	**oímos**	**somos**	**tenemos**	**venimos**
dais	**decís**	**estáis**	**vais**	**oís**	**sois**	**tenéis**	**venís**
dan	**dicen**	**están**	**van**	**oyen**	**son**	**tienen**	**vienen**

¡ATENCIÓN!

Some verbs with irregular **yo** forms have stem changes as well.

conseguir (e:i) → **consigo**
corregir (e:i) → **corrijo**
elegir (e:i) → **elijo**
seguir (e:i) → **sigo**
torcer (o:ue) → **tuerzo**

COMPARACIONES

En inglés, como en español, los verbos también se conjugan. Sin embargo, para la mayoría de los verbos en inglés, el único cambio en el presente es la *s* de la tercera persona singular: *She **walks**.*

1. En inglés, existe un verbo con tres formas conjugadas en el presente. En parejas, búsquenlo en esta página y digan cuál es.
2. El español tiene muchas más formas verbales que el inglés. ¿Por qué creen ustedes que es así?
3. Expliquen: ¿Cómo puede afectar a la comprensión una conjugación incorrecta en cualquier idioma?

Práctica

1 Un apartamento infernal Beto no se siente bien en su apartamento. Completa el párrafo con los verbos de la lista. Usa el presente.

caber	hacer	oír	tener
estar	ir	ser	ver

Mi apartamento (1) __________ en el quinto piso. El edificio no (2) __________ ascensor y, para llegar al apartamento, (3) __________ que subir por la escalera. El apartamento es tan pequeño que mis cosas no (4) __________. Las paredes (*walls*) (5) __________ muy delgadas. A todas horas (6) __________ la radio o la televisión de algún vecino. El apartamento siempre (7) __________ oscuro y no (8) __________ cuando (9) __________ la tarea. ¡(10) __________ a buscar otro apartamento!

2 ¿Qué haces? Haz preguntas basadas en estas opciones y contéstalas con una explicación.

Modelo **celebrar / con tu familia**
—¿Celebras el Año Nuevo con tu familia?
—No, lo celebro con mis amigos, Pablo y Julián.

1. salir / con amigos todas las noches
2. decir / mentiras
3. conducir / estar cansado
4. tener / miedo de ser antipático/a con los amigos
5. dar / consejos sobre asuntos personales
6. venir / a clase tarde con frecuencia

3 ¿Qué hacemos? Estás organizando tu fiesta de cumpleaños con amigos y familiares. Escribe cinco oraciones completas usando los sujetos y los verbos de las columnas.

Modelo Tú conoces a todos los invitados.

Sujetos	Verbos	
yo	compartir	desear
tú	conocer	exigir
mi(s) amigo(s)/a(s)	creer	pensar
nosotros/as	deber	poner
mis familiares		

1. ______________________________
2. ______________________________
3. ______________________________
4. ______________________________
5. ______________________________

Practice more at vhlcentral.com.

Comunicación

4 **Aniversario** Imagina que tus abuelos cumplen 50 años de haberse conocido y tú quieres preparar una celebración especial para ellos. Escribe las tareas que tus familiares deben hacer para ayudarte, usando verbos en presente.

Modelo El tío Carlos redacta las invitaciones...

5 **En el café** Carola está en un café con unos amigos. En parejas, escriban ocho oraciones en las que Carola describe lo que hace cada persona. Usen algunos verbos de la lista.

beber	hablar	ser
decir	oír	traer
estar	pedir	

6 **Sueños cumplidos** Un nuevo *reality show* tiene como objetivo cumplir los sueños de los participantes.

A. En parejas, lean los sueños de algunos posibles participantes y preparen una lista de preguntas que el/la presentador(a) o el público puede hacerle a cada uno. Usen verbos en presente y el vocabulario de la lección.

María, 21 años
Sus padres la adoptaron cuando era niña. Cuando cumplió los veintiún años, sus padres le contaron que tiene una hermana melliza (*twin*). María quiere conocerla.

Pedro, 35 años
Vive en los Estados Unidos desde los cuatro años. No ve a sus abuelos desde entonces. Se acerca el cumpleaños número noventa de su abuela.

Francisco, 50 años
A los dieciocho años, Francisco emigró a los Estados Unidos. Su hermana, Sofía, emigró a España. Se hablan por teléfono pero hace treinta y dos años que no se ven.

B. Elijan al primer participante del programa e improvisen la primera entrevista. Uno/a de ustedes es el/la presentador(a) y el/la otro/a es el/la participante.

PUEDO preguntarle a alguien quién es y lo que quiere hacer.

Communicative Objective: Talk about location, origin, and characteristics of people and things

1.2 *Ser* and *estar*

—"*[. . .]* ***es*** *un mar de emociones.*"

—"*[. . .] tenemos acciones que muchas veces no se visibilizan, pero* ***están*** *ahí*".

¡ATENCIÓN!

Ser and **estar** both mean *to be*, but they are not interchangeable. **Ser** is used to express the idea of permanence, such as inherent or unchanging qualities and characteristics. **Estar** is used to express temporality, including qualities or conditions that change with time.

Uses of *ser*

Nationality and place of origin	Mis padres **son** salvadoreños, pero yo **soy** de Florida.
Profession or occupation	El señor López **es** director de una banda de música.
Characteristics of people, animals, and things	El clima de Honduras **es** tropical.
Generalizations	Las celebraciones de Nochevieja **son** muy divertidas.
Possession	La guitarra **es** del tío Guillermo.
Material of composition	Las guirnaldas **son** de papel de colores.
Time, date, or season	**Son** las diez de la mañana.
Where or when an event takes place	La fiesta **es** en el apartamento de Carlos; **es** el sábado a las nueve de la noche.

Uses of *estar*

Location or spatial relationships	La tienda de disfraces **está** en la próxima calle.
Health	Hoy **estoy** enfermo y no puedo ir a la fiesta.
Physical states and conditions	El vestido **está** limpio.
Emotional states	¿**Está** Marisa contenta por participar en el desfile?
Certain weather expressions	¿**Está** nublado o **está** despejado hoy en Tegucigalpa?
Ongoing actions (progressive tenses)	Paula **está** escribiendo invitaciones para su boda.
Results of actions (past participles)	La casa **está** decorada con muchos adornos.

Ser and *estar* with adjectives

- **Ser** is used with adjectives to describe inherent, expected qualities. **Estar** is used to describe temporary or variable qualities, or a change in appearance or condition.

Este espectáculo **es** fantástico. *This show is fantastic.*	¡**Estamos** tan emocionados! *We're so excited!*

- With most descriptive adjectives, either **ser** or **estar** can be used, but the meaning of each statement will differ.

Julio **es alto**. *Julio is tall. (i.e., a tall person)*	¡Ay, qué **alta estás**, Adriana! *How tall you're getting, Adriana!*
Dolores es **alegre**. *Dolores is cheerful. (i.e., a cheerful person)*	Miguel **está alegre** hoy. ¿Qué le pasa? *Miguel is cheerful today. What's up with him?*
Juan Carlos es un hombre **guapo**. *Juan Carlos is a handsome man.*	¡Manuel, **estás** tan **guapo**! *Manuel, you look so handsome!*

- Some adjectives have two different meanings depending on whether they are used with **ser** or **estar**.

ser + [*adjective*]	**estar + [*adjective*]**
Laura **es aburrida**. *Laura **is boring**.*	Laura **está aburrida**. *Laura **is bored**.*
Ese chico **es listo**. *That boy **is smart**.*	**Estoy listo** para todo. ***I'm ready** for anything.*
No **soy rico,** pero vivo bien. ***I'm** not **rich**, but I live well.*	¡El pan **está** tan **rico**! *The bread **is delicious**!*
La actriz **es mala**. *The actress **is bad**.*	La actriz **está mala**. *The actress **is ill**.*
El coche **es seguro**. *The car **is safe**.*	Creo que puedo ir pero no **estoy seguro**. *I think I can go but **I'm** not **sure**.*
Los aguacates **son verdes**. *Avocados **are green**.*	Esta banana **está verde**. *This banana **is unripe**.*
Javier **es** muy **vivo**. *Javier **is** very **sharp**.*	¿Todavía **está vivo** el autor? ***Is** the author still **living**?*
Pedro **es** un hombre **libre**. *Pedro **is** a **free** man.*	Esta noche no **estoy libre**. ¡Lo siento! *Tonight I **am** not **available.** Sorry!*

TALLER DE CONSULTA

Remember that adjectives must agree in gender and number with the person(s) or thing(s) that they modify. See **Manual de gramática 1.4, p. 406**, and **1.5, p. 408**.

¡ATENCIÓN!

Estar, not **ser**, is used with **muerto/a**.

Guadalupe Dueñas, autora de numerosos cuentos, está muerta.
Guadalupe Dueñas, author of several short stories, is dead.

Práctica

1 La boda de Emilio y Jimena **Completa cada oración de la primera columna con la terminación más lógica de la segunda columna.**

1. La boda es ___
2. La iglesia está ___
3. El cielo está ___
4. La madre de Emilio está ___
5. El padre de Jimena está ___
6. Todos los invitados están ___
7. El músico que toca en la boda es ___
8. En mi opinión, las bodas son ___

a. de El Salvador.
b. deprimido por los gastos.
c. en la calle Zarzamora.
d. esperando a que entren la novia (*bride*) y su padre.
e. contenta con la novia.
f. a las tres de la tarde.
g. muy divertidas.
h. totalmente despejado.

2 La luna de miel **Completa el párrafo con las formas apropiadas de ser y estar.**

Emilio y Jimena van a pasar su luna de miel en Roatán, Honduras. Roatán (1) __________ una isla preciosa. (2) __________ en el mar Caribe y tiene playas muy bonitas. El clima (3) __________ tropical. Jimena y Emilio (4) __________ interesados en visitar el Jardín Botánico Carambola. Jimena (5) __________ fanática de la naturaleza. Y Emilio (6) __________ muy entusiasmado por conocer Punta Gorda, donde habita una comunidad garífuna. Los dos (7) __________ aficionados a la comida caribeña. Quieren ir a todos los restaurantes que (8) __________ cerca de su hotel. Cada día van a probar un plato diferente. Algunos de los platos que piensan probar (9) __________ la sopa de caracol, el pescado frito con plátano y el ayote en miel. Después de pasar una semana en Roatán, la pareja va a (10) __________ cansada pero muy contenta.

Practice more at vhlcentral.com.

3 Preguntas Prepara ocho preguntas con base en las palabras de la lista. Utiliza los verbos **ser** o **estar** en presente.

origen	estudios actuales
nacionalidad	sentimientos actuales
personalidad	lugar donde vive/trabaja
salud	actividades actuales

4 Entrevistas En parejas, usen las listas de preguntas de la **Actividad 3** para entrevistarse. Después, cambien de pareja y cuéntenle a su compañero/a lo que descubrieron (*found out*) sobre el/la compañero/a entrevistado/a.

5 ¿Dónde estamos? En parejas, elijan una ciudad en la que supuestamente están de viaje. Sus compañeros/as de clase deberán adivinar de qué ciudad se trata. Pueden elegir una de las ciudades de las fotos u otra ciudad importante.

Tegucigalpa, Honduras

San Salvador, El Salvador

Madrid, España

Lima, Perú

Ciudad de Guatemala, Guatemala

México, D.F., México

- Hagan cinco afirmaciones usando **ser** o **estar** para dar pistas (*clues*) a sus compañeros/as. Sean creativos/as.
- Si las pistas no son suficientes, sus compañeros/as pueden hacer preguntas con **ser** o **estar**, cuya respuesta sea **sí** o **no**.
- Algunos temas para las afirmaciones o las preguntas pueden ser: ubicación, comida, características de la ciudad, actividades, sentimientos de los viajeros, personajes representativos del lugar, etc.

PUEDO identificar ciudades de Hispanoamérica por su ubicación y sus características.

1.3 *Gustar* and similar verbs

*A Alma Irene **le gusta** promover la cultura guatemalteca.*

Using the verb *gustar*

TALLER DE CONSULTA

See **3.2, p. 102,** for a discussion of object pronouns.

- Though **gustar** is translated as *to like* in English, its literal meaning is *to please.* **Gustar** is preceded by an indirect object pronoun indicating *the person who is pleased.* It is followed by a noun indicating *the thing or person that pleases.*

INDIRECT OBJECT PRONOUN	VERB	SUBJECT
Me *I*	**gusta** *like*	**la Navidad.** *Christmas. (literally: Christmas pleases me.)*
¿Te *Do you*	**gustan** *like*	**los desfiles?** *parades? (literally: Do parades please you?)*

- Because *the thing or person that pleases* is the subject, **gustar** agrees in person and number with it. Most commonly, the subject is third person singular or plural.

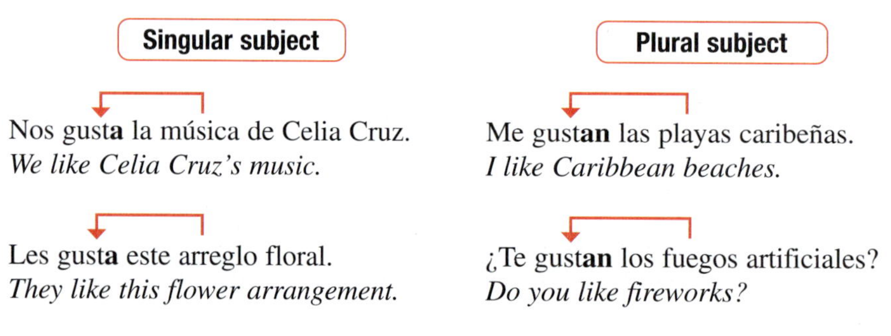

Singular subject	Plural subject
Nos gust**a** la música de Celia Cruz. *We like Celia Cruz's music.*	Me gust**an** las playas caribeñas. *I like Caribbean beaches.*
Les gust**a** este arreglo floral. *They like this flower arrangement.*	¿Te gust**an** los fuegos artificiales? *Do you like fireworks?*

- When **gustar** is followed by one or more verbs in the infinitive, the singular form of **gustar** is always used.

No nos **gusta** participar en concursos.
We don't like to participate in contests.

Les **gusta** cantar y bailar el merengue.
They like to sing and dance the merengue.

- **Gustar** is often used in the conditional (**gustaría**) to soften a request.

Me **gustaría** un refresco con hielo, por favor.
I would like a soda with ice, please.

¿Te **gustaría** venir a mi fiesta de cumpleaños?
Would you like to come to my birthday party?

Verbs like *gustar*

- Many verbs follow the same pattern as **gustar**.

aburrir *to bore*	**hacer falta** *to miss; to need*
caer bien/mal *to (not) get along well with*	**importar** *to be important to; to matter*
disgustar *to upset*	**interesar** *to be interesting to; to interest*
doler *to hurt; to ache*	**molestar** *to bother; to annoy*
encantar *to like very much*	**preocupar** *to worry*
faltar *to lack; to need*	**quedar** *to be left over; to fit (clothing)*
fascinar *to fascinate*	**sorprender** *to surprise*

Me fascina esta tradición maya.
I love this Mayan tradition.

¿**Te molesta** si voy contigo?
Will it bother you if I come along?

A Sandra **le disgusta** esa situación.
That situation upsets Sandra.

Me duelen sus mentiras.
Her lies hurt me.

- The construction **a** + [*prepositional pronoun*] or **a** + [*noun*] can be used to emphasize who is pleased, bothered, etc.

A ella no le gusta bailar, pero **a él** sí.
She doesn't like to dance, but he does.

A Felipe le molesta disfrazarse.
Wearing a costume bothers Felipe.

TALLER DE CONSULTA

See **3.2, p. 103,** for a discussion of prepositional pronouns.

- **Faltar** expresses what someone or something lacks, and **quedar** expresses what someone or something has left. **Quedar** is also used to talk about how clothing fits or looks on someone.

Le falta dinero.
He's short of money.

Le falta sal a la comida.
The food needs some salt.

A la impresora no **le queda** papel.
The printer is out of paper.

Esa falda **te queda** bien.
That skirt fits you well.

*A la Rab'in Ajaw **le interesa** aprender de otras personas y de otros pueblos.*

Práctica

1 Completar Completa la conversación.

MIGUEL: Mira, César, a mí (1) __________ (encantar) vivir contigo, pero la verdad es que (2) __________ (preocupar) algunas cosas.

CÉSAR: De acuerdo. A mí también (3) __________ (molestar) algunas cosas de ti.

MIGUEL: Bueno, para empezar (4) __________ (disgustar) que pongas la música tan alta cuando vienen tus amigos. Tus amigos (5) __________ (caer) muy bien, pero a veces hacen mucho ruido y no me dejan dormir.

CÉSAR: Sí, claro, lo entiendo. Pues mira, Miguel, a mí (6) __________ (preocupar) que no laves los platos. Además, tampoco sacas la basura.

MIGUEL: Es verdad. Pues... vamos a intentar cambiar estas cosas. ¿Te parece?

CÉSAR: (7) __________ (gustar) la idea. Yo bajo la música cuando vengan mis amigos y tú lavas los platos y sacas la basura más a menudo.

2 Preguntar En parejas, túrnense para hacerse preguntas sobre estas personas.

Modelo **fascinar / a tu padre**
—¿Qué crees que le fascina a tu padre?
—Pues, no sé. Creo que le fascina dormir.

1. preocupar / al presidente
2. encantar / a tu hermano/a
3. importar / a tus padres
4. interesar / a tu profesor(a)
5. molestar / a tu mejor amigo/a
6. faltar / a nosotros/as

3 ¿Qué te gustaría hacer el fin de semana? En parejas, pregúntense si les gustaría hacer las actividades relacionadas con las fotos. Utilicen los verbos **aburrir, disgustar, encantar, fascinar, interesar y molestar.**

Modelo —¿Te molestaría ir al parque?
—No, me encantaría.

Practice more at vhlcentral.com.

Comunicación

4 **¿Te gusta?** Pregúntate si te gustan o no estas personas y actividades. Utiliza verbos similares a **gustar**.

Benicio del Toro	ir a discotecas
Sofía Vergara	las películas de misterio
los discos de Jennifer López	las películas extranjeras
dormir los fines de semana	practicar algún deporte
hacer bromas	salir con tus amigos

5 **¿Cómo son?** En parejas, cada uno/una elige a uno de los personajes de la lista. Luego descríbanlo por escrito en cuatro oraciones usando los verbos indicados. Después, léanle a su compañero/a lo que escribieron sin decirle el nombre del personaje. Él/Ella tiene que adivinar de quién se trata. Túrnense para describir por lo menos a cuatro personajes.

Modelo —Le gusta mucho cantar. Le preocupan los problemas sociales y ambientales. No le caen bien los *papparazzi*. Es muy rico.
—¡Es Bono!

- América Ferrera
- Isabel Allende
- Guillermo del Toro
- Eva Longoria
- Shakira
- Ricky Martin
- Rafa Nadal
- Javier Bardem
- Carolina Herrera

aburrir	encantar	hacer falta	molestar
caer bien/mal	faltar	importar	preocupar
disgustar	fascinar	interesar	quedar

6 **Veinte datos** Haz preguntas a por lo menos diez de tus compañeros/as para completar la tabla. Crea los últimos cinco datos de la segunda columna usando los verbos entre paréntesis. Luego, comenta con la clase las tres respuestas que más te sorprendieron.

Encuentra a alguien que/a quien...	Nombre	Encuentra a alguien que/a quien...	Nombre
le gusta el francés		le molesta levantarse temprano	
le encanta nadar		ama ir a la playa	
le disgusta tener mascotas (*pets*)		le gusta chatear por Internet	
no le gusta manejar		odia viajar en avión	
ama los helados		le interesa la política	
le encanta la música clásica		(encantar) ______________	
no le gusta el deporte		(caer bien) ______________	
le gusta comprar cosas por Internet		(molestar) ______________	
le fascina ir a conciertos de rock		(preocupar) ______________	
no le interesa viajar		(sorprender) ______________	

PUEDO hablar sobre las actividades de entretenimiento que les gustan a mis compañeros/as.

La pedida de mano

La pedida de mano es una costumbre de la cultura maya en la que el novio pide permiso a la familia de la novia para casarse con ella. Antes, el novio traía regalos y organizaba fiestas y cenas. Actualmente°, aunque el permiso de los padres ya no es necesario, la pareja celebra una reunión donde se conocen las dos familias y se intercambian regalos y discursos°.

Barriletes gigantes

El día de difuntos° en Guatemala no es día de tristeza sino de celebración. A las comidas, flores y velas que la gente lleva al cementerio, se suma la fiesta de los barriletes° gigantes. Para honrar a los seres queridos muertos y espantar° a los espíritus malignos, el 1 y 2 de noviembre en Santiago Sacatepéquez la gente vuela barriletes pintados de muchos colores.

La Nochebuena

La Navidad en Honduras es anunciada por un personaje de origen garífuna° llamado Warini. Lleva una máscara° y baila de casa en casa el día de Nochebuena acompañado de cantantes y tambores°. Al atardecer°, las familias comparten platos típicos: nacatamales, pierna de pavo o cerdo y torrejas°. La llegada de la medianoche se festeja con abrazos y buenos deseos, y en la calle se disfruta de una fiesta pirotécnica.

Las Fiestas Agostinas

Los primeros días de agosto en El Salvador están dedicados a las Fiestas Agostinas, que celebran a Cristo, el Divino Salvador del Mundo, santo patrono de la capital. Comienzan el 1 de agosto en la madrugada° con petardos°, alboradas° y el consumo de atol shuco, una bebida típica hecha de maíz fermentado. Hasta el 6 de agosto hay misas, desfiles, rodeos y otros espectáculos.

Actualmente *Currently* **discursos** *speeches* **difuntos** *deceased* **barriletes** *kites* **espantar** *scare away* **garífuna** *descendants of indigenous Caribbeans and Africans* **máscara** *mask* **tambores** *drums* **atardecer** *dusk* **torrejas** *sweet egg bread* **madrugada** *early morning* **petardos** *firecrackers* **alboradas** *dawn choruses*

Festival Folklórico Rabin Ajaw

Ruinas de Copán

Los talcigüines

Carnaval de San Miguel

CUBA
Península de Yucatán
MÉXICO
BELICE
GUATEMALA
Mar Caribe
Quetzaltenango
Santiago Sacatepéquez
Antigua Guatemala
Cobán
Ciudad de Guatemala
Choloma
La Ceiba
San Pedro Sula
Copán
HONDURAS
NICARAGUA
Texistepeque
Tegucigalpa
San Miguel
Ahuachapán
San Salvador
Soyapango
EL SALVADOR
COSTA RICA
OCÉANO PACÍFICO
PANAMÁ

1 Perspectivas En parejas, contesten las preguntas.

1. ¿Qué tradiciones siguen en el país de ustedes las parejas que quieren casarse o formar una familia? ¿Fue igual para sus padres y para sus abuelos?
2. ¿Por qué creen que el novio tenía que pedir permiso a la familia de la novia para casarse? ¿Cómo interpretan la evolución de esta costumbre?
3. ¿Hay tradiciones de su país que han cambiado? ¿A qué se debe ese cambio?
4. ¿Por qué creen que el día de difuntos en Guatemala es un día de celebración?
5. ¿Se celebra Nochebuena en su cultura? ¿Cómo? Compárenla con la celebración en Honduras.
6. ¿Qué personaje es similar a Warini en su cultura? ¿Cuál es su origen?
7. ¿Cuáles son los platos típicos para las fiestas en su familia o comunidad?
8. ¿Son las Fiestas Agostinas similares a las fiestas populares de tu país? Expliquen.

PUEDO conversar sobre tradiciones populares en Guatemala, Honduras y El Salvador.

Practice more at vhlcentral.com.

Reportaje descriptivo

Communicative Objective: Discuss aspects of the Tomatina tradition in Spain

El audio "Cómo funciona la fiesta de la Tomatina" trata de una celebración española muy particular. En la Tomatina, los participantes se lanzan tomates por las calles para celebrar el origen de la fiesta en 1945.

Antes de escuchar

1 Activar el conocimiento previo Habla con un(a) compañero/a sobre si conocen alguna fiesta parecida a la Tomatina y descríbanla. ¿Han estado en fiestas similares? ¿Les gustaría participar? Escriban un par de oraciones sobre qué les parece la Tomatina y compartan sus ideas con la clase.

Mientras escuchas

2 Estrategia: Visualizar Trata de visualizar la Tomatina. Apunta ideas que se te ocurran sobre la fiesta y notas que la describan.

3 Escucha una vez Escucha el audio para captar las ideas generales. Anota los puntos más importantes que se describen sobre la fiesta.

4 Escucha de nuevo Ahora, basándote en lo que escuchas la segunda vez, completa tus notas iniciales y corrige lo que sea necesario.

Después de escuchar

5 Comprensión y reflexión En parejas, contesten las preguntas.

1. ¿Cuándo y dónde se celebra la Tomatina?
2. ¿Cuál es el origen de esta fiesta?
3. ¿Qué sucede después de esta "guerra de tomates"?
4. ¿Creen que este tipo de fiestas son divertidas? ¿Por qué?
5. ¿Por qué es importante la colaboración de todos en las fiestas populares?

6 Discusión En grupos de cuatro, comenten los aspectos especiales de la Tomatina y discutan si la fiesta tendría éxito en su comunidad o su cultura. Tomen notas de lo que les gusta o no les gusta de la fiesta, compárenlas y compartan sus ideas basándose en experiencias personales.

Notas		
Me gusta	No me gusta	Experiencias personales

Practice more at vhlcentral.com.

PUEDO comentar sobre las características de la Tomatina y si puede ser exitosa en mi ciudad.

SOBRE LA AUTORA

Mary Soco nació en Puebla, México. Es ingeniera, desarrolladora web, bloguera profesional y fue colaboradora en *Xataka* hasta 2019, una publicación en línea para los aficionados a la tecnología que cuenta con una comunidad conformada por millones de usuarios. Mary Soco ha contribuido en la edición de México de esta publicación con sus más de mil artículos relacionados con la tecnología y otros temas de interés.

Vocabulario de la lectura				Vocabulario útil	
el alma (*f.*)	*soul*	**la muerte**	*death*	**afligido/a**	*grief-stricken*
burlarse de	*to mock*	**la ofrenda**	*offering*	**el/la antepasado/a**	*ancestor*
la calavera	*skull*	**el rezo**	*prayer*	**el ataúd**	*coffin*
el cielo	*heaven*	**la veladora**	*votive candle*	**el entierro**	*burial*
el/la difunto/a	*deceased*			**el funeral**	*funeral*
el infierno	*hell*			**rezar**	*to pray*
				el tabú	*taboo*

1 Vocabulario Completa las oraciones.

1. La muerte es un tema ___ en muchas culturas.
   a. antepasado b. tabú c. difunto
2. Según la religión cristiana, las almas van al cielo o al ___.
   a. infierno b. entierro c. rezo
3. Tres días después de su muerte, se celebró su ___.
   a. veladora b. funeral c. ataúd
4. El conjunto de huesos de la cabeza se llama ___.
   a. alma b. ofrenda c. calavera
5. El fallecimiento (*death*) de su perrito fue muy duro para ella. Todavía está ___ por su muerte.
   a. afligida b. antepasada c. difunta

2 La muerte En parejas, contesten las preguntas.

1. ¿Cómo se considera la muerte en tu cultura?
2. ¿Conoces otras culturas en las que el concepto de la muerte sea distinto al de tu cultura? Describe cómo se percibe la muerte en esas culturas.
3. ¿Consideras que la muerte es un tabú en tu cultura? ¿En qué sentido?
4. ¿Cómo honras a tus seres queridos que ya no están contigo?
5. ¿Piensas que los seres humanos deben tener una visión negativa de la muerte? ¿Por qué?

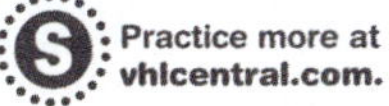

EL DÍA DE MUERTOS

en México es mucho más de lo que la mayoría de la gente cree

Mary Soco

EN MÉXICO, CADA PUEBLO, CADA REGIÓN, tiene sus propias tradiciones, sus propios usos y costumbres. Pero si hay una tradición que encontramos en cada uno de ellos, es, sin lugar a dudas, la celebración del Día de Muertos. Es en esta en la que cada familia se prepara para recibir a las almas de los seres queridos que han abandonado esta vida.

Pero hablar del Día de Muertos no es solo hablar del 2 de noviembre, fecha que la Iglesia Católica ha marcado como el día de los Fieles Difuntos. Hablar del Día de Muertos en México es hablar de misticismo, de simbología, de raíces° prehispánicas, de altares, de ofrendas, de historia, de los últimos días de octubre y los primeros de noviembre.

Ahora que han comenzado las celebraciones de este año, es buen momento para hablar de todo lo que representan, del origen de la tradición, de lo que poco a poco hemos ido olvidando, de la simbología de los altares y las diferentes actividades que enmarcan° la tradición más grande de México. Aquella en la que la muerte toma a la vez un sentido solemne, religioso y festivo.

El origen de la tradición

La muerte ha sido en todas las culturas y a través de la historia un evento que invita a la reflexión, a rituales, a ceremonias, a la búsqueda de respuestas, que causa temor°, admiración e incertidumbre°. Las culturas prehispánicas compartían la creencia de que existe una entidad anímica° e inmortal que da conciencia al ser humano y que después de la muerte continúa su camino en el mundo de los muertos, donde sigue necesitando de utensilios, herramientas° y alimentos.

En los 18 meses del calendario mexica se puede observar que hay por lo menos seis festejos° dedicados a los muertos. El más importante era la fiesta de los descarnados° que se celebraba en el

raíces *roots*
enmarcan *frame*
temor *fear*
incertidumbre *uncertainty*
anímica *spiritual*
herramientas *tools*
festejos *celebrations*
descarnados *fleshless*

noveno mes, cercano a agosto, y estaba presidido por la diosa Mictecacíhuatl, señora de los muertos y reina de Mictlán, y por Mictlantecuhtli, señor del lugar de los muertos y dios de las sombras°.

A diferencia de la religión cristiana, en el Mictlán no existían las connotaciones morales del infierno ni del paraíso; sin embargo, para llegar a él los muertos debían, durante cuatro años, pasar por diversas pruebas que encontraban en los diferentes niveles del inframundo, para finalmente llegar al lugar de su eterno reposo, liberarse de su *tonalli* o alma y ser compensados por la presencia de Tonatiuh, el dios del Sol, al caer la tarde.

Diferentes días, diferentes ánimas

De acuerdo a la Iglesia Católica, los días señalados para honrar a los muertos son el 1 y 2 de noviembre, días de Todos los Santos y Fieles Difuntos, respectivamente. Sin embargo, para quienes siguen las costumbres indígenas, la celebración comienza la última semana de octubre y finaliza los primeros días de noviembre.

Así, en algunas regiones los festejos comienzan el 25 o 28 de octubre y finalizan, dependiendo de las costumbres locales, el 2 o 3 de noviembre. Cuenta la historia y la tradición que ha pasado de boca en boca entre generaciones, que las ánimas° llegan en orden a las 12 horas de cada día, siendo el orden más generalizado:

- **28 de octubre:** día en que se recibe a los que murieron a causa de un accidente y nunca pudieron llegar a su destino, o bien, los que tuvieron una muerte repentina° y violenta
- **29 de octubre:** a los ahogados°
- **30 de octubre:** a las ánimas solas y olvidadas, que no tienen familiares que los recuerden; los huérfanos° y los criminales
- **31 de octubre:** a los limbos, los que nunca nacieron o no recibieron el bautismo
- **1 de noviembre:** a los niños, también referidos como "angelitos"
- **2 de noviembre:** a los muertos adultos

Los altares, las ofrendas, su simbología

El elemento más representativo de la festividad de Día de Muertos en México son los altares con sus ofrendas, una representación de nuestra visión sobre la muerte, llena de alegorías y de significados.

Tradicionalmente los altares tienen niveles y, dependiendo de las costumbres familiares, se usan dos, tres o siete niveles. Los altares de dos niveles, los más comunes hoy en día, representan la división del cielo y de la tierra; los de tres niveles representan el cielo, la tierra y el inframundo, aunque también se les puede referir como los elementos de la Santísima Trinidad.

El tradicional por excelencia es el altar de siete niveles, que representan los niveles que debe atravesar el alma para poder llegar al lugar de su descanso espiritual. Cada escalón° es cubierto con manteles°, papel picado°, hojas de plátano, palmillas° y petates° de tule; cada escalón tiene un significado distinto.

En el más alto se coloca° la imagen del santo de devoción de la familia; el segundo está destinado a las ánimas del purgatorio; en el tercero se coloca la sal, símbolo de la purificación; en el cuarto, el pan,

que se ofrece como alimento y como consagración; en el quinto se colocan las frutas y los platillos preferidos por los difuntos; en el sexto, las fotografías de los difuntos a los que se les dedica el altar y por último, en el séptimo, en contacto con la tierra, una cruz formada por flores, semillas° o frutas.

Cada elemento puesto en el altar tiene su propio significado e importancia. El copal y el incienso representan la purificación del alma, y es su aroma el que es capaz de guiar a los difuntos hacia su ofrenda. El arco°, hecho con carrizo° y decorado con flores, se ubica° por encima del primer nivel del altar y simboliza la puerta que conecta al mundo de los muertos; es considerado el octavo nivel que se debe seguir para llegar al Mictlán.

“Cada elemento puesto en el altar tiene su propio significado e importancia.”

El papel picado y sus colores representan la pureza y el duelo°, actualmente se adornan con calaveras y otros elementos de la cultura popular; en la época prehispánica, se utilizaba el papel amate° y en él se dibujaban diferentes deidades°.

A través de las velas, veladoras y cirios° está presente el fuego, que se ofrenda a las ánimas para alumbrar su camino de vuelta a su morada°. Es costumbre que se coloquen cuatro veladoras, representando una cruz y los puntos cardinales, pero también en algunas comunidades, cada vela representa un difunto, por lo que el número de velas dependerá de las almas que reciba la familia.

El pan de muerto tiene un doble significado. Por un lado, representa la cruz de Cristo; por otro, las tiras° sobre la corteza° representan los huesos y el ajonjolí°, las lágrimas de las ánimas que no han encontrado el descanso.

La visita al camposanto

En esta festividad, es obligado visitar las tumbas de los difuntos para limpiarlas y arreglarlas con flores y veladoras. Esta visita es una muestra más de la riqueza y diversidad de la tradición, pues en algunos lugares, es costumbre colocar una ofrenda sobre el sepulcro y pasar allí la noche en vela con la familia reunida.

No faltan los rezos como tampoco la música de los mariachis, las estudiantinas°, los tríos y otros grupos de música locales. En Janitzio, por ejemplo, mujeres y niños se sientan llorosos a orar° por sus difuntos, tras colocar una ofrenda sobre las tumbas que consiste en los alimentos que eran del agrado° de sus seres queridos, flores y numerosas velas; pasan las horas en calma, orando y observando la intensidad de la luz de las velas.

Día de Muertos, una tradición que reúne a la familia

La celebración de Día de Muertos varía de región a región, de pueblo a pueblo, pero todos tienen un principio común: la familia se reúne para dar la bienvenida a las ánimas, colocar los altares y las ofrendas, visitar el cementerio y arreglar las tumbas, asistir a los oficios religiosos, despedir a los visitantes y sentarse a la mesa para compartir los alimentos que, tras haber sido levantada la ofrenda, han perdido su aroma y sabor, pues los difuntos se han llevado su esencia. ■

sombras *shadows*
ánimas *souls*
repentina *sudden*
ahogados *drowned*
huérfanos *orphans*
escalón *level*
manteles *tablecloths*
picado *cut-out*
palmillas *type of cloth*
petates *mats*
se coloca *is placed*
semillas *seeds*
arco *arch*
carrizo *reed*
se ubica *is placed*
duelo *mourning*
amate *type of bark*
deidades *deities*
cirios *altar candles*
morada *residence*
tiras *strips*
corteza *crust*
ajonjolí *sesame*
noche en vela *sleepless night*
estudiantinas *student music groups*
orar *to pray*
agrado *liking*

Análisis

1 Comprensión Completa las oraciones.

1. En la celebración del Día de Muertos, las familias reciben a las __________ de sus seres queridos.
2. El Día de Muertos se celebra entre finales de __________ y principios de __________.
3. Para llegar al Mictlán, los muertos deben pasar por varios __________ del inframundo.
4. Según la Iglesia católica, el 1 de noviembre es el día de __________.
5. Los altares más comunes actualmente tienen __________ niveles.
6. Los escalones de los altares se cubren con __________, el cual representa la pureza y el duelo.

2 Preguntas En parejas, túrnense para contestar las preguntas.

1. ¿Qué opinas de la forma de honrar a los difuntos en México?
2. ¿Qué diferencias hay entre el Mictlán y el cielo/infierno? ¿Hay algo similar a ellos en tu cultura?
3. ¿Qué semejanzas y diferencias hay entre la forma de entender y recordar la muerte de los seres queridos en México y en tu cultura?
4. ¿Piensas que las tradiciones culturales influyen en cómo las personas se sienten conectadas con sus antepasados?

3 Halloween En parejas, escriban un párrafo en el que comparen el Día de Muertos con Halloween. Hablen del origen, las fechas, el propósito de las celebraciones, las formas de celebrarlas, etc. Después, contesten las preguntas.

- ¿Por qué creen que estas dos celebraciones perviven después de tantos años?
- ¿En su opinión, ¿por qué los seres humanos sienten tanta fascinación por temas como la muerte, los espíritus o el más allá (*hereafter*)?
- ¿Cómo se representa la muerte en las películas de Hollywood? ¿Por qué piensan que las películas de terror tienen tanto éxito?

4 Recuerdos En el Día de Muertos, muchas familias se reúnen y honran a sus antepasados compartiendo recuerdos de ellos. Piensa en un ser querido que se fue y escribe una carta sobre esta persona para que las futuras generaciones de tu familia sepan cómo era. Incluye estos aspectos en tu carta.

- nombre y parentesco que tenía contigo
- cosas que le gustaba hacer
- recuerdos que viviste con esta persona
- por qué fue especial para ti

PUEDO discutir las diferencias entre celebraciones tradicionales relacionadas con los muertos.

Preparación

Communicative Objective: Identify aspects of the small lantern celebration in El Salvador

Vocabulario de la lectura		Vocabulario útil	
alumbrar	*to light, to illuminate*	**el ambiente**	*atmosphere*
las artesanías	*crafts*	**apagado/a**	*turned off*
el/la artesano/a	*artisan*	**hecho/a a mano**	*handmade*
el candil	*oil lamp*	**la hoguera**	*bonfire*
el farolito	*small lantern*	**la leyenda**	*legend*
luminoso/a	*bright*	**la linterna**	*flashlight*
el nacimiento	*birth*	**la llama**	*flame*
la víspera	*eve*	**el mito**	*myth*
		vistoso/a	*eye-catching*

1 Vocabulario Completa las oraciones con la palabra correcta.

1. Para calentarse (*warm up*), recogieron madera y encendieron una pequeña __________.
2. Decoré el árbol de Navidad con adornos de colores y quedó muy __________.
3. Él fue un personaje muy importante para nuestro país, por eso cada año celebramos el día de su __________.
4. En esta tienda de decoración todos los objetos son __________ por artesanos de la región.
5. Nochebuena es la fiesta que se celebra en la __________ de Navidad.
6. Los __________ estaban hechos de metal y utilizaban aceite como sustancia combustible.

2 Decoración En parejas, contesten las preguntas.

1. ¿Piensas que los objetos hechos a mano tienen más valor? ¿Por qué?
2. ¿Crees que la decoración es una parte importante de las fiestas? ¿Por qué?
3. Identifica una fiesta de tu país donde las casas y los lugares públicos son decorados. ¿Cómo es la decoración? ¿Alguien la hace a mano?
4. ¿Conoces alguna fiesta en la que la luz o el fuego son elementos importantes? ¿Cuál? Explica.

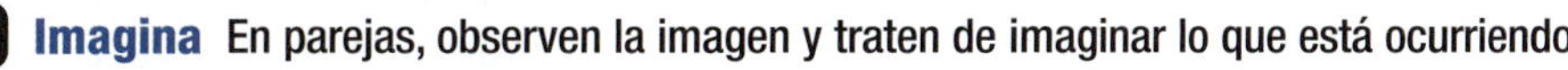

3 Imagina En parejas, observen la imagen y traten de imaginar lo que está ocurriendo.

1. ¿Qué piensan que se está celebrando?
2. ¿Cuál es el origen de esta práctica cultural? ¿Por qué lo suponen?
3. ¿Desde cuándo creen que se celebra?
4. ¿Qué simbolizan los farolitos? ¿En qué basan su respuesta?

El Día de los Farolitos

El 7 de septiembre, el municipio de Ahuachapán en El Salvador celebra el Día de los Farolitos. Esta fiesta tiene un origen católico, ya que conmemora la víspera del nacimiento de la Virgen María. El festival es uno de los más coloridos y atractivos del país: multitud de farolitos de madera forrados° con papel de celofán de diferentes colores se colocan en las fachadas° de las viviendas° y en las calles de Ahuachapán.

covered
facades
homes

Origen y evolución de la fiesta

En Ahuachapán, el Día de los Farolitos se celebra desde el año 1850 en la víspera de la Natividad de la Virgen María. Se cree que el origen de esta tradición está relacionado con un terremoto°. Según dicen, un terremoto ocurrido en 1850 hizo que los habitantes de Ahuachapán salieran de sus casas a pasar la noche en las calles. Como aún no había luz eléctrica, las calles se alumbraron usando velas y candiles. Los habitantes rezaron, pidiendo protección a la Virgen. Cuando el terremoto cesó, decidieron celebrar una fiesta todos los años para recordar esa noche.

earthquake

Se cree que el origen de esta tradición está relacionado con un terremoto.

Desde entonces, la celebración del Día de los Farolitos se ha mantenido sin interrupciones y se ha transmitido de generación en generación. Sin embargo, la fiesta no siempre tuvo la misma popularidad y hubo momentos en que estuvo a punto° de desaparecer. En el año 1989, la Casa de la Cultura de Ahuachapán decidió revitalizar la tradición y organizar otros eventos y actividades para hacer la fiesta más atractiva y dinámica. Desde entonces, en el Día de los Farolitos tiene lugar una procesión, desfiles de bandas musicales, concurso de farolitos y fuegos artificiales. Además, se empezaron a instalar puestos° de artesanías y comida típica. El año 1989 fue el inicio de la celebración tal y como° es actualmente°.

about to
stalls
exactly as / currently

Heritage
enjoys

La Asamblea Legislativa de El Salvador declaró la fiesta Patrimonio° Cultural Inmaterial de El Salvador en el año 2014. El Día de los Farolitos también se celebra en otros municipios salvadoreños como Apaneca y Concepción de Ataco, pero solo la celebración de Ahuachapán tiene la denominación de Patrimonio Cultural Inmaterial. Hoy en día, la fiesta goza° de gran popularidad entre los salvadoreños e incluso entre habitantes de otros países que visitan Ahuachapán cada año para participar en esta festividad.

Cómo se elaboran los farolitos

were made
branches / leaves
nails / starch / wire

Originariamente, los farolitos se elaboraban° de manera sencilla, con una estructura hecha de ramas° y hojas° con una vela en su interior. Con el tiempo, los farolitos fueron perfeccionándose y adquiriendo el aspecto que tienen hoy en día. Los materiales básicos que se emplean en su fabricación son madera, clavos°, papel celofán de colores, almidón° y alambre°.

Los farolitos se colocaban en las fachadas de las casas, adornando e iluminando su exterior. Con el paso de los años y tras la revitalización de la fiesta, la elaboración de los farolitos también fue evolucionando. Hoy en día, las técnicas son más elaboradas y los farolitos también adornan las calles y los espacios públicos, iluminando muchas zonas de la ciudad.

En la actualidad existen artesanos que se dedican a la elaboración de farolitos, que tienen formas distintas. Los diseños tradicionales mantienen la forma característica de un farol, pero ahora también existen otros diseños más creativos, con forma de estrella, de diferentes frutas y de la figura de la Virgen María.

Visitando Ahuachapán

parish church
imposing

El municipio de Ahuachapán es una de las principales ciudades de la zona oeste de El Salvador. Se encuentra a 100 kilómetros de San Salvador, la capital del país. El turismo constituye una parte importante de la actividad económica del municipio. La Parroquia° de Nuestra Señora de la Asunción es uno de los edificios más emblemáticos de la ciudad, por su imponente° fachada de estilo colonial. Entre los principales atractivos naturales de Ahuachapán se encuentran la Laguna el Espino y los Ausoles. Estos últimos son emisiones de gas que salen de terrenos volcánicos y que se utilizan para crear piscinas termales.

Sin embargo, el festival de los Farolitos es el evento que reúne a más visitantes. La celebración se ha convertido en una de las principales atracciones turísticas de Ahuachapán, y cada año en septiembre miles de personas visitan el municipio para conocer esta luminosa fiesta donde se mezclan artesanía y religión. ■

Watch related video at vhlcentral.com.

Análisis

1 Cierto o falso Indica si estas afirmaciones son ciertas o falsas. Corrige las falsas.

1. El Día de los Farolitos se celebra una semana antes del día del nacimiento de la Virgen María.
2. La fiesta desapareció y se volvió a celebrar a partir de 1989.
3. Se cree que los farolitos representan las velas y candiles que alumbraron a los habitantes de Ahuachapán una noche después de un terremoto.
4. Hoy en día la estructura de los farolitos se hace con plástico.
5. El Día de los Farolitos fue declarado Patrimonio Cultural Inmaterial en varios municipios de El Salvador.
6. Los farolitos se colocan en las casas, en las calles y en otros lugares de la ciudad.

2 Comprensión e interpretación En parejas, contesten las preguntas.

1. ¿Por qué el Día de los Farolitos se celebra el 7 de septiembre?
2. ¿Por qué piensan que en algunos momentos la fiesta perdió popularidad?
3. ¿Por qué el año 1989 fue importante para la fiesta?
4. Además de la exhibición de farolitos, ¿qué otros eventos y actividades tienen lugar en el Día de los Farolitos?
5. ¿Cómo ha evolucionado la elaboración de los farolitos?
6. ¿Qué papel (*role*) tienen la religión y la artesanía en esta fiesta?
7. ¿Cómo creen que afectó a la fiesta el hecho de ser declarada Patrimonio Cultural Inmaterial?
8. Además del Día de los Farolitos, ¿qué otros atractivos tiene Ahuachapán?

3 Evolución En grupos de cuatro, elijan una fiesta o celebración de su cultura. Luego, hagan un gráfico para mostrar cómo ha cambiado con el tiempo.

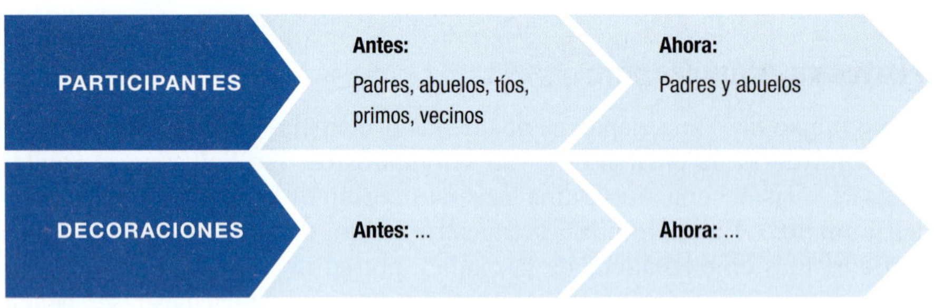

4 El periódico Escribe un breve texto basándote en el contexto.

Una revista de viajes te ha enviado a El Salvador para que participes en el Día de los Farolitos y escribas un artículo de opinión sobre la fiesta. En tu artículo, compara el Día de los Farolitos con una fiesta tradicional de tu ciudad.

Practice more at vhlcentral.com.

PUEDO escribir un artículo de opinión sobre el Día de los Farolitos.

Vocabulary Tools

SOBRE LA AUTORA

Guadalupe Dueñas (1920–2002) nació en Guadalajara, México. Creció en una familia religiosa de ocho hijos, siendo ella la hermana mayor. Realizó estudios de letras en la UNAM. Además de escribir cuentos y poemas, trabajó en guiones para la televisión. Entre sus obras, destacan *Las ratas y otros cuentos* (1954) y *Tiene la noche un árbol* (1958), donde aparece "Conversación de Navidad", una versión posterior del cuento que vas a leer.

NOTA CULTURAL

La cena de Nochebuena es una parte importante de las celebraciones navideñas en México. Entre los platos típicos que se sirven, están el bacalao con mole, salsa hecha de chile y chocolate, y el pavo relleno. Uno de los postres son los buñuelos, dulces hechos de masa frita.

Vocabulario de la lectura		Vocabulario útil	
aguantar	*to put up with*	**la convención**	*convention*
el desahogo	*emotional relief*	**el día señalado**	*important day*
la envoltura	*wrapping*	**el encuentro familiar**	*family gathering*
fingir	*to pretend*	**enternecer**	*to touch (emotionally)*
insoportable	*unbearable*	**el espíritu navideño**	*Christmas spirit*
el obsequio	*gift*	**la farsa**	*farce*
el villancico	*Christmas carol*	**la hipocresía**	*hypocrisy*

1 Vocabulario Marca la palabra que no pertenece al grupo.

1. a. obsequio b. envoltura c. hipocresía
2. a. villancico b. farsa c. fingir
3. a. insoportable b. villancico c. espíritu navideño
4. a. cena b. encuentro c. desahogo
5. a. hipocresía b. día señalado c. fingir
6. a. convención b. enternecer c. tradición

2 Tradiciones En parejas, discutan las siguientes preguntas.

1. ¿Qué festividades se celebran en tu cultura durante las vacaciones de invierno? ¿Cuál es tu parte favorita de estas festividades?
2. ¿Cuáles son las celebraciones más importantes para ti y tu familia? Describe una de ellas.
3. ¿Qué piensas de pasar los días señalados en familia? ¿Te resulta algo normal o consideras que es forzado e impuesto (*imposed*)? ¿Por qué?

3 Espíritu navideño En grupos de tres, expliquen el significado de esta cita. Digan si están de acuerdo con lo que dice y expliquen por qué.

"Ojalá pudiéramos meter el espíritu de la Navidad en jarros y abrir un jarro cada mes del año." **—Harlan Miller, jugador de fútbol americano**

¡Navidad!

Guadalupe Dueñas

¡Navidad! Noche inefable°, eternamente cantada por los hombres. Noche que hasta las bestias feroces y los reptiles sanguinarios° reconocen y alaban°, suspendiendo sus actividades malignas. Noche sublime en que los villancicos hacen llorar a los asesinos, a los simples y a los endurecidos.

Nochebuena en donde la felicidad y la armonía son algo establecido que nadie se atreve a poner en duda; noche en que los pillos° sonríen como angelitos y los perros no aúllan°, y las hienas no devoran a sus cachorros°. Decir que resulta abominable es temerario, se corre el riesgo de ser apedreado° por blasfemo; al que tal diga ha de nombrársele descastado°.

Pero, con el perdón de ustedes, yo soporto el anatema° porque esta noche me resulta francamente insoportable. Otra vez pido perdón, si no lo digo ¡exploto! No tengo yo la culpa, ni tampoco la bendita° noche, que por lo que conmemora es grandioso.

No sé cómo la pasen ustedes; a mí su llegada me trastorna°.

Les explicaré. En casa somos siete hermanas con siete maridos; un hermano de veinte años, y yo que no he podido pescar°. Hay, además, la pequeña que padece los dieciséis en punzada vertiginosa° y que esperamos se case. Se trata, pues, de una familia numerosa donde no hay padre ni madre, ni la más remota esperanza de que se cuele° una suegra (porque eso sí: todas son muy pobres, pero ninguna se deja).

Cada una tiene cuatro o cinco querubines° belicosos e insoportables. De los maridos, ni hablar. Fueron escogidos con demasiada prisa; de diferentes colores, nacionalidades y tipos, pero uniformemente de mal humor.

Unos días antes de la fecha comenzamos a planear la noche trágica.

Mis hermanas son lindas; las adoro con sus defectos, sus maridos y sus hijos. Resulta que nos hemos sugestionado con el cuento de que somos muy unidas, con un deseo de ancestral ternura con la que nos hacemos pedazos queriendo seguir una tradición imaginaria que tal vez posea la escritora Selma Lagerlöff, pero no nosotras que descendemos de gitanos° nómadas, a quienes enloquece saber dónde y cómo van a pasar la noche. Da el caso, pues, que ninguna se atreve a romper este fantasma de la hermandad modelo. El desahogo nos aliviaría del todo, pero están los maridos. Ellos fingen que también lo creen y nos enredamos° todos con la mejor voluntad del mundo.

inefable: indescribable
sanguinarios: bloodthirsty
alaban: praise
pillos: rascals
aúllan / cachorros: howl / pups
apedreado: stoned
descastado: ungrateful
anatema: excommunication
bendita: blessed
trastorna: upsets me
pescar: find anyone
padece los dieciséis en punzada vertiginosa: is going through adolescence in an intense manner
se cuele: sneaks in
querubines: cherubs
gitanos: gypsies
enredamos: become embroiled

Unos días antes de la fecha comenzamos a planear la noche trágica. Nuestra combinación de sangre española con no sé qué champurrado° nos da un sistema belicoso que nos dificulta el arreglo° de la noche. Se grita, se maldice, se suman, se rechazan ideas. ¡Es un desastre organizar la cena! Resulta, por ejemplo, que a nadie le gusta el bacalao ni pescado alguno, pero siendo Navidad, aunque el animal nos diseque°, no puede eliminarse. Alguien sugiere lo compren de cartón o de trapo°. En cuanto al pavo, es penoso decirlo: en casa no le gusta a nadie, así lo coman los reyes. ¡Cuesta más que un par de zapatos! y es proverbialmente duro y tieso°. El relleno se lleva cien pesos. Castañas° y oro molido°. Por supuesto quedaría perfecto con papas y papel de china, que para tirarlo... (que es lo que se hace cada año), sería igual y se perdería menos. Mi hermana, "la rica", opina que de ninguna manera, y se rellena con los más costosos ingredientes: castañas, pistaches, ciruelas, cosas deliciosas que juntas y molidas saben a grillo°.

champurrado: **lit.**, *Mexican chocolate drink*; arreglo: *arrangement*; diseque: *dries us up*; trapo: *cloth*; tieso: *stiff*; castañas / molido: *chestnuts / ground*; grillo: *cricket*

La ensalada de betabel°, la clásica ensalada de Nochebuena, tampoco nos falla; vinos espléndidos; el pastel alemán que tomaba Hitler en su cumpleaños, pero que a nosotras siempre se nos quema. Sin presumir°, hasta *champagne* legítimo. Maravilloso, ¿no? Pues para nosotras este banquete tiene alguna *getatura*°.

betabel: *beet*; presumir: *bragging*; getatura: *curse*

La reunión se lleva a cabo en casa de mi hermana "la rica"; en el *hall* enorme, alegre y calientito (por lo menos en Navidad). El clásico arbolito luce radiante, lleno de regalos (como nos enseñaron los gringos).

Mientras sirven el consomé, cada uno piensa lo bien que hubiera sido acostarse a las ocho.

Para empezar, cada una de mis hermanas llega lo más tarde posible, en un maratón de impuntualidad. Los últimos, para que nadie se atreva a decirles nada, estrenan el peor ceño° del año. Llegan, por supuesto, cargados de regalos con inocentes cintas de colores que descargan junto al árbol, como pedradas° sobre un sapo° invisible.

ceño: *scowl*; pedradas / sapo: *stoneblows / toad*

Nadie hace comentarios; los que llegaron primero ya se aprendieron el estucado del techo y tienen un hambre famélica. Por fin se deciden a beber, pero es contraproducente; no se alegran. Cada quien dice lo más desagradable de su repertorio.

Como mi gracioso hermano es la hora que no llega, se deciden a pasar al comedor y se acercan todos a la mesa, con rabia de culebra°.

rabia de culebra: *rage of a snake*

Mientras sirven el consomé, cada uno piensa lo bien que hubiera sido acostarse a las ocho; otros, quizá, preferirían haberse ido a otra parte. El mal humor es contagioso. Tres de mis hermanas, las que siempre están "en estado°", cargan su electricidad sobre el marido, que esa noche no soporta nada. El ambiente es más espeso° e imposible, pero como es Nochebuena, y no podemos estar separadas (porque es una noche en que todos nuestros amigos hacen lo mismo), nos aguantamos a lo mártir; no podemos dar el espectáculo de aburrirnos en casa en una noche tan notable, que una vez que pase diremos a los amigos que fue deliciosa.

en estado: *pregnant*; espeso: *tense*

Como realmente no han cenado, alguien pide caldo° de frijoles. El pavo está intacto. Pide arroz de al mediodía. La criada° se equivoca y trae pollito cocido, del que prepararon para el día siguiente. Todos confiesan que ese condimento sencillo sí les gusta. Se vuelve polvo lo del día siguiente; olvidan un poco su pesimismo.

caldo: *broth*; criada: *maid*

La moral mejora y nos apresuramos° a repartir los regalos, que es una ceremonia que nos tiene en tensión; violentos. De todo esto, es lo que resulta peor; nos regalamos bagatelas°, pero el caso es pesadito: unas tienen cinco chicos, y a una nada más le regalan un obsequio. No es costeable°. Mi hermana, "la Cotorra°", es muy práctica: guarda el regalo de cada año y lo regresa religiosamente el siguiente con su misma envoltura. Lo malo es que se lo da al mismo cuñado o hermana que se lo obsequió el año anterior, ocasionando disgustos° y explicaciones molestas; lo bueno es que a ella poco le importa, y la siguiente vez hace lo mismo. Mi hermana Lucha está muy al tanto de las baratas y si lo rebajado son fondos talla 32, como a nadie le vienen, con tranquilidad les dice que los guarden para cuando sus hijas cumplan quince años. Invariablemente mis cuñados reciben calcetines de un número inverosímil°, corbatas de proverbial mal gusto, navajas° Gillette los que tienen máquina eléctrica, y así nos va a todos por el estilo. Fatal; nadie queda conforme.

Los maridos rechinan° de cólera y suelen decir cosas desagradables en contra de nuestra familia; mi hermana la menor se venga destrozando los oídos con unos lamentos en francés que repite sin cesar la sinfonola°.

hurry
trinkets
affordable
parrot
annoyances
implausible
razors
grind their teeth
jukebox

Desquitan su murria° bailando con la escuincla°. Ella se sabe todos los pasos del mambo. No tienen más parejas que la chica y la grande (la grande soy yo). Acabo con palpitaciones; hablan mal de sus esposas y se sienten después muy aliviados; suspiran muy tristes por no haberme escogido a mí en vez de a mi hermana. Ellas los ven con odio y a mí con ternura° y dejan que sus consortes se manden. Yo me aprovecho del caso, pues qué remedio me queda. Ofrecen ponerme casa, pero todo queda en familia.

Es apenas la una y media; yo invento cualquier pretexto para irme a mi casa, derecho al refrigerador a merendar decentemente mi chilindrina° y mi vaso con leche.

Tomo posesión de mi cama, feliz, esperando que el año que entra no haya cena de Navidad y me quedo pensando cómo sería bueno tener un acuerdo para lograrlo; pero no se me ocurre nada; no tengo suficiente valor para decirles que la Navidad con la familia es detestable, que cada quien se acueste o cene en donde le dé su gana°; que a las ocho nos demos un abrazo y cada quien desaparezca; pero es seguro que este año tampoco voy a decirlo, somos tan unidas y nos queremos tanto... ■

murria°: Deal with their sadness / escuincla°: niña

ternura°: tenderness

chilindrina°: Mexican sweet bread

gana°: feels like it

1 Comprensión Completa las oraciones con la opción correcta.

1. La protagonista tiene una familia ___.
   a. pequeña b. grande
2. Los miembros de la familia prefieren la comida ___.
   a. de cada día b. tradicional de Navidad
3. La cena de Navidad se hace en casa de la ___ de la protagonista.
   a. mamá b. hermana
4. La parte de abrir los regalos pone a toda la familia ___.
   a. tensa b. contenta
5. Al final de la reunión de familia, los hombres bailan con sus ___.
   a. esposas b. cuñadas
6. Cuando la protagonista vuelve a su casa, desea que al año siguiente la cena de Navidad ___.
   a. se cancele b. mejore

2 Interpretar Contesta las preguntas.

1. ¿Por qué detesta la protagonista la Navidad?
2. ¿Está casada la protagonista? ¿Cómo lo sabes?
3. ¿Por qué es tan difícil organizar la cena?
4. ¿Crees que el resto de la familia opina lo mismo acerca de la cena que la narradora? ¿Por qué?
5. ¿Qué importancia tienen los regalos en el cuento?

3 Hermandad La narradora hace referencia a la escritora sueca Selma Lagerlöf (1858–1940), en cuya obra la bondad, el amor y el trabajo aparecen como atributos muy importantes. En parejas, discutan las preguntas.

1. ¿Crees que la relación entre las hermanas representa las relaciones entre hermanos/as en la vida real? Explica tu respuesta.
2. ¿Has deseado alguna vez estar más unido/a a un(a) hermano/a u otro familiar de lo que realmente estás? Describe la relación como es y la idílica.

4 Convenciones En parejas, expliquen de qué forma la autora destruye cada una de las siguientes convenciones.

Modelo **El matrimonio:** Las mujeres del cuento y los maridos de estas no se soportan. Ellas eligieron a sus maridos con prisa.

- La celebración de la Navidad
- La unión entre hermanos
- La necesidad de tener hijos
- El árbol y los regalos

5 Citas En grupos de tres, lean la cita de Honoré de Balzac y las dos citas extraídas del cuento *¡Navidad!* Después, contesten las preguntas.

"Las costumbres son la hipocresía de las naciones." —**Honoré de Balzac**

"¡Navidad! (...) Noche sublime en que los villancicos hacen llorar a los asesinos, a los simples y a los endurecidos."

"Nochebuena en donde la felicidad y la armonía son algo establecido que nadie se atreve a poner en duda."

1. ¿Se puede relacionar la cita de Balzac con las dos citas del cuento? ¿En qué sentido?
2. ¿Estás de acuerdo con la ideología de Balzac y Dueñas? ¿Por qué?
3. ¿Crees que existe una hipocresía social durante las Navidades?
4. ¿Por qué piensas que las personas se vuelven más generosas durante esta época: donando comida, juguetes, etc.?
5. ¿Crees que está bien aprovechar esta fecha para mostrar nuestra generosidad o piensas que las personas se deberían comportar de igual manera durante los 365 días del año?

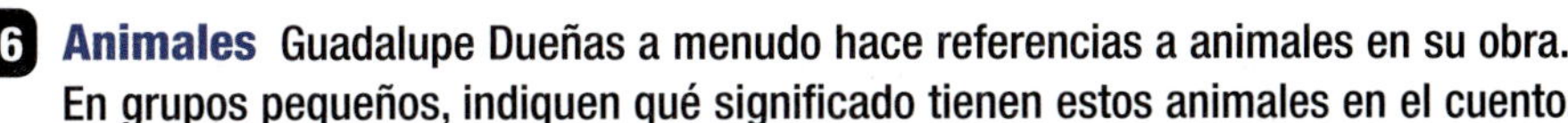

6 Animales Guadalupe Dueñas a menudo hace referencias a animales en su obra. En grupos pequeños, indiquen qué significado tienen estos animales en el cuento.

- Las hienas
- El pavo
- El grillo
- El sapo
- La culebra
- La cotorra

7 Tu experiencia Contesta estas preguntas sobre ti mismo/a.

1. ¿Te has encontrado alguna vez en una situación parecida a la de la protagonista? Describe la experiencia.
2. ¿Qué harías tú en el lugar de la protagonista?
3. ¿Crees que es importante mantener las tradiciones familiares y culturales? ¿Por qué?
4. ¿Piensas que tus costumbres y tradiciones te definen como persona? Da ejemplos.
5. Si pudieras decidir qué hacer con las tradiciones de tu cultura, ¿cuáles dejarías tal como están? ¿Cuáles cambiarías? ¿Cuáles eliminarías? Explica tu respuesta.

8 Confesión Imagina que eres la protagonista del cuento y ha pasado un año desde la cena de Navidad. Prepara una videollamada con tu hermana "la rica" en la que confiesas tus sentimientos acerca de la cena de Navidad y tus deseos de cancelarla. Explica todos tus motivos, basándote en lo que has leído en el cuento. Representa tu videollamada ante la clase.

PUEDO representar una videollamada para compartir mi opinión sobre la Navidad.

Descripción: una fiesta

Communicative Objective: Write a composition describing a party or a celebration

En esta lección has aprendido y hablado sobre las fiestas y las celebraciones. Ahora vas a escribir una descripción basada en una fiesta que tú conozcas o celebres.

Planificar y preparar la escritura

1 Estrategia: Determina el tema Elige la fiesta o celebración sobre la que vas a escribir. Utiliza el diagrama para organizar tus ideas. ¿Qué tipo de evento es (una fiesta de quinceañera, un desfile, ...)? ¿Cómo y qué se celebra? ¿Quiénes son los asistentes? Completa la tabla en Y con detalles sobre lo que se ve, se escucha y se siente en el evento.

2 Estrategia: Desarrolla el cuerpo de la descripción

- Piensa en cómo usar los datos de tu tabla para escribir tu descripción.
- Desarrolla el cuerpo de la descripción con la información de lo que se ve, se escucha y se siente, ofreciendo tu opinión y alguna anécdota interesante.

Escribir

3 Tu descripción Ahora escribe tu descripción. Utiliza la información que has reunido y sigue estos pasos.

- **Introducción:** Presenta el evento, en qué consiste y cómo se celebra. Usa palabras descriptivas.
- **Desarrollo:** Explica algún detalle curioso que describa la fiesta o celebración. Expresa tu opinión personal.
- **Conclusión:** Resume tus observaciones y termina el ensayo.

Revisar y leer

4 Lectura Léeles tu ensayo a varios/as compañeros/as. Pídeles que te hagan preguntas sobre puntos interesantes que les hayan llamado la atención.

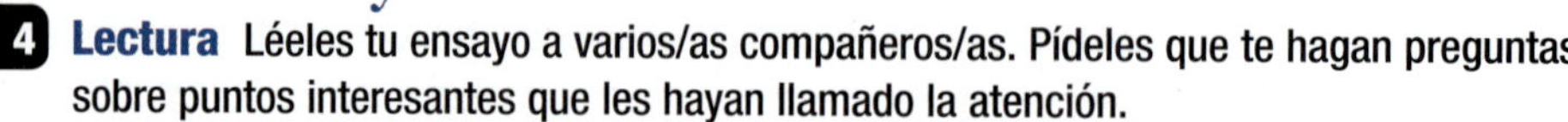

PUEDO escribir un texto descriptivo sobre un evento o una celebración.

De fiesta

Así lo decimos

el adorno *ornament*
el altar *altar*
el aniversario *anniversary*
el arreglo floral *flower arrangement*
la banda de música *marching band*
la ceremonia *ceremony*
la comparsa *troupe*
el concurso *contest*
la creencia *belief*
el cumpleaños *birthday*
el desfile *parade*
el día feriado *holiday*
el disfraz *costume*
el espectáculo *show*
la feria *fair*
los fuegos artificiales *fireworks*
el globo *balloon*
la guirnalda *garland*
la Navidad *Christmas*
la Nochebuena *Christmas Eve*
la Nochevieja *New Year's Eve*
el origen *origin*
el pan de muerto *sweet bread*
el papel de envolver *wrapping paper*
la Pascua *Easter*
la Pascua Judía *Passover*
la procesión *procession*
el rito *rite*
la vela *candle*

---

conmemorar *to commemorate*
honrar *to honor*

---

ancestral *ancestral*
pagano/a *pagan*
sagrado/a *sacred*

Documental

el apoyo *support*
el aprendizaje *learning*
el cargo *position, post*
el cuento de hadas *fairy tale*
la herencia cultural *cultural heritage*
el legado *legacy*
el orgullo *pride*
la plática *talk, conversation*
los antepasados *ancestors*
el ramo *bouquet*
el traje *dress, costume*

---

agradecer (c:zc) *to thank*
celebrar *to celebrate*
compartir *to share*
fortalecer (c:zc) *to strengthen*

---

inesperado/a *unexpected*
inigualable *incomparable*
tradicional *traditional*

Artículo

el alma (*f.*) *soul*
el/la antepasado/a *ancestor*
el ataúd *coffin*
la calavera *skull*
el/la difunto/a *deceased*
el entierro *burial*
el funeral *funeral*
el infierno *hell*
la muerte *death*
la ofrenda *offering*
el rezo *prayer*
el tabú *taboo*
la veladora *votive candle*

---

burlarse de *to mock*
rezar *to pray*

---

afligido/a *grief-stricken*

---

el ambiente *atmosphere*
las artesanías *crafts*
el/la artesano/a *artisan*
el candil *oil lamp*
el farolito *small lantern*
la hoguera *bonfiree*
la leyenda *legend*
la linterna *flashlight*
la llama *flame*
el mito *myth*
el nacimiento *birth*
la víspera *eve*

---

alumbrar *to light, to illuminate*

---

apagado/a *turned off*
hecho/a a mano *handmade*
luminoso/a *bright*
vistoso/a *eye-catching*

Literatura

la convención *convention*
el desahogo *emotional relief*
el día señalado *important day*
el encuentro familiar *family gathering*
la envoltura *wrapping*
el espíritu navideño *Christmas spirit*
la farsa *farce*
la hipocresía *hypocrisy*
el obsequio *gift*
el villancico *Christmas carol*

---

aguantar *to put up with*
enternecer *to touch (emotionally)*
fingir *to pretend*

---

insoportable *unbearable*

Ahora yo puedo...

- identificar la idea principal de textos orales y escritos sobre las fiestas y celebraciones.
- participar en una conversación sobre la importancia que tienen las costumbres y tradiciones en mi familia.
- escribir una comparación entre una festividad de mi comunidad y una de un país hispanohablante.
- comparar las perspectivas sobre el matrimonio, la muerte y la religión en mi cultura y otras.
- mostrar respeto y empatía hacia las diferentes formas en que una comunidad celebra sus tradiciones religiosas y culturales.

Sabor de hogar En parejas, investiguen y comenten sobre los platos más tradicionales de sus países de origen. Después, respondan: ¿cuáles son los ingredientes principales? ¿Cómo se sirven y con qué se acompañan? ¿Quiénes los preparan y en qué momentos?

COSTUMBRES Y TRADICIONES

Con sabor

LECCIÓN

2

MÉXICO

MÉXICO

LESSON OBJECTIVES

You will learn how to...

- identify the main idea of spoken and written texts related to food and cuisine.
- discuss the relationship between food and culture.
- write recipes and restaurant reviews.
- compare products, practices, and perspectives about food, music, and celebrations in your own and other cultures.
- demonstrate culturally appropriate behaviors when discussing and trying unfamiliar food and drink.

Los alimentos

Los tamales son un plato tradicional mexicano. Están hechos de una **masa** de **maíz** y pueden rellenarse con diferentes ingredientes, pero los más comunes están **rellenos** de algún **guiso** de carne. Se envuelven en hojas de maíz o de banana y se preparan **al vapor**. Son muy **sabrosos** y pueden acompañarse con alguna salsa.

al vapor *steamed*
el bocadillo *sandwich*
el caldo *broth*
en su punto *medium (cooked)*
el guiso *stew*
maduro/a *ripe*
el maíz *corn*
el marisco *seafood*
la masa *dough*
relleno/a *filled*
sabroso/a *tasty*

En la cocina

Diego todavía recuerda las tortillas caseras que preparaba su abuela. Se ponía su **delantal**, mezclaba la harina de maíz con agua y sal y empezaba a **amasar**. Después de darles forma a las tortillas, calentaba una **sartén** y las cocinaba lentamente. Aunque es una **receta** sencilla, Diego no conoce a nadie que la prepare tan bien como ella.

amasar *to knead*
el delantal *apron*
freír (e:i) *to fry*
hervir (e:ie) *to boil*
hornear *to bake*
mezclar *to mix*
la olla *cooking pot*
la receta *recipe*
remover (o:ue) *to stir*
la sartén *frying pan*

A la mesa

Todos los días, Marcos y su hermana **ponen la mesa** para la cena. Él se encarga de poner el **mantel**, mientras ella va a por los **cubiertos**, los vasos y las **servilletas**. Así, todo está listo cuando sus padres terminan de cocinar y sirven los platos. Después, se sientan juntos a la mesa y hablan de cómo les fue su día.

el bol *bowl*
los cubiertos *silverware*
el mantel *tablecloth*
poner la mesa *to set the table*
quitar la mesa *to clear the table*
la servilleta *napkin*
la vajilla *plates and glasses*

En el restaurante

Ayer, Isabel y sus amigos reservaron mesa en un nuevo restaurante. La **carta** era muy extensa y todo parecía delicioso. El mesero fue muy amable y les recomendó algunos **platos**. Finalmente, **pidieron** varios **aperitivos** para compartir y un plato principal cada uno.

el aperitivo *appetizer*
la carta *menu*
el/la cocinero/a *cook*
la comida callejera *street food*
la comida para llevar *takeout food*
pedir (e:i) *to order*
el plato *dish*
la propina *tip*

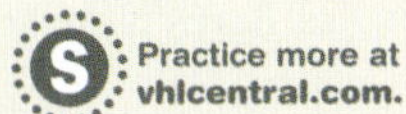

Práctica

1 Emparejar Une cada palabra con su definición.

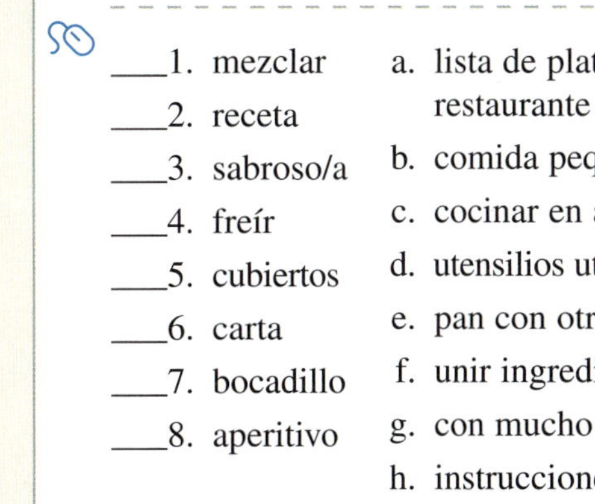

____1. mezclar	a. lista de platos de un restaurante
____2. receta	b. comida pequeña o ligera
____3. sabroso/a	c. cocinar en aceite
____4. freír	d. utensilios utilizados al comer
____5. cubiertos	e. pan con otros ingredientes
____6. carta	f. unir ingredientes
____7. bocadillo	g. con mucho sabor (*flavor*)
____8. aperitivo	h. instrucciones para preparar un plato

2 ¿Y tú? En parejas, contesten las preguntas.

1. ¿Prefieres cocinar o comer fuera? ¿Por qué?
2. ¿Te gusta probar comidas típicas de otros países? Explica.
3. ¿Cuál es un plato típico de tu ciudad, región o país? Descríbelo.
4. ¿Crees que las horas de las comidas son momentos de interacción social? ¿Por qué?
5. ¿Hay alguna receta que se prepare a menudo en tu familia y tenga un significado especial para ti? ¿Cuál?

3 Mi receta Piensa en tu comida preferida o en un plato que sepas cocinar. Primero, haz una lista de los ingredientes que se necesitan. Después, escribe la receta paso a paso.

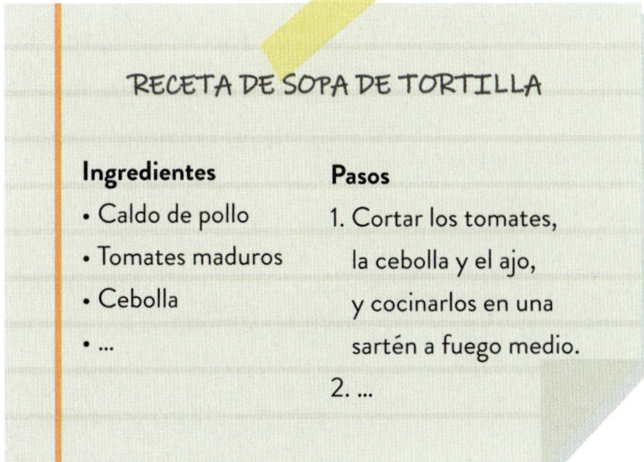

PUEDO comparar comidas de distintas culturas.

Communicative Objective: Discuss food habits and where to eat

Vocabulario del documental	
el aguacate	*avocado*
la almeja	*clam*
el cacahuate	*peanut*
el camarón	*shrimp*
el ceviche	*raw (shell)fish cured with lime*
cocido/a	*cooked*
el coctel (de mariscos)	*(seafood) cocktail*
crudo/a	*raw*
picante	*spicy*
el premio	*award*
el pulpo	*octopus*

Vocabulario útil	
alérgico/a (a)	*allergic (to)*
asequible	*affordable*
la atención	*service*
el calamar	*squid*
el/la comensal	*diner*
la cuenta	*check*
la marisquería	*seafood restaurant*
la reseña	*review*
el sabor	*taste*
la ubicación	*location*
la vieira	*scallop*

Expresiones	
dejar en alto	*to elevate*
hecho/a al momento	*cooked to order*
quedarse con un buen/mal sabor de boca	*to leave a good/bad impression*
se me hace (elevado)	*it seems (high) to me*
un toque de	*a touch of*
venir acompañado/a de	*to be served with*

1 Emparejar Relaciona ambas columnas.

___ 1. ingrediente principal del guacamole	a. atención
___ 2. fruto al que muchos niños son alérgicos	b. reseña
___ 3. lo contrario de caro	c. pulpo
___ 4. molusco con ocho tentáculos	d. un toque de
___ 5. un poco de	e. ubicación
___ 6. trofeo o distinción por algún mérito	f. asequible
___ 7. forma en la que se trata a un cliente	g. cacahuate
___ 8. comida que no está precocida	h. hecho/a al momento
___ 9. lugar donde está algo	i. premio
___10. texto en el que se opina sobre algo	k. aguacate

2 ¿Hay alguien? Encuentra en tu clase compañeros/as que respondan afirmativamente a estas preguntas. Luego, hazles una o dos preguntas adicionales.

1. ¿Te gusta la comida picante?
2. ¿Has comido pescado o mariscos crudos?
3. ¿Odias el aguacate?
4. ¿Eres alérgico/a al cacahuate?
5. ¿Has probado el pulpo?
6. ¿Es la comida mexicana tu preferida?

3 Preparación En parejas, háganse estas preguntas.

1. ¿A qué tipo de restaurante prefieres ir? ¿Qué platos pides normalmente?
2. ¿Te gusta probar platos o ingredientes que nunca has probado antes?
3. ¿Qué tipo de restaurantes son los más abundantes en tu ciudad? ¿Son populares las marisquerías?
4. Si estás en una ciudad que no conoces, ¿cómo decides a qué restaurantes ir? ¿Lees las reseñas que la gente escribe en Internet?

4 Fotogramas En grupos de tres, observen los fotogramas y discutan qué pasa en cada uno de ellos. ¿Cuál creen que es el objetivo del joven?

5 Factores En grupos de tres o cuatro, hablen sobre los factores que toman en cuenta para escoger un restaurante nuevo. Seleccionen los cinco factores más importantes para ustedes y ordénenlos de mayor a menor importancia.

- el ambiente del restaurante
- la atención al cliente
- las fotos del restaurante o sus platos en redes sociales
- el precio de los platos
- los premios de la crítica
- las reseñas en Internet
- el sabor de la comida
- la ubicación del restaurante
- la variedad de platos

6 Comida mexicana En parejas, discutan su experiencia con la comida mexicana.

1. ¿Qué restaurantes mexicanos de tu ciudad has probado? ¿Hay alguno al que vayas regularmente?
2. ¿Qué platos has probado? ¿Cuál es el que te gusta más? ¿Y menos?
3. ¿Cuál es tu opinión general de la comida mexicana? ¿Con qué frecuencia la comes?
4. ¿Qué ingredientes relacionas con la comida mexicana?

Tres famosas marisquerías para disfrutar en la Ciudad de México

Recomendaciones para comer mariscos en la capital mexicana

Escenas

ARGUMENTO

La capital mexicana ofrece una infinidad de restaurantes para probar todo tipo de comida. Un *youtuber* mexicano visita tres famosas marisquerías y nos da sus recomendaciones.

Vamos a hacer un *top* tres de lugares de mariscos que nos ha recomendado la gente de la Ciudad de México.

Ya estamos sentaditos° para probar Mariscos Altamar.

Este es uno de los platillos° que más llega a pedir la gente. ¿Por qué? Porque tiene de todo.

Lo que se puede encontrar aquí en La Guerrerense de mariscos son tacos, tostadas, almejas o cocteles.

Amigos, ya estoy aquí en Las Hijas de la Tostada. Algo que a mí me gusta bastante de este lugar es que es muy bonito.

Estos, la verdad, son bastantes grandes, muy bien servidos, muy generosos.

sentaditos *seated*
platillos *dishes*

1 ¿Cierto o falso? **Indica si las oraciones son ciertas o falsas. Corrige las falsas.**

1. El *youtuber* escogió las tres marisquerías que aparecen en el video porque son las que más le gustan a él.
2. El restaurante Mariscos Altamar es pequeño porque está dentro de un mercado.
3. El plato "Vuelve a la vida" contiene pulpo.
4. El *youtuber* cree que el plato "Vuelve a la vida" es un poco dulce.
5. El restaurante Mariscos Altamar ha ganado premios internacionales.
6. Los platos más populares de La Guerrerense son los tacos.
7. Los platos que recomienda el *youtuber* de La Guerrerense son muy asequibles según él.
8. El restaurante Las Hijas de la Tostada está decorado como los restaurantes que están cerca de las playas.
9. La tostada más popular de Las Hijas de la Tostada es una que tiene camarones.
10. Las Hijas de la Tostada es uno de los restaurantes preferidos del *youtuber*.

2 En la Ciudad de México

A. En parejas, describan cada una de las tres marisquerías con respecto a su comida, precios y ambiente.

Mariscos Altamar

La Guerrerense

Las Hijas de la Tostada

B. Contesten las preguntas y justifiquen sus respuestas.

1. Si estuvieras en la Ciudad de México, ¿cuál de estas tres marisquerías visitarías?
2. ¿Cuál de los platos del video elegirías para probar?
3. ¿Hay algún ingrediente o plato de los presentados que no comerías?

3 Mariscos **En grupos de tres, comparen los platos mexicanos presentados con platos de mariscos típicos del país donde ustedes viven. Usen estas preguntas como guía.**

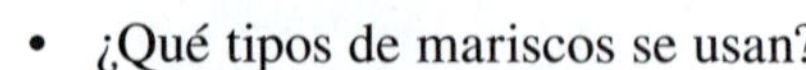

- ¿Qué tipos de mariscos se usan?
- ¿Cómo se preparan?
- ¿Qué ingredientes llevan?
- ¿De qué vienen acompañados?

4 Sobre gustos no hay nada escrito

A. Uno de los platos que prueba el *youtuber* necesita un toque de picante en su opinión. ¿Qué platos o comidas tienes que "arreglar" con otro condimento o salsa cuando te los sirven? En parejas, comenten sus experiencias con por lo menos tres platos o comidas.

Modelo Siempre que como papas fritas, tengo que echarles kétchup.

B. Varios de los platos presentados vienen acompañados de salsas picantes de distintos chiles (*chili peppers*). Investiguen el uso de chiles en la comida mexicana. Consideren estas preguntas.

- ¿Por qué el uso de los chiles está tan extendido en la comida mexicana?
- ¿Te sorprende que en México vendan dulces con chile? ¿Por qué?
- ¿Hay algún ingrediente que esté muy presente en la dieta de tu país?
- ¿Qué sabores de tu país le podrían parecer extraños a un(a) mexicano/a?

5 Situaciones

En parejas, escojan una de las situaciones e improvisen una conversación. Incluyan por lo menos cinco palabras o expresiones de la lista.

aguacate	crudo/a	quedarse con un buen/mal sabor de boca
asequible	mariscos	reseña
cocido/a	picante	venir acompañado/a de

A

Llamas a una marisquería para pedir comida para llevar. Preguntas por los platos porque no quieres pedir pescado ni mariscos crudos. La persona que contesta al teléfono responde a tus preguntas.

B

Ha abierto un nuevo restaurante de comida mexicana en tu barrio. Trata de convencer a un(a) amigo/a que no está muy familiarizado/a con la comida mexicana de ir al nuevo restaurante contigo.

6 Opiniones

En grupos de tres o cuatro, discutan estas opiniones.

1. Los restaurantes deben especializarse en una variedad limitada de platos para que todos estén bien preparados.
2. Consumir comida picante no es bueno para la salud.
3. Los premios gastronómicos no reflejan los gustos de la gente.
4. Los restaurantes deben servir comida hecha al momento.

7 Reseña

¿Cuándo fue la última vez que saliste a comer? ¿Cómo fue tu experiencia? Escribe una reseña de por lo menos siete oraciones. Incluye información sobre la comida, los precios, la atención, el ambiente y la ubicación del restaurante.

PUEDO comentar mis experiencias sobre comida callejera y en restaurantes.

Communicative Objective: Express actions that have already happened

TALLER DE CONSULTA

These additional grammar topics are covered in the **Manual de gramática, Lección 2.**

2.4 Progressive forms, p. 410

2.5 Telling time, p. 412

2.1 The preterite

- Spanish has two simple tenses to indicate actions in the past: the preterite (**el pretérito**) and the imperfect (**el imperfecto**). The preterite is used to describe actions or states that began or were completed at a definite time in the past.

The preterite of regular *–ar*, *–er*, and *–ir* verbs

comprar	vender	abrir
compré	**vendí**	**abrí**
compraste	**vendiste**	**abriste**
compró	**vendió**	**abrió**
compramos	**vendimos**	**abrimos**
comprasteis	**vendisteis**	**abristeis**
compraron	**vendieron**	**abrieron**

- The preterite tense of regular verbs is formed by dropping the infinitive ending (**–ar, –er, –ir**) and adding the preterite endings. Note that the endings of regular **–er** and **–ir** verbs are identical in the preterite tense.

- The preterite of all regular and some irregular verbs requires a written accent on the endings in the **yo, usted, él**, and **ella** forms.

Cené en un nuevo restaurante.
I had dinner at a new restaurant.

Mi mamá **preparó** una cena deliciosa.
My mom prepared a delicious dinner.

- Verbs that end in **–car**, **–gar**, and **–zar** have a spelling change in the **yo** form of the preterite. All other forms are regular.

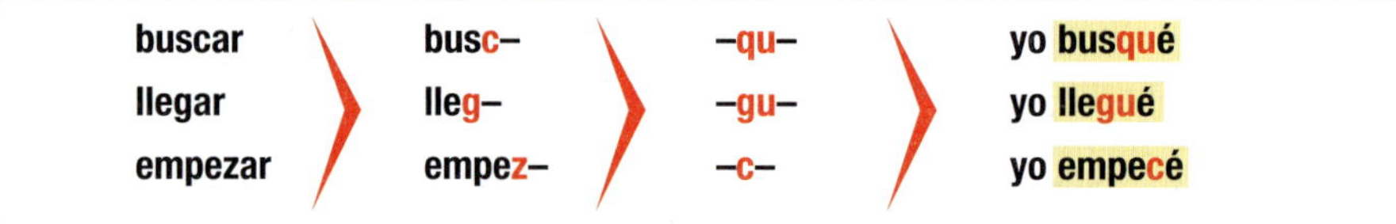

buscar	**busc–**	**–qu–**	**yo busqué**
llegar	**lleg–**	**–gu–**	**yo llegué**
empezar	**empez–**	**–c–**	**yo empecé**

- **Caer, creer, leer,** and **oír** change **–i–** to **–y–** in the **usted, él,** and **ella** forms and in the **ustedes, ellos,** and **ellas** forms of the preterite. They also require a written accent on the **–i–** in all other forms.

caer	**caí, caíste, cayó, caímos, caísteis, cayeron**
creer	**creí, creíste, creyó, creímos, creísteis, creyeron**
leer	**leí, leíste, leyó, leímos, leísteis, leyeron**
oír	**oí, oíste, oyó, oímos, oísteis, oyeron**

- Verbs with infinitives ending in **–uir** change **–i–** to **–y–** in the **usted, él,** and **ella** forms and in the **ustedes, ellos,** and **ellas** forms of the preterite.

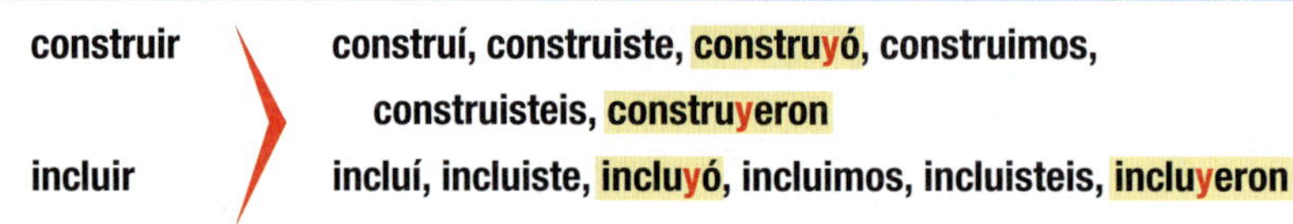

construir	**construí, construiste, construyó, construimos, construisteis, construyeron**
incluir	**incluí, incluiste, incluyó, incluimos, incluisteis, incluyeron**

- Stem-changing **–ir** verbs also have a stem change in the **usted, él,** and **ella** forms and in the **ustedes, ellos,** and **ellas** forms of the preterite.

Preterite of *–ir* stem-changing verbs

pedir		dormir	
pedí	**pedimos**	**dormí**	**dormimos**
pediste	**pedisteis**	**dormiste**	**dormisteis**
pidió	**pidieron**	**durmió**	**durmieron**

- Stem-changing **–ar** and **–er** verbs do not have a stem change in the preterite.

- A number of verbs, most of them **–er** and **–ir** verbs, have irregular preterite stems. Note that none of these verbs takes a written accent on the preterite endings.

*En la Ciudad de México **tuvo** la oportunidad de ir a tres marisquerías.*

Preterite of irregular verb

infinitive	u-stem	preterite forms
andar	**anduv–**	**anduve, anduviste, anduvo, anduvimos, anduvisteis, anduvieron**
estar	**estuv–**	**estuve, estuviste, estuvo, estuvimos, estuvisteis, estuvieron**
poder	**pud–**	**pude, pudiste, pudo, pudimos, pudisteis, pudieron**
poner	**pus–**	**puse, pusiste, puso, pusimos, pusisteis, pusieron**
saber	**sup–**	**supe, supiste, supo, supimos, supisteis, supieron**
tener	**tuv–**	**tuve, tuviste, tuvo, tuvimos, tuvisteis, tuvieron**
infinitive	**i-stem**	**preterite forms**
hacer	**hic–**	**hice, hiciste, hizo, hicimos, hicisteis, hicieron**
querer	**quis–**	**quise, quisiste, quiso, quisimos, quisisteis, quisieron**
venir	**vin–**	**vine, viniste, vino, vinimos, vinisteis, vinieron**
infinitive	**j-stem**	**preterite forms**
conducir	**conduj–**	**conduje, condujiste, condujo, condujimos, condujisteis, condujeron**
decir	**dij–**	**dije, dijiste, dijo, dijimos, dijisteis, dijeron**
traer	**traj–**	**traje, trajiste, trajo, trajimos, trajisteis, trajeron**

- Note that not only does the stem of **decir (dij–)** end in **j**, but the stem vowel **e** changes to **i**. In the **usted, él,** and **ella** form of **hacer (hizo)**, **c** changes to **z** to maintain the pronunciation. Most verbs that end in **–cir** have **j**-stems in the preterite.

¡ATENCIÓN!

Other **–ir** stem-changing verbs include:

conseguir	**repetir**
consentir	**seguir**
hervir	**sentir**
morir	**servir**
preferir	

¡ATENCIÓN!

Ser, **ir**, and **dar** also have irregular preterites. The preterite forms of **ser** and **ir** are identical. Note that the preterite forms of **ver** are regular. However, unlike other regular preterites, they do not take a written accent.

ser/ir
fui, fuiste, fue,
fuimos, fuisteis, fueron

dar
di, diste, dio,
dimos, disteis, dieron

ver
vi, viste, vio,
vimos, visteis, vieron

The preterite of **hay** is **hubo**.

Hubo un festival gastronómico la semana pasada.
There was a food festival last week.

¡ATENCIÓN!

Note that the third person plural ending of **j**-stem preterites drops the **i**: **dijeron, trajeron.**

Práctica

1 **Acapulco** Escribe la forma correcta del pretérito de los verbos indicados.

NOTA CULTURAL

A principios de la década de 1930, los habitantes de clase media de la Ciudad de México escogieron **Acapulco** para escapar del ruido (*noise*) de la ciudad. En la década de 1960, se convirtió en un centro turístico de gran prosperidad y en un destino de ricos y famosos. Hoy día, todavía ofrece sus encantos básicos —playas, naturaleza exótica y diversión de día y de noche— a los que buscan paraísos en la Tierra.

1. El sábado pasado, mis compañeros de apartamento y yo __________ (ir) a Acapulco.
2. (Nosotros) __________ (quedarse) en un edificio muy alto y bonito.
3. En la playa, yo __________ (leer) un libro y Carlos __________ (tomar) el sol.
4. Mariela y Felisa __________ (caminar) mucho por la ciudad.
5. Una señora les __________ (indicar) el camino para ir a un restaurante muy conocido.
6. Por la noche, todos nosotros __________ (cenar) en el restaurante.
7. Después, en la discoteca, Carlos y Mariela __________ (bailar) toda la noche.
8. Y yo __________ (ver) a unos amigos de Monterrey. ¡Qué casualidad!
9. (Yo) __________ (hablar) con ellos un ratito.
10. Y (nosotros) __________ (llegar) al hotel a las tres de la mañana. ¡Qué tarde!

Playa de Acapulco

2 **¿Qué hicieron?** Combina elementos de cada columna para narrar lo que hicieron estas personas.

anoche	yo	conversar	?
anteayer	mi compañero/a de cuarto	dar	
ayer	mis amigos/as	decir	
la semana pasada	el/la profesor(a) de español	ir	
una vez	mi novio/a	pasar	
dos veces		pedir	
el año pasado		tener que	

3 **La última vez** En parejas, indiquen cuándo hicieron por última vez estas cosas. Incluyan detalles en sus respuestas.

Modelo **llorar viendo una película**
—La última vez que lloré viendo una película fue en 2019. La película fue *Roma*.
—Bueno, ¡yo lloré mucho viendo *La forma del agua*...!

1. hacer la compra
2. decir una mentira
3. olvidar algo importante
4. perderse en una ciudad
5. indicar el camino
6. oír una buena/mala noticia
7. hablar con un(a) desconocido/a
8. estar enfadado con un(a) amigo/a
9. ver tres programas de televisión seguidos
10. comer en un restaurante

Practice more at vhlcentral.com.

Comunicación

4 Gustos gastronómicos

A. Haz una lista de tus cinco platos preferidos.

B. Anota en qué ocasiones específicas comiste estos platos.

C. Analiza cada plato, descríbelo y anota si son preparaciones propias de tu cultura o si contiene ingredientes de otra(s) cultura(s).

5 La semana pasada Pasea por el salón de clase y haz preguntas a tus compañeros/as para averiguar qué hicieron la semana pasada. Anota el nombre de la primera persona que conteste que sí a las preguntas.

Modelo **ir al cine**
—¿Fuiste al cine la semana pasada?
—Sí, fui al cine y vi una película muy buena./No, no fui al cine.

Actividades	Nombre
1. asistir a un partido de fútbol	______
2. conducir tu carro a la universidad	______
3. dar un consejo (*advice*) a un(a) amigo/a	______
4. dormirse en clase o en el laboratorio	______
5. estudiar toda la noche para un examen	______
6. hablar con un policía	______
7. hacer una tarea dos veces	______
8. ir al centro comercial	______
9. perder algo importante	______
10. cenar en un restaurante	______
11. viajar en transporte público	______
12. visitar un museo	______

6 El restaurante En grupos, túrnense para hablar de la última vez que fueron a un restaurante que no conocían. Después, comenten a la clase la experiencia gastronómica más exótica o la más especial.

Modelo —¿Y qué platos pediste?
—Pedí una ensalada y una tostada de camarón.

- ¿A qué restaurante fuiste?
- ¿Cuándo y por qué fuiste?
- ¿Tuviste que hacer una reservación?
- ¿Qué platos pediste?
- ¿Probaste algún ingrediente o plato nuevo? ¿Te gustó?
- ¿Con quiénes fuiste?

PUEDO describir actividades realizadas en días anteriores.

Communicative Objective: Talk about habitual or repeated actions

2.2 The imperfect

- The imperfect tense in Spanish is used to narrate past events without focusing on their beginning, end, or completion.

El primer plato que probó ***estaba*** *delicioso.*

- The imperfect tense of regular verbs is formed by dropping the infinitive ending **(–ar, –er, –ir)** and adding personal endings. **–Ar** verbs take the endings **–aba, –abas, –aba, –ábamos, –abais, –aban**. **–Er** and **–ir** verbs take **–ía, –ías, –ía, –íamos, –íais, –ían**.

The imperfect of regular *–ar*, *–er*, and *–ir* verbs

caminar	deber	abrir
caminaba	debía	abría
caminabas	debías	abrías
caminaba	debía	abría
caminábamos	debíamos	abríamos
caminabais	debíais	abríais
caminaban	debían	abrían

TALLER DE CONSULTA

To express past actions in progress, the imperfect or the past progressive may be used. See **Manual de gramática 2.4, p. 410.**

¿Qué hacías ayer cuando llamé?
What were you doing yesterday when I called?
Estaba almorzando.
I was having lunch.

- **Ir, ser,** and **ver** are the only verbs that are irregular in the imperfect.

The imperfect of irregular verbs

ir	ser	ver
iba	era	veía
ibas	eras	veías
iba	era	veía
íbamos	éramos	veíamos
ibais	erais	veíais
iban	eran	veían

- The imperfect tense indicates how things were or what was happening at certain time in the past.

Cuando yo **era** joven, **vivía** en Veracruz. Todas las semanas, mis padres y yo **visitábamos** a mis abuelos.
When I was young, I lived in Veracruz. Every week, my parents and I visited my grandparents.

- The imperfect of **haber** is **había**. There is no plural form.

Había tres cajeros en el supermercado.
There were three cashiers in the supermarket.

Solo **había** un mesero en aquel restaurante.
There was only one waiter in that restaurant.

- These words and expressions, among others, are often used with the imperfect because they express habitual or repeated actions without reference to their beginning or end: **de niño/a** (*as a child*), **todos los días** (*every day*), **mientras** (*while*).

De niño, vivía en un suburbio de la Ciudad de México.
As a child, I lived in a suburb of Mexico City.

Todos los días visitaba a mis primos en un pueblo cercano.
Every day I visited my cousins in a nearby village.

COMPARACIONES

En inglés, el progresivo se expresa en el pasado con *was/were* + verbo en *-ing: I* ***was studying***. En español, se expresa de dos formas: con el imperfecto (**estudiaba**) o con el pasado progresivo (**estaba estudiando**).

1. En parejas, escriban en español dos versiones de una misma oración: la primera versión con el imperfecto y la segunda con el pasado progresivo.
2. ¿Por qué se usaría el pasado progresivo en español cuando se puede expresar la misma idea con menos palabras? ¿Cómo se expresa la distinción en inglés?
3. Expliquen: ¿Cuáles son las ventajas de poder expresar la misma idea de varias maneras?

Práctica

NOTA CULTURAL

El **Palacio de Cortés** es uno de los edificios más famosos de **Cuernavaca**. Se terminó de constuir en 1535. Ha servido de cárcel (*jail*) y de sede (*headquarters*) del gobierno y hoy día es el **Museo Regional Cuauhnáhuac**. Los murales que pintó **Diego Rivera** en 1930 sobre la conquista española añaden interés a este histórico lugar.

El Palacio de Cortés, Cuernavaca, México

1 Cuernavaca Escribe la forma correcta del imperfecto de los verbos indicados.

Cuando yo (1) __________ (tener) veinte años, estuve en México por seis meses. (2) __________ (vivir) en Cuernavaca, una ciudad cerca de la capital. (3) __________ (ser) estudiante en un programa de español para extranjeros. Entre semana mis amigos y yo (4) __________ (estudiar) español por las mañanas. Por las tardes, (5) __________ (visitar) los lugares más interesantes de la ciudad para conocerla mejor. Los fines de semana, nosotros (6) __________ (ir) de excursión. (Nosotros) (7) __________ (visitar) ciudades y pueblos nuevos. ¡Los paisajes (8) __________ (ser) maravillosos!

2 Antes En parejas, túrnense para hacerse preguntas usando estas frases.

Modelo **tomar el metro**
—¿Tomas el metro?
—Ahora sí, pero antes nunca lo tomaba./Ahora no, pero antes siempre lo tomaba.

1. ir a las discotecas
2. tomar vacaciones
3. ir de compras al centro comercial
4. comer fuera los fines de semana
5. trabajar por las tardes
6. preocuparse por el futuro

3 Rutinas En parejas, un(a) compañero/a comienza la narración de alguna rutina que hacía en el pasado. El/La otro/a tiene que adivinar (*to guess*) cómo termina.

Modelo —Mi madre me daba dinero y me llevaba al centro comercial.
—Tú comprabas ropa y discos. Luego, tu madre te recogía y regresaban a casa.

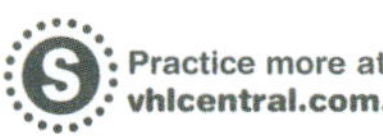

Practice more at vhlcentral.com.

Comunicación

4 Antes y ahora Compara cómo ha cambiado este lugar en los últimos años. ¿Cómo era antes? ¿Cómo es ahora?

Antes

Ahora

5 ¿Y ustedes?

A. Pregunta a varios compañeros si hacían estas cosas cuando eran niños/as. Escribe el nombre de la primera persona que conteste afirmativamente cada pregunta.

Modelo **ir mucho al cine**
—¿Ibas mucho al cine?
—Sí, iba mucho al cine.

¿Qué hacían?	Nombre
1. tener miedo de los monstruos y fantasmas de los cuentos	______________
2. llorar todo el tiempo	______________
3. siempre hacer su cama	______________
4. ser muy travieso/a (*mischievous*)	______________
5. romper los juguetes (*toys*)	______________
6. pasear en bicicleta	______________
7. correr en el parque	______________
8. beber limonada	______________

B. Ahora, comparte con la clase los resultados de tu búsqueda.

6 Entrevista Trabajen en parejas. Uno/a de ustedes es una persona famosa y el/la otro/a es un(a) reportero/a que la entrevista para saber cómo era su vida de niño/a. Después, informen a la clase sobre la celebridad. Sean creativos.

Modelo De niña, Salma Hayek viajaba todos los veranos al sureste de México. Le gustaba ir a las tiendas en el centro de Mérida...

PUEDO conversar sobre actividades realizadas en la niñez.

Communicative Objective: Express actions and events in the past

2.3 The preterite vs. the imperfect

- Although the preterite and imperfect both express past actions or states, the two tenses have different uses. They are not interchangeable.

Uses of the preterite

- To express actions or states viewed by the speaker as completed.

  La semana pasada **preparé** su plato preferido.
  I prepared their favorite dish last week.

  Ayer **fueron** a una marisquería.
  They went to a seafood restaurant yesterday.

Después de terminar el coctel de mariscos, ***pidió*** *dos tostadas.*

- To express the beginning or end of a past action.

  Empezamos a comer a las dos.
  We started eating at two o'clock.

  Esta cafetería **abrió** la semana pasada.
  This cafeteria opened last week.

- To narrate a series of past actions.

  Salí de casa, **fui** al supermercado y **compré** los ingredientes
  I left the house, went to the supermarket, and bought the ingredients.

  Llamé por teléfono, **reservé** una mesa y no **tuve** que esperar.
  I phoned, booked a table, and I didn't have to wait.

Uses of the imperfect

- To describe an ongoing past action without reference to beginning or end.

  Mi abuela **cocinaba** para toda la familia.
  My grandmother cooked for the whole family.

  Juan **quería** probar algún plato mexicano.
  Juan wanted to try a Mexican dish.

La tostada especial ***llevaba*** *pulpo, camarón y otros mariscos*

- To express habitual past actions.

  Tomaba dos cafés al día.
  I used to have two coffees a day.

  Solían comer fuera los sábados.
  They used to eat out on Saturdays.

- To describe mental, physical, and emotional states or conditions.

  Estaba impaciente por viajar a México.
  She was looking forward to traveling to Mexico.

- To tell time.

  Eran las ocho y media de la mañana.
  It was eight thirty a.m.

TALLER DE CONSULTA

To review telling time, see **Manual de gramática 2.5, p. 412.**

The preterite and imperfect used together

- When narrating in the past, the imperfect describes *what was happening*, while the preterite describes the action that *interrupted* the ongoing activity. The imperfect provides background information, while the preterite indicates specific events that advance the plot.

Mientras **estudiaba, sonó** la alarma contra incendios. Me **levanté** de un salto y **miré** el reloj. **Eran** las 11:30 de la noche. **Salí** corriendo de mi cuarto. En el pasillo **había** más estudiantes. La alarma **seguía** sonando. **Bajamos** las escaleras y, al llegar a la calle, me **di** cuenta de que **hacía** un poco de frío. No **tenía** un suéter. De repente, la alarma **dejó** de sonar. No **había** ningún incendio.

While I was studying, the fire alarm went off. I jumped up and looked at the clock. It was 11:30 p.m. I ran out of my room. In the hall there were more students. The alarm continued to blare. We rushed down the stairs and, when we got to the street, I realized that it was a little cold. I didn't have a sweater. Suddenly, the alarm stopped. There was no fire.

¡ATENCIÓN!

Here are some transitional words useful for clarity when narrating past events.

primero *first*
al principio *in the beginning*
antes (de) *before*
después (de) *after*
mientras *while*
entonces *then*
luego *then, next*
siempre *always*
al final *finally*
la última vez *the last time*

Different meanings in the imperfect and preterite

- The verbs **querer, poder, saber**, and **conocer** have different meanings when they are used in the preterite. Notice also the meanings of **no querer** and **no poder** in the preterite.

infinitive	imperfect	preterite
querer	**Quería** acompañarte. *I **wanted** to go with you.*	**Quise** acompañarte. *I **tried** to go with you (but failed).* **No quise** acompañarte. *I **refused** to go with you.*
poder	Ana **podía** hacerlo. *Ana **could** do it.*	Ana **pudo** hacerlo. *Ana **succeeded** in doing it.* Ana **no pudo** hacerlo. *Ana **could not** (and did not) do it.*
saber	Ernesto **sabía** la verdad. *Ernesto **knew** the truth.*	Por fin Ernesto **supo** la verdad. *Ernesto finally **discovered** the truth.*
conocer	Yo ya **conocía** a Andrés. *I already **knew** Andrés.* María y Andrés **se conocían**. *María and Andrés **knew** each other.*	Yo **conocí** a Andrés en la fiesta. *I **met** Andrés at the party.* María y Andrés **se conocieron** en Acapulco. *María and Andrés **met** in Acapulco.*

¡ATENCIÓN!

Saber and **conocer** are not usually interchangeable. **Saber** means *to know* (facts, information, or how to do something), while **conocer** means *to know* or *to be familiar/acquainted with* (a person, place, or thing).
Some contexts, however, lend themselves to either verb.
La policía sabía/conocía el paradero del sospechoso.
The police knew of the suspect's whereabouts.

1 El centro Elena y Catalina prometieron llevar a su amigo Daniel a una entrevista de trabajo. Completa las oraciones con el imperfecto o el pretérito de estos verbos.

conducir	decir	estar	levantarse	salir
cruzar	desayunar	haber	llamar	ser
dar	encontrar	leer	llegar	ver

Eran las ocho cuando Catalina y Elena (1) __________ para ir al centro. Elena (2) __________ cuando Daniel la (3) __________ para decir que estaba listo. Le (4) __________ otra vez que la cita (5) __________ a las diez y media. Ellas (6) __________ a las nueve y media. Todavía era temprano y (7) __________ tiempo. Elena (8) __________ mientras Catalina (9) __________ las indicaciones para llegar. Había mucho tráfico cuando (10) __________ el puente. No (11) __________ el edificio de oficinas porque (12) __________ perdidas. (13) __________ muchas vueltas y por fin (14) __________. Ya eran las once menos cuarto. ¡Pero no (15) __________ a nadie allí!

2 Interrupciones Combina palabras y frases de cada columna para contar lo que hicieron las siguientes personas. Usa el pretérito y el imperfecto.

Modelo **Ustedes miraban la tele cuando el médico llamó por teléfono.**

yo	dormir	cuando	usted	~~llamar por teléfono~~
tú	comer		~~el médico~~	salir
Marta y Miguel	escuchar música		la policía	sonar
nosotros	~~mirar la tele~~		el/la profesor(a)	recibir el correo electrónico
Pablo	conducir		los amigos	ver el accidente
~~ustedes~~	ir a...		la alarma	llegar a clase

3 Las fechas importantes

A. Escribe cuatro fechas importantes en tu vida y explica qué pasó.

Fecha	¿Qué pasó?	¿Con quién estabas?	¿Dónde estabas?	¿Qué tiempo hacía?
Modelo				
el 6 de agosto de 2023	Conocí a Dave Navarro.	Estaba con un amigo.	Estábamos en el gimnasio Vida.	Llovía mucho.

B. Intercambia tu información con tres compañeros/as. Ellos te van a hacer preguntas para conocer más detalles sobre lo que te pasó.

Comunicación

4 La mañana de Esperanza

A. Escribe lo que le pasó a Esperanza, según los dibujos. ¿Cómo fue su mañana? Utiliza el pretérito y el imperfecto en la narración.

1.

2.

3.

4.

B. En parejas, túrnense para presentar las historias que han escrito. Después, combinen sus historias para hacer una nueva.

5 Crónicas

En grupos de tres, utilicen estos fragmentos, creen oraciones y añadan otras para producir una historia lógica. Usen el pretérito y el imperfecto.

1. Con frecuencia, mis amigos/as …
2. El sábado pasado, …
3. Regularmente, en la cafetería de …
4. Anoche, mi hermano/a …
5. Generalmente, los restaurantes …
6. Ayer en la ciudad …

6 Cambios

En parejas, díganse en qué ciudad crecieron. Luego, describan los cambios actuales en esa ciudad y cómo se vivía antes. Por último, en pocas palabras, presenten a la clase la descripción de su compañero/a.

Modelo Hace cinco años, construyeron un nuevo rascacielos.
Antes, podíamos ver las montañas desde nuestro jardín.

PUEDO describir cambios en situaciones, lugares y personas.

La piñata

En el siglo XVI los frailes° españoles llevaron la piñata a México. Era una olla de barro° cubierta de papeles de colores en forma de estrella de siete puntas que representaba los siete pecados capitales. La venda° en los ojos simbolizaba la fe, y romper la piñata era liberar bendiciones° sobre todos. Hoy la piñata se usa en Navidad y en fiestas de cumpleaños.

El Día de los Inocentes

El 28 de diciembre se celebra en Hispanoamérica y España el Día de los Inocentes, que es parecido al *April Fools*. La palabra "inocente" en español también significa *naïve*, y aquí se refiere a niños de un relato bíblico. En México es un día para hacer bromas°, pedir algo prestado que no se piensa devolver, o publicar noticias falsas. "Inocente palomita° que te dejaste engañar°" se dice al final.

frailes *friars* **olla de barro** *clay pot* **venda** *blindfold*
bendiciones *blessings* **bromas** *jokes* **palomita** *little dove*
engañar *to trick* **charro** *Mexican cowboy*

Los mariachis

El mariachi es un género musical, y también se llama así a sus intérpretes, que llevan la cultura mexicana a todo el mundo. Ellos animan fiestas populares y familiares, y dan serenatas con guitarras, violines y trompetas. Generalmente visten el traje de charro° y los grandes sombreros tradicionales. Tocan corridos, rancheras y sones, y a veces también adaptan canciones famosas de pop. El mariachi fue declarado patrimonio inmaterial de la Humanidad por la UNESCO.

El mole

El mole es un plato mexicano que nació antes de la llegada de los españoles a América. Su nombre viene de la palabra náhuatl *mulli*, que quiere decir "mezcla" o "salsa". Se prepara con tomates, chile, especias y muchas otras cosas. Existen más de cincuenta variedades, como el verde, el amarillo o el blanco, pero los más conocidos son el mole poblano y el oaxaqueño, que llevan chocolate.

Tijuana
Golfo de California
Ciudad Juárez
ESTADOS UNIDOS
Monterrey
MÉXICO
Guadalajara
Papantla
Xalapa
Veracruz
Ciudad de México
Puebla
Oaxaca de Juárez
Golfo de México
Mérida
Cancún
Mar Caribe
Península de Yucatán
BELICE
GUATEMALA
HONDURAS
EL SALVADOR
NICARAGUA
OCÉANO PACÍFICO

Carnaval de Veracruz

El rito de los Voladores

La Guelaguetza

Chichén Itzá

1 Perspectivas En parejas, contesten las preguntas.

1. ¿Cuál es tu adorno favorito para una fiesta de cumpleaños? ¿Por qué?
2. ¿Qué relación hay entre la piñata y la religión? ¿Por qué crees que las piñatas se siguen usando hoy en día en las fiestas de cumpleaños?
3. ¿Conoces el origen de *April Fools*? ¿En qué se parece o se diferencia del Día de los Inocentes?
4. ¿Qué género musical consideras representativo de tu país o región? Compara sus instrumentos, trajes y otros elementos con los del mariachi.
5. ¿Qué música pondrías en una fiesta familiar? ¿Es la misma que se usa en las fiestas populares de tu región? Explica.
6. ¿Cómo crees que la receta del mole ha conseguido pervivir (*endure*) desde la época prehispánica hasta hoy en día?

PUEDO comparar tradiciones mexicanas con las de otras culturas.

Reportaje narrativo

Communicative Objective: Discuss Bolivian cuisine

El audio "Cochabamba: capital gastronómica de Bolivia" habla de la gastronomía típica de Cochabamba y explica sus platos más representativos.

Antes de escuchar

1 Activar el conocimiento previo Anota ideas de cómo crees que es la comida boliviana. ¿Conoces sus platos típicos? En grupos pequeños, compartan y comparen sus notas.

Mientras escuchas

2 Estrategia: Detalles Fíjate en el vocabulario específico que describe la gastronomía cochabambina. Esas son las palabras clave para comprender el contenido del audio.

3 Escucha una vez Escucha el audio para captar las ideas generales. Haz una lista de los nombres de los platos típicos y de algunos ingredientes.

4 Escucha de nuevo Ahora, basándote en lo que escuchas la segunda vez, añade información a tu lista y corrige cualquier error.

Después de escuchar

5 Comprensión e interpretación En parejas, contesten las preguntas.

1. ¿Qué platos son los más representativos de la gastronomía de Cochabamba?
2. ¿Cómo se llama la bebida típica de Cochabamba?
3. ¿Por qué hay tan buena comida en Cochabamba?
4. ¿En qué se caracteriza la comida de esta zona?
5. ¿Por qué crees que Cochabamba tiene ferias gastronómicas durante todo el año?

6 Discusión En grupos de cuatro, comenten por qué es importante la gastronomía de un país. Piensen en las respuestas a las siguientes preguntas y úsenlas para guiar la discusión.

- ¿Cuál es la relación entre un país y su gastronomía?
- ¿Creen que es importante conocer la gastronomía de un país para entender su cultura?
- ¿Tienen experiencias personales en las que la gastronomía sea un punto central?
- ¿Les gusta compartir recetas con otras personas? ¿Por qué?
- ¿Qué ciudad consideran que es la capital gastronómica de su país? Expliquen.
- ¿Qué ingredientes son los más representativos de su país? ¿Y de su región?

Practice more at vhlcentral.com.

PUEDO conversar sobre la gastronomía de diferentes ciudades.

SOBRE EL AUTOR

Sebastián Seron es un bloguero chileno al que le apasiona viajar y todo lo que ello conlleva: la comida, los paisajes naturales, los museos y la vida nocturna. Este aventurero viajante ha visitado más de cien territorios, lo cual le ha servido para escribir varios artículos para la plataforma de viajes de Latinoamérica *Faro Travel*.

Vocabulario de la lectura		Vocabulario útil	
la albóndiga	*meatball*	**el calcio**	*calcium*
el bicho	*bug*	**de buen paladar**	*of refined taste in food*
el bocado	*bite*	**la fibra**	*fiber*
el chapulín	*grasshopper*	**quisquilloso/a**	*picky*
crujiente	*crunchy*	**la grasa**	*fat*
degustar	*to taste*	**la proteína**	*protein*
frito/a	*fried*	**las raíces**	*roots*
el gusano	*worm*	**el valor nutricional**	*nutritional value*
el hongo	*fungus, mushroom*		

1 Vocabulario Completa la conversación. No repitas palabras.

CAMARERO: Hola, buenas noches. Soy Felipe, su camarero. Bienvenidos a Chon. ¿Tienen alguna pregunta sobre el menú?

PEDRO: Sí. ¿Qué son los (1) __________?

CAMARERO: Son grillos (*grasshoppers*). ¿Los quieren (2) __________?

PEDRO: Yo no estoy seguro. ¿Qué textura tienen?

CAMARERO: Son (3) __________. Yo se los recomiendo.

PEDRO: Está bien. Los probaré. ¿Y tú, María?

MARÍA: Yo prefiero algo más normal. Soy un poco (4) __________ con la comida. ¿Tienen algún plato que no tenga (5) __________? ¡Soy incapaz de comer insectos!

2 ¿Comidas extrañas? Haz una lista de alimentos o platos que consideras extraños. Después, compárala con la de un(a) compañero/a y contesten las preguntas.

- ¿Son sus listas similares? ¿Por qué les parecen extrañas las comidas seleccionadas?
- ¿Se consideran personas quisquillosas con la comida? ¿Cuál es la comida más exótica que han probado? ¿Cuál les gustaría probar?
- ¿Alguna vez comieron algo que pensaban que no les iba a gustar pero les acabó gustando? Expliquen.

COMIDA CON INSECTOS en México

Sebastián Seron

CUANDO SE HABLA DE COMER INSECTOS, muchos piensan en Asia y sus mercados nocturnos. Pero no es necesario cruzar el océano, pues basta° con viajar a México para degustarlos y vivir una experiencia típica de la época prehispánica. ¡Los invito a leer mi aventura!

Seguramente todos asocian a México con tacos, burritos y tequila. Pero sin duda hay otro tipo de comidas que aún se pueden encontrar, las cuales provienen desde antes de la llegada de los españoles y que, a pesar del paso del tiempo, han mantenido un bajo perfil° hasta hace algunos años.

La primera vez que escuché sobre la comida prehispánica fue en un programa de comida exótica en el Travel Channel. Allí nació mi interés por probarla, pues me llamaba la atención que los insectos se pudieran comer.

Había estado antes en Ciudad de México, un lugar que me encanta por su cultura, pero quería aprovechar° esta nueva visita para ir a alguno de los restaurantes dedicados a este tipo de gastronomía y, por fin, probar uno de los bocados que había visto en televisión.

Después de llegar al hostal me junté con unos amigos para comenzar nuestra aventura de probar la comida con insectos. La primera parada fue el bar Chon, uno de los pioneros en cuanto a comida prehispánica, cuyo chef se ha vuelto muy popular.

Después de ver la variedad de platos que ofrecían —algunos bien exóticos y otros más tradicionales— decidí probar los escamoles, un tipo de huevos de hormigas° preparados en una especie de tortilla, aunque la preparación hace que no se sienta mucho lo que uno come.

Después pedí albóndigas de venado° bañadas en salsa de huitlacoche, un delicioso hongo parásito del maíz (en el centro de México suelen comerlo con quesadillas), que acompañé con mezcal y tequila. Aunque los platos no eran baratos, la experiencia valía la pena.

En busca de los chapulines

Otra de las cosas que quería probar eran los chapulines, una especie de grillos° que abundan en algunas regiones de México; los mismos que inspiraron a Chespirito a crear al Chapulín Colorado.[1]

Si bien en Ciudad de México encontré una variada oferta de estos bichitos, opté por probarlos en Oaxaca, una ciudad que tiene una larga tradición en este tipo de insectos. Son tan utilizados para cocinar que se pueden encontrar en cientos de platos e, incluso, en la sal que acompaña al mezcal.

Dentro del mercado de la ciudad hay dos áreas, una dedicada a las artesanías y otra a la gastronomía. En esta última hay muchísimos restaurantes que ofrecen platos típicos de la región, pero los chapulines se consiguen en el primero. Allí compré una bolsa con diferentes variedades, la mayoría tan picante que hacía difícil seguir comiendo; si no eres muy amigo del picante te recomiendo probar los marinados con limón, que son crujientes, sabrosos y se pueden usar como ingrediente dentro de los tacos.

Último día nadie se enoja [2]

Antes de regresar a Chile decidí visitar el mercado de San Juan, en el DF, donde encontraría varias alternativas de restaurantes prehispánicos. Me decidí por La Cocinita de San Juan, pues era el que más resaltaba entre los que ofrecían este tipo de comida por sus apuestas° que bordean en lo exótico. En la entrada me encontré con una muestra° de los distintos insectos que usan en sus platos, como ciempiés°, arañas de trigo°, escorpiones y otros que no supe qué eran. Después de ver todas las opciones decidí probar primero los tacos con jumiles, una especie de chinches de monte° muy utilizados en el pueblo de Taxco, donde suelen comerlos vivos en épocas lluviosas. A mí me los sirvieron muertos, pero estaban bastante buenos.

> “Suelen comerlos vivos en épocas lluviosas.”

Luego pedí uno con alacranes° que, aunque no son típicos de la zona, se comen al norte del país. Ya había probado un escorpión grande frito en China, así que el impacto de tenerlos de almuerzo no fue mucho.

Finalmente llegó el turno de los chinicuiles, una especie de gusanos parecidos a los del maguey, pero de color rojo. Para mi gusto fueron los más fáciles de comer, porque el sabor no era tan extraño y no se caían del taco. Luego junté los jumiles que se me habían caído al plato y me los comí uno por uno como si fueran Chubis°, así que pude sentir mejor el sabor.

Al terminar me preguntaron si quería otro taco, pero con esos tres mi interés por la comida prehispánica ya había quedado satisfecho por el momento.

Sin duda el haber degustado estos platillos —que los habitantes de la región solían comer hace más de 500 años— fue una experiencia única. Poco a poco están saliendo a la luz y volviéndose más populares, por lo que muchos restaurantes han comenzado a prepararlos o a ofrecer comida fusión. Sí o sí° volveré a probar nuevos platos y otros tipos de insectos. ■

basta *it's enough*
perfil *profile*
aprovechar *to take advantage of*
hormigas *ants*
venado *venison*
grillos *grasshoppers*
apuestas *offerings*
muestra *sample*
ciempiés *centipedes*
arañas de trigo *black widows*
chinches de monte *stink bugs*
alacranes *scorpions*
Chubis *Chilean candies*
Sí o sí *Definitely*

[1] Serie de televisión mexicana cuyo protagonista es un chapulín superhéroe
[2] Dicho chileno usado para expresar que se debe disfrutar del final de una actividad

Análisis

1 ¿Cierto o falso? Indica si las oraciones son ciertas o falsas. Corrige las falsas.

1. Comer insectos en México es una costumbre que existe desde la época prehispánica.
2. El autor escuchó sobre la comida prehispánica en una conferencia de nutrición.
3. Sebastián Seron probó los insectos en compañía de unos amigos.
4. Los chapulines se pueden conseguir en el mercado de Oaxaca.
5. Los chapulines que compró el escritor eran muy dulces.
6. Seron tiene la intención de comer nuevos platos y otros insectos en el futuro.

2 Comidas prehispánicas Primero, une cada comida con su definición. Después, indica el orden en el que las probarías. En parejas, contesten las preguntas.

___ alacrán	escorpión
___ chapulines	especie de chinches de monte
___ chinicuiles	especie de grillos
___ escamoles	especie de gusanos
___ huitlacoche	hongo parásito del maíz
___ jumiles	huevos de hormiga

- Compara el orden de tu lista con el de tu compañero/a. ¿Son similares? Comenten sus preferencias.
- Cuando viajas, ¿pruebas las comidas locales? ¿Qué importancia tiene para ti probar la gastronomía típica de ese lugar?
- ¿Crees que los jóvenes de tu generación están más dispuestos a probar comidas exóticas que las generaciones anteriores? ¿A qué crees que se debe?
- ¿Por qué crees que para algunas culturas es normal comer un alimento que para otras no lo es? Da ejemplos.

3 Comida y cultura En grupos de tres, conversen sobre estas preguntas.

1. ¿Qué importancia tiene la comida en la identidad de un pueblo?
2. ¿Piensan que, a pesar de la globalización, la comida sigue definiendo a las culturas?
3. ¿Por qué es importante que la comida prehispánica haya pervivido (*endured*) el paso de los años sin alteraciones?
4. ¿Por qué creen que los conquistadores españoles no adoptaron la costumbre de consumir insectos, pero adoptaron otras costumbres como comer chocolate?

4 Blog de viajes Investiga sobre otro país hispanohablante en el que se coman alimentos que consideras exóticos. Escribe un artículo de viajes similar al de Seron en el que describes la experiencia de degustar los nuevos alimentos. Incluye fotos.

PUEDO reflexionar sobre alimentos considerados exóticos.

Preparación

Communicative Objective: Investigate the impact of Mexican cuisine in the United States

Vocabulario de la lectura		Vocabulario útil	
la alta cocina	*haute cuisine*	**el acompañamiento**	*side dish*
destacado/a	*outstanding*	**agrio/a**	*sour*
el gusto	*taste*	**exquisito/a**	*delicious*
la harina	*flour*	**la influencia**	*influence*
reconocido/a	*renowned*	**saludable**	*healthy*
el trigo	*wheat*	**sazonar**	*to season*
		soso/a	*bland*

1 Crucigrama Completa con palabras del vocabulario.

Horizontales

1. efecto sobre algo o alguien
4. cereal con el que normalmente se hace pan, pasta y otros alimentos
5. con poco sabor
6. delicioso
7. bueno para la salud

Verticales

2. porción pequeña de comida que se sirve junto al plato principal
3. agregar especias o salsas a los alimentos para darles más sabor
8. popular y muy respetado

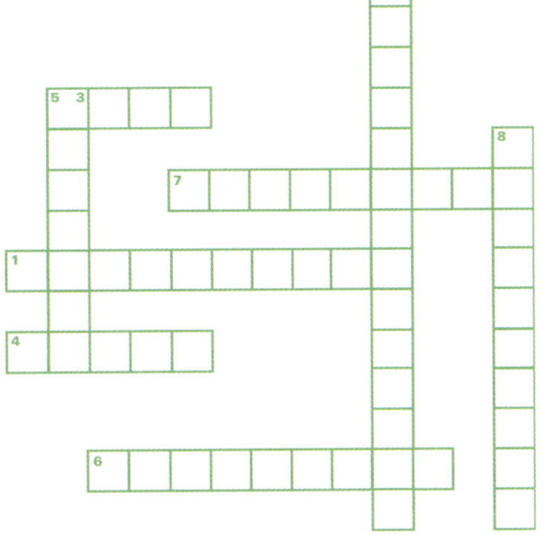

2 Opinión En parejas, indiquen si están de acuerdo o no con las afirmaciones. Den ejemplos o argumentos para justificar su opinión.

- La cocina tradicional es mejor que la cocina moderna.
- Las recetas tradicionales cambian y se pierden con el tiempo.
- Al mudarnos a un nuevo país, debemos adaptarnos a sus costumbres gastronómicas.
- La proximidad entre países y culturas tiene un impacto en su gastronomía.

3 Refranes En grupos de tres, expliquen lo que creen que significan estos refranes (*proverbs*) mexicanos. Luego, contesten: ¿Hay proverbios en su país o cultura que estén relacionados con la comida? Hagan una lista y expliquen qué significan.

Al que nace para tamal, del cielo le caen las hojas.

A la mejor cocinera se le queman los frijoles.

La gastronomía mexicana en los Estados Unidos

La base de la cocina mexicana proviene de la época prehispánica y muchos de sus ingredientes y técnicas culinarias se han mantenido sin alteraciones generación tras generación. En 2010, la UNESCO declaró la gastronomía de México Patrimonio Cultural Inmaterial de la Humanidad para reconocer su antigüedad, su riqueza° y su diversidad. La cocina mexicana es reconocida en todo el mundo, pero en los Estados Unidos tiene una gran popularidad y una historia particular. Esto se debe principalmente a la proximidad geográfica de ambos países y a la inmigración, que favorecen que la gastronomía de México se expanda con facilidad. Los supermercados, los restaurantes y los puestos de comida callejera con origen mexicano proliferan en el país vecino, haciendo que la gastronomía de México permanezca viva más allá de sus fronteras.

richness

Los Ángeles y Chicago, por ejemplo, son ciudades en las que la gastronomía mexicana goza° de muy buena fama. En Los Ángeles, popular por sus *food trucks* y su escena de comida callejera, se pueden encontrar muchos platos mexicanos. Comprar unos tacos, unos tamales, una torta o una quesadilla es igual de fácil que comprar una hamburguesa. Sin embargo, la cocina mexicana no solo se ha desplazado° a los Estados Unidos, sino que allí ha adquirido una nueva identidad.

enjoys

moved

La cocina Tex-Mex

Uno de los casos más obvios de esta cocina mexicano-estadounidense con identidad propia es la cocina Tex-Mex. En ocasiones es confundida con la cocina mexicana tradicional o incluso es considerada su versión poco auténtica o de menor calidad. Lo cierto es que son gastronomías diferentes y que la comida Tex-Mex es el producto de una historia más compleja. Este tipo de cocina era propia de los habitantes de Texas de origen mexicano o español que vivían en el estado antes de que este formara parte de los Estados Unidos. Alrededor de la década de 1920, el término Tex-Mex se empezó a utilizar para referirse a las personas de origen mexicano que vivían en Texas. Con el tiempo, comenzó a utilizarse para referirse también a la comida de estilo mexicano típica de esa región.

Estos son los principales factores para diferenciar entre la cocina tradicional mexicana y la cocina Tex-Mex:

- **Las tortillas:** las tortillas de la cocina mexicana tradicional son de maíz. La cocina Tex-Mex introduce las de harina de trigo y las de maíz crujientes.
- **El queso:** en la cocina mexicana tradicional se utilizan quesos blancos, como el queso fresco, el Cotija, el panela o el Oaxaca. El queso cheddar solo es propio de la cocina Tex-Mex.

chili peppers

- **Los platos típicos:** el chili o las fajitas son platos Tex-Mex. Los chiles° en nogada, la cochinita pibil, el pozole, los tamales, el mole o la sopa de tortilla son algunos de los platos mexicanos tradicionales.

La nueva cocina mexicana

Hoy en día, la cocina mexicana continúa evolucionando. Esta nueva cocina mexicana mantiene la esencia de la cocina tradicional a través de sus ingredientes y algunas técnicas culinarias, pero introduce nuevas texturas, presentaciones y sabores más característicos de la cocina moderna.

led / emergence
opening

Enrique Olvera es uno de los chefs que encabezó° el surgimiento° de esta alta cocina mexicana, con la apertura° de su restaurante Pujol en Ciudad de México en el año 2000. Pujol entró en la prestigiosa lista *The World's 50 Best Restaurants*, y Olvera decidió expandir su cocina a los Estados Unidos. Junto a la chef Daniela Soto-Innes, abrió los restaurantes Cosme (2014) y Atla (2017), en Nueva York. La mayoría de sus platos ejemplifican la combinación de elementos mexicanos tradicionales con preparaciones más vanguardistas.

award

Tras el éxito de Cosme y Atla, en 2019 los chefs Olvera y Soto-Innes decidieron expandirse hacia otros estados. Ese mismo año, Daniela Soto-Innes fue nombrada mejor cocinera del mundo por *The World's 50 Best Restaurants*. Se trata de la primera cocinera mexicana en lograr este galardón°.

En otros lugares de los Estados Unidos, esta nueva cocina mexicana también está presente. Además de en Nueva York, la alta cocina mexicana ha logrado un lugar destacado en otras ciudades como Los Ángeles, San Francisco y Chicago. La cocina mexicana se mantiene viva en los Estados Unidos. Su historia en este país está marcada por la tradición, la fusión y la innovación. Es una historia que habla del esfuerzo de miles de mexicanos por importar y mantener sus tradiciones gastronómicas, pero también de cómo estas se adaptan a nuevos tiempos. ■

Watch related video at vhlcentral.com.

1 Comprensión Contesta las preguntas.

1. ¿Cuáles son algunas características por las que la gastronomía mexicana fue nombrada Patrimonio Cultural Inmaterial de la Humanidad?
2. ¿Qué ciudad estadounidense destaca por sus *food trucks* de comida mexicana, según el artículo?
3. ¿En qué se diferencian las tortillas mexicanas tradicionales y las tortillas Tex-Mex?
4. ¿Cuáles son algunos de los quesos típicos de la gastronomía mexicana?
5. ¿Qué chef lideró el surgimiento de la alta cocina mexicana en los Estados Unidos?

2 Síntesis Según el artículo, la historia de la gastronomía mexicana en los Estados Unidos está marcada por la tradición, la fusión y la innovación. Completa la tabla con al menos dos ejemplos de cada característica. Después, en grupos de tres, comparen sus respuestas.

Tradición	Fusión	Innovación

3 Interpretación En parejas, contesten las preguntas.

1. ¿Piensan que es difícil mantener las tradiciones gastronómicas fuera del país de origen? Expliquen.
2. ¿Creen que es importante conocer las diferencias entre la cocina mexicana auténtica y la cocina Tex-Mex? Expliquen.
3. ¿Consideran que la gastronomía mexicana forma parte de la cultura norteamericana? ¿Por qué?
4. ¿Por qué piensan que la cocina mexicana tiene más popularidad en algunas ciudades estadounidenses que en otras?
5. ¿Qué gastronomías de otros países se han adaptado a los gustos y costumbres norteamericanos? Den ejemplos.

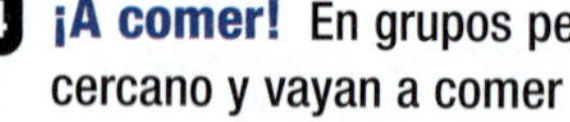

4 ¡A comer! En grupos pequeños, busquen un restaurante de comida mexicana cercano y vayan a comer ahí. Tras su experiencia, discutan sobre estas preguntas.

- ¿Qué platos e ingredientes de la carta les llamaron más la atención?
- ¿Se trata de un restaurante mexicano tradicional? ¿Cómo lo saben?
- ¿Creen que el restaurante tiene influencias de la cocina norteamericana?
- ¿Cómo fue su experiencia? Investiguen en Internet, publiquen su opinión y compárenla con las de otros clientes.

Practice more at vhlcentral.com.

PUEDO conversar sobre platos mexicanos populares en los Estados Unidos.

SOBRE EL AUTOR

Pablo Neruda (1904-1973) fue un poeta chileno y uno de los máximos representantes de la poesía hispanoamericana del siglo XX. Su obra *Veinte poemas de amor y una canción desesperada* lo llevó a la fama. Además de poeta, tuvo cargos diplomáticos en varios países, y fue senador y precandidato a la presidencia de Chile. Su poesía tiene influencias del simbolismo, del surrealismo y, más tarde, del realismo. Otras de sus obras son *Crepusculario, Canto general* y *Odas elementales*, donde aparece "Oda al caldillo de congrio". En 1971, ganó el Premio Nobel de Literatura.

Vocabulario de la lectura		Vocabulario útil	
la anguila	*eel*	**cotidiano/a**	*daily*
cocer (o:ue)	*to boil, to cook*	**ensalzar**	*to praise*
el manjar	*delicacy, feast*	**el orgullo**	*pride*
provechoso/a	*beneficial, nutritious*	**la patria**	*homeland*
el racimo	*bunch (of fruit)*	**sencillo/a**	*simple*
tierno/a	*tender*	**el sentimiento**	*feeling*

NOTA CULTURAL

El caldillo de congrio es un plato típico de la gastronomía chilena. El congrio es un tipo de anguila abundante de la costa de Chile. Es un pescado tierno y suave. Existen variaciones de la receta del caldillo de congrio; por ejemplo, se le puede añadir (*add*) pimentón (*paprika*) o huevo duro. Sin embargo, la receta más popular es la que Neruda inmortalizó en su "Oda al caldillo de congrio".

1 Vocabulario Completa las oraciones.

1. En España es tradicional celebrar el Año Nuevo comiendo doce uvas. Mi madre siempre compra un ________ y las prepara para la familia.
2. La ________ es un tipo de pescado muy tierno.
3. Los camarones son ________ para la salud porque son una fuente de vitamina D y omega-3.
4. Los invitados, agradecidos (*grateful*) por el manjar, van a ________ al chef.
5. Mientras él ________ los huevos, yo preparo la ensalada.
6. Esther está deseando volver a su ________, Chile, para comer la deliciosa comida que hace su mamá.

2 Arte culinario En parejas, intercambien sus opiniones sobre el arte culinario. ¿Creen que un plato puede ser una obra de arte? Expliquen.

3 Oda En grupos de tres, busquen la definición de "oda" y respondan a las preguntas.

- ¿Has escrito o leído alguna vez una oda? ¿De qué se trataba?
- ¿De qué temas o personas suelen tratar los poemas?
- Si tuvieras que escribir un poema para un concurso literario, ¿sobre qué tratarías?

Oda al caldillo de congrio

Pablo Neruda

En el mar
tormentoso°
de Chile
vive el rosado congrio,
gigante anguila
de nevada carne.
Y en las ollas
chilenas,
en la costa,
nació el caldillo
grávido° y suculento,
provechoso.
Lleven a la cocina
el congrio desollado°,
su piel manchada° cede°
como un guante
y al descubierto queda
entonces
el racimo del mar,
el congrio tierno
reluce°
ya desnudo,
preparado
para nuestro apetito.
Ahora
recoges
ajos,
acaricia° primero
ese marfil°
precioso,
huele

storm-tossed
thick
skinned
mottled / slips off
glistens
caress
ivory

... hasta que en el caldillo se calienten las esencias de Chile.

irate su fragancia iracunda°,
entonces
minced deja el ajo picado°
caer con la cebolla
y el tomate
hasta que la cebolla
gold tenga color de oro°.
Mientras tanto
se cuecen
con el vapor
regal los regios°
camarones marinos
y cuando ya llegaron
when they are tender a su punto°,
the flavor is set cuando cuajó el sabor°
en una salsa
formada por el jugo
del océano
y por el agua clara
released que desprendió° la luz de la cebolla,
entonces
que entre el congrio
get immersed y se sumerja° en gloria,
que en la olla
se aceite,
se contraiga y se impregne.
Ya solo es necesario
dejar en el manjar
caer la crema
heavy como una rosa espesa°,
y al fuego
lentamente
entregar el tesoro
hasta que en el caldillo
se calienten
las esencias de Chile,
y a la mesa
lleguen recién casados
los sabores
del mar y de la tierra
para que en ese plato
tú conozcas el cielo. ■

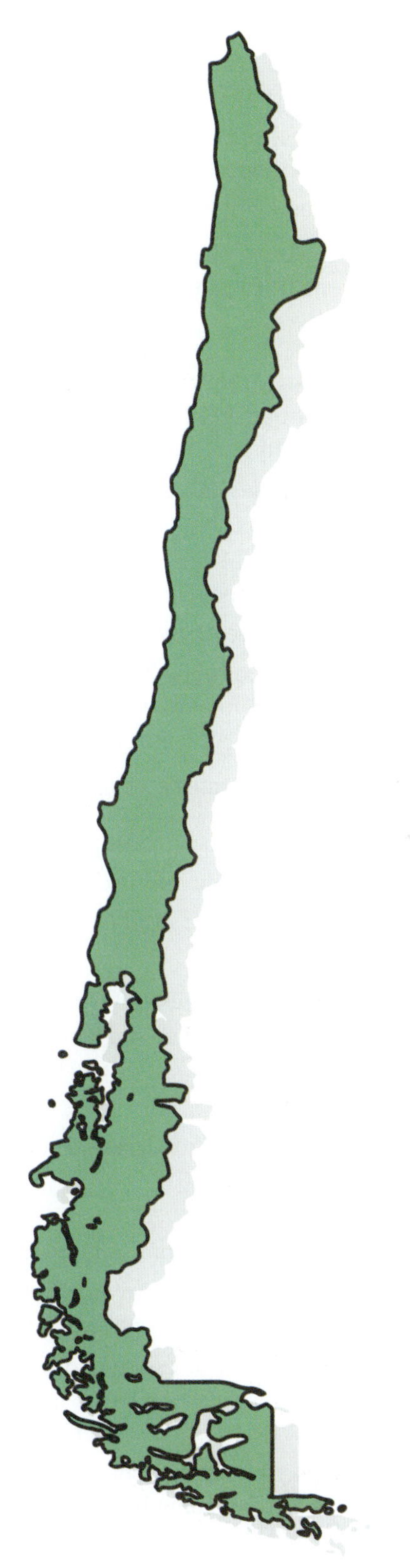

1 Comprensión Contesta las preguntas.

1. ¿Dónde vive el congrio?
2. ¿Qué adjetivos describen el caldillo de congrio?
3. ¿Qué le pide el poeta a la persona que está leyendo la oda?
4. ¿Qué ingredientes representan los sabores del mar?
5. ¿Qué ingredientes representan los sabores de la tierra?

2 Analizar En parejas, contesten las preguntas.

1. En "Oda al caldillo de congrio" aparecen varios verbos en segunda persona (**recoges, conozcas**), en ocasiones en modo imperativo (**huele, deja**). ¿Por qué crees que el poeta se decidió por usar esas formas verbales? Da ejemplos del poema.
2. Una de las características de la obra de Neruda son las referencias a los sentidos. ¿Qué palabras contiene la oda relacionadas con la vista, el olfato, el oído, el gusto y el tacto?
3. ¿En qué verso comienzan las instrucciones para la receta del caldillo?
4. ¿Crees que Neruda sentía pasión por la comida? ¿Por qué?
5. ¿Cómo consigue Neruda la unión de los formatos de la oda y la receta? Da ejemplos.

3 Interpretar Contesta las preguntas.

1. ¿Por qué crees que Neruda escribió una oda al caldillo de congrio? ¿Qué mensaje quería comunicar con este poema?
2. Si tuvieras que resumir esta oda para una persona que no la ha leído, ¿qué dirías?
3. ¿Qué versos representan el clímax de la oda? ¿Por qué?
4. Si tuvieras que comparar a Neruda con un(a) autor(a) de tu país, ¿con quién lo compararías? ¿Por qué?

4 Chile En parejas, relacionen el poema con la nacionalidad de su autor respondiendo a estas preguntas.

- Busquen la palabra "Chile" en la oda. ¿Cuántas veces aparece? ¿En qué partes del poema? ¿Por qué creen que aparecen en esa ubicación?
- Observen el contorno (*shape*) del poema. ¿A qué les recuerda?
- Neruda escribe esta oda de vuelta a Chile, después de haber estado exiliado en varios países. ¿Qué elementos del poema reflejan el amor por su patria y el alivio (*relief*) de haber vuelto?
- Si escribieran una obra literaria en la que mencionaran su comunidad, ¿la ensalzarían como hace Neruda con su patria? ¿Qué cosas dirían sobre ella?

5 **Figuras retóricas** En grupos de tres, lean las definiciones de las figuras retóricas y busquen ejemplos en el poema.

Figura retórica	Definición	Ejemplos del poema
Metáfora	Analogía que se establece entre dos elementos que comparten alguna similitud *Tus ojos son estrellas.*	
Símil o comparación	Producción de una idea, relacionándola con otra *Tu pelo es como el oro.*	
Epíteto	Adjetivo que denota una cualidad del sustantivo *las aguas azules; la blanca nieve*	

6 **Canon literario** En grupos de tres, lean el párrafo y discutan las preguntas.

El Canon occidental es el conjunto de obras literarias que, por su calidad, su originalidad o por otros factores, han transcendido en la historia y se han convertido en clásicos. Para el crítico literario norteamericano Harold Bloom, Pablo Neruda es uno de los autores que deben formar parte de ese Canon. Según sus palabras, "ningún poeta del hemisferio occidental de nuestro siglo admite comparación con él".

- ¿Por qué creen que Harold Bloom considera a Neruda como uno de los representantes del Canon de la literatura occidental?
- Según su opinión, ¿qué características debe tener un poema para considerarse un clásico? ¿Y una novela? ¿Y una película?
- ¿Son los clásicos las únicas obras dignas de ser estudiadas? ¿Por qué?
- ¿Qué obras y escritores/as contemporáneos/as creen que conseguirán el estatus de clásico en el futuro? Expliquen los motivos.

7 **Receta** En parejas, creen un diagrama de Venn en el que comparen las características de una receta tradicional de caldillo de congrio con la "Oda al caldillo de congrio".

Receta tradicional | Oda de Neruda

8 **Oda** Escribe una oda basándote en la receta de uno de tus platos favoritos. Incluye figuras retóricas en tu oda. Después, recita tu oda ante la clase.

PUEDO discutir sobre algunas características de las obras de Pablo Neruda.

Opinión: crítica culinaria

Communicative Objective: Write a review for a Mexican restaurant

En esta lección has hablado de la comida. Imagina que trabajas como crítico culinario y tienes que escribir sobre tu restaurante mexicano favorito. Vas a escribir una crítica culinaria sobre un plato de comida mexicana.

Planificar y preparar la escritura

1 Estrategia: Determina sobre qué plato vas a escribir Elige un plato típico mexicano que conoces bien (o investiga sobre él antes de escribir). En tu crítica culinaria vas a opinar sobre sus características. Utiliza la tabla para organizar tus ideas. ¿Qué te gusta del plato? ¿Qué podría mejorar? ¿Tienes alguna pregunta?

Tacos al pastor

POSITIVO	NEGATIVO	?
tienen muy buen sabor	*están un poco salados*	*¿Deben llevar más cilantro por encima?*

2 Estrategia: Desarrolla el cuerpo de la crítica

- Piensa en cómo usar los datos de tu tabla para escribir una crítica culinaria. Piensa en el tipo de lector a quien irá dirigido el texto.
- Desarrolla el cuerpo de tu crítica culinaria con las características del plato. Indica sus puntos positivos y negativos.

Escribir

3 Tu crítica Ahora escribe tu crítica culinaria. Utiliza la información que has reunido y sigue estos pasos.

- **Introducción:** Presenta el plato y describe cómo es.
- **Desarrollo:** Opina sobre el plato: su presentación, si está bien elaborado, en qué podría mejorar, etc. Da información detallada junto con tu opinión. Elige un título para tu crítica y valórala de 1 a 5 estrellas.
- **Conclusión:** Resume tus observaciones y termina el ensayo.

Revisar y leer

4 Revisión Pídele a un(a) compañero/a que lea tu crítica culinaria y sugiera cómo mejorarla. Revísala incorporando sus sugerencias y prestando atención a estos elementos.

- ¿Se describe claramente el plato de comida?
- ¿Explicaste bien tu opinión sobre el plato?
- ¿Ofreciste razones para apoyar tu opinión?
- ¿Son correctas la gramática y la ortografía?

PUEDO escribir una crítica culinaria y revisarla.

Con sabor

Así lo decimos

el aperitivo *appetizer*
el bocadillo *sandwich*
el bol *bowl*
el caldo *broth*
la carta *menu*
el/la cocinero/a *cook*
la comida callejera *street food*
la comida para llevar *takeout food*
los cubiertos *silverware*
el delantal *apron*
el guiso *stew*
el maíz *corn*
el mantel *tablecloth*
el marisco *seafood*
la masa *dough*
la olla *cooking pot*
el plato *dish*
la propina *tip*
la receta *recipe*
la sartén *frying pan*
la servilleta *napkin*
la vajilla *plates and glasses*

amasar *to knead*
freír (e:i) *to fry*
hervir (e:ie) *to boil*
hornear *to bake*
mezclar *to mix*
pedir (e:i) *to order*
poner la mesa *to set the table*
quitar la mesa *to clear the table*
remover (o:ue) *to stir*

al vapor *steamed*
en su punto *medium (cooked)*
maduro/a *ripe*
relleno/a *filled*
sabroso/a *tasty*

Documental

el aguacate *avocado*
la almeja *clam*
la atención *service*
el cacahuate *peanut*
el calamar *squid*
el camarón *shrimp*
el ceviche *raw (shell)fish cured with lime*
el coctel (de mariscos) *(seafood) cocktail*
el/la comensal *diner*
la cuenta *check*
la marisquería *seafood restaurant*
el premio *award*
el pulpo *octopus*
la reseña *review*
el sabor *taste*
la ubicación *location*
la vieira *scallop*

alérgico/a (a) *allergic (to)*
asequible *affordable*
cocido/a *cooked*
crudo/a *raw*
picante *spicy*

Artículo

la albóndiga *meatball*
el bicho *bug*
el bocado *bite*
el calcio *calcium*
el chapulín *grasshopper*
la fibra *fiber*
la grasa *fat*
el gusano *worm*
el hongo *fungus, mushroom*
la proteína *protein*
las raíces *roots*
el valor nutricional *nutritional value*

degustar *to taste*

crujiente *crunchy*
de buen paladar *of refined taste in food*
frito/a *fried*
quisquilloso/a *picky*

---

el acompañamiento *side dish*
la alta cocina *haute cuisine*
el gusto *taste*
la harina *flour*
la influencia *influence*
el trigo *wheat*

sazonar *to season*

agrio/a *sour*
destacado/a *outstanding*
exquisito/a *delicious*
reconocido/a *renowned*
saludable *healthy*
soso/a *bland*

Literatura

la anguila *eel*
el manjar *delicacy, feast*
el orgullo *pride*
la patria *homeland*
el racimo *bunch (of fruit)*
el sentimiento *feeling*

cocer (o:ue) *to boil, to cook*
ensalzar *to praise*

cotidiano/a *daily*
provechoso/a *beneficial, nutritious*
sencillo/a *simple*
tierno/a *tender*

Ahora yo puedo...

- identificar la idea principal de textos orales y escritos relacionados con la comida y la cocina.
- discutir la relación entre la comida y la cultura.
- escribir recetas y críticas culinarias.
- comparar los productos, las prácticas y las perspectivas sobre la comida, la música y las celebraciones en mi cultura y otras.
- demostrar comportamientos culturalmente apropiados al probar o comentar sobre comida o bebida que no me es familiar.

Entretenimiento En parejas, investiguen y comenten sobre juegos y deportes que se practican en Cuba, República Dominicana o Puerto Rico. Después, respondan: ¿qué tan similares son comparados con los de tu ciudad y tu país? ¿Qué juegos son tradicionales? ¿Cambiaron con el tiempo?

COSTUMBRES Y TRADICIONES

La buena vida

LECCIÓN

3

PUERTO RICO, CUBA Y REPÚBLICA DOMINICANA

CUBA

PUERTO RICO

REPÚBLICA DOMINICANA

LESSON OBJECTIVES

You will learn how to...

- identify the main idea of spoken and written texts on hobbies and leisure activities.
- exchange ideas about the types of entertainment in your own and other countries.
- write an article about the sports and games that represent your community's identity.
- compare products related to festivals and amusement parks in your own and other cultures.
- follow rules and etiquette when participating in leisure activities with peers from the target culture.

Communicative Objective: Talk about sports, games, and recreational activities

Las aficiones

Una de las **aficiones** preferidas de Laura es hacer excursiones por la montaña. **Disfruta** mucho pasando tiempo al **aire libre**. A veces su hermana Carol la acompaña, pero a ella la naturaleza no le gusta tanto y normalmente **se aburre** pronto. Carol **se divierte** más con otras actividades de **ocio**. Por ejemplo, **se le da muy bien** bailar.

aburrirse *to get bored*
la afición *hobby*
al aire libre *outdoors*
dársele bien/mal (algo a alguien) *to be good/bad (at something)*
disfrutar *to enjoy*
divertirse (e:ie) *to have fun*
el ocio *leisure*
el pasatiempo *pastime*

Los deportes

De pequeño, Jaime soñaba con ser **deportista** profesional. Ahora quiere ser médico, pero el deporte es su mayor afición y lo practica a menudo. Este mes, tiene **entrenamiento** de fútbol tres veces por semana, ya que su equipo está participando en una **liga**. En el próximo partido, su equipo necesita ganar o, al menos, **empatar** para poder seguir en la liga.

el/la deportista *athlete*
empatar *to tie (a game)*
el/la entrenador(a) *coach*
el entrenamiento *practice*
el gimnasio *gym*
la liga *league*
marcar (un gol/punto) *to score (a goal/point)*

Los juegos

Muchos domingos después de comer, José juega con su familia unas **partidas** de **cartas** o a algún **juego de mesa**. Es una costumbre que le encanta. Por su cumpleaños siempre pide que le regalen algún juego nuevo. Sus amigos, en cambio, prefieren los **videojuegos**.

el ajedrez *chess*
las cartas *cards*
los dados *dice*
la ficha *tile; game piece*
hacer trampa *to cheat*
el juego de mesa *board game*
la partida *game; hand*
el videojuego *video game*

Práctica

Las artes

Irene conoció a sus mejores amigos en una escuela de música. Los tres **tocan** la guitarra juntos cada semana. Este viernes querían ir a un **concierto**, pero los **boletos** están **agotados**. Al final, irán al **estreno** de una película o a ver una **obra de teatro**.

agotado/a *sold out*
el boleto *ticket*
el concierto *concert*
el estreno *premiere*
la exposición *exhibition*
la obra (de arte/teatro) *work of art; play*
tocar *to play (an instrument)*

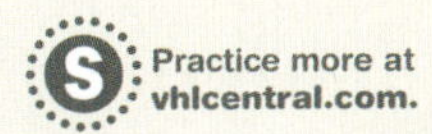
Practice more at vhlcentral.com.

1 **¿Qué hacemos hoy?** Completa la conversación.

al aire libre	gimnasio
entrenamiento	hacer trampa
estreno	juego de mesa
exposición	partida

JUAN: ¿Vamos al Museo de Ciencias esta tarde? Hay una nueva (1) __________ y hoy es gratis.

LAURA: ¿Por qué no vamos mejor a mi casa? Podemos jugar alguna (2) __________ de cartas o al (3) __________ que me regalaron. ¡Pero esta vez sin (4) __________!

ANDRÉS: Con el buen tiempo que hace, yo prefiero hacer algo (5) __________. Podríamos organizar un partido de fútbol.

JUAN: ¿Otra vez? Ayer ya tuvimos (6) __________. Además esta mañana fui al (7) __________. No quiero hacer más ejercicio por hoy.

LAURA: ¿Pues entonces qué hacemos? ¿Quieren ir al cine? Ayer fue el (8) __________ de la nueva película de Guillermo del Toro. ¿Vamos a verla?

2 **Tiempo libre** En parejas, contesten las preguntas.

1. ¿Practicas algún deporte? ¿Cuál? ¿Desde cuándo?
2. ¿Prefieres leer o ver la televisión? ¿Por qué? ¿A cuál le dedicas más tiempo?
3. ¿Te gusta hacer actividades por tu cuenta (*on your own*) o prefieres las actividades en grupo?
4. ¿Qué haces normalmente en tu tiempo libre cuando estás con tus amigos? ¿Y cuando estás con tu familia?

3 **Reflexión** Haz una lista con cinco de tus aficiones en orden de preferencia. Después, en grupos de cuatro, comparen sus listas y contesten las preguntas.

1. ¿Tienen aficiones en común? ¿Cuáles?
2. ¿Qué actividades de ocio son populares en su país o comunidad?
3. ¿Creen que sus aficiones dependen solo de sus gustos propios o creen que están influenciadas por la sociedad? Expliquen.

PUEDO conversar sobre deportes, juegos y actividades recreativas.

Communicative Objective: Discuss Puerto Rican handcrafts

Vocabulario del documental		Vocabulario útil	
confeccionar	*to make, to produce*	**la artesanía**	*craft*
guindar	*to hang*	**elaborar**	*to produce*
imponer	*to impose*	**la herramienta**	*tool*
la lucha	*fight, struggle*	**pintar**	*to paint*
la masilla	*putty*	**la tarea**	*task*
el personaje	*character*	**vestirse (e:i)**	*to get dressed*
la pertenencia	*belonging*		
el rasgo	*feature, characteristic*		
la semilla	*seed*		
tallar	*to carve*		
el trabajo forzoso	*forced labor*		
el/la vejigante	*popular character in some Puerto Rican traditional festivities*		

Expresiones	
aupar(se)	*to stand up for oneself, lift oneself up (fig.)*
deber algo a alguien (fig.)	*to owe something to someone*
en honor a	*in honor of*
tener al alcance	*to have available*

1 Vocabulario Completa las oraciones con palabras del vocabulario.

1. Esta máscara tiene unos ______ nativos, muy caribeños.
2. Se utiliza ________ para rellenar y suavizar el interior de las máscaras.
3. Los artesanos de Puerto Rico _________ máscaras de vejigante.
4. Las máscaras representan ________ que participan en las celebraciones.
5. Las artesanías locales dan un sentimiento de ________ a los emigrantes de las diásporas que las compran.
6. Muchos piensan que los vejigantes representan una ________ entre el bien y el mal.

2 Expresiones Completa la conversación con las expresiones que aprendiste.

ANDRÉS: ¡Hola Julia! ¿Sabes que vamos a hacer una fiesta (1) ____________ la profesora Martínez? Ella ganó el Premio a la Investigación Cultural.

JULIA: ¡Qué maravilla! Aprecio mucho a la profesora Martínez. Me ayudó con mi tesis doctoral. ¡Le (2) __________ muchísimo por su apoyo!

ANDRÉS: Es fantástico (3) _______________ la ayuda y guía de personas tan inteligentes como ella. Son una fuente de inspiración para sus estudiantes.

JULIA: ¡Sí! La profesora Martínez siempre está dispuesta a (4) ____________ a los estudiantes. ¡Nos vemos en la fiesta!

3 Preparación En grupos de cuatro, respondan las preguntas.

1. ¿Han estado en algún carnaval o festival callejero en el que se utilicen máscaras? ¿Dónde y cómo era? Si no estuvieron, ¿conocen alguno?
2. ¿Qué festivales conocen en su ciudad que se celebren por las calles? ¿Quién participa? ¿Qué actividades hay?
3. ¿Conocen artesanías típicas de su región? ¿Cómo se hacen? ¿Qué materiales se utilizan?
4. ¿Tienen familiares artesanos/as o conocen a personas que elaboran artesanías? Si conocen a alguno/a, ¿qué artesanías hacen ellos/as?

4 Artesanías En parejas, discutan sobre una guía para diseñar una artesanía. Sigan estas instrucciones para prepararla y comenten el proceso.

ARTESANÍAS EN CASA

Instrucciones para hacer artesanías:

1. ¿Qué materiales se utilizan? ¿Existen materiales alternativos?
2. ¿Dónde se consiguen los materiales?
3. ¿Cómo se hace(n) la(s) pieza(s) de artesanía? ¿Cuánto tiempo toma hacerla(s)? Expliquen los pasos.
4. ¿Para qué se usa esta artesanía? ¿Se puede usar en alguna celebración?

5 Celebraciones En grupos de tres, comenten sobre una celebración de su ciudad o de su región. Expliquen lo que les gusta, lo que no les gusta y qué se puede cambiar para mejorarla.

- ¿Cómo se llama la celebración? ¿Saben el origen de la celebración y del nombre?
- ¿Cuándo y dónde se celebra?
- ¿Han participado alguna vez? ¿Qué actividades se realizan?
- ¿Hay alguna artesanía particular de esta celebración?
- ¿Se parece a celebraciones de otras partes del mundo? ¿De qué manera?

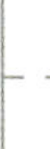

6 Fotos En parejas, comenten sobre las principales características de estas fiestas: Día de los Muertos, México; Feria de las Flores, Colombia; Fiesta de la Mama Negra, Ecuador. Después, discutan qué parecido tienen entre ellas.

Día de los Muertos, México

Feria de las Flores, Colombia

Fiesta de la Mama Negra, Ecuador

Máscaras de vejigante en coco

Artesanías locales para las fiestas de Santiago Apóstol en Puerto Rico

ARGUMENTO

Los artesanos de máscaras de vejigante en Puerto Rico crean estas bellas máscaras elaboradas con cocos para las fiestas en honor a Santiago Apóstol.

TEDDY VÁZQUEZ: Me encuentro en el pueblo de Gurabo. Soy artesano de máscaras de vejigante en coco. Bienvenidos a mi taller.

TEDDY VÁZQUEZ: Si lo vemos desde otro punto de vista°, el vejigante representa resistencia.

TEDDY VÁZQUEZ: En Loíza, que es un pueblo que tiene más de 300 años de tradición y de cultura, se trabaja la máscara con el coco.

TEDDY VÁZQUEZ: El interés por las máscaras de vejigante en coco comenzó desde mi niñez°.

TEDDY VÁZQUEZ: Al conocer a mi esposa, Wilda Cruz Ortiz, que es una maestra artesana en confección de caretas° de vejigante, con una vasta experiencia en ellas, vi la oportunidad de aprender a hacer esas máscaras.

WILDA CRUZ: Siempre mi papá me enseñó a trabajar cosas duras, a auparme como mujer, pero a la vez a ser valiente°, enfrentarme a todo lo que había en la vida.

el punto de vista *point of view*
niñez *childhood*
caretas *masks*
valiente *brave*

1 ¿Cierto o falso? Indica si las oraciones son ciertas o falsas. Corrige las falsas.

1. Las máscaras de vejigante son diferentes a las de otras celebraciones porque están hechas con materiales autóctonos.
2. Teddy Vázquez es un cantante que hace máscaras de vejigante en Puerto Rico.
3. Las máscaras de vejigante se utilizan en honor a familiares muertos.
4. Según Teddy, las máscaras de vejigante representan la resistencia de los pueblos frente a la colonización europea.
5. Los cocos verdes también sirven para tallarlos.
6. La masilla se usa para hacer suaves las partes más duras de la máscara.
7. Teddy usa pintura acrílica para obtener mayor variedad de colores.
8. Los "chifles" es otro nombre que se le da a las máscaras de vejigante.
9. Teddy Vázquez nació en Loíza porque su familia era de ese pueblo.
10. Teddy veía a los vejigantes cuando iba a los carnavales de Loíza con su familia.

2 Comentar En parejas, respondan a las preguntas.

1. ¿Qué te parece la artesanía de las máscaras de vejigante?
2. ¿Alguna vez has hecho artesanía? ¿De qué tipo? ¿Cómo fue tu experiencia y en qué se pareció a lo que cuenta Teddy sobre las máscaras?
3. ¿Puedes imaginar un carnaval sin máscaras o vestidos especiales? ¿Cómo creen que cambia la experiencia de quien los vive?
4. ¿Por qué crees que los artistas como Teddy y Wilda dedican su vida al arte?
5. ¿Piensas que hacer arte o artesanía ayuda a ser más felices? ¿Por qué?
6. ¿Crees que es posible realizar en tu ciudad un festival como el de las máscaras de vejigante? Explica.
7. ¿Qué otras condiciones hacen especial la celebración del carnaval de Puerto Rico?

3 Carnavales

A. **En grupos de cuatro, conversen sobre un plan para realizar unos carnavales en su pueblo o ciudad. Consideren lo siguiente:**

- Lugar de salida y calles por las que pasarán
- Tema general de los carnavales
- Vestidos, máscaras, artesanías o accesorios que llevarán los participantes
- Comidas especiales
- Música y baile
- Fecha y duración

B. **Comenten las características de sus carnavales, tomen notas de los detalles y luego preséntenlo a la clase.**

4 Historia En el video se habla de la historia de Puerto Rico y de su importancia para la celebración con los vejigantes. En parejas, busquen información en Internet sobre la llegada de los colonizadores europeos que se menciona en el video y qué significado tiene para esta celebración. Comenten la información que encuentran.

5 Vocabulario boricua En el video se puede encontrar algunas palabras boricuas (puertorriqueñas) como "guindar" o "vejigante". Busquen otras palabras boricuas en Internet con su significado y traten de identificar un equivalente en español más neutro.

6 Reflexión El carnaval de los vejigantes es una celebración con más de trescientos años de historia. La música y las culturas taína y africana son centrales en estas fiestas. En grupos de tres, respondan estas preguntas.

1. ¿Qué celebraciones de sus países o de los Estados Unidos tienen también mucha historia? ¿En qué se parecen a los carnavales boricuas y en qué se diferencian?
2. ¿Qué culturas indígenas tienen un impacto en las celebraciones de sus países o de los Estados Unidos? ¿En cuáles celebraciones? ¿Por qué creen que es así?
3. ¿De qué maneras creen que se refleja la mezcla de las culturas taína, africana y europea en los carnavales de Puerto Rico?
4. ¿A qué celebración de sus países o de los Estados Unidos llevarían a una persona que acaba de llegar al país? ¿Por qué?

7 A ritmo de bomba y plena La bomba y la plena son dos géneros musicales puertorriqueños que pueden escucharse durante los carnavales. En grupos, investiguen sobre estas músicas boricuas y comenten sobre estas preguntas.

- ¿Qué temas tienen normalmente las letras de la bomba y la plena?
- ¿Qué instrumentos se usan en estos géneros musicales?
- ¿Qué diferencias hay entre la bomba y la plena? ¿Qué características son similares?
- ¿Cómo se formaron estos géneros musicales? ¿Qué influencias tienen?
- ¿Qué estilos musicales de tu país se parecen a la bomba y la plena? ¿Por qué?

8 Canción de carnaval En grupos de tres, escriban un canción corta de mínimo cuatro líneas y con rima para cantar en los carnavales de vejigantes. Utilicen información del video y lo que aprendieron investigando esta celebración. Pueden considerar estas opciones como tema de la canción. Al final, presenten la canción a la clase.

- valor cultural
- alegría de celebrar
- variedad de actividades
- autenticidad del carnaval

PUEDO reflexionar sobre el significado del carnaval en la cultura puertorriqueña y en la mía propia.

Communicative Objective: Give advice about important actions and things

TALLER DE CONSULTA

These grammar topics are covered in the **Manual de gramática, Lección 3.**
3.4 Possessive adjectives and pronouns, p. 414
3.5 Demonstrative adjectives and pronouns, p. 416

¡ATENCIÓN!

The *indicative* is used to express actions, states, or facts the speaker considers to be certain. The *subjunctive* expresses the speaker's attitude toward events, as well as actions or states that the speaker views as uncertain.

¡ATENCIÓN!

Verbs that end in **–car, –gar,** and **–zar** undergo spelling changes in the present subjunctive.

sacar: saque
jugar: juegue
almorzar: almuerce

3.1 The subjunctive in noun clauses

Forms of the present subjunctive

- The subjunctive (**el subjuntivo**) is used mainly in subordinate clauses to express will, influence, emotion, doubt, or denial. The present subjunctive is formed by dropping the **–o** from the **yo** form of the present indicative and adding these endings:

The present subjunctive

hablar	comer	escribir
hable	coma	escriba
hables	comas	escribas
hable	coma	escriba
hablemos	comamos	escribamos
habléis	comáis	escribáis
hablen	coman	escriban

- Verbs with irregular **yo** forms show that same irregularity in all forms of the present subjunctive.

conocer →	conozca	oír →	oiga	traer →	traiga
decir →	diga	poner →	ponga	venir →	venga
hacer →	haga	tener →	tenga	ver →	vea

- Verbs with stem changes in the present indicative show the same changes in the present subjunctive. Stem-changing **–ir** verbs also undergo a stem change in the **nosotros/as** and **vosotros/as** forms of the present subjunctive.

pensar (e:ie)	piense, pienses, piense, pensemos, penséis, piensen
jugar (u:ue)	juegue, juegues, juegue, juguemos, juguéis, jueguen
mostrar (o:ue)	muestre, muestres, muestre, mostremos, mostréis, muestren
entender (e:ie)	entienda, entiendas, entienda, entendamos, entendáis, entiendan
resolver (o:ue)	resuelva, resuelvas, resuelva, resolvamos, resolváis, resuelvan
pedir (e:i/i)	pida, pidas, pida, pidamos, pidáis, pidan
sentir (e:ie/i)	sienta, sientas, sienta, sintamos, sintáis, sientan
dormir (o:ue/u)	duerma, duermas, duerma, durmamos, durmáis, duerman

- The following five verbs are irregular in the present subjunctive.

dar	dé, des, dé, demos, deis, den
estar	esté, estés, esté, estemos, estéis, estén
ir	vaya, vayas, vaya, vayamos, vayáis, vayan
saber	sepa, sepas, sepa, sepamos, sepáis, sepan
ser	sea, seas, sea, seamos, seáis, sean

Verbs of will and influence

- A clause is a sequence of words that contains both a conjugated verb and a subject (expressed or implied). In a subordinate (dependent) noun clause (**oración subordinada sustantiva**), the words in the sequence function together as a noun.

Teddy prefiere ***que*** *las máscaras* ***se pinten*** *con pintura acrílica.*

- When the subject of a sentence's main (independent) clause exerts influence or will on the subject of the subordinate clause, the verb in the subordinate clause takes the subjunctive.

MAIN CLAUSE	CONNECTOR	SUBORDINATE CLAUSE
Yo quiero	**que**	**tú vayas al cine conmigo.**

Verbs and expressions of will and influence

aconsejar *to advise*	**hacer** *to make*	**prohibir** *to prohibit*
desear *to desire, to wish*	**importar** *to be important*	**proponer** *to propose*
es importante *it's important*	**insistir (en)** *to insist (on)*	**querer (e:ie)** *to want; to wish*
es necesario *it's necessary*	**mandar** *to order*	**recomendar (e:ie)** *to recommend*
es urgente *it's urgent*	**necesitar** *to need*	**rogar (o:ue)** *to beg; to plead*
exigir *to demand*	**oponerse a** *to oppose; to object to*	**sugerir (e:ie/i)** *to suggest*
gustar *to like; to be pleasing*	**pedir (e:i/i)** *to ask for; to request*	
	preferir (e:ie/i) *to prefer*	

Martín quiere que **vayamos** a un concierto este viernes.
Martín wants us to go to a concert this Friday.

Les recomiendo que **lean** el libro antes de ver la película.
I recommend that you read the book before watching the movie.

Es necesario que **lleguen** al estreno antes de la una.
It's necessary that they arrive at the premiere before one o'clock.

Tus padres se oponen a que **salgas** tan tarde por la noche.
Your parents object to your going out so late at night.

- The infinitive, not the subjunctive, is used with verbs and expressions of will and influence if there is no change of subject in the sentence. The **que** is unnecessary in this case.

Infinitive

Es importante ir a Ponce en mayo.
It's important to go to Ponce in May.

Subjunctive

Prefiero que vayas en marzo.
I prefer that you go in March.

¡ATENCIÓN!

Pedir is used with the subjunctive to ask someone to do something. **Preguntar** is used to ask questions, and is not followed by the subjunctive.

No te pido que lo hagas ahora. *I'm not asking you to do it now.*

No te pregunto si lo haces ahora. *I'm not asking you if you're doing it now.*

COMPARACIONES

El subjuntivo se usa mucho en español, pero en inglés no es usual. Antes, el subjuntivo era más común en inglés. Sin embargo, hoy puede parecer demasiado formal. Solo se usa en ciertos casos, como para expresar deseos (*I wish you* ***were*** *here*) y pedidos (*they ask that she* ***bring*** *her friends*).

1. En parejas, escriban otra oración con el subjuntivo en inglés. ¿Pueden expresar el mismo mensaje sin usarlo? ¿Cómo?
2. Escribe una oración en español con el subjuntivo. Intercambia tu oración con un(a) compañero/a y determinen los equivalentes en inglés. ¿Se usa el subjuntivo en inglés? ¿Por qué o por qué no?
3. Expliquen: ¿Por qué cambia un idioma con el paso del tiempo?

Verbs of emotion

- When the main clause expresses an emotion like hope, fear, joy, pity, or surprise, the verb in the subordinate clause must be in the subjunctive if its subject is different from that of the main clause.

Espero que la película **tenga** subtítulos.
I hope the movie will have subtitles.

Es una lástima que no **puedas** venir.
It's a shame you can't come.

¡ATENCIÓN!

The subjunctive is also used with expressions of emotion that begin with **¡Qué...** *(What a...!/It's so...!)*

¡Qué pena que él no vaya!
What a shame he's not going!

Verbs and expressions of emotion

alegrarse (de) *to be happy (about)*
es bueno *it's good*
es extraño *it's strange*
es malo *it's bad*
es mejor *it's better*
es ridículo *it's ridiculous*
es terrible *it's terrible*
es una lástima *it's a shame*
es una pena *it's a pity*
esperar *to hope; to wish*
gustar *to like; to be pleasing*
molestar *to bother*
sentir (e:ie/i) *to be sorry; to regret*
sorprender *to surprise*
temer *to fear*
tener (e:ie) miedo (de) *to be afraid (of)*

- The infinitive, not the subjunctive, is used with verbs and expressions of emotion if there is no change of subject in the sentence. The **que** is unnecessary in this case.

Infinitive	Subjunctive
Siento llegar tarde a la clase de hoy. *I'm sorry for being late to class today.*	**Siento que la clase de hoy empiece tarde.** *I'm sorry that today's class is starting late.*

Verbs of doubt or denial

- When the main clause implies doubt, uncertainty, or denial, the verb in the subordinate clause must be in the subjunctive if its subject is different from that of the main clause.

No creo que ella **quiera** viajar.
I don't think that she wants to travel.

Dudan que la novela **tenga** éxito.
They doubt that the novel will be successful.

¡ATENCIÓN!

The expression **ojalá** (*I hope; I wish*) is always followed by the subjunctive. The use of **que** with **ojalá** is optional.

Ojalá (que) no llueva.
I hope it doesn't rain.

Ojalá (que) no te enfermes.
I hope you don't get sick.

The subjunctive is also used after **quizás** and **tal vez** (*maybe, perhaps*) when they signal uncertainty.

Quizás vengan a la fiesta.
Maybe they'll come to the party.

Verbs and expressions of doubt and denial

dudar *to doubt*
es imposible *it's impossible*
es improbable *it's improbable*
es poco cierto/seguro *it's uncertain*
(no) es posible *it's (not) possible*
(no) es probable *it's (not) probable*
negar (e:ie) *to deny*
no creer *not to believe*
no es evidente *it's not evident*
no es cierto/seguro *it's not certain*
no es verdad *it's not true*
no estar seguro (de) *not to be sure (of)*

- The infinitive, not the subjunctive, is used with impersonal expressions of doubt or denial if there is no change in the subject of the sentence. The **que** is unnecessary in this case.

Es imposible **entrenar** hoy.
It's impossible to train today.

Es improbable que **entrenemos** hoy.
It's unlikely that we'll train today.

Práctica

1 Seleccionar Escoge el infinitivo o el subjuntivo para completar las oraciones.

1. Me gusta (escuchar / escuche) merengue y salsa.
2. Quiero que me (compras / compres) un DVD de Juan Luis Guerra.
3. Es una pena que no (hay / haya) más conciertos de merengue en nuestra ciudad.
4. Siento (ser / sea) tan mal bailarín de bachata. ¡Practicaré más!
5. Espero que mis amigos y yo (viajamos / viajemos) a Santo Domingo este verano.

NOTA CULTURAL

Aunque el **merengue** se baila en la **República Dominicana** desde mediados del siglo XIX, su origen es, aún hoy día, un enigma. Según una de las muchas explicaciones que existen, el merengue deriva de la **upa**, ritmo cubano con una parte llamada precisamente "merengue". De lo que no hay duda es de sus raíces africanas y de su legendaria unión con la cultura dominicana. Actualmente, el merengue es muy popular en muchos países y **Juan Luis Guerra** es uno de sus máximos representantes.

2 Terco Usa el subjuntivo o el indicativo para completar el diálogo.

DIRECTOR: Mira, yo sé que (1) __________ (estar) muy ocupado, pero es muy importante que mañana (2) __________ (ir) al estreno de la película.

VICENTE: Ya te he dicho que no quiero que (3) __________ (insistir). Prefiero que me (4) __________ (desear) un buen viaje. Me voy este fin de semana a Santo Domingo.

DIRECTOR: Pero Vicente, necesitamos que (5) __________ (hablar) con los periodistas y que (6) __________ (saludar) al público.

VICENTE: No creo que los periodistas (7) __________ (querer) entrevistarme.

DIRECTOR: Pues sí. Ellos desean que tú (8) __________ (ser) más cooperativo.

VICENTE: Honestamente, me molesta que nosotros (9) __________ (seguir) hablando de esto. ¡Adiós!

3 Opuestas Escribe la oración que expresa lo opuesto en cada ocasión.

Modelo **Es poco seguro que este actor sepa actuar bien.**
Es seguro que este actor sabe actuar bien.

1. El entrenador cree que debe hablar con todos los jugadores.
2. No es cierto que en Cuba mucha gente baile salsa.
3. Estamos seguros de que la mayoría de jóvenes leen todos los días.
4. Es verdad que el fútbol es mi deporte preferido.
5. No es evidente que esa actriz escuche música en español.

Comunicación

4 Juan Pablo enamorado Juan Pablo está enamorado de Maricarmen y para impresionarla quiere convertirse en su hombre ideal. Usa las palabras y expresiones de la lista para darle consejos.

Modelo Es importante que te peines bien.

aconsejar	es mejor	recomendar
es importante	es necesario	rogar
es malo	insistir en	sugerir

Juan Pablo antes

Juan Pablo después

5 ¡Despedido! En parejas, usen las frases para improvisar una conversación en la que un(a) actor/actriz de televisión es despedido/a (*fired*) por el/la director(a) del programa. Usen el indicativo y el subjuntivo.

Modelo ¿No es extraño que los televidentes estén pidiendo otro actor para ese papel?

creo que	los anuncios
es extraño	el canal
es necesario	los chismes
es verdad	el comportamiento (*behavior*)
espero que	los críticos
necesito que	la escena
te ruego que	los televidentes

6 ¿Cómo son? ¿Qué hacen? En parejas, usen el subjuntivo para inventar e intercambiar descripciones de estas personas.

Modelo **La estrella de cine es tacaña (*stingy*).**
Dudo que gaste mucho dinero. Prefiere que sus amigos le compren todo.

1. La actriz es antipática.
2. El deportista es muy generoso.
3. El cantante es extraño.
4. La crítica de cine es insegura.

7 Opiniones En parejas, combinen las expresiones de las columnas para formar opiniones. Luego, improvisen tres conversaciones breves basadas en las oraciones.

Modelo —No creo que los futbolistas lean solo la sección deportiva. Seguramente también leen las noticias locales.
—No estoy de acuerdo. Es imposible que tengan tiempo para leer las noticias porque pasan mucho tiempo jugando al fútbol.

Creo	que	cada persona necesita una afición.
No creo		los futbolistas lean solo la crónica deportiva.
Dudo		ese actor vive en una casa elegante.
No dudo		se graben muchas telenovelas en República Dominicana.
No es cierto		hay muchos grupos de música cubanos.
Es evidente		la televisión sea entretenida (*entertaining*).
Es imposible		hoy se estrena una nueva película en el cine.
Me opongo a		hagamos lo mismo cada fin de semana.

8 Hermanas Leticia es una cantante famosa y su hermana Mercedes quiere seguir sus pasos como artista. En parejas, lean el correo electrónico de Mercedes. Luego, escriban la respuesta de Leticia, usando el subjuntivo con los verbos y expresiones que acaban de aprender.

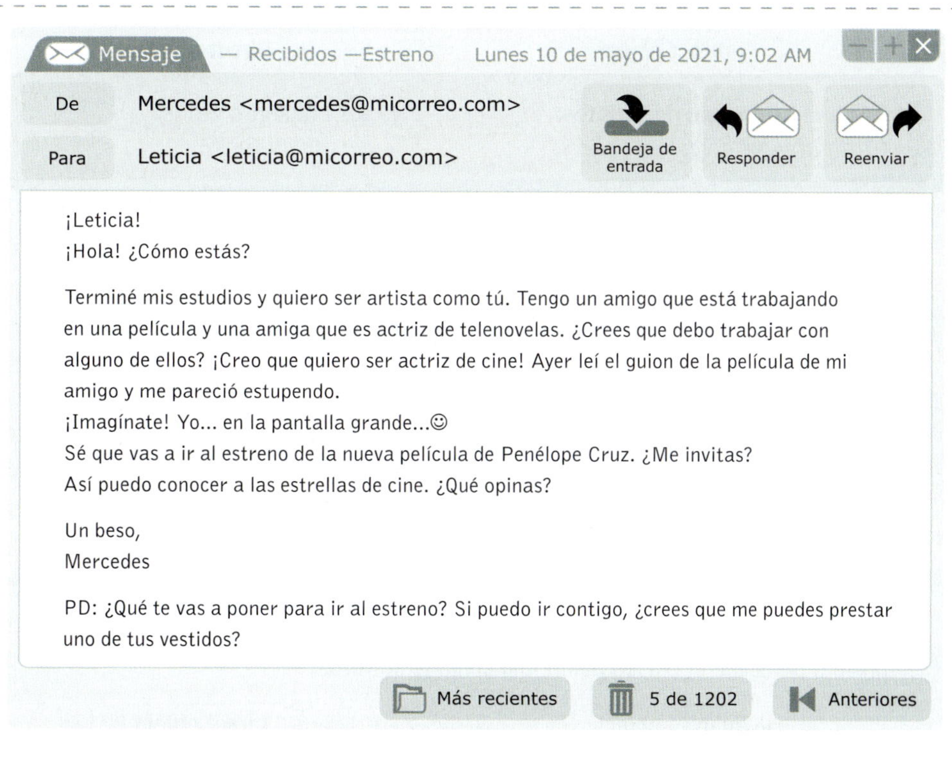
Mensaje — Recibidos —Estreno Lunes 10 de mayo de 2021, 9:02 AM

De Mercedes <mercedes@micorreo.com>

Para Leticia <leticia@micorreo.com>

Bandeja de entrada | Responder | Reenviar

¡Leticia!

¡Hola! ¿Cómo estás?

Terminé mis estudios y quiero ser artista como tú. Tengo un amigo que está trabajando en una película y una amiga que es actriz de telenovelas. ¿Crees que debo trabajar con alguno de ellos? ¡Creo que quiero ser actriz de cine! Ayer leí el guion de la película de mi amigo y me pareció estupendo.
¡Imagínate! Yo... en la pantalla grande...☺
Sé que vas a ir al estreno de la nueva película de Penélope Cruz. ¿Me invitas?
Así puedo conocer a las estrellas de cine. ¿Qué opinas?

Un beso,
Mercedes

PD: ¿Qué te vas a poner para ir al estreno? Si puedo ir contigo, ¿crees que me puedes prestar uno de tus vestidos?

Más recientes | 5 de 1202 | Anteriores

PUEDO dar consejos sobre acciones y cosas importantes.

3.2 Object pronouns

- Pronouns are words that take the place of nouns. Direct object pronouns directly receive the action of the verb. Indirect object pronouns identify *to whom* or *for whom* an action is done.

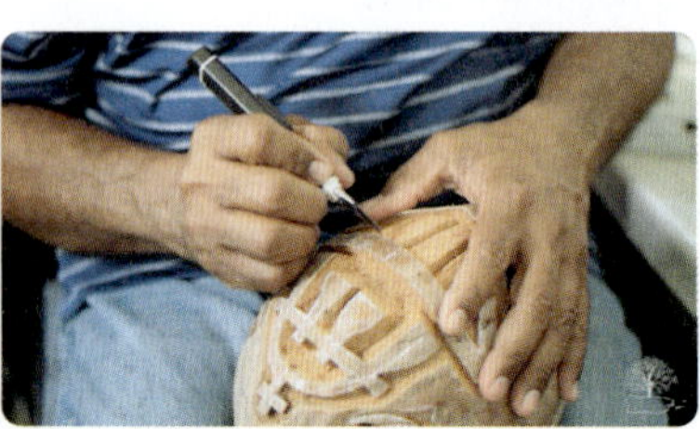

—Vamos a dibujar los rasgos o los dieseños que queremos que la máscara tenga. ***Los*** *vamos a tallar...*

Indirect object pronouns		Direct object pronouns	
me	**nos**	**me**	**nos**
te	**os**	**te**	**os**
le	**les**	**lo/la**	**los/las**

Position of object pronouns

- Direct and indirect object pronouns (**los pronombres de complemento directo e indirecto**) precede the conjugated verb.

Indirect object	Direct object
Carla siempre **me** da boletos. *Carla always gives me tickets.*	Ella **los** consigue gratis. *She gets them for free.*
No **le** guardé la sección deportiva. *I didn't save the sports section for him.*	Nunca **la** quiere leer. *He never wants to read it.*

- When the verb is an infinitive construction, object pronouns may be either attached to the infinitive or placed before the conjugated verb.

Indirect object	Direct object
Debes pedir**le** el dinero de la apuesta. **Le** debes pedir el dinero de la apuesta.	Voy a hacer**lo** enseguida. **Lo** voy a hacer enseguida.
Tienes que presentar**me** a tus amigos. **Me** tienes que presentar a tus amigos.	Vamos a llevar**la** de excursión. **La** vamos a llevar de excursión.

- When the verb is in the progressive, object pronouns may be either attached to the present participle or placed before the conjugated verb.

Indirect object	Direct object
Está enseñándo**les** a tocar el piano. **Les** está enseñando a tocar el piano.	Estuvimos buscándo**las** ayer. **Las** estuvimos buscando ayer.

¡ATENCIÓN!

Lo is also used to refer to an abstract thing or idea that has no gender.

Lo pensé.
I thought about it.

TALLER DE CONSULTA

For a detailed review of the neuter **lo**, see **Manual de gramática 5.5, p. 422.**

Double object pronouns

- The indirect object pronoun precedes the direct object pronoun when they are used together in a sentence.

Me mandaron los boletos por correo.	〉	**Me los mandaron por correo.**
Te exijo una respuesta ahora mismo.		**Te la exijo ahora mismo.**

- **Le** and **les** change to **se** when they are used with **lo, la, los,** or **las**.

Le damos las revistas a Ricardo.	〉	**Se las damos.**
Les enseña el juego a sus hermanas.		**Se lo enseña.**

Prepositional pronouns

Prepositional pronouns			
mí *me, myself*	**él** *him, it*	**nosotros/as** *us, ourselves*	**ellos** *them*
ti *you, yourself*	**ella** *her, it*	**vosotros/as** *you, yourselves*	**ellas** *them*
Ud. *you, yourself*	**sí** *himself, herself, itself*	**Uds.** *you, yourselves*	**sí** *themselves*

- Prepositional pronouns function as the objects of prepositions. Except for **mí, ti,** and **sí,** they are identical to their corresponding subject pronouns.

¿Qué opinas de **ella**?
Ay, mi amor, solo pienso en **ti**.

¿Lo compraron para **mí** o para Javier?
Lo compramos para **él**.

- **A** + [*prepositional pronoun*] is often used for clarity or emphasis.

¿Te gusta aquel actor?
¡**A mí** me fascina!

¿Se lo dieron a Héctor o a Verónica?
Se lo dieron **a ella**.

- The pronoun **sí** (*himself, herself, itself, themselves*) is the prepositional pronoun used to refer back to the same third person subject. In this case, the adjective **mismo/a(s)** is usually added for clarification.

José se lo regaló a **él**.
José gave it to him (someone else).

José se lo regaló a **sí mismo**.
José gave it to himself.

- When **mí, ti,** and **sí** are used with **con,** they become **conmigo, contigo,** and **consigo**.

¿Quieres ir **conmigo** al museo este fin de semana?
Do you want to go to the museum with me this weekend?

Laura y Salvador siempre traen sus computadoras portátiles **consigo**.
Laura and Salvador always bring their laptops with them.

- These prepositions are used with **tú** and **yo** instead of **mí** and **ti**: **entre, excepto, incluso, menos, salvo, según.**

Todos están de acuerdo **menos tú** y **yo**.

¡ATENCIÓN!

When object pronouns are attached to infinitives, participles, or commands, a written accent is often required to maintain proper word stress.

Infinitive
cantármela
Present participle
escribiéndole
Command
acompáñeme

For more information on using object pronouns with commands, see **3.3, p. 107**.

TALLER DE CONSULTA

See **Manual de gramática 3.4, p. 414,** and **3.5, p. 416,** for information on possessive and demonstrative pronouns.

Práctica

1 Dos amigas Berta y Susi están hablando del cantante Chayanne. Selecciona las personas de la lista que corresponden a los pronombres subrayados (*underlined*).

a Chayanne	a Claudia	a mí
a Chayanne y a la muchacha	a la muchacha	a nosotras
		a ti

BERTA: Como (1) te digo. (2) Lo vi caminando por la calle junto a una muchacha.

SUSI: ¿De verdad? ¿(3) Los viste tomados de la mano?

BERTA: No. Creo que él solo (4) la estaba ayudando a cargar algunas bolsas de la tienda.

SUSI: ¿Será su esposa?

BERTA: No creo. Iban juntos pero casi no hablaban. (5) Me parece que no son ni novios.

SUSI: Y tú, ¿qué hiciste? ¿No (6) le dijiste que (7) nos parece el hombre más guapo del planeta y que (8) lo amamos?

BERTA: No pude hacer nada, estaba paralizada por la emoción.

SUSI: Voy a llamar a Claudia inmediatamente. ¡(9) Le tengo que contar todo!

1. ___________
2. ___________
3. ___________
4. ___________
5. ___________
6. ___________
7. ___________
8. ___________
9. ___________

NOTA CULTURAL

Chayanne
Su verdadero nombre es **Elmer Figueroa Arce**. Es un cantante, bailarín y actor puertorriqueño. A los once años, se integró a un grupo llamado **Los Chicos**, popular en la década de 1980. En 1984, inició su carrera como cantante solista y luego también como actor de cine y TV. **Chayanne** está casado y tiene dos hijos. En diciembre de 2015 fue homenajeado con una estrella en el Hall de la Fama de Puerto Rico y en 2023 regresó a la escena musical con su álbum *Bailemos otra vez*.

2 Un concierto Reescribe las oraciones cambiando las palabras subrayadas por pronombres de complemento directo e indirecto.

1. Tienes que tratar amablemente a los artistas.
2. No pueden contratar al grupo musical sin permiso.
3. Hay que poner la música a volumen moderado.
4. Tienen que darme la lista de periodistas y fotógrafos.
5. Deben respetar a los vecinos.
6. Me dicen que van a transmitir el concierto por la radio.

3 Entrevista Completa la entrevista con el pronombre correcto.

REPORTERO: (1) ______ digo que pareces muy contento con el éxito de tu sitio web.

JOAQUÍN: Sí, (2) ______ estoy. Este sitio es muy importante para (3) ______.

REPORTERO: ¿Con quién trabajas?

JOAQUÍN: Con mi hermano. (4) ______ doy la mitad del trabajo. (5) ______ ayuda mucho en los momentos de estrés.

REPORTERO: ¿Cuáles son tus proyectos ahora?

JOAQUÍN: (6) ______ gustaría presentar cortometrajes y documentales en el sitio web. A mi hermano y a mí (7) ______ encantan las películas.

Comunicación

4 Contestar Contesta las preguntas usando pronombres de complemento directo o indirecto, según sea necesario.

1. ¿Te gusta organizar fiestas? ¿Cuándo fue la última vez que organizaste una? ¿Por qué la organizaste?
2. ¿Invitaste a muchas personas? ¿A quiénes invitaste? ¿Cómo lo decidiste?
3. ¿Qué actividades les sugeriste a los invitados? ¿Las hicieron? Explica.
4. ¿Qué les ofreciste de comer a los invitados en tu fiesta? ¿Qué opinaron de la comida?

5 ¿En qué piensas? Piensa en algunos de los objetos típicos que ves en la clase o en tu casa (un cuadro, una maleta, un mapa, etc.). Tu compañero/a debe adivinar el objeto que tienes en mente, haciéndote preguntas con pronombres.

Modelo **Tú piensas en: un libro**
—Estoy pensando en algo que uso para estudiar.
—¿Lo usas mucho?
—Sí, lo uso para aprender español.
—¿Lo compraste?
—Sí, lo compré en la librería.

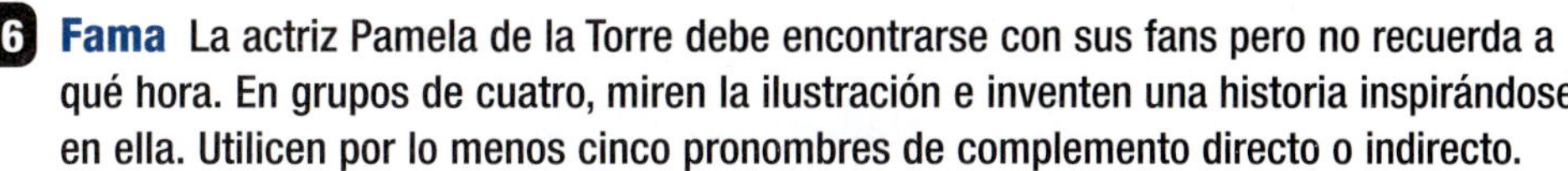

6 Fama La actriz Pamela de la Torre debe encontrarse con sus fans pero no recuerda a qué hora. En grupos de cuatro, miren la ilustración e inventen una historia inspirándose en ella. Utilicen por lo menos cinco pronombres de complemento directo o indirecto.

7 Una persona famosa En parejas, escriban una entrevista con una persona famosa. Utilicen estas preguntas y escriban cuatro más. Utilicen pronombres en las respuestas. Después, representen la entrevista delante de la clase.

Modelo **—¿Quién prepara la comida en su casa?**
—Mi cocinero la prepara.

1. ¿Visita frecuentemente a sus amigos/as?
2. ¿Mira mucho la televisión?
3. ¿Quién conduce su auto?
4. ¿Prepara usted mismo/a sus maletas cuando viaja?
5. ¿Qué hace en su tiempo libre?

PUEDO describir eventos y artistas famosos/as.

Communicative Objective: Give other people orders and advice

3.3 Commands

Formal (*usted* and *ustedes*) commands

- Formal commands (**mandatos**) are used to give orders or advice to people you address as **usted** or **ustedes**. Their forms are identical to the present subjunctive forms for **usted** and **ustedes**.

Formal commands

Infinitive	Affirmative command	Negative command
tomar	**tome** (usted)	**no tome** (usted)
	tomen (ustedes)	**no tomen** (ustedes)
volver	**vuelva** (usted)	**no vuelva** (usted)
	vuelvan (ustedes)	**no vuelvan** (ustedes)
salir	**salga** (usted)	**no salga** (usted)
	salgan (ustedes)	**no salgan** (ustedes)

Familiar (*tú*) commands

- Familar commands are used with people you address as **tú**. Affirmative **tú** commands have the same form as the **él, ella,** and **usted** form of the present indicative. Negative **tú** commands have the same form as the **tú** form of the present subjunctive.

Familiar commands

Infinitive	Affirmative command	Negative command
viajar	**viaja**	**no viajes**
empezar	**empieza**	**no empieces**
pedir	**pide**	**no pidas**

***Visita** Loíza en Puerto Rico y **aprende** cómo se hacen las máscaras de vejigante.*

- Eight verbs have irregular affirmative **tú** commands. Their negative forms are still the same as the **tú** form of the present subjunctive.

decir	**di**	**salir**	**sal**
hacer	**haz**	**ser**	**sé**
ir	**ve**	**tener**	**ten**
poner	**pon**	**venir**	**ven**

¡ATENCIÓN!

***Vosotros/as* commands**

In Latin America, **ustedes** commands serve as the plural of familiar **(tú)** commands. The familiar plural **vosotros/as** command is used in Spain. The affirmative command is formed by changing the **–r** of the infinitive to **–d**. The negative command is identical to the **vosotros/as** form of the present subjunctive.

bailar: bailad/no bailéis

For reflexive verbs, affirmative commands are formed by dropping the **–r** and adding the reflexive pronoun **–os**. In negative commands, the pronoun precedes the verb.

levantarse: levantaos/no os levantéis

Irse is irregular: **idos/no os vayáis**

Nosotros/as commands

- **Nosotros/as** commands are used to give orders or suggestions that include yourself as well as others. They correspond to the English *let's* + [*verb*]. Affirmative *and* negative **nosotros/as** commands are generally identical to the **nosotros/as** forms of the present subjunctive.

Nosotros/as commands

Infinitive	Affirmative command	Negative command
bailar	bailemos	no bailemos
beber	bebamos	no bebamos
abrir	abramos	no abramos

- The verb **ir** has two possible affirmative **nosotros/as** commands: **vayamos**, the form identical to that of the present subjunctive, and the more common **vamos**. In the negative, however, use only **no vayamos**.

Using pronouns with commands

- When object and reflexive pronouns are used with affirmative commands, they are always attached to the verb. When used with negative commands, the pronouns appear between **no** and the verb.

Levánten**se** temprano. *Wake up early.*	No **se** levanten temprano. *Don't wake up early.*
Dí**melo** todo. *Tell me everything.*	No **me lo** digas. *Don't tell it to me.*

- When the pronouns **nos** or **se** are attached to an affirmative **nosotros/as** command, the final **s** of the command form is dropped.

Sentémonos aquí. *Let's sit here.*	No nos **sentemos** aquí. *Let's not sit here.*
Démoselo mañana. *Let's give it to him tomorrow.*	No se lo **demos** mañana. *Let's not give it to him tomorrow.*

¡ATENCIÓN!

When one or more pronouns are attached to an affirmative command, an accent mark may be necessary to maintain the command form's original stress. This usually happens when the combined verb form has three or more syllables.

decir:
di, dile, dímelo
diga, dígale, dígaselo
digamos, digámosle, digámoselo

Indirect (*él, ella, ellos, ellas*) command

- The construction **que** + [*subjunctive*] can be used with a third person form to express indirect commands that correspond to the English *let someone do something*. If the subject of the indirect command is expressed, it usually follows the verb.

Que pase el siguiente. *Let the next person pass.*	**Que** lo **haga** ella. *Let her do it.*

- Unlike with direct commands, pronouns are never attached to the conjugated verb.

Que se lo den los otros.	**Que** no **se lo den**.
Que lo vuelvan a hacer.	**Que** no **lo vuelvan** a hacer.

TALLER DE CONSULTA

See **3.2, p. 102** for object pronouns.
See **4.2, p. 142** for reflexive pronouns.

Práctica

1 Cambiar Cambia estas oraciones para que sean mandatos. Usa el imperativo.

1. Te conviene buscarlo en Internet.
2. ¿Por qué no jugamos a las cartas?
3. Te pido que mires la película con subtítulos.
4. ¿Quiere comprar este libro?
5. ¿Podrían ustedes grabar mi telenovela favorita hoy?
6. ¿Y si vamos al estreno?
7. Traten de llegar al teatro antes de las tres.
8. Debes escuchar esta banda sonora. Es muy buena.

2 Recién famoso El actor Mateo Domínguez va al estreno de su primera película. Usa mandatos informales para darle consejos sobre lo que debe y no debe hacer.

besar a la gente	firmar (*to sign*) autógrafos
contar el final de la película	gritarle al público
darle una entrevista a la prensa sensacionalista	hablar durante la película
explicar los efectos especiales	llegar tarde/temprano
	vestirse bien/mal

3 Un entrenador difícil

A. Agustín Álvarez es un entrenador de béisbol muy exigente (*demanding*). Usa mandatos formales afirmativos y negativos para escribir los consejos que les dio a sus jugadores antes del partido.

1. No olvidar llegar temprano.
2. Venir con energía.
3. Dormir al menos ocho horas la noche antes del partido.
4. Hacer ejercicios de calentamiento.
5. Beber suficiente agua durante el día.

B. El equipo de Agustín Álvarez ganó el partido. Sin embargo, el señor Álvarez no estuvo contento con uno de los jugadores. En parejas, usen mandatos informales afirmativos y negativos para escribir siete nuevos consejos que el entrenador le dio a este jugador. Usen pronombres y sean creativos.

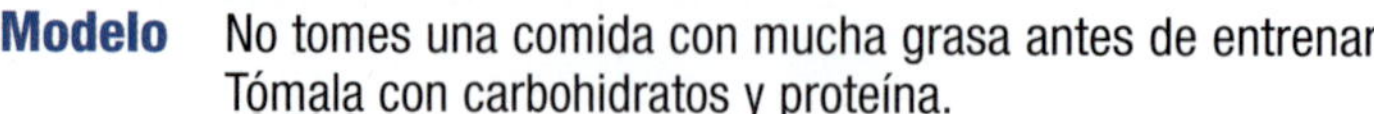
Modelo No tomes una comida con mucha grasa antes de entrenar.
Tómala con carbohidratos y proteína.

Comunicación

4 **Internet** ¿Qué le dirían a un(a) amigo/a para que esté mejor informado/a sobre la actualidad? Escoge verbos de la lista y otros para hacerle ocho recomendaciones utilizando mandatos informales afirmativos y negativos. Sean creativos.

Modelo Navega en la red. Hay sitios web que ofrecen noticias de todo tipo.

enterarse	hacer	leer
escuchar	investigar	navegar
hablar	ir	ver

5 **Escenas** En parejas, escojan por lo menos dos de estos personajes y escriban una escena para una película. Usen mandatos afirmativos y negativos de las formas **tú, usted(es)** y **nosotros/as**. Usen pronombres cuando sea posible.

Modelo **OLGA:** ¡Sal de aquí! No quiero verte más.
RODOLFO: No quiero irme. ¡Quedémonos aquí! Hablemos del viaje a San Juan.

Rodolfo Olga Tomasito doña Filomena

6 **Anuncio** En grupos de tres, elijan cuatro de estas opciones y escriban consejos sobre planes para el fin de semana. Utilicen mandatos y pronombres para convencer al resto de la clase de que hagan esos planes.

Modelo **Una exposición en el Museo de Ciencias**
Vean la exposición que inauguraron en el Museo de Ciencias.
Las entradas no son caras. ¡Cómprenlas pronto!

- Una exposición en el Museo de Ciencias
- Un juego de mesa
- Una excursión a la playa
- Una visita a la biblioteca
- Una tarde de compras
- Un partido de vóleibol
- Una película en el cine
- Una cena en un nuevo restaurante

PUEDO dar órdenes y consejos a otras personas.

Las Fiestas de la Calle San Sebastián

Puerto Rico celebra en enero las Fiestas de la Calle San Sebastián. Los vecinos adornan los balcones y llevan en peregrinación° una imagen del santo por la zona histórica de San Juan. Durante cuatro días, se festejan la historia y la cultura del país con desfiles como el de la Comparsa de los Cabezudos°. Se venden artesanías y comida, y hay espectáculos de música.

El Festival Casals

El Festival Casals es el evento más importante de música clásica en el Caribe. La madre del famoso violonchelista° catalán Pau Casals era puertorriqueña. El músico se mudó a la isla en 1956 y organizó este festival que sigue celebrándose todos los años en su honor. Durante tres semanas, orquestas y solistas° de Puerto Rico y otros países dan conciertos en el Centro de Bellas Artes de San Juan.

peregrinación *pilgrimage* **Cabezudos** *carnaval figures with an oversize head* **violonchelista** *cellist* **solistas** *solo artists* **almacenes** *stores* **papel** *role* **compra a domicilio** *home delivery*

La rueda cubana

La rueda cubana (o de casino) nació durante la década de 1950 en lugares con música en vivo como el Club Casino Deportivo de La Habana. Varias parejas se reúnen en un círculo y siguen las indicaciones de uno de los integrantes para coordinar sus pasos y estilos. Hoy en día se baila salsa, rumba, merengue, chachachá y otros ritmos; a veces se cambia de pareja y siempre se improvisa un poco.

Los colmados

Aunque los colmados son almacenes° de comida y bebida, en República Dominicana tienen el papel° de centro comunitario y cultural. Están abiertos todos los días y tienen servicio de compra a domicilio°. También permiten comprar a crédito, lo que ayuda a los clientes a llegar a fin de mes. Los vecinos juegan dominó o conversan en la puerta, y los jóvenes se reúnen allí a bailar, a mirar béisbol o a escuchar música.

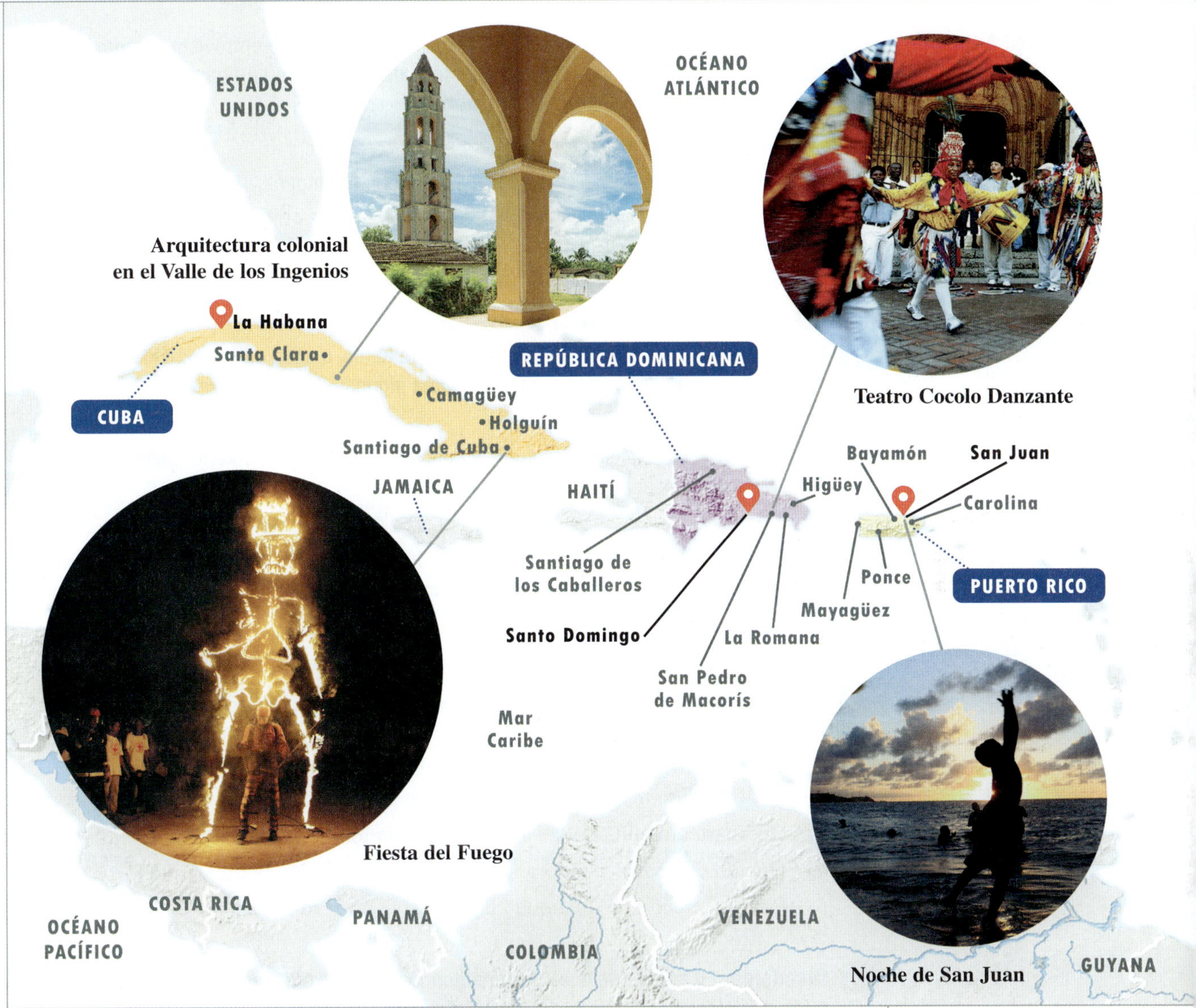

Arquitectura colonial en el Valle de los Ingenios

Teatro Cocolo Danzante

Fiesta del Fuego

Noche de San Juan

1 Perspectivas En parejas, contesten las preguntas.

1. ¿Existe en tu comunidad alguna fiesta o festival que dure varios días? ¿Te gusta participar en este tipo de eventos?
2. ¿Qué celebraciones de tu país son mezcla de religión y cultura? Compáralas con las Fiestas de la Calle San Sebastián.
3. ¿Por qué crees que el Festival Casals sigue celebrándose después de tantos años? ¿Conoces otros festivales de música clásica? ¿Te interesan?
4. ¿Sabes bailar? ¿Qué tipo de baile? ¿Bailaban tus padres y tus abuelos?
5. ¿Qué importancia crees que tiene el baile en Cuba? ¿En qué te basas? ¿Y en tu comunidad? Explica.
6. ¿Dónde haces tus compras de comida? ¿Por qué? ¿Es el mismo lugar en el que compran tus vecinos, tus padres o tus amigos?

PUEDO conversar sobre actividades culturales de Puerto Rico, Cuba y República Dominicana.

Entrevista a pie de calle

Communicative Objective: Recognize Mexican people's hobbies and leisure activities

En el audio "¿Cuáles son los *hobbies* de los mexicanos?", se entrevista a varios ciudadanos de México sobre las actividades que realizan en su tiempo libre.

Antes de escuchar

1 Activar el conocimiento previo Habla con un(a) compañero/a sobre sus actividades favoritas. ¿Cuáles hacen en su tiempo libre? ¿Por qué les gusta hacerlas? ¿Practican algún deporte?

Mientras escuchas

2 Estrategia: Visualizar Mientras escuchas el audio, piensa en las actividades que mencionan las personas entrevistadas. Anota algunas de ellas en una lista.

3 Escucha una vez Escucha el audio y concéntrate en el vocabulario nuevo. Anota palabras que no conozcas.

4 Escucha de nuevo Ahora, vuelve a escuchar el audio y completa tu lista inicial. Trata de descifrar el significado de las palabras nuevas.

Después de escuchar

5 Comprensión y reflexión En grupos pequeños, contesten las preguntas.

1. ¿Cuáles son algunos *hobbies* que se nombran en el audio?
2. ¿Cuál es el *hobby* más común entre los mexicanos?
3. ¿Comparten alguna de las actividades con los entrevistados?
4. ¿Qué dice la entrevistadora sobre las respuestas de los mexicanos?
5. ¿Por qué creen que dice que "las cosas se pusieron curiosas"?

6 Discusión En grupos de cuatro, comenten los *hobbies* que han escuchado en el audio y contesten: ¿Creen que, si se entrevistara a jóvenes de su país, darían respuestas similares? Hablen sobre otras maneras de pasar el tiempo libre que les gusten a ustedes y comparen los puntos positivos y negativos de cada actividad.

Actividad	Puntos positivos	Puntos negativos

Practice more at vhlcentral.com.

PUEDO discutir sobre diferentes actividades de ocio.

Vocabulary Tools

SOBRE LA AUTORA

Bárbara Vasallo nació en la capital cubana, La Habana, ciudad por la que siente una gran pasión. A finales de los años 1990, se licenció (*graduated*) en periodismo en Cuba y posteriormente hizo un Máster en Comunicación Social en España, país donde reside. Vasallo posee profundos conocimientos acerca de diversos temas relacionados con Cuba, sobre los cuales escribe frecuentemente en varios blogs y otras publicaciones de viajes.

Vocabulario de la lectura		Vocabulario útil	
la baraja	*deck of cards*	**apuntarse**	*to sign up*
el campeonato	*championship*	**arriesgarse**	*to take a risk*
la jerga	*slang*	**el azar**	*fate*
la jugada	*move*	**el blanco**	*target*
pasar el rato	*to spend time*	**la derrota**	*defeat*
la peña	*club*	**interponerse**	*to interfere*
la regla	*rule*	**rendirse (e:i)**	*to give up*

1 Vocabulario Completa el mensaje de voz.

Hola, mamá. ¿Qué tal por el pueblo? ¿Por qué no contestas al teléfono? Supongo que estás (1) _________ con tus amigas. Te llamaba para darte buenas noticias. ¡He ganado el (2) _________ de cartas! La final fue muy difícil; casi me (3) _________, pero conseguí ganar en la última (4) _________. Y, por supuesto, gané sin hacer trampas; seguí todas las (5) _________. Esta noche voy a celebrarlo con mis compañeros de la (6) _________. La verdad es que me siento un poco mal por ellos, porque mi victoria supone su (7) _________, pero así es el juego. Yo me voy a (8) _________ al campeonato todos los años y voy a intentar ganar siempre. Bueno, mamá, llámame. Un beso grande.

2 Juegos de mesa En parejas, háganse las preguntas.

1. ¿Qué juegos de mesa son populares en tu comunidad?
2. ¿A qué juegos jugabas cuando eras niño/a? ¿Jugabas en la calle?
3. ¿Juegas ahora a algún juego de mesa? ¿A cuál? ¿Qué juego se te da mejor?
4. ¿Qué diferencias hay entre los juegos a los que tú jugabas de niño/a y los de la generación de tus padres? ¿Y los de hoy en día?
5. Hay muchas versiones en línea de los juegos de mesa tradicionales. ¿Qué diferencias hay entre jugar en línea y jugar cara a cara con amigos?

3 Los mejores En grupos de tres, hagan una lista de los diez mejores juegos de mesa. Después, comenten los beneficios que tiene jugar a cada uno.

EL DOMINÓ es el juego de Cuba

Bárbara Vasallo

El dominó en Cuba, una marca de identidad

ES MUY USUAL CAMINAR POR LAS CIUDADES y pueblos de Cuba y encontrar personas jugando dominó en la calle, en las casas, en las fiestas. Sin embargo, la forma de juego cubana es diferente a la del resto del mundo, muy característica y más azarosa° podríamos decir.

Pero ¿cómo el dominó se convierte en algo representativo de una cultura? ¿Qué podemos aprender a través del dominó sobre los cubanos, su manera de pensar, de hablar y de comportarse a veces? ¿Dónde está la diversión de pasar horas sentado en una mesa poniendo fichas?

El dominó en las calles cubanas

El dominó cubano se ha convertido prácticamente en deporte o *hobby* nacional. Se organizan campeonatos en los barrios° y municipios° que el gobierno apoya y promueve°. Es habitual que cuando las familias se reúnen se juegue dominó. Así, no falta los 31 de diciembre en las viviendas cubanas, junto al cerdo asado°, la yuca con mojo° y el congrí°, ya sea en el campo o la ciudad. Tampoco en fiestas de aniversarios acompañado de música, bebida y conversaciones.

Es increíble cómo hasta los más jóvenes disfrutan y juegan; todas las generaciones se pueden juntar en una mesa y hacer retumbar° las fichas. Se dice que años atrás era más común encontrarlo dentro de las casas y en fiestas, pero actualmente cualquier esquina, parque o rincón en las calles puede convertirse en sitio de encuentro para jugar dominó. A veces hasta sin mesa, simplemente una tabla de madera° que se colocan los jugadores en las piernas puede dar comienzo a este *hobby*.

“Cualquier esquina, parque o rincón en las calles puede convertirse en sitio de encuentro para jugar dominó.”

Así que no le sorprenda encontrar de repente mientras camina por algún lugar del país un grupo de personas alrededor de una mesa muy concentradas. Sí, porque no solo las cuatro personas que se encuentren jugando son las que intervienen, muchas veces la gente que espera a sentarse en la mesa también opina al final de cada partida, porque es como el ojo que todo lo ve, y, por tanto, comentan las jugadas de los otros.

Es una manera muy cubana de socializar y pasar el rato. Incluso, en la noche puede ver, en un parque iluminado o en una esquina donde haya un foco de luz pública, a los cubanos poniendo fichas y discutiendo. En ocasiones, existen en los barrios peñas de dominó, es decir, que en determinados horarios ya todos saben que de seguro se sentarán a jugar y los que gustan de él se preparan para asistir. Hay grupos de personas mayores que mantienen la tradición, por muchos años, de ubicarse en el mismo lugar, que puede ser una bodega°, una esquina o vivienda, para practicarlo.

El dominó al estilo cubano

Se diferencia del que se juega en otros países por la cantidad de fichas, que son 55, y por la dinámica del juego, aunque las reglas cambian en una zona u otra del país. Por ejemplo, se dice que en el oriente de Cuba es más común jugar con 28 fichas, es decir, hasta el doble 6; mientras que en el occidente son 55 fichas hasta el doble 9.

La diferencia es que en la segunda variante los 4 jugadores toman 10 fichas y otras 15 quedan fuera de la partida, por lo que no se sabe exactamente la cantidad de piezas de un mismo número que hay en el momento del juego. Cuando este termina, vuelven a unir todas las fichas, las revuelven y comienza otro juego. Esta variante es más azarosa y depende de la suerte y hasta de la intuición de los jugadores.

La jerga del dominó en Cuba

Muchas fichas y números se han renombrado a partir de frases populares o de personajes históricos. Muchas veces al nombrarla se imita la similitud en la fonética del número cuando se pone la ficha, es decir, diciendo una frase en la que en algún momento se menciona el número o parte de este. Por ejemplo, y para que sea más visible, cuando un jugador pone un cuatro en la mesa puede decir "cuarteles° que son escuelas", una frase que se popularizó a inicios de la Revolución Cubana y su campaña por la educación, pero dentro de la frase aparecen casi completamente las letras del número.

Lo curioso es que la fraseología del dominó es algo ampliamente° estandarizado que los cubanos utilizan en las partidas y todos comprenden perfectamente de qué se habla. Incluso esas frases pueden pasar al habla cotidiana. Por ejemplo, "dar agua", que significa recoger las fichas y revolverlas cuando acaba cada partida, lo utilizan popularmente las personas para expresar que algo terminó o va a terminar. Por tanto, el dominó forma parte del habla popular del cubano y el discurso° oral, tiene su propia jerga.

Así que ni bingo, ni damas, ni ajedrez, ni barajas, el dominó es el juego de Cuba, una expresión más de su autenticidad y su cultura popular. Si camina por las calles del país seguro se percatará de° esta realidad que durante años ha divertido a los cubanos y que seguirá haciéndolo. ■

azarosa *random*
barrios *neighborhoods*
municipios *towns*
apoya y promueve *supports and promotes*
asado *roasted*
mojo *garlic sauce*
congrí *rice and bean dish*
retumbar *rumble*
tabla de madera *wooden board*
bodega *grocery store*
cuarteles *barracks*
ampliamente *widely*
discurso *speech*
percatará de *will notice*

Análisis

1 ¿Cierto o falso? Indica si las oraciones son ciertas o falsas. Corrige las falsas.

1. En Cuba, es común ver por las calles a personas jugando dominó.
2. El gobierno cubano promueve los campeonatos de dominó.
3. Los cubanos que juegan dominó son personas mayores.
4. Los cubanos se reúnen alrededor de las mesas y comentan las partidas de dominó.
5. En Cuba solo se juega a la variante de dominó de 55 fichas.
6. La expresión procedente del dominó "dar agua" ha pasado al habla cotidiana de los cubanos.

2 Identidad En parejas, contesten las preguntas.

1. Según el artículo, ¿por qué el dominó es una marca de identidad cubana?
2. ¿Qué importancia tiene el dominó en la cultura cubana?
3. ¿Qué beneficios de jugar dominó se mencionan en el artículo?
4. ¿Creen que los juegos son una buena manera de socializar? ¿Por qué?
5. ¿Cuál creen que será el futuro de los entretenimientos de su comunidad?
6. ¿Piensan que el avance tecnológico se interpondrá en costumbres como la del dominó? ¿Cómo?

3 Proyecto Investiga si en tu ciudad hay alguna asociación o centro cultural cubanos y consigue sus datos de contacto. Luego, como clase, traten de organizar una visita para presenciar o participar en algunas partidas de dominó. Envíen un correo electrónico a las asociaciones explicando su proyecto. Durante la visita, tomen notas sobre su experiencia.

- ¿Qué edades tenían las personas reunidas en la asociación?
- ¿Es el dominó un juego habitual en la asociación? ¿Qué otras actividades se realizan allí?
- Durante las partidas, ¿reconocieron alguna expresión de las que menciona el artículo?
- Comparen cómo fue jugar a esta versión del dominó frente a la tradicional de 28 fichas (más fácil o más difícil, más divertida o más aburrida, partidas más cortas o más largas...)

4 Artículo Escribe un artículo sobre uno de los deportes o juegos que representan la identidad de tu comunidad. Incluye esta información: definición y reglas principales, origen, por qué representa a tu comunidad, costumbres y otra información que consideres importante.

Practice more at vhlcentral.com.

PUEDO escribir un artículo sobre un juego o un deporte particular de mi comunidad.

Preparación

Communicative Objective: Identify different musical rhythms from the Caribbean

Vocabulario de la lectura		Vocabulario útil	
el/la cantante	*singer*	**el baile de salón**	*ballroom dance*
el/la cantautor(a)	*singer-songwriter*	**el/la compositor(a)**	*composer*
la emisora	*(radio) station*	**el disco**	*record*
grabar	*to record*	**la discoteca**	*nightclub*
el grupo	*band*	**el dúo**	*duet*
el jolgorio	*revelry*	**la melodía**	*tune*
lanzar	*to release (an album)*	**la pista de baile**	*dance floor*
el tema	*song*	**poner música**	*to play music*
		el/la solista	*solo artist*

1 No pertenece Indica qué opción no está relacionada con la palabra destacada.

1. **disco**	a. grabar	b. lanzar	c. emisora
2. **artista**	a. compositor	b. disco	c. cantautor
3. **canción**	a. melodía	b. tema	c. discoteca
4. **grupo**	a. jolgorio	b. dúo	c. cantante
5. **bailar**	a. pista de baile	b. baile de salón	c. solista

2 El concierto Completa la noticia.

cantante	dúos	lanzar	pista de baile
discos	grupos	melodías	temas

CONCIERTO DE RICKY MARTIN EN PUERTO RICO

El (1) __________ Ricky Martin regresó con su música a su ciudad natal, San Juan, Puerto Rico. El artista interpretó todas las canciones esperadas, incluso (2) __________ de sus primeros (3) __________. El público participó entusiasmado, cantando y bailando las animadas (*lively*) (4) __________ durante todo el concierto. Durante dos horas, el estadio Hiram Bithorn se convirtió en una auténtica (5) __________. Recientemente, Ricky Martin ha colaborado con otros (6) __________ y ha hecho algunos (7) __________ con otros artistas. Sus fans creen que Ricky Martin va a (8) __________ un nuevo álbum pronto.

3 Gustos musicales En parejas, contesten las preguntas.

1. ¿Escuchas música a menudo? ¿Cuál es tu género preferido? ¿Y tu grupo?
2. ¿Te gusta ir a conciertos? ¿Has ido a alguno recientemente?
3. ¿Te gusta bailar? ¿Crees que el baile es una parte imprescindible de la música?
4. ¿Tocas algún instrumento? Cuenta tu experiencia.

La bachata, ritmo dominicano

NOTA CULTURAL

El **son** y el **bolero** son géneros musicales que surgieron (*emerged*) en Cuba en el siglo XIX. La **güira** es un instrumento de percusión originario de la República Dominicana hecho de metal y con forma de cilindro granulado (*grainy*). Se toca sosteniéndola verticalmente con una mano y raspando (*scraping*) su superficie con una especie de peine metálico con la otra mano. El **bongó** es un instrumento de percusión de la música popular cubana formado por dos tambores pequeños hechos de madera.

Fiestas y música popular: el origen de la bachata

Hoy en día, la bachata es una de las señas° de identidad de la República Dominicana y uno de los géneros musicales y bailes latinos más populares en todo el mundo, pero no siempre fue así.

signs

La palabra "bachata", que significa fiesta o jolgorio, se utilizaba para referirse a las reuniones sociales en las que se tocaba música popular. No fue hasta principios de los años 60 cuando el término se empezó a utilizar para nombrar al género musical nacido en la República Dominicana. En un principio, la bachata fue considerada una variante del bolero, pero poco a poco y debido a la influencia de otros géneros e instrumentos fue adquiriendo un estilo propio. Así, las maracas del bolero fueron sustituidas por la güira, y se incorporaron instrumentos como el bongó, característico del son cubano, y las guitarras de los populares tríos latinos. Las letras de sus canciones se caracterizaban por su melancolía y trataban generalmente sobre romances, desamor y despecho°. De hecho, la bachata también era conocida como música de amargue°. En esta época, la bachata era considerada un género musical típico de las clases sociales bajas y los barrios más pobres, ignorada e incluso rechazada por las clases sociales medias y altas.

spite
bitterness

"Borracho de amor", de José Manuel Calderón, es la primera canción de bachata que se grabó. Sin embargo, fue el cantautor Rafael Encarnación quien hizo que la bachata fuera ganando popularidad entre los gustos de la gente, con temas como "Muero contigo", "Ya es muy tarde" y "Esclavo de tu amor".

Hacia el éxito

En los años 80 la bachata ganó mayor fama y dejó de considerarse un género musical de las clases sociales más bajas para empezar a convertirse en referente de la música dominicana. Radio Guarachita, una emisora de radio de Santo Domingo, contribuyó en gran parte a este éxito difundiendo las voces de una nueva generación de cantantes de bachata. Luis Segura, con su canción "Pena por ti", fue uno de los grandes nombres de esta época.

Además, el género fue evolucionando en cuanto a arreglos° musicales y letras, de forma que se crearon canciones y álbumes más elaborados y de mayor calidad.

arrangements

En 1990, el cantante y músico dominicano Juan Luis Guerra, que era ya un artista consagrado°, lanzó al mercado su álbum *Bachata Rosa*. Este se convirtió en todo un éxito comercial y difundió el género musical de la bachata no solo por la República Dominicana y América Latina, sino por países de todo el mundo.

consagrado°: renowned

A mediados de la década, tuvo lugar otro de los momentos clave para la historia de la bachata y esta vez el lugar de origen fue Estados Unidos. Cuatro amigos de origen dominicano-estadounidense formaron en El Bronx el grupo Los Tinellers (más tarde rebautizado° como Aventura) y se convirtieron prácticamente en los embajadores° contemporáneos de este género musical. Uno de los grandes méritos de la banda fue su carácter innovador, al fusionar la bachata tradicional con ritmos modernos como el hip hop y el rhythm and blues. En 2002, su canción "Obsesión" se convirtió en uno de los temas más escuchados en radios de todo el mundo.

rebautizado°: renamed; embajadores°: ambassadors

En 2011, Aventura anunció su separación, pero su vocalista, Romeo Santos, comenzó su carrera en solitario. En la actualidad se le conoce como el "rey de la bachata del siglo XXI" y es uno de los artistas latinos más influyentes. Su música se caracteriza por una fusión con estilos más urbanos y temáticas diferentes a las habituales. Siguiendo este camino, la bachata actual está marcada por la fusión con otros géneros musicales y la introducción de otros instrumentos.

El éxito de la bachata está muy ligado a la expansión internacional de su baile.

El baile

La bachata es un baile romántico y rítmico que se baila en pareja. Sus movimientos están centrados en los pies y se baila en ocho tiempos°, divididos en dos partes de cuatro tiempos cada una. Los movimientos básicos de la bachata consisten en tres pasos y un toque° final con la planta° del pie. Esta es la bachata tradicional y auténtica que fuera de la República Dominicana se conoce como bachata dominicana. Sin embargo, en paralelo a la evolución de la bachata como género musical, en el baile también han surgido diferentes estilos. Algunos de estos estilos son la bachata sensual, que se caracteriza por la cercanía de los bailarines y los movimientos corporales más complejos, o la bachata urbana, que incorpora movimientos de hip hop.

tiempos°: beats; toque°: tap; planta°: sole

El éxito de la bachata está muy ligado a la expansión internacional de su baile. En la actualidad, la bachata es uno de los bailes latinos más populares y está extendido por todo el mundo a través de escuelas de danza, congresos, competiciones y otros eventos. Así, la bachata pasó de ser un género humilde, popular y asociado a las clases sociales bajas, a convertirse en un fenómeno mundial y un símbolo de identidad de la República Dominicana. ■

Watch related video at vhlcentral.com.

Análisis

1 Comprensión Contesta las preguntas.

1. ¿A qué hacía referencia originalmente la palabra "bachata"?
2. ¿Qué elementos hicieron que la bachata se convirtiera en un género propio diferenciado del bolero?
3. ¿Por qué a la bachata también se la llamaba música de amargue?
4. ¿Por qué Radio Guarachita fue importante para la historia de la bachata?
5. ¿En qué se diferencia la bachata sensual de la bachata dominicana?

2 Opiniones En parejas, conversen sobre estas preguntas.

1. ¿Por qué creen que la bachata fue rechazada inicialmente por las clases sociales altas?
2. ¿Qué factores creen que influyen en los gustos y preferencias musicales?
3. ¿Por qué creen que el desamor es un tema recurrente en las letras de las canciones de bachata? Mencionen otros temas frecuentes en las canciones de otros géneros musicales.
4. ¿Creen que la radio sigue contribuyendo hoy en día a la difusión de géneros musicales y artistas? Comparen su influencia con la de la televisión e Internet.

3 Otros géneros Elige un género musical surgido en tu país y completa la tabla.

GÉNERO MUSICAL	
Lugar y época de origen	
Origen social y cultural	
Instrumentos	
Artistas y canciones famosos	
Baile y otros elementos característicos	

4 Citas En grupos de tres, expliquen qué significan estas citas. Luego, contesten las preguntas.

"La música es una cosa amplia, sin límites, sin fronteras, sin banderas."
—León Gieco, músico y compositor argentino

"Cada uno tiene su forma de agarrar la guitarra, y para eso no hay profesión."
—Carlos Santana, guitarrista mexicano

- ¿Creen que la música es un lenguaje universal o creen que cada género está ligado a una cultura determinada?
- ¿Piensan que es positivo que los géneros musicales evolucionen y se fusionen?

Practice more at vhlcentral.com.

PUEDO investigar y comentar sobre géneros musicales de los latinos.

SOBRE LA AUTORA

Rosa Fasolís nació en Rosario, Argentina, en 1946. Durante muchos años se dedicó a la enseñanza y a la literatura. Recibió premios y reconocimientos locales, nacionales e internacionales por sus trabajos en poesía, narrativa y ensayos. La literatura es su gran pasión, pero Rosa Fasolís se reconoce esencialmente como una maestra. El cuento "Como la nieve" publicado en su libro *Después* fue interpretado por actores en el acto *Mil grullas por la paz* en 2014, en el Monumento Nacional a la Bandera.

NOTA CULTURAL

En Argentina existen muchos juegos tradicionales. Los niños remontan barriletes (elevan cometas) y juegan a la mancha (*tag*) o al fútbol (*soccer*) en parques y plazas. Siempre hay una pelota o se fabrica una, como en el cuento "Como la nieve". Mientras tanto, los adultos charlan y toman mate, la típica bebida argentina. También es frecuente coleccionar figuritas (*cards*) e intercambiarlas con otros niños. Uno de los juegos infantiles más tradicionales es la rayuela (*hopscotch*). A propósito, el célebre autor Julio Cortázar escribió la novela *Rayuela*, en la que el lector puede saltar por los capítulos y elegir su propio recorrido de lectura, como en el juego.

Vocabulario de la lectura		Vocabulario útil	
el ananá	*pineapple*	**el aire libre**	*outdoors*
el barquito de papel	*paper boat*	**divertido/a**	*fun*
caer	*to fall*	**entretenido/a**	*entertaining*
el éxito	*success*	**el juego**	*game*
la fiesta	*party*	**reunirse (con)**	*to get together (with)*
la frutilla	*strawberry*	**salir (con)**	*to go out (with)*
el helado	*ice cream*	**el tiempo libre**	*leisure*
jugar	*to play*		
la lluvia	*rain*		
el muñeco de nieve	*snowman*		
la nieve	*snow*		
el verano	*summer*		

1 Vocabulario Completa las oraciones.

1. Ayer cayó tanta nieve que los niños hicieron un enorme __________.
2. Mi ______ favorito es el ajedrez.
3. En el verano hace mucho calor y los niños prefieren las actividades al ________.
4. En la fiesta organizaron juegos entretenidos y ________.
5. Mis amigos ________ con Juan David y organizaron un pícnic.

2 ¡A jugar! Contesta las preguntas, luego, en parejas, discutan las respuestas.

1. ¿Qué actividades te gusta hacer en tu tiempo libre?
2. ¿Cuál es tu juego o deporte favorito? ¿Cómo se juega?
3. ¿Cuáles son los juegos infantiles tradicionales de tu país?
4. ¿A qué jugabas cuando eras niño/a?
5. ¿Qué cuentos te contaban en la infancia? ¿Qué canciones cantabas?

Como la nieve

Rosa Fasolís

—¡Es lluvia...! —dijeron unos.

—¡Es nieve…! —dijeron otros.

—¡Es dulce…! —dijeron los niños que, como todos los niños del mundo, eran muy curiosos y se la habían llevado a la boca°.

—¡Tiene gusto a° frutilla! —dijeron unos.

—¡Tiene sabor a ananá! —dijeron otros.

—¡Es como chocolate blanco! —dijeron los niños que, como todos los niños del mundo, nunca se equivocan.

La verdad es que era nieve, nieve que caía en copos tenues, blanda, plena de mansedumbre.

La verdad es que era nieve, nieve que caía en copos° tenues°, blanda, plena de mansedumbre°. Nieve con sabor a helado de frutas, y a chocolate blanco.

Esa tarde de verano, pesada y caliente, el sol se había ocultado° temprano detrás de un espeso° colchón° de nubes bajas.

—¡Tormenta° de tierra! —habían dicho unos.

—¡Lluvia segura! —habían dicho otros.

—¡Haremos barquitos de papel! —dijeron los niños que, como todos los niños del mundo, solo pensaban en jugar.

Pero no había sido tormenta de tierra, ni lluvia de verano, ni los niños habían podido hacer navegar° sus barquitos de papel. El pueblito serrano°, escondido en el valle, se vio cubierto, en la plácida° media tarde de enero, por inesperados° copos de nieve. Nieve, nieve espesa, nieve blanca, nieve pura… pero con sabor a frutas. Y a helado de chocolate blanco. Y que, además, no se derretía° por el calor; por lo contrario, un agradable aire fresco se movía entre los copos, con reminiscencia° de invierno.

El telegrafista° de la oficina de correos quiso telegrafiar a todo el mundo el milagro° que estaba sucediendo. Pero no pudo: algo andaba mal. Tampoco pudo utilizar otros medios: algo estaba fallando°. “Debe ser por la nieve”, pensaron. Y salieron a la puerta: no querían perder el espectáculo. La calle ya estaba tapizada° por diez centímetros de blancura.

Hacia el ocaso°, el pueblo era una fiesta. Chicos y grandes hicieron muñecos de nieve, jugaron con pelotas de nieve, comieron helados de nieve.

to put in one's mouth
to taste like
snowflakes / faint
meekness
had set/had hidden
thick / cushion
storm
to sail / mountain village
peaceful / unexpected
melted
reminiscence/ memory
telegrapher
miracle
something was wrong
was covered
sunset

—¡Milagro! —decían unos.

—¡Ciencia! —decían otros.

—¡Juguemos! —decían los niños, con las bocas llenas de dulzura, como las bocas de todos los niños del mundo.

Al caer la tarde, el pueblo todo estaba blanco de blancura de nieve.

if this continues

—¿Y si esto sigue°? —preguntaron unos.

—¿Cómo saldremos de aquí? —preguntaron otros.

—¡Que siga, que siga! —exclamaron los niños que, como todos los niños del mundo, pensaban solo en la maravilla del presente.

are blurred; white / diffuse; palpable/tangible; adhered/clung; reasons / sealed; drowsiness / bodies; inhabitants

A la mañana siguiente, la nevada continuaba. Las sierras se desdibujaban° en albas° colinas distantes. El sol se manifestaba en una vaga° claridad de límites azulados. Un frío seco y casi palpable° se adhería° a las cosas. Y ya era tarde… Era tarde para intentar salir del pueblo; era tarde para intentar salir de las casas. Por dos motivos°: por los dos metros de nieve que ocultaron las calles y sellaron° todas las puertas, y por una dulce somnolencia° que se había filtrado en los cuerpos° y en las mentes de todos los habitantes° del pueblito serrano. En los animales, también…

armored bodies; suits/outfits; diving helmets/ diving suits; wielded/taken up; back / oxygen tubes; portable lights

Tres semanas después llegaron los camiones. Enormes, con carrocerías blindadas°. De ellos bajaron hombres que vestían trajes° como los de los astronautas, aunque no lo eran. En sus cabezas portaban escafandras°; espesos guantes cubrían sus manos, que empuñaban° extraños aparatos. En la espalda° cargaban tubos° de limpio oxígeno. De los camiones bajaron, también, artefactos sofisticados, computadoras, cables, luces portátiles°, pequeños transportadores, muchas cajas, muchas órdenes.

hillside; mantle / ash; meager/small

En las laderas° de las sierras, en los techos de las casas, en las calles, en los jardines, podía observarse un manto° muy blanco, como de blanca ceniza°. Las casas, adentro, estaban vacías. De tanto en tanto podía verse un exiguo° montoncito de ceniza gris.

weapon; empire; with a united voice/ in unison

—¡El Proyecto ha sido un éxito! —dijeron unos.

—¡Es el arma° más rápida limpia, efectiva y eficaz! —dijeron otros.

—¡Es un día de gloria para nuestro Imperio° ! —exclamaron todos, al unísono°.

started crying

Los niños, nada dijeron. Allí no había ningún niño que se pusiera a llorar°. ■

1 Comprensión Completa las oraciones sobre el cuento con la opción correcta.

1. El cuento sucede en ___.
   a. una ciudad b. un pueblo c. una isla
2. La nieve que prueban los niños tiene sabor a ___.
   a. banana b. vainilla c. frutilla
3. En el cuento, la nieve cae un día de ___.
   a. verano b. invierno c. otoño
4. Las personas no salían de sus casas porque ___.
   a. hacía mucho frío b. sentían sueño c. tenían miedo
5. Los hombres que llegaron al pueblo semanas más tarde querían ___.
   a. rescatar a las personas b. ayudar a los niños c. comprobar el resultado de un experimento
6. Al ver las casas vacías, los hombres con escafandras estaban ___.
   a. satisfechos b. indiferentes c. preocupados
7. El pueblito parecía cubierto de ___.
   a. ceniza b. arena c. agua

2 Analizar En parejas, respondan las preguntas.

1. ¿Qué fenómeno extraordinario ocurre al comienzo del cuento?
2. ¿Por qué los habitantes usan las palabras "milagro" y "ciencia" para describir lo que ocurre en el pueblo?
3. ¿Cómo reaccionan los niños y los adultos con la caída de la nieve? ¿Qué juegos proponen?
4. ¿Cómo se describe la "nieve"? ¿Por qué no se derrite?
5. ¿Por qué no funciona el telégrafo de la oficina de correos?
6. ¿Quiénes son los hombres que llegan unos días más tarde y por qué llevan "trajes como los de los astronautas"?
7. ¿Dónde crees que están los niños al final del relato? ¿Y los adultos?
8. Explica la frase "El proyecto ha sido un éxito".

3 Interpretar En parejas, contesten las preguntas.

1. ¿En qué mes del año transcurre "Como la nieve"? ¿Por qué es importante este dato?
2. En el relato aparecen "chicos y grandes", "el telegrafista", "los hombres con escafandras". ¿Por qué piensan que no hay ningún personaje con nombre propio? ¿Qué efecto produce en el lector?
3. ¿Por qué les parece que el cuento se llama "Como la nieve"?
4. Discutan un título alternativo.

4 Juegos tradicionales En parejas, lean la lista de juegos, marquen los que les resultan familiares y busquen en Internet los que no conocen. Después, contesten las preguntas.

- la gallinita ciega (*blind man's buff*)
- hacer burbujas (*bubbles*) de jabón
- andar con zancos (*stilts*)
- jugar con un aro (*Hula-Hoop*)
- trepar a un árbol
- jugar a las canicas (*marbles*)
- hacer barquitos de papel
- jugar al escondite (*hide-and-seek*)
- hacer muñecos de nieve
- remontar un barrilete (*kite*)

1. ¿Jugaste alguna vez a alguno de estos juegos?
2. ¿Dónde lo jugaste? ¿Con quién?
3. Comparte alguna anécdota que recuerdes relacionada con uno de estos juegos.

5 Al aire libre En grupos de tres, lean el párrafo y respondan las preguntas. Después, compartan las respuestas con la clase.

Según un informe de la UNESCO publicado en 2023, los juegos al aire libre son cada vez menos frecuentes entre los niños y los jóvenes. Las actividades en el exterior contribuyen a la salud física y mental de chicos y grandes. Sin embargo, los menores juegan al aire libre cada vez menos tiempo. El crecimiento de las ciudades y el aumento del tráfico, el uso excesivo de pantallas y la sobreprotección de los padres son algunas de las razones de este fenómeno.

1. ¿Cuáles son los beneficios de jugar al aire libre?
2. ¿Cuáles son las causas de que cada vez los niños pasen menos tiempo al aire libre?
3. ¿Qué opinan de esta situación? ¿Cómo se puede cambiar?
4. En "Como la nieve" los niños juegan al aire libre, pero quedan expuestos a una situación peligrosa. ¿Cómo disfrutar los juegos al aire libre sin correr riesgos?

6 Ciencia Ficción En parejas, discutan si el cuento "Como la nieve" presenta características de los relatos de ciencia ficción (narran tiempos futuros o inciertos, mencionan inventos, aparecen instituciones en busca de controlar el mundo, relatan dilemas éticos, etc.). Busquen fragmentos que den soporte a sus ideas y comenten sobre ellas.

PUEDO conversar sobre juegos tradicionales de chicos y grandes.

Narración: el fin de semana

Communicative Objective: Write a composition about past leisure activities

En esta lección has hablado sobre el tiempo libre y el entretenimiento. Ahora vas a escribir una narración sobre el fin de semana pasado.

Planificar y preparar la escritura

1 **Estrategia: Determina el tema de tu narración** Piensa en qué hiciste el fin de semana pasado. ¿Practicaste algún deporte? ¿Hiciste algo especial con tu familia o amigos? ¿Qué hiciste para divertirte? Elige el tema central sobre el que escribir. Completa el diagrama para ayudarte con la secuencia de sucesos.

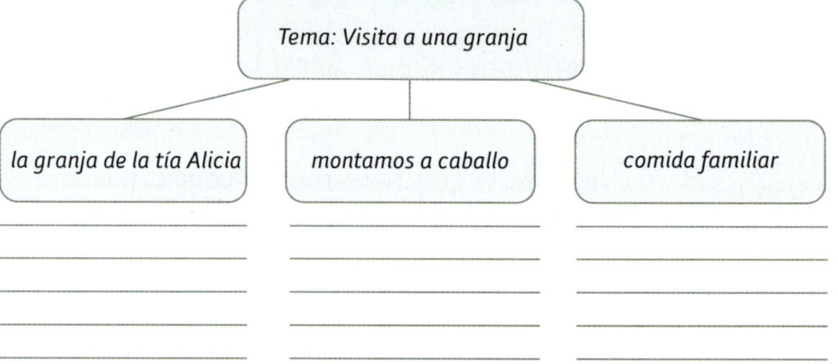

2 **Estrategia: Desarrolla el cuerpo de la narración**

- Piensa en cómo usar los datos de tu diagrama para escribir tu narración.
- Desarrolla el cuerpo de la narración con la información del diagrama. Aporta más datos que la complementen y te ayuden a describir el fin de semana.

Escribir

3 **Tu narración** Ahora escribe tu narración. Utiliza la información que has reunido y sigue estos pasos.

- **Introducción:** Presenta el tema del fin de semana: cómo fue, dónde y con quién estuviste. Usa palabras descriptivas.
- **Desarrollo:** Explica qué hiciste durante el fin de semana en un orden lógico. Agrega algún detalle curioso y expresa tu opinión personal.
- **Conclusión:** Resume tus observaciones y termina la narración.

Revisar y leer

4 **Lectura** Léeles tu narración a varios/as compañeros/as. Pídeles que te hagan preguntas sobre puntos interesantes que les hayan llamado la atención.

PUEDO escribir un texto de forma estructurada sobre experiencias pasadas.

La buena vida

Así lo decimos

la afición *hobby*
el ajedrez *chess*
el boleto *ticket*
las cartas *cards*
el concierto *concert*
los dados *dice*
el/la deportista *athlete*
el/la entrenador(a) *coach*
el entrenamiento *practice*
el estreno *premiere*
la exposición *exhibition*
la ficha *tile; game piece*
el gimnasio *gym*
el juego de mesa *board game*
la liga *league*
la obra (de arte/teatro) *work of art; play*
el ocio *leisure*
la partida *game; hand*
el pasatiempo *pastime*
el videojuego *video game*

aburrirse *to get bored*
dársele bien/mal (algo a alguien) *to be good/bad (at something)*
disfrutar *to enjoy*
divertirse (e:ie) *to have fun*
empatar *to tie (a game)*
hacer trampa *to cheat*
marcar (un gol/punto) *to score (a goal/point)*
tocar *to play (an instrument)*

agotado/a *sold out*
al aire libre *outdoors*

Documental

la artesanía *craft*
la herramienta *tool*
la lucha *fight, struggle*
la masilla *putty*
el personaje *character*
la pertenencia *belonging*
el rasgo *feature, characteristic*
la semilla *seed*
la tarea *task*
el trabajo forzoso *forced labor*
el/la vejigante *popular character in some Puerto Rican traditional festivities*

confeccionar *to make, to produce*
elaborar *to produce*
guindar *to hang*
imponer *to impose*
pintar *to paint*
tallar *to carve*
vestirse (e:i) *to get dressed*

Artículo

el azar *fate*
la baraja *deck of cards*
el blanco *target*
el campeonato *championship*
la derrota *defeat*
la jerga *slang*
la jugada *move*
la peña *club*
la regla *rule*

apuntarse *to sign up*
arriesgarse *to take a risk*
interponerse *to interfere*
pasar el rato *to spend time*
rendirse (e:i) *to give up*

el baile de salón *ballroom dance*
el/la cantante *singer*
el/la cantautor(a) *singer-songwriter*
el/la compositor(a) *composer*
el disco *record*
la discoteca *nightclub*
el dúo *duet*
la emisora *(radio) station*
el grupo *band*
el jolgorio *revelry*
la melodía *tune*
la pista de baile *dance floor*
el/la solista *solo artist*
el tema *song*

grabar *to record*
lanzar *to release (an album)*
poner música *to play music*

Literatura

el aire libre *outdoors*
el ananá *pineapple*
el barquito de papel *paper boat*
el éxito *success*
la fiesta *party*
la frutilla *strawberry*
el helado *ice cream*
el juego *game*
la lluvia *rain*
el muñeco de nieve *snowman*
la nieve *snow*
el tiempo libre *leisure*
el verano *summer*

caer *to fall*
jugar *to play*
reunirse (con) *to get together (with)*
salir (con) *to go out (with)*

divertido/a *fun*
entretenido/a *entertaining*

Ahora yo puedo...

- identificar la idea principal de textos orales y escritos sobre las aficiones y el tiempo libre.
- intercambiar ideas sobre las formas de entretenimiento en mi país frente a otros países.
- escribir un artículo acerca de los deportes y juegos que representan la identidad de mi comunidad.
- comparar los productos relacionados con festivales y parques de atracciones en mi cultura y otras.
- seguir las normas de protocolo para participar en celebraciones, juegos y eventos musicales con mis compañeros hispanohablantes.

Ser familia En parejas, investiguen y comenten sobre el significado de la familia en sus comunidades. Después, respondan: ¿qué tipos de familia conocen: adoptiva, extendida, de acogida (*host family*), etc.? ¿Existen diferencias entre las familias estadounidenses y las hispanas? ¿Cuáles?

EL ENTORNO SOCIAL

Los seres queridos

LECCIÓN

4

ARGENTINA Y CHILE

LESSON OBJECTIVES

You will learn how to...

- identify the main idea of spoken and written texts related to family and personal relationships.
- participate in spontaneous conversations on marriage, friendship, and family traditions.
- communicate information, make presentations, and express how individuals interact.
- compare perspectives about food, music, and other celebrations in your own and other cultures.
- interact appropriately at events with family and friends based on cultural norms.

La familia

Los padres de Ana **se casaron** jóvenes y son muy activos. Ana **se lleva bien** con los dos, aunque tiene una **relación** especial con su madre. Sus dos hermanos pequeños son muy traviesos (*mischievous*) y se **pelean** de vez en cuando, pero **se quieren** mucho. A veces Ana visita a su prima, Carla, quien es **hija única** y quisiera tener hermanos. Sueña con tener una **familia numerosa** algún día.

casarse *to get married*
la familia numerosa *large family*
el/la familiar *relative*
el/la hijo/a único/a *only child*
llevarse bien/mal *to get along well/badly*
el matrimonio *marriage*
pelear(se) *to argue*
querer(se) (e:ie) *to love (each other)*
la relación *relationship*

Los amigos

Carlos piensa que la base de la verdadera **amistad** es la **confianza** y la **sinceridad**. Tiene **intereses** en común con sus amigos y **lo pasan bien** juntos, pero lo que más **valora** es poder **contar con** ellos cuando los necesita. Siempre se escuchan y se **apoyan**.

la amistad *friendship*
apoyar *to support*
la confianza *trust*
contar (o:ue) con *to count on*
el interés *interest*
pasarlo bien/mal *to have a good/bad time*
la sinceridad *sincerity*
valorar *to value*

Las relaciones en Internet

Armando pasa mucho tiempo en **redes sociales** y ha decidido buscar **pareja** en Internet. Después de crear su **perfil** y publicar su foto en un sitio web, ha hecho una **búsqueda** para ver quiénes son compatibles con él. Ha encontrado a 12 chicas que **comparten** sus intereses y viven cerca de él.

la búsqueda *search*
compatible *compatible*
conocerse en persona *to meet in person*
estar conectado/a *to be online*
la pareja *couple; partner*
el perfil *profile*
la privacidad *privacy*
la red social *social network*

Práctica

Los sentimientos y las emociones

Carmen no ve a su esposo Mario y a sus dos hijos adolescentes desde que trabaja en el extranjero (*abroad*). Por eso, a veces **se siente sola**, los **extraña** y está un poco **nostálgica**. **Tiene ganas de** verlos y piensa visitarlos muy pronto.

emocionado/a *excited*
extrañar *to miss*
impaciente *eager; impatient*
nostálgico/a *homesick*
sentir(se) (e:ie) *to feel*
solo/a *lonely, alone*
tener (e:ie) ganas (de) *to look forward to*

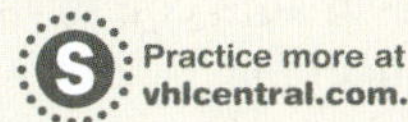
Practice more at vhlcentral.com.

1 Vocabulario Completa las oraciones.

apoyar	extrañar	pareja
casarse	impaciente	redes sociales
confianza	llevarse bien	

1. Antes, Alberto discutía mucho con su hermano, pero poco a poco han podido __________.
2. Estoy __________ por empezar la universidad y hacer amigos nuevos.
3. Marisa y yo nos contamos prácticamente todo. Es una de mis mejores amigas y tengo mucha __________ con ella.
4. Luis y Clara quieren __________ en verano y hacer una fiesta en la playa. ¡Seguro que será una celebración muy divertida!
5. Mis vecinos son una __________ encantadora. Llevan muchos años juntos y se ven muy felices.
6. Gracias a las __________ podemos estar en contacto con familiares y amigos que están lejos.
7. Alicia ha encontrado un trabajo en otro país. Sus compañeros se alegran mucho por ella, pero seguro que la van a __________.
8. Los padres deben __________ a sus hijos siempre y estar a su lado en los momentos difíciles.

2 Comparte En parejas, contesten estas preguntas.

1. ¿Tienes hermanos? ¿Cómo te llevas con ellos?
2. ¿Crees que es mejor ser hijo/a único/a o tener hermanos? ¿Por qué?
3. ¿Cómo piensas que debe ser una buena relación entre padres e hijos?
4. ¿Tienes una relación cercana con otros familiares como abuelos, tíos o primos?

3 El mensaje Vuelve a leer el párrafo "Las relaciones en Internet". Imagina que Armando decide enviarle un mensaje a una de las chicas. ¿Cómo es este mensaje? Escríbelo y luego compáralo con el de un(a) compañero/a.

PUEDO conversar sobre relaciones familiares.

Communicative Objective: Discuss the interactions between family members in a video

Vocabulario del documental	
concluir	*to end, to conclude*
el conocido	*acquaintance*
el corto(metraje)	*short film*
el costo	*expense*
el cuarto	*bedroom*
empacar	*to pack*
encantar	*to love*
entrenar	*to train*
genial	*great*
inclusive	*even*
independizarse	*to become independent*
inscribir	*to enroll*
mandarse	*to move*
repartir	*to distribute*
sumarse	*to join*
la valentía	*courage*

Vocabulario útil	
atreverse	*to dare*
dar la vuelta al mundo	*to travel around the world*
echar de menos	*to miss*
el (medio de) transporte	*transportation*
recorrer	*to travel throughout*

Expresiones	
ir por (algo)	*to go get (something)*
pasarla súper	*to have a great time*
ser parte de (algo)	*to be a part of (something)*

1 Definiciones Completa las oraciones.

1. Mi hermana tiene muchos ________ en la ciudad de Miami.
2. El viaje ________ en la costa del Caribe, el año pasado.
3. Sara se va de casa de sus padres; ¡por fin ________!
4. Luis quiere ________ a nuestro grupo de estudio.
5. Necesito ________ más para la carrera del próximo mes.

2 Expresiones Completa el párrafo con las expresiones que aprendiste.

Mi viaje por el mundo

Ayer regresé a casa después de un largo viaje. Fue una experiencia genial; ¡realmente ________! Cuando decides ________ lo que quieres, tus sueños se convierten en realidad. Ahora siento que ________ algo muy grande.

3 Preparación En parejas, contesten las preguntas.

1. ¿Qué viaje quieres hacer? ¿Por qué? ¿Con quién quieres ir?
2. ¿Alguna vez hiciste un viaje largo en auto con tu familia o con amigos/as? Si es así, ¿adónde fueron? ¿Qué te gustó más?

4 Planes Vas a hacer un viaje con tus amigos/as y tienen que prepararlo todo. Completa la lista con lo que necesitan.

Lista para nuestro viaje

¿Adónde vamos?: ______________

Duración del viaje: ______________

Cosas importantes que necesitamos empacar:

1. ______________
2. ______________
3. ______________
4. ______________

Sitios que queremos visitar:

1. ______________
2. ______________
3. ______________

Actividades que queremos hacer:

1. ______________
2. ______________
3. ______________

5 Viajar En grupos de cuatro, comenten qué les parece viajar y qué experiencia tienen con los viajes. Guíense por las preguntas.

- ¿Creen que viajar es una actividad para todo el mundo? ¿Por qué?
- ¿Qué partes positivas tiene? ¿Y negativas?
- ¿La zona donde viven es turística? Si es así, descríbanla. ¿Qué les parece el turismo y su efecto en las comunidades?
- ¿Qué experiencias tuvieron viajando? ¿O cuáles desean tener? Expliquen.

6 Interacciones En grupos de tres, comenten las diferencias entre las relaciones de las personas que se ven en cada imagen.

El sueño de Pampa

Un hijo se independiza para hacer realidad sus sueños

ARGUMENTO

Los Zapp son una familia argentina que viajó por el mundo en un auto clásico. Recorrieron cinco continentes y más de cien países desde el año 2000, mientras (*while*) crecía su familia en el camino.

PAMPA: ¿Saben qué pasó acá, hace veintitrés años?

PAMPA: Y un día, este increíble sueño concluyó. La vuelta al mundo fue dada.

PAMPA: Busqué un auto clásico, no tan viejo, lo acomodé como pude y organicé un viaje a Brasil.

PAMPA: También fue duro porque antes yo estaba veinticuatro horas con mi familia, todo el tiempo, y ahora están bien lejos°.

PAMPA: Mi sueño, desde siempre, ha sido hacer cine.

PAMPA: Hice muchos cortos con mis hermanos e hice muchos videos para este canal, ¡y cómo nos divertimos haciéndolos!

bien lejos *far away*

1 Sustituir Busca un sinónimo para la palabra entre paréntesis del video.

1. Esta tarde acaba el festival cultural de la universidad. ________ (acaba)
2. No pude arreglar bien la casa, no tuve tiempo. ________ (arreglar)
3. Raúl se apuntó al concurso de relatos de viajes. ________ (apuntó)
4. Los gastos de vivir solo son más caros que cuando compartes. ________ (gastos)
5. Laura quiere distribuir los regalos a todos los compañeros. ________ (distribuir)
6. Voy a hacer las maletas para nuestro viaje. ________ (hacer las maletas)

2 Opinión En parejas, respondan las preguntas.

1. ¿Qué te parece la aventura de la familia Zapp? ¿Te ves con una familia así? ¿Por qué?
2. ¿Crees que crecer viajando por todo el mundo es algo positivo? ¿Por qué?
3. ¿Cómo te sentirías al nacer en otro país y estar de viaje durante toda tu infancia?
4. ¿Qué cosas crees que le pasaron a la familia Zapp mientras viajaban?
5. ¿Cómo crees que se vuelven las relaciones entre los integrantes de una familia al estar viajando tanto?
6. ¿Conoces a alguien que viaje mucho con su familia? ¿Se parecen a la familia Zapp?

3 La vuelta al mundo

A. Imagina que tienes una agencia de viajes de aventura. En grupos de tres o cuatro, planeen un viaje alrededor del mundo. Consideren lo siguiente:

- Países que se visitan
- Fechas del viaje
- Medios de transporte necesarios
- Destinos principales para visitar
- Actividades de aventura
- Duración del viaje
- Costo

B. Tomen notas de su plan de viaje y luego presenten un resumen oral a otro grupo.

4 En familia Los protagonistas del video son los integrantes de una misma familia que viajaron por el mundo durante décadas. En grupos de tres, hablen sobre otras familias con vidas poco comunes que conozcan o de las que oyeron hablar. ¿Por qué son diferentes de los demás? ¿En qué se diferencian de su familia? ¿Creen que esta manera de vivir vuelve sus vidas más ricas (*richer*) o más complicadas? ¿Por qué?

5 Investigación En parejas, busquen información sobre la familia Zapp en su página web o en otras fuentes de Internet. Tomen notas y comenten las respuestas a las siguientes preguntas.

- ¿En qué países estuvieron? Nombren diez.
- ¿Con qué tipo de auto viajan? ¿Cómo lo consiguieron y por qué viajan así?
- ¿Cómo se llaman sus hijos y cuántos años tienen?
- ¿Dónde crecieron los padres y por qué decidieron viajar?
- ¿Qué hace la familia Zapp en la actualidad?

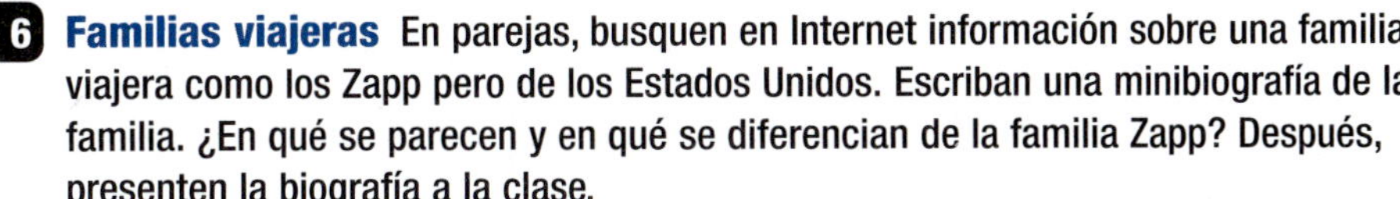

6 Familias viajeras En parejas, busquen en Internet información sobre una familia viajera como los Zapp pero de los Estados Unidos. Escriban una minibiografía de la familia. ¿En qué se parecen y en qué se diferencian de la familia Zapp? Después, presenten la biografía a la clase.

7 Cine viajero En el video, Pampa habla de su pasión por el cine y sobre los cortometrajes que realizaba con su familia. En grupos de tres, conversen sobre estas preguntas.

1. ¿Les gusta el cine?
2. ¿Con quién(es) van a ver películas?
3. ¿Conocen algún festival de cine de los Estados Unidos? ¿Cómo se llama y qué tipo de cine muestra? ¿Y festivales de cine de otros países?
4. ¿Han visto cortometrajes? ¿Les gusta? ¿Cuáles han visto? ¿Dónde los vieron?
5. ¿Cómo creen que se organiza un festival de cine? Compárenlo con otros tipos de festivales.
6. Imaginen que son directores/as o productores/as de cine y que quieren participar en un festival de cortometrajes.
   - ¿Qué tipo de corto van a realizar?
   - ¿Qué temas van a tratar en el corto?
   - ¿Van a incluir a familiares o a personas conocidas o solo van a utilizar actores profesionales y reconocidos?

8 Reflexión Con la información del video y lo que aprendiste en tus investigaciones, escribe un ensayo breve sobre el estilo de vida de la familia Zapp. Asegúrate de comentar estas preguntas.

- ¿Qué ventajas y qué desventajas tiene vivir una vida como la de la familia Zapp?
- ¿Te sorprende algo en especial de esta familia? ¿Por qué?
- ¿Podrías vivir como la familia Zapp? Explica por qué.
- ¿Qué se necesita para poder vivir como la familia Zapp?
- ¿Cómo puedes describir las relaciones entre los integrantes de la familia Zapp?

PUEDO conversar sobre los integrantes de una familia argentina única.

Communicative Objective: Talk about people and things that might or might not exist

4.1 The subjunctive in adjective clauses

- When an adjective clause describes an antecedent that is known to exist, use the indicative. When the antecedent is unknown or uncertain, use the subjunctive.

MAIN CLAUSE: ANTECEDENT UNCERTAIN	CONNECTOR	SUBORDINATE CLAUSE: SUBJUNCTIVE
Busco una amistad	**que**	**dure toda la vida.**

Antecedent certain → Indicative	Antecedent uncertain → Subjunctive
Necesito el libro que **tiene** información sobre los nuevos modelos de familia. *I need the book that has information about the new family models.*	Necesito un libro que **tenga** información sobre los nuevos modelos de familia. *I need a book that has information about the new family models.*
Buscamos los documentos que **describen** el patrimonio de nuestros antepasados. *We're looking for the documents that describe our ancestors' heritage.*	Buscamos documentos que **describan** el patrimonio de nuestros antepasados. *We're looking for (any) documents that (may) describe our ancestors' heritage.*
Tiene un esposo que la **trata** con respeto y comprensión. *She has a husband who treats her with respect and understanding.*	Quiere un esposo que la **trate** con respeto y comprensión. *She wants a husband who will treat her with respect and understanding.*

- When the antecedent of an adjective clause contains a negative word (e.g., **nadie, ninguno/a**), the subjunctive is used.

Antecedent certain → Indicative	Antecedent uncertain → Subjunctive
Elena tiene tres familiares que **viven** en Buenos Aires. *Elena has three relatives who live in Buenos Aires.*	Elena no tiene **ningún** familiar que **viva** en La Plata. *Elena doesn't have any relatives who live in La Plata.*
De los cinco nietos, hay dos que **se parecen** a la abuela. *Of the five grandchildren, there are two who resemble their grandmother.*	De todos mis nietos, no hay **ninguno** que **se parezca** a mí. *Of all my grandchildren, there's not one who looks like me.*
Tengo un amigo que **usa** las redes sociales para encontrar pareja. *I have a friend who uses social networks to find a partner.*	No conozco a **nadie** que **use** las redes sociales para encontrar pareja. *I don't know anyone who uses social networks to find a partner.*

TALLER DE CONSULTA

This additional grammar topic is covered in the **Manual de gramática, Lección 4:** **4.4** *To become:* **hacerse, ponerse,** and **volverse, p. 418.**

¡ATENCIÓN!

An adjective clause (**oración subordinada adjetiva**) is a subordinate clause that describes a noun or pronoun, called the antecedent, in the main clause.

TALLER DE CONSULTA

See **10.2, pp. 374–375,** for a list of additional negative words.

- Do not use the personal **a** with direct objects that represent hypothetical persons.

Antecedent uncertain → Subjunctive	Antecedent certain → Indicative
Busco una chica que **sea** inteligente, divertida y sincera. *I'm looking for a girl who is smart, funny and sincere.*	Conozco **a** una chica que **es** inteligente, divertida y sincera. *I know a girl who is smart, funny and sincere.*

- Use the personal **a** before **nadie** and **alguien**, even when their existence is uncertain.

Antecedent uncertain → Subjunctive	Antecedent certain → Indicative
No conozco **a nadie** que **se queje** tanto como mi suegro. *I don't know anyone who complains as much as my father-in-law.*	Yo conozco **a alguien** que **se queja** aún más... ¡el mío! *I know someone who complains even more... mine!*

- The subjunctive is commonly used in questions with adjective clauses when the speaker is trying to find out information about which he or she is uncertain. If the person who responds knows the information, the indicative is used.

Antecedent uncertain → Subjunctive	Antecedent certain → Indicative
¿Me recomiendas un restaurante que le **guste** a tu hermano? *Can you recommend a restaurant that your brother likes?*	Sí, conozco un restaurante argentino que le **gusta** mucho. *Yes, I know an Argentinean restaurant that he likes a lot.*
Oigan, ¿no me pueden poner algún apodo que me **quede** mejor? *Hey, can't you give me a nickname that fits me better?*	Bueno, si tú insistes, pero Flaco es el apodo que te **queda** mejor. *OK, if you insist, but Skinny is the nickname that suits you best.*

Práctica

1 Combinar Combina las frases de las dos columnas para formar oraciones lógicas. Decide qué oraciones necesitan el subjuntivo y cuáles el indicativo.

___ 1. Mario tiene un hermano que
___ 2. Tengo dos cuñados que
___ 3. No conozco a nadie que
___ 4. Pedro busca una novia que
___ 5. Quiero tener nietos que

a. sea alta y simpática.
b. sean respetuosos y estudiosos.
c. canta cuando se ducha.
d. hablan alemán.
e. entienda más de dos idiomas.

2 El agente de viajes Gabriela va a ir de vacaciones a Valparaíso, Chile, y le escribe un correo electrónico a su agente de viajes explicándole sus planes. Completa el correo con el subjuntivo o el indicativo.

Mensaje — Recibidos —Viaje a Valparaíso 21 de julio de 2021, 10:09

De Gabriela <gabriela@micorreo.com>
Para Santiago <santiago@micorreo.com>

Bandeja de entrada | Responder | Reenviar

Querido Santiago:

Estoy muy contenta porque el mes que viene voy a viajar a Valparaíso para tomar unas vacaciones. Quiero ir a un hotel que (1) ________ (ser) de cinco estrellas y que (2) ________ (tener) vista al mar. Me gustaría hacer una ruta que (3) ________ (pasar) por los cerros y que me (4) ________ (permitir) ver los murales y grafitis más populares. ¿Qué te parece?

Mi hermano me dice que en la principal agencia de viajes de Valparaíso hay un guía turístico llamado Luis Eduardo que (5) ________ (conocer) las mejores playas de la región y que me (6) ________ (poder) llevar a verlas. Al parecer, Luis Eduardo es muy conocido en la zona porque (7) ________ (tener) mucha clientela. La gente dice que (8) ________ (ser) un guía muy simpático y divertido. ¡Tal como a mí me gusta! ¿Crees que lo puedes localizar?

Gabriela

Más recientes | 5 de 1202 | Anteriores

NOTA CULTURAL

Chile es el país más austral del mundo y posee una variada geografía, compuesta por desiertos, bosques, lagos, volcanes y glaciares milenarios. **Valparaíso**, en particular, es conocida por sus cerros, su puerto, sus calles coloridas y su arte urbano.

3 Reunión familiar Completa las oraciones con las opciones de la lista. Haz los cambios necesarios.

gustarle a tío Alberto	dedicarse a organizar	venir a limpiar
hacer cortes de pelo modernos	ser festivo/a	tocar merengue

1. Ana Paola piensa reservar la banda Son y Sabor, que ________________.
2. Sebastián busca un peluquero que ________________.
3. Ana Paola planea preparar el plato que ________________.
4. Sebastián quiere comprar decoraciones que ________________.
5. Al final, Ana Paola va a contratar una compañía que ________________.
6. Ana Paola lo hará todo porque no conoce a ningún familiar que ________________ eventos.

Comunicación

4 **El ideal** Imagina al/a la compañero/a ideal en cada una de estas situaciones. Utiliza el subjuntivo o el indicativo de acuerdo a la situación.

Modelo Lo ideal es vivir con alguien que no se queje demasiado.

- vivir
- trabajar
- ver películas de amor o de aventuras
- dar un paseo
- comprar ropa
- estudiar
- viajar por el Sahara
- cocinar

5 **Sueños y realidad** En parejas, hablen sobre lo que ustedes imaginan que los personajes tienen y desean tener. Utilicen el subjuntivo y el indicativo, y las palabras de la lista.

Modelo María Teresa tiene un novio que enseña Historia en la universidad y que es muy responsable, pero ella sueña con tener un novio que toque la guitarra eléctrica y que sea muy rebelde.

buscar	apartamento
conocer	computadora
necesitar	hermano/a
querer	mascota (*pet*)
tener	vecino/a

6 **Anuncios** En grupos de cuatro, describan detalladamente lo que buscan la familia Pérez y los hermanos Silva usando el indicativo o el subjuntivo. Después, escriban dos anuncios más para enseñárselos a la clase.

PUEDO conversar sobre situaciones ideales.

4.2 Reflexive verbs

- In a reflexive construction, the subject of the verb both performs and receives the action. Reflexive verbs **(verbos reflexivos)** always use reflexive pronouns **(me, te, se, nos, os, se).**

Reflexive verb

Elena **se lava** la cara.

Non-reflexive verb

Elena **lava** los platos.

Reflexive verbs

lavarse ***to wash (oneself)***

yo	**me lavo**
tú	**te lavas**
Ud./él/ella	**se lava**
nosotros/as	**nos lavamos**
vosotros/as	**os laváis**
Uds./ellos/ellas	**se lavan**

- Many of the verbs used to describe daily routines and personal care are reflexive.

acostarse *to go to bed*
afeitarse *to shave*
arreglarse *to dress up*
bañarse *to take a bath*
cepillarse *to brush (one's hair, teeth)*
despertarse *to wake up*
dormirse *to fall asleep*
ducharse *to take a shower*
lavarse *to wash (oneself)*
levantarse *to get up*
maquillarse *to put on makeup*
peinarse *to comb (one's hair)*
ponerse *to put on (clothing)*
secarse *to dry off*
quitarse *to take off (clothing)*
vestirse *to get dressed*

- In Spanish, most transitive verbs can also be used as reflexive verbs to indicate that the subject performs the action to or for himself or herself.

Félix **divirtió** a los invitados con sus chistes.
Félix amused the guests with his jokes.

Félix **se divirtió** en la fiesta.
Félix had fun at the party.

Ana **acostó** a los gemelos antes de las nueve.
Ana put the twins to bed before nine.

Ana **se acostó** muy tarde.
Ana went to bed very late.

¡ATENCIÓN!

A transitive verb is one that takes an object. An intransitive verb does not take an object.

Transitive:
Mariela compró dos boletos.
Mariela bought two tickets.

Intransitive:
Johnny nació en Chile.
Johnny was born in Chile.

- Many verbs change meaning when they are used reflexively.

aburrir *to bore*	**aburrirse** *to become bored*
acordar *to agree*	**acordarse (de)** *to remember*
comer *to eat*	**comerse** *to eat up*
dormir *to sleep*	**dormirse** *to fall asleep*
ir *to go*	**irse (de)** *to leave*
llevar *to carry; to wear*	**llevarse** *to carry away*
mudar *to change*	**mudarse** *to move (change residence)*
parecer *to seem*	**parecerse (a)** *to resemble, to look like*
poner *to put*	**ponerse** *to put on (clothing)*
quitar *to take away*	**quitarse** *to take off (clothing)*

- Some Spanish verbs and expressions are reflexive even though their English equivalents may not be. Many of these are followed by the prepositions **a, de,** and **en.**

acercarse (a) *to approach, to get close*	**fijarse (en)** *to take notice (of)*
arrepentirse (de) *to regret*	**morirse (de)** *to die (of)*
atreverse (a) *to dare (to)*	**olvidarse (de)** *to forget (about)*
convertirse (en) *to become*	**preocuparse (por)** *to worry (about)*
darse cuenta (de) *to realize*	**quejarse (de)** *to complain (about)*
enterarse (de) *to find out (about)*	**sorprenderse (de)** *to be surprised (about)*

- *To get* or *become* is frequently expressed in Spanish by the reflexive verb **ponerse** + [*adjective*]

Mi hijo **se pone feliz** cuando nos visitan los abuelos.
My son gets happy when their grandparents visit us.

Si no duermo bien, **me pongo insoportable.**
If I don't sleep well, I become unbearable.

- In the plural, reflexive verbs can express reciprocal actions done *to one another.*

¡Mi esposa y yo **nos peleamos** demasiado!
My wife and I fight too much!

¿Será porque ustedes no **se respetan?**
Could it be because you don't respect each other?

- The reflexive pronoun precedes the direct object pronoun when they are used together in a sentence.

¿Te comiste el pastel entero?
Did you eat the whole cake?

Sí, **me lo** comí todo.
Yes, I ate it all up.

COMPARACIONES

El significado de algunos verbos en español cambia cuando se usan con un pronombre reflexivo. Como has visto, este es el caso de **aburrir** y **aburrirse**. También en inglés, el significado de algunos verbos cambia cuando se usan con una preposición. Estos verbos, como *find* y *find* ***out*** o *pick* y *pick* ***up***, se llaman *phrasal verbs*.

1. En parejas, escriban una lista de tres pares (*pairs*) de verbos adicionales en español como **aburrir** y **aburrirse**. ¿Cómo cambia el significado en cada par cuando el verbo se usa con el pronombre reflexivo?
2. Escriban una lista de tres pares de verbos adicionales en inglés como *find* y *find* ***out***. ¿Cómo cambia el significado en cada par cuando el verbo se usa con la preposición?
3. Expliquen: ¿Qué demuestra este proceso sobre el vocabulario de los dos idiomas?

TALLER DE CONSULTA

Hacerse and **volverse** also mean *to become.* See **Manual de gramática 4.4, p. 418.**

When used with infinitives and present participles, reflexive pronouns follow the same rules of placement as object pronouns. See **3.2, pp. 102–103.**

1 Reflexivos Completa las oraciones conjugando cada verbo de forma reflexiva, si hace falta. Agrega el pronombre cuando sea necesario.

1. Yo siempre __________ (dormir/dormirse) bien cuando estoy en mi casa de verano.
2. Pablo, ¿ __________ (acordar/acordarse) de cuando fuimos de vacaciones a Cancún hace dos años?
3. Víctor es ese bebé de allí que __________ (parecer/parecerse) tanto a su padre.
4. No me gusta esta fiesta. Quiero __________ (ir/irse) cuanto antes.
5. Carolina y Miguel __________ (llevar/llevarse) a los niños a esa escuela.
6. Eduardo va a __________ (poner/ponerse) una camisa nueva.

2 Todos los sábados

A. En parejas, describan la rutina que siguen Eduardo y sus amigos todos los sábados.

Eduardo

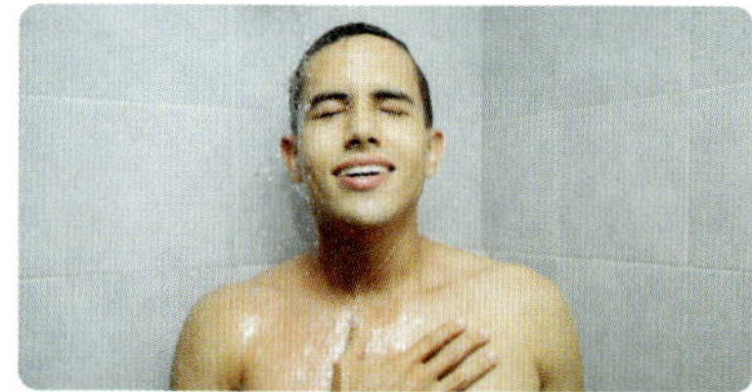

Marcos

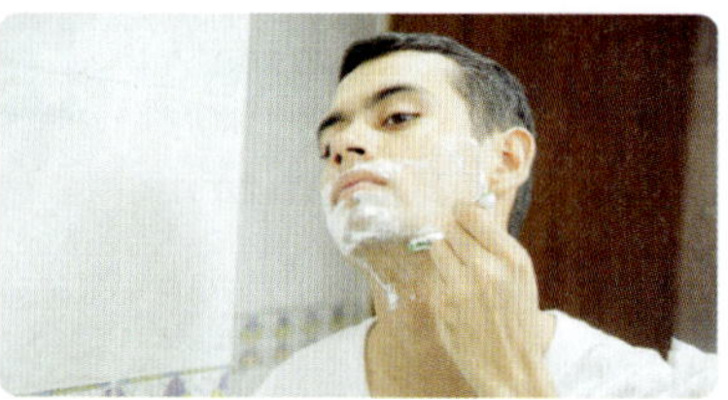

Nicolás

Sandra

Carlos

Mónica

B. ¿Qué hacen los sábados por la mañana otros cuatro amigos de Eduardo? Describan sus rutinas. Utilicen verbos reflexivos y sean creativos.

C. Comenten qué actividades específicas de sus rutinas personales son diferentes de las que describieron para Eduardo y sus amigos.

Practice more at vhlcentral.com.

Comunicación

3 **Rutina** Piensa en la rutina diaria de un(a) familiar o de una persona conocida. Escribe cada una de sus actividades de forma detallada.

4 **¿Y tú?** En parejas, túrnense para hacerse estas preguntas. Contesten con oraciones completas y expliquen sus respuestas.

1. ¿Te levantas siempre a la misma hora que te despiertas? ¿Por qué?
2. ¿Te duermes en las clases?
3. ¿A qué hora te acuestas normalmente los fines de semana?
4. ¿A qué hora te duchas durante la semana?

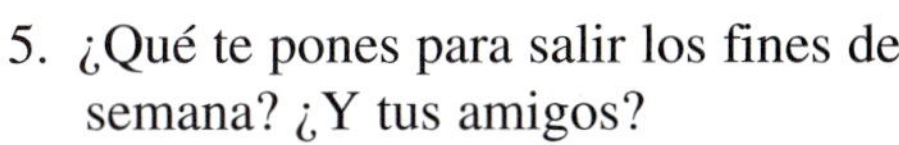

5. ¿Qué te pones para salir los fines de semana? ¿Y tus amigos?
6. ¿Cuándo te vistes elegantemente?
7. ¿Te fijas en la ropa que lleva la gente?
8. ¿Te preocupas por tu imagen?

9. ¿De qué se quejan tus amigos regularmente? ¿Y tus padres u otros miembros de la familia?
10. ¿Conoces a alguien que se preocupe constantemente por todo?
11. ¿Te arrepientes a menudo de las cosas que haces?
12. ¿Te sorprendes de una costumbre o un hábito de alguna persona mayor que conoces?

5 **En un café** Imagina que estás en un café y ves a tu exnovio/a besándose con alguien. ¿Qué haces? En grupos de tres, representen la escena. Utilicen por lo menos cinco verbos de la lista.

acercarse	atreverse	enterarse	ponerse
acordarse	convertirse	fijarse	preocuparse
alegrarse	darse cuenta	irse	quejarse
arrepentirse	enojarse	olvidarse	sorprenderse

PUEDO conversar sobre actividades rutinarias.

Communicative Objective: Talk about goals, reasons to do something, and destinations

4.3 *Por* and *para*

- **Por** and **para** are both translated as *for*, but they are not interchangeable.

—Se fueron ***por*** *su sueño de viajar* ***por*** *el mundo.*

—Bueno, algo faltaba… Hechos con amor y ***por*** *amor, otros sueños se cumplen.*

Uses of *para*

Destination *(toward, in the direction of)*	David sale **para** España pronto. *David is leaving for Spain soon.*
Deadline or a specific time in the future *(by, for)*	El libro debe estar listo **para** las 12. *The book should by ready by 12.*
Goal (**para** + [*infinitive*]) *(in order to)*	**Para** terminar el libro a tiempo, Carla trabaja día y noche. *In order to finish the book on time, Carla works day and night.*
Purpose (**para** + [*noun*]) *(for, used for)*	Nadie compró la comida **para** la semana. *Nobody bought food for the week.*
Recipient *(for)*	Él ahorró dinero **para** sus hijos. *He saved money for his children.*
Comparison with others or opinion *(for, considering)*	**Para** ser tan joven, él ha leído mucho. *For being so young, he has read a lot.*
	Para la abuela, su nieto es muy inteligente. *For the grandmother, her grandson is very intelligent.*
Employment *(for)*	Sonia y su hermano trabajan **para** su tía. *Sonia and her brother work for their aunt.*

Expressions with *para*

no estar para bromas *to be in no mood for jokes*	**para colmo** *to top it all off*
	para que sepas *just so you know*
no ser para tanto *to not be so important*	**para siempre** *forever*

¡ATENCIÓN!

Remember to use the infinitive, not the subjunctive, after **para** if there is no change of subject.

Me despierto a las cinco para llegar temprano.
I wake up at five in order to arrive early.

- Note that the expression **para que** is followed by the subjunctive.

Paco enciende la computadora **para que** su abuelo **lea** las noticias.
Paco turns on the computer so that his grandfather can read the news.

*—Hice muchos cortos con mis hermanos e hice muchos videos **para** este canal.*

Uses of *por*

Motion or a general location *(along, through, around, by)*	Gloria entró **por** la puerta y lo saludó. *Gloria came through the door and greeted him.*
Duration of an action *(for, during, in)*	El muchacho quiere quedarse **por** varios días. *The boy wants to stay for a few days.*
Reason or motive for an action *(because of, on account of, on behalf of)*	Él ayuda a su abuelo **por** razones personales. *He is helping his grandfather for personal reasons.*
Object of a search *(for, in search of)*	Fui a la cocina **por** el café. *I went to the kitchen for coffee.*
Means by which *(by, by way of, by means of)*	Su madre lo llamó **por** teléfono. *His mother called him on the phone.*
Exchange or substitution *(for, in exchange for)*	Cambió la computadora **por** un móvil. *He exchanged the computer for a cell phone.*
Unit of measure *(per, by)*	El metro puede ir a 50 km **por** hora. *The subway can go 50 km per hour.*
Agent (passive voice) *(by)*	El libro fue escrito **por** su autor favorito. *The book was written by his favorite author.*

Expressions with *por*

por allí/aquí *around there/here*
por casualidad *by chance/accident*
por ejemplo *for example*
por eso *therefore, for that reason*
por fin *finally*
por lo general *in general*
por lo menos *at least*
por lo tanto *therefore*
por lo visto *apparently*
por más/mucho que *no matter how much*
por otro lado/otra parte *on the other hand*
por primera vez *for the first time*
por si acaso *just in case*
por supuesto *of course*

¡ATENCIÓN!

In many cases it is grammatically correct to use either **por** or **para** in a sentence. The meaning of each sentence, however, is different.

Trabajó por Alberto.
He worked for (in place of) Alberto.

Trabajó para Alberto.
He worked for (in the employment of) Alberto.

TALLER DE CONSULTA

The passive voice is discussed in detail in **10.1, p. 372.**

1 Otra manera

Otra manera Lee la primera oración y completa la segunda versión usando **por** o **para**.

1. Cuando voy a Argentina, siempre visito Córdoba.
   Paso ______ Córdoba cuando voy a Argentina.
2. El hotel era muy barato. Pagué solo cien dólares.
   Conseguí la habitación ______ solo cien dólares.
3. Fui porque quería visitar a mis suegros.
   Yo quería ir ______ visitar a mis suegros.
4. Mi familia les envió muchos regalos a ellos.
   Mi familia envió muchos regalos ______ ellos.
5. Mis suegros se alegraron mucho de nuestra visita.
   Mis suegros se pusieron muy felices ______ nuestra visita.

2 Completar

Completar Completa la carta con **por** y **para**.

Querida abuela:

(1) ______ fin llegué a esta tierra. La Ciudad de Buenos Aires es hermosa. Todavía no he pasado (2) ______ el estadio La Bombonera porque debo ir con un guía. Puedo contratar uno (3) ______ pocos dólares. En los tres meses del viaje por Suramérica pensé en ti y en el abuelo (4) ______ lo mucho que esta tierra representa para ustedes.

Sé que (5) ______ conocer mejor este país y su cultura tendré que quedarme (6) ______ lo menos un mes.
(7) ______ eso, no volveré hasta finales de mayo. (8) ______ que sepas, voy a quedarme en el hotel "Rioplatense".
(9) ______ mí es un hotel muy cómodo (10) ______ estar tan cerca del centro de la ciudad.

¡Muchos saludos al abuelo!

José

3 Oraciones

Oraciones En parejas, escriban oraciones lógicas utilizando una palabra de cada columna. Luego, inventen una historia incorporando las oraciones que escribieron.

Modelo Mi hermana preparó una cena especial para mi mamá.

caminar	jugar	para	él	mi mamá
comprar	preparar	por	la fiesta	su edad
hacer	trabajar		el parque	su hermana

Practice more at vhlcentral.com.

4 Soluciones Escribe la mejor manera de lograr los objetivos de la lista. Sigue el modelo y utiliza **por** y **para**.

Modelo Para ser saludable, lo mejor es comer cinco frutas o verduras por día porque tienen muchas vitaminas.

concentrarse al estudiar	relajarse
divertirse	ser famoso/a
hacer muchos amigos	ser organizado/a
mantener tradiciones familiares	ser saludable (*healthy*)

5 Una familia Los miembros de una familia no siempre se llevan bien. En parejas, miren la foto y escriban un párrafo sobre estas personas. ¿Por qué se pelean? Usen por lo menos cinco de estas expresiones en su relato.

Modelo Para empezar, Sofía llegó a casa muy tarde y por eso...

no fue para tanto	por casualidad	por lo menos
para colmo	por eso	por lo tanto
para siempre	por fin	por supuesto

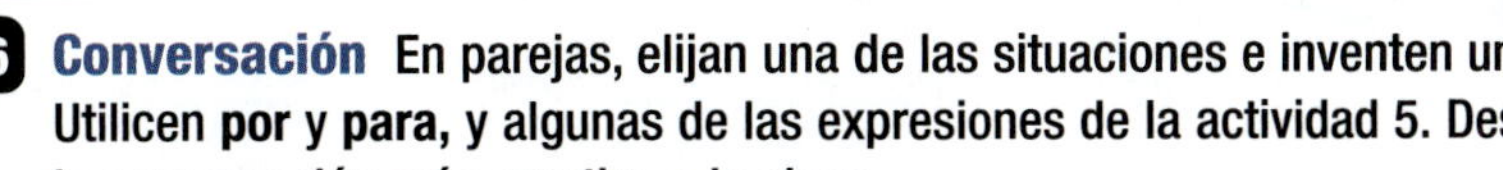

6 Conversación En parejas, elijan una de las situaciones e inventen una conversación. Utilicen **por** y **para**, y algunas de las expresiones de la actividad 5. Después, presenten la conversación más creativa a la clase.

A

Abelardo, tu vecino millonario, está escribiendo su testamento (*will*). Él no tiene herederos y quiere dejarle toda su fortuna a una sola persona. Está pensando en ti y en el alcalde del pueblo. Convence a Abelardo de que te deje toda su fortuna a ti.

B

Hace un año que trabajas en una librería y nunca has tenido vacaciones. Dile a tu jefe/a que quieres tomarte unas vacaciones de dos semanas en el Caribe. Tu jefe/a dice que no y te da sus razones. Explícale las tuyas para convencerlo/la.

PUEDO improvisar un diálogo para convencer a otra(s) persona(s).

Audio-sync Reading

Tres costumbres gauchas

La literatura argentina hizo del gaucho un símbolo de independencia, rebeldía y coraje. Los gauchos de hoy son hombres que trabajan y viven en el campo. Igual a los gauchos de los libros, aman a su caballo y se reúnen junto al fogón° a tomar mate amargo°, a comer asado° y a jugar al truco, el juego de naipes° más popular en Argentina.

Fiesta de la Vendimia

La cosecha° de las uvas, o la vendimia, es un momento muy importante de la producción del vino, y en la zona del Valle Central de Chile se celebra cada año con una fiesta. Durante marzo y abril, gente de todas partes viaja hasta allí para probar la gastronomía típica y los vinos del lugar, mientras participan de tradiciones como la competencia de pisoneo° de uvas y la elección de la reina de la vendimia.

fogón *campfire* **amargo** *bitter* **asado** *barbecue* **naipes** *cards* **cosecha** *harvest* **pisoneo** *stomping* **desengaños** *disappointments* **a partir de** *starting at* **merienda** *snack*

Las milongas y el tango

El tango nació a finales del siglo XIX, y sus letras hablan de la vida urbana y los desengaños° amorosos. Los salones donde la gente se junta para bailarlo se llaman milongas. Allí no hay diferencias de edades ni clase social, pero se respetan ciertos códigos: los hombres están de un lado y las mujeres del otro. El hombre hace una señal con la cabeza a la mujer para invitarla a bailar, y ella acepta o no. Hoy en día, las mujeres también pueden sacar a bailar a los hombres.

La once

En Chile existe una comida tradicional que prácticamente reemplaza la cena: la once se hace a partir de° las cinco de la tarde, a la salida del trabajo, y combina en su estilo el "five o'clock tea" inglés con la merienda° española de pan y leche. Familiares o amigos se reúnen para conversar mientras beben té o café y comen pan con mantequilla, queso, huevos o jamón, y también mermeladas y pasteles.

Communicative Objective: Talk about music, traditions, and food from Argentina and Chile

Festival de Viña del Mar

La Sebastiana

Feria de San Telmo

Parque Nacional Los Glaciares

1 Perspectivas En parejas, contesten las preguntas.

1. ¿Qué personaje literario del país donde viven ustedes representa valores (*values*) similares a los del gaucho? Expliquen.
2. ¿Existen en su país personas que conservan costumbres antiguas en su vida diaria? ¿Quiénes?
3. ¿Existen en su país áreas que celebran comunitariamente una cosecha u otros momentos importantes del año? ¿Dónde?
4. ¿Hay lugares de encuentro en su ciudad donde es obligatorio cumplir un código de comportamiento para participar? Cómparalos con las milongas.
5. ¿En qué momentos especiales se reúnen familia o amigos a comer y a conversar en su país? ¿Existe algo similar a la once? Expliquen.

PUEDO conversar sobre tradiciones argentinas y chilenas.

Entrevista a un experto

Communicative Objective: Reflect on family principles and core values

El audio “La familia y la convivencia familiar” habla de la importancia de la familia y la convivencia (*living together*) en la sociedad. En la entrevista, el terapeuta Horacio Guzmán explica que la familia es la célula primaria de la sociedad y nos enseña valores fundamentales.

Antes de escuchar

1 Activar el conocimiento previo Escribe dos oraciones sobre algunos de los valores que aprendemos en la familia como el respeto, la tolerancia, la paciencia y la lealtad. Después, comparte tus oraciones con dos o tres compañeros/as. ¿Cuáles son las ideas comunes? Identifiquen los puntos más importantes.

Mientras escuchas

2 Estrategia: Predecir Para poder predecir la información más importante del audio, primero lee las preguntas de la actividad de **Comprensión**. Anota algunas ideas que crees que van a mencionarse en el audio.

3 Escucha una vez Escucha el audio para captar las ideas generales. Anota en la tabla los beneficios más importantes mencionados en el audio.

Beneficios de vivir en familia	Apuntes

4 Escucha de nuevo Ahora, basándote en lo que escuchas la segunda vez, comprueba la tabla de “Beneficios de vivir en familia” y añade o corrige la información para completarla.

Después de escuchar

5 Comprensión e interpretación En grupos de tres, contesten las preguntas.

1. ¿Por qué la familia es la célula de la sociedad?
2. ¿Qué quiere decir Horacio Guzmán cuando menciona que los hijos deben ser educados para ser responsables “hacia afuera”?
3. ¿Qué otros grupos sociales se mencionan en el audio, además de la familia?
4. ¿Qué significa el dicho “la confianza apesta (*stinks*)”? ¿Están de acuerdo?
5. ¿Qué responsabilidad tienen los padres hacia sus hijos?

6 Discusión En parejas, comenten esta cita del audio. Expliquen su significado y den ejemplos personales.

“La familia es un equipo muy importante donde hay mucho amor [...] y la familia nos va a estructurar como equipo para integrarnos a otros grupos.”

PUEDO analizar y discutir una cita textual sobre la familia.

Vocabulary Tools

SOBRE EL AUTOR

Brian Winter es editor jefe de *Americas Quarterly* y vicepresidente de política del Consejo de las Américas. Pasó más de veinte años viviendo en Latinoamérica como corresponsal (*correspondent*) para la agencia Reuters. Es autor o coautor de varios libros, incluyendo *Why Soccer Matters, No Lost Causes* y *Long After Midnight at the Niño Bien.*

Vocabulario de la lectura				Vocabulario útil	
alejado/a	*far away*	**mudarse**	*to move (from one home to another)*	**al extranjero**	*abroad*
apenas	*barely*	**la pérdida**	*loss*	**el amigote**	*buddy*
el apodo	*nickname*	**la presión**	*pressure*	**el atentado**	*attack*
la camiseta	*T-shirt*	**reunido/a**	*gathered*	**el cariño**	*affection*
el colegio	*school*	**la tragedia**	*tragedy*	**íntimo/a**	*close*
el lazo	*bond*				
la madrugada	*early morning*				

1 Mismo significado Une las palabras.

___ 1. apodo	a. ataque
___ 2. colegio	b. nombre alternativo
___ 3. lazo	c. afecto
___ 4. cariño	d. escuela
___ 5. atentado	e. unión
___ 6. alejado	f. apartado

2 Mis amigos más íntimos En parejas, hagan una lista de sus amigos íntimos y las actividades que hacen con ellos. Luego, contesten las preguntas. Usen términos del nuevo vocabulario en sus respuestas.

1. ¿Cuánto tiempo hace que conoces a tus amigos más íntimos?
2. ¿De qué manera son importantes el uno para el otro?
3. ¿Crees que tus amigos y tú seguirán siendo íntimos en el futuro? ¿Por qué?
4. ¿Has viajado alguna vez con tus amigos? ¿Adónde fueron?

3 Refrán En grupos de tres, expliquen el significado de este refrán sobre la amistad. Compartan un ejemplo de sus propias vidas.

Amigo en la adversidad, amigo de verdad.

Estos chicos representaban lo mejor de ARGENTINA

Brian Winter

YO ERA PRÁCTICAMENTE UN NIÑO, TENÍA 22 años, cuando me mudé a Argentina en el año 2000 con la loca idea de convertirme en periodista. Increíblemente, el Buenos Aires Herald no se apresuró° a contratar a un texano sin experiencia, y la economía parecía estar un poco complicada. Solo conocía a dos argentinos, ambos encantadores° pero mayores, con hijos y vidas propias. Así que pasé días sofocantes andando por las calles y usando el bus #60 (cruzaba toda la ciudad desde Constitución hasta Tigre por menos de un dólar y además te podías refrescar) mientras que devoraba empanadas, ñoquis y sándwiches de jamón con un presupuesto° semanal de 70 pesos, que en esa época equivalían a 70 dólares.

Los fines de semana era cuando me sentía más desolado. Leía a Borges, Arlt y Mafalda. Me la pasaba viendo el Weather Channel en castellano y me aprendí la letra de una canción de Rodrigo. Finalmente, después de haber visto la posesión° del presidente uruguayo Julio María Sanguinetti por televisión de principio a fin, decidí que tenía que buscarme una vida o regresar a casa.

Finalmente, dos cosas me salvaron. La primera, aunque es un cliché, fueron clases de tango, que se convirtieron en un buen hobby y, años después, en un libro. La segunda, mucho más importante, fue una docena de chicos argentinos de Temperley,

un viejo suburbio ferroviario° de Buenos Aires, a quienes conocí a través de un amigo en común que teníamos en Estados Unidos. Ellos se conocían desde el colegio, pasaban los fines de semana jugando tenis, haciendo asados y yendo a boliches° hasta las 5 de la madrugada. Se tenían apodos ridículos como Wallet, Lobo y Boti. Me acogieron°, por motivos que aún no entiendo bien, y me bautizaron° "Caruso" por un actor infantil argentino de esa época, el único otro "Brian" que conocían.

Yo ya tenía mi grupo de amigos en Texas, pero rápidamente descubrí que el talento argentino para crear amistades grupales que duran toda la vida es único en su clase. Estos chicos hacían todo juntos. Tenían chistes internos que databan una década (uno de ellos siempre "se iba a casar en primavera del año que viene") y un lunfardo° indescifrable. También eran honestos acerca de sus problemas, a veces sorprendentemente (los problemas con novias, las pérdidas de trabajos y las disputas familiares eran disecadas° tanto con humor como con sutil compasión). Se iban de vacaciones juntos: Villa Gesell, Bariloche, los glaciares. Los acompañé varias veces, impresionado por la fuerza de sus lazos, convencido (correctamente, como comprobé° después) de que este grupo seguiría junto, incluso después de casarse, tener hijos y carreras profesionales establecidas.

Pensé en estos chicos después del terrible ataque terrorista en la ciudad de Nueva York, donde ahora vivo. Entre las ocho víctimas fatales había cinco hombres argentinos, amigos del colegio que estaban en un viaje grupal para celebrar los 30 años de su graduación, justo el tipo de cosas que haría mi grupo de amigos de Temperley. Cuando vi la foto de esos amigos reunidos en el aeropuerto de Rosario, usando camisetas que decían "LIBRE", entendí de inmediato qué significaba este viaje para ellos. Por supuesto, iban a ser "libres" durante el fin de semana que iban a estar alejados de las presiones profesionales y familiares de la mediana edad, pero sé que eso era secundario. Antes que nada, esta era una oportunidad para mantener esos lazos, para volver a hacer esos chistes de hace tres décadas y para reír hasta las 5 de la madrugada.

> **"Antes que nada, esta era una oportunidad para mantener esos lazos."**

Según los reportes de prensa, Ariel Erlij, de 48 años, tenía una carrera exitosa° como un empresario del acero° en Rosario, donde el grupo había estudiado. Les ayudó a sus amigos a pagar sus boletos de avión (un gesto nada pequeño en un país que apenas está saliendo de una dura recesión). Aterrizaron° en Nueva York y luego viajaron brevemente a Boston, donde ahora vive un miembro del grupo. Volvieron a la Gran Manzana y decidieron hacer un tour en bicicleta del sur de Manhattan. Erlij y otros cuatro (Hernán Diego Mendoza, Diego Enrique Angelini, Alejandro Damián Pagnucco y Hernán Ferruchi) perdieron sus vidas. Uno de los sobrevivientes° le dijo a *La Nación*: "Ellos esperaban este viaje desde hace mucho tiempo; no se puede creer que haya terminado así".

He vivido en otros países latinoamericanos desde entonces y allí los lazos sociales son muy cercanos también. Pero, insisto, hay algo especial en Argentina. Muchas cosas han salido mal en su historia reciente: la brutal dictadura de los 70, la hiperinflación de los 80 y la devastadora crisis económica de 2001–02, que viví de primera mano (y que eventualmente cubrí en mi primer trabajo como periodista). ¿Por qué la gente no ha, simplemente, abandonado el país? Bueno, muchos lo hicieron. Pero esos argentinos que se quedaron te dirían casi todos que lo hicieron por esos lazos (familiares, sí, pero también con amigos del colegio o la universidad). El talento nacional para forjar camaradería que dure toda la vida es seguramente lo mejor de Argentina. Verlo ahora en el epicentro de una tragedia internacional, en la ciudad en la que vivo... Lo siento mucho. Me rompe el corazón. ■

no se apresuró *didn't rush*
encantadores *charming*
presupuesto *budget*
posesión *inauguration*
ferroviario *railroad*
boliches *dance clubs*
me acogieron *took me in*
bautizaron *named*
lunfardo *Argentinean slang*
disecadas *analyzed*
comprobé *confirmed*
exitosa *successful*
acero *steel*
Aterrizaron *They landed*
sobrevivientes *survivors*

Análisis

1 Discusión En parejas, expliquen su opinión sobre cada afirmación.

1. Las amistades argentinas son diferentes a las de tu país.
2. La tragedia en Nueva York tuvo un fuerte impacto en el autor.
3. Los eventos en la historia podrían referirse perfectamente a un grupo de amigas.

2 Amistad y cultura En grupos de tres, discutan estas preguntas.

1. ¿Es posible en su país encontrar grupos grandes de amigos para toda la vida que pasen mucho tiempo juntos? Expliquen.
2. ¿Es posible que en algunas culturas la gente nunca experimente los mismos lazos estrechos y duraderos que los argentinos? Expliquen.
3. Las víctimas del atentado llevan una camiseta en la que pone "LIBRE". ¿Alguna vez han conmemorado ustedes una amistad creando algo? ¿Aprecian ese objeto? Expliquen.

3 Tipos de amistades En parejas, dividan a sus amigos en tres categorías y luego dibujen y rellenen un diagrama de Venn como el que aparece dibujado. ¿Qué tan diferentes son las actividades que hacen con los amigos en cada categoría? ¿Qué tipo de conversaciones tienen?

Categoría 1: __________

Categoría 2: __________

Categoría 3: __________

4 Amigos del alma En parejas, elijan una de las preguntas y escriban un párrafo breve para contestarla.

1. ¿Les gustaría pertenecer a un gran grupo de amigos para toda la vida como el que se describe en la lectura? ¿Por qué?
2. ¿Les gustaría tener tener uno o más amigos con los que hacer todo juntos? ¿Cuáles son los pros y contras de una amistad así?

PUEDO escribir sobre las ventajas y las desventajas de hacer todo con un grupo de amigos/as.

Preparación

Communicative Objective: Reflect on cultural practices associated with being Chilean

Vocabulario de la lectura		Vocabulario útil	
la barrera lingüística	*language barrier*	**la calidad de vida**	*standard of living*
cercano/a	*close*	**el choque cultural**	*culture shock*
la costumbre	*custom*	**el estereotipo**	*stereotype*
el destino	*destination*	**el estilo de vida**	*lifestyle*
el/la extranjero/a	*foreigner*	**el hábito**	*habit*
leal	*loyal*	**el/la inmigrante**	*immigrant*
reunirse	*to meet*	**instalarse**	*to settle*
		la personalidad	*personality*

1 Emparejar Une cada palabra con su definición.

1. choque cultural ___	a. actitudes y formas de comportamiento
2. destino ___	b. persona de un país distinto al propio
3. estereotipo ___	c. sentimiento de confusión al cambiar de cultura
4. estilo de vida ___	d. acción de juntarse dos o más personas
5. extranjero ___	e. carácter de una persona
6. hábito ___	f. idea fija y generalizada sobre algo o alguien
7. personalidad ___	g. práctica común que se repite con frecuencia
8. reunirse ___	h. lugar de llegada

2 En otro país En parejas, contesten las preguntas.

1. ¿Has vivido en otro país? ¿Cómo fue la experiencia? Si no, ¿te gustaría vivir en otro país alguna vez? ¿Dónde?
2. ¿Qué es lo que más extrañarías del lugar donde vives si te mudaras a un lugar diferente?
3. ¿Cómo crees que cambiaría tu vida al vivir en otro país?
4. Imagina que te acabas de mudar a otro país o ciudad. ¿Cómo harías nuevos amigos?

3 ¿Qué sabes sobre Chile? En grupos de tres, indiquen si creen que estas afirmaciones son ciertas o falsas.

	Cierto	Falso
1. Chile es un país con muchos contrastes, tanto en sus paisajes (*landscapes*) naturales como en su sociedad.	☐	☐
2. El inglés es una lengua mayoritaria en Chile.	☐	☐
3. Chile es un país que mantiene sus costumbres y tradiciones.	☐	☐
4. En Chile, existe la costumbre de reunirse con amigos o familiares para tomar té.	☐	☐
5. La edad media para tener hijos en Chile es superior a la de Norteamérica.	☐	☐

Vivir en Chile

Así es vivir en el país del fin del mundo

La idea de vivir en el extranjero supone un reto° personal emocionante y valioso. Mudarse a otro país implica descubrir otras culturas y lenguas, y cada vez son más los que deciden dar el salto° y conocer de cerca otras sociedades.

Chile, conocido como el país del fin del mundo por ser el país más austral° de la Tierra, ha pasado a ser uno de los destinos más populares para quienes buscan mudarse a un país de habla hispana. Miles de norteamericanos viven ya allí, adaptándose a sus costumbres y asimilando los cambios culturales a los que se enfrentan°. Según el Instituto Nacional de Estadísticas de Chile (INE), el número de extranjeros residentes se situó en 2018 por encima de 1.250.000, de los cuales más de 16.000 son de Estados Unidos. ¿Y cómo es vivir en Chile? A continuación exploramos qué opinan los norteamericanos sobre la cultura chilena.

challenge
to take the leap
southern
confront

Hospitalarios, pero reservados y tradicionales

Para un norteamericano, mudarse a Chile implica conocer una sociedad que lo acoge° de manera generosa, pero también discreta. Sus experiencias muestran que la gente de Chile es amable y hospitalaria, aunque mantiene un carácter un tanto reservado, a diferencia de la imagen extrovertida que se tiene de otros países hispanohablantes. Todos coinciden en que los chilenos reciben a los extranjeros con interés, amabilidad y afecto. Sin embargo, por su carácter reservado, crear una relación de amistad con los chilenos puede llevar más tiempo. Generalmente muchos norteamericanos afirman que les es difícil mantener relaciones personales estrechas° con los chilenos, y que su círculo de amigos está compuesto principalmente por otros norteamericanos. No obstante°, cuando los lazos se estrechan, los chilenos se muestran muy cercanos con sus nuevos amigos, dispuestos a compartir su tiempo, involucrarlos° en su vida y tratarlos prácticamente como si fueran familia. Hay norteamericanos que los describen como las personas más generosas y leales que han conocido.

welcomes
close
nevertheless
involve them

Algo que sorprende a los norteamericanos es que los contrastes de Chile no solo están presentes en sus parajes° naturales, sino en su cultura llena de matices°. Chile es una de las naciones más estables de América del Sur, con una economía fuerte y un ambiente ideal para iniciar una aventura profesional o montar una empresa. Es un país moderno y desarrollado, pero también conservador. Generalmente los norteamericanos que viven allí piensan que se trata de un país bastante tradicional. Por ejemplo, una diferencia cultural que suelen señalar es que en Chile la familia es el núcleo de la vida social, y que muchos jóvenes viven con su familia hasta que se casan. También destacan° que los chilenos suelen tener hijos a una edad más temprana. Esto contrasta con los ritmos de vida actuales de Norteamérica, donde la edad media para tener hijos supera° los 26 años.

places / *nuances* / *emphasize* / *surpasses*

El idioma y el horario chilenos

Chile ofrece la oportunidad para aprender que el español es una lengua compleja, rica y con multitud de variaciones. A pesar de haber estudiado español durante años, muchos norteamericanos explican que los chilenos utilizan gran cantidad de expresiones y vocabulario nuevos para ellos. Además, en Chile el inglés no es una lengua mayoritaria, aunque hay quienes lo hablan como segunda lengua. De hecho, a varios norteamericanos que han vivido allí les sorprende aprender que en muchas zonas del país el segundo idioma más hablado no es el inglés, sino el alemán.

Para los norteamericanos viviendo en Chile, esto significa tener menos ocasiones de hablar en su idioma nativo y más oportunidades de practicar el español y aprenderlo a través de una inmersión real. Sin embargo, muchos explican que en un primer momento esto también supone un obstáculo a la hora de hacer amigos chilenos. Aun así, aseguran que con el tiempo la barrera lingüística se supera°, hasta el punto de que preguntar "¿cachái?°", por ejemplo, acaba siendo una expresión natural para ellos.

> **Aseguran que con el tiempo la barrera lingüística se supera.**

is overcome / *¿comprendes?*

Vivir en Chile también requiere adaptarse a nuevos ritmos y a unos horarios° diferentes a los de Estados Unidos. Por ejemplo, muchos norteamericanos se sienten confundidos la primera vez que los invitan a tomar la once. A pesar de su nombre, la once no se toma a las 11 a.m. ni a las 11 p.m. Esta costumbre chilena consiste en una merienda° que se toma por la tarde y que normalmente incluye té, café, tortas° o pan con diferentes acompañamientos.

schedules / *snack* / *cakes*

En general, los norteamericanos tienen la sensación de que el tiempo que se dedica a la vida social se alarga°. Las fiestas en Chile comienzan tarde, cerca de las 11 p.m., aunque los chilenos suelen reunirse algo más temprano con los amigos antes de salir. Los bares y discotecas suelen cerrar sobre las 4 a.m., mucho más tarde que en Norteamérica.

extends

En definitiva, vivir en Chile permite descubrir un país que mantiene sus tradiciones y costumbres. También, supone adaptarse a nuevos ritmos y esforzarse° por aprender los matices de su idioma. Y, sobre todo, invita a conocer una sociedad que al principio se muestra reservada pero que, con el tiempo, hace sentir al extranjero como en su propia casa. ■

strive

Watch related video at vhlcentral.com.

1 Comprensión Elige la opción correcta.

1. El número de estadounidenses viviendo en Chile en 2018 era mayor de ___.
   a. 15.000 b. 1.250.000
2. En muchas zonas de Chile, el segundo idioma más estudiado es el ___.
   a. alemán b. francés
3. Muchos jóvenes chilenos ___.
   a. viven solos o con amigos b. viven con su familia hasta que se casan
4. La once se toma ___.
   a. por la mañana b. por la tarde
5. En Chile, los bares y las discotecas ___.
   a. no abren hasta la medianoche b. cierran más tarde que en Norteamérica

2 ¿Qué aprendiste? En parejas, contesten las preguntas.

1. ¿Por qué a Chile se le conoce como "el país del fin del mundo"?
2. El artículo dice que Chile es un país con contrastes. Den algún ejemplo.
3. Por qué muchos norteamericanos dicen que su círculo de amigos está compuesto principalmente por otros norteamericanos, en lugar de por chilenos?
4. ¿Cuáles son algunas costumbres de los chilenos cuando salen con sus amigos?
5. ¿En qué consiste tomar la once?
6. Teniendo en cuenta lo que aprendieron, ¿piensan que les gustaría vivir en Chile? ¿Por qué?
7. ¿Creen que les resultaría fácil o difícil adaptarse a la vida allí? Expliquen.
8. ¿Cómo creen que sería para un(a) joven chileno/a mudarse a Norteamérica?

3 Choque cultural En parejas, hagan una lista de las semejanzas y las diferencias entre el estilo de vida de un(a) joven chileno/a y de un(a) joven norteamericano/a.

Semejanzas	Diferencias

4 Foro Piensa en alguna pregunta más que tengas sobre la vida en Chile. Luego, busca en Internet un foro u otro sitio web chileno, y escribe ahí tu pregunta. Finalmente, escribe un resumen donde explicas lo que aprendiste a través de las respuestas.

PUEDO comparar los estilos de vida de un(a) joven chileno/a y de un(a) joven norteamericano/a.

SOBRE LA AUTORA

Virginia Grütter (1929-2000) nació en Costa Rica. Estudió Filosofía, Literatura y Arte en la Universidad de Costa Rica. Escribió poesía y prosa, y trabajó mucho en teatro como actriz, escenógrafa, diseñadora de vestuario y directora. Fue activista política y vivió muy de cerca algunos de los eventos políticos más difíciles del siglo XX, como la Segunda Guerra Mundial, el golpe de estado de Chile en 1973 y la dictadura de Anastasio Somoza en Nicaragua.

Vocabulario de la lectura		Vocabulario útil	
como si	*as if*	**educado/a**	*well-mannered*
contento/a	*pleased*	**castigado/a**	*to be grounded*
dar lo mismo	*to all be the same*	**ignorar**	*to be unaware*
engañar	*to deceive*	**los mayores**	*elders*
esconder	*to hide*	**recuperar**	*to recover*
puras mentiras	*just lies*	**traicionado/a**	*betrayed*
la regañada	*scolding*	**transgredir**	*to break*
remorder la conciencia	*to feel guilty*	**la verdad**	*truth*

NOTA CULTURAL

La familia latina es una familia extendida por tradición, donde las abuelas, tías y madrinas tienen gran importancia en la vida cotidiana de los/las niños/as y en la transmisión de la cultura, la tradición y los valores. Estudios científicos señalan que este apoyo familiar reduce los índices de depresión posparto para la madre. Además, las demostraciones de afecto y cariño, como los abrazos, son una forma de lenguaje natural no verbal habitual para los/las latinos/as, y aumentan la autoestima, la salud (se libera oxitocina, la hormona del amor) y la inteligencia emocional.

1 Vocabulario Lee las siguientes palabras y encuentra un antónimo para cada una en el vocabulario.

1. enojada
2. obedecer
3. mentira
4. grosero
5. perder
6. premiada
7. revelar
8. saber

2 Lo esencial En parejas, lean la siguiente cita y luego conversen: ¿están de acuerdo? ¿Por qué? Para ustedes, ¿qué es esencial para un(a) niño/a?

"He llegado a creer que, para prosperar, un niño debe tener al menos un adulto en su vida que le muestre amor incondicional, respeto y confianza. Para mí, fue Abuelita".

—Sonia Sotomayor

3 Una época mágica ¿Qué imagen te lleva inmediatamente a tu infancia (un juguete, lugar, festividad, dulce o comida, película, libro, etc.)? Búscala y anota las palabras que piensas cuando la ves: ¿qué significa esa imagen para ti? ¿Puedes recuperar ese sentimiento hoy en día? ¿Cómo? ¿Crees que es posible o piensas que hay cosas que solo tienen sentido y se pueden disfrutar de niño/a?

Los reyes magos y la muñeca

Virginia Grütter

Yo sé que va a ser Nochebuena porque comenzó a soplar el viento norte. Cuando el estero se llena de olas tan chiquitas y empinadas que parecen velas, y a los bongos la vela se les dobla como si fueran a volcarse, va a ser Nochebuena. Además porque las tías andan otra vez apuradas° escondiendo sus cajas en el cuarto de atrás, como el año pasado. Y se pasan el día entero en la tienda, y hasta de noche no regresan.

Abuela también es otra persona, todo el día de adentro para afuera, muy contenta regañando a Mercedes si se atrasa el almuerzo. En mí ni se fijan, y a veces ni estoy haciendo nada, sólo jugando en la puerta con mis yaxes°, y allá te va la regañada como si uno fuera no se sabe qué.

Pero si me llevan a pasear donde los Casabelena, que viven en la esquina del parque donde está la tapia esa muy alta, me restriegan° con un trapo mojado con agua y colonia que me quieren dejar sin pellejo, y me ponen la bata de organdí bien almidonada que me araña debajo de los brazos, y me pellizcan° si pongo la cara fea°. Yo lo que hago es irme para la cocina donde Mercedes, y recostarme en su regazo°, y el delantal le huele a masa de maíz y a almuerzo acabado de hacer. Ella me hace el huevo pasado por agua que le queda la clara blanquita y tierna la yema. Yo le ayudo a recoger las astillas cuando pica la leña, y las dos le enseñamos al perico a decir "urria, periquito lindo".

Cuando estaban haciendo la siesta fue que me metí en el cuarto de atrás a abrir las cajas, y me sentía como cuando crucé la calle sin permiso para ir a la barbería, que llegué resoplando y atrás de mí llegaron las tías y de una oreja me trajeron otra vez para la casa casi a rastras° y me vio todo el mundo. Yolanda y Elvira, las hijas del barbero, me vieron también. Nosotras siempre viéndonos, ellas desde su ventana y yo desde la mía, porque no nos dejan jugar juntas. Casi me arrancan° la oreja y así me siento ahora, como cuando me dijeron que me debía remorder la conciencia.

A mí me habían dicho que las muñecas° las ponen los Reyes Magos° en persona en la tienda. Yo me quedé pensando que para qué tanto misterio, si lo mismo da saber que las ponen en la tienda o que las lleven a la casa primero. Cuando las tías empezaron a preparar los tamales en la mesa grande del comedor y ponían la masa en la hoja de plátano, y adentro las aceitunas y las pasas y los chiles dulces y el arroz teñido con achiote, no sabían que yo sé que lo de las muñecas es como el tamal, que se ve de un modo y es de otro.

apuradas: *in a hurry*
yaxes: jacks (*children's game*)
restriegan: *rub*
pellizcan: *pinch*
cara fea: *make an ugly face*
regazo: *lap*
a rastras: *dragging*
arrancan: *rip off*
muñecas / Reyes Magos: *dolls / Wise Men, Magi*

En eso llegó mi prima Marita.

Marita es ésa que habla con la boca pegada. Yo creo que no tiene labios. Vive en el barrio del Carmen y ya usa vestido con cintura°. A veces llegan de visita pero la abuela no los deja pasar de la sala. Su papá cuando se sienta, se quita el sombrero y se lo pone en la punta de las rodillas.

Yo le dije a Marita lo de los Reyes Magos, que no era a la tienda sino a la casa donde llevaban las muñecas, porque ella siempre cree que lo sabe todo.

Entonces fue cuando me dijo:

—¡Ah chiquilla ésta! Pero ¿no sabes que no hay Reyes Magos ni nada de eso, y que son los papás de uno los que compran juguetes y después se los ponen debajo de las camas, y que los juguetes los hacen en fábricas y que patatín y patatán°?

Yo le grité mentirosa como cuatro veces, pero tuve que salir corriendo porque me daba cuenta que era cierto. Entonces todo eran puras mentiras. Mentirosas, montón de mentirosas. Las tías y la abuela y todas, todas. Sólo quieren que uno esté aburrido y atontado°, jugando yaxes y ellas lo hacen todo a espaldas de uno.

Mercedes, ¿por qué no me dijiste nada? ¿Tenías miedo de que te regañaran? ¿Mentiste o también te engañan? Que no me vengan a preguntar por qué lloro.

Le enseñaré a hablar al perico como si tal cosa, me comeré el huevo como si fuera un huevo cualquiera. Veré pasar los bongos por la tarde y cantaré como si no pasara nada. Pero cuando llegue la noche de la Nochebuena no me quedaré para ver si veo a los Reyes Magos entrar por la ventana.

¿Esperarlos? ¿Esperar a quién? ¿Qué voy a esperar?

Y por eso estoy aquí jugando yaxes debajo del almendro con Yolanda y Elvira. Aunque me arranquen las orejas. Y ellas se me quedan mirando y no saben por qué estoy tan contenta. ■

cintura: waist
patatín y patatán: and so on
atontado: dazed

1 Comprensión Elige la opción que complete la oración de manera correcta.

1. La protagonista es una...
   a. muñeca. b. niña. c. abuela.
2. Cuando comienza el cuento es época de...
   a. Navidad. b. cosecha (*harvest*). c. lluvia.
3. En el cuarto de atrás, las tías empiezan a...
   a. hacer delantales. b. jugar con yaxes. c. esconder cajas.
4. La protagonista prefiere estar...
   a. en la tienda. b. con Mercedes en la cocina. c. en casa de los Casabelena.
5. Su prima Marita le dice que los Reyes Magos no ...
   a. existen. b. hablan. c. mienten.

2 Analizar Indica si estas afirmaciones son ciertas o falsas. Corrige las falsas.

1. Los buenos modales son muy importantes en la casa de la protagonista.
2. Las tías y la abuela nunca la castigan.
3. Las cajas que esconden son regalos.
4. La protagonista cree que son cosas para vender.
5. Mercedes cree en los Reyes Magos.

3 Interpretar Responde las siguientes preguntas.

1. ¿Quién es el narrador de la historia?
2. ¿Qué edad crees que tiene la protagonista?
3. ¿Hay muchas reglas en su casa? ¿Ella las obedece siempre?
4. ¿De qué se entera y por qué te parece que le duele tanto?
5. ¿Crees que la protagonista está contenta al final cuando juega con las hijas del barbero? ¿Por qué?

4 Aclarando el misterio En parejas, conversen y respondan las siguientes preguntas.

1. "[…] para qué tanto misterio si lo mismo da" piensa la protagonista. ¿Qué opinan sobre "el misterio" que hacen las tías? ¿Sirve para algo?
2. ¿Por qué llega a la conclusión de que "Entonces todo eran puras mentiras"? ¿Les parece que tiene razón o exagera?
3. En la tradición hispana, los Reyes Magos traen regalos a los/las niños/as buenos. ¿Qué relación ves entre el descubrimiento de la protagonista y su comportamiento del final?
4. Al releer la frase "[…] lo de las muñecas es como el tamal, que se ve de un modo y es de otro", ¿encuentran más de un sentido para el título del cuento?

5 **Consecuencias** En parejas, lean la cita y conversen: ¿están de acuerdo? ¿Piensan que esto es lo que siente la protagonista al final del cuento? ¿Por qué? ¿Qué tipo de mentiras les parece insoportable a ustedes? ¿Hay mentiras que son aceptables? ¿De qué depende?

"No me molesta que me hayas mentido, me molesta que a partir de ahora no pueda creerte."
—Friedrich Nietzsche

6 **Lo que sí y lo que no** En grupos, lean los siguientes consejos para educar niños/as. Asignen un número según la importancia para cada uno/a y clasifíquenlos en las columnas de correcto y equivocado. ¿Están en desacuerdo con alguno de estos consejos? ¿Falta algo importante?

Consejo	¿Es correcto?
• Establecer límites	☐
• Promover la imaginación	☐
• Dejar que se aburran	☐
• Intervenir en las amistades	☐
• Minimizar sus emociones	☐
• Enseñar disciplina	☐
• Alentar la independencia	☐
• Hacer muchos regalos	☐
• Gritar y regañar a menudo	☐
• Pasar tiempo juntos	☐
• Poner reglas sencillas	☐

7 **Debate** Dividan la clase en dos grupos y organicen un debate. Un grupo debe buscar argumentos a favor de que las familias les hagan creer fantasías a los niños y el otro, en contra.

Grupo 1: A favor. Pueden argumentar que los/las psicólogos/as dicen que el pensamiento mágico es bueno para los/las niños/niñas hasta los ocho años, y que las creencias en seres mágicos como Papá Noel, los Reyes Magos o el Ratón Pérez (*the Tooth Fairy*) desaparecen naturalmente a medida que los/las niños/niñas crecen y maduran.

Grupo 2: En contra. Pueden argumentar que celebrar las fiestas o rituales religiosos no implica hacer creer a los/las niños/niñas que eso existe de verdad, y que eso puede perjudicar su salud mental futura, el valor de la palabra y la confianza en sus mayores, especialmente cuando se utiliza para influir en su comportamiento.

PUEDO debatir sobre el valor de la verdad en las relaciones familiares.

Descripción: un ser querido

Communicative Objective: Write a vivid description of a relative or a friend

Vas a escribir una descripción sobre un(a) familiar o un(a) amigo/a. La descripción debe relatar de manera vívida a una persona.

Planificar y preparar la escritura

1 Estrategia: Determina el sujeto de tu ensayo Elige la persona sobre la que vas a escribir. Utiliza el diagrama para hacer un mapa de ideas sobre esta persona. ¿Cómo es físicamente? ¿Cómo es su carácter? ¿Cuál es tu relación con ella? Completa el diagrama con detalles y anécdotas.

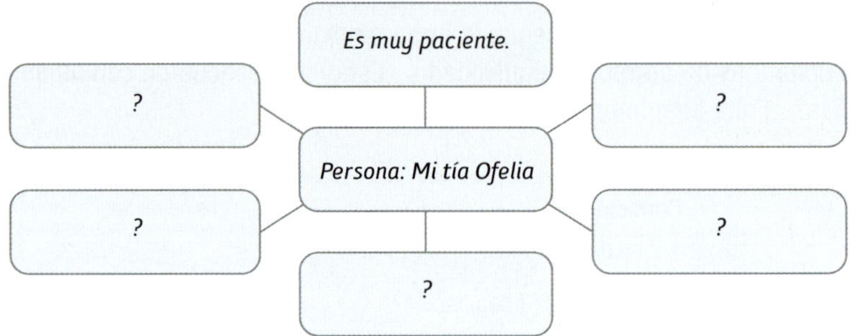

2 Estrategia: Desarrolla el cuerpo del ensayo

- Piensa en cómo usar los detalles de tu mapa de ideas para escribir tu ensayo.
- Desarrolla el cuerpo del ensayo con estos detalles. Utiliza la descripción física de la persona y sus rasgos (*traits*) de personalidad, ofreciendo tu opinión y anécdotas.

Escribir

3 Tu ensayo descriptivo Ahora escribe tu ensayo. Utiliza la información que has reunido y sigue estos pasos.

- **Introducción:** Presenta a la persona, sus rasgos y cualidades usando palabras descriptivas.
- **Desarrollo:** Explica alguna anécdota que te ayude a describir a esa persona. Ofrece tu opinión personal.
- **Conclusión:** Resume tus observaciones y termina el ensayo.

Revisar y leer

4 Revisión Pídele a un(a) compañero/a que lea tu ensayo y sugiera cómo mejorarlo. Revísalo incorporando sus sugerencias y prestando atención a los siguientes elementos.

- ¿Utilizaste palabras descriptivas para crear una imagen viva de la persona?
- ¿Explicaste tu relación personal y tus opiniones sobre esa persona? ¿Ofreciste anécdotas o detalles personales para crear una descripción más dinámica?
- ¿La conclusión resume las cualidades de la persona y tu actitud ante ella?
- ¿Son correctas la gramática y la ortografía?

Practice more at vhlcentral.com.

PUEDO describir en detalle a una persona.

Los seres queridos

Así lo decimos

la amistad *friendship*
la búsqueda *search*
la confianza *trust*
la familia numerosa *large family*
el/la familiar *relative*
el/la hijo/a único/a *only child*
el interés *interest*
el matrimonio *marriage*
la pareja *couple; partner*
el perfil *profile*
la privacidad *privacy*
la red social *social network*
la relación *relationship*
la sinceridad *sincerity*

apoyar *to support*
casarse *to get married*
conocerse en persona *to meet in person*
contar (o:ue) con *to count on*
estar conectado/a *to be online*
extrañar *to miss*
llevarse bien/mal *to get along well/badly*
pasarlo bien/mal *to have a good/bad time*
pelear(se) *to argue*
querer(se) (e:ie) *to love (each other); to want*
sentir(se) (e:ie) *to feel*
tener (e:ie) ganas (de) *to look forward to*
valorar *to value*

compatible *compatible*
emocionado/a *excited*
impaciente *eager; impatient*
nostálgico/a *homesick*
solo/a *lonely, alone*

Documental

el/la conocido/a *acquaintance*
el corto(metraje) *short film*
el costo *expense*
el cuarto *bedroom*
la valentía *courage*
el (medio de) transporte *transportation*

atreverse *to dare*
concluir *to end*
empacar *to pack*
encantar *to love*
entrenar *to train*
independizarse *to become independent*
inscribir *to enroll*
mandarse *to move*
recorrer *to travel throughout*
repartir *to distribute*
sumarse *to join*

dar la vuelta al mundo *to travel around the world*
echar de menos *to miss*

genial *great*
inclusive *even*

Artículo

el amigote *buddy*
el apodo *nickname*
el atentado *attack*
la camiseta *T-shirt*
el cariño *affection*
el colegio *school*
el lazo *bond*
la madrugada *early morning*
la pérdida *loss*
la presión *pressure*
la tragedia *tragedy*

mudarse *to move (from one home to another)*

al extranjero *abroad*
alejado/a *far away*
apenas *barely*
íntimo/a *close*
reunido/a *gathered*

---

la barrera lingüística *language barrier*
la calidad de vida *quality of life*
el choque cultural *culture shock*
la costumbre *custom*
el destino *destination*
el estereotipo *stereotype*
el estilo de vida *lifestyle*
el/la extranjero/a *foreigner*
el hábito *habit*
el/la inmigrante *immigrant*
la personalidad *personality*

instalarse *to settle*
reunirse *to meet*

cercano/a *close*
leal *loyal*

Literatura

los mayores *elders*
la regañada *scolding*
la verdad *truth*

engañar *to deceive*
esconder *to hide*
ignorar *to be unaware*
recuperar *to recover*

dar lo mismo *to all be the same*
remorder la conciencia *to feel guilty*
puras mentiras *just lies*

castigado/a *to be grounded*
como si *as if*
contento/a *pleased*
educado/a *well-mannered*
traicionado/a *betrayed*
transgredir *to break*

Ahora yo puedo...

- identificar la idea principal de textos hablados y escritos sobre las relaciones familiares y de amistad.
- participar en conversaciones espontáneas sobre el matrimonio, la amistad y las tradiciones familiares.
- comunicar información, hacer presentaciones y expresar ideas sobre las interacciones de las personas.
- comparar las perspectivas sobre la comida, la música y otras celebraciones de mi cultura y otras.
- interactuar apropiadamente en eventos familiares y de amigos de acuerdo a las normas culturales.

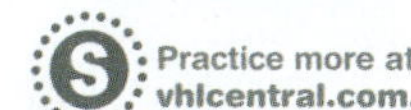

Expectativas laborales En parejas, investiguen y comenten sobre los empleos más solicitados en tu ciudad y en tu país. Después, respondan: la carrera que estudian hoy, ¿se relaciona con esos empleos tan demandados? ¿En qué empresa quieren trabajar en diez años?

EL ENTORNO SOCIAL

Perspectivas profesionales

LECCIÓN

5

COLOMBIA Y VENEZUELA

LESSON OBJECTIVES

You will learn how to...

- identify the main idea in spoken and written contexts related to work and education.
- exchange opinions related to educational approaches.
- write a cover letter describing your personal, academic, and professional skills and goals.
- compare perspectives related to college and employment in your own and other cultures.
- consider the benefits of inclusive education at your school and a school in another country.

Los estudios

Cuando Santiago terminó la escuela secundaria, tuvo que **examinarse** para acceder a la universidad. Sus resultados fueron muy buenos y pudo **matricularse** en la **carrera** de Economía en la Universidad Central de Venezuela. Las **asignaturas** le gustan mucho, pero necesita esforzarse (*strive*) para **aprobar** sus exámenes.

aprobar (o:ue) *to pass*
la asignatura *subject*
la beca *scholarship*
la carrera *major; career*
examinarse *to take an examination*
la maestría *master's degree*
la matrícula *tuition; enrollment*
matricularse *to enroll*
la sala de estudio *study hall*
suspender *to fail*
el/la universitario/a *college student*

Buscar trabajo

José Manuel está buscando trabajo de ingeniera informática. Hace dos semanas encontró una oferta que le interesaba, así que preparó su **currículum** y su **carta de presentación** y **solicitó el empleo**. Hoy tuvo la primera entrevista. Cuando la compañía conozca a todos los **candidatos**, le dirán si continúa en el **proceso de selección**.

el/la candidato/a *candidate*
la carta de presentación *cover letter*
el currículum *résumé*
la oferta *offer*
el proceso de selección *hiring process*
el puesto *position*
la referencia *referral*
la salida laboral *job opportunities*
solicitar (un empleo) *to apply (for a job)*
la vocación *vocation*

El empleo

La **jornada laboral** en la compañía donde trabaja Felipe es de ocho horas al día, pero últimamente ha tenido que trabajar **horas extras**. Afortunadamente, Felipe va a recibir un **ascenso** pronto y va a poder **contratar** a más **empleados** para que lo ayuden con el proyecto.

el ascenso *promotion*
a tiempo completo/parcial *full/part-time*
cobrar *to be paid*
contratar *to hire*
el desempleo *unemployment*
despedir (e:i) *to fire; to lay off*
el/la empleado/a *employee*
el/la empleador(a) *employer*
el/la emprendedor(a) *entrepreneur*
las horas extras *overtime*
la jornada laboral *workday*
jubilarse *to retire*
la nómina *payroll*
el sueldo (mínimo) *salary, (minimum) wage*

Práctica

El ambiente laboral

La organización y la comunicación son muy importantes para conseguir un buen ambiente laboral. Por eso, los **gerentes** suelen organizar **reuniones** semanales con su equipo. Tener una buena relación con los **compañeros de trabajo** también es fundamental. Finalmente, hacer una **pausa** durante el día puede mejorar la productividad.

el/la compañero/a de trabajo *coworker*
el/la dueño/a *owner*
el/la gerente *manager*
el/la pasante *intern*
la pausa *break*
la reunión *meeting*
el/la socio/a *partner*
trabajador(a) *hard-working*

Practice more at vhlcentral.com.

1 Identifica Escribe la palabra que corresponde a cada definición.

1. Situación en la que una persona no tiene trabajo: ______________
2. Paso de un puesto a otro superior: ______________
3. Parar de trabajar a partir de los 65 años: ______________
4. No aprobar un examen: ______________
5. Estudios universitarios: ______________
6. Cantidad de dinero correspondiente a un trabajo: ______________

2 Comparte En parejas, contesten estas preguntas.

1. Cuando eras niño/a, ¿qué profesión querías tener en el futuro? ¿Sigue siendo la misma?
2. ¿Cuándo decidiste qué carrera querías estudiar? ¿Por qué la elegiste?
3. ¿Alguna vez has tenido una entrevista de trabajo? ¿Cómo fue la experiencia?
4. ¿Qué significa para ti "tener un buen trabajo"? ¿Qué elementos son los más importantes?

3 ¿Qué harías? En grupos de cuatro, debatan sobre qué harían en estas situaciones.

- La semana que viene debes matricularte en la universidad, pero aún no has decidido qué carrera estudiar. Te gusta Biología, pero crees que tiene pocas salidas laborales. Tu familia te recomienda estudiar Ingeniería Civil porque las matemáticas y la física se te dan bien. Te gusta la naturaleza y quieres que tu futuro trabajo ayude a la sociedad.

- Haces entrevistas para un puesto administrativo en tu compañía y tienes que decidir entre dos candidatos. La primera persona tiene varios años de experiencia profesional y es muy organizada. La segunda persona no tiene experiencia, pero ha estudiado una maestría en Administración y se adapta con facilidad a los cambios.

PUEDO conversar y aconsejar sobre distintas situaciones en la universidad y en el trabajo.

Preparación

Communicative Objective: Understand a documentary about how teachers involve students with disabilities in Colombia

Vocabulario del documental		Vocabulario útil	
el aula	*classroom*	**ajustarse**	*to accommodate*
el bachillerato	*high school (studies)*	**el alumnado**	*student body*
el/la escolar	*student*	**el aprendizaje**	*learning*
fortalecer (c:zc)	*to strengthen*	**la audición**	*hearing*
el gesto	*gesture*	**el audífono**	*hearing aid*
el grado	*degree*	**discriminatorio/a**	*discriminatory*
la herramienta	*tool*	**involucrarse**	*to get involved*
la lengua de señas	*sign language*	**la sordera**	*deafness*
el/la oyente	*hearing person*		
la primaria	*elementary school*		
sordo/a	*deaf*		

Expresiones	
ante la necesidad de	*given the need for*
en igualdad de condiciones	*on a level playing field*
en la práctica	*in practice*
o sea…	*in other words…*
¡Y ya!	*And that's all!*

1 Definiciones Completa con la palabra que corresponde a cada definición.

1. __________: estudios de enseñanza secundaria
2. __________: persona que no oye
3. __________: participar en algo
4. __________: estudios de enseñanza básica
5. __________: aparato (*device*) que ayuda con la audición
6. __________: estudiante
7. __________: disminución de la capacidad de oír
8. __________: valor o medida de algo cuya intensidad puede variar

2 Expresiones Completa cada situación con una expresión del vocabulario.

1. Vas a una entrevista de trabajo y la gerente te habla sobre la compañía. Te dice: "En nuestro proceso de selección, todas las personas, independientemente de su raza, género o estatus social, están ______________."
2. Tu mejor amigo te habla de su nuevo empleo. Te cuenta: "Mi día laboral es de ocho horas, pero ______________, solo trabajo siete porque tomo una hora de almuerzo."
3. Tu profesora anuncia en la clase: "______________ de ofrecerles más horas de instrucción antes del examen, decidí cambiar la fecha al 25 de mayo."
4. Le preguntas a tu amiga por qué no te contestaba al celular. Ella te responde: "Estaba en el cine con Eva. ______________"

3 Preguntas En parejas, háganse las preguntas.

1. ¿Cómo describirías la escuela primaria a la que fuiste? ¿Y la secundaria?
2. Cuando estabas en la escuela primaria, ¿cuántos maestros tenías? ¿Cuántos estudiantes había en tu clase?
3. En tu opinión, ¿se ajustaba la metodología de enseñanza a las diferentes formas de aprendizaje de todos los estudiantes? Explica tu respuesta.
4. ¿Piensas que los estudiantes sordos deben estudiar en clases especiales o crees que pueden estudiar con los estudiantes oyentes? Explica tu respuesta.
5. ¿Conoces la lengua de señas americana o sabes de alguna persona que la conozca? ¿Te gustaría aprenderla? ¿Por qué?

4 Opciones En grupos de tres, elijan una opción para cada pregunta. Después, busquen las respuestas en Internet para corroborarlas. ¿Cuántas acertaron?

1. El uso de las lenguas de señas es ___.
   a. relativamente nuevo b. tan antiguo como el de las lenguas orales
2. El vocabulario y la gramática de las lenguas de señas ___.
   a. varían según el lugar b. son estándares y universales
3. Las lenguas de señas ___.
   a. son lenguas artificiales b. son lenguas naturales
4. Existen más de ___ de personas sordas en el mundo.
   a. 140 millones b. 70 millones
5. Hay más de ___ lenguas de señas.
   a. 500 b. 300
6. El día internacional de las lenguas de señas es el ___.
   a. 23 de septiembre b. 8 de abril
7. ___ era sordo.
   a. Beethoven b. Mozart

5 Fotogramas En grupos de tres, observen los fotogramas y discutan qué pasa en cada uno de ellos.

"Mis manos, mi voz", para una educación inclusiva

Educación inclusiva para los niños sordos

ARGUMENTO

El Colegio Federico García Lorca I.E.D de Colombia ofrece un modelo de instrucción inclusiva para niños sordos a través del proyecto "Mis manos, mi voz".

NANCY MILENA: Este proyecto surgió° en 1999 ante la necesidad de dar atención de calidad educativa para los escolares sordos.

NANCY MILENA: En la primaria, el principal objetivo es que ellos puedan integrarse en un aula con escolares oyentes.

SANDRA YANETH: Se les busca una estrategia para que ellos pueden visualizar lo que se está explicando.

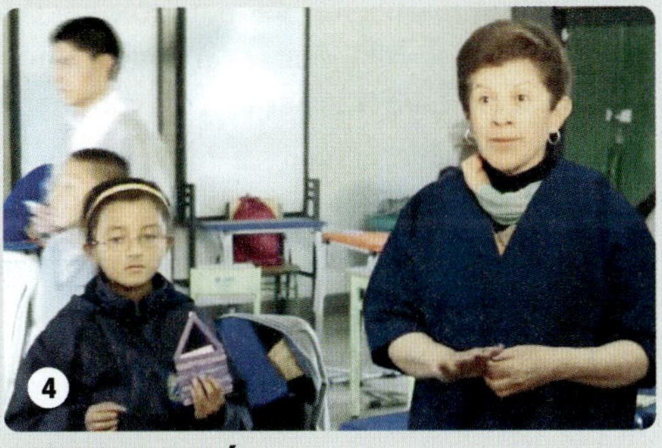

MARTHA BELÉN: Lo primero que tenemos que buscar es que los estudiantes aprendan la lengua de señas.

MARTHA BELÉN: Los talleres° tienen dos objetivos: el primero es que los padres aprendan a comunicarse con sus hijos.

MARTHA BELÉN: Y el segundo es que ellos puedan apoyar el estudio de los niños.

surgió *emerged*
talleres *workshops*

1 ¿Cierto o falso? Indica si las oraciones son ciertas o falsas. Corrige las falsas.

1. El proyecto de inclusión de niños sordos en las aulas del Colegio Federico García Lorca surgió en 1999.
2. El programa va de preescolar hasta el grado 11 de bachillerato.
3. Los estudiantes comienzan a aprender la lengua de señas en el bachillerato.
4. En las clases con niños sordos hay un mediador comunicativo o intérprete.
5. Los estudiantes sordos reciben una instrucción totalmente distinta a la del resto de estudiantes.
6. En la escuela, hay clases de primaria exclusivas para estudiantes sordos.
7. Los estudiantes sordos se integran en las clases con los estudiantes oyentes en quinto de primaria.
8. Los padres de los niños que entran a la escuela ya conocen bien la lengua de señas.

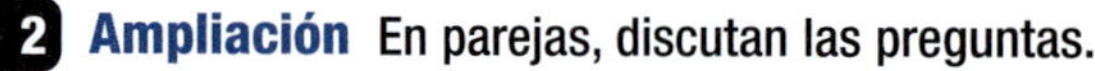

2 Ampliación En parejas, discutan las preguntas.

1. ¿Cómo se beneficiaron los estudiantes sordos con el proyecto “Mis manos, mi voz”? ¿Cómo creen que se beneficiaron los estudiantes oyentes con la llegada de sus compañeros sordos?
2. La instrucción, la metodología y los criterios de evaluación son los mismos para los estudiantes oyentes y no oyentes. ¿Qué indica este dato acerca de la calidad del programa? Expliquen su respuesta.
3. La mayoría de los estudiantes sordos de la escuela tiene padres oyentes. ¿En qué consistía la forma de comunicación que tenían estos estudiantes antes de comenzar a la escuela? ¿En qué se diferencia de la lengua de señas?

3 Citas En grupos de tres, lean las citas de la docente (*teacher*) Martha Belén Cuintaco y contesten las preguntas.

“Los talleres con los padres tienen dos objetivos muy grandes: el primero es que los padres aprendan a comunicarse con sus hijos. Y el segundo es que ellos puedan apoyar los estudios de los niños.”

“Hay muchas cosas bonitas. Una muy bonita es ver el cambio del estudiante. Lo otro es ver cómo los papitos empiezan a creer en su hijo.”

- ¿Qué importancia tiene que los padres participen y se involucren en los estudios de los hijos, ya sean sordos o no?
- ¿Por qué creen que hay un cambio tan grande cuando los padres comienzan a creer en sus hijos?
- ¿Por qué es importante que los niños sordos aprendan la lengua de señas?
- ¿Cuáles serían los beneficios si las personas oyentes estudiaran las señas básicas para comunicarse con las personas sordas?
- ¿Creen que las palabras de Martha Belén podrían haber sido pronunciadas por una docente de su comunidad? ¿Por qué?

4 Lenguas En parejas, lean las preguntas e investiguen las respuestas en Internet. Luego, creen un diagrama de Venn en el que comparen los aspectos lingüísticos de las lenguas de señas con los de las lenguas orales.

Lenguas de señas

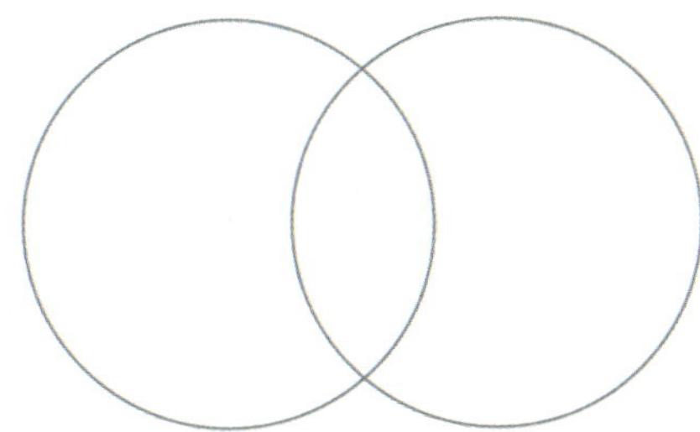

- ¿Cómo se comparan los dos tipos de lenguas en cuanto a su gramática y vocabulario?
- ¿Cómo se comparan en cuanto a sus variedades lingüísticas?
- ¿Existen más similitudes o diferencias de las que pensaban? Den algunos ejemplos.
- ¿Qué dato les sorprendió más de su investigación?

5 Lenguas de señas Del mismo modo que las personas oyentes no hablan una única lengua, las personas sordas usan diferentes lenguas de señas. Divídanse en seis grupos. Cada grupo debe elegir una palabra básica e investigar cuál es la seña utilizada para referirse a ella en tres de los países de la lista. Compartan sus hallazgos con la clase.

- Colombia
- Venezuela
- Argentina
- México
- España
- Estados Unidos

6 Integración En parejas, investiguen acerca de las preguntas.

1. ¿Cuántas personas sordas hay en su país?
2. ¿A qué escuelas de su comunidad pueden asistir los niños sordos? ¿Qué tipo de escuelas son: públicas o privadas? ¿Tienen un sistema de integración o son las aulas únicamente para estudiantes sordos?
3. ¿Qué programas existen en su comunidad para los adultos, sordos u oyentes, que quieran aprender la lengua de señas?
4. ¿Qué porcentaje de programas de televisión cuenta con subtítulos para sordos? ¿Cuántos cuentan con un intérprete simultáneo?

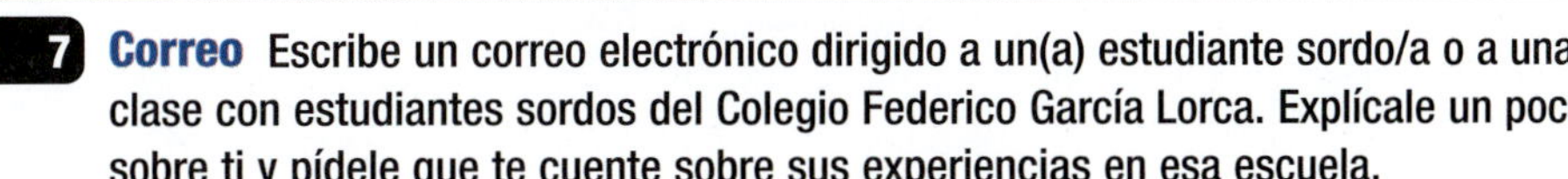

7 Correo Escribe un correo electrónico dirigido a un(a) estudiante sordo/a o a una clase con estudiantes sordos del Colegio Federico García Lorca. Explícale un poco sobre ti y pídele que te cuente sobre sus experiencias en esa escuela.

PUEDO investigar y conversar sobre distintas maneras de comunicarse de las personas sordomudas.

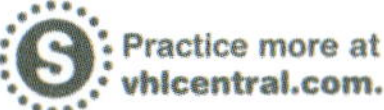

Communicative Objective: Share my opinion about how people and things will change

5.1 The future

Forms of the future tense

TALLER DE CONSULTA

These grammar topics are covered in the **Manual de gramática, Lección 5.**
5.4 *Qué* vs. *cuál*, p. 420
5.5 The neuter *lo*, p. 422

*Ana piensa que en el futuro su hija **será** una gran doctora.*

- The future tense (**el futuro**) takes the same endings for all **–ar, –er,** and **–ir** verbs. For regular verbs, the endings are added to the infinitive.

The future tense

hablar	deber	abrir
hablaré	deberé	abriré
hablarás	deberás	abrirás
hablará	deberá	abrirá
hablaremos	deberemos	abriremos
hablaréis	deberéis	abriréis
hablarán	deberán	abrirán

¡ATENCIÓN!

Note that all of the future tense endings carry a written accent except in the **nosotros** form.

- For verbs with irregular future stems, the same endings are added to the irregular stem.

infinitive	stem	future
caber	cabr–	cabré, cabrás, cabrá, cabremos, cabréis, cabrán
haber	habr–	habré, habrás, habrá, habremos, habréis, habrán
poder	podr–	podré, podrás, podrá, podremos, podréis, podrán
querer	querr–	querré, querrás, querrá, querremos, querréis, querrán
saber	sabr–	sabré, sabrás, sabrá, sabremos, sabréis, sabrán
poner	pondr–	pondré, pondrás, pondrá, pondremos, pondréis, pondrán
salir	saldr–	saldré, saldrás, saldrá, saldremos, saldréis, saldrán
tener	tendr–	tendré, tendrás, tendrá, tendremos, tendréis, tendrán
valer	valdr–	valdré, valdrás, valdrá, valdremos, valdréis, valdrán
venir	vendr–	vendré, vendrás, vendrá, vendremos, vendréis, vendrán
decir	dir–	diré, dirás, dirá, diremos, diréis, dirán
hacer	har–	haré, harás, hará, haremos, haréis, harán

Uses of the future tense

- In Spanish, as in English, the future tense is one of many ways to express actions or conditions that will happen in the future.

Present indicative

Llegan a Caracas mañana.
They arrive in Caracas tomorrow.
(conveys a sense of certainty that the action will occur)

Present subjunctive

Prefiero que lleguen a Caracas mañana.
I prefer that they arrive in Caracas tomorrow.
(refers to an action that has yet to occur)

ir a + [*infinitive*]

Van a llegar a Caracas mañana.
They are going to arrive in Caracas tomorrow.
(expresses the near future; is commonly used in everyday speech)

Future tense

Llegarán a Caracas mañana.
They will arrive in Caracas tomorrow.
(expresses an action that will occur; often implies more certainty than ir a + [infinitive])

- The English word *will* can refer either to future time or to someone's willingness to do something. To express willingness, Spanish uses the verb **querer** + [*infinitive*], not the future tense.

¿**Quieres buscar** trabajo cuando termines tus estudios?
Will you look for a job when you finish your studies?

Quiero solicitar un puesto en esa empresa.
I'll apply for a position at that company.

- In Spanish, the future tense may be used to express conjecture or probability, even about present events. English expresses this in various ways, using words and expressions such as *wonder, bet, must be, may, might,* and *probably.*

¿Qué hora **será**?
I wonder what time it is.

Ya **serán** las dos de la mañana.
It must be 2 a.m. by now.

¿Estará lloviendo en Medellín?
Do you think it's raining in Medellín?

Hará un poco de sol y un poco de viento.
It's probably a bit sunny and windy.

- When the present subjunctive follows a conjunction of time like **cuando, después (de) que, en cuanto, hasta que,** and **tan pronto como**, the future tense is often used in the main clause of the sentence.

Trabajaré como pasante **después de que terminen** las clases.
I'll work as an intern after classes end.

En cuanto salgamos de la oficina, **regresaremos** a casa.
As soon as we leave the office, we'll go back home.

Tan pronto como encuentre un buen puesto, **prepararé** mi carta de presentación.
As soon as I find a good position, I'll work on my cover letter.

¡ATENCIÓN!

The future tense is used less frequently in Spanish than in English.

Te llamo mañana.
I'll call you tomorrow.

Espero que vengan.
I hope they will come.

TALLER DE CONSULTA

For a detailed explanation of the subjunctive with conjunctions of time, see **6.1, pp. 220–221.**

Práctica

1 Predicciones Completa las predicciones, conjugando los verbos entre paréntesis en el futuro.

TRABAJO: Esta semana tú (1) __________ (tener) que trabajar duro. (2) __________ (salir) poco y no (3) __________ (poder) divertirte. Pero (4) __________ (valer) la pena. Muy pronto (5) __________ (conseguir) el puesto que esperas.

DINERO: (6) __________ (venir) dificultades económicas. No malgastes tus ahorros.

SALUD: El médico (7) __________ (resolver) tus problemas respiratorios, pero tú (8) __________ (deber) cuidarte la garganta.

AMOR: (9) __________ (recibir) una noticia muy buena. Una persona especial te (10) __________ (decir) que te ama. (11) __________ (venir) días felices.

2 Horóscopo chino En el horóscopo chino cada signo está representado por un animal. En parejas, escriban el horóscopo de su compañero/a. Utilicen verbos en futuro y las frases de la lista. Luego, compartan sus predicciones con la clase.

aprobar un examen	ganar/perder dinero	recibir una visita
conocer a alguien	haber una sorpresa	tener suerte
empezar una relación	hacer un viaje	venir amigos
estudiar	poder solucionar problemas	viajar al extranjero

Dragón: 1940-1952-1964-1976-1988-2000

Serpiente: 1941-1953-1965-1977-1989-2001

Caballo: 1942-1954-1966-1978-1990-2002

Cabra: 1943-1955-1967-1979-1991-2003

Mono: 1944-1956-1968-1980-1992-2004

Gallo: 1945-1957-1969-1981-1993-2005

Perro: 1946-1958-1970-1982-1994-2006

Cerdo: 1947-1959-1971-1983-1995-2007

Rata: 1948-1960-1972-1984-1996-2008

Búfalo: 1949-1961-1973-1985-1997-2009

Tigre: 1950-1962-1974-1986-1998-2010

Conejo: 1951-1963-1975-1987-1999-2011

3 **Tus planes** Comenta qué planes tienes para el próximo verano. Puedes hacerte preguntas que no estén en la lista.

1. ¿Trabajarás? ¿En qué?
2. ¿Tomarás clases? ¿De qué?
3. ¿Te irás de viaje? ¿Adónde?
4. ¿Harás algo extraordinario? ¿Qué?
5. ¿Conocerás gente? ¿Cómo?
6. ¿Practicarás deportes? ¿Cuáles?

4 **Viaje de aventura** Tú y tu compañero/a están planeando un viaje de dos semanas. Decidan cuándo y a cuál de estos países irán y qué harán allí, usando el anuncio como guía. Conjuguen los verbos en el futuro.

ECOTURISMO 

Colombia	Venezuela
• hacer *rafting* por el río Tobia	• ascender un tepuy (*flat-topped mountain*)
• visitar la región amazónica colombiana	• hacer una expedición por un río
• disfrutar de la naturaleza y las playas en el Parque Nacional Tayrona	• explorar las islas del Parque Nacional Mochima en kayak

5 **¿Qué será de...?** Todo cambia con el tiempo. En parejas, conversen sobre el futuro de cada lugar, producto o animal.

- las ballenas
- Venecia
- el libro impreso (*printed*)
- la televisión
- Internet
- el hielo (*ice*) en los polos norte y sur
- la selva amazónica
- Los Ángeles

6 **¿Dónde estarán en veinte años?** En grupos de tres, hagan una lista de cinco personas famosas y anticipen lo que será de ellas dentro de veinte años. Mencionen los posibles viajes, consideren los proyectos en los que participarán, los cambios en sus vidas personales y familiares, etc.

7 **Situaciones** En parejas, seleccionen uno de estos temas e inventen un diálogo usando el tiempo futuro.

1. Dos jóvenes han terminado sus estudios y hablan sobre lo que harán para convertirse en millonarios.
2. Dos ladrones/as acaban de robar todo el dinero de un banco internacional. Ahora se preguntan cómo escaparán de la policía.
3. Dos hermanas han decidido convertir su granja (*farm*) en un centro de ecoturismo. Deben desarrollar atracciones para los turistas.
4. Dos emprendedores/as se reúnen para pensar en su próxima idea de negocio y decidir cómo será la empresa que crearán.

PUEDO compartir ideas sobre lo que les sucederá a objetos, personas y lugares en el futuro.

5.2 The conditional

*¿Qué estrategia **recomendaría** para una educación inclusiva?*

- The conditional tense (**el condicional**) takes the same endings for all **–ar, –er,** and **–ir** verbs. For regular verbs, the endings are added to the infinitive.

The conditional

dar	ser	vivir
daría	**sería**	**viviría**
darías	**serías**	**vivirías**
daría	**sería**	**viviría**
daríamos	**seríamos**	**viviríamos**
daríais	**seríais**	**viviríais**
darían	**serían**	**vivirían**

¡ATENCIÓN!

Note that all of the conditional endings carry a written accent mark.

- Verbs with irregular future stems have the same irregular stem in the conditional.

infinitive	stem	conditional
caber	**cabr–**	**cabría, cabrías, cabría, cabríamos, cabríais, cabrían**
haber	**habr–**	**habría, habrías, habría, habríamos, habríais, habrían**
poder	**podr–**	**podría, podrías, podría, podríamos, podríais, podrían**
querer	**querr–**	**querría, querrías, querría, querríamos, querríais, querrían**
saber	**sabr–**	**sabría, sabrías, sabría, sabríamos, sabríais, sabrían**
poner	**pondr–**	**pondría, pondrías, pondría, pondríamos, pondríais, pondrían**
salir	**saldr–**	**saldría, saldrías, saldría, saldríamos, saldríais, saldrían**
tener	**tendr–**	**tendría, tendrías, tendría, tendríamos, tendríais, tendrían**
valer	**valdr–**	**valdría, valdrías, valdría, valdríamos, valdríais, valdrían**
venir	**vendr–**	**vendría, vendrías, vendría, vendríamos, vendríais, vendrían**
decir	**dir–**	**diría, dirías, diría, diríamos, diríais, dirían**
hacer	**har–**	**haría, harías, haría, haríamos, haríais, harían**

Uses of the conditional

- The conditional is used to express what would occur under certain circumstances.

¿Qué ciudad de Colombia **visitarías** primero?
Which city in Colombia would you visit first?

Iría primero a Bogotá y después a Medellín.
First I would go to Bogotá and then to Medellín.

- The conditional is also used to make polite requests.

¿Podrías ayudarme a preparar mi currículum, por favor?
Could you help me prepare my résumé, please?

¿Le **importaría** (a usted) hablar con el gerente?
Would you mind speaking with the manager?

- Just as the future tense is one of several ways of expressing a future action, the conditional is one of several ways of expressing a future action as perceived in the past. In this case, the conditional expresses what someone said or thought *would* happen.

Dicen que mañana se **reunirán**. *They say they will meet tomorrow.*	**Creía** que se **reunirían** hoy. *I thought they would meet today.*
Dicen que mañana **van a reunirse**. *They say they're going to meet tomorrow.*	**Creía** que **iban a reunirse** hoy. *I thought they were going to meet today.*

- In Spanish, the conditional may be used to express conjecture or probability about a past event. English expresses this in various ways using words and expressions such as *wondered, must have been*, and *was probably*.

¿A qué hora **regresaría**?
I wonder what time he returned.

Serían las ocho.
It must have been eight o'clock.

¡ATENCIÓN!

The English *would* is used to express the conditional, but it can also express what *used to* happen. To express habitual past actions, Spanish uses the imperfect, not the conditional.

Cuando era pequeña, iba a la playa todos los veranos.
When I was young, I would (used to) go to the beach every summer.

TALLER DE CONSULTA

The conditional is also used in contrary-to-fact sentences. See **9.3, p. 341.**

1 Ambición Completa el diálogo con el condicional de los verbos entre paréntesis.

DARÍO: Si yo pudiera formar parte de esta organización, (1) __________ (estar) dispuesto (*ready*) a ayudar en todo lo posible.

CONSUELO: Sí, lo sé, pero tú no (2) __________ (poder) hacer mucho. No tienes la preparación necesaria. Tú (3) __________ (necesitar) estudios de biología.

DARÍO: Bueno, yo (4) __________ (ayudar) con las cosas menos difíciles. Por ejemplo, (5) __________ (hacer) el café para las reuniones.

CONSUELO: Estoy segura de que todos (6) __________ (agradecer) tu colaboración. Les preguntaré si necesitan ayuda.

DARÍO: Eres muy amable, Consuelo. (7) __________ (dar) cualquier cosa por trabajar con ustedes. Y (8) __________ (considerar) la posibilidad de volver a la universidad para estudiar biología. (9) __________ (tener) que trabajar duro, pero lo (10) __________ (hacer) porque no (11) __________ (saber) qué hacer sin un buen trabajo. Por eso sé que el esfuerzo (12) __________ (valer) la pena.

2 Cortesía Cambia estos mandatos por mandatos indirectos que usen el condicional.

Mandatos directos	Mandatos indirectos
1. Dame tu número de teléfono.	¿Podrías darme tu número de teléfono, por favor?
2. No llegues tarde.	
3. Envía tu currículum.	
4. Explícame esta actividad.	
5. Deja de trabajar horas extras.	
6. Ven a la reunión.	
7. No olvides los documentos.	

3 Lo que hizo Irma Utilizamos el condicional para expresar el futuro en el contexto de una acción pasada. Explica lo que quiso hacer Irma e inventa lo que al final pudo hacer.

Modelo **pensar / desayunar**
Irma pensó que desayunaría con su amiga Gabi, pero Gabi no tenía hambre.

1. pensar / comer
2. decir / poner
3. imaginar / tener
4. escribir / venir
5. contarme / querer
6. suponer / hacer
7. explicar / salir
8. calcular / valer

Comunicación

4 Soluciones Crea una lista de problemas sociales, educativos, económicos y culturales de tu comunidad o de tu país y escribe una solución para cada uno usando el condicional.

5 De vacaciones Tu tío Ignacio y su familia van a Ciudad Bolívar en Venezuela. Ellos te piden consejos sobre lo que deben hacer. En grupos de cuatro, háganles sugerencias de acuerdo a sus gustos y a la información de la Nota cultural. Usen el condicional.

Modelo María Fernanda podría visitar los parques nacionales de la región.

Tía Rosa: No le gusta estar al aire libre. Odia los mosquitos.

Tío Ignacio: Le encanta acampar.

María Fernanda: Le encantan los animales salvajes.

Eduardito: Le gusta jugar con la computadora y leer.

NOTA CULTURAL

El estado de **Bolívar**, en el sur de **Venezuela**, limita al norte con el **río Orinoco** y al sur con el estado de **Amazonas** en **Brasil**. La capital del estado se llama **Ciudad Bolívar** y se distingue por sus casas de estilo colonial. También cuenta con dos importantes museos que presentan el lado moderno de la ciudad: el **Museo de Arte Moderno Jesús Soto** y el **Ecomuseo**. En la región también encontramos dos parques nacionales que ofrecen una abundante flora y fauna.

6 ¿Qué harías? Piensa en lo que harías en estas situaciones. Luego, en parejas, compartan sus reacciones usando el condicional.

1.

2.

3.

4.

PUEDO dar sugerencias sobre lo que podría hacerse en un viaje de vacaciones.

5.3 Relative pronouns

The relative pronoun *que*

TALLER DE CONSULTA

See **Manual de gramática 5.4, p. 420** to review the uses of **qué** and **cuál** in asking questions.

*—Somos maestros **que** sabemos la lengua de señas.*

¡ATENCIÓN!

Relative pronouns are used to connect short sentences or clauses to create longer, more fluid sentences. Unlike the interrogative words **qué, quién(es),** and **cuál(es),** relative pronouns never carry accent marks.

- **Que** (*that, which, who*) is the most frequently used relative pronoun (**pronombre relativo**). It can refer to people or things, subjects or objects, and can be used in restrictive clauses (without commas) or nonrestrictive clauses (with commas). Note that while some relative pronouns may be omitted in English, they must always be used in Spanish.

El candidato **que** entrevistamos ayer parecía muy responsable.
The candidate (that) we interviewed yesterday seemed very responsible.

Los alumnos **que** suspendieron la prueba pueden repetirla.
The students who failed the test can take it again.

Estaba cansada después de la reunión, **que** duró más de dos horas.
I was tired after the meeting, which lasted over two hours.

- In a restrictive (without commas) clause where no preposition or personal **a** precedes the relative pronoun, always use **que**.

La sala de estudio **que** abrieron en este edificio es muy cómoda.
The study hall they opened in this building is very comfortable.

El que/La que

¡ATENCIÓN!

When used with **a** or **de**, the contractions **al que/al cual** and **del que/del cual** are formed.

- After prepositions, **que** follows the definite article: **el que, la que, los que**, or **las que**. The article must agree in gender and number with the antecedent (the noun or pronoun to which it refers). When referring to *things* (but not *people*), the article may be omitted after short prepositions, such as **en, de,** and **con**.

Vi a la mujer **para la que** trabajas.
I saw the woman (whom) you work for.

El edificio **en (el) que** viven es viejo.
The building (that) they live in is old.

El que, la que, los que, and **las que** are also used for clarification to refer to a previously mentioned person or thing.

Hay varios candidatos, pero solo entrevistaré a **los que** tengan experiencia.
There are several candidates but I will only interview those who have experience.

Si puedes optar entre dos compañías, elige **la que** paga más.
If you can choose between two companies, pick the one that pays more.

El cual/La cual

- **El cual, la cual, los cuales,** and **las cuales** are generally interchangeable with **el que, la que, los que,** and **las que** after prepositions. They are often used in more formal speech or writing. Note that when **el cual** and its forms are used, the definite article is never omitted.

El edificio **en el cual** viven es viejo.
The building in which they live is old.

Quien/Quienes

- **Quien** (sing.) and **quienes** (pl.) only refer to people. **Quien(es)** can therefore generally be replaced by forms of **el que** and **el cual**, although the reverse is not always true.

Los investigadores, **quienes (los que/los cuales)** estudian la erosión, son de Venezuela.
The researchers, who are studying erosion, are from Venezuela.

El investigador **de quien (del que/del cual)** hablaron era mi profesor.
The researcher (whom) they spoke about was my professor.

- Although **que** and **quien(es)** may both refer to people, their use depends on the structure of the sentence. In restrictive clauses (without commas), only **que** is used if no preposition or personal **a** is necessary. If a preposition or personal **a** is necessary, **quien** (or a form of **el que/el cual**) is used instead.

Los empleados **que** trabajan en esa empresa ganan buenos salarios.
The employees who work at that company earn good salaries.

Estos son los candidatos **a quienes (a los que/a los cuales)** llamamos.
These are the candidates (whom) we called.

- In nonrestrictive clauses (with commas) that refer to people, **que** is more common in spoken Spanish, but **quien(es)** (or a form of **el que/el cual**) is preferred in written speech.

Juan y María, **que** trabajan en mi equipo, están en un viaje de negocios.
Juan and María, who work on my team, are on a business trip.

Las expertas, **quienes** por fin se reunieron con nosotros, nos dieron una solución.
The experts, who finally met with us, gave us a solution.

The relative adjective *cuyo*

- The relative adjective **cuyo (cuya, cuyos, cuyas)** means *whose* and agrees in number and gender with the noun it precedes. When asking to whom something belongs, use **¿de quién(es)?**, not a form of **cuyo**.

La gerente, **cuyas** ideas mejoraron el plan, no tiene tiempo para realizar el proyecto.
The manager, whose ideas improved the plan, doesn't have time to do the project.

¿**De quién** es este mapa de Venezuela?
Whose map of Venezuela is this?

TALLER DE CONSULTA

The neuter forms **lo que** and **lo cual** are used when referring to situations or abstract concepts that have no gender. See **Manual de gramática 5.5, p. 422.**

¿Qué es lo que te molesta?
What is it that's bothering you?

Ella habla sin parar, lo cual me enoja mucho.
She won't stop talking, which is making me really angry.

COMPARACIONES

En inglés, *whose* puede ser adjetivo o pronombre: ***Whose** book is this?* (adjetivo); *That person, **whose** book I have, is here.* (pronombre). En español, **cuyo/a** solo es adjetivo y no se usa para hacer preguntas.

1. En parejas, traduzcan las dos oraciones en inglés de arriba. ¿Qué usan para *whose* en cada oración?
2. Identifiquen otra diferencia con respecto a las cláusulas relativas entre los dos idiomas.
3. Expliquen: En inglés, muchos pronombres relativos consisten en una sola palabra, e.g., *which, whom.* ¿Por qué creen que existen más formas de estos pronombres en español?

NOTA CULTURAL

El **Parque Natural Chicaque** en **Colombia** es una reserva natural de 300 hectáreas de selva montañosa que permanece cubierta de niebla la mayor parte del tiempo.

1 Relativos Selecciona la palabra o frase adecuada para completar cada oración.

1. El señor Gómez, ___ empresa se dedica al ecoturismo, está en una reunión.
   a. cuya b. cuyo c. cuyos
2. Hay muchas decisiones ___ no estoy de acuerdo.
   a. con la que b. con las que c. con quienes
3. El científico, ___ busca una solución para el consumo de energía, hace estudios en Chicaque.
   a. del cual b. quien c. quienes
4. Los amigos ___ me viste quieren visitar el Parque Natural Chicaque.
   a. en quien b. de quien c. con quienes

2 La entrevista Completa con pronombres relativos de la lista. Algunos pronombres pueden repetirse.

LA ENTREVISTA DE TRABAJO

con quien
cuyas
cuyo
de las cuales
de que
del que
el cual
en que
las cuales
que
quien

Ana tuvo una entrevista de trabajo ayer, en una empresa (1) __________ se dedica al diseño. Uno de sus amigos, (2) __________ se reunió recientemente, fue (3) __________ le habló de este trabajo. Ana, (4) __________ principales habilidades son la creatividad y la adaptación, es una gran candidata para el puesto. El entrevistador le hizo muchas preguntas, (5) __________ le permitieron conocerla mejor. Fue una entrevista (6) __________ Ana se sintió muy cómoda y natural. El entrevistador, (7) __________ era muy amable, le dijo que se pondría en contacto con ella muy pronto. Hoy Ana supo que continúa en el proceso de selección, (8) __________ siguiente paso será una prueba.

3 Seamos concisos Combina estas oraciones usando un pronombre o adjetivo relativo apropiado.

Modelo **El desempleo es un problema. El gobierno habla del desempleo.**
El desempleo es un problema del cual el gobierno habla.

1. Los jóvenes son estudiantes universitarios. Los jóvenes quieren trabajar como pasantes.
2. La reunión será mañana a las diez. Te hablé de la reunión.
3. El gobierno aprobó una ley. El contenido de la ley modifica la jornada laboral.
4. Los estudiantes no pueden ir a la clase. La computadora de la clase no funciona.
5. La empresa tiene muchos empleados. La empresa está en crisis.

4 Tus prioridades

A. Completa el recuadro de acuerdo con tus hábitos, planes y opiniones.

Situación	Sí	No	Depende
1. No voy a clase en mi carro. Siempre viajo en autobús o en bicicleta.	☐	☐	☐
2. Estudio mucho.	☐	☐	☐
3. Voy a la sala de estudio con otros compañeros de clase.	☐	☐	☐
4. El próximo verano voy a buscar trabajo.	☐	☐	☐
5. Me pondría nervioso/a en una entrevista de trabajo.	☐	☐	☐
6. Quiero un trabajo donde pueda ayudar a la sociedad.	☐	☐	☐
7. Quiero trabajar en una empresa donde los salarios sean muy altos.	☐	☐	☐
8. Pienso que estudiar y trabajar a la vez no es recomendable.	☐	☐	☐
9. Solo el gobierno debe preocuparse por el desempleo.	☐	☐	☐
10. Voy a viajar a otro país para estudiar un idioma.	☐	☐	☐

B. En parejas, compartan la información del recuadro. Después, usando pronombres relativos, informen a la clase de lo que hayan aprendido sobre su compañero/a.

Modelo Rafael va a clase cada día en su carro. Es una persona a quien le gusta ir a la sala de estudio con sus compañeros. Quiere un trabajo en el cual pueda ayudar a la sociedad.

5 ¿Quién es quién?

La clase se divide en dos equipos. Un(a) integrante del equipo A piensa en un(a) compañero/a y da tres pistas. El equipo B tiene que adivinar de quién se trata. Si adivina con la primera pista, obtiene 3 puntos; con la segunda, obtiene 2 puntos; con la tercera, obtiene 1 punto.

Modelo Estoy pensando en alguien con quien almorzamos.
Estoy pensando en alguien cuyos ojos son marrones.
Estoy pensando en alguien que lleva pantalones azules.

6 Evolución de ideas

En parejas, hagan una lista de seis creencias (*beliefs*) erróneas que los humanos hemos tenido en los últimos cien años acerca de estos temas. Escriban oraciones y usen por lo menos tres pronombres relativos distintos.

Modelo Los alimentos que tienen mucho azúcar afectan más a la salud de lo que pensábamos.

- la alimentación
- la familia
- la guerra
- la salud
- el trabajo
- el universo

PUEDO referirme a cosas, ideas, personas o lugares que me interesan.

Salento

En la zona del Eje° cafetero colombiano, entre montañas verdes, antiguas haciendas convertidas en hoteles y santuarios naturales de pájaros, está Salento. Los turistas visitan este pueblo para comer la típica trucha° dorada sobre patacón (banana frita), tomar un tintico (café negro) y ver las casas de estilo colonial bahareque°, con sus puertas y ventanas de colores.

La Feria de las Flores de Medellín

A Medellín le dicen "la ciudad de la eterna primavera". Cada mes de agosto se celebra allí la Feria de las Flores. Durante una semana, las calles se cubren de girasoles°, claveles°, lirios° y orquídeas *Cattleya trianae*, la flor nacional de Colombia. Los protagonistas son los silleteros, campesinos que desfilan cargando arreglos con las flores que cultivan.

Las gaitas navideñas venezolanas

La gaita venezolana es un género musical folklórico de ritmo alegre y festivo. Se dice que nació a principios del siglo XIX en el estado de Zulia. Sin embargo, no se sabe bien si surgió para celebrar las ideas republicanas, como canto religioso o como protesta de los esclavos contra los españoles. Se canta especialmente en tiempo de Navidad, acompañada de instrumentos de percusión como las maracas, el furruco° y el cuatro.

Arepas venezolanas

Para los venezolanos, las arepas son un símbolo nacional. Estas tortas° circulares y aplanadas°, hechas de harina de maíz precocida°, existen desde mucho antes de la llegada de los españoles a América. Se cocinan a la plancha°, a la parrilla°, al horno o se fríen. Se pueden rellenar con diferentes ingredientes, como queso, carnes, mariscos, verduras, huevos, salsas o frijoles.

Eje *Axis* **trucha** *trout* **bahareque** *adobe* **girasoles** *sunflowers* **claveles** *carnations* **lirios** *lilies* **furruco** *hand drum* **tortas** *cakes* **aplanadas** *flattened* **precocida** *precooked* **plancha** *griddle* **parrilla** *grill*

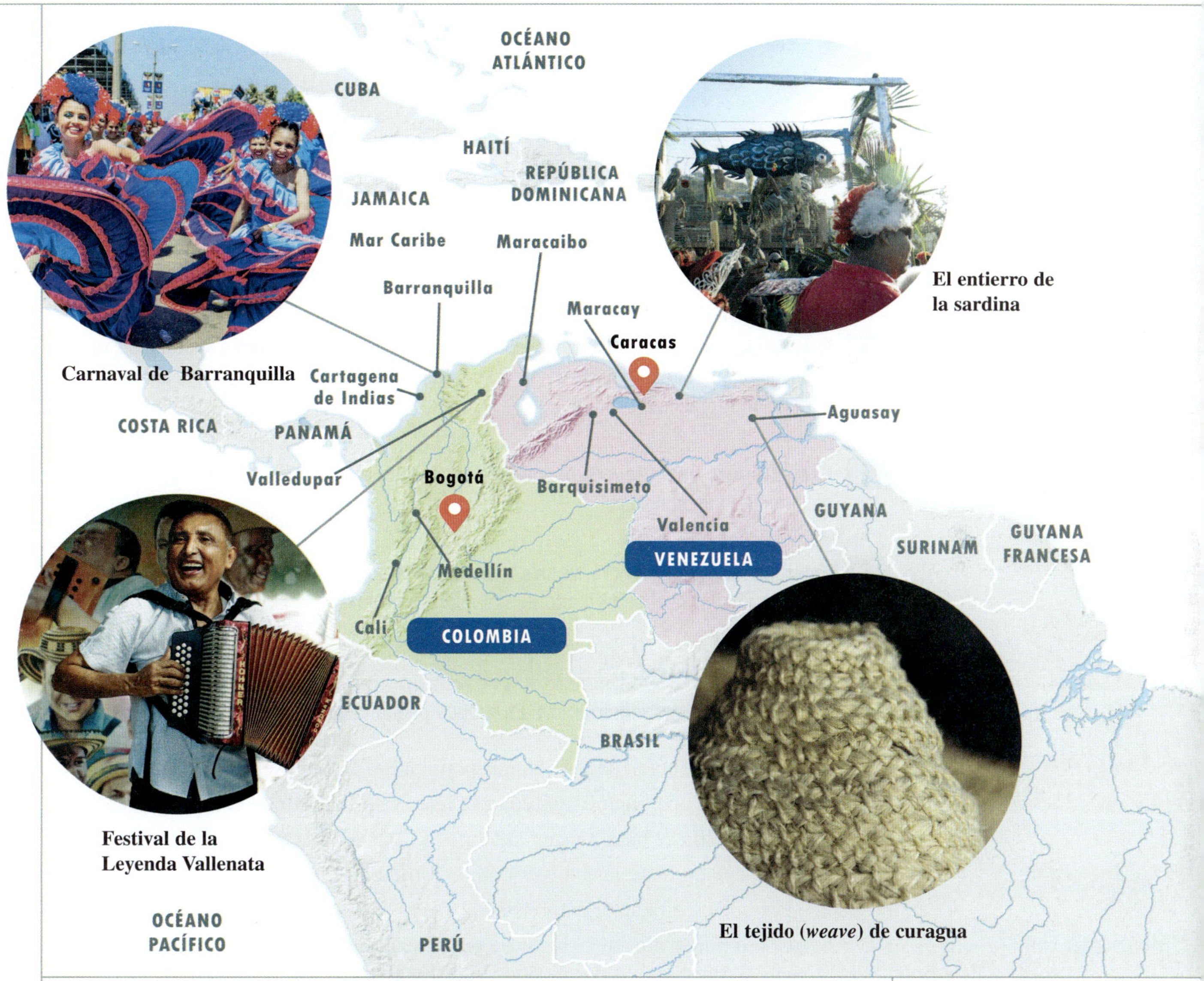

OCÉANO ATLÁNTICO
CUBA
HAITÍ
REPÚBLICA DOMINICANA
JAMAICA
Mar Caribe
Maracaibo
Barranquilla
Maracay
Caracas
Cartagena de Indias
COSTA RICA
PANAMÁ
Aguasay
Valledupar
Bogotá
Barquisimeto
GUYANA
Valencia
VENEZUELA
SURINAM
GUYANA FRANCESA
Medellín
Cali
COLOMBIA
ECUADOR
BRASIL
OCÉANO PACÍFICO
PERÚ

Carnaval de Barranquilla

El entierro de la sardina

Festival de la Leyenda Vallenata

El tejido (*weave*) de curagua

1 Perspectivas En parejas, contesten las preguntas.

1. ¿Te gustaría visitar Salento? ¿Por qué? ¿Cómo crees que el turismo impacta la vida de las personas que viven allí?
2. ¿Qué lugar recomendarías para pasar un fin de semana ideal en tu comunidad? ¿Por qué?
3. ¿Por qué piensas que a Medellín se le llama "la ciudad de la eterna primavera"? ¿Qué características asocias con ella?
4. ¿Qué significados tienen las flores en tu cultura?
5. ¿Qué música es característica de la Navidad en tu país? ¿Cómo se compara con las gaitas?
6. ¿Hay algún producto en tu país similar a las arepas? ¿Cuál?

PUEDO expresar mi opinión sobre lugares, celebraciones y comidas autóctonas de Colombia y Venezuela.

Informe comparativo

Communicative Objective: Discuss higher education options

El audio "¿Universidad o Formación Profesional?" trata de las diferencias entre las dos opciones educativas y de cómo elegir entre ellas.

Antes de escuchar

1 Activar el conocimiento previo Haz una lista de lo que sabes sobre la Universidad y la Formación Profesional (FP) para poder compararlas. ¿Qué opción crees que es mejor? ¿Por qué? ¿Qué tiene de positivo respecto a la otra opción?

Mientras escuchas

2 Estrategia: Detalles Mientras escuchas el audio, presta atención a los detalles que se mencionan. Anota algunos de ellos en una lista con dos categorías: Universidad y Formación Profesional.

3 Escucha una vez Escucha el audio y concéntrate en el vocabulario nuevo. Anota palabras que no conozcas.

4 Escucha de nuevo Ahora, vuelve a escuchar el audio y completa tu lista inicial. Trata de descifrar el significado de las palabras nuevas.

Después de escuchar

5 Comprensión e interpretación En grupos pequeños, contesten las preguntas.

1. ¿Cuál es la opción educativa más popular en España, según el audio?
2. ¿Cuál es la opción que más conecta a los estudiantes con el mundo real?
3. ¿Qué opción se basa más en la teoría? ¿Cuál se basa más en la práctica?
4. ¿Qué opción tiene más diversidad de estudios?
5. ¿Por qué creen que el entrevistador dice que "estudiar abre puertas"?
6. ¿Cómo puede afectar el lugar de residencia de un estudiante a su decisión entre Universidad o Formación Profesional?

6 Discusión En grupos pequeños, reflexionen y comenten sobre lo que han aprendido en el audio. Tengan en cuenta las preguntas.

1. ¿Qué datos les han sorprendido?
2. ¿Creen que en su país existen las mismas diferencias entre las dos opciones educativas que las que se mencionan en el audio? Expliquen.
3. ¿Qué factores tendrían ustedes en cuenta para elegir entre la Universidad o la Formación Profesional?
4. ¿Qué opción tiene mejores salidas laborales en su país? Expliquen.
5. ¿Qué opción les ayudaría más para realizar su profesión deseada?
6. ¿Qué opción es más común en su país? ¿Por qué?

PUEDO reflexionar sobre diferentes opciones educativas y comentar sus ventajas.

Vocabulary Tools

SOBRE EL AUTOR

Gustavo Ocando Álex es un periodista y editor venezolano. Ha trabajado como *freelancer* para la *BBC*, el *Miami Herald* y *NPR*, entre otros medios, y ha colaborado con el *New York Times*. En 2004, se graduó en la Escuela de Comunicación Social de la Universidad del Zulia y lleva escribiendo más de veinte años sobre la política, la economía y la sociedad venezolanas. Desde 2019 se desempeña como periodista para La Voz de América (VOA), División Hispana.

Vocabulario de la lectura		Vocabulario útil	
ahorrar	*to save (money)*	**el alojamiento**	*housing*
la clase presencial	*face-to-face class*	**atreverse**	*to dare*
el/la cursante	*student*	**estar dispuesto/a a**	*to be willing to*
el/la docente	*instructor*	**la factura**	*bill*
la empresa	*company*	**el nivel de vida**	*standard of living*
la inscripción	*enrollment*	**el préstamo estudiantil**	*student loan*
la meta académica	*academic goal*	**el sector inmobiliario**	*real-estate sector*

1 Vocabulario Indica qué palabra corresponde a cada definición.

___ 1. Documento con el precio de un producto o servicio
___ 2. Persona que enseña
___ 3. Lugar en el que se aloja una persona
___ 4. Guardar dinero para el futuro o evitar un gasto
___ 5. Registro del nombre de una persona en una lista
___ 6. Organización con fines lucrativos

a. ahorrar
b. docente
c. inscripción
d. empresa
e. factura
f. alojamiento

2 Finanzas En grupos de tres, reflexionen sobre las preguntas.

1. ¿Cuál creen que es el costo aproximado de los estudios universitarios en su país? ¿Les parece elevado o justo?
2. ¿Qué gastos mensuales adicionales piensan que tiene el estudiante promedio en su país?
3. ¿Es habitual en su país tener préstamos estudiantiles?
4. ¿Piensan que las universidades deberían ser públicas y gratuitas? ¿Por qué?
5. ¿Debería el gobierno ofrecer ayudas económicas a los universitarios? ¿De qué gastos creen que podría prescindir el gobierno de su país para que pudiera ofrecer más ayudas estudiantiles?
6. ¿Estarían dispuestos/as a mudarse a otra ciudad para ahorrarse dinero en sus estudios? ¿Y a otro país? Expliquen.

Los profesionales de COLOMBIA Y ECUADOR que aprovechan la crisis de Venezuela para estudiar en la universidad (y ahorrar mucho dinero)

Gustavo Ocando Álex

MIENTRAS MILES DE ESTUDIANTES venezolanos abandonan sus estudios y el país para huir° de la crisis, otros universitarios extranjeros hacen el camino inverso.

Tito Bohórquez, ingeniero agrónomo, viaja dos veces al año una distancia de 2.500 kilómetros entre su natal provincia de Los Ríos, en Ecuador, y Maracaibo, en el noroeste de Venezuela, para participar en clases presenciales de su doctorado en Ciencias Agropecuarias°. El primero de los vuelos que toma tarda tres horas antes de hacer escala° en Caracas. Debe pagar también por estadías° en hoteles, comidas y taxis. El desgaste° vale la pena, dice.

Profesor contratado y director de la carrera de Agropecuaria en la Universidad Técnica de Babahoyo, en Ecuador, Bohórquez es parte de un grupo cada vez más numeroso de profesionales ecuatorianos y colombianos que cursan estudios de postgrado en la Universidad del Zulia (LUZ) en Maracaibo, cerca de la frontera con Colombia. Estudian especialidades, maestrías y doctorados en Medicina, Odontología, Ingeniería, Derecho°, Veterinaria, Humanidades y Agronomía.

"Nunca pensé en estudiar acá", admite Bohórquez antes de explicar por qué se decidió. Es la segunda de sus tres estancias de clases intensivas en Venezuela durante su doctorado. La primera fue en abril, también por tres semanas.

Profesionales de Colombia y Ecuador interesados en cursos de cuarto y quinto nivel académico hallan° en las universidades públicas de Venezuela una combinación perfecta: matrícula muy económica y calidad en la educación, a pesar de° la crisis.

Bohórquez y el resto de cursantes de doctorados pagan en LUZ US$1.500 dólares cada semestre. La inscripción les costó US$500. A eso le suman gastos de vuelos, hospedaje°, alimentación y transporte cada vez que viajan a Maracaibo: unos US$1.000. La inscripción y el pago de su doctorado en LUZ representarán, al final de sus estudios, una inversión aproximada de US$8.000.

> “ Hallan en las universidades públicas de Venezuela una combinación perfecta. ”

“La colegiatura y los viáticos° de un doctorado en Perú saldrían en entre US$28.000 y US$30.000. En Colombia, los cursos son cada tres semanas y cuestan US$40.000. En Chile, igual, y hay que residir allá”, dice Bohórquez.

Boom por ahorro y calidad

El interés en los postgrados de la Universidad del Zulia de parte de extranjeros ha aumentado exponencialmente desde hace siete años, dice Rosa Raaz, coordinadora de Doctorados de la Facultad de Agronomía.

El proyecto en el que participa Bohórquez, por ejemplo, inició en 2011 exclusivamente con estudiantes venezolanos. En 2012, dos profesionales de Cúcuta, ciudad colombiana en la frontera con Venezuela, se registraron. En 2013, otros dos colombianos de Barranquilla.

“Y en 2017 hubo un boom”, cuenta Raaz a BBC Mundo. “Hubo dos cohortes con 33 estudiantes ecuatorianos de universidades de Manabí, Machala y Guayaquil, también de empresas privadas, solo en Agronomía.”

“Ganar-ganar”

La experiencia ha sido también económicamente beneficiosa para la Universidad del Zulia, una institución centenaria que depende del Estado venezolano y cuyas autoridades se quejan de un déficit presupuestario°.

Los ingresos° por estudios de postgrados permiten a las facultades de LUZ reparar su infraestructura, pagar salarios a los docentes participantes o adquirir equipos. “Es una relación ganar-ganar. Significa mantener la universidad abierta”, opina la profesora.

Los cursos, en una Venezuela que experimenta una economía hiperinflacionaria y con un control cambiario desde 2003, tuvieron su pizca° de polémica. El diario local *Versión Final* publicó en junio una serie de reportajes sobre la venta de cupos° de postgrado en LUZ a extranjeros por hasta US$5.000. El decanato° de la Facultad de Medicina anunció entonces el despido de cuatro empleados por participar en tales extorsiones.

Agradecido con Venezuela

Rafael Palmera Crespo, arquitecto y profesor colombiano de 51 años, tiene tres años cruzando a pie la frontera de Maicao con la Guajira venezolana para luego emprender° un viaje por carretera de tres horas hasta Maracaibo. Cada 15 días repite el extenuante viaje. Su motivación es académica: asistir a las clases presenciales en la Universidad del Zulia para completar su doctorado en Arquitectura.

“No fue muy fácil llegar”, admite en conversación con BBC Mundo desde Barranquilla, donde reside y trabaja. Ya alista° su tesis sobre la emancipación de los suelos, con la esperanza de graduarse en mayo de 2019.

Su meta académica le costaría en Colombia entre 80 y 100 millones de pesos (US$31.000 al cambio oficial). Los gastos del curso, estadía, alimentación y transporte en Venezuela suman 4 millones de pesos (US$1.250). Es un 96% menos de dinero que si hubiese estudiado en su país.

“Estoy muy agradecido con Venezuela, independientemente de las condiciones en que viven y que lamentamos los colombianos. En Venezuela es más asequible la educación en este nivel que en Colombia.” Además del ahorro, la calidad docente es tal como se la habían descrito otros colegas: “Única”, dice.

huir *to flee*
Agropecuarias *Agricultural*
hacer escala *connecting*
estadías *stays*
desgaste *wear and tear*
Derecho *Law*
hallan *find*
a pesar de *despite*
hospedaje *lodging*
viáticos *travel expenses*
presupuestario *budgetary*
ingresos *income*
pizca *hint*
cupos *spots*
decanato *dean's office*
emprender *undertake*
alista *is preparing*

Universidad
Sede

> “El nivel académico de Venezuela es uno de los atractivos.”

Patrimonio que no se devalúa

El nivel académico de Venezuela es uno de los atractivos. Docentes locales con títulos de doctor, la mayoría formados en universidades de América del Norte y Europa, garantizan que el programa sea de alta calidad.

Víctor Granadillo, doctor en Química, autor de 300 artículos en revistas arbitradas y tutor de alumnos extranjeros, certifica que los 50 profesores que integran su departamento en la Facultad de Ciencias tienen doctorados.

Ketty, su esposa y también profesora de la Facultad de Economía de LUZ, asegura que la excelencia universitaria ha sobrevivido a la diáspora o la crisis en su departamento. “El conocimiento es un patrimonio que jamás se devalúa”, dice.

Medicina es una de las carreras con mayor demanda. Hay en ella al menos 600 colombianos y ecuatorianos entre especialidades y doctorados, según Freddy Pachano, médico cirujano° pediatra y director de Postgrado de esa facultad.

La participación de médicos sudamericanos ha sido tal que está a punto de igualarse a la de venezolanos. Este año, se censaron 120 extranjeros y 170 profesionales locales solo en las especialidades.

“Venezuela no está devastada”

Pese a las ventajas económicas, Bohórquez, el agrónomo de Los Ríos, Ecuador, tuvo miedo de estudiar en Venezuela. Los índices de inseguridad, las tensiones políticas y la hiperinflación le alarmaban. Dos médicos amigos que cursan estudios en LUZ desde 2017 lo animaron°.

“Venezuela no está devastada”, cree. Pero la inflación —la peor del mundo— es tan ruda que pulveriza el poder hasta de las monedas duras. Los dólares valían más en el mercado venezolano durante su primer viaje, en abril, cuando un día de servicio de taxi le costaba US$3. Hoy, esa tarifa° cubre solo una hora de transporte privado. Su grupo de amigos estudiantes ya no cena con frecuencia en restaurantes y puestos callejeros. Prefieren cocinar en sus apartamentos para rendir el dinero°.

Antes de la entrevista, Bohórquez asistió a una clase junto a siete compañeros en una de las habitaciones que alquilan. Improvisaron el encuentro tras un inconveniente eléctrico en los salones de la facultad, algo habitual por las fallas eléctricas que padece° esta región venezolana.

Los problemas no le hacen arrepentirse. “El conocimiento es un diamante en bruto° que tienen las universidades de Venezuela. Esta es una oportunidad de oro.” ■

cirujano *surgeon*
animaron *encouraged*
tarifa *fee*
rendir el dinero *make the money last*
padece *suffers*
diamante en bruto *diamond in the rough*

Análisis

1 Comprensión Contesta las preguntas.

1. ¿Por qué muchos venezolanos abandonan sus estudios?
2. ¿Por qué hay muchos extranjeros estudiando en la Universidad del Zulia?
3. ¿De qué países extranjeros son los estudiantes que se han inscrito en LUZ en los últimos años?
4. ¿Cómo afecta la llegada de estudiantes extranjeros a LUZ?
5. ¿Por qué el decanato de la Facultad de Medicina expulsó a cuatro empleados?
6. ¿Cómo es el nivel académico de las universidades de Venezuela?

2 Reflexionar En parejas, háganse estas preguntas.

1. ¿Te parece que vale la pena viajar y pagar alojamiento en otro país para ahorrar dinero en los estudios universitarios? ¿Lo harías? ¿Por qué?
2. ¿Qué opción elegirías tú: mudarte a Venezuela durante toda la carrera o ir esporádicamente y tomar clases intensivas durante tu estancia?
3. ¿Estás de acuerdo con que los estudiantes extranjeros y la universidad forman una "relación ganar-ganar"? ¿Crees que ganan todos?
4. ¿Qué crees que ocurrirá en el futuro con la situación descrita en el artículo?

3 Crisis En grupos de tres, lean el párrafo y discutan las preguntas.

En 2013 comenzó en Venezuela una crisis económica, política y social principalmente a causa de la caída de precio del petróleo, el déficit en el sector inmobiliario y las restricciones del control de cambio de moneda. En 2014, la pobreza llegó al 30% de la población. En 2019, la tasa de desempleo alcanzó el 40%. Para los residentes que sí tenían empleo, el sueldo promedio no llegaba a los diez dólares mensuales. Como consecuencia de la crisis, muchos jóvenes emigraron a otros países.

- ¿Qué les parece que los jóvenes venezolanos no tengan la oportunidad de estudiar en universidades de Venezuela mientras que otros estudiantes extranjeros sí?
- ¿Cómo crees que una crisis económica como la de Venezuela afectaría al sistema educativo de tu país?
- ¿Conocen a alguien que haya emigrado a otro país para estudiar? ¿A dónde? ¿Cuáles fueron sus motivos?

4 Cálculos Elige un país hispanohablante e investiga sobre sus precios universitarios y el costo de vida en general. Puedes consultar los datos en Internet o pedir información por teléfono. Después, compara los precios con los de tu país.

5 Estudiar fuera Escribe una composición en la que detallas las ventajas y los inconvenientes de estudiar en un país extranjero. Menciona un mínimo de cuatro ventajas y cuatro inconvenientes.

PUEDO comentar sobre el impacto de una crisis económica y social de un país en la educación de los países vecinos.

Preparación

Communicative Objective: Talk about the work environment in Colombia

Vocabulario de la lectura		Vocabulario útil	
ausentarse	*to be absent*	**la carga**	*burden*
la brecha	*gap*	**compaginar**	*to combine*
conciliar	*to reconcile*	**la desventaja**	*disadvantage*
el día hábil	*business day*	**la eficiencia**	*efficiency*
el día libre	*day off*	**estar de baja**	*to be on leave*
hacer diligencias	*to run errands*	**garantizar**	*to guarantee*
la licencia	*leave*	**la legislación**	*legislation*
la normativa	*regulation*	**reivindicar**	*to reclaim*
retribuido/a	*paid*	**la ventaja**	*advantage*

1 Vocabulario Completa las oraciones.

brecha	días hábiles	licencia
día libre	estar de baja	reivindicar

1. Maribel no podrá venir a la reunión el lunes porque tiene el __________.
2. En Colombia, la __________ por maternidad es de 18 semanas.
3. La manifestación (*demonstration*) se organizó para __________ mejores condiciones laborales y salarios más justos.
4. Tengo 15 __________ de vacaciones al año.
5. En muchos países todavía existe una __________ de salarios entre hombres y mujeres.
6. Marcos está enfermo y va a __________ toda la semana.

2 Condiciones laborales En parejas, contesten las preguntas.

1. ¿Piensan que es fácil compaginar el trabajo con los estudios universitarios?
2. ¿Creen que los horarios de trabajo deben ser fijos o es mejor que sean flexibles?
3. ¿Qué relación hay entre el número de horas que una persona trabaja al día y su productividad?
4. ¿Qué derechos y beneficios deben garantizar los empleadores a sus empleados?

3 Prioridades Haz una lista con al menos cinco prioridades en tu vida. Ordénalas según su importancia. Después, en grupos de cuatro, compartan sus listas y reflexionen sobre las preguntas.

- ¿Qué diferencias y semejanzas hay en sus listas?
- ¿Cómo distribuyen su tiempo entre sus prioridades? Expliquen si el tiempo que les dedican corresponde con el orden de importancia que les dieron.
- Imaginen que vuelven a hacer sus listas después de quince años. ¿Creen que sus prioridades serán las mismas? ¿Por qué? ¿Cuáles añadirían o eliminarían?

El balance entre la vida laboral y la vida personal en Colombia

Uno de los grandes retos° del mundo laboral actual es hacer compatible la vida personal con el trabajo. Por una parte, las personas deben disponer° del tiempo necesario para atender su vida personal y familiar. Esto incluye tiempo para cuidar de hijos u otros familiares, pero también tiempo propio para el ocio, el descanso, la formación° u otras responsabilidades personales. Por otra parte, las personas deben tener la posibilidad de participar en el mercado laboral y desempeñar° su trabajo en buenas condiciones. Por tanto, el objetivo de la conciliación laboral y familiar es conseguir un sistema equilibrado que permita desarrollarse al mismo tiempo en los dos ámbitos. Para las empresas, este balance también es positivo, ya que muchos estudios demuestran que potencia° la productividad y la satisfacción de los trabajadores.

retos: challenges; disponer: dispose; formación: training; desempeñar: carry out; potencia: boosts

Para analizar el balance que existe en un determinado país entre la vida personal y laboral, hay que prestar atención a diferentes elementos. Estos elementos son principalmente la duración y distribución de la jornada laboral, las políticas° de vacaciones y permisos retribuidos y las licencias por maternidad y paternidad. En Colombia, estos aspectos están regulados por el Código Sustantivo del Trabajo.

políticas: policies

Las condiciones laborales en Colombia

En Colombia, la jornada laboral máxima es de 48 horas semanales. En el año 2017, el Código Sustantivo del Trabajo de Colombia fue modificado y la jornada diaria máxima aumentó de ocho a diez horas. Esto significa que desde entonces los empleadores tienen la opción de repartir° las 48 horas en cinco días en lugar de seis. De este modo, los trabajadores pueden tener dos días libres a la semana en lugar de uno.

repartir: split

En cuanto a los permisos por tiempo libre y vacaciones, en Colombia los trabajadores tienen derecho a un período de descanso retribuido de 15 días hábiles consecutivos al año. Además, hay alrededor de 18 días feriados en Colombia, que incluyen tanto fiestas religiosas como cívicas. Colombia es uno de los países en América Latina que más días feriados tiene.

Por otra parte, más allá de las vacaciones y los días feriados, existen otros permisos o licencias retribuidas que permiten a los trabajadores ausentarse del trabajo para hacer diligencias o por determinados asuntos° personales.

asuntos: matters

Entre ellos, se encuentran los permisos por calamidad doméstica°, por luto°, por voto o por asuntos sindicales°. También hay que tener en cuenta las licencias por enfermedad, que en Colombia son de hasta 180 días. Durante ese período de incapacidad laboral, los trabajadores continúan recibiendo un porcentaje de su salario habitual.

family emergency / bereavement

union

Aparte de estas situaciones que especifica la normativa laboral colombiana, pueden existir otras circunstancias en las que los trabajadores necesiten tiempo libre. Algunos ejemplos pueden ser permisos para acudir a citas médicas o para realizar actividades familiares, actividades formativas° o trámites° administrativos. En estos casos, son las empresas las que deciden si conceder permisos adicionales y bajo qué condiciones. Sus políticas y sus prácticas pueden contribuir en gran medida a que la vida personal y laboral estén realmente equilibradas.

training / processes

Los derechos de los padres y madres trabajadores

El equilibrio entre la vida laboral y personal no solo hace referencia a las responsabilidades familiares y al cuidado de los hijos, sino a cualquier aspecto más allá del trabajo. Conciliar la vida personal con el trabajo debería ser una cuestión individual y no solo familiar. Sin embargo, muchas veces el tema se vincula° a la familia y al cuidado de los hijos.

is linked

En este sentido, las licencias por maternidad y paternidad y los derechos de los trabajadores que van a ser padres son un factor clave°. Así, en Colombia, el Código Sustantivo del Trabajo expresa la prohibición de despido por motivo de embarazo. Este derecho era exclusivo de las mujeres, pero en 2017 se extendió también a los hombres en aquellos casos en los que las madres dependan económicamente de ellos.

key

En cuanto a la licencia por maternidad, las trabajadoras tienen derecho a un permiso retribuido de 18 semanas contadas a partir de la fecha de parto° o del tiempo que el médico determine que la embarazada debe ausentarse de su trabajo. El permiso se amplió en 2017, pues hasta entonces era de 14 semanas. El permiso de paternidad, por su parte, es de ocho días hábiles.

delivery

En los últimos años, existe un debate sobre la duración del permiso de paternidad. Para quienes reclaman la ampliación de la licencia para los padres, el objetivo es conseguir los mismos derechos para ambos y eliminar las desigualdades para la mujer en el ámbito laboral. Históricamente, después de tener hijos los hombres mantienen su vida laboral en las mismas condiciones, mientras que las mujeres pasan a trabajar jornadas parciales o renuncian a su trabajo más habitualmente.

La conciliación entre la vida familiar y laboral no solo consiste en tener tiempo para dedicarse a los dos ámbitos. También supone que un ámbito no se vea perjudicado° a causa del otro. En Colombia, esta situación ocurre más frecuentemente para las mujeres. Por este motivo, en muchas ocasiones las conversaciones sobre balance entre la vida profesional y familiar se entrelazan con la equidad laboral de género. ■

harmed

En los últimos años, existe un debate sobre la duración del permiso de paternidad.

Watch related video at **vhlcentral.com.**

1 **Cierto o falso** Indica si estas afirmaciones sobre Colombia son **ciertas** o **falsas**. Corrige las falsas.

1. La jornada laboral máxima es de ocho horas al día.
2. Los trabajadores solo tienen un día libre a la semana.
3. Los trabajadores tienen permiso retribuido para ir a votar.
4. La prohibición de despido por motivo de embarazo solo se aplica a las mujeres.
5. El permiso retribuido de maternidad es de 18 semanas.
6. El porcentaje de desempleo es más alto para las mujeres que para los hombres.

2 **Derechos laborales** Crea una tabla en la que compares la jornada laboral, las políticas de vacaciones, bajas y permisos, y las licencias por maternidad y paternidad de Colombia y de tu país. Después, en grupos de tres, contesten las preguntas.

1. ¿En qué país consideran que existen mejores condiciones laborales? Expliquen.
2. ¿Creen que la reforma del Código Sustantivo del Trabajo de 2017 supuso ventajas o desventajas para los trabajadores colombianos? ¿Por qué?
3. ¿Piensan que tener más días de vacaciones y de permisos afecta positiva o negativamente a la productividad de los trabajadores?
4. ¿Creen que las bajas por paternidad deberían tener la misma duración que las bajas por maternidad? ¿Por qué?

3 **Medidas efectivas** Ordena las medidas de mayor a menor efectividad para ayudar a conseguir el equilibrio entre la vida personal y la vida laboral. Después, en parejas, comparen sus listas y piensen en otras tres medidas que podrían ser efectivas.

Crear guarderías (*daycare*) en los centros de trabajo
Trabajar menos horas
Trabajar desde casa
Horarios de trabajo flexibles
Trabajar por objetivos en lugar de por horas
Más días de vacaciones al año
Permisos de maternidad y paternidad más largos
Potenciar la igualdad de género en las empresas

4 **Proyecto** En grupos de cuatro, investiguen qué portales de búsqueda de empleo son los más populares en Colombia y seleccionen uno de ellos. Consulten algunos anuncios de empleo e identifiquen las referencias a la jornada laboral, los permisos y otros beneficios. Compartan sus conclusiones con la clase.

- ¿Cuál es la jornada laboral más habitual?
- ¿Hay referencias al número de vacaciones o días libres que las empresas ofrecen?
- ¿Qué beneficios se mencionan en los anuncios?

investigar y comentar sobre las condiciones laborales de los trabajadores en Colombia.

SOBRE EL AUTOR

Manuel Rivas nació en 1957 en Galicia, España. Se inició en la escritura a los 15 años, cuando comenzó a colaborar como periodista, profesión que sigue ejerciendo. Ha escrito poesía y narrativa en lengua gallega, que él mismo suele traducir al español. Entre sus obras, destacan *Un millón de vacas, El lápiz del carpintero, Vivir sin permiso y otras historias de Oeste* y *¿Qué me quieres, amor?*, recopilación donde aparece el cuento "La lengua de las mariposas". En este cuento se basó el director español José Luis Cuerda para rodar la galardonada (*awarded*) película del mismo título en 1999.

Vocabulario de la lectura		Vocabulario útil	
el castigo	*punishment*	**el/la campesino/a**	*country person*
la excursión	*field trip*	**la dictadura**	*dictatorship*
la mariposa	*butterfly*	**la enseñanza**	*teaching*
la mentira	*lie*	**la época**	*time, era*
la merienda	*snack*	**el golpe de estado**	*coup d'état*
pegar	*to hit*	**el sindicato**	*(labor) union*
el recreo	*recess*		

NOTA CULTURAL

El cuento "La lengua de las mariposas" fue escrito originalmente en lengua gallega. El gallego es una de las lenguas oficiales de España junto al castellano, el catalán, el valenciano, el aranés y el euskera. Al igual que el español, el gallego es una lengua romance, es decir, procede del latín. Se habla mayoritariamente en la comunidad autónoma de Galicia y está emparentada con el portugués. Observa este diálogo en versión original del final del fragmento que vas a leer:

"Os mestres non gañan o que tiñan que gañar", sentenciaba, con sentida solemnidad, o meu pai. "Eles son as luces da República."

1 Vocabulario Reescribe las oraciones sustituyendo las partes indicadas entre paréntesis.

1. El estudiante recibió una reprimenda de su maestra porque golpeó (*hit*) a un niño durante el descanso. (una reprimenda / golpeó / el descanso)
2. El trabajador contó hechos falsos a la unión. (hechos falsos / a la unión)
3. La instrucción es muy importante para los niños de la escuela elemental. (La instrucción)
4. El país vive la tiranía de su presidente. Los más afectados son los trabajadores del campo. (la tiranía / los trabajadores del campo)
5. Hicimos una salida con la escuela para ver insectos voladores. (una salida / insectos voladores)

2 Historia En grupos de tres, discutan sobre las preguntas.

1. ¿Piensan que los eventos negativos de la historia, como las guerras, deben ser olvidados o recordados? ¿Por qué?
2. Se dice que la historia la escriben los ganadores. ¿Están de acuerdo?
3. ¿Creen que es importante que las obras literarias tengan un contexto histórico y cultural? ¿Por qué?
4. ¿Qué obras literarias conocen que narren eventos históricos de su país?

3 Ideal En parejas, hagan una lista de diez características de un(a) maestro/a ideal.

La lengua de las mariposas

(FRAGMENTO)

Manuel Rivas

"Hoy el maestro ha dicho que las mariposas también tienen lengua, una lengua finita° y muy larga, que llevan enrollada como el muelle° de un reloj. Nos la va a enseñar con un aparato que le tienen que enviar de Madrid. ¿A que parece mentira eso de que las mariposas tengan lengua?"

"Si él lo dice, es cierto. Hay muchas cosas que parecen mentira y son verdad. ¿Te ha gustado la escuela?"

"Mucho. Y no pega. El maestro no pega."

No, el maestro don Gregorio no pegaba. Al contrario, casi siempre sonreía con su cara de sapo°. Cuando dos se peleaban durante el recreo, él los llamaba, "parecéis carneros°", y hacía que se estrecharan la mano°. Después los sentaba en el mismo pupitre°. Así fue como conocí a mi mejor amigo, Dombodán, grande, bondadoso° y torpe°. Había otro chaval°, Eladio, que tenía un lunar en la mejilla°, al que le hubiera zurrado° con gusto, pero nunca lo hice por miedo a que el maestro me mandase darle la mano y que me cambiase del lado de Dombodán. La forma que don Gregorio tenía de mostrarse muy enfadado era el silencio.

"Si vosotros no os calláis, tendré que callarme yo."

Y se dirigía hacia el ventanal°, con la mirada ausente, perdida en el Sinaí. Era un silencio prolongado, descorazonador°, como si nos hubiese dejado abandonados en un extraño país. Pronto me di cuenta de que el silencio del maestro era el peor castigo imaginable. Porque todo lo que él tocaba era un cuento fascinante. El cuento podía comenzar con una hoja de papel, después de pasar por el Amazonas y la sístole y diástole del corazón. Todo conectaba, todo tenía sentido. La hierba, la lana, la oveja, mi frío. Cuando el maestro se dirigía hacia el mapamundi°, nos quedábamos atentos como si se iluminase la pantalla del cine Rex. Sentíamos el miedo de los indios cuando escucharon por vez primera el relinchar de los caballos y el estampido del arcabuz°, íbamos a lomos° de los elefantes de Aníbal de Cartago por las nieves de los Alpes, camino de Roma. Luchábamos con palos y piedras en Ponte Sampaio contra las tropas de Napoleón. Pero no todo eran guerras. Fabricábamos hoces y rejas de arado° en las herrerías° del Incio. Escribíamos cancioneros de amor en la Provenza y en el mar de Vigo. Construíamos el Pórtico de la Gloria. Plantábamos las patatas que habían venido de América. Y a América emigramos cuando llegó la peste de la patata.

"Las patatas vinieron de América", le dije a mi madre a la hora de comer, cuando me puso el plato delante.

thin / spring

toad

rams / shake hands

desk / kind

clumsy / kid / mole on the cheek

punched

large window

disheartening

world map

bang of the arquebus (type of old gun) / back

sickles and plowshares / forges

"¡Qué iban a venir de América! Siempre ha habido patatas", sentenció ella.

"No, antes se comían castañas°. Y también vino de América el maíz." Era la primera vez que tenía clara la sensación de que gracias al maestro yo sabía cosas importantes de nuestro mundo que ellos, mis padres, desconocían.

Pero los momentos más fascinantes de la escuela eran cuando el maestro hablaba de los bichos. Las arañas de agua inventaban el submarino. Las hormigas cuidaban de un ganado° que daba leche y azúcar y cultivaban setas°. Había un pájaro en Australia que pintaba su nido° de colores con una especie de óleo que fabricaba con pigmentos vegetales. Nunca me olvidaré. Se llamaba el tilonorrinco°. El macho° colocaba una orquídea en el nuevo nido para atraer a la hembra°.

Tal era mi interés que me convertí en el suministrador° de bichos de don Gregorio y él me acogió como el mejor discípulo. Había sábados y festivos que pasaba por mi casa e íbamos juntos de excursión. Recorríamos las orillas° del río, las gándaras°, el bosque y subíamos al monte Sinaí. Cada uno de esos viajes era para mí como una ruta del descubrimiento. Volvíamos siempre con un tesoro. Una mantis. Un caballito del diablo°. Un ciervo volante°. Y cada vez una mariposa distinta, aunque yo solo recuerdo el nombre de una a la que el maestro llamó Iris, y que brillaba hermosísima posada en el barro° o el estiércol°.

Al regreso, cantábamos por los caminos como dos viejos compañeros. Los lunes, en la escuela, el maestro decía: "Y ahora vamos a hablar de los bichos de Pardal".

Para mis padres, estas atenciones del maestro eran un honor. Aquellos días de excursión, mi madre preparaba la merienda para los dos: "No hace falta, señora, yo ya voy comido", insistía don Gregorio. Pero a la vuelta decía: "Gracias, señora, exquisita la merienda".

"Estoy segura de que pasa necesidades", decía mi madre por la noche.

"Los maestros no ganan lo que tendrían que ganar", sentenciaba, con sentida solemnidad, mi padre. "Ellos son las luces de la República."

"¡La República, la República! ¡Ya veremos adónde va a parar° la República!" ■

chestnuts
cattle / mushrooms
nest
satin bowerbird
male / female
supplier
banks
uncultivated ground
damselfly / stag beetle
mud / dung
ends up

1 Comprensión Contesta las preguntas.

1. ¿Qué hace don Gregorio cuando los niños se pelean?
2. ¿Quién es Dombodán?
3. ¿Cuáles son los momentos más fascinantes de la escuela para Pardal?
4. ¿Qué hacen Pardal y don Gregorio los fines de semana?
5. ¿Qué opinan los padres de Pardal de su relación con don Gregorio?
6. ¿Por qué dice el padre de Pardal que los maestros deberían ganar más?

2 Interpretar En parejas, contesten las preguntas.

1. ¿Qué tipo de aparato le tienen que mandar al maestro desde Madrid?
2. ¿Por qué Pardal enfatiza que el maestro no pega?
3. ¿Qué significan los silencios de don Gregorio? ¿Por qué son el peor castigo para Pardal?
4. ¿Cómo es la relación de Pardal con don Gregorio?
5. ¿Por qué la madre de Pardal está segura de que don Gregorio pasa necesidades?
6. ¿Quién narra la historia? ¿Quién consideran que es el protagonista? ¿Por qué?
7. Según Manuel Rivas, "La lengua de las mariposas" trata de amor y libertad. ¿Por qué creen que utiliza estas palabras?

3 Contexto histórico En parejas, lean el párrafo y contesten las preguntas.

El cuento "La lengua de las mariposas" está ambientado en un pueblo gallego durante el comienzo de la Guerra Civil Española (1936-1939). Esta guerra se dio entre el bando republicano y el nacional. El bando republicano era de izquierdas y estaba formado por el gobierno democrático de Manuel Azaña. El bando nacional estaba representado por generales influyentes como Francisco Franco, la Iglesia y, por lo general, las clases más altas. Durante el gobierno de Azaña, Franco y otros generales dieron un golpe de estado, lo que dio lugar a una de las guerras más duras que ha vivido España. Con la victoria de Franco en 1939, comenzó una dictadura que no terminó hasta su muerte, en 1975.

- ¿Qué ideología política creen que tiene el maestro? ¿Y el padre y la madre de Pardal? Incluyan referencias del cuento.
- ¿Qué quiere decir el padre de Pardal con "Ellos son las luces de la República"?
- ¿Cómo creen que acaba el cuento? ¿Qué piensan que va a pasar con el maestro? ¿Y con los padres de Pardal?
- ¿Creen que es posible que la educación y la sociedad españolas sigan afectadas de alguna forma por esta guerra? ¿Cómo?
- ¿Qué eventos históricos han influido en la sociedad de tu comunidad y de tu país? Da algunos ejemplos.

4 Enseñanza En grupos de tres, lean las citas y contesten las preguntas.

"Si él lo dice, es cierto. Hay muchas cosas que parecen mentira y son verdad."

"… gracias al maestro yo sabía cosas importantes de nuestro mundo que ellos, mis padres, desconocían."

"Estoy segura de que pasa necesidades."

- ¿Quién dice cada una de las citas? ¿Qué significado tienen en el contexto del cuento?
- ¿Qué tipo de maestro es don Gregorio? ¿Qué opinan de sus métodos de enseñanza y disciplina?
- ¿Creen que don Gregorio es un maestro típico de la época de la Guerra Civil Española? ¿Por qué?
- ¿Cuál creen que era la situación económica de los maestros en esa época?

5 Cuestionario Completa el cuestionario. Después, en grupos de tres, comparen y comenten sus respuestas.

1. **¿Cuál es el mejor método de enseñanza?**
   a. La enseñanza tradicional: los maestros deben transmitir sus conocimientos a los estudiantes.
   b. La enseñanza moderna: los maestros deben ser guías para que los estudiantes adquieran los conocimientos por sí mismos.
2. **¿Qué se debe estudiar en la escuela elemental?**
   a. Se debe estudiar un poco de todo.
   b. Cada estudiante se debe especializar en sus áreas de interés.
3. **¿Qué es más importante en el aprendizaje de hoy en día?**
   a. Memorizar datos
   b. Saber cómo seleccionar y acceder a los datos cuando se necesiten
4. **¿Cómo deben los maestros lidiar (*deal*) con la disciplina?**
   a. Los estudiantes que no se comportan deben ser castigados.
   b. Los castigos no son efectivos. Hay que premiar los buenos comportamientos.
5. **¿Cuál de estas dos formas de evaluación es más efectiva?**
   a. Los exámenes
   b. Los proyectos y la participación en clase

6 Comparación Elige uno de estos temas para escribir una comparación.

A. Entrevista a un(a) hispanohablante y compara su experiencia en la escuela de su país natal con tu propia experiencia.

B. Compara la época de la Guerra Civil Española con una época difícil de los Estados Unidos.

C. Elige a un(a) de tus maestros/as de la escuela elemental y compáralo/la con don Gregorio.

PUEDO discutir y analizar sobre la situación histórica en que se escribió un texto literario.

Carta: solicitud de empleo

Communicative Objective: Write a cover letter

Vas a aprender a escribir una carta de solicitud de empleo. En este tipo de cartas, describes tus aptitudes profesionales y explicas por qué solicitas un puesto de trabajo determinado.

Planificar y preparar la escritura

1 Estrategia: Determina el contenido de tu carta Piensa en el puesto de trabajo en el que estás interesado/a. ¿En qué consiste? ¿Qué experiencia tienes que sea relevante? ¿Por qué eres un(a) buen(a) candidato/a? Utiliza el diagrama de flor para organizar tus ideas.

Detalle #1: Practico mucho deporte y conozco el material necesario

Detalle #5:

Razón principal Conseguir trabajo como encargado de una tienda de deportes

Detalle #2:

Detalle #4:

Detalle #3:

2 Estrategia: Desarrolla el cuerpo de la carta

- Organiza los datos de tu diagrama de manera lógica para utilizarlos en tu carta.
- Desarrolla el cuerpo de la carta con la información del diagrama. Recuerda exponer bien las razones por las que eres ideal para el puesto de trabajo.

Escribir

3 Tu carta Ahora escribe tu carta. Utiliza la información que has reunido y sigue estos pasos.

- **Introducción:** Explica por qué solicitas el trabajo y por qué crees que eres un(a) buen(a) candidato/a.
- **Desarrollo:** Describe tu experiencia profesional relevante al empleo que solicitas. Añade detalles personales interesantes que ayuden a explicar por qué eres bueno/a para el puesto.
- **Conclusión:** Resume los puntos positivos de tu solicitud y termina la carta.

Revisar y leer

4 Lectura Léele tu carta a un(a) compañero/a. Pídele que te haga preguntas como si te estuviera entrevistando para el puesto. Comenten cómo mejorar la carta.

PUEDO preparar una carta de solicitud de empleo y discutir cómo mejorarla.

Perspectivas profesionales

Así lo decimos

el ascenso *promotion*
la asignatura *subject*
la beca *scholarship*
el/la candidato/a *candidate*
la carrera *major; career*
la carta de presentación *cover letter*
el/la compañero/a de trabajo *coworker*
el currículum *résumé*
el desempleo *unemployment*
el/la dueño/a *owner*
el/la empleado/a *employee*
el/la empleador(a) *employer*
el/la emprendedor(a) *entrepreneur*
el/la gerente *manager*
las horas extras *overtime*
la jornada laboral *workday*
la maestría *Master's degree*
la matrícula *tuition; enrollment*
la nómina *payroll*
la oferta *offer*
el/la pasante *intern*
la pausa *break*
el proceso de selección *hiring process*
el puesto *position*
la referencia *referral*
la reunión *meeting*
la sala de estudio *study hall*
la salida laboral *job opportunities*
el/la socio/a *partner*
el sueldo (mínimo) *salary, (minimum) wage*
el/la universitario/a *college student*
la vocación *vocation*

aprobar (o:ue) *to pass*
cobrar *to be paid*
contratar *to hire*
despedir (e:i) *to fire; to lay off*
examinarse *to take an examination*
jubilarse *to retire*
matricularse *to enroll*
solicitar (un empleo) *to apply (for a job)*
suspender *to fail*

a tiempo completo/parcial *full/part-time*
trabajador(a) *hard-working*

Documental

el alumnado *student body*
el aprendizaje *learning*
la audición *hearing*
el audífono *hearing aid*
el aula *classroom*
el bachillerato *high school (studies)*
el/la escolar *student*
el gesto *gesture*
el grado *degree*
la herramienta *tool*
la lengua de señas *sign language*
el/la oyente *hearing person*
la primaria *elementary school*
la sordera *deafness*

ajustarse *to accommodate*
fortalecer (c:zc) *to strengthen*
involucrarse *to get involved*

discriminatorio/a *discriminatory*
sordo/a *deaf*

Artículo

el alojamiento *housing*
la clase presencial *face-to-face class*
el/la cursante *student*
el/la docente *instructor*
la empresa *company*
la factura *bill*
la inscripción *enrollment*
la meta académica *academic goal*
el nivel de vida *standard of living*
el préstamo estudiantil *student loan*
el sector inmobiliario *real-estate sector*

ahorrar *to save (money)*
atreverse *to dare*
estar dispuesto/a a *to be willing to*

■

la brecha *gap*
la carga *burden*
la desventaja *disadvantage*
el día hábil *business day*
el día libre *day off*
la eficiencia *efficiency*
la legislación *legislation*
la licencia *leave*
la normativa *regulation*
la ventaja *advantage*

ausentarse *to be absent*
compaginar *to combine*
conciliar *to reconcile*
estar de baja *to be on leave*
garantizar *to guarantee*
hacer diligencias *to run errands*
reivindicar *to reclaim*

retribuido/a *paid*

Literatura

el/la campesino/a *country person*
el castigo *punishment*
la dictadura *dictatorship*
la enseñanza *teaching*
la época *time, era*
la excursión *field trip*
el golpe de estado *coup d'état*
la mariposa *butterfly*
la mentira *lie*
la merienda *snack*
el recreo *recess*
el sindicato *(labor) union*

pegar *to hit*

Ahora yo puedo...

- identificar la idea principal de contextos orales y escritos sobre el trabajo y la educación.
- intercambiar opiniones sobre métodos educacionales.
- escribir una carta de solicitud de empleo con mis habilidades y objetivos profesionales.
- comparar las prácticas y perspectivas relacionadas con la vida universitaria y el empleo en mi cultura y otras.
- considerar los beneficios de la educación inclusiva en mi escuela y en una escuela de otro país.

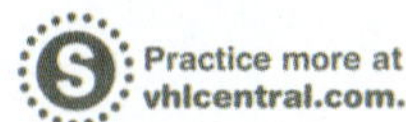

Problemas sociales En parejas, investiguen y comenten sobre los principales problemas sociales en su(s) comunidad(es) y en su(s) país(es) de origen. ¿Qué hace el gobierno actual para resolverlos? ¿Cómo ayudan a resolver los problemas de su(s) comunidad(es)?

EL ENTORNO SOCIAL

En comunidad

NICARAGUA, COSTA RICA Y PANAMÁ

LESSON OBJECTIVES

You will learn how to...

- understand the main idea and key information of spoken and written texts related to politics.
- compare and contrast your views with your peers' regarding private and public institutions.
- make a presentation about the role of minority groups in politics.
- compare perspectives on healthcare and the military in your own and other cultures.
- discuss government spending in different countries with peers from the target culture.

La política

Rodrigo Chaves es un economista y **político** costarricense. Se convirtió en presidente en el año 2022, después de una **campaña electoral** muy reñida (*close*) y aunque aparecía siempre entre los últimos lugares en los **sondeos**. En su **discurso** de elección, prometió reducir la pobreza y la violencia contra las mujeres.

la bandera *flag*
la campaña electoral *election campaign*
el discurso *speech*
electo/a *elected*
ir a las urnas *to go to the polls*
el mitin *rally*
el partido *party*
el/la político/a *politician*
el sondeo *poll*

Las instituciones y los servicios

Desde 1948, Costa Rica es uno de los pocos países en el mundo que no tiene **ejército**. Esta decisión tuvo ventajas para el **bienestar social** y permitió invertir en otros aspectos como **infraestructura**, educación y **sanidad**.

el ayuntamiento *city hall*
el bienestar social *social welfare*
el ejército *army*
la entidad *entity*
la infraestructura *infrastructure*
la sanidad *healthcare*
sin ánimo de lucro *nonprofit*

Las comunidades

Los gunas son un pueblo indígena de Panamá y Colombia. Habitan en diferentes zonas cercanas a la **frontera** entre los dos países, pero la mayoría vive en la comarca Guna Yala, que **pertenece** a Panamá. Los gunas se esfuerzan por **preservar** sus costumbres y transmitir su **herencia** cultural a las futuras generaciones.

asimilarse *to assimilate*
la frontera *border*
la herencia *heritage*
la inclusión *inclusion*
integrarse *to become part of*
pertenecer *to belong*
preservar *to preserve*

Práctica

Las leyes y los derechos

El pasado viernes se **convocó** una **manifestación** en contra de la reforma del sistema laboral. Los manifestantes consideran que las nuevas **medidas** aumentan las **desigualdades** económicas. Numerosos **activistas** de organizaciones sociales planean continuar las protestas hasta que el gobierno **revoque** la reforma.

el/la abogado/a *lawyer*
el/la activista *activist*
convocar *to summon*
la desigualdad *inequality*
encarcelar *to imprison*
el/la fiscal *prosecutor*
la huelga *strike*
el/la juez(a) *judge*
la manifestación *demonstration*
la medida *measure*
oprimido/a *oppressed*
la polémica *controversy*
restablecer *to restore*
revocar *to revoke*
vulnerar *to violate*

Practice more at vhlcentral.com.

1 Definiciones Elige la opción correcta.

1. Nombrado/a por elección para un determinado rol o cargo.
 a. electo/a b. activista c. político/a
2. Recuperar un derecho.
 a. integrarse b. pertenecer c. restablecer
3. Exposición sobre un tema que se lee o se expresa oralmente en público.
 a. frontera b. herencia c. discurso
4. Mantener o proteger.
 a. integrarse b. preservar c. convocar
5. Cancelar o dejar sin efecto una medida o resolución.
 a. revocar b. pertenecer c. ir a las urnas
6. Estudio o encuesta (*survey*) para conocer la opinión pública.
 a. mitin b. sondeo c. bandera

2 Ideas políticas En parejas, contesten las preguntas.

1. ¿Te interesa conocer la situación política de tu país? ¿Y la de otros países?
2. ¿Cómo te informas sobre la actualidad política? ¿Prefieres la televisión o Internet?
3. ¿Qué formas de gobierno conoces? ¿En qué se diferencian?
4. ¿Qué opinas del sistema electoral de tu país?
5. ¿Qué elementos crees que determinan el bienestar de un país o una sociedad?
6. ¿Alguna vez has asistido a una manifestación? Explica la experiencia.

3 Citas En grupos de tres, reflexionen sobre el significado de las citas y expliquen si están de acuerdo con ellas. Luego, indiquen si las citas pueden aplicarse a alguna situación política o social actual.

"Ningún hombre es demasiado bueno para gobernar a otro sin su consentimiento."
—Abraham Lincoln

"Uno de los errores más grandes es juzgar a los políticos y sus programas por sus intenciones, en vez de por sus resultados." **—Milton Friedman**

PUEDO analizar y comentar citas textuales sobre política.

Preparación

Communicative Objective: Identify aspects of Costa Rican healthcare system

Vocabulario del documental		Vocabulario útil	
abarrotar	*to fill up*	**costoso/a**	*costly*
la aseguradora	*insurance company*	**la emergencia**	*emergency*
atender (e:ie)	*to see (a patient)*	**la riqueza**	*wealth*
la cirugía	*surgery*	**el seguro (médico)**	*(health) insurance*
desembolsar	*to pay out*	**solucionar**	*to solve*
la esperanza de vida	*life expectancy*	**el tratamiento (médico)**	*(medical) treatment*
el Estado	*government*		
estatal	*public*		
el producto interno bruto (PIB)	*gross domestic product (GDP)*		
rebajar	*to reduce*		

Expresiones	
de escasos recursos económicos	*low-income*
en promedio	*on average*
estar al alcance	*to be accessible*
estar obligado/a a	*to be required to*
Se debe a...	*It is due to...*

1 Vocabulario Indica qué palabra corresponde a cada definición.

A

___1. reducir el precio de algo
___2. hacer que un problema o dificultad no exista más
___3. llenar por completo un espacio
___4. que tiene un alto precio
___5. compañía que provee (*provides*) seguros
___6. conjunto de métodos que se usan para curar una enfermedad
___7. operación
___8. pagar una cantidad de dinero

B

a. cirugía
b. abarrotar
c. aseguradora
d. tratamiento
e. solucionar
f. costoso
g. rebajar
h. desembolsar

2 Expresiones Completa el párrafo con las expresiones de la lista. Haz los cambios necesarios.

El éxito del hospital público del este de la ciudad (1) ________________ apoyo del Estado, el sector privado y muchos voluntarios. El hospital atiende, (2) ________________, a quinientas personas por día. Todos los ciudadanos tienen seguro médico, así que el costo de las visitas (3) ________________ de la mayoría de pacientes. Los ciudadanos (4) ________________ están exentos (*exempt*) de pago, es decir, no (5) ________________ pagar nada.

3 Preparación En parejas, contesten las preguntas.

1. ¿Cuándo fue la última vez que fuiste al médico?
2. ¿Te atendieron pronto o tuviste que esperar mucho?
3. ¿Tuviste que pagar algo o tu seguro médico cubrió todo el gasto?
4. ¿Sabes cuál es el costo de tu seguro médico anualmente? ¿Crees que el costo es justo?
5. ¿Estás satisfecho/a con la calidad de la atención médica que recibes?

4 Público frente a privado En grupos de cuatro, discutan y comparen sus experiencias con organizaciones públicas y privadas.

- Escuelas públicas frente a escuelas privadas
- Universidades públicas frente a universidades privadas
- Servicio postal público frente a servicio postal privado
- Establecimientos deportivos públicos frente a clubes deportivos privados

5 Sistema de salud En grupos de tres, hablen sobre el sistema de salud de su país.

1. ¿Qué tipos de hospitales hay: públicos, privados o ambos?
2. ¿Todos los ciudadanos de su país tienen seguro médico?
3. ¿Están los tratamientos médicos al alcance de la mayoría de los ciudadanos?
4. ¿Creen que los costos de los tratamientos médicos se corresponden con el nivel de calidad y la atención que reciben los pacientes?

6 Fotogramas En grupos de tres, observen los fotogramas y discutan qué pasa en cada uno de ellos.

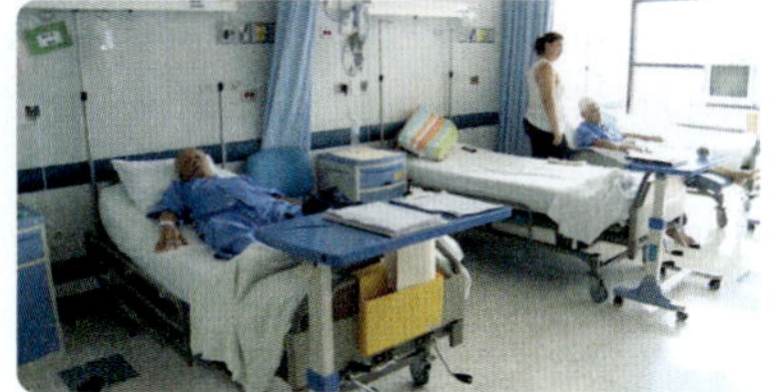

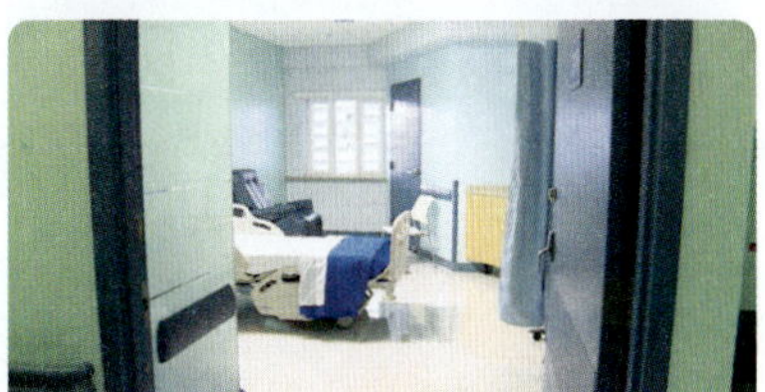

Practice more at vhlcentral.com.

El sistema de salud de Costa Rica

Es uno de los mejores del mundo, pero se encuentra saturado

ARGUMENTO

El sistema de salud público de Costa Rica, pese a ser uno de los mejores del mundo, está abarrotado debido a la alta demanda de pacientes y el déficit de personal°. Los que pueden pagar los gastos médicos optan por la medicina privada.

1 **REPORTERA:** El sistema de salud de Costa Rica es el mejor de toda Centroamérica.

2 **REPORTERA:** La aseguradora estatal es la Caja Costarricense de Seguro Social.

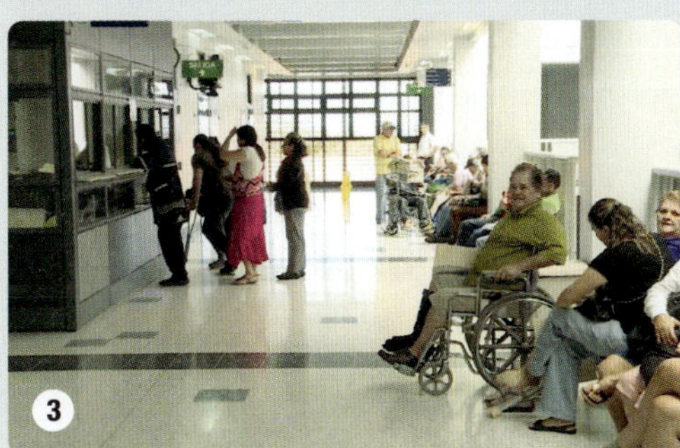

3 **REPORTERA:** El 93% de los ciudadanos están incorporados y el restante°, que no puede pagar, es cubierto por el Estado.

4 **MÉDICO:** Para nadie es un secreto que los tiempos de espera a veces en el sector público hacen que muchos de los pacientes busquen opciones a nivel privado.

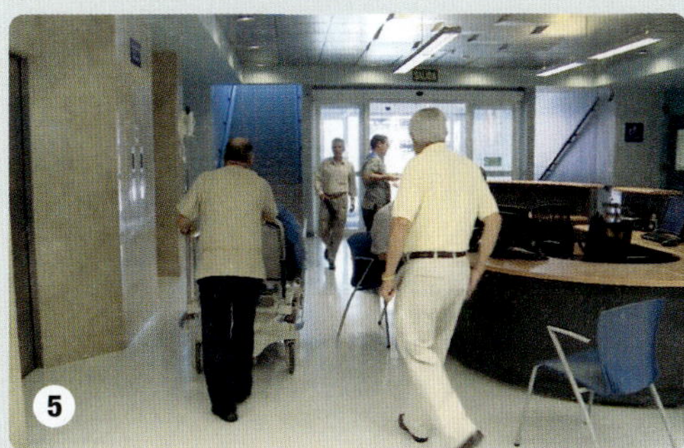

5 **REPORTERA:** La persona que elige el método privado paga por privacidad, inmediatez y atención personalizada.

6 **MÉDICO:** Es muy probable que haya muchas cirugías muy complejas que no se hacen en los hospitales privados, solo en los nuestros.

personal *personnel*
restante *remaining*

Análisis

1 ¿Cierto o falso? Indica si las oraciones son ciertas o falsas. Corrige las falsas.

1. El sistema de salud de Costa Rica está entre los cinco mejores del mundo.
2. Costa Rica tiene mejor infraestructura hospitalaria que Panamá.
3. Los trabajadores costarricenses pueden escoger si contribuyen a la Caja o no.
4. Costa Rica tiene la esperanza de vida más alta de América Latina.
5. Los hospitales privados de Costa Rica no están al alcance de todos los costarricenses por razones económicas.
6. Algunos hospitales privados de Costa Rica tienen instalaciones similares a las de los hoteles.
7. En Costa Rica, las cirugías más complejas solo se hacen en los hospitales privados.
8. Del total de hospitales en Costa Rica, el 50% son públicos.

2 La Caja Contesta las preguntas.

1. ¿Cuál es la función de la Caja Costarricense de Seguro Social?
2. ¿Se puede atender en los hospitales públicos a los ciudadanos que no puedan contribuir dinero a la Caja? ¿Por qué?
3. Además del trabajador, ¿quiénes contribuyen a la Caja para su seguro médico?
4. ¿Cuál de las partes contribuye el mayor porcentaje? ¿Y el menor?

3 Hospitales Completa el cuadro. Luego, en parejas, contesten las preguntas.

Dato	San Vicente de Paul	Clínica Bíblica
Pacientes por día		
Pacientes en emergencias		
Médicos		
Camas por habitación		
Costo de hospitalización		

1. ¿Cuál es la diferencia fundamental entre ambos hospitales con relación a la forma en que se financian?
2. ¿Cuál es el número de pacientes por día que en promedio atiende un médico en el área de emergencias en el Hospital San Vicente de Paul?
3. ¿Cuál es el número de pacientes por día que en promedio atiende un médico en el Hospital Clínica Bíblica?
4. ¿Cómo afecta a los pacientes si el número de pacientes que tienen que atender los médicos en un determinado día es muy alto?
5. ¿Quién paga el costo de hospitalización en cada hospital?
6. Una persona de escasos recursos económicos, ¿a qué hospital iría? ¿Y una persona de muchos recursos que desea que la atiendan pronto?

4 Reflexión En grupos de tres, contesten las preguntas.

1. ¿Qué factores piensan que hacen que el sistema de salud de Costa Rica sea uno de los mejores del mundo?
2. ¿Cómo creen que se puede mejorar la situación de los hospitales públicos en Costa Rica?
3. ¿Cómo se compara el sistema de salud de su país con el de Costa Rica?
4. ¿Qué aspectos del sistema de salud de su país consideran que podrían mejorarse? Expliquen.

5 Discusión En grupos de cuatro, discutan las ventajas y desventajas de los sistemas de salud estadounidense y costarricense. Luego, lleguen a un consenso para escoger el sistema que preferirían que tuviera su país. Pueden escoger una versión modificada de cualquiera de ambos sistemas.

Sistema	Ventajas	Desventajas
Estadounidense		
Costarricense		

6 El futuro ¿Cuáles crees que van a ser las consecuencias del desarrollo de la tecnología en los sistemas de salud del mundo? En parejas, discutan sobre el tema y den tres consecuencias.

Modelo Cuando haya máquinas que reemplacen el trabajo de muchos doctores, habrá menos tiempo de espera en los hospitales.

7 Situación Piensa en una situación memorable, positiva o negativa, que hayas vivido en una oficina pública en la que te atendieron (correo, oficina para obtener licencias de conducir, biblioteca…). Luego, compártela con tu compañero/a.

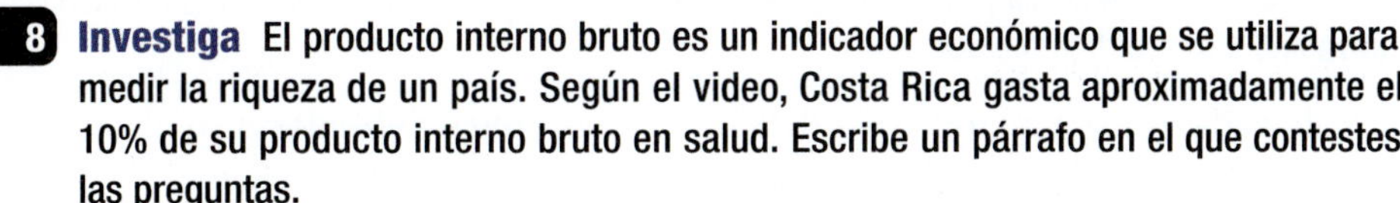

8 Investiga El producto interno bruto es un indicador económico que se utiliza para medir la riqueza de un país. Según el video, Costa Rica gasta aproximadamente el 10% de su producto interno bruto en salud. Escribe un párrafo en el que contestes las preguntas.

1. ¿Cuál es el porcentaje del producto interno bruto de tu país que se gasta en salud?
2. ¿Cómo se compara con el gasto de Costa Rica en salud?
3. ¿Cuál es la esperanza de vida en ambos países?
4. ¿Crees que el gasto de ambos países se refleja en la esperanza de vida de sus habitantes?

PUEDO comparar los sistemas de salud estadounidense y costarricense y discutir sobre ellos.

Communicative Objective: Talk about the things that would happen depending on specific conditions

TALLER DE CONSULTA

The following grammar topics are covered in the **Manual de gramática, Lección 6.**
6.4 Adverbs, p. 424
6.5 Diminutives and augmentatives, p. 426

¡ATENCIÓN!

An adverbial clause (**cláusula adverbial**) is one that modifies or describes verbs, adjectives, or other adverbs. It describes how, why, when, or where an action takes place.

6.1 The subjunctive in adverbial clauses

- In Spanish, adverbial clauses are commonly introduced by conjunctions. Certain conjunctions require the subjunctive, while others can be followed by the subjunctive or the indicative, depending on the context.

*El sistema de salud pública no mejorará a menos que **incrementen** la inversión.*

Conjunctions that require the subjunctive

- Certain conjunctions are always followed by the subjunctive because they introduce actions or states that are uncertain or have not yet happened. These conjunctions commonly express purpose, condition, or intent.

MAIN CLAUSE	CONNECTOR	SUBORDINATE CLAUSE
No habrá justicia para las víctimas	**sin que**	**encarcelen a los criminales.**

Conjunctions that require the subjunctive

a menos que *unless*	**en caso (de) que** *in case*
antes (de) que *before*	**para que** *so that, in order*
con tal (de) que *provided that, as long as*	**sin que** *without, unless*

El Ejército siempre debe estar preparado **en caso de que haya** un ataque.
The army must always be prepared, in case there is an attack.

El candidato hablará con su familia **antes de que conceda** la derrota.
The candidate will talk to his family before he concedes defeat.

- If there is no change of subject in the sentence, always use the infinitive after the prepositions **para** and **sin**, and drop the **que**.

La abogada investigará todos los detalles del caso **para defender** a su cliente.
The lawyer will investigate every detail of the case in order to defend her client.

- The use of the infinitive without **que** when there is no change of subject is optional after the prepositions **antes de**, **con tal de**, and **en caso de**. After **a menos que**, however, always use the subjunctive.

Debo leer sobre el candidato **antes de votar** por él.
I must read about the candidate before voting for him.

La senadora va a perder **a menos que mejore** su imagen.
The senator is going to lose unless she improves her image.

Conjunctions followed by the subjunctive or the indicative

- If the action in the main clause has not yet occurred, then the subjunctive is used after conjunctions of time or concession.

*Cuando **haya** más personal médico, las filas de espera se reducirán.*

Conjunctions followed by the subjunctive or the indicative

a pesar de que *despite*	**hasta que** *until*
aunque *although; even if*	**luego (de) que** *after*
cuando *when*	**mientras que** *while*
después (de) que *after*	**siempre que** *as long as*
en cuanto *as soon as*	**tan pronto como** *as soon as*

¡ATENCIÓN!

Note that although **después (de) que** and **luego (de) que** both mean *after*, the latter expression is used less frequently in spoken Spanish.

Trabajaremos duro **hasta que** no **haya** más abusos de poder.
We will work hard until there are no more abuses of power.

Aunque mejore la seguridad, siempre tendrán miedo de viajar en avión.
Even if security improves, they will always be afraid to travel by plane.

Cuando hablen con la prensa, van a exigir la libertad para los prisioneros.
When they speak with the press, they are going to demand freedom for the prisoners.

- If the action in the main clause has already happened, or happens habitually, then the indicative is used in the adverbial clause.

Tan pronto como se supieron los resultados, el partido anunció su victoria.
As soon as the results were known, the party announced its victory.

Mi padre y yo siempre nos peleamos **cuando hablamos** de política.
My father and I always fight when we talk about politics.

- **A pesar de, después de**, and **hasta** can also be followed by an infinitive, instead of **que** + [*subjunctive*], when there is no change of subject.

Algunos ladrones se reforman **después de salir** de la cárcel.
Some thieves reform after leaving jail.

Algunos ladrones se reforman **después de que salgan** de la cárcel.
Some thieves reform after they leave jail.

Práctica

1 Declaraciones **Elige la conjunción adecuada para completar la conversación.**

PERIODISTA: Gobernadora Ibáñez, ¿qué le parecieron las declaraciones del presidente?

GOBERNADORA: (1) (Aunque / Cuando) no pienso igual que él, en este caso creo que debemos trabajar juntos (2) (a pesar de que / para que) la situación económica mejore. (3) (Hasta que / Tan pronto como) el presidente vuelva de su viaje, insistiré en hablar con él sobre mis ideas.

PERIODISTA: ¿Cuándo cree que podrán reunirse?

GOBERNADORA: (4) (En cuanto / Aunque) regrese la semana que viene. Quiero hablar con él (5) (sin que / para que) sepa que todos los miembros del partido estamos dispuestos (*willing*) a trabajar muy duro (6) (con tal de que / luego que) la situación de este país mejore.

2 Completar **Completa las oraciones usando el indicativo, el subjuntivo o el infinitivo.**

1. El candidato no va a viajar a menos que su esposa lo ______ (acompañar).
2. El abogado va a hablar con el presidente antes de que ______ (llegar) los manifestantes.
3. Los liberales y los conservadores hacen todo lo necesario con tal de ______ (ganar) las elecciones.
4. Los miembros del partido se fueron tan pronto como ______ (saber) que habían perdido las elecciones.
5. Los políticos viajan por el país para ______ (hablar) con la gente.
6. El pueblo votará por la candidata con tal de no ______ (ver) al otro candidato ganar.
7. La gente recuerda las promesas de los políticos cuando ______ (votar).
8. El alcalde olvidó sus promesas después de ______ (ganar) las elecciones.
9. El tribunal no podrá continuar sin ______ (juzgar) al acusado.
10. Los periodistas van a estar con los candidatos hasta que ______ (terminar) las elecciones.

3 Tendencias políticas **Forma oraciones completas usando los elementos. Usa el presente del indicativo para el primer verbo y haz otros cambios que sean necesarios.**

Modelo **(nosotros) / escuchar / debates / con tal de que / candidato / inspirarnos**
Escuchamos los debates con tal de que el candidato nos inspire.

1. (yo) / llamarte / mañana / en cuanto / (ellas) / llegar / manifestación
2. cada año / partido / anunciar / victoria / después de que / contarse / último voto
3. gobiernos / chantajear / víctimas / para que / nadie / descubrir / injusticias
4. (tú) / siempre / pelear / por / nuestros derechos / sin que / (nosotros) / pedírtelo
5. guerra civil / ir a / empezar / antes de que / políticos / poder / explicar /escándalos
6. candidatos / hacer / falsas promesas / con tal de que / (nosotros) / votar / por ellos

Comunicación

4 Posibilidades **Piensa en tu vida y completa estas oraciones expresando tu punto de vista.**

1. Terminaré mis estudios a tiempo a menos que…
2. Me iré a vivir a otro país en caso de que…
3. Ahorraré mucho dinero para que…
4. Yo cambiaré de carrera en cuanto…
5. Me jubilaré cuando…

5 Instrucciones **La primera dama le dejó una lista de tareas a su secretario. Luego se dio cuenta de que había olvidado ciertos detalles y dejó otra lista. En parejas, túrnense para unir los detalles de las dos listas y crear oraciones desde el punto de vista del secretario. Después, inventen dos oraciones adicionales. Usen estas conjunciones.**

Modelo **Pídele los archivos de todas sus decisiones. / ¡Puede pasar el juez!**
Le pido los archivos de todas sus decisiones en caso de que pase el juez.

a menos que	cuando	para que
a pesar de que	en caso de que	siempre que
con tal de que	en cuanto	tan pronto como

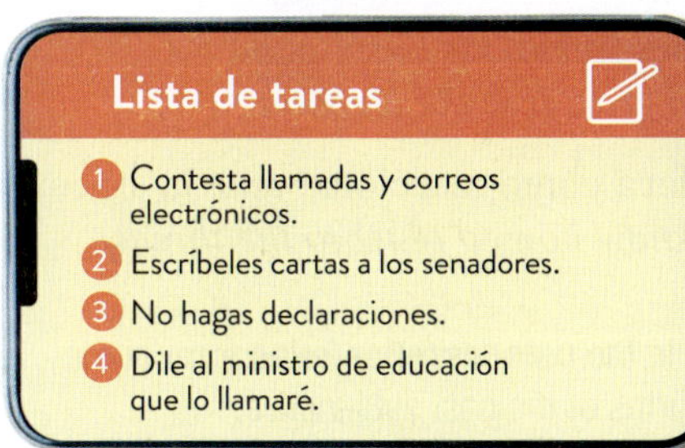

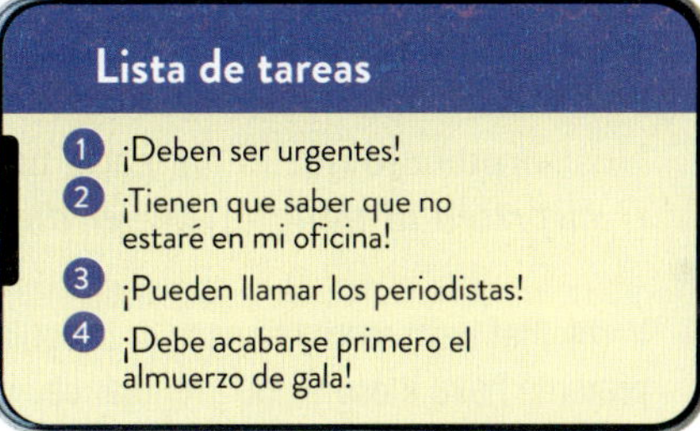

6 Programa **En grupos de cuatro, imaginen que son los asesores (*advisors*) de un político. Expliquen qué hará el candidato en distintas situaciones usando conjunciones con el subjuntivo.**

Modelo Para que los ecologistas estén contentos, el alcalde dará más dinero para limpiar el río. Volverá a ser una parte importante en la vida de los ciudadanos con tal de que toda la comunidad ayude a mantenerlo.

PUEDO representar a un(a) asesor(a) y explicar lo que pasará en situaciones específicas.

Communicative Objective: Talk about past hopes, suggestions, wishes, and requests

TALLER DE CONSULTA

See **2.1, pp. 56–57**, for the preterite forms of regular, irregular, and stem-changing verbs.

¡ATENCIÓN!

The past subjunctive is also referred to as the imperfect subjunctive (**el imperfecto del subjuntivo**).
The **nosotros/as** form of the past subjunctive always takes a written accent.

6.2 The past subjunctive

Forms of the past subjunctive

- The past subjunctive (**el pretérito imperfecto del subjuntivo**) of all verbs is formed by dropping the **–ron** ending from the **ustedes/ellos/ellas** form of the preterite and adding the past subjunctive endings.

The past subjunctive

caminar (caminaron)	perder (perdieron)	vivir (vivieron)
caminara	perdiera	viviera
caminaras	perdieras	vivieras
caminara	perdiera	viviera
camináramos	perdiéramos	viviéramos
caminarais	perdierais	vivierais
caminaran	perdieran	vivieran

Queríamos que el gobierno **respetara** los derechos humanos.
We wanted the government to respect human rights.

Me pareció increíble que los liberales **perdieran** las elecciones.
It seemed unbelievable to me that the liberals lost the election.

Nos sorprendió que el abogado no **supiera** cómo reaccionar ante la amenaza.
It surprised us that the lawyer did not know how to react to the threat.

- Verbs that have stem changes or irregularities in the **ustedes/ellos/ellas** form of the preterite have those same irregularities in all forms of the past subjunctive.

infinitive	preterite form	past subjunctive forms
pedir	pidieron	pidiera, pidieras, pidiera, pidiéramos, pidierais, pidieran
sentir	sintieron	sintiera, sintieras, sintiera, sintiéramos, sintierais, sintieran
dormir	durmieron	durmiera, durmieras, durmiera, durmiéramos, durmierais, durmieran
influir	influyeron	influyera, influyeras, influyera, influyéramos, influyerais, influyeran
saber	supieron	supiera, supieras, supiera, supiéramos, supierais, supieran
ir/ser	fueron	fuera, fueras, fuera, fuéramos, fuerais, fueran

- In Spain and other parts of the Spanish-speaking world, the past subjunctive is also used with an alternate set of endings: **–se, –ses, –se, –semos, –seis, –sen**. You will also see these forms in literary texts.

Marcos me pidió que **fuera/fuese** con él al tribunal.
Marcos asked me to go with him to court.

Nadie creyó que **estuviéramos/estuviésemos** entre los manifestantes.
No one believed that we were among the demonstrators.

Uses of the past subjunctive

- The past subjunctive is required in the same contexts as the present subjunctive, except that the point of reference is in the past. When the verb in the main clause is in the past, the verb in the subordinate clause is in the past subjunctive.

*Me recomendaron que **buscara** información sobre clínicas privadas.*

Present time	Past time
Ellos sugieren que **vayamos** a la reunión. *They suggest that we go to the meeting.*	Ellos sugirieron que **fuéramos** a la reunión. *They suggested that we go to the meeting.*
Espero que no **tengan** problemas con los políticos. *I hope they won't have any problems with the politicians.*	Esperaba que no **tuvieran** problemas con los políticos. *I was hoping they wouldn't have any problems with the politicians.*
Necesitamos un presidente que **apoye** nuestra causa. *We need a president who will support our cause.*	Necesitábamos un presidente que **apoyara** nuestra causa. *We needed a president who would support our cause.*
Tú la defiendes aunque **sea** culpable. *You defend her even though she's guilty.*	Tú la defendiste aunque **fuera** culpable. *You defended her even though she was guilty.*

- The expression **como si** (*as if*) is always followed by the past subjunctive.

Habla de la guerra **como si** no le **importara**.
He talks about the war as if he didn't care.

¿Por qué siempre me andas espiando **como si fuera** un ladrón?
Why do you always go around spying on me as if I were a thief?

Reaccionarán **como si trajéramos** malas noticias.
They will react as if we brought bad news.

Me saludó **como si** no me **conociera**.
She greeted me as if she didn't know me.

- The past subjunctive is commonly used with **querer** to make polite requests, to express wishes, or to soften statements.

Quisiera verlos hoy si es posible, por favor.
I'd like to see you today if it's possible, please.

Quisiéramos paz y justicia para nuestro pueblo.
We wish for peace and justice for our people.

TALLER DE CONSULTA

The past subjunctive is also frequently used in **si** clauses. See **9.3, pp. 340–341.**

¿Tú te imaginas qué pasaría si a cada uno se le ocurriera expresar sus ideas políticas en el trabajo?
Can you imagine what would happen if everyone decided to express their political opinions at work?

¡ATENCIÓN!

When using the past subjunctive of **querer** or the conditional of any verb in a main clause, use the past subjunctive in the subordinate clause.

Quisiéramos que volvieran mañana.
We'd like you to return tomorrow.

Sería mejor que me dijeras la verdad.
It would be better for you to tell me the truth.

Práctica

1 El documento Completa este párrafo con el pretérito imperfecto del subjuntivo.

La senadora me dijo que era importante que nosotros (1) ________________ (guardar) este documento en un lugar seguro. Me sugirió que no (2) ________________ (hacer) copias y que no (3) ________________ (hablar) sobre esto con nadie más del partido por ahora. También me recomendó que no (4) ________________ (responder) a ninguna pregunta de los periodistas. A mí me pareció curioso que me (5) ________________ (aconsejar) tanta discreción y no me (6) ________________ (dar) más datos, pero me dijo que (7) ________________ (estar) tranquilos y (8) ________________ (confiar) en ella. Me pidió que hoy no la (9) ________________ (llamar) a menos que (10) ________________ (haber) algún problema y me dijo que (11) ________________ (convocar) una reunión para mañana. Creo que el documento contiene información sobre los resultados del sondeo. Ella hablaba como si estos datos (12) ________________ (ser) muy relevantes.

2 ¿Qué le pidieron? Lucía Bermúdez es rectora (*chancellor*) de una universidad. En parejas, usen la tabla para preparar un diálogo en el que ella cuenta lo que le pidieron el primer día de clases.

Modelo —¿Qué le pidió su secretaria?
—Mi secretaria me pidió que le diera menos trabajo.

Personajes	Verbo	Actividad
los profesores		construir un estadio nuevo
los estudiantes	me pidió que	hacer menos ruido
el club ecologista	me pidieron que	plantar más árboles
los vecinos de la universidad		dar más días de vacaciones
el entrenador del equipo de fútbol		comprar más computadoras

3 Dueño estricto En parejas, imaginen que ustedes compartían un apartamento. Túrnense para comentar las reglas del edificio y usen el pretérito imperfecto del subjuntivo.

Modelo **No cocinar comidas aromáticas**
El dueño del apartamento me dijo/pidió/ordenó que no cocinara comidas aromáticas.

1. No usar la calefacción en abril
2. Limpiar los pisos dos veces al día
3. No recibir visitas en el apartamento después de las 10 de la noche
4. No traer mascotas
5. Sacar la basura todos los días
6. No encender las luces antes de las 8 de la noche

Comunicación

4 **De otro modo...** Escribe cuatro situaciones en que tus padres u otra persona te sugirieron actuar de otra manera, pero tú no lo hiciste. Utiliza el pretérito imperfecto del subjuntivo.

Modelo —Mi papá deseaba que yo **estudiara** política, pero yo estudié artes escénicas.
— Mi tía esperaba que yo la **acompañara** a hacer mercado, pero tuve que quedarme a hacer tareas.

5 **De niño** En parejas, háganse estas preguntas sobre su niñez. Después, añadan información adicional usando un verbo distinto en el pretérito imperfecto del subjuntivo.

Modelo **—¿Esperabas que tus padres te compraran videojuegos?**
— Sí, y también esperaba que me dieran más independencia./
No, pero esperaba que me llevaran al cine todos los sábados.

La imaginación

¿Esperabas que tus padres te compraran videojuegos?
¿Dudabas que los súper héroes existieran?
¿Esperabas que Santa Claus te trajera los regalos que le pedías?

Las relaciones

¿Querías que tu primer amor durara toda la vida?
¿Querías que tus padres te compraran todo lo que pedías?
¿Querías que tus familiares pasaran menos o más tiempo contigo?

El colegio

¿Soñabas con que el/la maestro/a cancelara la clase todos los días?
¿Esperabas que tus amigos de la infancia siguieran siendo tus amigos toda la vida?
¿Deseabas que las vacaciones de verano se alargaran (*were longer*)?

6 **¿Qué sucedió?** En parejas, preparen una conversación inspirada en esta situación utilizando el pretérito imperfecto del subjuntivo. Después, represéntenla ante la clase.

Rosaura se enojó con Orlando porque él se quedó en el hotel y no quiso acompañarla en sus excursiones en el viaje a Costa Rica. Ahora están planeando otras vacaciones y discuten sobre lo que pasó durante las últimas.

Modelo **ROSAURA:** Quería que tú me acompañaras.
ORLANDO: Era importante que tú entendieras mis gustos.

PUEDO conversar sobre situaciones que no quisiera volver a vivir.

6.3 Comparatives and superlatives

TALLER DE CONSULTA

The use of diminutives and augmentatives is common in comparative and superlative statements. See **Manual de gramática 6.5, p. 426.**

Comparisons of inequality

- With adjectives, adverbs, nouns, and verbs, use these constructions to make comparisons of inequality (*more than/less than*).

Adjective

Soy **menos liberal que** tú.
I am less liberal than you are.

Noun

Tienes **menos poder que** yo.
You have less power than I have.

Adverb

¡Llegaste **más tarde que** yo!
You arrived later than I did!

Verb

¡**Nos peleamos más que** los niños!
We fight more than the kids do!

- Before a number (or equivalent expression), *more/less than* is expressed with **más/menos de**.

Tuvieron que pagar a su abogado **más de** diez mil dólares.
They had to pay their lawyer more than ten thousand dollars.

Pensé que acabaron pagando **menos de** cinco mil.
I thought they ended up paying less than five thousand.

Comparisons of equality

- The following constructions are used to make comparisons of equality (*as...as*).

Adjective

El debate de anoche fue **tan aburrido como** el de la semana pasada.
Last night's debate was as boring as last week's.

Noun

La señora Pacheco habló con **tanta convicción como** el señor Quesada.
Mrs. Pacheco spoke with as much conviction as Mr. Quesada.

Adverb

Llegaste **tan pronto como** yo.
You arrived as soon as I did.

Verb

Ella **miente tanto como** él.
She lies as much as he does.

¡ATENCIÓN!

Tan and **tanto** can also be used for emphasis, rather than to compare.

tan *so*
tanto *so much*
tantos/as *so many*

¡Tus ideas son tan anticuadas!
Your ideas are so outdated!

¿Por qué te enojas tanto?
Why do you get so angry?

Lo hemos hablado tantas veces y nunca logro convencerte.
We've talked about it so many times, and I never manage to convince you.

Superlatives

- Use this construction to form superlatives (**superlativos**). The noun is preceded by a definite article, and **de** is the equivalent of *in*, *on*, or *of*.

el/la/los/las + [*noun*] + **más/menos** + [*adjective*] + **de**

Esta **es la playa más bonita de** la costa nicaragüense.
This is the prettiest beach on the coast of Nicaragua.

Es **el hotel menos caro del** pueblo.
It is the least expensive hotel in town.

- The noun may also be omitted from a superlative construction.

Me gustaría comer en **el restaurante más elegante del** barrio.
I would like to eat at the most elegant restaurant in the neighborhood.

Las Dos Palmas es **el más elegante de** la ciudad.
Las Dos Palmas is the most elegant one in the city.

Irregular comparatives and superlatives

Adjective	Comparative form	Superlative form
bueno/a *good*	**mejor** *better*	**el/la mejor** *best*
malo/a *bad*	**peor** *worse*	**el/la peor** *worst*
grande *big*	**mayor** *bigger*	**el/la mayor** *biggest*
pequeño/a *small*	**menor** *smaller*	**el/la menor** *smallest*
viejo/a *old*	**mayor** *older*	**el/la mayor** *oldest*
joven *young*	**menor** *younger*	**el/la menor** *youngest*

- When **grande** and **pequeño** refer to size and not age or quality, the regular comparative and superlative forms are used.

Ernesto es **más pequeño** que yo.
Ernesto is smaller than I am.

Ese edificio es **el más grande**.
That building is the biggest one.

- When **mayor** and **menor** refer to age, they follow the noun they modify. When they refer to quality, they precede the noun.

Lucía es mi hermana **menor**.
Lucía is my younger sister.

La corrupción es su **menor** problema.
Corruption is the least of his problems.

- The adverbs **bien** and **mal** also have irregular comparatives.

bien *well*	**mejor** *better*
mal *badly*	**peor** *worse*

Ayúdame, que **tú** lo haces **mejor que yo**.
Give me a hand; you do it better than I do.

¡ATENCIÓN!

Absolute superlatives
The suffix **–ísimo/a** is added to adjectives and adverbs to form the *absolute superlative*. This form is the equivalent of *extremely* or *very* before an adjective or adverb in English.

malo → malísimo
mucha → muchísima
rápidos → rapidísimos
fáciles → facilísimas

Adjectives and adverbs with stems ending in **c, g,** or **z** change spelling to **qu, gu,** and **c** in the absolute superlative.

rico → riquísimo
larga → larguísima
feliz → felicísimo

Adjectives that end in **–n** or **–r** form the absolute by adding **–císimo/a**.

joven → jovencísimo
trabajador → trabajadorcísimo

COMPARACIONES

En inglés, hay dos formas de expresar el equivalente de **más** + [*adjetivo*] + **que**. Para los adjetivos de una o dos sílabas, se añade *-er* (*smaller*). Para los de tres o más sílabas, se usa *more* (*more important*).

1. En parejas, escriban una oración en español con **menos** + [*adjetivo*] + **que** y tradúzcanla al inglés. ¿Aplica la regla de arriba? Expliquen.
2. ¿Qué sucede en el caso de los superlativos? Expliquen con ejemplos de ambos idiomas.
3. Expliquen: ¿Qué similitudes hay entre los comparativos irregulares de los dos idiomas?

Práctica

1 El mejor Marta y Roberto son de diferentes partidos políticos. Completa su diálogo utilizando las palabras de la lista.

como	más	mejor	peor
malísimo	mayor	muchísimos	que

ROBERTO: Mi candidato está tan preparado para ser presidente de este país (1) ________ el tuyo. Estudió en la (2) ________ universidad del país y ha sido uno de los abogados (3) ________ reconocidos de los últimos cinco años. Además, habla (4) ________ idiomas.

MARTA: ¡Solo habla español! Mi hermana (5) ________ trabaja en la oficina de tu candidato y dice que es el (6) ________ abogado de la ciudad.

ROBERTO: No te creo. Es verdad que no ha tenido mucha suerte últimamente, pero ha perdido menos casos (7) ________ tu candidato, que es un abogado (8) ________.

2 Oraciones

A. Escribe oraciones con superlativos usando la información del cuadro.

Modelo *Cien años de soledad* es el libro latinoamericano más popular del siglo XX.

Cien años de soledad	libro	popular
Sofía Vergara	banda	famosa
La Antártida	jugador	caro
Shakira	continente	frío
El Amazonas	cantante	rico
Machu Picchu	actriz	largo
Lionel Messi	montaña	importante
el grupo Aventura	río	alta
El Aconcagua	país	impresionante
México	lugar	poblado

B. Ahora, vuelve a escribir oraciones, pero esta vez usa comparativos.

Modelo *Cien años de soledad* es más popular que *La casa de los espíritus*.

3 **Cita** Anoche tuviste una cita a ciegas (*blind date*). Escribe oraciones sobre la cita usando comparativos y superlativos. Utiliza las palabras de la lista.

Modelo La cita de anoche fue la peor de mi vida porque fue aburrida.

carne	conversación	pelo
carro	ensalada	restaurante
chistes	película	ropa

4 **Debate presidencial** En grupos de tres, imaginen un debate en el que dos de ustedes son candidatos/as presidenciales. La tercera persona es un(a) periodista que hace preguntas. Usen oraciones con comparativos y superlativos.

5 **¿Punta Arenas o Miami?** Néstor y Ofelia están planeando unas vacaciones. Néstor quiere ir a Miami, pero Ofelia prefiere visitar Punta Arenas.

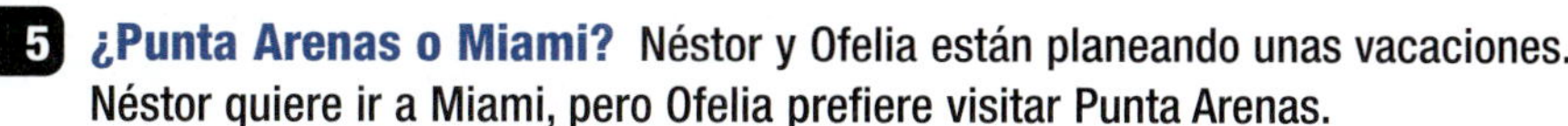

A. En parejas, decidan qué frases de la lista corresponden a cada lugar

1. *Hacer un crucero por la Antártida*
2. *Hacer un crucero por el Caribe*
3. *Hace mucho calor*
4. *Hace mucho frío*
5. *Ir a la playa con pantalones cortos y camiseta*
6. *Ir a la playa con abrigo y guantes*
7. *Visitar la Plaza de Armas*
8. *Visitar la Pequeña Habana*

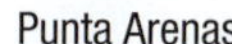

Punta Arenas

Frases:

Miami

Frases:

B. Ahora, dramaticen un diálogo entre Néstor y Ofelia. Cada uno tiene que explicar las razones por las cuales prefiere ir a cada lugar. Utilicen comparativos y superlativos.

NOTA CULTURAL

Punta Arenas es una ciudad en la **Patagonia** chilena, la zona más austral (*southern*) de **Suramérica**. La arquitectura del centro de la ciudad es similar a la de algunas ciudades europeas, y sus calles son amplias y arboladas. Alrededor de la **Plaza de Armas** hay edificios de gobierno, mansiones y jardines poblados de inmensas araucarias (*Chilean pines*).

PUEDO representar a un(a) candidato/a presidencial y participar en un debate.

Nicaragua, Costa Rica, Panamá

Audio-sync Reading

El sombrero pintao

El sombrero pintao es un sombrero típico panameño. Se hace a mano con fibras naturales de cinco plantas. La técnica de tejido° es una tradición familiar y su fabricación es una importante fuente de ingresos° para las comunidades de artesanos y cultivadores°. En 2017, el sombrero fue declarado Patrimonio Cultural Inmaterial de la Humanidad por la UNESCO.

Las bebidas de Panamá

En Panamá es muy popular el chicheme, una bebida de origen prehispánico que se puede tomar fría o caliente. Se hace con maíz pilado°, leche y especias como canela°, clavo de olor°, nuez moscada°, vainilla o chocolate y raspadura, un tipo de azúcar. Otras bebidas típicas son las chichas, jugos naturales de frutas, y el guarapo, jugo de caña de azúcar.

tejido *weaving* **fuente de ingresos** *source of income* **cultivadores** *farmers*
maíz pilado *hominy* **canela** *cinnamon* **clavo de olor** *clove* **nuez moscada** *nutmeg*
sendero *trail* **bosque nuboso** *cloud forest* **colgantes** *hanging* **tendidos** *stretched*
copas *tops* **disfrazan** *dress up* **parroquia** *parish* **agradecer** *express gratitude for*

Los puentes colgantes de Costa Rica

Cerca del Volcán Arenal en Costa Rica, un sendero° de más de tres kilómetros con dieciséis puentes recorre la reserva protegida de bosque nuboso° en el Parque Místico. Este parque, junto a las cascadas y los campos de lava, es un verdadero paraíso del ecoturismo. Seis de los puentes son colgantes° y están tendidos° entre las copas° de los árboles. Allí los visitantes pueden observar quetzales, tucanes, monos y otros animales en su hábitat natural.

La Fiesta de San Lázaro

En Nicaragua, los perros se visten de fiesta para el día de San Lázaro. Siguiendo una antigua tradición, el 7 de abril cientos de personas disfrazan° a sus perros con ropa de colores o trajes típicos y los llevan a la parroquia° María Magdalena de Masaya para recibir bendiciones o agradecer° favores al santo. También hay bailes folklóricos y artesanos que venden dulces típicos. Al final del día se entrega el premio al perro mejor vestido.

Golfo de México
BAHAMAS
CUBA
OCÉANO ATLÁNTICO
MÉXICO
JAMAICA
BELICE
NICARAGUA
Mar Caribe
GUATEMALA
HONDURAS
Matagalpa
EL SALVADOR
Managua
Diriamba
León
Masaya
San José
Cartago
Palmares
San Antonio de Escazú
San Miguelito
Las Tablas
COSTA RICA
COLOMBIA
VENEZUELA
David
PANAMÁ
Puntarenas
Santiago
Alajuela
Ciudad de Panamá
ECUADOR
OCÉANO PACÍFICO
PERÚ
BRASIL

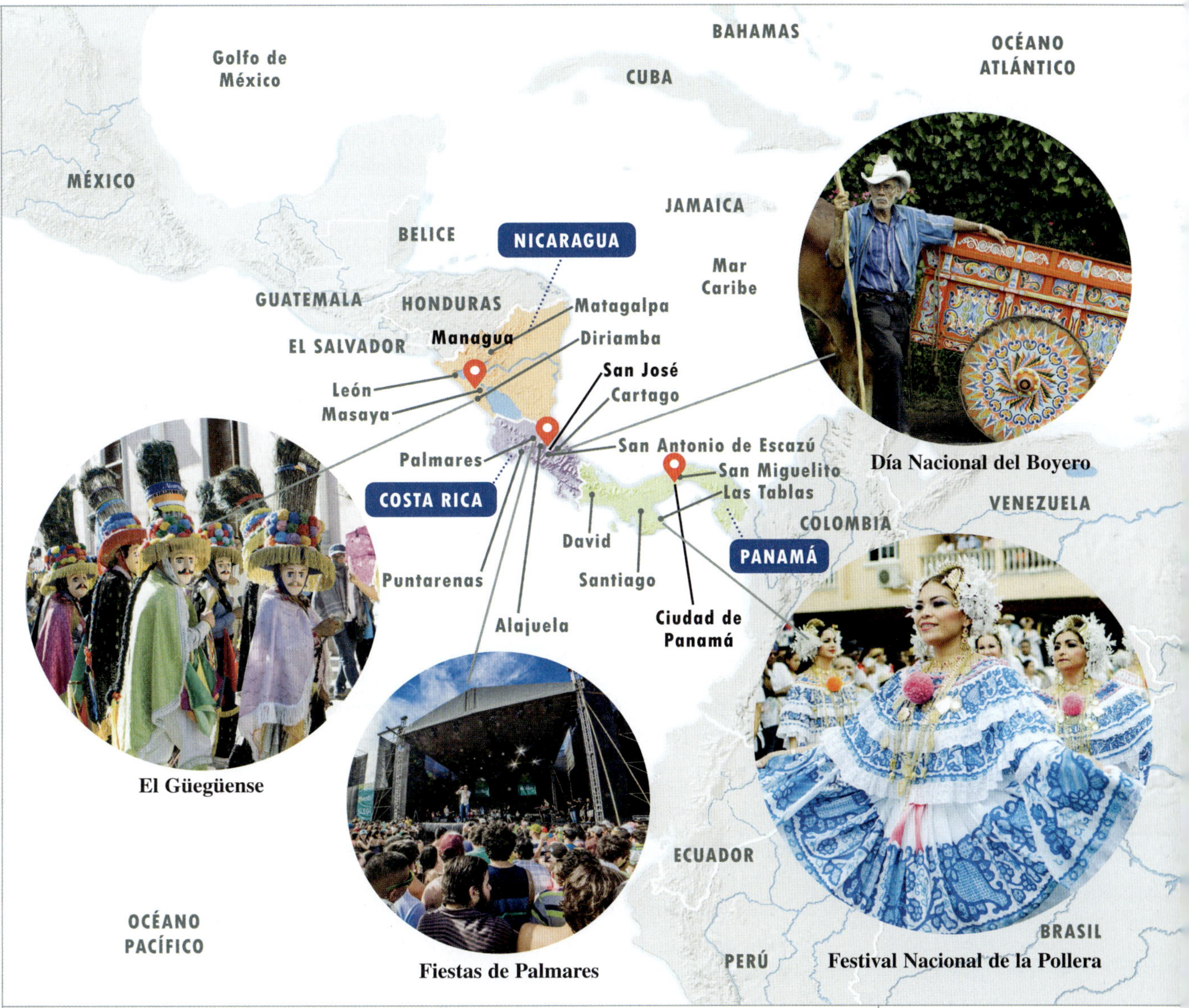

Día Nacional del Boyero

El Güegüense

Fiestas de Palmares

Festival Nacional de la Pollera

1 Perspectivas En parejas, contesten las preguntas.

1. ¿Hay alguna prenda de vestir (*garment*) típica de tu comunidad, como lo es el sombrero pintao en Panamá? ¿Cuál? ¿En qué se parecen?
2. ¿En tu familia existe algún saber (*knowledge*) que se pasa de generación en generación? ¿Qué te gustaría aprender para trasmitírselo a tus descendientes?
3. ¿Hay alguna bebida o comida que te traiga recuerdos cuando la hueles o pruebas? ¿Cuál?
4. ¿Cuáles son las bebidas típicas de tu país? ¿Cómo se comparan con las bebidas típicas de Panamá?
5. ¿Qué opinas de vestir a las mascotas? Explica por qué estás a favor o en contra.
6. ¿Qué aspecto de la Fiesta de San Lázaro te gusta más? ¿Por qué? Compárala con una fiesta o un evento similar en tu país.

PUEDO comparar fiestas, comidas y vestuarios (*costumes*) de Nicaragua, Costa Rica y Panamá.

Entrevista política

Communicative Objective: Comment on the issue of immigration in Central America

Audio

En el audio "Entrevista al presidente de Costa Rica", Rodrigo Chaves habla de la necesidad de regular los flujos migratorios. Costa Rica, como país "de paso", debe ser un participante activo en el tema de la regulación, y así lo ha hablado con el presidente Joe Biden. Chaves es presidente de Costa Rica desde el año 2022; estudió Economía y fue también ministro de Hacienda. Durante veintisiete años ocupó cargos en el Banco Mundial.

Antes de escuchar

1 Activar el conocimiento previo Comenta con un(a) compañero/a qué implica para los países latinoamericanos los flujos migratorios. ¿Qué problemas creen que pueden surgir en los países por los que pasan migrantes y para aquellos que los acogen? ¿Qué tipo de medidas pueden tomarse para que estos movimientos de personas sean más fluidos?

Mientras escuchas

2 Estrategia: Detalles Mientras escuchas el audio, presta atención al discurso del presidente. Anota algunas de las ideas clave que le dice al entrevistador.

3 Escucha una vez Escucha el audio y concéntrate en el vocabulario nuevo. Anota palabras que no conozcas.

4 Escucha de nuevo Ahora, vuelve a escuchar el audio y completa tus anotaciones iniciales. Trata de descifrar el significado de las palabras nuevas.

Después de escuchar

5 Comprensión e interpretación En parejas, contesten las preguntas.

1. ¿Qué tema discutió Rodrigo Chaves con el presidente Joe Biden?
2. ¿Por qué dice Rodrigo Chaves que hay que priorizar el asunto de la migración antes que solucionar problemas mayores de los países?
3. ¿Qué asuntos de logística comenta el presidente que deben considerarse para que la migración sea más fluida?
4. ¿Por qué no funcionan bien los centros humanitarios?

6 Discusión En grupos de cuatro, hablen sobre las medidas que tomarían para mejorar la migración entre países si fueran presidentes.

1. ¿Cuál creen que sería el mayor reto para conseguir un flujo de migración organizado?
2. ¿Qué medidas consideran fundamentales para mejorar el problema de las migraciones masivas?
3. ¿Qué discutirían con los países vecinos para ayudarse a manejar el problema entre todos?

Practice more at vhlcentral.com.

PUEDO discutir sobre la inmigración y sus efectos en Latinoamérica y en los Estados Unidos.

Vocabulary Tools

SOBRE LA AUTORA

Cindy Regidor es una periodista nicaragüense que ha trabajado en diversos medios impresos y digitales. Es magíster en Medios de Comunicación, Estudios de Paz y Conflicto. Creó el segmento Nicas Migrantes en el diario *Confidencial Digital*, con el que ganó el Impact Award 2022. También ganó el Premio Latinoamericano de Periodismo de Investigación Javier Valdez, del Instituto Prensa y Sociedad en ese mismo año.

Vocabulario de la lectura		Vocabulario útil	
el cuartel (militar)	*military headquarters*	**los asuntos (internacionales)**	*(international) affairs*
el hito	*milestone*	**el desglose**	*breakdown*
inédito/a	*unprecedented*	**el impuesto**	*tax*
lograr	*to achieve*	**la postura (política)**	*(political) position*
el/la mandatario/a	*president*	**prescindir (de)**	*to do without*
el/la militar	*soldier*	**repercutir (en)**	*to affect*
la tasa	*rate*		

1 Sinónimos Escribe un sinónimo para cada palabra.

1. actitud: ___________
2. conseguir: ___________
3. influir: ___________
4. nuevo: ___________
5. omitir: ___________
6. presidenta: ___________
7. separación: ___________
8. tributos: ___________

2 Prioridades En grupos de tres, ordenen estos aspectos según la prioridad que debería darle el Gobierno. Después contesten las preguntas.

- Asuntos internacionales
- Ciencia y tecnología
- Defensa y seguridad ciudadana
- Desempleo y servicios sociales
- Educación y cultura
- Pensiones
- Protección del medio ambiente
- Salud

1. ¿Les fue fácil ponerse de acuerdo para ordenar los aspectos? ¿En qué estaban de acuerdo? ¿En qué diferían sus opiniones?
2. ¿Hay algún otro aspecto que añadirían? ¿Hay alguno que quitarían?
3. ¿Creen que el orden de su lista se puede aplicar a cualquier país? Expliquen.

3 Título El artículo que van a leer se titula "¿Cómo vive un país sin ejército? Costa Rica cumple 70 años sin él". En parejas, predigan qué ideas se van a mencionar.

¿Cómo vive un país SIN EJÉRCITO?

Costa Rica cumple 70 años sin él

Cindy Regidor

COSTA RICA ES UNO DE APENAS UNA veintena de países en todo el mundo desprovisto de° fuerzas armadas. En un hecho inédito en la región, hace 70 años abolió su ejército y apostó° a la inversión en educación, salud e infraestructura.

Un cuartel militar ubicado en el centro de San José pasó a ser el Museo Nacional de Costa Rica hace 70 años, luego de que allí se aboliera oficialmente el Ejército de Costa Rica. Fue el entonces presidente José Figueres quien, con un simbólico mazazo° al muro del cuartel, dio por eliminado el cuerpo castrense°.

Ocurrió un primero de diciembre de 1948 y se trató de un hecho inédito en la región y poco usual en el mundo entero, un hito que ha destacado al país a nivel mundial, pero que además ha traído beneficios a su sociedad.

Fue allí donde el actual° mandatario Carlos Alvarado, quien presidió el acto oficial de conmemoración del hecho histórico este 1 de diciembre, y quien visiblemente emocionado concluyó un discurso cargado de orgullo por esa decisión que ha marcado la vida del país.

Una apuesta al desarrollo humano: infraestructura, salud y educación

"Imaginemos lo que es no invertir en tanques, en armas o en personal militar durante 70 años de manera consistente... el ahorro que eso implica, pero, a su vez, eso también explica por qué hemos logrado hacer otras inversiones importantes en educación, en medio ambiente. Además, invertir en eso nos ha permitido un desarrollo humano que consideramos positivo", dijo Alvarado a *France 24*. Con el fin de una guerra civil y la abolición del ejército a finales de la década de 1950, Costa Rica ha venido aumentando su gasto en infraestructura, salud y educación. Es esa la inversión en desarrollo humano de la que habla Alvarado, quien a la vez destacó° que otros frutos de esa decisión han sido la práctica de la democracia y la estabilidad sociopolítica a lo largo de siete décadas.

Precisamente, esa estabilidad política "excepcional y única en Latinoamérica" es uno de los hallazgos° del estudio 'Adiós a las armas: los efectos en el desarrollo de largo plazo de la abolición del ejército de Costa Rica'. "Los países latinoamericanos han tenido 97 golpes de estado, 21 episodios de violencia política, más de 120 episodios de violencia civil, en cambio, Costa Rica ha tenido un solo intento de golpe de estado fallido en 1955", explicó Suráyabi Ramírez, coautor del estudio del Observatorio del Desarrollo de la Universidad de Costa Rica.

Otro de los descubrimientos de este estudio ha sido un mayor crecimiento económico. Si Costa Rica no hubiera abolido el ejército, el PIB del país sería mucho más bajo hoy. "La abolición del ejército implicó un aumento en la tasa de crecimiento del PIB per cápita del país. Básicamente fue un aumento de un punto porcentual. Es decir, antes estábamos creciendo alrededor de 1,31% de PIB per cápita por año, antes de 1950, y después de ahí hasta 2010 crecíamos alrededor de 2,44%", describió Alejandro Abarca, también autor de la investigación.

En un país sin ejército "se vive una cultura de paz", aseguró el presidente Alvarado. "Obviamente no es el paraíso porque en todo país existen problemas, hay asaltos° y demás... pero siento que se vive muy tranquilo, caminar sin ver militares con armas", coincidió el joven de Limón, del caribe costarricense, Christopher Aguilar.

No es el único ciudadano que aplaude este hecho. "Me siento muy orgullosa de que mi país haya decidido eliminar el ejército", aseguró Amanda Hernández, otra joven costarricense.

> "En un país sin ejército 'se vive una cultura de paz'."

"Si usted le pregunta a un costarricense, más bien lo difícil es imaginarse cómo se puede vivir con ejército. Un gran contraste con todos los países latinoamericanos es que aquí no desfilan militares. No son los militares los que representan los valores cívicos, son los estudiantes los que salen a las calles a celebrar nuestros valores patrióticos", apuntó Ramírez.

Una nación sin ejército, por supuesto, no significa que no tenga cuerpos de seguridad. Es la policía la encargada de la protección ciudadana. El Ministerio de Seguridad Pública, a través de sus distintas direcciones, realiza las tareas de las cuales se encargan los ejércitos en otros países, tales como el control de drogas o el resguardo° de costas y fronteras.

Con la decisión de eliminar sus fuerzas armadas, Costa Rica, además, ha apostado al diálogo, la diplomacia y el multilateralismo para dirimir° conflictos nacionales y regionales, agregó Alvarado.

¿Pueden otros países aspirar a seguir el curso de esta nación? Alvarado cree que sí. "Tenemos 70 años de vivir así y es un ejemplo vivo de que eso se puede hacer, así como nos propusimos revertir la deforestación, o como logramos tener 100% energía eléctrica limpia. Un mundo diferente es posible", finalizó. ■

desprovisto de *without*
apostó a *made a commitment*
mazazo *sledgehammer blow*
castrense *military*
actual *current*
destacó *emphasized*
hallazgos *findings*
asaltos *muggings*
resguardo *protection*
dirimir *resolve*

Análisis

1 ¿Cierto o falso? Indica si las oraciones son ciertas o falsas. Corrige las falsas.

1. Costa Rica es el único país en el mundo que no tiene fuerzas armadas.
2. Carlos Alvarado era el presidente de Costa Rica cuando se abolió el ejército.
3. Desde que se abolió el ejército, no ha habido ningún intento de golpe de estado en Costa Rica.
4. Según el estudio mencionado en el artículo, el PIB de Costa Rica sería más alto si Costa Rica no hubiera abolido el ejército.
5. Carlos Alvarado cree que no todos los países están preparados para prescindir de las fuerzas armadas.

2 El ejército En parejas, háganse estas preguntas.

1. Antes de leer el artículo, ¿sabías que Costa Rica no tenía ejército? ¿Sabías que existían otros países sin fuerzas armadas o con fuerza militar limitada?
2. Además de los recursos para infraestructura, salud y educación, ¿qué otros beneficios de no tener ejército se mencionan en el artículo?
3. Carlos Alvarado dice que en un país sin ejército "se vive una cultura de paz". ¿Crees que es posible vivir una cultura de paz en un país con ejército?
4. ¿Crees que sería posible para tu país funcionar sin ejército? ¿Cómo repercutiría la abolición a nivel nacional e internacional?
5. En el artículo se describe la abolición como "esa decisión que ha marcado la vida del país". ¿Qué decisión o evento histórico marcó la vida de tu país?

3 Investigar En grupos de tres, investiguen qué otros países no tienen ejército.

- Averigüen cuál fue el primer país en abolir su ejército.
- Indiquen cuáles de estos países son hispanohablantes.
- Elijan tres de los países e investiguen por qué no tienen ejército y qué ocurriría en caso de ser atacados.
- Busquen quién dijo: "No quiero un ejército de soldados, sino de educadores."

4 Encuesta Pasea por la clase y pregunta a tus compañeros/as si creen que sería una buena idea abolir las fuerzas armadas en su país. Cada persona debe dar dos razones.

Nombre	¿A favor o en contra?	Razones
Julie S.	*A favor*	• *Mejor economía* • *Camino hacia la paz mundial*

5 Comparación Investiga sobre el desglose de gastos del gobierno estadounidense y del costarricense y crea un gráfico de barras que ilustre la comparación de los gastos. Después, escribe un párrafo en el que analizas los resultados.

PUEDO discutir las ventajas y las desventajas de no contar con ejército en un país.

Preparación

Communicative Objective: Identify cultural features and leaders of Guna indigenous people in Panama

Vocabulario de la lectura		Vocabulario útil	
la autogestión	*self-management*	**bélico/a**	*warlike*
la comarca	*region*	**el deber**	*duty*
el/la diputado/a	*congressman/ congresswoman*	**ejercer (c:z)**	*to practice*
		la etiqueta	*etiquette*
militar (en)	*to be active in*	**la financiación**	*funding*
el pueblo	*people; town*	**el mandato**	*term of office*
la toma de posesión	*inauguration*	**postularse**	*to run for office*
velar (por)	*to look out for*	**retar**	*to challenge*

1 Escoger Completa las oraciones con la opción correcta.

1. Los políticos tienen el ___ de representar al pueblo.
   a. deber b. diputado c. autogestión
2. Hoy se celebra la ___ de la nueva Asamblea Nacional.
   a. comarca b. toma de posesión c. etiqueta
3. Su hermano ___ en el mismo partido político durante veinte años.
   a. retó b. postuló c. militó
4. La presidenta cumplió todas sus promesas en los cuatro años que duró su ___.
   a. financiación b. mandato c. pueblo
5. El vicepresidente aseguró que va a ___ por la seguridad de todos los ciudadanos.
   a. velar b. militar c. ejercer
6. Antes de ser elegida diputada, ___ como abogada.
   a. retaba b. velaba c. ejercía

2 Debate En parejas, reflexionen sobre estas preguntas.

1. ¿Consideran que acceder a cargos políticos es más difícil para las mujeres que para los hombres? Pongan ejemplos actuales (*current*).
2. ¿Tienen las comunidades indígenas representación en el país donde viven ustedes? Expliquen.
3. ¿Cuál es la labor del órgano legislativo de un país? ¿Creen que en su país los diputados representan los intereses de la población?
4. ¿Piensan que en política es importante respetar el protocolo? ¿Hay casos en que esté justificado no respetarlo?

3 Actualidad política En grupos de tres, investiguen sobre el sistema político de Panamá.

- ¿Qué tipo de gobierno tiene Panamá?
- ¿Quién es el/la presidente/a? ¿A qué partido pertenece?
- ¿Cuáles son los principales partidos políticos de la oposición?
- ¿Cuándo fueron las últimas elecciones? ¿Cuándo serán las próximas?

Petita Ayarza, líder panameña guna

NOTA CULTURAL

Guna Yala es una comarca en la costa este de Panamá habitada por la comunidad indígena guna. Los gunas se autodenominan *dule*, que significa "persona", y su idioma primario es el guna, seguido del español. Su economía está basada en la agricultura, la pesca, la artesanía y el turismo.

Petita Ayarza es una política y empresaria° del sector turístico de Panamá. Nació en 1965 en la comarca Guna Yala y se trasladó° a Ciudad de Panamá para continuar sus estudios. Es licenciada° en Sociología y técnica° en Turismo Geográfico Ecológico. Aunque llevaba trabajando muchos años en política, su nombre cobró° una relevancia especial cuando se convirtió en la primera mujer guna en ser elegida diputada para la Asamblea Nacional.

En un principio, Petita quiso dedicarse por completo a su proyecto etnoturístico en Guna Yala, pero su anhelo° por mejorar la calidad de vida en su comarca la acercó a la política. Petita ha militado en el Partido Revolucionario Democrático durante más de 20 años, donde fue delegada en las comunidades y presidenta del partido en su comarca. Sin embargo, su camino hacia la Asamblea Nacional planteaba° más retos. Petita consideraba que los diputados que representaban a su comarca no actuaban en favor del pueblo. Además, se trataba de un momento en que los panameños reclamaban un cambio en la Asamblea, pues esta se había visto afectada por escándalos y casos de corrupción y abuso de poder. Así, Petita decidió presentarse como candidata y convertirse en una líder que realmente velara por las necesidades de la población indígena. Estaba convencida de que, desde la Asamblea, sus medidas podrían tener más impacto en su comunidad.

businesswoman
moved
holds a college degree / holds a technical degree
gained
yearning
posed

Según ella, fue un período complejo en el que tuvo que trabajar en su propio empoderamiento° y en defender la posición de las mujeres en la escena política.

En mayo de 2019, Petita fue elegida diputada del circuito 10-1 por el Partido Revolucionario Democrático a votación popular. Su victoria marcó un hito, pues históricamente este circuito no había tenido representación parlamentaria femenina.

empowerment

Un símbolo de identidad

Tras ser elegida diputada, Petita no tardó° en llevar a la práctica algunos de los principios que habían marcado su discurso político: defender los derechos de los pueblos indígenas, fortalecer° el reconocimiento de la diversidad cultural y visibilizar a las mujeres gunas. Así, declaró que vestiría de mola en el acto de instalación de la nueva Asamblea Nacional. Esta decisión estuvo cargada de simbolismo. Fue su forma de mostrarse orgullosa de su cultura y defender su identidad. Petita no siempre había vestido con el atuendo tradicional guna, pero en determinado momento de su vida decidió incorporarlo permanentemente. Por eso, desde un principio declaró que así es como se presentaría a su primer acto oficial como diputada de la Asamblea. Esto, sin embargo, generó cierta controversia, ya que hubo quienes cuestionaron que no siguiera el protocolo del día. En Panamá, la norma indica que los diputados y diputadas electos deben ir vestidos de blanco durante la toma de posesión en la Asamblea. El blanco representa las intenciones de pureza y honestidad del nuevo gobierno. De hecho, la blusa que llevó Petita sí era blanca, pero iba cosida° con una mola de color cuyo diseño representaba la espiritualidad.

Fue su forma de mostrarse orgullosa de su cultura y defender su identidad.

did not take long
to strengthen
sewn

Propuestas políticas

Las primeras propuestas clave° de Petita Ayarza como diputada estuvieron enfocadas en mejorar el nivel de vida de las comunidades indígenas, principalmente en cuanto a educación y sanidad. En educación, Petita resaltaba° la importancia del acceso a un sistema público de calidad y adecuado al entorno social y cultural de los estudiantes. Por ello, una de sus primeras medidas fue trabajar en el reconocimiento de las lenguas indígenas y fomentar la educación bilingüe intercultural. En cuanto a sanidad, señalaba la necesidad de trabajar en crear y mejorar centros de salud y en facilitar el acceso a los medicamentos.

Otra piedra angular° de su programa político era la autogestión de la comarca Guna Yala. Por su formación y su experiencia profesional en el sector turístico, sus propuestas se basaban en gran parte en diversificar el turismo de la comarca. Cuando Petita se convirtió en diputada, veía a Guna Yala como una comarca con mucho que ofrecer a través de otros tipos de turismo como el agroturismo o el etnoturismo; una comunidad que todavía estaba despertando y abriéndose al exterior. ■

key
highlighted
cornerstone

NOTA CULTURAL

Las molas son paneles de tejidos (*fabrics*) artesanales hechos por los gunas. Se caracterizan por su colorido y por sus diseños geométricos o basados en elementos naturales. El origen de las molas se encuentra en la tradición de las mujeres gunas de pintar sus cuerpos. Otros elementos —como un arete (*small ring*) en la nariz o un pañuelo para la cabeza (*headscarf*) rojo y amarillo— completan el atuendo típico de las mujeres gunas.

Watch related video at vhlcentral.com.

1 Comprensión Contesta las preguntas.

1. ¿Por qué decidió Petita Ayarza dedicarse a la política?
2. ¿Cuál era la opinión popular sobre la Asamblea panameña antes de las elecciones de 2019?
3. ¿Por qué la elección de Petita Ayarza como diputada fue un hito?
4. ¿A qué otro sector profesional se dedica Petita Ayarza, además de a la política?
5. ¿Por qué los diputados de Panamá deben ir vestidos de blanco en su primer acto oficial?
6. ¿Por qué Petita Ayarza decidió vestir de mola en su primer acto como diputada?

2 Reflexión En parejas, contesten las preguntas.

1. ¿Por qué Petita Ayarza enfrentaba retos para convertirse en diputada? ¿Cómo piensan que influyó el hecho de ser una mujer indígena?
2. ¿Qué opinan de la decisión de Petita Ayarza de vestir de mola el día de instalación de la Asamblea? Expliquen.
3. ¿Qué medidas ayudarían a garantizar una educación bilingüe en Guna Yala y el reconocimiento de la lengua guna en todo el país? Hagan una lista.
4. ¿Piensan que es importante que la comarca Guna Yala se autogestione? ¿Por qué?
5. ¿Existe en su país alguna entidad o forma de organización similar a las comarcas indígenas de Panamá? Comparen.

3 Personajes políticos Busca información sobre una persona indígena que tenga un papel destacado en la política norteamericana. Luego, escribe una presentación breve que incluya estos datos.

- Etnia a la que pertenece
- Datos biográficos
- Trayectoria profesional
- Ideología política
- Conexión entre su cultura y sus propuestas políticas

4 Proyecto turístico En grupos de cuatro, investiguen acerca de alternativas de etnoturismo, agroturismo y ecoturismo.

1. Escojan una zona de su país o de otro país y desarrollen un proyecto turístico con el fin de diversificar y dinamizar su oferta actual.
2. Presenten su proyecto ante la clase. Una vez que todos los grupos hayan hecho sus presentaciones, debatan las propuestas con su grupo y asignen una puntuación a cada proyecto (del 1 al 10). Tengan en cuenta estos aspectos:

- Creatividad
- Interés
- Sostenibilidad
- Rentabilidad

PUEDO mencionar líderes indígenas en la política y comentar sobre algunas de sus propuestas.

Communicative Objective: Discuss elements of social criticism in a short story

SOBRE EL AUTOR

Gabriel García Márquez (1928-2014) nació en Aracataca, Colombia. Vivió hasta los ocho años en casa de sus abuelos, donde comenzó su inspiración literaria con las fantásticas historias que contaba su abuela. Fue periodista, guionista, editor y uno de los escritores más prolíficos e influyentes de la literatura latinoamericana. En 1962, publicó la colección de cuentos *Los funerales de la mamá grande*, entre los que se encuentra "Un día de estos". En 1982, ganó el Premio Nobel de Literatura con la novela *Cien años de soledad*.

Vocabulario de la lectura		Vocabulario útil	
el/la alcalde/alcaldesa	*mayor*	**el abuso de poder**	*abuse of power*
el gabinete	*office*	**amenazar**	*to threaten*
la muela	*molar*	**en defensa propia**	*in self-defense*
el municipio	*town*	**el enfrentamiento**	*confrontation*
pegar un tiro	*to shoot*	**extraer**	*to extract*
el rencor	*resentment*	**la venganza**	*revenge*
el/la teniente	*lieutenant, deputy*	**vengativo/a**	*vindictive*
el título	*degree*		

Vocabulary Tools

NOTA CULTURAL

Gabriel García Márquez escribió el cuento "Un día de estos" justo después del período conocido como "La Violencia", caracterizado por los enfrentamientos entre el Partido Liberal y el Partido Conservador que se dieron en Colombia entre los años 1930 y 1957. Como su nombre indica, este período fue extremadamente violento, dejó más de 200.000 muertos y forzó el desplazamiento (*displacement*) de una quinta parte de la población colombiana.

1 Vocabulario Completa las oraciones.

1. Esta mañana el dentista me extrajo una _______.
2. El dentista del pueblo no tenía _______ universitario, pero era un gran profesional. Su _______ siempre estaba lleno.
3. El martes hubo elecciones. María Gutiérrez es la nueva _______ de nuestro _______.
4. Manuel es una persona muy _______, por eso ha hablado con el director sobre los problemas que tuvimos.

2 Preguntas En parejas, túrnense para hacerse estas preguntas.

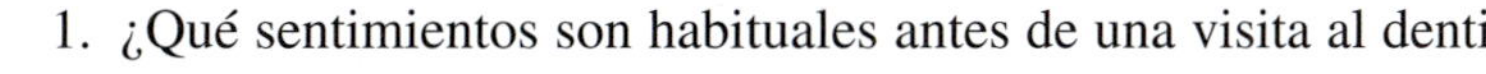

1. ¿Qué sentimientos son habituales antes de una visita al dentista?
2. ¿Has vivido alguna situación injusta en la que alguien hacía abuso de su poder? ¿Qué pasó?
3. ¿Te consideras una persona rencorosa o vengativa? ¿En qué casos están el rencor o la venganza justificados?

3 Cita En grupos de tres, comenten el significado de la cita y den su opinión.

"Yo creo que todavía no es demasiado tarde para construir una utopía que nos permita compartir la tierra." **—Gabriel García Márquez**

Un día de estos

Gabriel García Márquez

El lunes amaneció tibio° y sin lluvia. Don Aurelio Escovar, dentista sin título y buen madrugador°, abrió su gabinete a las seis. Sacó de la vidriera° una dentadura postiza° montada aún en el molde de yeso° y puso sobre la mesa un puñado° de instrumentos que ordenó de mayor a menor, como en una exposición. Llevaba una camisa a rayas, sin cuello, cerrada arriba con un botón dorado, y los pantalones sostenidos con cargadores° elásticos. Era rígido, enjuto°, con una mirada que raras veces correspondía a la situación, como la mirada de los sordos°.

Cuando tuvo las cosas dispuestas sobre la mesa, rodó la fresa° hacia el sillón de resortes° y se sentó a pulir° la dentadura postiza. Parecía no pensar en lo que hacía, pero trabajaba con obstinación, pedaleando en la fresa incluso cuando no se servía de ella.

Después de las ocho hizo una pausa para mirar el cielo por la ventana y vio dos gallinazos° pensativos que se secaban al sol en el caballete° de la casa vecina. Siguió trabajando con la idea de que antes del almuerzo volvería a llover. La voz destemplada° de su hijo de once años lo sacó de su abstracción.

—Papá.

—Qué.

—Dice el alcalde que si le sacas una muela.

—Dile que no estoy aquí.

Estaba puliendo un diente de oro. Lo retiró a la distancia del brazo y lo examinó con los ojos a medio cerrar.

> **—Dice que si no le sacas la muela te pega un tiro.**

warm
early riser / glass cabinet
dentures / plaster
handful
suspenders / lean
deaf
moved the drill
dental chair / to polish
buzzards / roof ridge
shrill

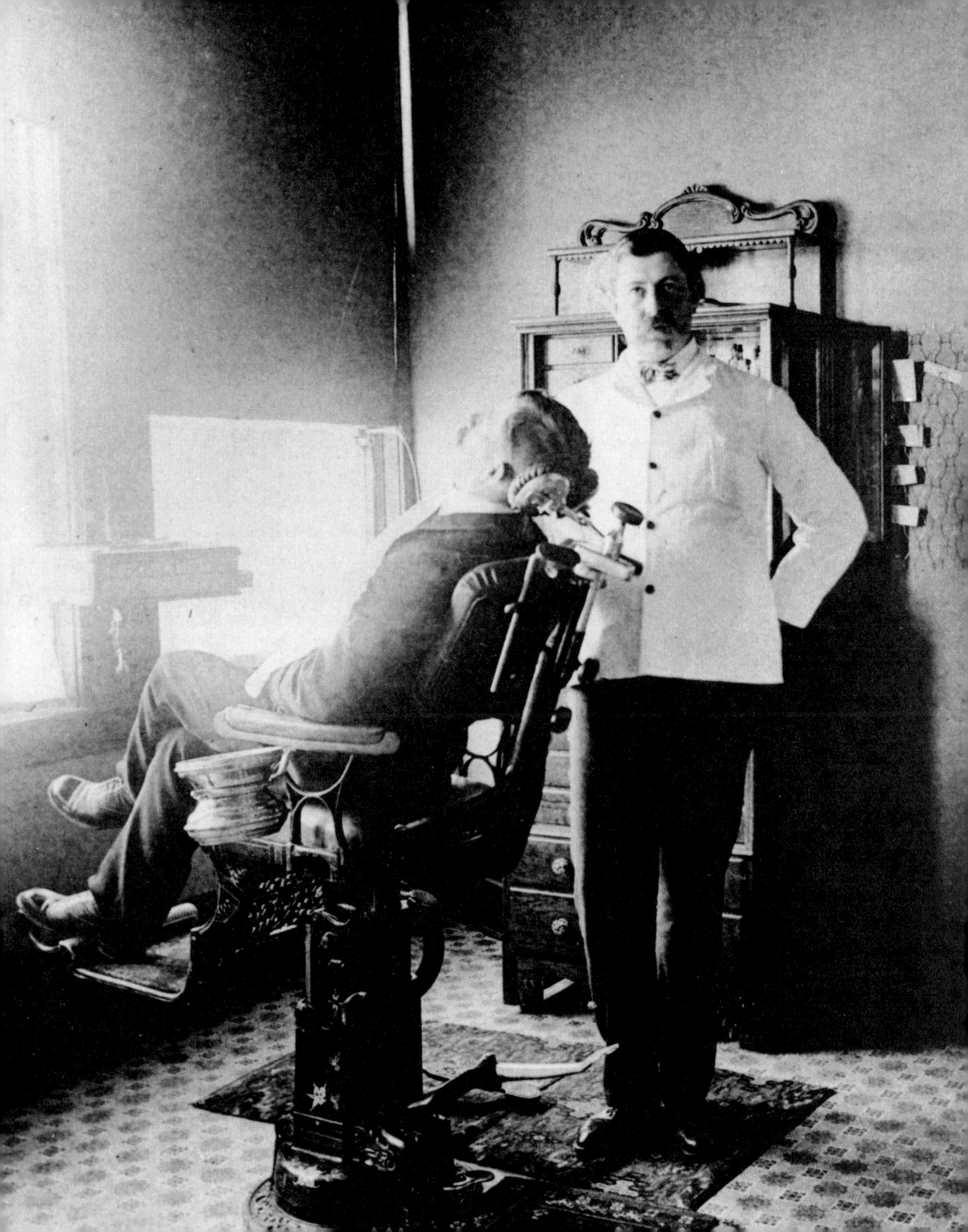

En la salita de espera volvió a gritar su hijo.

—Dice que sí estás porque te está oyendo.

El dentista siguió examinando el diente. Solo cuando lo puso en la mesa con los trabajos terminados, dijo:

—Mejor.

Volvió a operar la fresa. De una cajita de cartón donde guardaba las cosas por hacer, sacó un puente° de varias piezas y empezó a pulir el oro.

puente: dental bridge

—Papá.

—Qué.

Aún no había cambiado de expresión.

—Dice que si no le sacas la muela te pega un tiro.

Sin apresurarse, con un movimiento extremadamente tranquilo, dejó de pedalear en la fresa, la retiró del sillón y abrió por completo la gaveta° inferior de la mesa. Allí estaba el revólver.

gaveta: drawer

—Bueno —dijo—. Dile que venga a pegármelo.

Hizo girar el sillón hasta quedar de frente a la puerta, la mano apoyada en el borde de la gaveta. El alcalde apareció en el umbral°. Se había afeitado la mejilla° izquierda, pero en la otra, hinchada° y dolorida, tenía una barba de cinco días. El dentista vio en sus ojos marchitos° muchas noches de desesperación. Cerró la gaveta con la punta de los dedos y dijo suavemente:

umbral: doorway / mejilla: cheek
hinchada: swollen
marchitos: dull

—Siéntese.

—Buenos días —dijo el alcalde.

—Buenos —dijo el dentista.

El dentista vio en sus ojos marchitos muchas noches de desesperación.

Mientras hervían° los instrumentos, el alcalde apoyó el cráneo en el cabezal° de la silla y se sintió mejor. Respiraba un olor glacial. Era un gabinete pobre: una vieja silla de madera, la fresa de pedal, y una vidriera con pomos de loza°. Frente a la silla, una ventana con un cancel de tela° hasta la altura de un hombre. Cuando sintió que el dentista se acercaba, afirmó los talones° y abrió la boca.

Don Aurelio Escovar le movió la cara hacia la luz. Después de observar la muela dañada, ajustó la mandíbula con una cautelosa presión de los dedos.

—Tiene que ser sin anestesia —dijo.

—¿Por qué?

—Porque tiene un absceso.

El alcalde lo miró en los ojos.

—Está bien —dijo, y trató de sonreír. El dentista no le correspondió. Llevó a la mesa de trabajo la cacerola° con los instrumentos hervidos y los sacó del agua con unas pinzas° frías, todavía sin apresurarse. Después rodó la escupidera° con la punta del zapato y fue a lavarse las manos en el aguamanil°. Hizo todo sin mirar al alcalde. Pero el alcalde no lo perdió de vista.

Era una cordal° inferior. El dentista abrió las piernas y apretó la muela con el gatillo° caliente. El alcalde se aferró a° las barras de la silla, descargó toda su fuerza en los pies y sintió un vacío helado en los riñones°, pero no soltó un suspiro°. El dentista solo movió la muñeca°. Sin rencor, más bien con una amarga ternura, dijo:

—Aquí nos paga veinte muertos, teniente.

El alcalde sintió un crujido° de huesos en la mandíbula y sus ojos se llenaron de lágrimas. Pero no suspiró hasta que no sintió salir la muela. Entonces la vio a través de las lágrimas. Le pareció tan extraña a su dolor, que no pudo entender la tortura de sus cinco noches anteriores. Inclinado sobre la escupidera, sudoroso°, jadeante°, se desabotonó la guerrera° y buscó a tientas° el pañuelo en el bolsillo del pantalón. El dentista le dio un trapo° limpio.

—Séquese las lágrimas —dijo.

El alcalde lo hizo. Estaba temblando. Mientras el dentista se lavaba las manos, vio el cielo raso desfondado° y una telaraña° polvorienta con huevos de araña e insectos muertos. El dentista regresó secándose las manos.

—Acuéstese —dijo— y haga buches° de agua de sal. —El alcalde se puso de pie, se despidió con un displicente° saludo militar y se dirigió a la puerta estirando las piernas, sin abotonarse la guerrera.

—Me pasa la cuenta —dijo.

—¿A usted o al municipio?

El alcalde no lo miró. Cerró la puerta, y dijo, a través de la red metálica:

—Es la misma vaina°. ■

boiled
headrest
ceramic bottles
cloth curtain
heels
pot
tweezers / spittoon
washbasin
wisdom tooth
forceps / grasped
kidneys
sigh / wrist
crunch
sweaty / panting
unbuttoned his military jacket / fumbled for
rag
crumbling ceiling / spider web
gargle
offhand
thing

1 Comprensión Ordena los acontecimientos según aparecen en el cuento.

___ a. El alcalde pasa al gabinete de don Aurelio y se sienta.
___ b. El hijo de don Aurelio le dice que el alcalde necesita que le saque una muela.
___ c. El alcalde pide la cuenta a don Aurelio.
___ d. Don Aurelio abre su gabinete y comienza a trabajar en una dentadura.
___ e. El alcalde amenaza con pegar un tiro a don Aurelio.
___ f. Don Aurelio le dice a su hijo que le diga al alcalde que no está allí.
___ g. Don Aurelio extrae la muela del alcalde.
___ h. Don Aurelio le pregunta al alcalde si le debe pasar la cuenta a él o al municipio.
___ i. Don Aurelio le comunica al alcalde que le debe sacar la muela sin anestesia.
___ j. Don Aurelio abre la gaveta de su mesa, donde hay un revólver.

2 Interpretar En parejas, contesten las preguntas.

1. ¿Qué tipo de trabajador es don Aurelio? ¿Cómo lo saben?
2. ¿Por qué don Aurelio no quiere recibir al alcalde al principio? ¿Qué lo hace cambiar de opinión?
3. ¿Piensan que el dentista tiene miedo de que el alcalde le pegue un tiro? Expliquen su respuesta.
4. ¿Creen que el dentista podría haber extraído la muela con anestesia? ¿Por qué la extrae sin anestesia?
5. ¿Por qué don Aurelio hace su trabajo sin mirar al alcalde a la cara? ¿Por qué después le ofrece un trapo y consejos para que se cure?
6. ¿Por qué creen que el cuento se titula "Un día de estos"? ¿Qué otro título podría haber tenido?

3 El poder En grupos de tres, contesten las preguntas.

1. En un día cualquiera, ¿qué personaje creen que tiene más poder: el alcalde o el dentista?
2. ¿Quién tiene más poder el día en que sucede la historia?
3. ¿Abusa el alcalde de su poder? ¿Y el dentista? Incluyan referencias del cuento.
4. ¿Qué creen que quiere decir el dentista con "Aquí nos paga veinte muertos, teniente"?
5. ¿Piensan que al final se hace justicia? ¿Creen que el poder y la justicia son compatibles?
6. ¿Qué critica hace Gabriel García Márquez con este cuento?

4 **Contexto** En parejas, vuelvan a leer la Nota cultural de la página de Preparación y relacionen la información con las citas a continuación.

—Dice que si no le sacas la muela te pega un tiro. [...]
—Bueno —dijo—. Dile que venga a pegármelo.

Vio el cielo raso desfondado y una telaraña polvorienta con huevos de araña e insectos muertos.

—¿A usted o al municipio? [...]
—Es la misma vaina.

- ¿A qué grupo de la sociedad representa el dentista: al pueblo o al Estado? ¿Y el alcalde? ¿Quién creen que gana? ¿Por qué?
- ¿Cómo habría continuado el cuento si el dentista no hubiera tenido un revólver?
- ¿Qué referencias del cuento muestran la corrupción que representa el alcalde?
- ¿Qué simboliza el dolor de muela? ¿Qué otras metáforas aparecen en el cuento?

5 **Técnicas narrativas** En parejas, completen la tabla con los adjetivos que describen los elementos del cuento. Después, contesten las preguntas.

Elementos	Descripción
Ambiente	*¿Qué día es? ¿Qué tiempo hace?*
Personajes	*¿Cómo es Aurelio Escovar? ¿Cómo es el alcalde?*
Lugar	*¿Cómo es el gabinete?*

1. ¿Qué importancia tienen las descripciones en la trama del cuento?
2. "Un día de estos" alterna la narración, la descripción y el diálogo. ¿Qué efecto tiene esta técnica en los lectores? ¿Cuál le da más fuerza al cuento?
3. ¿Qué otras técnicas utiliza el autor para mantener la tensión en el cuento?
4. ¿Qué tipo de narrador tiene el cuento? ¿De qué personaje nos da el narrador más información? ¿Por qué utiliza el autor esta estrategia?

6 **Representación** En parejas o en grupos de tres, escojan una escena del cuento, aprendan su parte del diálogo y represéntenla ante la clase.

7 **Escribir** Elige una de las opciones.

A. Escribe un cuento original en el que uno o más personajes abusan de su poder. Incluye narración, descripciones y diálogos.

B. Escribe una continuación del cuento "Un día de estos" en la que el alcalde ya está recuperado de su dolor. Incluye a los tres personajes originales y a un cuarto personaje.

C. Escribe un análisis literario de "Un día de estos". Incluye tu opinión.

PUEDO conversar sobre la relación justicia-poder en un cuento.

Texto comparativo: política

Communicative Objective: Write a comparison between politicians

En esta lección has aprendido sobre la política, las comunidades y las instituciones. Ahora vas a escribir una comparación entre dos candidatos/as políticos/as.

Planificar y preparar la escritura

1 Estrategia: Determina los/las candidatos/as de tu comparación Investiga en Internet a dos políticos/as de uno de los países de esta lección: Nicaragua, Costa Rica o Panamá. Reúne algunos datos básicos: ¿Cómo se llaman? ¿A qué partido pertenecen? Utiliza una tabla como la de abajo para comparar las ventajas y desventajas de cada candidato/a.

Candidato 1: Rubén Blades (Panamá)

Ventajas	*Desventajas*
– Es reconocido en el mundo. – Promueve medidas para luchar conta la corrupción.	– No tiene muchos años de experiencia.

2 Estrategia: Desarrolla el cuerpo de la comparación

- Piensa en cómo usar los datos de tu tabla para escribir tu comparación.
- Escribe las ventajas y las desventajas de cada candidato/a.

Escribir

3 Tu comparación Ahora escribe tu comparación. Utiliza la información que has reunido y sigue estos pasos.

- **Introducción:** Presenta a las dos personas en líneas generales. Usa palabras descriptivas.
- **Desarrollo:** Explica la postura de cada político/a. Describe las ventajas y desventajas de cada uno/a y ofrece ejemplos que apoyen tus afirmaciones.
- **Conclusión:** Resume tus observaciones y termina la comparación.

Revisar y leer

4 Revisión Pídele a un(a) compañero/a que lea tu comparación y que te haga sugerencias sobre los/las candidatos/as. Revisa tu texto incorporando nueva información y prestando atención a los siguientes elementos.

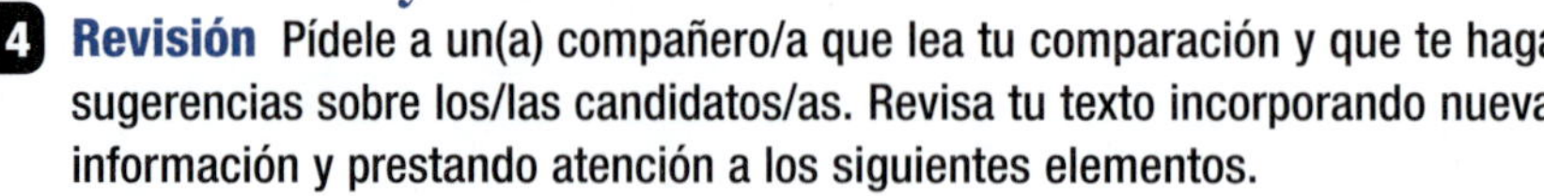

- ¿La comparación está escrita de manera ordenada y lógica?
- ¿Explicaste bien las posturas de cada político/a con palabras descriptivas?

- ¿Enlazaste de manera fluida tus observaciones?
- ¿Son correctas la gramática y la ortografía?

PUEDO comparar en detalle a candidatos políticos.

En comunidad

Así lo decimos

el/la abogado/a *lawyer*
el/la activista *activist*
el ayuntamiento *city hall*
la bandera *flag*
el bienestar social *social welfare*
la campaña electoral *election campaign*
la desigualdad *inequality*
el discurso *speech*
el ejército *army*
la entidad *entity*
el/la fiscal *prosecutor*
la frontera *border*
la herencia *heritage*
la huelga *strike*
la inclusión *inclusion*
la infraestructura *infrastructure*
el/la juez(a) *judge*
la manifestación *demonstration*
la medida *measure*
el mitin *rally*
el partido *party*
la polémica *controversy*
el/la político/a *politician*
la sanidad *healthcare*
el sondeo *poll*

asimilarse *to assimilate*
convocar *to summon*
encarcelar *to imprison*
integrarse *to become part of*
ir a las urnas *to go to the polls*
pertenecer (c:zc) *to belong*
preservar *to preserve*
revocar *to revoke*

electo/a *elected*
oprimido/a *oppressed*
sin ánimo de lucro *nonprofit*

Documental

la aseguradora *insurance company*
la cirugía *surgery*
la emergencia *emergency*
la esperanza de vida *life expectancy*
el Estado *government*
el producto interno bruto (PIB) *gross domestic product (GDP)*
la riqueza *wealth*
el seguro (médico) *(health) insurance*
el tratamiento (médico) *(medical) treatment*

abarrotar *to fill up*
atender (e:ie) *to see (a patient)*
desembolsar *to pay out*
rebajar *to reduce*
solucionar *to solve*

costoso/a *costly*
estatal *public*

Artículo

los asuntos (internacionales) *(international) affairs*
el cuartel (militar) *military headquarters*
el desglose *breakdown*
el hito *milestone*
el impuesto *tax*
el/la mandatario/a *president*
el/la militar *soldier*
la postura (política) *(political) position*
la tasa *rate*

lograr *to achieve*
prescindir (de) *to do without*
repercutir (en) *to affect*

inédito/a *unprecedented*

la autogestión *self-management*
la comarca *region*
el deber *duty*
el/la diputado/a *congressman/congresswoman*
la etiqueta *etiquette*
la financiación *funding*
el mandato *term of office*
el pueblo *people; town*
la toma de posesión *inauguration*

ejercer (c:z) *to practice*
militar (en) *to be active in*
postularse *to run for office*
retar *to challenge*
velar (por) *to look out for*

bélico/a *warlike*

Literatura

el abuso de poder *abuse of power*
el/la alcalde/alcaldesa *mayor*
el enfrentamiento *confrontation*
el gabinete *office*
la muela *molar*
el municipio *town*
el rencor *resentment*
el/la teniente *lieutenant, deputy*
el título *degree*
la venganza *revenge*

amenazar *to threaten*
extraer *to extract*
pegar un tiro *to shoot*

en defensa propia *in self-defense*
vengativo/a *vindictive*

Ahora yo puedo...

- entender la idea principal e información clave de textos orales y escritos sobre política.
- comparar y contrastar mis puntos de vista con los de mis compañeros acerca de instituciones públicas y privadas.
- hacer una presentación sobre el papel de las minorías en la política.
- comparar las prácticas y las perspectivas sobre el sistema sanitario y el ejército en mi cultura y otras.
- discutir con compañeros hispanohablantes sobre los gastos gubernamentales en diferentes países.

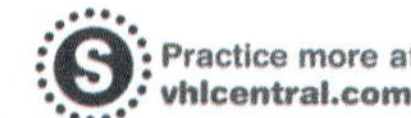

Arte digital En parejas, investiguen y comenten sobre nuevas técnicas artísticas digitales. Después, respondan: en la actualidad, ¿cómo ha sido el impacto de la tecnología en el arte? ¿Qué generos artísticos se han visto más afectados o beneficiados? ¿Cambió la idea de valor de las obras de arte?

FORMAS DE EXPRESIÓN

Tesoros visuales

LECCIÓN
7

ESPAÑA

ESPAÑA

LESSON OBJECTIVES

You will learn how to...

- understand the main idea and key information of spoken and written texts related to visual arts.
- exchange ideas about the concept of art and the different kinds of arts.
- present a proposal for a piece of protest art.
- compare how traditions and events influence art, and vice versa, in your own and other cultures.
- consider the historical and cultural contexts of the target countries when discussing art pieces or visiting museums.

Las artes visuales

Federico visita a menudo el museo de arte **contemporáneo** de su ciudad. Este mes se ha inaugurado una exposición que **rinde homenaje** a artistas locales destacados. El **comisario** explicó que es importante ofrecer espacios para los artistas más jóvenes. Federico estudia **Bellas Artes** y sueña con **exponer** sus obras en este museo algún día.

abstracto/a *abstract*
el arte callejero *street art*
las bellas artes *fine arts*
comisariar *to curate*
el/la comisario/a *curator*
contemporáneo/a *contemporary*
exponer *to exhibit*
el/la mecenas *patron of the arts*
rendir (e:i) homenaje *to pay tribute*

La pintura y la escultura

Rosa está tomando clases de pintura. En su primera clase, se sintió emocionada al verse delante del **caballete** con el **lienzo** en blanco. El primer **cuadro** en el que trabajará será un **bodegón**. El profesor les ha explicado que el proyecto de final de curso será un **autorretrato**.

la acuarela *watercolor*
la arcilla *clay*
el autorretrato *self-portrait*
el boceto *sketch*
el bodegón *still life*
el caballete *easel*
el cincel *chisel*
el cuadro *painting*
el lienzo *canvas*
el mármol *marble*
el óleo *oil painting*
el pincel *brush*
el taller *studio; workshop*

La arquitectura

Barcelona es conocida por su arquitectura modernista. Uno de sus **arquitectos** más famosos fue Antoni Gaudí, que **diseñó** la Sagrada Familia y otros edificios emblemáticos. El templo destaca por sus impresionantes **fachadas**, su **bóveda** y sus **vidrieras**. Otro elemento característico de las obras de Gaudí son los **mosaicos**.

el/la arquitecto/a *architect*
la bóveda *vault; dome*
diseñar *to design*
la fachada *facade*
la maqueta *model, mockup*
el mosaico *mosaic*
el pilar *pillar*
la vidriera *stained glass*

Práctica

El cine y la fotografía

Pedro Almodóvar se dedicó desde su adolescencia al **montaje** cinematográfico. Luego, **rodó** algunos **cortometrajes**. A finales de la década de 1970, dirigió su primera película. Hoy es uno de los directores de cine españoles más famosos. El surrealismo, los colores vivos y los **planos** muy cuidados caracterizan muchas de sus escenas.

desenfocado/a *out of focus*
el encuadre *framing*
enfocar *to focus*
el montaje *film editing*
el objetivo *lens*
el plano *shot*
rodar (o:ue) *to film*

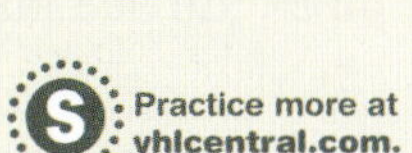

Practice more at vhlcentral.com.

1 Relaciones Indica qué palabra no está relacionada.

	a.	b.	c.
1.	a. rodar	b. enfocar	c. comisariar
2.	a. boceto	b. fachada	c. maqueta
3.	a. bóveda	b. cuadro	c. pilar
4.	a. abstracto	b. óleo	c. acuarela
5.	a. arquitecto	b. comisario	c. encuadre
6.	a. objetivo	b. autorretrato	c. bodegón
7.	a. caballete	b. montaje	c. lienzo
8.	a. exponer	b. taller	c. diseñar

2 ¿Y tú? En parejas, contesten las preguntas.

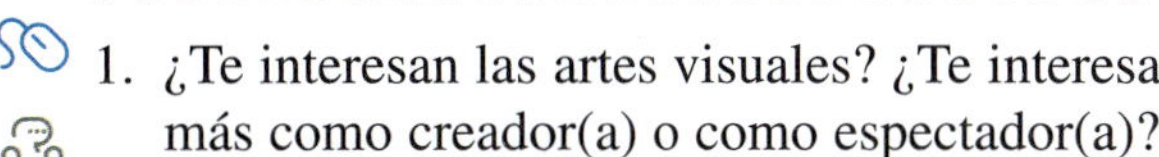

1. ¿Te interesan las artes visuales? ¿Te interesan más como creador(a) o como espectador(a)?
2. ¿Quién es tu artista visual preferido/a? ¿Qué te gusta de su estilo?
3. ¿Qué características crees que debe tener una obra para ser considerada arte?
4. ¿Crees que el cine actual tiene más de arte o de espectáculo? ¿Por qué?

3 Arte callejero En grupos de cuatro, reflexionen sobre el arte urbano.

Julieta xlf

- ¿Consideran que el grafiti es un arte? ¿Por qué?
- ¿Qué distingue al arte callejero de otras formas de arte tradicional como la pintura o la escultura?
- ¿Cuál creen que es la opinión popular actual sobre el arte callejero? ¿Cómo ha evolucionado?
- ¿Cómo afecta el arte callejero a los espacios públicos?
- ¿Creen que el arte callejero debe estar regulado? ¿Por qué?

PUEDO conversar sobre mis gustos e intereses en las artes visuales.

Preparación

Communicative Objective: Discuss the reasons to preserve works of art in Spain

Vocabulario del documental		Vocabulario útil	
el bombardeo	*bombing*	**el almacén**	*warehouse*
el cargamento	*load*	**el acontecimiento**	*event*
embalar	*to pack up*	**combatir**	*to fight*
el/la herido/a	*wounded*	**cruento/a**	*bloody*
el incendio	*fire*	**proteger (g:j)**	*to protect*
íntegro/a	*whole*	**el resguardo**	*protection*
la joya	*treasure*		
el/la restaurador(a)	*restorer*		
el sótano	*basement*		
trasladar	*to transfer*		

Expresiones	
apenas tener veinte, etc., años	*to be only twenty, etc., years old*
correr la misma fortuna que…	*to be as lucky as…*
de pronto	*all of a sudden*
en un primer momento	*initially*
estar a un paso de	*to be one step away from*
llamar(le) la atención (algo a alguien)	*to catch someone's attention*
ponerse a salvo	*to get to safety*

1 Definiciones Empareja cada palabra con su definición.

___ 1. parte de un edificio situada bajo el nivel del suelo
___ 2. protección
___ 3. sangriento
___ 4. evento
___ 5. fuego de grandes proporciones
___ 6. entero

a. acontecimiento
b. resguardo
c. cruento
d. incendio
e. íntegro
f. sótano

2 Expresiones Completa cada situación con una expresión de la lista. Haz los cambios necesarios.

1. Estás en una exposición de arte español y el guía dice: "Esta es una de las primeras obras de Velázquez. La pintó cuando ______________ diez años."
2. La profesora de arte explica a sus alumnos: "______________, las obras de Goya eran de estilo rococó, pero después evolucionaron hacia el neoclasicismo y el prerromanticismo."
3. Tu compañero de cuarto acaba de volver de una visita al Museo del Prado que le impresionó muchísimo. Te dice: "Lo que más ______________ fueron las *Pinturas negras* de Goya."

3 El arte En parejas, túrnense para hacerse las preguntas. ¿Coinciden en sus respuestas?

1. ¿Qué importancia tiene el arte para ti?
2. ¿Con qué frecuencia vas a museos de arte?
3. ¿Qué museos de arte hay en tu ciudad o estado? ¿Cuál es tu favorito? ¿Por qué?
4. ¿Conoces o has escuchado de algún museo de arte español? ¿Qué pintores u obras maestras españolas conoces?
5. ¿Qué importancia tiene que los seres humanos conserven sus representaciones artísticas?
6. ¿Cómo te imaginas un mundo sin arte?

4 El Museo del Prado En grupos de cuatro, cada estudiante debe buscar información sobre uno de los pintores para completar la tabla. Después, compartan los datos con el resto del grupo.

Pintor	Año de nacimiento	Estilo	Obra emblemática
Diego Velázquez			
Francisco de Goya			
El Greco			
José de Ribera			

5 Fotogramas En grupos de tres, observen los fotogramas y contesten las preguntas.

- ¿Qué ocurre en cada fotograma?
- ¿Por qué piensan que hay dos fotogramas en color y dos en blanco y negro?
- ¿A qué época creen que pertenecen los fotogramas en blanco y negro?
- ¿Reconocen alguna de las obras de arte del último fotograma?

Los cuadros que salvó la República del Museo del Prado

Una operación pionera

ARGUMENTO

La Segunda República Española evacuó las obras del Museo del Prado para salvarlas de las bombas de la Guerra Civil Española (1936-1939).

NARRADOR: Las tropas del ejército franquista están a un paso de tomar Cataluña y la Segunda República, de desaparecer.

NARRADOR: Un grupo de ocho personas y cientos de soldados° coordinan una operación histórica.

NARRADOR: Entre las obras, viajaban más de quinientas joyas del Museo del Prado. Regresaron todas.

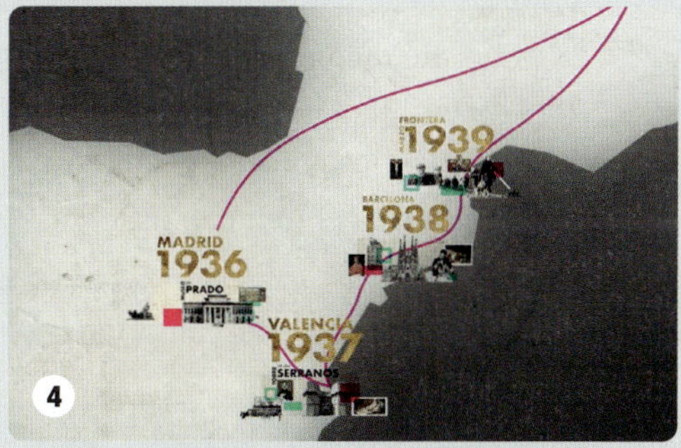

CATEDRÁTICO: Las obras fueron emigrando primero a Valencia, después a Barcelona y finalmente al norte de Cataluña.

CATEDRÁTICO: El Prado se conservó íntegro. En ese cargamento, estaban todos los Velázquez, los Goya, los Greco…

INVESTIGADOR: Daban ganas de tirar los cuadros para recoger a esa gente por los caminos.

soldados *soldiers*

Análisis

1 ¿Cierto o falso? Indica si las oraciones son ciertas o falsas. Corrige las falsas.

1. En febrero de 1939, el restaurador del Museo del Prado vio unos incendios en Figueres.
2. La evacuación de las joyas del Museo del Prado ocurrió durante el ataque del ejército franquista.
3. Azaña, el Presidente de la República, no estaba en España durante el traslado de las obras.
4. El primer traslado estuvo muy bien planeado.
5. Según el documental, de las más de 500 obras que se trasladaron del Museo del Prado, regresaron todas.
6. El traslado de las obras de Madrid a Ginebra se efectúo en un año.
7. No todos los especialistas en patrimonio estaban de acuerdo en que las obras debían ser trasladadas.
8. Todas las obras del Prado fueron evacuadas.

2 Comprensión Contesta las preguntas.

1. El traslado de las obras del Prado fue un precedente de la política de evacuación de la Segunda Guerra Mundial. ¿Cómo se conservaban las obras hasta entonces?
2. ¿Por qué dice el catedrático Arturo Colorado que (los españoles) "podemos felicitarnos"?
3. ¿De qué pintor eran los cuadros que se dañaron en Benicarló?
4. ¿Por qué iba el tren con las obras de vuelta a España con las luces apagadas?

3 Ampliación En parejas, contesten las preguntas.

1. De acuerdo a lo que han aprendido en el documental y en las lecciones anteriores, ¿qué dos bandos estaban enfrentados durante la Guerra Civil Española? ¿Quién era Franco?
2. ¿Qué bando evacuó las obras del Prado? ¿Qué bando ganó la guerra?
3. ¿Qué otra guerra empezaba cuando transportaban los cuadros de Ginebra a Madrid? ¿En qué año?
4. ¿Por qué creen que la decisión que tomó Josep Renau, director general de Bellas Artes, de evacuar las obras fue la decisión más complicada de su vida? ¿Qué habrían hecho ustedes en su lugar?

4 Citas En grupos de tres, lean las citas del documental y contesten las preguntas.

"Si acertamos en esto, nadie va a recordar nuestros nombres. Pero como lo hagamos mal, no nos van a olvidar en toda la eternidad."

"Es absolutamente falso. A la República jamás se le ocurrió la posibilidad de vender una sola obra, aunque fuera para comprar tanques."

- ¿Quién dice cada una de las citas? ¿Qué significado tienen?
- ¿Les sorprende que en medio de una cruenta guerra hubiera tantas personas interesadas en proteger el patrimonio artístico del país? ¿Qué creen que ocurriría en un caso similar en su país en el día de hoy?
- ¿Qué importancia tiene que las obras fueran protegidas?

5 *Las meninas*

A. ***Las meninas*** **(1656) de Velázquez, la obra emblemática del Museo del Prado, estaba en el cargamento. En parejas, observen el cuadro y discutan las preguntas.**

1. ¿Cuál es el personaje central?
2. ¿Quién creen que es el señor que pinta? ¿Qué otros personajes aparecen?
3. ¿Cuántos planos pueden identificar en el cuadro?
4. ¿Cómo son los colores y la luz de cada plano?
5. ¿Qué parte del cuadro capta más su atención? ¿Por qué?

B. Ahora, investiguen sobre el cuadro y contesten las preguntas.

1. ¿Quiénes son los personajes que aparecen en el cuadro?
2. ¿Qué es una menina?
3. ¿Qué aspectos hacen que este cuadro sea tan importante?
4. ¿Qué otros cuadros del cargamento son representativos del arte español?
5. ¿Qué obra de arte consideran que es de las más representativas de su país? ¿Cómo se compara con *Las meninas*?

6 Debate **En 2019, las donaciones de millones de euros para reconstruir la Catedral de Notre Dame en París tras su incendio crearon un debate sobre si ese dinero debería destinarse para combatir el hambre en el mundo. De igual modo, se podría argumentar que los camiones que transportaban las obras podrían haberse usado para salvar vidas. Dividan la clase en dos bandos. Uno defiende la conservación del arte por encima de todo. El otro, la idea de que el arte es secundario.**

PUEDO debatir sobre la conservación de obras de arte.

Communicative Objective: Talk about what someone or something has done

TALLER DE CONSULTA

See the **Manual de gramática, Lección 7,** for these grammar topics.
7.4 Past participles used as adjectives, p. 428.
7.5 Time expressions with *hacer*, p. 430.

7.1 The present perfect

—*La guerra* ***ha terminado.***

- In Spanish, as in English, the present perfect tense (**el pretérito perfecto**) expresses what *has happened.* It generally refers to recently completed actions or to a past that still bears relevance in the present.

  El museo de Ciencias **ha inaugurado** una nueva exposición.
  The Science Museum has inaugurated a new exhibition.

  Josefina quiere tomar una clase de pintura, pero aún no **ha decidido** dónde.
  Josefina wants to take a painting class but still hasn't decided where.

- Form the present perfect with the present tense of the verb **haber** and a past participle. Regular past participles are formed by adding **–ado** to the stem of **–ar** verbs, and **–ido** to the stem of **–er** and **–ir** verbs.

The present perfect

comprar	beber	recibir
he comprado	he bebido	he recibido
has comprado	has bebido	has recibido
ha comprado	ha bebido	ha recibido
hemos comprado	hemos bebido	hemos recibido
habéis comprado	habéis bebido	habéis recibido
han comprado	han bebido	han recibido

TALLER DE CONSULTA

When used as adjectives (**la puerta *abierta*, los documentos *escritos***), past participles must agree in number and gender with the noun or pronoun they modify. See **Manual de gramática 7.4, p. 428.** While English speakers often use the present perfect to express actions that *continue* into the present time, Spanish uses the phrase **hace** + [*period of time*] + **que** + [*present tense*]. See **Manual de gramática 7.5, p. 430.**

- Note that past participles do not change form in the present perfect tense.

  No **he recibido** la invitación. Mis hijos no **han recibido** las suyas tampoco.
  I haven't received the invitation. My children haven't received theirs, either.

  No se las **hemos mandado** porque mi asistente no **ha tenido** tiempo.
  We haven't sent them to you, because my assistant hasn't had time yet.

- To express that something *has just happened*, use **acabar de** + [*infinitive*], not the present perfect.

  Acabamos de llegar al cine.
  We've just arrived at the movie theater.

- When the stem of an **–er** or **–ir** verb ends in **a, e,** or **o**, the past participle requires a written accent (**–ído**) to maintain the correct stress. No accent mark is needed for stems ending in **u**.

ca-er → caído	**le-er → leído**
o-ír → oído	**constru-ir → construido**

*Siempre **ha creído** que ese fue el momento más duro.*

- Several verbs have irregular past participles.

abrir	**abierto**	**morir**	**muerto**
cubrir	**cubierto**	**poner**	**puesto**
decir	**dicho**	**resolver**	**resuelto**
descubrir	**descubierto**	**romper**	**roto**
escribir	**escrito**	**ver**	**visto**
hacer	**hecho**	**volver**	**vuelto**

Han abierto una nueva galería de arte en el barrio. ¿Quieres ir mañana?
They've opened a new art gallery in the neighborhood. Do you want to go tomorrow?

No puedo. Mario me **ha escrito** y ya **hemos hecho** planes.
I can't. Mario has written me, and we've already made plans.

- In the present perfect, pronouns and the word **no** precede the verb **haber**.

¿Por qué **no has visto** aún esa película?
Why haven't you seen that movie yet?

Porque unos amigos **me han recomendado** que lea el libro primero.
Because some friends have recommended that I read the book first.

*¿Por qué esa odisea **no ha tenido** apenas reconocimiento?*

Práctica

1 Mentiras **Completa el diálogo con las formas del pretérito perfecto de los verbos entre paréntesis.**

DIRECTORA: ¿Dónde (1) __________ (estar) tú toda la mañana y qué (2) __________ (hacer) con mi computadora portátil?

SECRETARIO: Ay, (yo) (3) __________ (tener) la peor mañana de mi vida... Resulta que ayer fui a cinco bancos con su computadora portátil y creo que la olvidé en alguna parte.

DIRECTORA: Me estás mintiendo, en realidad la (4) __________ (romper), ¿no?

SECRETARIO: No, no la (5) __________ (romper); la (6) __________ (perder). Por eso esta mañana (7) __________ (volver) a todos los bancos y le (8) __________ (preguntar) a todo el mundo si la (9) __________ (ver).

DIRECTORA: ¿Y?

SECRETARIO: Me (10) __________ (decir) que vuelva mañana.

2 ¿Qué has hecho? **Escribe una oración indicando si has hecho o no cada actividad. Si no la has hecho, añade más información.**

Modelo **Visitar el Museo del Prado**
No he visitado el Museo del Prado, pero he visto un documental sobre sus obras.

1. Viajar a un país hispanohablante
2. Ganar la lotería
3. Estar bajo presión
4. Pintar un cuadro
5. Comer caracoles (*snails*)
6. Ahorrar diez mil dólares
7. Conocer al presidente del país
8. Estar despierto/a por más de dos días
9. Rodar un cortometraje
10. Enfermarse durante unas vacaciones

3 Arquitecto **Juan Carlos responde las preguntas de su amigo Marcos sobre todo lo que ha hecho hasta ahora para buscar un empleo como arquitecto. En parejas, ordenen cronológicamente lo que ha hecho y, luego, representen la conversación ante la clase utilizando el pretérito perfecto.**

Modelo **MARCOS: ¿Qué has hecho primero?**
JUAN CARLOS: Primero he...

____ a. Leer los anuncios del diario
____ b. Entrevistarme con el director del estudio
____ c. Escribir un currículum
____ d. Enviar el currículum
____ e. Planear una entrevista en un estudio de arquitectura
____ f. Estudiar Arquitectura en la universidad

Comunicación

4 **Preguntas** Hazte preguntas sobre tus experiencias en cada una de estas categorías. Usa el pretérito perfecto. Después, hazte una pregunta más sobre una categoría que no aparezca en la lista.

Modelo **los monumentos**
—¿He visitado la Alhambra?
—No, no he visitado la Alhambra.

1. otros países
2. los deportes
3. los idiomas extranjeros
4. las compras
5. la comida
6. los empleos
7. el cine
8. las personas famosas
9. el museo
10. mascotas
11. las clases de arte
12. el concierto

5 **20 preguntas** En grupos de tres, cada uno piensa en una persona famosa sin decir quién es. Túrnense para hacer preguntas usando el pretérito perfecto para adivinar el nombre de cada celebridad.

6 **Carta** En grupos de tres, imaginen que han estado en España durante algunos días. Escriban una carta contándole a un(a) amigo/a qué actividades han realizado de acuerdo a los dibujos. Usen el pretérito perfecto y sean creativos/as.

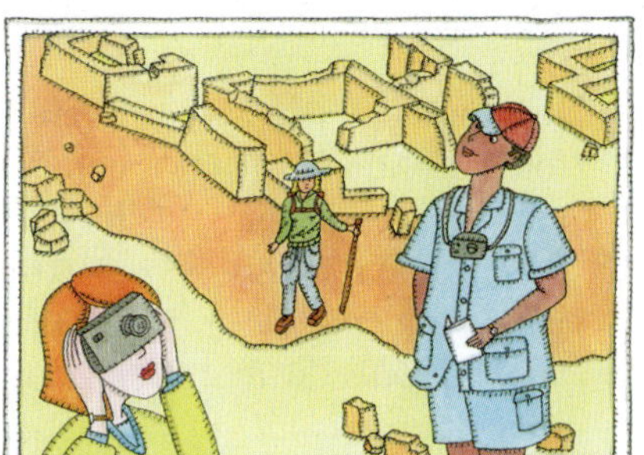

PUEDO escribir una carta contando actividades realizadas.

NOTA CULTURAL

La Alhambra es una antigua ciudad palatina nazarí (*Nasrid palace-city*), ubicada en Granada, España. Fue construida en la Edad Media. En 1984 fue nombrada Patrimonio Cultural de la Humanidad por la UNESCO y es uno de los monumentos más visitados de España.

Communicative Objective: Express reactions to past events that are still relevant

TALLER DE CONSULTA

The past perfect subjunctive is covered in **8.2, p. 302**. To review the present and past subjunctive, see **3.1, pp. 96–98; 4.1, pp. 138–139; 6.1, pp. 220–221;** and **6.2, pp. 224–225.**

7.2 The present perfect subjunctive

*¿Cómo es posible que un episodio tan espectacular **haya permanecido** casi olvidado?*

- The present perfect subjunctive (**el pretérito perfecto del subjuntivo**) is formed with the present subjunctive of **haber** and a past participle.

The present perfect subjunctive

cerrar	perder	asistir
haya cerrado	haya perdido	haya asistido
hayas cerrado	hayas perdido	hayas asistido
haya cerrado	haya perdido	haya asistido
hayamos cerrado	hayamos perdido	hayamos asistido
hayáis cerrado	hayáis perdido	hayáis asistido
hayan cerrado	hayan perdido	hayan asistido

- The present perfect subjunctive is used to refer to recently completed actions or past actions that still bear relevance in the present. It is used mainly in the subordinate clause of a sentence whose main clause expresses will, emotion, doubt, or uncertainty.

Present perfect indicative

Luis **ha decidido** ser artista porque le encanta visitar museos.
Luis has decided to be an artist because he loves visiting museums.

Present perfect subjunctive

No creo que Luis **haya decidido** ser artista por esa razón.
I don't think Luis has decided to be an artist for that reason.

- Note the different contexts in which you must use the subjunctive tenses you have learned so far.

Present subjunctive

Buscamos fotógrafos que **tengan** experiencia internacional.
We are looking for photographers who have international experience.

Present perfect subjunctive

Preferimos contactar con profesionales que **hayan trabajado** en el extranjero.
We prefer to contact professionals who have worked abroad.

Past subjunctive

Para la última exposición, **buscábamos** artistas que **tuvieran** experiencia en arte callejero.
For the latest exhibition, we looked for artists who had experience with street art.

¡ATENCIÓN!

In a multiple-clause sentence, the choice of tense for the verb in the subjunctive depends on *when* the action takes place in each clause. The present perfect subjunctive is used primarily when the action of the main clause is in the present tense, but the action in the subordinate clause is in the past.

Práctica y comunicación

1 Mentirosa Tu amiga Isabel te ha llamado para contarte todos sus éxitos en España. Contesta diciéndole que no crees nada de lo que te dice. Usa el pretérito perfecto del subjuntivo, y los verbos y expresiones de la lista.

No creo	Es improbable
Dudo	No es cierto
Es imposible	No es probable

Isabel	Tú
1. He ido de compras con Letizia Ortiz, la reina de España.	1. ______________________
2. Van a exponer mis obras en el museo más importante de la ciudad.	2. ______________________
3. Una revista me ha declarado la mejor artista del año.	3. ______________________
4. El rey Felipe vendrá a la inauguración de mi exposición.	4. ______________________
5. Mi representante (*manager*) me ha pedido que me quede en España para siempre.	5. ______________________

2 Dudas En parejas, imaginen que son administradores de un museo y que tienen dudas sobre las capacidades de un proveedor de servicios. Utilicen oraciones en pretérito perfecto del subjuntivo.

Modelo **Estudiante 1:** Dice que rodó 35 películas en dos años.
Estudiante 2: Es imposible **que haya rodado** tantas películas en tan pocos años.

1. Presentar 47 exposiciones en un mes
2. Ofrecer 35 clases de apreciación del arte en un evento de dos días
3. Realizar 76 recorridos dirigidos en el Museo del Prado cada semana
4. Planear más de 200 actividades culturales para un fin de semana

3 El premio En parejas, imaginen que son dos pintores/as nominados/as a mejor artista del año. Uno/a de ustedes ha ganado el premio y, cuando salen de la gala, se encuentran y discuten. Representen las situación usando el pretérito perfecto del subjuntivo.

Modelo —¿Quieres saber la verdad? Me sorprende que te hayan elegido a ti.
—¿Por qué? ¿Dudas que yo haya creado mejores obras que tú este año?

PUEDO compartir mi desacuerdo o incredulidad (*disbelief*).

 Communicative Objective: Say what is done

TALLER DE CONSULTA

In passive constructions, the object of a verb becomes the subject of the sentence.
Active: **La compañía necesita más fondos**. *The company needs more funds.*
Passive: **Se necesitan más fondos**. *More funds are needed.*
For more on the passive voice, **see 10.1, p. 372**.

7.3 Uses of *se*

The passive *se*

- In Spanish, the pronoun **se** is often used to express the passive voice when the agent performing the action is not stated. The third person singular verb form is used with singular nouns, and the third person plural form is used with plural nouns.

Su nueva película **se estrenará** a final de año.
Her new film will be released at the end of the year.

Se necesitan invitaciones para asistir al estreno de la película.
Invitations are needed to attend the movie premiere.

*—Fue cuando **se declaró** la Segunda Guerra.*

- When the passive **se** refers to a specific person or persons, the personal **a** is used and the verb is always singular.

Se despidió al actor por llegar tarde.
The actor was fired for being late.

Se informó a los actores de los cambios en la escena.
The actors were informed of the scene changes.

The impersonal *se*

- **Se** is also used with third person singular verbs in impersonal constructions where the subject of the sentence is indefinite. In English, the words *one, people, we, you,* or *they* are often used for this purpose.

Se habla mucho de esta artista española.
People are talking about this Spanish artist a lot.

Se dice que fue la mejor pintora de su época.
They say she was the best painter of her time.

Se espera que los artistas lleguen mañana.
They expect artists will arrive tomorrow.

En esta compañía de teatro **se trabaja** muy duro.
We work very hard at this theater company.

- Constructions with the impersonal **se** are often used on signs and warnings.

Se prohíbe tomar fotos.
Taking photos not allowed.

Se aconseja llegar puntual.
On-time arrival is advised.

No **se permite** consumir bebidas.
No drinks allowed.

No **se puede** entrar con animales.
Do not bring animals inside.

Se to express unexpected events

Se le ocurrió evacuar las obras para librarlas de las bombas.

- **Se** is also used in statements that describe accidental or unplanned incidents. In this construction, the agent who performs the action is de-emphasized, implying that the incident is not his or her direct responsibility.

	INDIRECT OBJECT PRONOUN	VERB	SUBJECT
Se	**me**	**perdió**	**el reloj.**

- In this construction, the person(s) to whom the event happened is/are expressed as an indirect object. What would normally be the direct object of the English sentence becomes the subject of the Spanish sentence.

	INDIRECT OBJECT PRONOUN	VERB	SUBJECT
Se	**me**	**acabó**	**el dinero.**
	te	**cayeron**	**las gafas.**
	le	**ocurrió**	**una buena idea.**
	nos	**dañó**	**la radio.**
	os	**olvidaron**	**las llaves.**
	les	**perdió**	**el documento.**

- These verbs are frequently used with **se** to describe unplanned events.

acabar *to finish, to run out*	**olvidar** *to forget*
caer *to fall, to drop*	**perder (e:ie)** *to lose*
dañar *to damage, to break*	**quedar** *to leave behind*
ocurrir *to occur*	**romper** *to break*

Se me quedó la tarjeta de crédito en el taller.
I left my credit card at the studio.

Se nos dañó el lienzo al transportarlo.
We damaged the canvas while transporting it.

- To clarify or emphasize the person(s) to whom the unexpected occurrence happened, the construction sometimes begins with **a** + [*noun*] or **a** + [*prepositional pronoun*].

A María se le olvidó que la inauguración del museo fue ayer.
María forgot the museum inauguration was yesterday.

A mí se me cayeron todos los documentos en medio de la calle.
I dropped all the documents in the middle of the street.

COMPARACIONES

En español, el uso de **se** con un verbo como **olvidar** o **romper** indica que ocurrió un accidente: ***se me rompió*** **el teléfono**. Sin embargo, la frase ***yo rompí*** **el teléfono** atribuye la responsabilidad al sujeto.

1. En parejas, escriban en inglés el equivalente de los dos ejemplos de arriba. ¿Hay alguna diferencia entre ellos en inglés?
2. Recuerden lo que estudiaron en otras lecciones. ¿Qué otra estructura verbal del español tiene más de una implicación?
3. Expliquen: ¿Qué nos puede indicar la gramática de un idioma sobre la cultura de sus hablantes?

1 Unir Une las frases de la columna A con las frases correspondientes de la columna B.

A	B
___ 1. A la empresa	a. se les pidió trabajar en una maqueta.
___ 2. A los arquitectos	b. se me ocurrió una idea.
___ 3. A mí	c. se nos convocó a una reunión.
___ 4. A nosotros	d. se le exigió presentar un nuevo proyecto.
___ 5. A ti	e. se te olvidó traer los planos.

2 Completar Vas a ver una película en el cine y tienes que tener en cuenta algunas reglas. Complétalas con frases impersonales con **se**.

Las reglas del cine son:

1. __________ (pedir) guardar silencio.
2. __________ (deber) ser puntual.
3. __________ (exigir) apagar los teléfonos celulares.
4. No __________ (poder) cambiar de asiento.
5. No __________ (permitir) comer en la sala.
6. __________ (prohibir) hablar durante la película.

3 Accidentes

A. Describe qué sucedió en cada situación. Usa **se** y el verbo entre paréntesis.

Modelo **No encuentro las llaves por ningún lado. (perder)**
Se me perdieron las llaves.

1. Dejamos los pinceles en casa. (quedar)
2. Un virus atacó la computadora que compré hace poco. (dañar)
3. Después de pagar todas las deudas, Julián y Pati no tenían más dinero en la cuenta. (acabar)
4. Tienes varias ideas buenas para tu nueva exposición. (ocurrir)
5. Tony no recuerda dónde puso los bocetos que llevaba para la reunión. (perder)
6. Iba con demasiada prisa y tropecé (*tripped*). Ahora los papeles están por todo el suelo. (caer)
7. No pensamos que la maqueta estuviera en peligro encima de esa mesa. (romper)
8. Carlos y Emilia dijeron que traerían las fotos de sus últimas vacaciones, pero no las tienen. (olvidar)

B. Usando las oraciones anteriores como modelo, describe tres situaciones que te hayan pasado a ti o a alguien que conoces.

Comunicación

4 **Clase de pintura** Marta va a un curso de pintura con sus padres. Allá les cuentan qué se hace en la clase. Describe lo que se hace usando construcciones con **se** y las notas de Marta.

Aprender a...	*Hablar con...*
Exponer en...	*Crear...*
Estudiar...	*Usar...*
Hacer...	*Practicar...*
Observar...	*Diseñar...*

5 **Oraciones** En parejas, imaginen que son dueños de un museo y van a hablar con sus empleados sobre algunas decisiones que se han tomado. Formen oraciones con los elementos de la lista e inventen otros.

contratar	el dinero
exigir	un comisario
no se puede	nuevos/as empleados/as
se decidió	para el puesto
se despidió	para los sueldos
se entrevistaron	creativos/as
se me acabó	tres estudiantes

6 **Carteles** En parejas, imaginen qué otras cosas se hacen en el lugar donde se encuentra cada cartel. Escriban oraciones usando **se**. Luego, la clase tiene que adivinar qué lugar están describiendo.

Modelo —Se prestan libros. Se estudia y se consultan diccionarios. Se pide y se da información para hacer investigaciones.
—Es la biblioteca.

Se necesitan estudiantes de español.

Solo se habla guaraní.

PUEDO escribir oraciones de manera impersonal.

Los patios andaluces

En el sur de España el paraíso terrenal tiene la forma de un patio andaluz. Su diseño mezcla° la tradición musulmana con la romana: árboles frutales y flores perfumadas crecen° alrededor de fuentes de agua, entre cerámicas azules y muros blancos que dan claridad y frescor. Estos jardines son herencia de Al-Ándalus, como llamaron los árabes a la península ibérica.

Las tapas y los pinchos

La tradición española de "salir de tapas" consiste en visitar bares para comer y compartir deliciosas comidas típicas, como la tortilla de patatas, las croquetas, el queso manchego, el jamón serrano, las gambas al ajillo o las patatas bravas. En el País Vasco, al norte de España, las tapas se llaman pinchos, porque se utilizan palillos° para sostener los ingredientes; son porciones más pequeñas y se comen con los dedos.

mezcla *mixes* **crecen** *grow* **palillos** *toothpicks* **peregrina** *make a pilgrimage* **sepultado** *buried* **conchas** *shells* **flechas** *arrows* **peregrino** *pilgrim, traveler* **hormigón** *concrete* **acero** *steel* **vidrio** *glass*

El Camino de Santiago

Desde hace más de mil años, gente de todo el mundo peregrina° a Santiago de Compostela, en Galicia, donde, según la tradición cristiana, está sepultado° el apóstol Santiago. Todavía hoy se viaja durante días a pie o en bicicleta por rutas como el Camino Francés o la Vía de la Plata. Las conchas° (símbolo del Camino) y las flechas° amarillas marcan la dirección. Hay que tener la Credencial del peregrino° para dormir en los albergues y saludar diciendo: ¡Buen camino!

La Ciudad de las Artes y las Ciencias

Además de ser un complejo científico y cultural, la Ciudad de las Artes y las Ciencias de Valencia es un icono de la arquitectura. El arquitecto Santiago Calatrava buscó belleza, luz y movimiento con materiales como el hormigón° blanco, el acero°, el vidrio° y el *trencadís* (la elaboración de mosaicos a partir de fragmentos cerámicos). Los diseños de sus edificios tienen formas humanas y animales.

Oviedo
Santander
Bilbao
San Sebastián
FRANCIA
Santiago de Compostela
Pamplona
ESPAÑA
Los Pirineos
Valladolid
Zaragoza
Barcelona
Salamanca
Madrid
Toledo
Mar Mediterráneo
Palma de Mallorca
Islas Baleares
Valencia
PORTUGAL
Córdoba
Sevilla
Granada
OCÉANO ATLÁNTICO
Islas Canarias (no a escala)
MARRUECOS
ARGELIA

La Feria de Abril

Fiestas de San Fermín

Las Fallas

La Alhambra

1 Perspectivas En parejas, contesten las preguntas.

1. ¿Cuál es el lugar central de la casa donde vives? ¿Por qué?
2. ¿Cómo son los jardines y otras zonas comunes exteriores en tu región? ¿Cómo se comparan con los patios andaluces?
3. ¿Es común para ti compartir platos cuando sales con tus amigos o tu familia? Explica.
4. Si viajaras a España, ¿preferirías comer un menú en un restaurante o "salir de tapas"? ¿Por qué? ¿Qué tapa te gustaría probar?
5. ¿Hay algún evento o sendero en tu país similar a la peregrinación del Camino de Santiago? ¿En qué consiste? Compáralos.
6. ¿Qué impresión te causa la Ciudad de las Artes y las Ciencias?

PUEDO comparar aspectos culturales españoles con los de mi propia cultura.

Entrevista a un artista

Communicative Objective: Talk about daily-life objects and situations depicted in arts

En el audio "Entrevista al pintor Antonio López", el artista habla sobre cómo la pintura representa varios temas. Antonio López es un pintor y escultor español conocido por retratar objetos y ambientes cotidianos.

Antes de escuchar

1 Activar el conocimiento previo En grupos pequeños, hablen sobre la pintura y los pintores que conocen. ¿Cuáles son algunos de los pintores que les vienen a la mente? ¿Qué temas representan en sus obras? ¿Conocen el trabajo del pintor Antonio López o de otro/a pintor(a) contemporáneo/a?

Mientras escuchas

2 Estrategia: Resumir Mientras escuchas el audio, piensa en los puntos que el pintor Antonio López destaca (*emphasizes*). Haz una lista de las ideas importantes.

3 Escucha una vez Escucha el audio y concéntrate en el vocabulario nuevo. Anota palabras que no conozcas.

4 Escucha de nuevo Ahora, vuelve a escuchar el audio y completa tu lista inicial. Trata de descifrar el significado de las palabras nuevas.

Después de escuchar

5 Comprensión e interpretación En parejas, contesten las preguntas.

1. ¿Por qué elige Antonio López pintar la vida cotidiana?
2. ¿Qué objeto menciona el entrevistador como ejemplo de algo realista y cotidiano que no se había pintado antes en un cuadro?
3. ¿Qué cambio artístico sucedió en el siglo XIX, según el pintor?
4. ¿Por qué crees que Antonio López dice que no siempre "pintas las cosas que amas"?
5. ¿Cómo define el pintor lo que es "atrayente" para representar en su obra?

6 Discusión En grupos de cuatro, comenten qué les ha sorprendido de lo que explica el pintor en el audio. Guíense por las preguntas.

1. ¿Qué opinan sobre la afirmación de Antonio López de que todo arte es realista en cierto modo? ¿Por qué?
2. Según el audio, el pintor Antoni Tàpies decía que él era "el más realista de todos". Investiguen sobre la obra de Tàpies y comenten la cita.
3. ¿Qué les interesa más ver representado en el arte, lo excepcional y elevado o lo habitual y cotidiano? Expliquen.
4. ¿Por qué creen que algunos artistas representan en sus obras lo "terrible"?

Practice more at vhlcentral.com.

PUEDO conversar sobre lo cotidiano según un artista español.

Communicative Objective: Identify features of Pablo Picasso's famous painting *Guernica*

Vocabulary Tools

SOBRE LA AUTORA

Fátima Uribarri nació en Madrid, España, en 1965. Licenciada en periodismo por la Universidad Complutense de Madrid, comenzó su trayectoria profesional en la revista *Cambio 16*. Fue jefa de Cultura de la revista *Época* y responsable de la sección "Un libro al día" del diario *La Gaceta de los Negocios*. Fue finalista del Premio Nacional de Periodismo "Francisco Valdés" en 2018. Actualmente, es responsable de la sección "Conocer" de la revista *XLSemanal*.

Vocabulario de la lectura		Vocabulario útil	
la bombilla	*light bulb*	**el caos**	*chaos*
el caballo/la yegua	*horse/mare*	**de frente**	*facing forward*
concienciar (sobre)	*to raise awareness (of)*	**de perfil**	*from the side*
el/la enemigo/a	*enemy*	**el dolor**	*pain*
la entrega	*delivery*	**encargar**	*to commission*
la herida	*wound*	**la masacre**	*massacre*
el recurso	*resource*	**matar**	*to kill*
el vestíbulo	*lobby*	**el sufrimiento**	*suffering*

1 Vocabulario Indica qué palabra corresponde a cada definición.

1. Objeto de cristal que produce luz: ______
2. Pedir u ordenar a una persona que realice un trabajo: ______
3. Hembra (*Female*) del caballo: ______
4. Sala de un edificio cercana a la puerta principal de entrada: ______
5. Matanza de personas producida por un ataque: ______
6. Sensación física desagradable o sentimiento de tristeza: ______

2 ¿Para qué sirve el arte? En grupos de tres, discutan sobre estas preguntas.

1. ¿Por qué creen que el ser humano crea arte?
2. ¿Qué diferentes funciones puede tener el arte?
3. ¿Creen que el arte puede utilizarse como arma? ¿Cómo?
4. ¿Qué ejemplos de obras de arte de protesta conocen?

3 Picasso En parejas, contesten las preguntas. Después, investiguen sobre Picasso y comprueben sus respuestas.

- ¿Quién fue Picasso? ¿Dónde nació? ¿Cuándo?
- ¿De qué estilo o estilos son sus obras? ¿Qué obras conoces de él?
- ¿Hay alguno de sus trabajos en algún museo de tu país? ¿Dónde?

¿Por qué nos fascina el *GUERNICA?*

Fátima Uribarri

DESPUÉS DE 80 AÑOS, LA OBRA DE PICASSO sigue siendo un icono universal: personalidades vinculadas con° el mundo del arte nos ofrecen un paseo exclusivo por el cuadro y nos muestran los detalles que para ellos lo hacen único.

Un grupo de españoles con Josep Lluís Sert, Max Aub y José Bergamín a la cabeza fue a pedirle que creara un gran lienzo para el vestíbulo del pabellón español en la Exposición Internacional de París. Tenía que estar listo en primavera y debía ser un mural que ayudara a concienciar sobre la Guerra Civil Española.

Estuvo varios meses haciendo bocetos en los que aparecían elementos habituales en su obra: la mujer, el toro… Pero no arrancaba°. No fueron días fáciles para Picasso. Le llegaban noticias de la guerra en España. Estaba preocupado por sus amigos de Málaga (la ciudad había caído en manos nacionales en febrero), le angustiaba° pensar en su madre y su hermana, que vivían en Barcelona.

Cuando el 28 de abril leyó en *L'Humanité* que miles de bombas (fueron 1.300 kilos) lanzadas° por los aviones de la Legión Cóndor habían arrasado° dos días antes Guernica y vio las fotografías de la ciudad tras el ataque, algo se disparó° en él. Supo por fin lo que iba a pintar.

Quedaban apenas dos meses para la entrega. Se puso en marcha°.

> “Cuando vio las fotografías de la ciudad tras el ataque, algo se disparó en él. Supo por fin lo que iba a pintar.”

Manuela Mena: jefa de Conservación de Pintura del Siglo XVIII y Goya del Museo del Prado

“La estructura del cuadro está sometida° a unas matemáticas purísimas”, dice Manuela Mena. La mano abierta es uno de sus detalles favoritos. “Por ahí entramos a todo el cuadro. Me emociona pensar que Picasso se inspiró en las fotografías que se publicaron tras el bombardeo de Guernica. En algunas se veía un guante como de motorista en el suelo, entre polvo° y cascotes°. Es posible que Picasso utilizara ese recurso —explica—. Es una mano muy expresiva. La palma de la mano es un arquetipo en la mente humana. En sus rayas° está el destino. Picasso muestra estas líneas en primer término y muy marcadas. Es el destino de un país quebrado°, roto por la violencia de la guerra.”

En esta zona del cuadro hay mucha fuerza. “Está el toro, que alude a España. Y hay referencias de las que duelen, como la madre con el niño muerto en brazos.”

“Me gusta mucho que decidiera no incluir el color. No ves cómo salta la sangre o una cosa tipo *gore*, sino que Picasso racionaliza el horror para que tenga un sentido universal y eterno.” Por supuesto, no puede dejar de mencionar a Goya (es una gran experta): “Picasso ha enfriado° el horror como hizo Goya con *Los fusilamientos del 3 de mayo*.” Y también habla del Museo del Prado. “Picasso quería que el *Guernica* estuviera en el Prado”, proclama rotunda.

Manuel Borja-Villel: director del Museo Nacional Centro de Arte Reina Sofía

“Los cuadros históricos acaban teniendo algo de narcisismo y un componente de vencedores y vencidos°”, dice.

El *Guernica* es distinto: “Aquí, la guerra es terrible para todos. No hay vencedores y vencidos. Es un ‘antimonumento’. En 1937, Picasso está viviendo un mundo nuevo. Ha cambiado el contexto político y social, aparecen los fascismos y hay nuevos lenguajes y un novedoso° tipo de violencia abstracta. Picasso intenta retratar eso”, explica. Le fascina la bombilla. “Al principio, Picasso pinta un sol podrido°. Se ve en las fotografías de Dora Maar y en los bocetos preparatorios. El hecho de que acabe pintando un quinqué° y una bombilla eléctrica habla de un bombardeo nocturno, con lo que refleja la desprotección de la gente. Así nos transmite que es una guerra moderna, abstracta, en la que no ves al enemigo. La bombilla es el progreso y al mismo tiempo es como una explosión.” Hay dos luces, la otra es la de un quinqué. “En el centro está el quinqué, que es la luz de la razón. Se encuentra en una zona importante del cuadro, cerca de la lengua del caballo, que es como una flecha°, otro detalle significativo.”

Cristina Iglesias: escultora y grabadora. Premio Nacional de Artes Plásticas

“Todo el cuadro es una superposición de fragmentos, de medios cuerpos, bocas, luces, lámparas, cabezas. Es una manera muy efectista° de construir un cuadro y permite una lectura abierta. Me fascina la multiplicidad de puntos de vista”, dice. Un elemento muy especial para ella es el cuerpo del caballo. “Cuanto más lo miro, más lo identifico como yegua. Tiene una hendidura°, en realidad tiene dos: una parece que representa la herida, pero también una entrada y un ojo. La otra es el sexo de la yegua. Los planos superpuestos que conforman el cuerpo tienen esas rayitas que son como escisiones°, a mí siempre me han parecido líneas de un texto. También el que todo el cuadro sea blanco, negro y gris te hace ver ese cuerpo como páginas que se superponen. Todo es muy simbólico. En ese momento cubista, todavía hay mucha imagen reconocible. Quizá por eso me interesa tanto ese cuerpo que es más abstracto.” ■

vinculadas con *tied to*
no arrancaba *he couldn't get started*
le angustiaba *it distressed him*
lanzadas *launched*
arrasado *destroyed*
se disparó *was triggered*
Se puso en marcha. *He got to work.*
sometida *subjected*
polvo *dust*
cascotes *rubble*
rayas *lines*
quebrado *fractured*
enfriado *captured*
vencedores y vencidos *winners and losers*
novedoso *original*
podrido *rotten*
quinqué *oil lamp*
flecha *arrow*
efectista *dramatic*
hendidura *crack*
escisiones *cuts*

1 Comprensión Contesta las preguntas.

1. ¿Cuál era la función del lienzo que se le encargó a Picasso?
2. ¿Dónde se iba a exponer el lienzo?
3. ¿Por qué estaba preocupado Picasso por sus amigos de Málaga?
4. ¿Cuándo supo Picasso lo que iba a pintar en el lienzo?
5. ¿Con qué otra pintura compara Manuela Mena el *Guernica*?
6. ¿Por qué dice Manuel Borja-Villel que el *Guernica* es un "antimonumento"?

2 Elementos En parejas, completen la tabla sobre los elementos del cuadro comentados en el artículo. ¿Qué elemento les parece más interesante? ¿Por qué?

Elementos	¿Quién lo menciona?	¿Qué menciona?	¿Qué piensan ustedes?
La mano			
El toro			
La madre			
La bombilla			
El caballo			

3 Investigar En grupos de tres, especulen sobre estas preguntas. Después, busquen la información. y comprueben sus respuestas

1. Josep Lluís Sert, Max Aub y José Bergamín hicieron el encargo del lienzo a Picasso. ¿Quiénes eran estas personas?
2. ¿Dónde vivía Picasso cuando le encargaron el cuadro? ¿Por qué?
3. ¿Quién bombardeó la ciudad de Guernica? ¿Cuál era el objetivo?
4. El artículo menciona que Dora Maar hizo fotografías del proceso de creación del cuadro. ¿Quién fue Dora Maar? ¿Qué relación tuvo con Picasso?
5. Manuela Mena dice: "Picasso quería que el *Guernica* estuviera en el Prado." ¿Dónde está el cuadro ahora? ¿En qué otros lugares estuvo el *Guernica*?
6. ¿Qué dimensiones tiene el cuadro?

4 Arte de protesta En grupos de cuatro, imaginen que una organización les encarga una obra de arte con el fin de protestar contra una injusticia en su país. Decidan cuál va a ser el tema de su cuadro, qué estilo es más adecuado para representar el tema, dónde lo van a exponer, etc. Creen un boceto de su obra. Después, presenten su plan y el boceto ante la clase.

PUEDO explicar un boceto para crear una obra de arte.

Vocabulario de la lectura		Vocabulario útil	
arquitectónico/a	*architectural*	**el acero**	*steel*
el azulejo	*tile*	**decorativo/a**	*decorative*
la burguesía	*middle-class*	**la estética**	*esthetics*
la cúpula	*dome*	**el hierro**	*iron*
el ladrillo	*brick*	**el motivo**	*motif*
el mobiliario	*furniture*	**la obra maestra**	*masterpiece*
el patrón	*pattern*	**el ornamento**	*ornament*
el recinto	*facility*	**el vidrio**	*glass*

1 Vocabulario Selecciona la palabra correcta.

EL MODERNISMO

El modernismo es una corriente artística de finales del siglo XIX. En arquitectura, este movimiento quería destacar la belleza y la (1) burguesía / estética de los edificios. Por eso, la decoración y los (2) ornamentos / recintos tienen un papel fundamental. Por ejemplo, las flores son uno de los (3) mobiliarios / motivos más comunes en la arquitectura modernista. Frente al estilo industrial, que utilizaba principalmente el hierro, el modernismo introdujo nuevos materiales, como el (4) acero / patrón y el (5) decorativo / vidrio. La Sagrada Familia es una de las obras (6) cúpulas / maestras del modernismo.

2 De visita En parejas, contesten las preguntas.

1. ¿Prestas atención a la arquitectura cuando visitas un nuevo lugar? ¿Por qué?
2. ¿Recuerdas alguna ciudad que te haya llamado la atención por su arquitectura?
3. ¿Qué estilo arquitectónico te atrae más? ¿Por qué?
4. ¿Cuál es el edificio que más te gusta de tu ciudad? Descríbelo.

3 Estilos arquitectónicos En grupos de tres, observen las fotografías y conversen sobre los edificios. ¿En qué ciudad(es) creen que se encuentran? ¿Cuándo piensan que fueron construidos? ¿Cómo son sus diseños y sus formas?

Barcelona, la ciudad modernista

Barcelona es una ciudad cosmopolita y ecléctica, la segunda más grande de España y una de las más visitadas de Europa. La ciudad ha construido su personalidad a través de la huella° que han dejado diferentes épocas y de la convivencia armoniosa de sus diferentes estilos arquitectónicos. Pasear por sus calles da la posibilidad de encontrar desde restos romanos milenarios hasta imponentes construcciones medievales. Pero si hay un estilo por el que la ciudad es reconocida y admirada, este es el modernismo.

trace

El modernismo como corriente arquitectónica surgió a finales del siglo XIX con la intención de romper con los estilos imperantes° de la época. Buscaba crear un estilo renovado y libre. También representaba nuevos valores y nuevos modos de vida. La Revolución Industrial había hecho posibles numerosos avances y las ciudades experimentaban un gran crecimiento°. En este contexto, sin embargo, el modernismo rechazó° el estilo industrial y se presentó como un movimiento que exaltaba la belleza y usaba nuevos materiales y diseños. En él predominaban los elementos naturales, los patrones orgánicos, las líneas curvas y la asimetría.

prevailing

growth

rejected

La arquitectura modernista se expandió por diferentes ciudades europeas y latinoamericanas, pero en Cataluña, y especialmente en Barcelona, adquirió una personalidad propia. En esta época, la ciudad estaba experimentando una gran transformación. Las murallas° que rodeaban la antigua ciudad habían sido derribadas° y se empezaban a urbanizar nuevos terrenos°, dando lugar al distrito del Eixample°. En 1888, se celebró la Exposición Universal, la cual supuso la rehabilitación de algunas zonas y la mejora de las infraestructuras. Estaba naciendo una nueva burguesía con ansias° de cambio y de renovación cultural. Esta burguesía vio en la arquitectura una gran oportunidad de modernizarse, expresar su identidad y manifestar su distinción.

walls / demolished

*lands / Catalan for **Ensanche** (Expansion)*

yearning

De ruta

El modernismo fue desarrollado en Barcelona por decenas de arquitectos, pero sin duda hay tres nombres que destacan como sus máximos exponentes: Antoni Gaudí, Lluís Domènech i Montaner y Josep Puig i Cadafalch. Entre ellos, Gaudí es el máximo representante. Su figura es conocida internacionalmente y siete de sus obras están declaradas Patrimonio de la Humanidad.

El modernismo se respira en innumerables rincones de Barcelona. El distrito del *Eixample*, conocido también como el *Quadrat d'Or*° es la zona que concentra la mayor parte de edificios modernistas. En una ruta que se precie° no puede faltar una visita a estas construcciones:

Quadrat d'Or: Catalan for **Cuadrado de Oro**
que se precie: worth its name

- ***Illa de la Discòrdia***° En este tramo° del Paseo de Gracia se encuentran tres edificios extraordinarios obra de los tres arquitectos más representativos. Este bloque recibe su nombre por la supuesta rivalidad entre los tres arquitectos así como por el deseo de cada propietario de tener la casa más bella. La Casa Batlló (Antoni Gaudí) impresiona por sus sinuosas formas, sus columnas de inspiración ósea°, sus balcones que recuerdan a antifaces°, y su fachada de *trencadís*. Justo a su lado se encuentra la Casa Amatller (Josep Puig i Cadafalch), reconocible por su fachada plana de azulejos cerámicos y su parte superior escalonada. Cerca, se encuentra la Casa Lleó Morera (Lluís Domènech i Montaner), un distinguido palacete en el que destacan sus balcones y su cúpula.
- ***Casa Milà*** (Antoni Gaudí) También es conocida como *La Pedrera*° debido a su exterior, realizado casi totalmente en piedra, excepto por su parte superior, que está cubierta por azulejos blancos. Este diseño, junto a sus formas ondulantes, recuerda al oleaje° marino o a una montaña nevada. También destacan sus chimeneas con apariencia de cabezas de guerreros cubiertas por yelmos°.
- ***Casa de les Punxes***° (Josep Puig i Cadafalch) Su exterior recuerda a un castillo medieval, con elementos inspirados en la arquitectura gótica. Su fachada es de ladrillo y el edificio destaca por sus torres cónicas. Sus decoraciones en piedra con elementos florales y vegetales son plenamente modernistas.
- ***Palau° de la Música Catalana*** (Lluís Domènech i Montaner) Nació como sede del *Orfeó Català*°, y hoy sigue dedicado a la música y a otros actos sociales y culturales. Su interior destaca por sus vidrieras policromadas y su gran claraboya° central. Su fachada es reconocida por su combinación de ladrillo con mosaicos florales y esculturas con referencias al mundo de la música.
- ***Recinte° Modernista de Sant Pau*** (Lluís Domènech i Montaner) Fue construido como conjunto de hospitales, o más bien como una ciudad-jardín para los enfermos. Los motivos florales están presentes en todo el recinto. Hoy en día es un campus de investigación y sede de diversos organismos internacionales.
- ***Park Güell*** (Antoni Gaudí) Fue ideado como zona residencial, pero más tarde se convirtió en un parque donde se fusionan naturaleza y arquitectura. Las formas sinuosas y el *trencadís*, están presentes en todo el parque.
- ***Sagrada Família*** (Antoni Gaudí) Es la obra cumbre de Gaudí y uno de los monumentos más visitados de Europa. Gaudí proyectó tres fachadas y 18 torres, con la idea de que el templo fuera visible desde cualquier parte de Barcelona. Para su interior, ideó el uso de columnas en forma de tronco de árbol, lo que convierte el interior del templo en una especie de bosque de piedra. Gaudí murió en 1926, cuando esta aún no estaba acabada. ■

Illa de la Discòrdia: Catalan for **Manzana de la Discordia** (Block of Discord) / *tramo*: section
ósea / antifaces: from bones / eye masks
La Pedrera: Catalan for **Cantera** (Quarry)
oleaje: waves
yelmos: helmets
Casa de les Punxes: Catalan for **Casa de los Pinchos** (House of Spikes)
Palau: Catalan for **Palacio**
Orfeó Català: Catalan for **Orfeón Catalán** (Catalan Choir)
claraboya: skylight
Recinte: Catalan for **Recinto**

NOTA CULTURAL

El ***trencadís*** es un término catalán que podría traducirse como "quebradizo" (*brittle*). Como ya sabes, el ***trencadís*** es una técnica de aplicación del mosaico que utiliza pequeños fragmentos irregulares de azulejos. Fue creado por Gaudí y se encuentra ampliamente presente en sus obras. El ***trencadís*** le permitía utilizar cerámica de manera flexible, incluso en superficies redondeadas.

Watch related video at **vhlcentral.com.**

Análisis

1 Comprensión Elige la opción correcta.

1. Barcelona es la ___ de España.
   a. ciudad más grande b. segunda ciudad más grande c. ciudad más pequeña
2. El modernismo ___ el estilo industrial.
   a. se inspira en b. imita c. rechaza
3. La zona que concentra la mayor parte de edificios modernistas en Barcelona es ___.
   a. el *Quadrat d'Or* b. la *Illa de la Discòrdia* c. el *Park Güell*
4. La *Casa* ___ forma parte de la *Illa de la Discòrdia*.
   a. *Milà* b. *Batlló* c. *de les Punxes*
5. El *Recinte Modernista de Sant Pau* era originalmente un ___.
   a. orfeón b. parque c. hospital

2 Reflexión En parejas, discutan estas preguntas.

1. ¿Qué importancia creen que tiene la arquitectura en la popularidad de Barcelona? ¿Conocen otros de sus atractivos?
2. ¿Cuáles son las ciudades más visitadas de su país? ¿En qué se parecen sus atractivos a los de Barcelona? ¿En qué se diferencian?
3. Gaudí dijo: "La originalidad consiste en el retorno al origen." ¿Qué significa? ¿Cómo lo manifestó en sus obras?
4. ¿Qué piensan que es lo más común entre artistas contemporáneos: la rivalidad o la colaboración? Pongan ejemplos.
5. Si tuvieran que elegir un(a) arquitecto/a representativo/a de su país, ¿quién sería? ¿Cuáles son algunas de sus obras?
6. ¿Cuáles son los edificios históricos más representativos de su país?

3 Naturaleza Completa la tabla con referencias a elementos naturales que se encuentran en la arquitectura modernista de Barcelona. Añade las filas que necesites.

OBRA	ELEMENTOS NATURALES
Casa Batlló	Columnas con forma ósea

4 Barcelona ecléctica En grupos de cuatro, investiguen sobre otros estilos arquitectónicos de Barcelona. Elijan uno y creen una guía informativa.

- Escriban una introducción que mencione la época, los elementos y los representantes principales del estilo arquitectónico.
- Describan las obras principales e incluyan fotos y videos.
- Añadan información útil. Busquen en Internet o consigan una dirección de correo electrónico o teléfono donde contactar. ¿Se pueden visitar estos edificios? ¿Es la entrada gratuita? ¿Cuáles son sus horarios?

PUEDO investigar y conversar sobre la arquitectura en Barcelona.

SOBRE EL AUTOR

Rubén Darío (1867-1916) fue un poeta, periodista y diplomático nicaragüense. Fue el máximo representante y precursor del modernismo literario en español. Comenzó a escribir a una edad muy temprana. A los 13 años, ya había publicado algunos de sus poemas. Viajó por toda Latinoamérica, España y Francia, países en los que ocupó diferentes cargos diplomáticos y periodísticos. De sus obras, destacan *Azul* (1888), *Prosas profanas y otros poemas* (1896) y *Cantos de vida y esperanza* (1905), donde aparece el poema "A Goya".

Vocabulario de la lectura		Vocabulario útil	
asombrar	*to amaze*	**la estrofa**	*stanza*
brillar	*to shine*	**el hallazgo**	*discovery*
el diablo	*devil*	**la obra cumbre**	*crowning work*
hechizar (z:c)	*to cast a spell*	**el rechazo**	*rejection*
el ingenio	*ingenuity*	**las tinieblas**	*darkness*
la musa	*muse*	**el verso**	*verse*
la paleta	*palette*		
la sombra	*shadow, shade*		

NOTA CULTURAL

Rubén Darío escribió el poema "A Goya" en honor al pintor español Francisco de Goya (1746-1828). Los cuadros al óleo de Goya se consideran los máximos exponentes del romanticismo español, aunque su extensa obra, de más de 2.000 pinturas, también abarca otros estilos como el rococó o el neoclasicismo. De este último estilo destaca *La maja desnuda*. Entre 1819 y 1823, aparece su obra cumbre: *Pinturas negras*, una serie de catorce obras murales al óleo de gran innovación para la época. Estas obras, a las que Darío alude en su poema, "A Goya", se caracterizan por la ausencia de luz, lo grotesco y la muerte.

1 Vocabulario Completa la conversación.

CAMILA: Hola, Víctor, ¿cómo llevas el poema?

VÍCTOR: Pues la verdad es que todavía no he escrito ni el primer (1) ___________. Hoy no me han visitado las (2) ___________. ¿Y tú? ¿Cómo llevas tu obra (3) ___________?

CAMILA: Ja, ja, ja, ¡solo estoy aprendiendo! Ahora mismo estoy trabajando en mi (4) ___________ de colores.

VÍCTOR: Sé que va a ser una obra maestra. Siempre me (5) ___________ tus trabajos.

CAMILA: Gracias, Víctor, lo mismo digo de tus poemas. Solo tienes que salir de las (6) ___________ y comenzar a escribir.

2 Arte En grupos de tres, completen la actividad.

- Comenten qué tienen en común la poesía y la pintura.
- Expliquen qué les parece más importante en una obra de arte o una obra literaria: ¿la forma o el contenido?
- Describan la obra de Goya *3 de mayo de 1808 en Madrid*, que aparece en la siguiente página.

A Goya

Rubén Darío

XXVIII

Poderoso visionario,
raro ingenio temerario°,
por ti enciendo mi incensario°.

Por ti, cuya gran paleta,
caprichosa, brusca°, inquieta°,
debe amar todo poeta;

por tus lóbregas° visiones,
tus blancas irradiaciones,
tus negros y bermellones°;

por tus colores dantescos,
por tus majos[1] pintorescos,
y las glorias de tus frescos.

Porque entra en tu gran tesoro
el diestro° que mata al toro,
la niña de rizos° de oro,

y con el bravo torero,
el infante°, el caballero,
la mantilla° y el pandero°.

Tu loca mano dibuja
la silueta de la bruja°
que en la sombra se arrebuja°,

y aprende una abracadabra
del diablo patas de cabra
que hace una mueca° macabra.

Musa soberbia y confusa,
ángel, espectro, medusa.
Tal aparece tu musa.

Tu pincel asombra, hechiza,
ya en sus claros electriza,
ya en sus sombras sinfoniza;

Tu pincel asombra, hechiza,
ya en sus claros electriza,
ya en sus sombras sinfoniza;

reckless
incense-burner
abrupt / restless
gloomy
reds
bullfighter
curls
prince
shawl / tambourine
witch
wraps herself up
grimace

con las manolas[2] amables,
los reyes, los miserables,
o los cristos lamentables.

En tu claroscuro brilla
la luz muerta y amarilla
de la horrenda pesadilla°,

nightmare

o hace encender tu pincel
los rojos labios de miel
o la sangre del clavel°.

carnation

Tienen ojos asesinos
en sus semblantes° divinos
tus ángeles femeninos.

countenance

Tu caprichosa alegría
mezclaba la luz del día
con la noche oscura y fría:

Así es de ver y admirar
tu misteriosa y sin par°
pintura crepuscular.

matchless

De lo que da testimonio:
por tus frescos, San Antonio;
por tus brujas, el demonio. ■

[1] La palabra *majo/a* se utilizaba en los siglos XVIII y XIX en Madrid para referirse a una persona de las clases populares con aspecto atractivo. Goya incluyó la imagen de los majos en varias de sus obras. Actualmente, la palabra se utiliza en España como sinónimo de *agradable* o *guapo/a*.

[2] La palabra *manolo/a* se usaba en los siglos XVIII y XIX con el mismo significado que *majo/a*.

1 Comprensión e interpretación En parejas, contesten las preguntas.

1. ¿Cómo describe el poeta al pintor? ¿Cómo describe su pintura?
2. ¿Cuál es el tono del poema?
3. ¿Cuál es el tema del poema?
4. ¿Qué imágenes aparecen en el poema? ¿A qué hacen referencia?
5. ¿Qué siente el poeta por la obra del pintor?
6. El poema fue escrito después de la muerte del pintor. ¿Por qué crees que Rubén Darío le dedicó el poema?

2 Métrica y rima En parejas, completen la actividad.

1. Una estrofa es un conjunto de versos. ¿Cuántas estrofas tiene el poema "A Goya"? ¿Cuántos versos tiene cada estrofa?
2. Todos los versos del poema tienen el mismo número de sílabas. Analicen la siguiente estrofa e indiquen cuántas sílabas tiene cada verso.

por tus colores dantescos,
por tus majos pintorescos,
y las glorias de tus frescos.

3. Las estrofas pueden seguir diferentes esquemas de rima, dependiendo de la terminación de cada sílaba, por ejemplo: *aba, abc, abb, aab* o *aaa.* ¿Qué esquema sigue "A Goya"?

3 Contrastes En grupos de tres, lean el párrafo y completen la tabla con ejemplos del poema. Luego, expliquen: ¿Qué efecto tienen las contraposiciones en el poema?.

Darío trata el tema de la dualidad en varios de sus poemas. En su autobiografía, escribió: "En el poema 'A Goya' me inclino ante el poder de aquel genial príncipe de **luces** y **tinieblas**."

Las luces	Las tinieblas
la niña de rizos de oro	*el diestro que mata al toro*

4 El modernismo En parejas, lean algunas de las características de la poesía modernista y busquen referencias de cada una en el poema.

Características de la poesía modernista

- Rechazo de la realidad cotidiana y de lo mundano
- Expresión de los sentimientos íntimos del poeta
- Evocación a otras épocas y paisajes exóticos o idealizados
- Referencias a la mitología griega
- Predominio de lo nacional respecto a lo extranjero

5 Figuras retóricas Lee la explicación y completa la actividad. Después, compara tus hallazgos con los de un(a) compañero/a.

En la poesía de Darío, y en el modernismo en general, la búsqueda de la belleza se consigue a través de la aproximación a otras artes, como la música y la pintura. La **aliteración** y la **sinestesia** son figuras retóricas que aparecen recurrentemente creando esa musicalidad y color característicos del modernismo.

1. La **aliteración** es una figura retórica que consiste en la repetición de sonidos en un verso. Observa la repetición del sonido **l** en otro poema de Darío ("Era un aire suave..."): **el ala aleve del leve abanico**. Busca ejemplos de aliteración en "A Goya".
2. La **sinestesia** es una figura retórica que consiste en la unión de dos sensaciones procedentes de diferentes sentidos; por ejemplo, el oído (*hearing*) y la vista (*sight*). Una sinestesia de otro poema de Darío ("Programa matinal") es: **¡Salve al celeste Sol sonoro!** Busca ejemplos de sinestesia en "A Goya".
3. Busca otras figuras retóricas en el poema. Puedes mirar la sección de **Literatura** de la lección 2 para recordar la definición de otras figuras.

6 Goya En grupos de tres, busquen cuatro de estas obras de Goya en Internet. Después indiquen qué versos del poema podrían hacer alusión a cada una de ellas.

- *El quitasol* (1777)
- *El columpio* (1779)
- *Cristo crucificado* (1780)
- *La familia del infante don Luis de Borbón* (1784)
- *Manuel Osorio Manrique de Zúñiga* (1787-1788)
- *El sueño de la razón produce monstruos* (1799)
- *La maja vestida* (1800-1805)
- *Retrato de Isabel Porcel* (1805)
- *Bravo toro* (1825)

7 Escribir Elige una de las opciones.

A. Escribe un poema dedicado a un(a) artista o a una obra de arte. Presta atención a la rima y a la métrica e intenta usar recursos literarios. Después, recita y comenta tu poema ante la clase.

B. Elige uno de estos poemas de Darío y escribe un análisis. Haz comentarios sobre su rima y métrica, su simbolismo y los recursos literarios utilizados.

- "De otoño"
- "Lo fatal"
- "Melancolía"
- "Los tres reyes magos"

PUEDO escribir y recitar un poema.

Consejos: visita a un museo

Communicative Objective: Write a set of tips for visiting a museum.

En esta lección has aprendido sobre el arte visual. Ahora vas a escribir un texto con consejos para visitar un museo.

Planificar y preparar la escritura

1 Estrategia: Determina cómo organizar tus ideas Piensa en una visita que hayas hecho a un museo. ¿Qué recomendaciones le darías a alguien para visitar un museo? Completa el diagrama para organizar tus ideas antes de escribir.

2 Estrategia: Desarrolla el cuerpo del texto

- Piensa en cómo usar los datos de tu diagrama para escribir tu texto.
- Desarrolla el cuerpo del texto con la información del diagrama. Aporta más datos que la complementen y te ayuden a escribir tus consejos.

Escribir

3 Tus consejos Ahora escribe tus consejos. Utiliza la información que has reunido y sigue estos pasos.

- **Introducción:** Comienza tus consejos de manera ordenada, pensando en una visita a un museo desde la entrada a la salida.
- **Desarrollo:** Explica tus consejos. Agrega algún detalle personal útil sobre tus propias visitas a museos. Si has visitado museos en diferentes países, explica si hay diferencias.
- **Conclusión:** Resume tus observaciones y termina el texto.

Revisar y leer

4 Lectura Pídele a varios/as compañeros/as que lean tus consejos y que hagan preguntas basadas en su experiencia personal.

Tesoros visuales

Así lo decimos

la acuarela *watercolor*
la arcilla *clay*
el/la arquitecto/a *architect*
el arte callejero *street art*
el autorretrato *self-portrait*
las bellas artes *fine arts*
el boceto *sketch*
el bodegón *still life*
la bóveda *vault; dome*
el caballete *easel*
el cincel *chisel*
el/la comisario/a *curator*
el cuadro *painting*
el encuadre *framing*
la fachada *facade*
el lienzo *canvas*
la maqueta *model, mockup*
el mármol *marble*
el/la mecenas *patron of the arts*
el montaje *film editing*
el mosaico *mosaic*
el objetivo *lens*
el óleo *oil painting*
el pilar *pillar*
el pincel *brush*
el plano *shot*
el taller *studio; workshop*
la vidriera *stained glass*

comisariar *to curate*
diseñar *to design*
enfocar *to focus*
exponer *to exhibit*
rendir (e:i) homenaje *to pay tribute*
rodar (o:ue) *to film*
tallar *to sculpt; to carve*

abstracto/a *abstract*
contemporáneo/a *contemporary*
desenfocado/a *out of focus*

Documental

el acontecimiento *event*
el almacén *warehouse*
el bombardeo *bombing*
el cargamento *load*
el/la herido/a *wounded*
el incendio *fire*
la joya *treasure*
el resguardo *protection*
el/la restaurador(a) *restorer*
el sótano *basement*

combatir *to fight*
embalar *to pack up*
proteger (g:j) *to protect*
trasladar *to transfer*

cruento/a *bloody*
íntegro/a *whole*

Artículo

la bombilla *light bulb*
el caballo/la yegua *horse/mare*
el caos *chaos*
el dolor *pain*
el/la enemigo/a *enemy*
la entrega *delivery*
la herida *wound*
la masacre *massacre*
el recurso *resource*
el sufrimiento *suffering*
el vestíbulo *lobby*

concienciar (sobre) *to raise awareness (of)*
encargar *to commission*
matar *to kill*

de frente *facing forward*
de perfil *from the side*

---

el acero *steel*
el azulejo *tile*
la burguesía *middle-class*
la cúpula *dome*
la estética *esthetics*
el hierro *iron*
el ladrillo *brick*
el mobiliario *furniture*
el motivo *motif*
la obra maestra *masterpiece*
el ornamento *ornament*
el patrón *pattern*
el recinto *facility*
el vidrio *glass*

arquitectónico/a *architectural*
decorativo/a *decorative*

Literatura

el diablo *devil*
la estrofa *stanza*
el hallazgo *discovery*
el ingenio *ingenuity*
la musa *muse*
la obra cumbre *crowning work*
la paleta *palette*
el rechazo *rejection*
la sombra *shadow, shade*
las tinieblas *darkness*
el verso *verse*

asombrar *to amaze*
brillar *to shine*
hechizar (z:c) *to cast a spell*

Ahora yo puedo...

- entender la idea principal e información clave de textos orales y escritos sobre las artes visuales.
- intercambiar ideas sobre el concepto de arte y los diferentes tipos de arte.
- presentar una propuesta para una obra de arte de protesta.
- comparar cómo las tradiciones y los eventos tienen una influencia en el arte, y viceversa, en mi cultura y otras.
- tener en cuenta el contexto histórico y cultural de los países hispanos cuando hablo sobre el arte o visito museos.

Escena local En parejas, investiguen y comenten sobre la agenda cultural de su ciudad. Después, respondan: ¿cuántos eventos corresponden a obras de teatro, de danza o de música? ¿Qué grupos artísticos o folclóricos existen en su ciudad y qué tan reconocidos son?

FORMAS DE EXPRESIÓN

En escena

LECCIÓN

8

PARAGUAY Y URUGUAY

LESSON OBJECTIVES

You will learn how to...

- understand key information in spoken and written contexts related to the performing arts.
- participate in conversations to compare performances in your community with those of Spanish-speaking countries.
- give a presentation on a poster about a carnival in the Spanish-speaking world.
- compare practices and perspectives about cultural events in your own and other cultures.
- recognize that a country's economy may influence its performing arts.

El teatro

Fernando es actor de teatro. Después de varias **audiciones**, por fin consiguió un **papel** como **protagonista**. **Interpreta** a un hombre que recibe noticias familiares inesperadas. La crítica está valorando muy positivamente la obra, especialmente por su **elenco**. Todos los actores y actrices actúan extraordinariamente.

actuar *to act, to perform*
la audición *audition*
el decorado *scenery*
el/la dramaturgo/a *playwright*
el elenco *cast*
ensayar *to rehearse*
el escenario *stage*
el guion *script*
interpretar *to play (a role)*
el miedo escénico *stage fright*
el musical *musical*
el papel *role*
el/la protagonista *leading role, protagonist*
la puesta en escena *staging*
la taquilla *box office*

La danza

El flamenco es un baile lleno de sentimiento y pasión. Es muy espontáneo y no existen unos pasos o **coreografía** estrictos. Los movimientos de brazos y manos, así como los **giros**, son algunos de sus elementos característicos. Se suele bailar al **son** de la guitarra, el cajón y las **palmas**.

el/la bailarín/bailarina *dancer*
dar palmas *to clap*
el compás *beat*
la coreografía *choreography*
el giro *spin*
las palmas *clapping*
el son *sound, pace*
el tablado *dance stage*

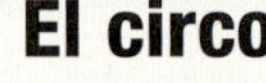

El circo

Hacía años que Carolina no iba al circo. Ayer fue a ver un espectáculo con sus amigos y quedó impresionada al ver los **saltos** y las **acrobacias** de los **trapecistas**. Lo que más le impactó fue verlos caminar por la **cuerda floja**. Durante esos minutos, todo el público estuvo en silencio total y sin apartar la mirada de la **pista**.

la acrobacia *acrobatics*
las artes circenses *circus arts*
la cuerda floja *tightrope*
los malabares *juggling*
el/la mimo *mime*
la pista *ring*
saltar *to jump*
el/la trapecista *trapeze artist*

Práctica

El carnaval

El carnaval es una fiesta que se celebra en muchos países. El de Uruguay es muy famoso y se considera el más largo del mundo. Una de sus expresiones más populares son los grupos conocidos como murgas. Sus integrantes **se disfrazan** con **coloridos** trajes, se ponen **pelucas** y **maquillaje** muy **llamativos** y presentan sus actuaciones en los tablados.

el antifaz *eye mask*
la carroza *float*
colorido/a *colorful*
disfrazarse (de) *to dress up (as)*
llamativo/a *flashy*
el maquillaje *makeup*
la máscara *mask*
la peluca *wig*
la pluma *feather*
la purpurina *glitter*

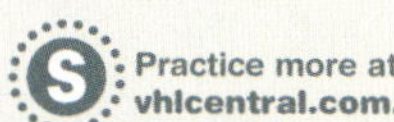

1 Definiciones Completa con la palabra correcta.

1. Prueba que se les hace a los artistas para valorar sus cualidades: ________
2. Conjunto de pasos de un número de baile: ________
3. Autor(a) de obras teatrales: ________
4. Representar a un personaje en una obra: ________
5. Cualidad de algo atractivo/a o que llama la atención: ________
6. Conjunto de actores que actúan en una obra: ________
7. Texto que recoge los diálogos y el contenido de una obra: ________
8. Rol o parte que representa un actor o actriz: ________

2 En escena En parejas, contesten las preguntas.

1. ¿Qué arte escénica crees que requiere más creatividad? ¿Y más preparación?
2. ¿Vas al teatro a menudo? ¿Cuál es la última obra que viste? Coméntala.
3. La bailarina Isadora Duncan dijo: "Si pudiera decir lo que siento, no valdría la pena bailarlo." ¿Qué significa?
4. ¿Alguna vez has presenciado o has participado en un desfile de carnaval? Cuenta tu experiencia. Si no, ¿te gustaría hacerlo?
5. ¿Qué arte escénica está más presente en tu país o cultura? Explica.

3 Expresiones En grupos de tres, interpreten el significado de estas expresiones. Luego, busquen en Internet y comprueben si están en lo cierto. Finalmente, escriban un breve párrafo usando cada una de las expresiones.

- Tener tablas
- Estar en la cuerda floja
- Bailar al son que tocan

PUEDO dialogar sobre gustos en artes escénicas.

Preparación

Communicative Objective: Identify features of *murga* in Paraguay

Vocabulario del documental		Vocabulario útil	
el abordaje	*approach*	**el/la aficionado/a**	*enthusiast*
la actuación	*performance*	**asistir**	*to attend*
el compañerismo	*fellowship*	**fiel**	*loyal*
cumplir	*to fulfill*	**el/la miembro**	*member*
fortuito/a	*coincidental*	**realizarse**	*to take place*
el/la maquillador(a)	*makeup artist*	**triunfar**	*to succeed*
la murga	*form of popular musical theater*		
la vertiente	*aspect*		

Expresiones	
a su vez	*at the same time*
a través de	*by means of*
formar parte (de algo)	*to take part (in something)*
tal y como	*just as*

1 Definiciones Completa con la palabra que corresponde a cada definición.

1. ________: presentación de un artista ante el público
2. ________: persona que se dedica a maquillar, en especial para cine o televisión
3. ________: relación de colaboración y solidaridad entre compañeros
4. ________: estar presente en un lugar o en un acto, como espectador o invitado
5. ________: que cumple con sus compromisos hacia alguien o algo
6. ________: tener éxito
7. ________: persona que forma parte de un grupo o una comunidad
8. ________: que practica una actividad deportiva o artística por gusto

2 Expresiones Completa la conversación con expresiones de la lista. Haz los cambios necesarios.

EVA: Hola, buenos días, ¿es usted la directora del *casting*?

PRODUCTORA: No soy la directora, pero (1) ____________ del equipo.

EVA: Estoy aquí para la audición de *La Celestina*.

PRODUCTORA: ¿Cómo has conseguido la información de la audición?

EVA: La he conseguido (2) ____________ un amigo que trabaja aquí de maquillador.

PRODUCTORA: ¡Ya veo! Lo siento mucho, pero (3) ____________ se explica en la página web, la audición ha sido cancelada por el momento.

3 Preparación En parejas, contesten las preguntas.

1. ¿Qué arte escénica prefieres como espectador(a)? ¿Por qué?
2. ¿Con qué frecuencia vas al teatro, a conciertos de música o a espectáculos de danza?
3. ¿Cuál es la razón principal por la que vas a estos espectáculos? Si no vas muy frecuentemente, ¿por qué no lo haces?
4. ¿Qué beneficios crees que tiene asistir a espectáculos artísticos en tu comunidad?
5. ¿Qué opinas de las obras de teatro musicales? Nombra alguna que hayas visto.
6. ¿Alguna vez has participado en una obra de teatro o en un concierto? ¿Cómo fue la experiencia? Si nunca lo has hecho, ¿crees que te gustaría? Explica por qué.

4 Fotogramas En grupos de tres, observen los fotogramas y contesten las preguntas.

- ¿Qué ocurre en cada fotograma?
- ¿Qué tipo de ropa llevan los personajes? ¿Cómo es el maquillaje?
- ¿Creen que los artistas son profesionales o aficionados? ¿Por qué?
- ¿Qué tipo de música piensan que cantan? ¿Cómo se imaginan el ritmo? ¿Qué mensaje puede contener la letra de las canciones?

5 La murga En parejas, busquen información sobre la murga y respondan a las preguntas.

1. ¿Qué es la murga?
2. ¿En qué países es popular?
3. ¿Con qué fiesta o celebración se asocia?
4. ¿Qué características especiales tiene la murga en Uruguay?

La expansión de la murga estilo uruguayo en América Latina

El género músico-teatral que triunfa más allá de Uruguay

ARGUMENTO

La murga uruguaya se extiende por otros países de Latinoamérica, pero con ciertas diferencias.

ENTREVISTADORA: ¿Cómo podemos definir el momento de este fenómeno de la murga uruguaya?

ANDRÉS ALBA: Es un momento de consolidación de la murga estilo uruguayo en Latinoamérica.

ANDRÉS ALBA: Actualmente hay 156 murgas estilo uruguayo repartidas en tres países de Latinoamérica.

ANDRÉS ALBA: La forma de llegar a conocer el fenómeno tiene distintas vertientes que se repiten en todos los territorios.

ANDRÉS ALBA: En el caso argentino en particular, las murgas estilo uruguayo son murgas muy militantes.

ANDRÉS ALBA: El género murga, en su expansión latinoamericana, es un género mayoritariamente femenino.

1 Opciones Elige la palabra que mejor completa cada oración.

1. La murga estilo uruguayo es llamada así por los murguistas ___.
   a. uruguayos b. no uruguayos c. famosos
2. Actualmente (*Currently*), hay 156 murgas estilo uruguayo en Argentina, ___ y Colombia.
   a. España b. México c. Chile
3. La murga estilo uruguayo llegó a Colombia gracias a discos de bandas de ___ uruguayas.
   a. *rock* b. *heavy metal* c. música folklórica
4. A finales de 2018 hubo ___ de murgas estilo uruguayo en Mendoza, Argentina.
   a. un concurso b. una exposición c. un encuentro
5. Según Andrés Alba, otros territorios organizan las murgas con más ___ que en Uruguay.
   a. tiempo b. compañerismo c. gente

2 Preguntas En parejas, contesten las preguntas.

1. ¿Por qué dice Andrés Alba que el término *murga* es muy polisémico?
2. ¿Qué temas tratan las murgas? ¿Por qué crees que el género de la murga ha tenido una carga peyorativa?
3. ¿Qué diferencia hay entre las murgas estilo uruguayo en Uruguay y en otros territorios respecto al género de sus miembros?
4. ¿Qué otra diferencia hay entre las murgas de Uruguay y las de otros lugares, además de la diferencia de género?

3 ¿Qué piensas? Reflexiona sobre las preguntas.

1. Si fueras a Uruguay o a uno de los territorios mencionados en el documental, ¿te gustaría ver las murgas? ¿Por qué? ¿Qué aspecto de las murgas te interesa más?
2. ¿Son las murgas estilo uruguayo comparables a algún espectáculo que hayas visto? Describe las similitudes y diferencias.
3. ¿Piensas que en general la calidad de las murgas varía dependiendo de si se hacen o no concursos en el territorio? ¿Por qué?
4. ¿Conoces algún ritmo que se haya hecho famoso en tu país pero tenga orígenes o influencias de otras culturas? ¿Cuál? ¿Cómo ha evolucionado?
5. ¿Crees que las representaciones artísticas deben mantenerse fieles a su forma original o piensas que las variantes son positivas? Incluye algún ejemplo del documental.
6. ¿Por qué crees que las murgas estilo uruguayo tienen tanto éxito? ¿Piensas que este género podría llegar a triunfar en tu comunidad? ¿Por qué?

4 **Carnaval** Las murgas son típicas de los carnavales. En grupos, elijan uno de los carnavales de la lista y creen un póster que incluya respuestas a las preguntas. Incluyan fotografías. Después, compartan sus pósteres con el resto de la clase e identifiquen las similitudes y las diferencias en la manera de celebrar el carnaval en cada país.

Carnaval de Barranquilla, Colombia
Carnaval de Montevideo, Uruguay
Carnaval de Oruro, Bolivia
Carnaval de República Dominicana
Carnaval de Santa Cruz de Tenerife, España
Carnaval de Veracruz, México

- ¿Qué carnaval han elegido?
- ¿Dónde y cuándo se celebra? ¿Cuántos días dura?
- ¿Cuáles son sus orígenes?
- ¿Cómo son los disfraces y el maquillaje que llevan los participantes?
- ¿Qué tipo de música se canta, se toca o se baila?

5 **Sátira** Las letras de las canciones de las murgas hablan con humor e ironía sobre lo que ocurrió durante el año, sobre todo en el mundo de la sociedad y la política.

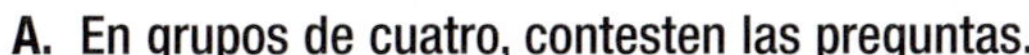

A. En grupos de cuatro, contesten las preguntas.

- ¿Creen que es más fácil hablar de política dentro de un contexto humorístico? ¿Por qué?
- ¿Cómo se comparan las murgas con otras artes escénicas en su país en lo que se refiere a su contenido humorístico o satírico?
- ¿En qué otro tipo de espectáculos o medios de comunicación se tratan los asuntos sociales o políticos de forma humorística e irónica en su país? Elijan uno y describan sus características.

B. Ahora, escriban una canción o poema al estilo de las murgas. Critiquen con humor e ironía un acontecimiento, no necesariamente político, que pasó este año en su país. Luego, canten o reciten su composición ante la clase.

6 **Arte e identidad** En parejas, discutan las siguientes preguntas.

1. Basándose en lo que aprendieron sobre las murgas y el carnaval uruguayos, ¿cómo describirían estas manifestaciones artísticas? Den una lista de adjetivos.
2. ¿Qué conclusiones sobre la cultura uruguaya y la personalidad de los uruguayos se podrían extraer a partir de las características de su murga y su carnaval?
3. ¿Qué manifestación artística creen que representa mejor el lugar donde viven ustedes? ¿Por qué?
4. ¿Cómo se relaciona esa manifestación artística con la identidad de su país o comunidad?

PUEDO discutir sobre carnavales de varios países.

Communicative Objective: Talk about what happened before a specific event

TALLER DE CONSULTA

These grammar topics are covered in the **Manual de gramática, Lección 8**.
8.4 Prepositions: *a, hacia,* and *con,* p. 432.
8.5 Prepositions: *de, desde, en, entre, hasta,* and *sin,* p. 434.
To review irregular past participles, see **7.1, p. 263**.

8.1 The past perfect

- The past perfect tense (**el pluscuamperfecto**) is formed with the imperfect of **haber** and a past participle. As with other perfect tenses, the past participle does not change form.

The past perfect

viajar	perder	incluir
había viajado	**había perdido**	**había incluido**
habías viajado	**habías perdido**	**habías incluido**
había viajado	**había perdido**	**había incluido**
habíamos viajado	**habíamos perdido**	**habíamos incluido**
habíais viajado	**habíais perdido**	**habíais incluido**
habían viajado	**habían perdido**	**habían incluido**

- In Spanish, as in English, the past perfect expresses what someone *had done* or what *had occurred* before another action or condition in the past.

Decidí comprar un disfraz nuevo porque el viejo se me **había perdido**.
I decided to buy a new costume because I had lost the old one.

Cuando llegamos, el desfile de carnaval ya **había empezado**.
When we arrived, the carnival parade had already started.

¡ATENCIÓN!

Note that in English, an adverb may come between the verb *to have* and a past participle. This is not the case in Spanish.

Mis padres nunca habían viajado a Paraguay.
My parents had never traveled to Paraguay.

- **Antes, aún, nunca, todavía,** and **ya** are often used with the past perfect to indicate that one past action occurred before another. Note that these adverbs, as well as pronouns and the word **no,** may not come between **haber** and the past participle.

Antes de 2018, ***ya*** *se* ***habían organizado*** *otros encuentros de murgas en Argentina.*

Cuando llegó el día del ensayo, **aún no había leído** mi parte del guion.
When the rehearsal day arrived, I hadn't yet read my part of the script.

Nunca había actuado ante tanta gente y me puse nervioso.
I had never performed in front of so many people, and I became nervous.

Quería ir al teatro con mi hermano, pero fui sola porque él **ya había visto** la obra.
I wanted to go to the theater with my brother, but I went alone because he had already seen the play.

El pianista **todavía no había terminado** de tocar, pero el público ya estaba aplaudiendo.
The pianist hadn't yet finished playing, but the audience was already applauding.

Práctica y comunicación

1 Completar Jorge Báez, un director de teatro, ha recibido un premio por su trabajo. Completa su discurso de agradecimiento con el pluscuamperfecto.

Muchas gracias por este premio. Recuerdo que antes de cumplir 12 años ya (1) __________ (decidir) dedicarme al teatro. A esa edad, mi madre ya me (2) __________ (llevar) a ver varias obras y recuerdo que la primera vez me (3) __________ (fascinar) las actuaciones de los actores. Luego, cuando cumplí 26 años, ya me (4) __________(pasar) tres años estudiando dirección escénica, y (5) __________ (dirigir) mi primera obra en la universidad. Cuando terminé mis estudios de postgrado, ya (6) __________ (participar) en varias producciones.

2 Explicación En parejas, túrnense para expresar las oraciones usando el pluscuamperfecto.

Modelo **Me duché a las 7:00. Antes de ducharme hablé con mi hermano.**
Ya había hablado con mi hermano antes de ducharme.

1. Salí de casa a las 8:00. Antes de salir de casa miré mi correo electrónico.
2. Llegué a la oficina a las 8:30. Antes de llegar a la oficina tomé un café.
3. Salí a comer a las 12:00. Llamé a mi mánager a las 11:55.
4. Me reuní con mi mánager. Antes, imprimí los documentos.

3 Informe En parejas, imaginen que son policías y deben preparar un informe sobre este accidente. Inventen una historia sobre lo que había ocurrido en las vidas de los personajes dos horas antes, dos minutos antes y dos segundos antes del accidente. Usen el pluscuamperfecto. Al final, presenten su historia a la clase.

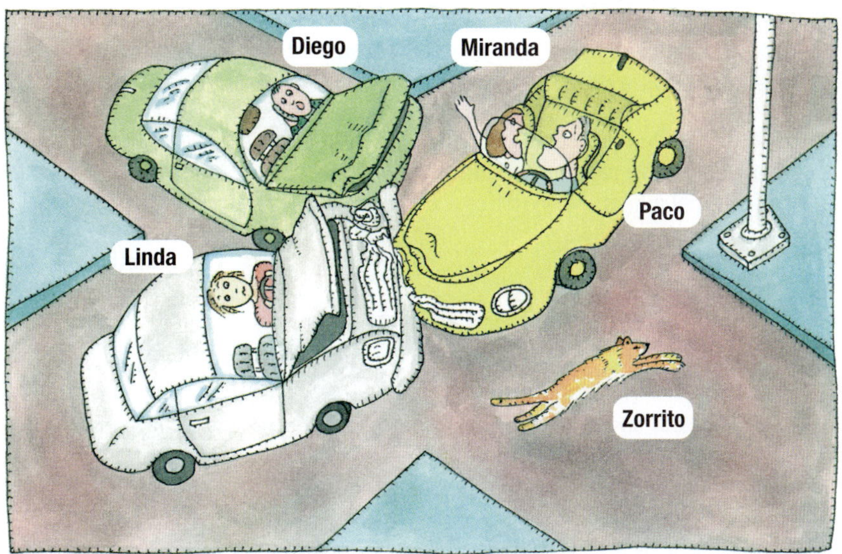

PUEDO escribir una historia imaginando sucesos previos a un accidente.

Practice more at vhlcentral.com.

Communicative Objective: Talk about what would have happened

8.2 The past perfect subjunctive

- The past perfect subjunctive (**el pluscuamperfecto del subjuntivo**) is formed with the past subjunctive of **haber** and a past participle.

*Me sorprendió que la murga **hubiera tenido** una imagen peyorativa en el pasado.*

The past perfect subjunctive

cambiar	poder	sentir
hubiera cambiado	hubiera podido	hubiera sentido
hubieras cambiado	hubieras podido	hubieras sentido
hubiera cambiado	hubiera podido	hubiera sentido
hubiéramos cambiado	hubiéramos podido	hubiéramos sentido
hubierais cambiado	hubierais podido	hubierais sentido
hubieran cambiado	hubieran podido	hubieran sentido

- The past perfect subjunctive is used in subordinate clauses under the same conditions for other subjunctive forms, and in the same way the past perfect is used in English (*I had talked, you had spoken, etc.*). It refers to actions or conditions that *had taken place* before another past occurence.

Le molestó que los otros bailarines no **hubieran ensayado** la coreografía.
It annoyed her that the other dancers hadn't rehearsed the choreography.

Asistió a la audición, pero dudábamos que **hubiera estudiado** su papel.
He attended the casting, but we doubted that he had studied his part.

- When the action in the main clause is in the past, both the past subjunctive and the past perfect subjunctive can be used in the subordinate clause. Note, however, how the sequence of events differs.

Past subjunctive	Past perfect subjunctive
Tú no pensabas que el boleto **costara** tanto, ¿verdad? *You didn't think the ticket would (was going to) cost so much, right?*	Tú no pensabas que el boleto **hubiera costado** tanto, ¿verdad? *You didn't think the ticket (had already) cost so much, right?*
La empresa buscó una actriz que **viviera** en la zona. *The company looked for an actress who lived (was living) in the area.*	La empresa buscó una actriz que **hubiera vivido** en la zona. *The company looked for an actress who had (might have) lived in the area.*

TALLER DE CONSULTA

The alternative past subjunctive forms of **haber** may also be used with the past participle to form the past perfect subjunctive. See **6.2, p. 224.**

Ojalá hubieras/hubieses venido al circo.
I wish you had come to the circus.

The past perfect subjunctive is also frequently used in **si** clauses. See **9.3, p. 341**.

Si no se me hubiera/hubiese roto el celular, habría tomado fotos del espectáculo.
If I hadn't broken my cell phone, I would have taken photos of the show.

Práctica y comunicación

1 Seleccionar Combina las expresiones de la segunda columna con las de la primera para formar oraciones completas con el pluscuamperfecto del subjuntivo.

___ 1. Esperaba que tú	a. hubieran ofrecido un papel.
___ 2. Dudaba que los estudiantes de la clase de baile	b. hubieran practicado durante el fin de semana.
___ 3. Le molestó que el director no lo	c. hubiera podido venir al estreno.
___ 4. Ojalá ellos te	d. hubiera contratado para trabajar en la obra.
___ 5. Fue una lástima que ella no	e. hubieras aprendido a bailar.

2 Tarjeta Ayer preparaste un plato típico de Paraguay llamado sopa paraguaya y tu mejor amigo/a tuvo una reacción alérgica. Escribe una tarjeta para ofrecerle disculpas. Usa el pluscuamperfecto del subjuntivo con las expresiones de la lista y tres más.

Querido/a...
Me siento muy mal por lo que pasó anoche. Esperaba que tú...

Dudaba que
Esperaba
Me sorprendió que
Ojalá

NOTA CULTURAL

La sopa paraguaya es uno de los platos más famosos de Paraguay, aunque también es típico del norte de Argentina. A pesar de su nombre, esta receta es más similar a un pastel salado que a una sopa. Se elabora con harina de maíz, huevos, queso fresco, cebolla y leche.

3 Reunión En parejas, imaginen que forman parte del elenco de un circo y que van a reunirse para evaluar los resultados de la última presentación. Respondan las preguntas en cada situación usando el pluscuamperfecto del subjuntivo y la información entre paréntesis.

Modelo **Situación:** Los artistas olvidan con frecuencia las reuniones. ¿Qué temió el director del espectáculo el día de la reunión? (olvidar)
Estudiante: Él temió que los artistas **hubieran olvidado** que ese día tenían reunión.

1. Solo se reúnen cuando el elenco está completo y faltaban artistas. ¿En qué momento comenzó la reunión? (llegar todos)
2. Algunos números estuvieron regulares. ¿Cuál era la solución según el director? (practicar más)
3. Las primeras presentaciones en salir a la pista fueron las mejores. ¿De qué se alegró el trapecista? (elegido primero)
4. La presentación parecía fragmentada. ¿Cómo se resolvía esto según el director? (ensayar la función completa)
5. No quedaron sillas vacías. ¿De qué se sorprendieron todos? (vender todas las entradas)

4 Historia En parejas, imaginen que son periodistas que investigan la vida del actor uruguayo Astor Gómez. Hace un mes que no lo ven, y en su casa solo se ha encontrado una nota que dice: "La vida es un gran teatro." Inventen una historia que explique la frase encontrada. Usen el pluscuamperfecto del subjuntivo. Al final, presenten su historia a la clase.

PUEDO escribir un reportaje ficticio sobre la vida de un actor.

Communicative Objective: Talk about recent events and trips

8.3 Uses of the infinitive

*—¿Cómo podemos **definir** el momento de este fenómeno de la murga uruguaya?*

¡ATENCIÓN!

An infinitive is the unconjugated form of a verb and ends in **–ar**, **–er**, or **–ir**.

- The infinitive (**el infinitivo**) is commonly used after other conjugated verbs, especially when there is no change of subject. **Deber, decidir, desear, necesitar, pensar, poder, preferir, querer,** and **saber** are all frequently followed by infinitives.

Este año **hemos decidido viajar** a Uruguay y **celebrar** el carnaval.
This year we have decided to travel to Uruguay and celebrate carnival.

¡Qué buena idea! No sabía que **queríais visitar** ese país.
What a good idea! I didn't know you wanted to visit that country.

TALLER DE CONSULTA

To review the use of object pronouns with infinitives, see **3.2, p. 102**

- Verbs of perception, such as **escuchar, mirar, oír, sentir,** and **ver,** are followed by the infinitive even if there is a change of subject. The use of an object pronoun with the conjugated verb distinguishes the two subjects and eliminates the need for a subordinate clause.

Te oigo hablar, ¡pero no entiendo nada!
I hear you speaking, but I don't understand anything!

Si **la ven salir** de la clase, avísenme enseguida.
If you see her leave the classroom, let me know immediately.

- Many verbs of influence, such as **dejar, hacer, mandar, permitir,** and **prohibir,** may also be followed by the infinitive. Here again, the object pronoun makes a subordinate clause unnecessary.

La directora **nos hizo leer** el guion juntos.
The director made us read the script together.

Luego, **nos permitió estudiar** durante el resto del día.
Then, she allowed us to study for the rest of the day.

- The infinitive may be used with impersonal expressions, such as **es bueno, es fácil**, and **es importante**. It is required after **hay que** and **tener que**.

No **es fácil vencer** el miedo escénico.
It is not easy to overcome stage fright.

Hay que ensayar varias veces a la semana.
We have to rehearse several times per week.

***Es importante saber** que en otros países las murgas son mayoritariamente femeninas.*

- In Spanish, unlike in English, the gerund form of a verb (*talking, working,* etc.) may not be used as a noun or in giving instructions. The infinitive form, with or without the definite article **el**, is used instead.

Ver es **creer.**
Seeing is believing.

Disfrazarse es divertido.
Dressing up is fun.

El arte de **mirar**
The art of looking

- You will often see infinitives where English uses commands on signs and written instructions.

Empujar
Push

No fumar
No smoking

Seguir con cuidado
Proceed with caution

- After prepositions, the infinitive is used.

—Todos comparten la característica ***de hacer*** *murga tal como nosotros la conocemos.*

Necesito más tiempo **para ensayar** mi papel.
I need more time to rehearse my part.

No me iré **sin ver** tu actuación.
I won't leave without seeing your performance.

- Many Spanish verbs follow the pattern of [*conjugated* verb] + [*preposition*] + [*infinitive*]. The prepositions for this pattern are **de, a,** or **en**.

acabar de *to have just (done something)*	**quedar en** *to agree (to)*
aprender a *to learn (to)*	**tardar en** *to take time (to)*
enseñar a *to teach (to)*	**tratar de** *to try (to)*

Me **enseñó a hacer** malabares.
She taught me how to juggle.

La función **tardó en comenzar**.
The show took a while to start.

Trato de tocar la guitarra todas las tardes.
I try to play the guitar every afternoon.

Quedamos en hacerlo lo antes posible.
We agreed to do it as soon as possible.

- **Deber** + **de** + [*infinitive*] suggests probability.

El jurado **debe de** anunciar los ganadores hoy.
The jury will probably announce the winners today.

but

El jurado **debe** anunciar los ganadores hoy.
The jury has to announce the winners today.

TALLER DE CONSULTA

See **Manual de gramática 8.4, p. 432** and **8.5, p. 434** to learn more about prepositions.

COMPARACIONES

En inglés, el infinitivo de un verbo puede expresar el propósito de una acción: *He works weekends* ***to earn*** *money.* En español, se usa la preposición **para** antes del infinitivo: **Trabaja los fines de semana para ganar dinero.**

1. En inglés, hay una frase preposicional que corresponde a **para** y se puede usar en la oración de arriba. En parejas, indiquen cuál es esta frase preposicional.
2. Aparte de los ejemplos en estas páginas, ¿pueden pensar en otro ejemplo de una preposición que se usa antes del infinitivo en español pero no en inglés?
3. Expliquen: ¿Por qué es importante entender el uso correcto de las preposiciones?

1 El tango Rellena cada espacio con dos palabras: una de la primera columna y una de la segunda. Conjuga los verbos según sea necesario.

deber	aprender
importante	convertirse
necesario	encontrar
necesitar	familiarizarse
para	practicar
querer	tener

El tango es un baile tradicional de Argentina. (1) ______________ a bailar tango, primero (2) ______________ con la música y los pasos. Escuchen varias canciones y vean diferentes videos. Luego, es (3) ______________ una buena profesora y es (4) ______________ paciencia, ya que es un baile complejo. Si (5) ______________ en profesionales, (6) ______________ todos los días.

2 Oraciones Forma oraciones usando los elementos dados. Añade preposiciones cuando sea necesario.

Modelo **el público / querer / ver / el número del trapecista**
El público quiere ver el número del trapecista.

1. nosotros / desear / encontrar / boletos baratos
2. Luis / pensar / ser / bailarín
3. mi madre / querer / comprar / un disfraz de payaso
4. Marisa / me / enseñar / tocar / el saxofón
5. el dramaturgo / tratar / explicar / el problema
6. yo / acabar / ensayar / la coreografía
7. ustedes / deber / comprar / un antifaz
8. tú / poder / contratar / la guionista

3 Recomendaciones Nuria quiere ser actriz. En parejas, háganle recomendaciones usando las expresiones y los verbos de la lista.

deber	aprender
hacer falta	ensayar
hay que	escuchar
ser bueno	estudiar
ser fácil	leer
ser importante	tratar
ser necesario	ver
tener que	viajar

Practice more at vhlcentral.com.

Comunicación

4 **Carnaval** Imagina que viajaste a ver el carnaval de Montevideo, Uruguay. Usa el infinitivo para escribir oraciones sobre las cosas que viste e hiciste en tu viaje.

En Montevideo...	**Los habitantes de Montevideo...**
aprendimos a ______	deben de ______
es fascinante ______	tienen que ______
es importante ______	tratan de ______

5 **Entrevista** En parejas, improvisen una entrevista entre un(a) periodista de una revista cultural y un(a) director(a) de cine que acaba de ganar un premio a la mejor dirección del año. Usen estos verbos. Represente la entrevista ante la clase.

acabar de	quedar en
aprender a	tardar en
enseñar a	tratar de

6 **De viaje** Este verano, tú y un(a) compañero/a quieren viajar a Paraguay y visitar diferentes lugares. ¿Qué tienen que hacer para organizar su viaje? Escriban una lista usando por lo menos cinco infinitivos. Después, compártanla con la clase.

7 **Anuncio** Tú y tus compañeros/as son miembros de una compañía artística y van a estrenar un espectáculo que combina teatro, música y baile. Ahora, deben prepararse para presentar este espectáculo a la prensa. En grupos de cuatro, preparen una presentación que incluya las palabras y expresiones de la lista.

acabar de	ser divertido
empezar a	ser importante
prepararse para	tardar en
querer	tratar de

PUEDO explicar la preparación de un espectáculo.

Punta del Este

La ciudad más glamurosa de Suramérica es Punta del Este, Uruguay. En verano, sus playas se llenan de celebridades y se celebran fiestas y torneos de golf y polo. No obstante, el arte también está presente. La escultura de Mario Irarrázabal en Playa Brava *Hombre emergiendo a la vida*, conocida popularmente como *La Mano*, se ha convertido en símbolo de la ciudad. Y lo mismo puede decirse de Casapueblo, la casa taller que, durante 40 años, el artista Páez Vilaró construyó con sus propias manos como una "escultura habitable".

Colonia, la ciudad junto al río

En los siglos XVII y XVIII, la ciudad de Colonia del Sacramento, a orillas° del Río de la Plata, en Uruguay, fue escenario de la lucha° entre portugueses y españoles por expandirse en la región. Hoy los turistas pasean por las calles empedradas° del barrio histórico, declarado Patrimonio° Histórico de la Humanidad. Allí prueban quesos y dulces de tradición piamontesa y suiza, visitan la Plaza de Toros (donde las corridas° están prohibidas) y disfrutan de la tranquilidad del crepúsculo° sobre el río.

orillas *banks* **lucha** *struggle* **empedradas** *cobblestone* **Patrimonio** *Heritage* **corridas** *bullfights* **crepúsculo** *dusk* **cedrón** *lemon verbena* **pomelo** *grapefruit* **cuerno** *horn* **yerba** *herb* **bombilla** *straw*

El guaraní

Paraguay tiene dos lenguas oficiales: el español y el guaraní. Tradicionalmente, el español ha sido el lenguaje formal que se utiliza en documentos oficiales o en los medios de comunicación, mientras que el guaraní ha ocupado el lugar de la lengua cotidiana y familiar. Sin embargo, hoy en día existen numerosas páginas web y artículos de reconocidos periódicos en lengua guaraní. Además, se está impartiendo como materia en varias escuelas. El 87% de la población paraguaya habla guaraní, siendo el 31% monolingüe en esta lengua.

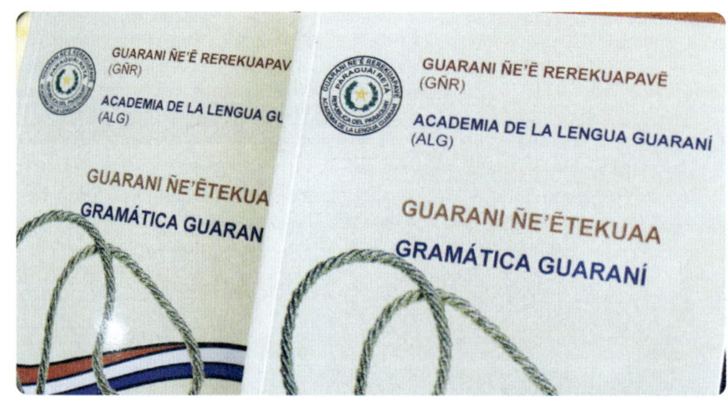

El tereré

Dicen en Paraguay que el tereré es tan sagrado como la siesta. En un país de altas temperaturas, esta infusión fría de origen guaraní es la bebida nacional. Se prepara con agua con hielo y hierbas refrescantes como menta o cedrón°. Otra versión reemplaza el agua con jugo de naranja o pomelo°. Se sirve en un recipiente llamado guampa, hecho de cuerno° de vaca, metal o vidrio, que se llena de yerba° mate. Muchas veces se comparte en ronda, siempre usando la misma bombilla°.

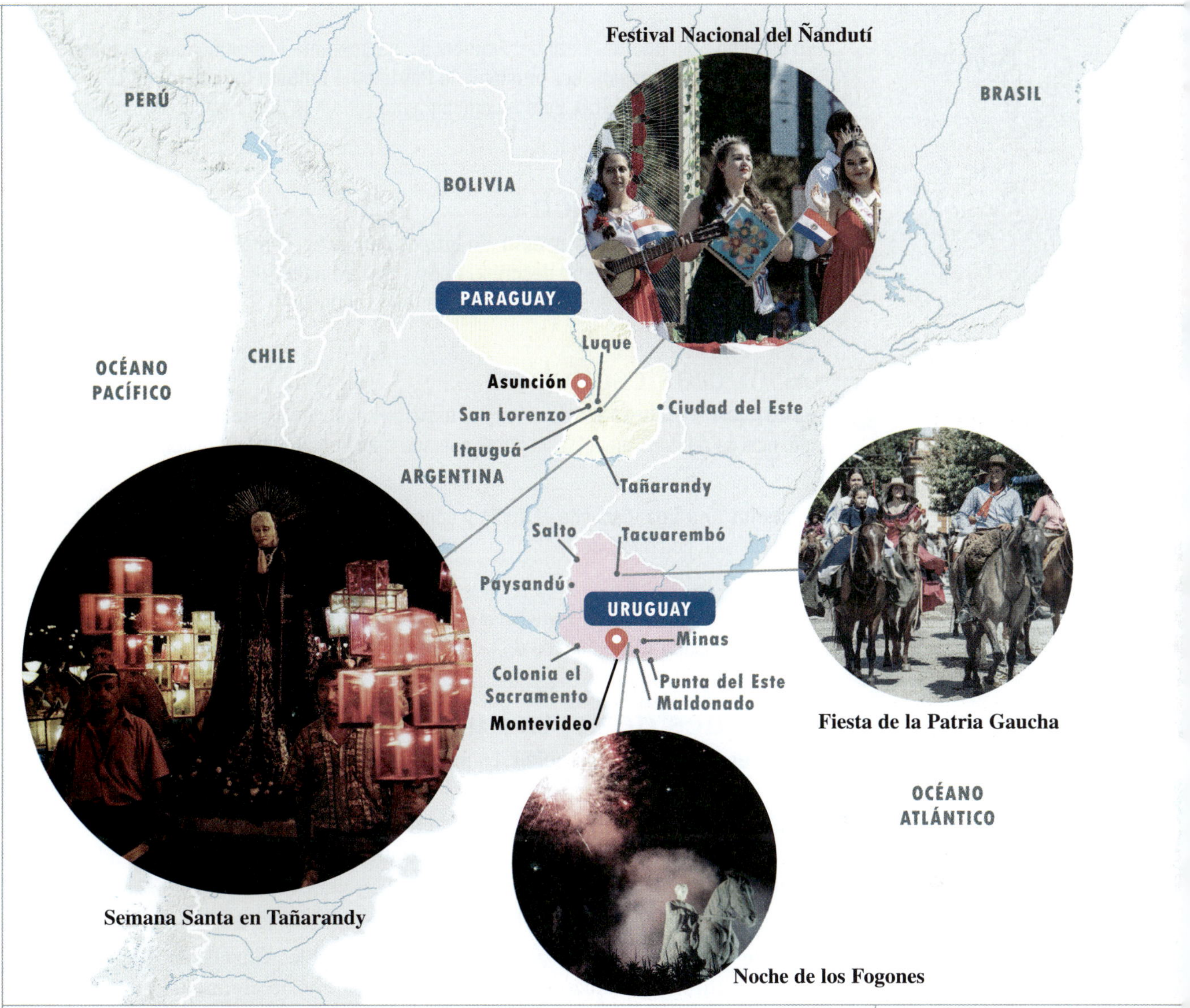

Festival Nacional del Ñandutí

PERÚ
BOLIVIA
BRASIL
PARAGUAY
Luque
Asunción
San Lorenzo
Itauguá
Ciudad del Este
Tañarandy
OCÉANO PACÍFICO
CHILE
ARGENTINA
Salto
Tacuarembó
Paysandú
URUGUAY
Minas
Colonia el Sacramento
Montevideo
Punta del Este
Maldonado
OCÉANO ATLÁNTICO

Fiesta de la Patria Gaucha

Semana Santa en Tañarandy

Noche de los Fogones

1 Perspectivas En parejas, contesten las preguntas.

1. ¿Existe en tu ciudad una escultura o construcción que sea un símbolo como *La Mano* en Punta del Este? Compara las dos obras.
2. ¿Elegirías visitar Punta del Este o Colonia? ¿Con qué ciudades turísticas de tu país las compararías por sus estilos?
3. ¿Quedan restos de construcciones históricas, al igual que en Colonia, en el lugar donde vives? ¿De qué época son y en qué estado se encuentran?
4. ¿Por qué crees que tradicionalmente el guaraní se utilizaba solo en contextos coloquiales y familiares?
5. ¿Qué cosas dirías que son sagradas en tu país, a la manera del tereré en Paraguay? ¿Cuál consideras que es la bebida nacional de tu país?

PUEDO conversar sobre la lengua y las costumbres en Uruguay y en Paraguay.

Practice more at vhlcentral.com.

Entrevista cultural

Communicative Objective: Talk about flamenco

En el audio "Día Internacional del Flamenco", se comenta el significado que tuvo para este género musical ser proclamado Patrimonio Cultural Inmaterial de la Humanidad por la UNESCO. Este reconocimiento refleja la importancia del flamenco a nivel mundial.

Antes de escuchar

1 Activar el conocimiento previo En grupos pequeños, hablen sobre lo que saben acerca del flamenco. ¿Cómo describirían este tipo de música? ¿De qué país y cultura proviene? ¿Qué canciones y artistas de flamenco conocen?

Mientras escuchas

2 Estrategia: Palabras clave Mientras escuchas el audio, presta atención a las palabras que más se repiten. Anota las palabras que son más importantes en la conversación.

3 Escucha una vez Escucha el audio y concéntrate en el vocabulario nuevo. Anota palabras que no conozcas.

4 Escucha de nuevo Ahora, vuelve a escuchar el audio y completa tu lista inicial. Trata de descifrar el significado de las palabras nuevas.

Después de escuchar

5 Comprensión e interpretación En parejas, contesten las preguntas.

1. ¿Qué afirmó el célebre guitarrista Paco de Lucía?
2. ¿Cuándo fue declarado el flamenco Patrimonio Cultural Inmaterial de la Humanidad?
3. ¿Cuál es la importancia del flamenco a nivel internacional?
4. ¿Por qué mucha gente supone que María Ángeles Carrasco, la directora del Instituto Andaluz del Flamenco, es familiar de algún/alguna artista de flamenco?
5. ¿Qué opina María Ángeles Carrasco sobre lo que ha cambiado en el mundo del flamenco desde que este fue declarado Patrimonio Cultural Inmaterial?

6 Discusión En grupos de cuatro, investiguen sobre otros géneros musicales que han sido reconocidos por la UNESCO y compárenlos al flamenco.

- ¿De qué país son representativos?
- ¿En qué año fueron declarados Patrimonio Cultural?
- ¿Qué impacto tuvo el reconocimiento de la UNESCO en la difusión de estos géneros?
- ¿Qué artistas son representativos de cada género en la actualidad?
- ¿Creen que estos géneros han evolucionado? ¿Cómo?

PUEDO conversar sobre géneros musicales declarados patrimonio cultural.

Communicative Objective: Identify specific features of Paraguayan operetta

Vocabulary Tools

SOBRE EL AUTOR

Jimmi Peralta (Alberdi, Paraguay, 1983) es periodista del diario *La Nación*, de Paraguay, desde 2009. En su vida laboral pasó por diferentes áreas de cobertura y secciones en el diario, principalmente en las áreas de Artes y Espectáculo. Es licenciado en Filosofía por la Universidad Nacional de Asunción. Trabajó en proyectos artísticos como la producción musical y la producción y el montaje audiovisuales. También es docente de educación secundaria hace dieciocho años.

Vocabulario de la lectura		Vocabulario útil	
abarcativo/a	*inclusive*	**la actualidad**	*present time*
devenir (e:ie)	*to become*	**combinar**	*to blend*
el limbo	*edge*	**exitoso/a**	*successful*
el matiz	*overtone*	**pasado/a de moda**	*outdated*
el olvido	*oblivion*	**el público**	*audience*
por ende	*therefore*		
la puesta	*staging*		
resaltar	*to highlight*		
supeditado/a a	*conditioned by*		
vincularse	*to be linked*		

1 Vocabulario Encuentra en el vocabulario un sinónimo para cada una de estas palabras o expresiones del vocabulario y escríbelo.

- anticuado ____________
- convertirse ____________
- destacar ____________
- incluyente ____________
- mezclar ____________
- relacionar ____________
- sujeto ____________
- tono ____________

2 Cartelera Haz una lista de los espectáculos artísticos que te gustan. Luego, en parejas, compárala con la de tu compañero/a y respondan las preguntas.

1. ¿Son populares (accesibles a todos) o exclusivos (muy complejos, caros, etc.) esos espectáculos? ¿Les gusta que sea así o les gustaría que fuera diferente? ¿Por qué?
2. ¿Qué elementos se combinan en esos espectáculos (música, video, literatura etc.)? ¿Fueron creados hace cuántos años?
3. ¿Sus padres y abuelos comparten el gusto de ustedes por esos espectáculos? ¿Cuáles otros les gustan a ellos? ¿Están en total desacuerdo sobre alguno que a ustedes les encanta (y viceversa)?
4. En su opinión, ¿a qué está supeditado un espectáculo para ser exitoso y popular con el público del siglo XXI de su(s) país(es)?

Zarzuela paraguaya: entre lo erudito, lo popular y lo patriótico (FRAGMENTO)

Jimmi Peralta

JOSÉ MAZÓ Y JORGE DELVALLE LLEVAN A escena obras de Juan Carlos Moreno González y Manuel Frutos Pane en puestas que fusionan teatro, danza, música instrumental y canto recreando un género que tuvo su generación de oro en el país y que se resiste a ocultar sus luces a pesar del paso del tiempo.

El Elenco Artístico Anástasi se propuso hace una década rescatar del olvido y la mera anécdota histórica el género escénico de la zarzuela paraguaya. José Mazó es una de las figuras determinantes en este emprendimiento°, y lleva diez años trabajando y reponiendo° obras que fueron desconocidas por el público por generaciones.

De origen español, la zarzuela tiene como condición propia vincularse con la sociedad y la cultura de cada lugar donde vuelve a nacer, y es por eso que los creadores en toda América hicieron su versión autóctona de este género.

Nación Media habló con José Mazó sobre la puesta, pero también sobre la naturaleza misma de esta expresión artística que él mismo se propone rescatar y reeditar.

—¿Cómo se diferencia la ópera de la zarzuela?

—Las diferencias de la zarzuela con la ópera son varias, pero podemos centrarnos en que la zarzuela es más distendida y cómica, mientras que la ópera adquiere matices un poco más dramáticos. La zarzuela abraza la idiosincrasia de un lugar determinado; sin embargo, la ópera es más universal o abarcativa en sus temas. También podemos resaltar que en la zarzuela se denota la marcada presencia del teatro, música y danza, mientras que la ópera se centra en la música y el canto. La zarzuela generalmente está en idioma español mientras que la ópera se canta en una variedad de idiomas como francés, italiano, alemán, etc.

COSTUMBRISMO

—¿Y cómo la zarzuela se va haciendo local hasta devenir en zarzuela paraguaya?

—La zarzuela es costumbrista, es decir, su contenido está supeditado a una región geográfica determinada; por ende, la paraguaya adquiere matices propios de nuestro país, nutriéndose de ritmos característicos como la polca, la guarania, entre otros géneros. La zarzuela española hace lo propio, rescatando costumbres de dicha zona.

—¿Qué mirada social proponían autores como Frutos Pane y Moreno González a la hora de dibujar al Paraguay en sus historias y música?

—Frutos Pane y Moreno dieron una connotación importante a la mujer paraguaya dentro de los diferentes contextos abordados° en sus cinco obras. Si bien, a la luz del presente, algunos elementos o gags de sus obras podrían considerarse machistas, para la época (1950 y 1960) eran revolucionarios, ya que se centraban en heroínas llenas de orgullo por su patria, su trabajo y su familia, rompiendo estereotipos sociales que las relegaban en dichos tiempos.

Esto se debe a que ambos maestros tenían como musas inspiradoras a sus madres, en especial Moreno, quien dedicó "La tejedora° de ñandutí" a doña Rosario González. Así es que conocemos a Rosalía, Ara, María Pacurí, Lucila y Rosalinda, quienes fueron íconos de su pueblo y el trabajo.

—¿Qué otros creadores de zarzuela paraguaya podemos citar?

—Otro dúo que se destacó en el ámbito de las zarzuelas paraguayas es el de Neneco Norton y Alcibiades González Delvalle con populares obras como "Naranjera", "Ribereña", "El arribeño", entre otras.

ENTRE LO ERUDITO Y LO POPULAR

—Dentro de la clasificación de la música popular o erudita, ¿en qué columna se ubica nuestra zarzuela?

—La zarzuela paraguaya se encuentra en el limbo entre la música erudita y la popular, ya que según la obra o el personaje posee° piezas musicales bastante complejas de abordar, como se observa en la zarzuela paraguaya "Corochiré", considerada la más exigente° en términos vocales, pasando por otras con un poco menos de exigencia, especialmente en los dúos cómicos, como "Qué cosa linda es el amor" o "Fosforito", de Tomasita y Tomasito, en la zarzuela paraguaya "María Pacurí", "La tarantela de los duelistas", de Osilón y Pascuale, o "Imposible, che kaigue", de Odilón y Eusebia, en la zarzuela paraguaya "Las alegres kygua vera", en las cuales predomina el elemento bufo° o interpretativo por sobre el virtuosismo vocal.

—¿Qué otros países tienen su propia zarzuela?

—La zarzuela se ha extendido a otros países de habla hispana, como Cuba, destacándose títulos como "María la O", "El cafetal", "Rosa, la china", "Niña Rita", entre otras, siendo Ernesto Lecuona uno de los compositores más profusos de este género en el mencionado país. En Argentina y Uruguay se ha desarrollado un subgénero cómico y costumbrista denominado sainete criollo y en Venezuela se destaca el compositor Pedro Elías Gutiérrez, quien dio música a la zarzuela "Alma llanera", cuya canción homónima es considerada como el segundo himno de Venezuela. En Puerto Rico la zarzuela se desarrolló vertiginosamente. A la instrumentación utilizada comúnmente, como los conjuntos de cuerda° e instrumentos típicos de una sinfónica, se le añadieron instrumentos regionales como el cuatro, la bordonúa, el tiple y diversos instrumentos afroantillanos. Desde la época de Juan Morel Campos, escritores, autores, libretistas y músicos puertorriqueños se dieron a la tarea de componer y escribir zarzuelas. Hay muchos otros países donde se pueden encontrar zarzuelas, pero estos son algunos ejemplos de los más representativos. ■

emprendimiento *undertaking*
reponiendo *(theater) show, put on again*
abordados *addressed*
tejedora *weaver*
posee *has*
exigente *demanding*
bufo *farcical*
conjuntos de cuerda *string ensembles*

Análisis

1 Cierto o falso Indica si las oraciones son ciertas o falsas. Corrige las falsas.

1. José Mazá componía zarzuelas en el siglo pasado.
2. Este siglo es la época dorada de la zarzuela.
3. Es típico de la zarzuela vincularse con la sociedad y la cultura del lugar.
4. La ópera es distinta a la zarzuela.
5. La zarzuela cambia según la región geográfica.
6. En las zarzuelas del siglo XX de Paraguay, las mujeres aparecen estereotipadas.
7. La zarzuela se clasifica como música erudita.
8. En la zarzuela de Puerto Rico se agregaron instrumentos musicales regionales.

2 Interpretar En parejas, respondan las preguntas.

1. ¿De qué manera piensan que las musas inspiradoras de los compositores paraguayos influenciaron la representación de las mujeres en la zarzuela?
2. ¿Cuál imaginan que era el estereotipo de las mujeres en esa época?
3. ¿Les parece que hoy en día esas representaciones seguirán rompiendo estereotipos modernos o ya estarán pasadas de moda? ¿Por qué?
4. ¿Imaginan que dentro de un siglo las obras creadas hoy en día serán modernas o anticuadas?

3 Arte moderno En grupos, investiguen sobre una de estas manifestaciones artísticas modernas. Luego, respondan las preguntas.

- El manga y el animé
- La escultura cinética
- La escultura digital
- La fotografía
- La moda
- La *performance* o acción artística
- Los grafitis y murales
- Los videojuegos

1. ¿Cuándo y cómo surgió?
2. ¿Qué elementos combina?
3. ¿Es popular o erudita?
4. ¿Les parece que va a durar siglos o es una moda pasajera? ¿Por qué?

4 Una puesta revolucionaria En grupos, elijan una obra de teatro, ópera, película o novela de siglos pasados y escriban una propuesta (*pitch*) breve para una puesta en escena actual. Describan los cambios que necesitará para ser exitosa en la actualidad, como variar el matiz, incluir música moderna, quitar totalmente el diálogo, etc. Pueden inspirarse investigando puestas reales que han provocado muchas reacciones de crítica y público.

PUEDO discutir sobre diferentes manifestaciones artísticas y teatrales.

Preparación

Communicative Objective: Discuss festivals and the performing arts in Uruguay

Vocabulario de la lectura		Vocabulario útil	
la asistencia	*attendance*	**atrevido/a**	*bold, daring*
el fin	*purpose*	**bienal**	*biennial*
el fortalecimiento	*strengthening*	**en cartel**	*now showing*
impulsar	*to boost*	**fomentar**	*to promote*
operativo/a	*operational*	**innovador(a)**	*innovative*
los títeres	*puppet show*	**la mejora**	*improvement*

1 Sinónimos Une cada término con la palabra o expresión que tiene el mismo significado.

1. atrevido ___ a. en funcionamiento
2. bienal ___ b. original
3. fin ___ c. arriesgado
4. fortalecimiento ___ d. cada dos años
5. innovador ___ e. propósito
6. operativo ___ f. consolidación

2 Tu experiencia En parejas, contesten las preguntas.

1. ¿Qué arte escénica te gusta más: el teatro, el musical, la danza o el circo? ¿Por qué?
2. ¿Prefieres ver obras clásicas o espectáculos más innovadores? Explica tu respuesta.
3. ¿Conoces festivales de danza o teatro que se celebren en tu ciudad? ¿Alguna vez has asistido? Cuenta tu experiencia.
4. ¿Crees que en tu ciudad hay una buena oferta de espectáculos escénicos? ¿Qué ciudades de tu país tienen una oferta mejor?

3 Críticos Entrevista al menos a diez compañeros para averiguar cuál es el mejor espectáculo escénico que han visto y crea una tabla siguiendo el modelo. Luego, en grupos de tres, pongan en común sus descubrimientos y contesten las preguntas.

Título	Género	Ciudad donde lo viste	Aspectos que más te gustaron
El rey león	*Musical*	*Nueva York*	*El vestuario y las canciones*

- ¿Hay algún espectáculo que se repite? ¿Y alguna ciudad?
- ¿Cuál es el género preferido?
- ¿Qué aspectos de un espectáculo se valoran más?

Las artes escénicas toman Uruguay

Las artes escénicas de Uruguay han experimentado un gran desarrollo en los últimos años. Los festivales proliferan en todo el país. Su capital, Montevideo, sigue siendo el centro de la actividad escénica, pero existen compañías estables en todos los departamentos. Los teatros históricos siguen en pie°, pero surgen también salas alternativas no convencionales. Las compañías más antiguas y sólidas conviven con grupos independientes más jóvenes. Las programaciones recogen desde clásicos universales hasta obras experimentales de las nuevas generaciones de dramaturgos y actores.

remain in place

El buen estado de las artes escénicas uruguayas se debe a varios factores. Por una parte, Uruguay cuenta con una gran tradición escénica. Sus producciones son conocidas por su alta calidad y su originalidad. Por otra parte, Uruguay ha desarrollado políticas culturales públicas que han tenido un impacto muy positivo. A través de organismos como el Instituto Nacional de Artes Escénicas (creado en 2012), el estado ha trabajado en el fortalecimiento y la promoción de las artes escénicas. Así, se puso en marcha un programa para mejorar las infraestructuras. Uruguay también invirtió en formación° de artistas y en investigación con el fin de ponerse al día° en cuanto a prácticas escénicas nuevas. Finalmente, se lanzaron iniciativas para hacer las artes escénicas más asequibles y lograr un público más frecuente y estable.

training / catch up

En este panorama, el teatro es el arte escénica que ocupa el lugar más destacado. Por su parte, la danza y el circo moderno continúan desarrollándose, aunque todavía no han alcanzado° la misma popularidad. En Uruguay, existen numerosos festivales escénicos, cada uno con un objetivo y unas características determinadas. Los festivales a continuación son una muestra° de la variedad y la capacidad de adaptación de las artes escénicas uruguayas. También son un ejemplo de cómo la tradición convive con la innovación.

reached

proof

Festival Internacional de Artes Escénicas

El Festival Internacional de Artes Escénicas (FIDAE) está organizado por el Instituto Nacional de Artes Escénicas y es probablemente el festival más popular. Se celebra cada dos años desde 2009 y su sede° es Montevideo, aunque su programación llega a diferentes ciudades uruguayas. Uno de sus puntos fuertes es la variedad. En cada edición, el FIDAE ofrece espectáculos tanto nacionales como internacionales (principalmente iberoamericanos), y tanto de teatro como de danza, circo y títeres. El festival tiene el propósito de contribuir a la expansión internacional de la escena uruguaya al poner en contacto a los profesionales uruguayos con los de otros países. Al contar con una gran promoción y visibilidad, el festival pretende captar la atención de todos los posibles espectadores y no solo de aquellas personas que habitualmente asisten al teatro. Por ello, el FIDAE prioriza espectáculos de alta calidad y diversos tanto en contenido como en formato. Su estrategia es poner buenos espectáculos al alcance de° un público amplio° con el fin de despertar su interés por las artes escénicas.

headquarters

accessible to / large

Montevideo Sitiada

Tiene el propósito de dar un nuevo uso cultural a los espacios públicos.

Este festival nació en 2003 como una propuesta que unía dos disciplinas: la danza y la arquitectura. Montevideo Sitiada es un festival especializado con un objetivo claro: visibilizar la danza e integrarla en espacios de la vida diaria. Así, el festival aprovecha° los espacios urbanos de la capital uruguaya y presenta sus espectáculos en salas no convencionales, como calles, plazas o parques. En Uruguay, la danza no tiene un desarrollo tan avanzado como el del teatro ni un público tan consolidado. Por eso, este festival es una buena oportunidad para dar a conocer este arte a un gran número de espectadores y despertar su curiosidad. Además, también tiene el propósito de dar un nuevo uso cultural a los espacios públicos para que los ciudadanos redescubran y aprecien lugares de su propia ciudad. Montevideo Sitiada presenta espectáculos tanto de compañías de Uruguay como de otros países e incluye desde propuestas más formales hasta otras más arriesgadas o experimentales.

takes advantage of

Festival Internacional de Circo

Uruguay cuenta con una gran tradición circense, pero en la actualidad el circo tiene menos popularidad y promoción que el teatro. Por eso, el Festival Internacional de Circo (FIC) se creó con la intención de impulsar las artes circenses y mostrar la profesionalidad del sector. Este festival es el más reciente de los tres y se celebra cada dos años. Nació en 2014 con una difusión y un público modestos, pero su popularidad y sus cifras de asistencia se multiplicaron en las siguientes ediciones. En su primer año, contaba con funciones limitadas a la capital y alguna ciudad costera°, pero se apostó por expandir las funciones por el interior del país. En el FIC se pueden ver espectáculos en las modalidades de sala, carpa y calle. Además, su programación combina funciones de circo más tradicional con otras más modernas. ■

coastal

Watch related video at vhlcentral.com.

Análisis

1 Comprensión Contesta las preguntas.

1. ¿Qué organismo ha contribuido a impulsar las artes escénicas en Uruguay?
2. ¿Para qué invirtió Uruguay en investigación?
3. ¿Cuál es el arte escénica más desarrollada en Uruguay?
4. ¿En qué festival de los tres que se mencionan se pueden ver espectáculos de títeres?
5. ¿En qué otra disciplina se centra Montevideo Sitiada, además de en la danza?
6. ¿Cuál de los tres festivales que se mencionan es el más joven?

2 Interpretación y reflexión En parejas, contesten las preguntas.

1. ¿Qué elementos demuestran que las artes escénicas de Uruguay viven un buen momento?
2. ¿Qué factores han ayudado a conseguir este estado positivo?
3. ¿Por qué creen que la danza y el circo son menos populares que el teatro?
4. ¿Qué festival de los tres que se mencionan piensan que ayuda más a visibilizar las artes escénicas? ¿Por qué?

3 Investigación En grupos de tres, busquen información sobre la última edición de los tres festivales mencionados en el artículo. Pueden visitar sus sitios web oficiales, consultar medios en línea de Uruguay o ponerse en contacto con los organizadores. Completen la tabla.

Dato	FIDAE	Montevideo Sitiada	FIC
Año			
Ciudades			
Espectáculos			
Novedades			

4 Organizadores

A. En grupos de cuatro, contesten las preguntas.

1. ¿Piensan que un festival tiene más impacto si se celebra en espacios urbanos públicos o si se celebra en salas convencionales? ¿Por qué?
2. ¿Hay en su ciudad eventos artísticos o festivales que tienen lugar en espacios urbanos públicos? Compárenlos con el festival Montevideo Sitiada.
3. ¿Qué les parece más interesante: un festival que agrupa varias artes escénicas o un festival especializado en una de ellas? Argumenten su respuesta.

B. Ahora, creen una propuesta de festival que sea innovadora y que promocione las artes escénicas en su ciudad. Incluyan un nombre, un objetivo, el arte o las artes a las que está dedicado y los espacios donde se celebrará. Luego, presenten su propuesta ante la clase.

PUEDO presentar una propuesta para un festival de artes escénicas.

SOBRE EL AUTOR

Imagen del video *Flores para Pedro Orgambide*, de la Fundación Biblioteca Virtual Miguel de Cervantes

Pedro Orgambide (1929-2003) nació y murió en Buenos Aires, Argentina. Escribió más de 40 obras entre novela, poesía, teatro, cuento y ensayo. Con tan solo 13 años, publicó sus primeros poemas y a los 19, escribió su primer libro. Entre 1974 y 1983 vivió exiliado en México por oposición a la dictadura en su país. Durante estos años, siguió añadiendo títulos a su extensa obra. De vuelta a Argentina, también trabajó como guionista de televisión y creativo de publicidad. Entre sus obras literarias está *Mujer con violoncello* (1993), que incluye el cuento que vas a leer.

Vocabulario de la lectura		Vocabulario útil	
el camarín	*dressing room*	**el/la admirador(a)**	*fan*
el chisme	*gossip*	**el afán**	*ambition*
clavar	*to stab*	**conmovedor(a)**	*moving*
entre bambalinas	*backstage*	**el desenlace**	*outcome*
hacer una reverencia	*to bow*	**la envidia**	*envy*
hacerse (de) rogar	*to play hard to get*	**el nudo**	*crux, heart*
el/la ladrón/ladrona	*thief*	**el suspenso**	*suspense*
el/la marqués/ marquesa	*marquis/marquise*	**tener celos**	*to be jealous*

NOTA CULTURAL

El teatro argentino tiene sus orígenes en ritos indígenas, manifestaciones africanas y en las obras de teatro coloniales de influencia española. Argentina tiene una larga historia teatral que pasa por diferentes períodos, como el del teatro independiente de principios de siglo XX y el llamado Teatro Abierto, que luchaba contra la dictadura militar de los años 1970. Actualmente, el teatro argentino ha cobrado (*earned*) una gran fama con el movimiento teatral alternativo, el cual triunfa a nivel internacional.

1 **Vocabulario** Completa la entrevista.

LOCUTOR: Alba, te voy a hacer algunas preguntas que nos han mandado tus (1) _______________. La primera pregunta viene de Irene, de Montevideo: ¿Por qué no tienes cuenta en redes sociales?

ALBA: No me interesa. No entiendo el (2) _______________ que tienen algunas personas de hacerse famosas. No tengo nada de (3) _______________ a las celebridades que aparecen en redes sociales promocionando productos. Lo único que consiguen es acabar en esas revistas de (4) _______________ cuyos periodistas son unos (5) _______________ de la privacidad.

LOCUTOR: Es decir, que tú valoras más tu intimidad y prefieres estar entre (6) _______________, ¿no?

2 **La fama** En grupos de tres, contesten las preguntas.

- ¿Cuál creen que es la motivación principal de hacerse famoso/a?
- ¿De qué formas se puede adquirir la fama actualmente (*nowadays*) en su país?
- ¿Les gustaría ser famosos/as? ¿Por qué? ¿Qué aspecto de la fama les atrae más? ¿Cuál menos?

El saludo

Pedro Orgambide

Ha sido una gran función la de esta noche. Los espectadores aplauden de pie° y esperan el saludo de La Diva. Pero ella no sale aún. Algún crítico mal intencionado piensa que La Diva se hace rogar, que administra, con astucia°, el fervor del público. Puede que sea así, pero yo no soy nadie para revelar esos secretos. Mi patrona°, que otros llaman La Diva, sabe muy bien que no lo haré. En todos estos años que estuve a su servicio, nadie obtuvo de mí una infidencia°, un comentario que pudiera afectar a la señora. Al contrario, muchas veces hice un discreto mutis°, por decir así, para ocultar o disimular° una situación embarazosa. “Esta mosquita muerta° lo ve todo, lo sabe todo”, suele decir mi patrona. Y es así, realmente: he visto cosas por las que pagarían buen dinero esas revistas de chismes en las que a veces sale la foto de la señora, acompañada por el caballero o el jovencito de turno.

standing

cleverness

boss

disloyalty

silence

hide / wolf in sheep's clothing

Solo yo sé que esas minucias° poco tienen que ver con ella. A ella, lo que en verdad le importa es el aplauso del público. No, no sale todavía. Ella no es como esas jovencitas, como esas actrices novatas° que apenas cae el telón, corren desbocadas° hasta el proscenio°, para mendigar° el aplauso. De ningún modo. Ella suele esperar entre bambalinas, dejar que el aplauso crezca en forma considerable, antes de caminar hacia la gente que le arroja° flores y la llama diosa. Solo entonces mueve levemente la cabeza, como negando el mérito a la estruendosa° realidad. Con modestia, debe admitir que el éxito es suyo. Puede permitirse entonces una sonrisa, un ademán° gracioso, algún saltito que insinúa un deseo de regresar al camarín°. Pero el público es tirano, el público exige otro saludo. Y bien, no hay que negárselo. Es entonces cuando La Diva arroja un beso al aire. El público se agita, grita, patalea°. Entonces ella lleva su mano al pecho, hacia el corazón y llora. "Un momento así vale la pena", le oí decir muchas veces a mi patrona. Por ese momento, ella pasa horas haciendo gimnasia, pedaleando en la bicicleta fija, cubriéndose la cara con horribles mascarillas y cosméticos. Pero eso el público no lo sabe, es un secreto entre ella y yo. Nunca diré que vi su rostro° envejecido, sus arrugas°, el tic que afea su boca. No, no lo haré. Tampoco diré que se babea° por las noches, que tose° en la oscuridad y maldice su suerte. No quiero llevar agua al molino° de sus enemigos, Dios no lo permita. Pero hay que reconocer que no siempre saluda con dignidad. Yo la he visto empujar° al primer actor de la compañía, para que trastabille° delante de los espectadores. También he visto como "tapaba" a la dama joven, poniéndose delante de la muchacha, como distraída. No, no me engaño. Así no saludan los grandes del teatro. Ellos saludan muy sobrios, con la ostentosa dignidad de parecer humildes. Pero yo no soy quién para juzgarla. En estos años la vi luchar por el aplauso, firmar contratos abusivos, soportar los chistes° de ignotos° productores, solo para obtener ese premio que necesita como el aire. Porque después de meses de ensayo, de debatirse frente al espejo, de abandonar a su último amante, de aprender un texto que en realidad detesta, ella va a salir a saludar al público. Y la van a aplaudir. Y eso es lo único que importa. Ella quedará suspendida en el tiempo, oyendo el aplauso, las voces que repiten su nombre. Lástima que hoy no será así. Lástima su mal trato, la fea costumbre de insultarme. Aunque yo se lo había perdonado todo, en verdad. Porque yo la admiraba, igual que esa gente que ahora implora su presencia en el escenario, esas mujeres y esos hombres de pie, ansiosos, impacientes por ver a La Diva. Lástima. Porque ella no debió levantarme la mano, ni decirme bruta, ignorante, ladrona. No, eso estuvo mal. Si me puse el vestido de marquesa, el que ella usa en la obra, fue solo para imitarla, sin mala intención. Es lo que hice durante todas las noches, cuando ella se cambiaba y se ponía la bata de seda°, para saludar y recibir los aplausos. No sabía que se iba a enojar tanto. Pero, ¿por qué me amenazó con esa tijera° que ahora está clavada en su corazón? Con el vestido de marquesa y el antifaz ya soy igual a ella. Oigo el rumor de los aplausos. Es algo verdaderamente hermoso. Es hora de salir, de saludar al público. Ellos están allí, llamándome, gritándome divina, diosa. Hago una reverencia, arrojo un beso al aire y los saludo, fatigada y feliz. ■

Ella quedará suspendida en el tiempo, oyendo el aplauso.

trifles
novice
bolt / stage / beg for
throw
outrageous
gesture
dressing room
stomps
face / wrinkles
drools / coughs
grist to the mill
push
trips
jokes / unknown
silk robe
scissors

1 Comprensión Completa las oraciones con la opción correcta.

1. La Diva es el nombre artístico de la ___.
   a. actriz　b. asistente　c. crítica
2. La Diva es la ___ de la narradora de la historia.
   a. madre　b. patrona　c. asistente
3. Según la narradora, ella guarda ___ de su patrona.
   a. las revistas　b. el dinero　c. los secretos
4. De lo que más disfruta La Diva es de ___.
   a. la actuación　b. los aplausos　c. la gimnasia
5. Según la asistente, La Diva la trata ___.
   a. mal　b. bien　c. con indiferencia
6. ___ clava la tijera a ___.
   a. La Diva; la asistente　b. La asistente; La Diva　c. La Diva; los espectadores

2 Interpretar En parejas, contesten las preguntas.

1. ¿Qué efecto tiene la perspectiva de la narradora en el relato?
2. ¿Qué tipo de relación tenían La Diva y su asistente?
3. ¿Creen que la asistente le fue fiel a La Diva durante todos los años que trabajó para ella? ¿Cómo lo saben?
4. ¿Piensan que la descripción que hace la narradora de La Diva es rigurosa? ¿Por qué?
5. ¿Qué sentimientos tiene la asistente hacia su patrona? ¿Y viceversa?

3 Las partes del cuento En parejas, identifiquen las partes de "El saludo" e incluyan una descripción de lo que ocurre en cada una.

Partes	¿Qué ocurre?
Introducción	
Nudo	
Desenlace	

4 Los personajes En grupos de tres, creen un diagrama de Venn en el que comparen a La Diva con la asistente.

La Diva　　La asistente

5 El suspenso En grupos de tres, compartan sus conocimientos sobre el género del suspenso en el cine, el teatro y la literatura. Después, discutan sobre las preguntas. Si es necesario, consulten sobre este género en Internet.

1. ¿Qué es el suspenso? ¿Cuáles son sus características principales?
2. ¿Qué obras literarias o cinematográficas de su país conocen de este género?
3. ¿Calificarían “El saludo” como cuento de suspenso? Busquen referencias en el cuento para apoyar su respuesta.
4. En el cuento, La Diva solía decir: “Esta mosquita muerta lo ve todo, lo sabe todo.” ¿Qué importancia tiene esta oración en la historia? ¿Creen que se podría relacionar con alguna de las características del género del suspenso? ¿Cómo?
5. ¿Qué técnicas usa Orgambide para crear tensión en los lectores?
6. ¿Anticiparon el final de la historia o se quedaron sorprendidos/as?

6 Las apariencias En grupos de tres, contesten las preguntas.

1. ¿Piensan que la historia es verosímil? ¿Creen que hay personas en el mundo del espectáculo que se podrían identificar con los personajes del cuento?
2. ¿En qué sector creen que es más común encontrar el afán por la fama actualmente: en el mundo de las artes escénicas o en las redes sociales?
3. La Diva cubre sus defectos con mascarillas y cosméticos. ¿De qué forma “enmascaran” sus defectos los famosos de hoy en día? ¿Y los no famosos?
4. En el cuento, la narradora explica cómo “el público se agita, grita, patalea”. ¿Existe hoy en día esa devoción por los famosos? Den ejemplos.
5. ¿Consideran que las redes sociales fomentan el mundo de las apariencias o creen que ese mundo siempre ha existido? Den ejemplos.
6. ¿Por qué creen que hay personas que darían todo por ser famosas?
7. Andy Warhol dijo: “En el futuro, todo el mundo será famoso durante quince minutos.” ¿Creen que tenía razón? ¿Por qué?
8. Además de escribir obras de teatro, Orgambide también fue bailarín y maestro de danza. ¿Cómo creen que su experiencia en el campo influyó en la elaboración del cuento?

7 Escribir Siguiendo las características del género del suspenso que discutieron en la actividad 5, en parejas, escriban un cuento o una obra de teatro. Después, lean su cuento o representen su obra ante la clase.

PUEDO escribir un cuento o un guion de teatro de suspenso.

Análisis: espectáculos

Communicative Objective: Write a review of a performance

En esta lección has aprendido sobre el arte escénico en sus diferentes formas. Vas a escribir un análisis o crítica de un concierto, una obra de teatro u otro espectáculo escénico al que hayas asistido.

Planificar y preparar la escritura

1 **Estrategia: Prepara el tema de tu análisis** Piensa en un concierto o en una obra de teatro que hayas visto. ¿Cuál es tu opinión sobre él o ella? ¿Te gustó? ¿Qué podría haber mejorado? ¿Cuál fue la mejor parte? Utiliza una tabla como la de abajo para escribir los puntos positivos, los negativos, y otras notas y preguntas sobre el espectáculo.

Positivo	Negativo	Notas y preguntas
La guitarrista era muy buena.	*La calidad del sonido en la sala no era muy buena.*	*¿Cuánto tiempo lleva la banda tocando junta?*

2 **Estrategia: Desarrolla el cuerpo del análisis**

- Piensa en cómo usar los datos de tu tabla para escribir tu análisis. Busca respuesta a las preguntas de tu tabla para completar el análisis.
- Desarrolla el cuerpo del análisis describiendo los puntos positivos y negativos del concierto o de la obra de teatro.

Escribir

3 **Tu análisis** Ahora escribe tu análisis. Utiliza la información que has reunido y sigue estos pasos.

- **Introducción:** Presenta a la banda del concierto o la obra de teatro y describe brevemente su biografía o historia. Usa palabras descriptivas.
- **Desarrollo:** Explica detalladamente los puntos positivos y negativos del concierto o de la obra de teatro. Ofrece ejemplos que apoyen tus afirmaciones.
- **Conclusión:** Resume tus observaciones y termina el análisis.

Revisar y leer

4 **Revisión** Pídele a un(a) compañero/a que lea tu análisis y que te haga preguntas sobre el concierto o la obra de teatro. Revisa tu texto incorporando información nueva y prestando atención a estos elementos.

- ¿El análisis está escrito de manera lógica y ordenada?
- ¿Explicaste bien tu opinión sobre el concierto o la obra de teatro con palabras descriptivas?
- ¿Enlazaste de manera fluida tus observaciones?
- ¿Son correctas la gramática y la ortografía?

Practice more at vhlcentral.com.

PUEDO escribir una crítica de teatro o de un espectáculo musical.

En escena

Así lo decimos

la acrobacia *acrobatics*
el antifaz *eye mask*
las artes circenses *circus arts*
la audición *audition*
el/la bailarín/bailarina *dancer*
la carroza *float*
el compás *beat*
la coreografía *choreography*
la cuerda floja *tightrope*
el decorado *scenery*
el/la dramaturgo/a *playwright*
el elenco *cast*
el escenario *stage*
el giro *spin*
el guion *script*
los malabares *juggling*
el maquillaje *makeup*
la máscara *mask*
el miedo escénico *stage fright*
el/la mimo *mime*
el musical *musical*
las palmas *clapping*
el papel *role*
la peluca *wig*
la pista *ring*
la pluma *feather*
el/la protagonista *leading role, protagonist*
la puesta en escena *staging*
la purpurina *glitter*
el son *sound, pace*
el tablado *dance stage*
la taquilla *box office*
el/la trapecista *trapeze artist*

actuar *to act, to perform*
dar palmas *to clap*
disfrazarse (de) *to dress up (as)*
ensayar *to rehearse*
interpretar *to play (a role)*
saltar *to jump*

colorido/a *colorful*
llamativo/a *flashy*

Documental

el abordaje *approach*
la actuación *performance*
el/la aficionado/a *enthusiast*
el compañerismo *fellowship*
el/la maquillador(a) *makeup artist*
el/la miembro *member*
la murga *form of popular musical theater*
la vertiente *aspect*

asistir *to attend*
cumplir *to fulfill*
realizarse *to take place*
triunfar *to succeed*

fiel *loyal*
fortuito/a *coincidental*

Artículo

la actualidad *present time*
el limbo *edge*
el matiz *overtone*
el olvido *oblivion*
el público *audience*
la puesta *staging*
combinar *to blend*
devenir (e:ie) *to become*
resaltar *to highlight*
vincularse *to be linked*

abarcativo/a *inclusive*
exitoso/a *successful*
supeditado/a a *conditioned by*

pasado/a de moda *outdated*
por ende *therefore*

---

la asistencia *attendance*
el fin *purpose*
el fortalecimiento *strengthening*
la mejora *improvement*
los títeres *puppet show*

fomentar *to promote*
impulsar *to boost*

atrevido/a *bold, daring*

bienal *biennial*
en cartel *now showing*
innovador(a) *innovative*
operativo/a *operational*

Literatura

el/la admirador(a) *fan*
el afán *ambition*
el camarín *dressing room*
el chisme *gossip*
el desenlace *outcome*
la envidia *envy*
el/la ladrón/ladrona *thief*
el/la marqués/marquesa *marquis/ marquise*
el nudo *crux, heart*
el suspenso *suspense*

clavar *to stab*
hacer una reverencia *to bow*
hacerse (de) rogar *to play hard to get*
tener celos *to be jealous*

conmovedor(a) *moving*
entre bambalinas *backstage*

Ahora yo puedo...

- entender información clave en contextos orales y escritos sobre las artes escénicas.
- participar en conversaciones para comparar espectáculos de mi comunidad con los de países hispanohablantes.
- presentar un póster sobre un carnaval en el mundo hispano.
- comparar prácticas y perspectivas sobre eventos culturales y tradiciones en mi cultura y otras.
- reconocer que la economía de un país influye en sus artes escénicas.

Yo creo... En parejas, investiguen y comenten sobre las creencias de sus familias en generaciones anteriores. Después, respondan: ¿cómo han cambiado sus creencias actuales en comparación con las de sus antepasados? ¿Quiénes dedican más tiempo a actividades religiosas en sus familias?

FORMAS DE EXPRESIÓN

Creencias y fe

LECCIÓN

9

BOLIVIA, PERÚ Y ECUADOR

LESSON OBJECTIVES

You will learn how to...

- understand most of what it is said or written in texts about religion.
- interact with a travel agent in Spanish to request information about an event.
- write a comparison between a religious ceremony in your community and one in a different culture.
- compare practices and perspectives about religious beliefs in your own and other cultures.
- recognize and respect the diversity of cultures, religions, and lifestyles.

Las religiones

La religión es un factor cultural muy importante en Latinoamérica. La mayoría de la población es **cristiana**, principalmente **católica**, aunque en los últimos años el porcentaje de **protestantes** ha aumentado. Alrededor de un 10% de los latinoamericanos se declaran **agnósticos** o **ateos**.

agnóstico/a *agnostic*
ateo/a *atheist*
budista *Buddhist*
católico/a *Catholic*
cristiano/a *Christian*
hindú *Hindu*
judío/a *Jewish*
musulmán/musulmana *Muslim*
protestante *Protestant*

Las prácticas religiosas

En Perú, la religión de los incas era **politeísta** y **adoraba** a los dioses de la naturaleza. La llegada de los españoles supuso la expansión del catolicismo. Hoy en día, sus **creencias** y formas de **culto** mantienen elementos tanto católicos como indígenas, dando lugar a muchos ejemplos de **sincretismo** religioso.

adorar *to worship*
bendecir (e:i) *to bless*
el culto *worship*
la fe *faith*
meditar *to meditate*
la misa *mass*
monoteísta *monotheistic*
la peregrinación *pilgrimage*
politeísta *polytheistic*
predicar *to preach*
el sincretismo *syncretism*

Los lugares sagrados

La **Catedral** de Santa María de la Encarnación en Santo Domingo (República Dominicana) es la **iglesia** más antigua de América. Le siguen otras construcciones como la **Capilla** de San José de Tlaltenango y la **Ermita** del Rosario de La Antigua. Las dos se encuentran en México y fueron construidas en el siglo XVI.

la capilla *chapel*
la catedral *cathedral*
la ermita *shrine*
la iglesia *church*
la mezquita *mosque*
el monasterio *monastery*
el santuario *sanctuary*
la sinagoga *synagogue*
el templo *temple*

Práctica

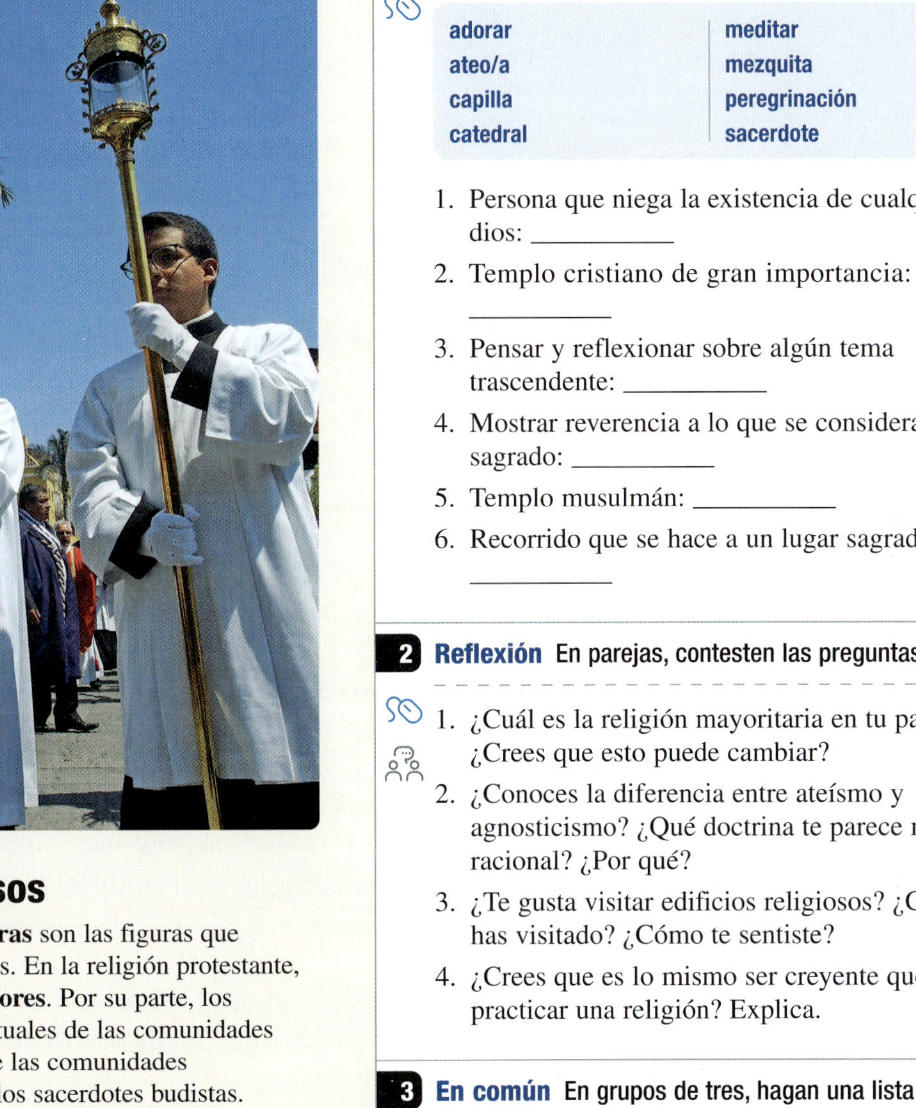

Los cargos religiosos

En la religión católica, los **curas** son las figuras que actúan como guías espirituales. En la religión protestante, este cargo lo asumen los **pastores**. Por su parte, los **rabinos** son los líderes espirituales de las comunidades judías, y los **imanes** lo son de las comunidades musulmanas. Los **lamas** son los sacerdotes budistas.

el cura *Catholic priest*
el imán *imam*
el lama *lama*
el monje *monk*
el obispo *bishop*
el papa *pope*
el/la pastor(a) *pastor*
el/la rabino/a *rabbi*
el/la sacerdote/sacerdotisa *priest*

Practice more at vhlcentral.com.

1 Parejas Completa las definiciones con la palabra correcta.

adorar	meditar
ateo/a	mezquita
capilla	peregrinación
catedral	sacerdote

1. Persona que niega la existencia de cualquier dios: __________
2. Templo cristiano de gran importancia: __________
3. Pensar y reflexionar sobre algún tema trascendente: __________
4. Mostrar reverencia a lo que se considera sagrado: __________
5. Templo musulmán: __________
6. Recorrido que se hace a un lugar sagrado: __________

2 Reflexión En parejas, contesten las preguntas.

1. ¿Cuál es la religión mayoritaria en tu país? ¿Crees que esto puede cambiar?
2. ¿Conoces la diferencia entre ateísmo y agnosticismo? ¿Qué doctrina te parece más racional? ¿Por qué?
3. ¿Te gusta visitar edificios religiosos? ¿Cuáles has visitado? ¿Cómo te sentiste?
4. ¿Crees que es lo mismo ser creyente que practicar una religión? Explica.

3 En común En grupos de tres, hagan una lista de los elementos que tienen en común todas las religiones. Después lean la cita y contesten las preguntas.

> "El conocimiento profundo de las religiones permite derribar las barreras que las separan."
> **—Mahatma Gandhi**

- ¿Están de acuerdo con la cita? Expliquen.
- ¿Cuáles creen que son las barreras mencionadas?
- ¿Creen que la cita se puede aplicar a otro tipo de creencias, además de las religiosas? Den ejemplos.

PUEDO conversar sobre las religiones mayoritarias de un país.

Vocabulario del documental		Vocabulario útil	
andino/a	*Andean*	**la alabanza**	*praise*
la esperanza	*hope*	**comestible**	*edible*
el ganado	*cattle*	**la cosecha**	*harvest*
ofrendar	*to offer up*	**provenir (e:ie) de**	*to come from*
el/la poblador(a)	*inhabitant*	**sembrar**	*to sow*
la siembra	*sowing*	**sobrenatural**	*supernatural*
la vigilia	*vigil*	**terrenal**	*earthly*
		venerar	*to worship*

Expresiones	
hacer borrón y cuenta nueva	*to start with a clean slate*
hacerse esperar	*to take time*

1 Sustituir Reemplaza el texto subrayado con las palabras correspondientes.

1. Hay que dar las gracias por cualquier regalo, aunque sea pequeño.
2. En algunas regiones de los Andes, las tradiciones religiosas ancestrales conviven con el cristianismo.
3. La palabra "religión" tiene su origen en el latín.
4. En algunas ceremonias religiosas se ofrecen incienso y flores a los seres sobrenaturales.
5. Algunas festividades religiosas requieren quedarse despierto durante la noche.
6. Muchos habitantes de los Andes pertenecen al grupo indígena aimara.
7. En Bolivia, los creyentes católicos dan culto a la Virgen de Urkupiña.
8. Muchas celebraciones y rituales andinos tienen lugar para dar gracias por la recogida de frutos.

2 Expresión Escribe una conversación en la que uses la expresión "hacer borrón y cuenta nueva".

3 ¿Qué es una religión?

A. Define el término "religión" con tus propias palabras. Luego, compara tu definición con la de un(a) compañero/a. ¿Son similares o difieren?

B. Comparen sus definiciones con la del sociólogo Émile Durkheim. ¿Están de acuerdo con él? Expliquen por qué.

"Una religión es un sistema de creencias y prácticas referidas a cosas sagradas [...] que unen en una misma comunidad moral denominada iglesia a todos los que se adhieren a ellas."

4 Citas En grupos de tres, discutan las citas y contesten las preguntas.

"La religión está en el corazón, no en las rodillas."
—Douglas William Jerrold, dramaturgo inglés

"Las religiones, como las luciérnagas (*fireflies*), necesitan de oscuridad para brillar." **—Arthur Schopenhauer, filósofo alemán**

"Quien a Dios tiene, nada le falta. Solo Dios basta."
—Santa Teresa de Jesús, religiosa y escritora española

"Yo no sé si Dios existe, pero si existe, sé que no le va a molestar mi duda."
—Mario Benedetti, escritor uruguayo

1. ¿Con cuál de las citas te identificas más? ¿Por qué?
2. ¿Qué importancia tiene la religión en tu vida?
3. ¿Te consideras una persona espiritual?
4. ¿Asistes a celebraciones religiosas? ¿Con qué frecuencia?
5. ¿Cómo celebras el año nuevo? ¿Asistes a alguna celebración religiosa ese día?

5 Preparación En parejas, contesten las preguntas.

1. ¿Qué es el solsticio?
2. ¿Sabes cuándo se da el solsticio de invierno en el hemisferio norte? ¿Y en el hemisferio sur?
3. ¿Conoces alguna celebración que conmemore el solsticio?
4. ¿Sabes de alguna religión que venere elementos de la naturaleza?
5. ¿Sabes qué pueblos indígenas viven en los Andes?

6 Fotogramas En grupos de tres, observen los fotogramas y discutan qué pasa en cada uno de ellos.

Pueblos indígenas de Bolivia reciben el año 5527

La fecha marca un nuevo comienzo e inaugura la época de siembra

ARGUMENTO

Durante el solsticio de invierno, los pueblos indígenas de Bolivia reciben la llegada del nuevo año esperando la llegada del dios Sol, Inti.

PRESENTADORA: En Bolivia, los pueblos indígenas reciben el año 5527 del calendario andino-amazónico con ceremonias y fiestas.

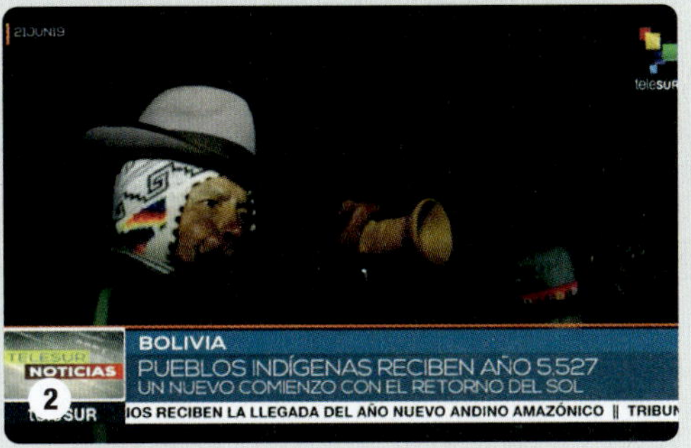

REPORTERO: Durante la noche y la madrugada se hace vigilia en los lugares considerados sagrados o en las elevaciones y cerros°.

CAMPESINA: Entonces aquí todo lo malo se terminó y empiezan nuestros nuevos sueños, nuevas esperanzas.

TURISTA: Se siente esa energía cuando se recibe el sol.

REPORTERO: La ceremonia de la ofrenda se denomina "wajta".

REPORTERO: La tradición dice que en el mundo indígena se teme que° el sol se haya ido y la tierra quede en tinieblas.

cerros *hills*
se teme que *it is feared that*

1 ¿Cierto o falso? **Indica si las oraciones son ciertas o falsas. Corrige las falsas.**

1. El calendario andino-amazónico no coincide con el calendario que se usa en la mayoría del mundo.
2. La ceremonia se realiza en un solo lugar en Bolivia.
3. Los creyentes extienden los brazos hacia el sol para agradecerle por el año que terminó.
4. Los campesinos creyentes esperan que el dios Sol dé buenas cosechas durante el año.
5. Durante la ceremonia, se dan distintas ofrendas al dios Sol y a la Madre Tierra.
6. Las ofrendas comestibles se ponen en un altar y después de la ceremonia los creyentes las comen.
7. La celebración del año nuevo empieza en la mañana del 21 de junio.
8. La Organización de las Naciones Unidas declaró el 21 de junio como Día Internacional del Solsticio.

2 Reflexionar **En parejas, contesten las preguntas.**

1. ¿Qué valoran los pueblos indígenas, según se muestra en el video?
2. La ceremonia se realiza en lugares sagrados para los pueblos indígenas. ¿Por qué piensan que estos lugares son considerados sagrados?
3. ¿Por qué creen que se dan ofrendas en la ceremonia? ¿Qué piensan de la idea de ofrendar alimentos a los dioses?
4. ¿Creen que en la actualidad los pobladores indígenas del área temen que el sol realmente no vaya a salir?
5. ¿Qué piensan de la idea de empezar un nuevo año haciendo borrón y cuenta nueva?

3 Ceremonia religiosa

A. En parejas, descríbanle a su compañero/a una ceremonia religiosa a la que hayan asistido.

- ¿Qué se estaba celebrando?
- ¿Dónde se celebró?
- ¿Cuánta gente asistió aproximadamente?
- ¿Se hizo alguna ofrenda?
- ¿Cuál fue la parte más importante de la ceremonia?

B. Comparen las ceremonias religiosas que conocen con la celebración andina del año nuevo. Completen la tabla. Después, extraigan conclusiones: ¿Cómo se diferencia la religión andina de las religiones occidentales que conocen?

Similitudes	Diferencias

4 **Intercambio cultural** Imagina que un(a) poblador(a) indígena de Bolivia asiste a una ceremonia religiosa en tu ciudad. ¿Qué aspectos de la ceremonia crees que le sorprenderían? ¿Por qué? En parejas, discutan la situación.

5 **Lenguas indígenas** En grupos de tres, lean el párrafo y contesten las preguntas.

En el video se mencionan algunos términos en aimara y quechua, lenguas indígenas de esa región. En Bolivia, además del español, estas dos lenguas indígenas son lenguas oficiales y son habladas aproximadamente por un 20% y 30% de su población, respectivamente. Observen la lista con los términos del video.

Willkakuti (del aimara): retorno del sol

Tata (del aimara): padre, señor

Inti (del quechua a través del puquina): dios Sol

Machaq Mara (del aimara): año nuevo

Wajta (del aimara): ofrenda para los dioses

Pachamama (del quechua y del aimara): Madre Tierra

1. ¿Conocen palabras del inglés que provengan de lenguas indígenas de Norteamérica? ¿Creen que hay muchas o pocas?
2. Consulten un mapa de los Estados Unidos y Canadá. ¿Qué nombres de estados, ciudades, pueblos y accidentes (*features*) geográficos como ríos, lagos o montañas provienen de lenguas indígenas de Norteamérica? ¿Hay muchos o pocos?
3. ¿Qué porcentaje de habitantes de su país creen que habla lenguas indígenas? Investiguen y comprueben si su respuesta es correcta.
4. Comparen la situación lingüística de su país y de Bolivia con respecto a las lenguas indígenas.

6 **Calendario indígena** Investiga sobre el calendario andino-amazónico. Escribe un párrafo en el que contestes estas preguntas.

- ¿Por qué el calendario andino-amazónico tiene esa numeración? Calcula el año actual (*current*) de tu cultura en el calendario andino-amazónico.
- ¿Cuál es la controversia sobre el calendario andino-amazónico? ¿Qué opinas tú?
- ¿Cuál es el calendario que se usa mayoritariamente en el mundo? ¿Qué diferencias y semejanzas tiene con el calendario andino-amazónico?

7 **En tu comunidad** Busca en tu comunidad una ceremonia o celebración religiosa pública en español y, si es posible, asiste a ella. ¿Cómo se compara con la ceremonia del año nuevo andino o con otras ceremonias religiosas que tú conoces? Comparte tu experiencia con la clase.

PUEDO comentar sobre celebraciones religiosas y lenguas indígenas de Suramérica.

Communicative Objective: Talk about what will have happened

9.1 The future perfect

TALLER DE CONSULTA

The following grammar topic is covered in the **Manual de gramática. 9.4 Transitional expressions, p. 436.**

To review irregular past participles, see **7.1, p. 263.**

- The future perfect tense (**el futuro perfecto**) is formed with the future of **haber** and a past participle.

The future perfect

ganar	perder	salir
habré ganado	**habré perdido**	**habré salido**
habrás ganado	**habrás perdido**	**habrás salido**
habrá ganado	**habrá perdido**	**habrá salido**
habremos ganado	**habremos perdido**	**habremos salido**
habréis ganado	**habremos perdido**	**habréis salido**
habrán ganado	**habrán perdido**	**habrán salido**

- The future perfect is used to express what *will have happened* at a certain point. The phrase **para** + [*time expression*] is often used with the future perfect.

Para el año que viene, ya **habrán construido** el templo.
By next year, the temple will have already been built.

La ceremonia **habrá terminado para** las once de la mañana.
The ceremony will have ended by 11 a.m.

- **Antes de (que), cuando, dentro de,** and **hasta (que)** are also used with time expressions or other verb forms to indicate *when* the action in the future perfect *will have happened.*

Cuando lleguemos a la iglesia, la misa ya **habrá empezado**.
When we get to the church, the mass will have already started.

Lo **habré terminado dentro de** dos horas.
I will have finished it within two hours.

TALLER DE CONSULTA

To review the subjunctive after conjunctions of time or concession, see **6.1, p. 220.**

To express probability regarding present or future occurrences, use the future tense. See **5.1, pp. 178–179.**

- The future perfect may also express supposition or probability regarding a past action.

¿**Habrán participado** en la celebración?
I wonder if they've participated in the celebration.

Los bolivianos se **habrán alegrado** al escuchar la noticia.
I'm sure Bolivians will have been happy after hearing the news.

*¿**Habrán pasado** toda la noche despiertos?*

Práctica y comunicación

1 Completar Completa el diálogo. Usa el futuro perfecto de los verbos entre paréntesis.

DAVID: Leí un artículo que dice que en el año 2050, el número de cristianos se (1) ___________ (igualar) al de musulmanes.

FRAN: Yo también lo leí, decía que el número de cristianos (2) ___________ (disminuir) y el número de musulmanes se (3) ___________ (mantener) estable.

DAVID: También hay estudios que predicen que dentro de pocos siglos las religiones tal y como las conocemos (4) ___________ (desaparecer).

FRAN: ¿Tú piensas que en el futuro toda la población (5) ___________ (parar) de creer en algún dios?

DAVID: No, en realidad creo que la gente seguirá siendo espiritual, pero las creencias y las formas de culto (6) ___________ (evolucionar).

FRAN: ¿A qué te refieres?

DAVID: Pues por ejemplo, creo que la población (7) ___________ (dejar) de ir a las iglesias, las mezquitas, las sinagogas... Pero pienso que la fe en lo divino no se (8) ___________ (perder).

2 Planes Tú y tus amigos habían planeado encontrarse a las seis de la tarde, pero solo un(a) amigo/a ha venido y tú no sabes por qué los demás no. En parejas, comenten lo que pudo pasar según la información proporcionada y añadan dos posibles razones más. Sigan el modelo.

Modelo **Nuestros amigos pensaron que no la pasaremos bien.**
Nuestros amigos habrán pensado que no la pasaremos bien.

1. Entendimos mal los planes.
2. Nos dejaron un mensaje telefónico.
3. Lo olvidaron.
4. No escuchamos el timbre (*doorbell*).
5. Uno de nuestros amigos tuvo un accidente.
6. Llegaron antes de las seis.
7. Nos equivocamos de día.
8. Nos engañaron.
9. Fue una broma.
10. Lo soñamos.
11. ¿?
12. ¿?

3 El futuro

A. Haz estas preguntas a un(a) compañero/a. Anota sus respuestas.

- Cuando terminen las próximas vacaciones de verano, ¿qué habrás hecho?
- Antes de terminar tus estudios universitarios, ¿qué aventuras habrás tenido?
- Dentro de diez años, ¿dónde habrás estado y a quién habrás conocido?
- Cuando tengas cuarenta años, ¿qué decisiones importantes habrás tomado?
- Para el año 2035, ¿qué altibajos (*ups and downs*) habrás experimentado?
- Cuando seas abuelo/a, ¿qué lecciones habrás aprendido de la vida?

B. Ahora, comparte las respuestas de tu compañero/a con la clase.

PUEDO reportar las actividades que hará un(a) compañero/a.

Practice more at vhlcentral.com.

Communicative Objective: Talk about what might have happened but did not

Interactive Tutorials

9.2 The conditional perfect

*Ese día, **habrías sentido** la energía del sol.*

- The conditional perfect tense (**el condicional perfecto**) is formed with the conditional of **haber** and a past participle.

TALLER DE CONSULTA

To review irregular past participles, see **7.1, p. 263.**

The conditional perfect is frequently used after **si** clauses that contain the past perfect subjunctive. See **9.3, p. 341.**

The conditional perfect

tomar	correr	subir
habría tomado	**habría corrido**	**habría subido**
habrías tomado	**habrías corrido**	**habrías subido**
habría tomado	**habría corrido**	**habría subido**
habríamos tomado	**habríamos corrido**	**habríamos subido**
habríais tomado	**habríais corrido**	**habríais subido**
habrían tomado	**habrían corrido**	**habrían subido**

- The conditional perfect tense is used to express what *would have occurred* but did not.

Juan y Lidia **habrían ido** a la procesión, pero no llegaron a tiempo.
Juan and Lidia would have gone to the procession, but they didn't make it in time.

Habrías aprendido sobre una religión diferente.
You would have learned about a different religion.

Alda **habría invitado** a Lourdes a participar en el ritual.
Alda would have invited Lourdes to participate in the ritual.

Habría visitado el templo más antiguo del país.
I would have visited the oldest temple in the country.

***Habríamos ido** a uno de los lugares sagrados.*

- The conditional perfect may also express probability or conjecture about the past.

Era imposible que conociera esa ceremonia. ¿No **habría leído** algún artículo sobre ella?
It was impossible that he knew about that ceremony. Don't you think he had read an article about it?

Práctica y comunicación

1 Completar Completa las oraciones con el condicional perfecto.

1. No entiendo por qué no participaste en el debate. En tu lugar, yo __________ (explicar) mis creencias.
2. Si hubiera vivido en Bolivia, __________ (aprender) sobre tradiciones andinas.
3. Me __________ (encantar) visitar Machu Picchu, pero no pude viajar a Perú.
4. Yo no __________ (terminar) esa peregrinación; el camino era demasiado largo.
5. Mis amigos __________ (entrar) a la mezquita, pero había demasiada gente.

2 Un final distinto En parejas, conecten a los personajes con sus historias. Luego, utilicen el condicional perfecto para inventar un final distinto. Sigan el modelo.

Modelo **El gladiador Máximo / muere en el coliseo.**
En nuestra historia, el gladiador no habría muerto en el coliseo.
Él habría triunfado y…

Rocky	se pasa al Lado Oscuro.
Robin Hood	sigue al conejo por el túnel.
Harry Potter	derrota a Iván Drago.
Anakin Skywalker	se enamora de Marian.
Alicia	escapa de los ataques de Voldemort.

3 ¿Qué habrían hecho? En grupos, miren los dibujos y túrnense para decir lo que habrían hecho en cada situación. Usen al menos seis palabras de la lista. Utilicen el condicional perfecto. Después, presenten a la clase la situación más creativa.

cerrajero (*locksmith*)	golpearse	llave
culpar *(to blame)*	gritar	médico
enojarse	helado	mentir
ensuciar (*to get dirty*)	llamar	traje (*suit*)

1

2

3

4

PUEDO predecir finales diferentes para una historia.

Communicative Objective: Say what to do if something were to happen

9.3 *Si* clauses

> **TALLER DE CONSULTA**
>
> For other transitional expressions that express cause and effect, see **Manual de gramática 9.4, p. 436.**

- **Si** (*if*) clauses express a condition or event upon which another condition or event depends. Sentences with **si** clauses are often hypothetical statements. They contain a subordinate clause (**si** clause) and a main clause (result clause).

***Si** están en Bolivia en junio, celebren el año nuevo andino.*

> **¡ATENCIÓN!**
>
> **Si** (*if*) does not carry a written accent. However, **sí** (*yes*) does carry a written accent.
>
> **Si puedes, ven.**
> *Come if you can.*
>
> **Sí, puedo.**
> *Yes, I can.*

- The **si** clause may be the first or second clause in a sentence. Note that a comma is used only when the **si** clause comes first.

Si tienes días libres, ven con nosotros a Lima.
If you have days off, come with us to Lima.

Iré con ustedes **si** no tengo que trabajar.
I'll go with you if I don't have to work.

Hypothetical statements about possible events

- In hypothetical statements about conditions or events that are possible or likely to occur, the **si** clause uses the present indicative. The main clause may use the present indicative, the future indicative, **ir a** + [*infinitive*], or a command.

Si clause: Present indicative		Main clause
Si llegas a tiempo, *If you arrive on time,*	PRESENT TENSE	**puedes** visitar la catedral. *you can visit the cathedral.*
Si Gisela **viene** a Cusco, *If Gisela comes to Cusco,*	FUTURE TENSE	le **encantará**, seguro. *she'll definitely love it.*
Si no **respetas** mis creencias, *If you don't respect my beliefs,*	*IR A* + [INFINITIVE]	me **voy a enfadar**. *I'm going to get angry.*
Si viajan a Ecuador, *If you travel to Ecuador,*	COMMAND	**pasen** unos días en Quito. *spend a few days in Quito.*

***Si regreso** a Bolivia el año que viene, **participaré** de nuevo en la celebración.*

Hypothetical statements about improbable situations

- In hypothetical statements about current conditions or events that are improbable or contrary-to-fact, the **si** clause uses the past subjunctive. The main clause uses the conditional.

Si **clause: Past subjunctive**	**Main clause: Conditional**
Si leyéramos su libro, *If we read his book,*	**entenderíamos** mejor sus creencias. *we'd understand his beliefs better.*
Si viviera en Perú, *If I lived in Peru,*	**visitaría** a mi familia más a menudo. *I would visit my family more often.*

¡ATENCIÓN!

A contrary-to-fact situation is one that is possible, but will probably not happen and/or has not occurred.

Hypothetical statements about the past

- In hypothetical statements about contrary-to-fact situations in the past, the **si** clause describes what *would have happened* if another event or condition *had occurred*. The **si** clause uses the past perfect subjunctive. The main clause uses the conditional perfect.

Si **clause: Past perfect subjunctive**	**Main clause: Conditional perfect**
Si no me **hubiera lastimado** el pie, *If I hadn't injured my foot,*	**habría hecho** la peregrinación. *I would have made the pilgrimage.*
Si me **hubieras llamado** antes, *If you had called me sooner,*	nos **habríamos reunido**. *we would have met.*

Habitual conditions and actions in the past

- In statements that express habitual past actions that are not contrary-to-fact, both the **si** clause and the main clause use the imperfect.

Si **clause: Imperfect**	**Main clause: Imperfect**
Si Milena **tenía** tiempo libre, *If Milena had free time,*	**iba** a la iglesia durante la semana. *she'd go to church during the week.*
Por años, **si viajaba** a Quito, *For years, if I traveled to Quito,*	siempre **me reunía** con mis amigos. *I would always meet my friends.*

Los turistas ***se levantaban*** *muy temprano si* ***querían*** *participar en la celebración.*

COMPARACIONES

En inglés, la palabra *would* se asocia usualmente con el condicional: *If I had the money, I* ***would*** *go to the concert.* También se usa *would* para expresar acciones habituales en el pasado: *Dad* ***would*** *watch TV after work every day.* En este último caso, would se expresa en español con el imperfecto.

1. En parejas, escriban en español las dos oraciones de arriba. ¿Cómo se expresa *would* en cada una?
2. ¿De qué otra manera se puede expresar en inglés la segunda oración?
3. Expliquen: ¿Por qué es importante entender el contexto de una oración?

Práctica

1 Situaciones Completa las oraciones.

A. Situaciones probables o posibles

1. Si mi amiga Teresa no _________ (venir) pronto, llegaremos tarde.
2. Si tú no _________ (trabajar) hoy, vamos a ese restaurante peruano.

B. Situaciones hipotéticas sobre eventos improbables

3. Si mis padres no vivieran en Bolivia, yo no _________ (viajar) tan a menudo.
4. Si nosotros fuéramos judíos, _________ (celebrar) Janucá en lugar de Navidad.

C. Situaciones hipotéticas sobre el pasado

5. Si mi familia hubiera sido atea, probablemente yo también lo _________ (ser).
6. Si tú _________ (venir) a las Islas Galápagos, habrías disfrutado mucho.

2 Si trabajara menos Carolina y Leticia trabajan cuarenta horas por semana y se imaginan qué harían si trabajaran menos horas. Completa el diálogo con el condicional o el imperfecto del subjuntivo.

CAROLINA: Estoy todo el día en la oficina, pero si (1) ___________ (trabajar) menos, tendría más tiempo para divertirme. Si solo viniera a la oficina algunas horas por semana, (2) ___________ (practicar) senderismo más a menudo.

LETICIA: ¿Senderismo? ¡Qué aburrido! Si yo tuviera más tiempo libre, (3) ___________ (hacer) todas las noches lo mismo: (4) ___________ (ir) al teatro, luego (5) ___________ (salir) a cenar y, para terminar la noche, (6) ___________ (hacer) una fiesta para celebrar que ya no tengo que ir a trabajar por la mañana. Si nosotras (7) ___________ (tener) la suerte de no tener que trabajar nunca más, (8) ___________ (pasarse) todo el día sin hacer absolutamente nada.

CAROLINA: ¿Te imaginas? Si la vida (9) ___________ (ser) así, seríamos mucho más felices, ¿no crees?

3 Si yo hubiera sido En parejas, imaginen cómo habrían sido sus vidas si hubieran sido uno de estos personajes. Añadan dos personajes más a la lista.

Modelo uno de los Beatles
Si yo hubiera sido uno de los Beatles, habría tenido millones de aficionados a mi música y habría viajado por todo el mundo.

- Madre Teresa de Calcuta
- Benjamin Franklin
- Elvis Presley
- Ray Charles
- la Princesa Diana de Inglaterra
- Jorge Luis Borges
- ¿?
- ¿?

Practice more at vhlcentral.com.

Comunicación

4 **¿Qué harías?** De acuerdo con los dibujos, escribe lo que harías si te ocurriera lo que muestra cada uno. Sigue el modelo y sé creativo/a.

Modelo —¿Qué harías si encontraras diez mil dólares en la calle?
—Si yo encontrara diez mil dólares en la calle, seguramente llamaría a la policía y preguntaría si alguien los había reclamado.

1. Tu suegro viene de visita sin avisar.

2. Te invitan a bailar marinera.

3. Se descompone tu carro en el desierto.

4. Te quedas atrapado/a en un ascensor.

5 **¿Qué pasaría?** En parejas, pregúntense qué hacían, hacen, harían o habrían hecho en las siguientes situaciones.

Modelo **Si fueras un(a) atleta famoso/a...**
Si fuera un(a) atleta famoso/a, donaría parte de mi sueldo para construir más escuelas.

1. Si hoy hubieras tenido el día libre...
2. Si, de niño/a, tus padres te regañaban...
3. Si suspendieran las clases durante una semana...
4. Si ves a tu novio/a con otro/a en el cine...
5. Si descubrieras que tienes el poder de ser invisible...

6 **¡Qué desilusión!** Imagina que vas a visitar Ecuador, pero en el último momento, la aerolínea cancela tu vuelo. En parejas, preparen un diálogo de lo que habrían hecho de forma diferente si hubieran sabido que su vuelo iba a cancelarse y de lo que habrían hecho en Ecuador si hubieran podido visitar el país. Después, presenten el diálogo ante la clase.

Modelo Si hubiera sabido que el vuelo iba a cancelarse, no habría comprado el boleto y habría elegido visitar otro país. Habría...
Si hubiera podido viajar a Ecuador, habría pasado unos días en Quito. Luego, habría...

PUEDO contar lo que haría en situaciones hipotéticas.

NOTA CULTURAL

La **marinera** es un baile tradicional de **Perú**. Se baila en pareja y se caracteriza por representar un escenario de romance o coqueteo (*flirting*). Se realiza con una postura elegante y pasos firmes y enérgicos al compás de la música. El atuendo de los hombres consiste en un traje que puede ser negro o blanco, con adornos y encajes (*lace*). Para las mujeres, el vestido es largo con encajes y pliegues (*pleats*).

Bolivia, Perú, Ecuador

Audio-sync Reading

El salar de Uyuni

El desierto de sal más grande y alto de la Tierra es el Salar de Uyuni. Además de millones de toneladas de sal, contiene la mayor reserva mundial de litio. Cada vez más turistas llegan a esta zona del altiplano boliviano para recorrer los 10.582 kilómetros cuadrados (unas 4.000 millas cuadradas) de extensión blanca, ver los géiseres y aguas termales o alojarse en el primer hotel de sal del mundo. Durante la estación lluviosa, en verano, el agua se acumula sobre la sal, lo que da la impresión de un espejo gigante.

Machu Picchu

Tras permanecer cuatro siglos oculta° en el bosque nuboso de los Andes, la ciudadela° inca de Machu Picchu, en Perú, fue encontrada en 1911 en perfecto estado. Construida en el siglo XV entre dos montañas, es una obra maestra de la arquitectura, la ingeniería y la planificación urbana. Machu Picchu es considerada una de las siete nuevas maravillas del mundo.

El ceviche

El plato más emblemático de la gastronomía peruana es el ceviche, o cebiche. Siglos atrás, la cultura mochica y la inca ya preparaban pescado crudo con jugo de curuba° o con bebida fermentada. Los españoles aportaron el limón y la cebolla, que junto con el ají° y la sal son imprescindibles° para macerar° el pescado. En 2016, se lanzó la campaña "Salvemos al ceviche", que promueve la sostenibilidad de los recursos pesqueros° y el consumo responsable.

Las islas Galápagos

En 1835, Charles Darwin encontró una reserva de biodiversidad asombrosa° en las islas Galápagos, en Ecuador, que inspiró su teoría de la evolución. En este archipiélago de islas volcánicas hay animales únicos en el mundo, como las tortugas gigantes, los pinzones°, los leones marinos, las iguanas y los lagartos° de lava. Gracias al aislamiento° de miles de años, estos animales no temen° a los seres humanos. Recientemente, el mayor interés turístico en las islas hizo necesarias nuevas reglas, como la creación de un Santuario Marino para proteger su conservación.

oculta *hidden* **ciudadela** *citadel* **curuba** *banana passionfruit* **ají** *pepper* **imprescindibles** *indispensable* **macerar** *marinate* **pesqueros** *fishing* **asombrosa** *astonishing* **pinzones** *finches* **lagartos** *lizards* **aislamiento** *isolation* **temen** *fear*

COSTA RICA
PANAMÁ
COLOMBIA
Islas Galápagos (no a escala)
GUYANA
SURINAM
GUYANA FRANCESA
OCÉANO ATLÁNTICO
ECUADOR
Quito
Píllaro
Santo Domingo
Guayaquil
Ambato
Cuenca
Iquitos
Chiclayo
PERÚ
Trujillo
Lima
Cordillera de los Andes
OCÉANO PACÍFICO
BRASIL
BOLIVIA
Cusco
Arequipa
La Paz
El Alto
Cochabamba
Santa Cruz de la Sierra
Oruro
Sucre
CHILE
ARGENTINA

La Diablada de Píllaro

Festival de Marinera

Pachamama Raymi o Día de la Madre Tierra

Tiahuanaco

1 Perspectivas En parejas, contesten las preguntas.

1. ¿Preferirías visitar el salar en la estación de lluvia o en invierno? ¿Por qué?
2. ¿Sabes de alguna ciudad moderna que integre su arquitectura con el paisaje como Machu Picchu?
3. ¿Cómo piensas que visitar Machu Picchu puede ayudar a conocer la cultura inca?
4. ¿Existe un plato en tu cultura que tenga como ingrediente el pescado crudo o macerado, al igual que el ceviche? ¿De dónde es típico? ¿Qué conexiones puedes hacer entre Perú y esos lugares?
5. ¿Qué impacto positivo y negativo te parece que puede tener el turismo en las Galápagos? ¿Qué medidas propondrías para que el turismo sea sostenible?
6. ¿Con qué lugar de tu país podrías comparar las islas Galápagos? ¿Por qué?

PUEDO comparar aspectos culturales de Ecuador, Perú y Bolivia con los míos propios.

Entrevista social

Communicative Objective: Talk about communities adopting other religious beliefs in Ecuador

En el audio "Diversidades espirituales y religiosas en Quito", la investigadora María Amelia Viteri comenta sus descubrimientos sobre las comunidades de musulmanes conversos en América Latina, y específicamente en Quito, Ecuador.

Antes de escuchar

1 Activar el conocimiento previo En grupos pequeños, hablen sobre las religiones del mundo que conocen y lo que significa convertirse a una religión. ¿Conocen a alguna persona que se haya convertido a una religión? ¿Qué creen que hace que una persona quiera cambiar de religión? ¿Por qué piensan que algunas religiones están ganando popularidad frente a otras?

Mientras escuchas

2 Estrategia: Palabras clave Mientras escuchas el audio, anota las palabras clave que menciona María Amelia Viteri.

3 Escucha una vez Escucha el audio y concéntrate en el vocabulario nuevo. Anota palabras que no conozcas.

4 Escucha de nuevo Ahora, vuelve a escuchar el audio y completa tu lista inicial. Trata de descifrar el significado de las palabras nuevas.

Después de escuchar

5 Comprensión e interpretación En parejas, contesten las preguntas.

1. ¿Qué comunidades religiosas analizó Viteri como parte de su trabajo de etnografía?
2. ¿Qué fenómeno está ocurriendo mundialmente con el islam?
3. ¿Qué relación establece Viteri entre la globalización y la conversión al islam?
4. ¿Qué características del islam hacen que gane popularidad?
5. ¿Por qué creen que las mujeres conversas valoran el formar parte de una comunidad?

6 Discusión En grupos de cuatro, comenten qué les ha sorprendido de lo que explica la entrevistada en el audio. Hablen sobre sus experiencias personales respecto a la religión y el sentido de comunidad. Guíense por los siguientes puntos.

- Antes de escuchar el audio, ¿sabían cuál era la religión mayoritaria en Ecuador?
- ¿Les han sorprendido los datos sobre el aumento de musulmanes conversos en Ecuador? ¿Por qué?
- ¿Qué relación creen que existe entre la religión y el sentimiento de pertenencia a una comunidad?
- ¿Piensan que el islam tiene características que hacen que el sentido de comunidad sea mayor que en otras religiones? Expliquen.

PUEDO opinar sobre experiencias religiosas personales.

Vocabulary Tools

SOBRE LOS AUTORES

La Agencia Peruana de Noticias — Andina fue creada en 1981 en Perú, con el objetivo de obtener, procesar y difundir noticias en todo el país y en el extranjero. Además, la agencia presta servicios de publicidad del gobierno. Desde su origen, Andina ha sido reestructurada y fusionada con otras instituciones, entre ellas, con el diario *El Peruano*. En 2002 la agencia fue relanzada (*relaunched*) como parte de la estrategia de comunicación del Estado. Actualmente, Andina trabaja con diarios y radios en Lima y otras provincias, y con cuatro agencias internacionales.

Vocabulario de la lectura		Vocabulario útil	
el/la adivino/a	*soothsayer/diviner*	**el chamán/la chamana**	*shaman*
el aura mística	*mystical aura*	**divino/a**	*divine*
la competencia	*competition*	**fusionar**	*to merge/fuse*
el/la curandero/a	*healer*	**perdurar**	*to endure*
el demonio	*devil*	**profano/a**	*profane*
ejecutar	*to perform*	**prohibir**	*to prohibit/ban*
la indumentaria	*dress/attire*	**rechazar (z:c)**	*to reject*
inmaterial	*intangible*	**simbolizar (z:c)**	*to symbolize*
rendir tributo	*to pay tribute/to honor*		
el/la vencedor(a)	*winner*		

1 Vocabulario Escribe los sinónimos y antónimos de cada caso.

Sinónimo de...

1. concurso: _______
2. diablo: _______
3. halo: _______
4. ropa: _______
5. vidente: _______

Antónimo de...

6. sagrado: _______
7. material: _______
8. permitir: _______
9. aceptar: _______
10. perdedor: _______

2 Ceremonias y rituales En parejas, háganse las preguntas.

1. ¿Conoces alguna celebración que mezcle elementos históricos y culturales con aspectos religiosos? ¿Cuáles?
2. ¿Presenciaste alguna festividad religiosa en la que la música o la danza tuvieran un papel importante? ¿Dónde? ¿Cómo estaban vestidas las personas que participaban? ¿Qué emociones sentiste?

DÍA DE LA DANZA DE TIJERAS:

conoce este hermoso baile ancestral y ritual del Perú andino

Agencia Peruana de Noticias — Andina

EN 2010 FUE DECLARADO POR LA UNESCO Patrimonio de la Humanidad.

Considerada una de las expresiones artísticas de mayor exigencia física° y dueña de un aura mística singular, la Danza de Tijeras es un baile ancestral andino que hoy 16 de noviembre celebra su Día Nacional. En 1995 fue declarada Patrimonio Cultural de la Nación y en 2010 fue inscrita° en la Lista Representativa del Patrimonio Cultural Inmaterial de la Humanidad° de la UNESCO.

La Danza de Tijeras es un baile ritual cuyo origen se remonta° a la civilización chanka, que rivalizó° con los incas en el siglo XV y se extendió por la cordillera andina central del Perú, en las actuales regiones Huancavelica, Ayacucho y Apurímac.

Esta danza forma parte de la identidad de estas regiones. Los intérpretes de esta ancestral danza sostienen° que descienden de los "tusuq laykas" que eran sacerdotes, adivinos y curanderos prehispánicos.

Durante la época colonial fueron conocidos como "supaypa wawan" o hijos del demonio, por lo que fueron perseguidos por la iglesia católica y las autoridades españolas de entonces°. Ello los obligó a refugiarse en las zonas altoandinas°.

Con el paso del tiempo°, los colonizadores aceptaron que volvieran a danzar, pero condicionándolos a rendir tributo a Jesús y a los santos. Así se iniciaría la tradición de ejecutar esta danza en las fiestas patronales.

Danza competitiva

La Danza de Tijeras se expresa como una competencia y su ejecución coincide con fases importantes del calendario agrícola°. Debe su nombre a las dos hojas de metal pulimentado°, parecidas a las de una tijera, que los bailarines blanden° en su mano derecha.

> "...tienen que entrechocar las hojas de metal y librar un duelo coreográfico de pasos de danza, acrobacias y movimientos cada vez más difíciles."

Se ejecuta en cuadrillas° y cada una de ellas —formada por un bailarín, un arpista° y un violinista— representa a una comunidad o un pueblo determinado. Para interpretar la danza se ponen frente a frente° las cuadrillas de bailarines, quienes al ritmo de las melodías interpretadas por los músicos que les acompañan, tienen que entrechocar° las hojas de metal y librar un duelo° coreográfico de pasos de danza, acrobacias y movimientos cada vez más difíciles.

Ese duelo entre los bailarines, llamado "atipanakuy" en quechua, puede durar varias horas, y los criterios para determinar quién es el vencedor son la destreza física y las coreografías de los ejecutantes y la calidad interpretativa de los músicos que acompañan la danza.

> **"Los colonizadores aceptaron que volvieran a danzar, pero condicionándolos a rendir tributo a Jesús y a los santos."**

Los bailarines, que llevan atuendos bordados con franjas doradas°, lentejuelas° y espejitos°, tienen prohibido ingresar a las iglesias con esta indumentaria porque sus capacidades°, según la tradición, son "fruto de° un pacto con el demonio". Esto no ha impedido° que la danza de las tijeras se haya convertido en un componente apreciado° de las festividades católicas.

Los conocimientos físicos y espirituales implícitos en la danza se transmiten oralmente de maestros a alumnos, y cada cuadrilla de bailarines y músicos constituye un motivo de orgullo para los pueblos de los que provienen. ■

exigencia física *physical demand*
inscrita *registered*
Patrimonio Cultural Inmaterial de la Humanidad *World Heritage*
se remonta *goes back*
rivalizó *competed*
sostienen *claim*
de entonces *at that time*
zonas altoandina *high Andean areas*
Con el paso del tiempo *Over time*
las fiestas patronales *patron saint festivities*
calendario agrícola *agricultural calendar*
pulimentado *polished*
blanden *wield*
cuadrillas *teams*
arpista *harpist*
frente a frente *face-to-face*
entrechocar *clash*
librar un duelo *fight a duel*
franjas doradas *golden fringes*
lentejuelas *sequins*
espejitos *small mirrors*
capacidades *abilities*
son fruto de *are the result of*
no ha impedido *has not prevented from*
apreciado *cherished*

Análisis

1 Cierto o falso Indica si estas afirmaciones son ciertas o falsas. Corrige las falsas.

1. En 2010 la Danza de Tijeras fue reconocida por la UNESCO como Patrimonio Inmaterial de la Humanidad.
2. Según los bailarines, sus antepasados eran chamanes, videntes y curanderos.
3. Los bailarines siempre fueron respetados y admirados por su destreza acrobática.
4. Cada cuadrilla está integrada por tres bailarines.
5. En la actualidad las cuadrillas de distintas comunidades compiten en duelos que duran horas.
6. Los ganadores de los duelos son los bailarines y músicos que llevan los mejores trajes.

2 Analizar En parejas, contesten las preguntas.

1. ¿Por qué razón fueron perseguidos los bailarines de la Danza de Tijeras durante la época colonial? ¿Por qué piensan que aun hoy les impiden entrar a las iglesias con sus trajes?
2. ¿Qué condición pusieron los colonizadores para aceptar la Danza de Tijeras como parte de las festividades católicas? ¿Conocen algún otro ejemplo de sincretismo o fusión entre distintas culturas?
3. ¿Por qué les parece que la Danza de Tijeras ha perdurado durante tantos años?
4. Si viajaran a Perú y pudieran entrevistar a uno de los bailarines, ¿qué le preguntarían? Escriban tres preguntas.
5. ¿Conocen alguna otra tradición que se transmita oralmente? ¿Cuál?

3 Patrimonio cultural En grupos de tres, lean el párrafo y luego discutan si cada ejemplo de Patrimonio de la Humanidad puede definirse como material o inmaterial. Al final, compartan sus respuestas con la clase.

La UNESCO define el patrimonio como "la herencia cultural propia del pasado de una comunidad, mantenida hasta la actualidad y transmitida a las generaciones futuras". El patrimonio cultural puede ser material o inmaterial. El patrimonio material está integrado por bienes tangible y físicos como monumentos, obras de arte, espacios naturales y yacimientos arqueológico. Por otra parte, el patrimonio inmaterial es intangible y, por lo tanto, más susceptible de desaparecer. Se trata de formas de vida, tradiciones y costumbres, además de la gastronomía, la producción artesanal, la lengua y las festividades.

1. Día de los muertos (México)
2. Ruinas de Tikal (Guatemala)
3. La fiesta de San Roque de Tarija (Bolivia)
4. Machu Picchu (Perú)
5. La peregrinación al santuario del Señor de Qoyllurit'i (Perú)

PUEDO conversar sobre lugares y costumbres declarados Patrimonio de la Humanidad.

Preparación

Communicative Objective: Discuss the main features of the Ecuadorean Pawkar Raymi celebration

Vocabulary Tools

Vocabulario de la lectura		Vocabulario útil	
la chacra	*farm*	**agradecido/a**	*grateful*
el cultivo	*crop*	**formar parte**	*to join, become part of*
el huerto	*orchard*	**el más allá**	*beyond*
mayor	*elder*	**orar**	*to pray*
mezclar	*to mix*	**la sabiduría**	*wisdom*
propio/a	*own*		
renacer	*to be reborn*		
la sanación	*healing*		
silvestre	*wild*		
superponerse	*to overlap*		

1 Definiciones Escribe la palabra o la expresión del vocabulario adecuada, según cada definición.

1. Ser miembro de algo: _______
2. Incorporar algo con otra cosa, confundiéndolas: _______
3. Que excede en edad a otra persona: _______
4. Curación por medio de prácticas esotéricas o alternativas: _______
5. Dirigirse mentalmente o con palabras a una divinidad: _______
6. En sentido figurado, volver a nacer: _______
7. Grado más alto del conocimiento: _______
8. Que crece naturalmente, sin cultivo: _______

2 La gratitud En parejas, respondan las preguntas de acuerdo con la imagen.

- ¿Qué se muestra en esta foto?
- ¿Qué creen que están celebrando?
- ¿Cuál es el origen de esta costumbre?
- ¿En qué momentos del año se puede repetir esta imagen y por qué?
- Imaginen que tienen que explicarle a alguien de otra cultura o país lo que está ocurriendo. Ensayen con su compañero/a cómo lo explicarían y qué información sería esencial.

Practice more at vhlcentral.com.

Pawkar Raymi: la fiesta de los colores

El sol, la luna y los astros han marcado la experiencia humana con su paso por el cielo. Por eso, todas las culturas celebraron siempre rituales en tiempos sagrados (el inicio de las cosechas, el año nuevo, etc.) para honrar su visión del cosmos, conservar el favor de las divinidades dadoras de vida y reafirmar su identidad. Según las zonas y los calendarios, muchas de estas festividades se superponen, aunque con diferentes sentidos y distintos nombres.

En el panteón andino hay astros, montañas, lagunas y animales sagrados identificados con dioses: Pachamama (la madre Tierra), Inti (el Sol) y Kulla (la Luna), entre los más importantes. Antes de la colonización española había cuatro festividades principales en Cusco, la capital del imperio inca: Pawkar Raymi en marzo, Inti Raymi en junio, Kulla Raymi en septiembre y Kapak Raymi en diciembre. La palabra quechua *raymi*, que se traduce generalmente como "fiesta religiosa", quiere decir en realidad "solsticio" o "equinoccio".

Cuando los conquistadores españoles impusieron sus propias fiestas, el Carnaval, la Navidad y las fiestas de los santos reemplazaron o se mezclaron con las fiestas andinas. Hoy en día cada región y comunidad tiene tradiciones propias para estas celebraciones: a veces se venera a Inti después de una misa católica en la iglesia local, o se peregrina con los santos por las calles antes de realizar un rito preincaico; también puede haber torneos de fútbol, bailes y encuentros de *yachaks* y *shamanes*. Pero en el año 2000 la celebración del Pawkar Raymi de las comunidades de Saraguro en Ecuador se declaró elemento patrimonial histórico cultural. Y, a partir de ese momento, esta fiesta, que coincide con el Carnaval, comenzó a recuperar su nombre y su sentido originario.

El Pawkar Raymi o "tiempo de varios colores" (...) celebra la cosecha (...) y agradece la abundancia, el agua y la fertilidad.

Del 20 al 21 de marzo es *mushuk nina*, "fuego nuevo", el nuevo tiempo, el momento de renacer y recrear, porque ese día se inicia el año en el calendario andino. El Pawkar Raymi o "tiempo de varios colores", también llamado *Sisa Pacha* (época del florecimiento) o *Tumari Pukllay* (juego ceremonial con agua y flores), celebra la cosecha de maíz, arvejas°, habas°, trigo y otros cultivos de la zona, y agradece la abundancia, el agua y la fertilidad.

peas / beans

Las mujeres recogen agua de las vertientes° y recolectan las cuatro flores consideradas sagradas: dos cultivadas en la chacra (el maíz y el chocho), y dos silvestres (el ñakchay y el waminsi), para realizar el ritual de sanación de *tumarina*, que renueva la energía. Con el agua y las flores, las personas mayores, los *taitas* y las *mamas*, "limpian" la coronilla° (*chunaco*), que es la puerta del alma y del mundo espiritual por donde entran los sueños, de todos los miembros de la comunidad.

vertientes° *(water) spring*
coronilla° *pate*

En algunas comunidades, especialmente en las ciudades, reemplazan las flores del campo con flores genéricas del mercado, como por ejemplo rosas, o usan colorantes industriales y decoraciones de plástico. Los *chayak* (sabios o curanderos) advierten que así se pierde el sentido profundo de esta fiesta que es celebrar la conexión con la Pachamama.

Tradicionalmente, la espiritualidad de Pawkar Raymi se expresa con música interpretada en el rondador, un tipo de flauta con sonido muy agudo° hecho con los cálamos de las plumas del cóndor, el tambor, el rondín (un tipo de armónica) o el pingullo, que es similar a una flauta dulce.

agudo° *high-pitched*

> **...el ritual de sanación de la *tumarina* [...] renueva la energía.**

La comunidad se reúne después a comer en la pampamesa, "mesa común" o "mesa de todos", que simboliza la equidad y la unión. Todos aportan la comida (papas con queso, calabaza, mote, choclo, arvejas y carne de cuy), que se sirve en el suelo y se comparte mientras se bebe chicha de jora.

La chákana (que en quechua quiere decir "escalera a lo alto"), un símbolo en forma de cruz, siempre está presente en los rituales. Representa el equilibrio, la armonía, la dualidad, la interacción y la interdependencia entre el día y la noche, el sol y la luna, el hombre y la mujer, este mundo y el otro mundo.

El Pawkar Raymi tiene un profundo significado° religioso, cultural y social para las comunidades andinas. Al seguir celebrándola como sus antepasados, buscan cuidar su conexión esencial con la naturaleza, los astros y el mundo espiritual, y, a la vez, transmitir su cultura y sus valores a las nuevas generaciones. ■

significado° *meaning*

Watch related video at vhlcentral.com.

Análisis

1 Cierto o falso Indica si estas afirmaciones son ciertas o falsas. Corrige las falsas.

1. Las religiones andinas tienen un solo dios.
2. La colonización española impuso nuevas celebraciones en América.
3. En Ecuador, Pawkar Raymi coincide con la Navidad.
4. La *tumarina* es un ritual para limpiar el espíritu, el cuerpo y el alma.
5. La chákana es una escalera que hay en todas las chacras andinas.
6. La música es un elemento fundamental para la celebración.

2 Rituales y creencias En parejas, respondan las preguntas.

1. ¿Por qué creen que a los chayaks no les gusta celebrar Pawkar Raymi con flores del mercado o de plástico? ¿Están de acuerdo con ellos?
2. ¿Cómo promueve la igualdad la “pampamesa”? ¿Les parece efectivo?
3. ¿Cuáles son las conexiones o puentes con el otro mundo en el Pawkar Raymi? ¿Hay creencias parecidas en la cultura a la que pertenecen ustedes?
4. ¿Qué beneficios tiene para las comunidades andinas celebrar estas fiestas año tras año? ¿Qué creen que pasaría si se perdiera la costumbre o el sentido?

3 ¿Creencia o superstición? En grupos, seleccionen las afirmaciones en que creen. Luego, comparen sus listas con las de sus compañeros/as. Debatan sus respuestas, de dónde surgen estas ideas y por qué ustedes creen en ellas o si no creen.

Afirmación	Creencia	Superstición
El sol sale cada mañana.	☐	☐
La suerte acompaña al que se esfuerza.	☐	☐
Cruzarse con un gato negro es mala señal.	☐	☐
Meditar da paz.	☐	☐
Hay que lavarse los dientes tres veces al día.	☐	☐
Si uso la misma camiseta, mi equipo volverá a ganar.	☐	☐

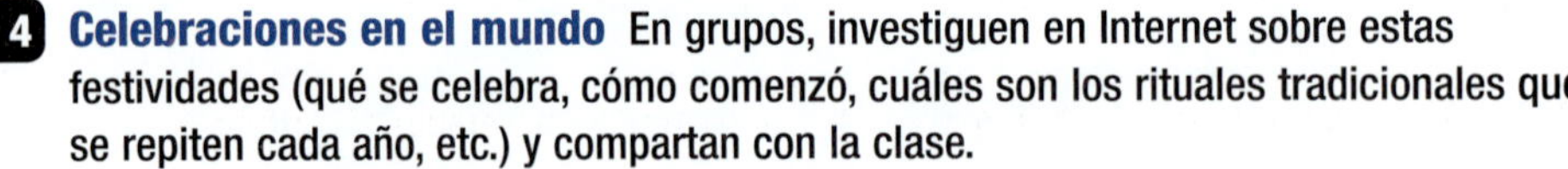

4 Celebraciones en el mundo En grupos, investiguen en Internet sobre estas festividades (qué se celebra, cómo comenzó, cuáles son los rituales tradicionales que se repiten cada año, etc.) y compartan con la clase.

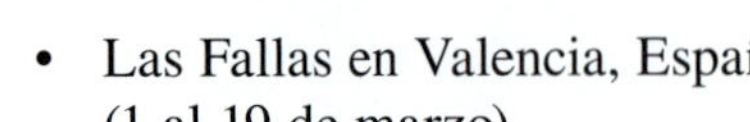

- Las Fallas en Valencia, España (1 al 19 de marzo)
- Fiesta de la Vendimia en Mendoza, Argentina (4 al 7 de marzo)
- Feria de las Flores en Medellín, Colombia (2 al 11 de agosto)
- Juego de los diablitos en Boruca, Costa Rica (30 de diciembre al 2 de enero)

PUEDO conversar sobre rituales, creencias y celebraciones andinas.

SOBRE EL AUTOR

Manuel Mejía Vallejo (1923-1998) fue un escritor y periodista antioqueño (Colombia). A los 22 años, escribió su primera novela, *La tierra éramos nosotros*. Fue también profesor de literatura en la Universidad Nacional de Colombia. Sus obras incluyen novelas, relatos cortos y poesía. Destacan *El día señalado* (1964), *La casa de las dos palmas* (1988) y *Sombras contra el muro* (1993), donde aparece el microrrelato "Hermano lobo".

NOTA CULTURAL

Mejía Vallejo es considerado el representante de la vertiente andina (*Andean slope*) de la narrativa colombiana contemporánea. Sus obras reflejan muchos aspectos de la tradición oral antioqueña. El departamento de Antioquia, y Colombia en general, tiene una rica tradición oral que cuenta con numerosos mitos y leyendas sobre plantas prodigiosas, deidades, hechizos y brujas, muchos de los cuales existen desde la época prehispánica y han ido pasando de generación en generación para narrar la vida de los habitantes de la zona. Además de cuentos, la tradición oral antioqueña incluye un gran número de adivinanzas (*riddles*).

Vocabulario de la lectura		Vocabulario útil	
el aislamiento	*isolation*	**amansar**	*to tame*
la bondad	*goodness*	**empeorar**	*to make worse*
el colmillo	*fang*	**en mi (tu/su/etc.) contra**	*against me (you/him/her/etc.)*
la cueva	*cave*	**enfrentarse a**	*to face*
el/la ermitaño/a	*hermit*	**feroz**	*fierce*
la garra	*claw*	**juzgar (a alguien)**	*to judge (someone)*
el/la lobo/a	*(she-)wolf*	**el/la lobato/a**	*wolf cub*
el/la mártir	*martyr*	**la maldad**	*evil*
merecer	*to deserve*	**piadoso/a**	*merciful*

1 Vocabulario Indica qué palabra corresponde a cada definición.

___ 1. Dicho de un animal: fiero, agresivo	a. amansar
___ 2. Diente puntiagudo y fuerte	b. bondad
___ 3. Cualidad de bueno/a	c. colmillo
___ 4. Persona que vive en soledad	d. cueva
___ 5. Cavidad subterránea abierta	e. ermitaño/a
___ 6. Domesticar a un animal	f. feroz

2 Experiencias Selecciona **sí** o **no** según tu experiencia. Después, comparte tus vivencias con un(a) compañero/a.

Alguna vez...

	Sí	No
1. he juzgado incorrectamente a una persona antes de conocerla.	☐	☐
2. he hecho algo con la intención de ayudar, pero he empeorado la situación.	☐	☐
3. he dicho o hecho algo que se ha vuelto en mi contra.	☐	☐
4. he intentado ayudar a una persona que no se lo merecía.	☐	☐

Audio-sync Reading

Hermano lobo

Manuel Mejía Vallejo

"Una buena acción es aquella que en sí tiene bondad y que exige fuerza para realizarla." —Montesquieu

Un día el lobo se dio cuenta de que los hombres lo creían malo.

—Es horrible lo que piensan y escriben —exclamó.

—No todos —dijo un ermitaño desde la entrada de su cueva, y repitió las palabras que inspiró San Francisco. El lobo estuvo triste un momento, quiso comprender.

—¿Dónde está ese santo?

—En el cielo.

—¿En el cielo hay lobos?

—¿En el cielo hay lobos?

El ermitaño no pudo contestar.

—¿Y tú que haces? —preguntó el lobo intrigado por la figura escuálida°, los ojos ardidos°, los andrajos° del ermitaño en su duro aislamiento. El ermitaño explicó todo lo que el lobo deseaba.

skinny
burning / rags

—Y cuando mueras, ¿irás al cielo? —preguntó el lobo conmovido°, alegre de ir entendiendo el bien y el mal.

moved

—Hago lo que puedo por merecer el cielo —dijo apaciblemente° el ermitaño.

gently

—Si fueras mártir, ¿irías al cielo?

—En el cielo están todos los mártires.

El lobo se le quedó mirando, húmedos los ojos, casi humanos. Recordó entonces sus mandíbulas, sus garras, sus colmillos poderosos, y de unos saltos° devoró al ermitaño. Al terminar se tendió° en la entrada de la cueva, miró al cielo limpiamente y se sintió bueno por primera vez. ■

leaps
stretched out

Análisis

1 ¿Cierto o falso? Indica si las oraciones son ciertas o falsas. Corrige las falsas.

1. Según el lobo, los hombres lo perciben como malo.
2. El ermitaño le dice al lobo que todos los hombres lo ven malo.
3. El ermitaño le dice al lobo que en el cielo hay animales de su especie.
4. El lobo tiene interés en saber sobre la vida del ermitaño.
5. El ermitaño siente indiferencia hacia dónde irá cuando muera.
6. Después de devorar al ermitaño, el lobo se siente bueno por primera vez.

2 Interpretar En parejas, contesten las preguntas.

1. ¿Por qué el ermitaño no pudo contestar si en el cielo hay lobos?
2. ¿Qué creen que explicó el ermitaño sobre su vida al lobo?
3. ¿Cómo entendió el lobo el bien y el mal a través de las explicaciones del ermitaño?
4. ¿Por qué quiso saber el lobo si el ermitaño iría al cielo en caso de ser mártir?
5. ¿Cuál era la intención del lobo al devorar al ermitaño?
6. ¿Por qué se sintió bueno cuando lo devoró?

3 San Francisco y el lobo En parejas, lean el párrafo y contesten las preguntas.

El ermitaño del cuento hace referencia a San Francisco de Asís (1181-1226), santo italiano, patrono de los lobatos y uno de los máximos representantes de la religión cristiana. San Francisco de Asís vivió como ermitaño, predicando su pobreza como valor. "Hermano lobo" está inspirado en "Cómo San Francisco amansó, por virtud divina, un lobo ferocísimo", de la obra anónima del s. XIV *Las florecillas de San Francisco*. Según esta narración, el santo se enfrentó a un lobo que devoraba hombres y animales en la ciudad de Gubbio, Italia. Le dijo: "¡Ven aquí, hermano lobo! Yo te mando, de parte de Cristo, que no hagas daño ni a mí ni a nadie." San Francisco y el lobo hicieron un pacto. La gente del pueblo daría de comer al lobo con la condición de que este no les haría nada. El lobo vivió entre los habitantes de Gubbio hasta que murió de viejo.

- ¿Qué relación encuentran entre la historia de *Las florecillas de San Francisco* y la historia de Mejía Vallejo?
- ¿Cómo se comparan los lobos en las dos historias?
- ¿Qué diferencias y similitudes hay entre San Francisco y el ermitaño de Mejía Vallejo?
- ¿Qué papel tiene la religión en el relato de San Francisco y el lobo de Gubbio? ¿Y en el relato de Mejía Vallejo?
- Rubén Darío también escribió un poema sobre esta historia. ¿Por qué creen que ambos escritores se inspiraron en ella?

4 Subgéneros narrativos En parejas, lean algunas de las características de los subgéneros del microrrelato y la fábula. Después, contesten las preguntas.

Aspecto	El microrrelato	La fábula
Género	Prosa, de naturaleza narrativa y ficcional	Prosa o verso
Extensión	Muy breve	Breve o muy breve
Lenguaje	Preciso y conciso. Se usa la elipsis (omisión de hechos) para contar una historia.	Se presenta solo una historia, normalmente en lenguaje sencillo.
Personajes	Pocos personajes; descritos física y psicológicamente con los detalles necesarios	Suelen ser animales u objetos inanimados que actúan como si fueran seres humanos.
Otras características	Hay intertextualidad (relación que un texto mantiene con otro texto).	Termina con una moraleja. Se hace crítica de defectos humanos.

1. ¿Qué elementos del microrrelato se encuentran en "Hermano lobo"? ¿Y de la fábula?
2. ¿Qué ejemplos de elipsis se encuentran en el cuento?
3. ¿Qué características de ambos subgéneros presentan los personajes?
4. ¿Hay intertextualidad? ¿Tiene la historia una moraleja? Expliquen.
5. ¿Qué escritores/as de microrrelato en lengua inglesa conocen? ¿Y de fábulas?
6. ¿Piensan que Internet ha supuesto un auge (*boom*) en el subgénero del microrrelato? ¿Por qué?

5 El bien y el mal En grupos de tres, contesten las preguntas.

1. ¿Qué representa la figura del lobo en la cultura occidental? ¿Saben qué representa en otras culturas?
2. ¿Qué obras literarias o cinematográficas conocen donde aparezca el lobo como personaje? ¿Cómo está representado?
3. ¿Cómo suele acabar el lobo en las fábulas y cuentos infantiles: ganando o perdiendo? ¿Quién gana y quién pierde en "Hermano lobo"? ¿Y en la historia sobre San Francisco de Asís?
4. El filósofo inglés Thomas Hobbes popularizó en el s. XVIII la frase de Plauto "El hombre es un lobo para el hombre". Cinco siglos después, el filósofo suizo Jean-Jacques Rousseau dijo que "El hombre es bueno por naturaleza". ¿Cuál es el significado de cada frase? ¿Con cuál están más de acuerdo? ¿Por qué?

6 Escribir Siguiendo las características del microrrelato o la fábula, escribe una historia breve basándote en el antiguo refrán a continuación.

No es oro todo lo que reluce. (*Not all that glitters is gold.*)

escribir un cuento a partir de un refrán.

Texto argumentativo: religión

Communicative Objective: Write an argumentative essay about religion

En esta lección has hablado sobre la religión. Ahora vas a escribir un ensayo argumentativo sobre una de las religiones del mundo.

Planificar y preparar la escritura

1 Estrategia: Determina el tema de tu ensayo Investiga qué religiones existen en el mundo y elige una de ellas. ¿Cuáles son las doctrinas principales? ¿Qué costumbres se siguen? ¿Dónde se practica? Completa la rueda de conceptos para organizar tus ideas antes de escribir.

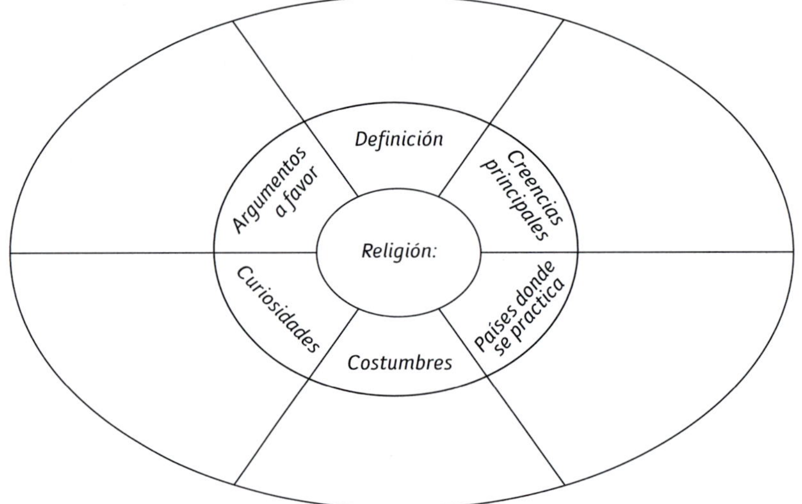

2 Estrategia: Desarrolla el cuerpo del ensayo

- Piensa en cómo usar los datos de tu diagrama para escribir tu ensayo argumentativo.
- Desarrolla el cuerpo del ensayo con la información del diagrama.

Escribir

3 Tu ensayo argumentativo Ahora escribe tu ensayo. Utiliza la información que has reunido y sigue estos pasos.

- **Introducción:** Comienza tu ensayo con una breve introducción sobre la religión elegida y tu postura.
- **Desarrollo:** Explica de manera ordenada tus argumentos a favor de esta religión. Utiliza ejemplos para apoyar tus argumentos.
- **Conclusión:** Resume tus ideas y termina el ensayo.

Revisar y leer

4 Lectura Léele tu ensayo a un(a) compañero/a. Comenten los argumentos expuestos y responde las preguntas que tenga tu compañero/a.

PUEDO escribir un ensayo argumentativo.

Creencias y fe

Así lo decimos

la capilla *chapel*
la catedral *cathedral*
la creencia *belief*
el culto *worship*
el cura *Catholic priest*
la ermita *shrine*
la fe *faith*
la iglesia *church*
el imán *imam*
el lama *lama*
la mezquita *mosque*
la misa *mass*
el monasterio *monastery*
el monje *monk*
el obispo *bishop*
el papa *pope*
el/la pastor(a) *pastor*
la peregrinación *pilgrimage*
el/la rabino/a *rabbi*
el/la sacerdote/sacerdotisa *priest*
el santuario *sanctuary*
la sinagoga *synagogue*
el sincretismo *syncretism*
el templo *temple*

adorar *to worship*
bendecir (e:i) *to bless*
meditar *to meditate*
predicar *to preach*

agnóstico/a *agnostic*
ateo/a *atheist*
budista *Buddhist*
católico/a *Catholic*
cristiano/a *Christian*
hindú *Hindu*
judío/a *Jewish*
monoteísta *monotheistic*
musulmán/musulmana *Muslim*
politeísta *polytheistic*
protestante *Protestant*

Documental

la alabanza *praise*
la cosecha *harvest*
la esperanza *hope*
el ganado *cattle*
el/la poblador(a) *inhabitant*
la siembra *sowing*
la vigilia *vigil*

ofrendar *to offer up*
provenir (e:ie) de *to come from*
sembrar *to sow*
venerar *to worship*

andino/a *Andean*
comestible *edible*
sobrenatural *supernatural*
terrenal *earthly*

Artículo

el aura mística *mystical aura*
el/la adivino(a) *soothsayer/diviner*
el chamán/la chamana *shaman*
la competencia *competition*
el/la curandero/a *healer*
el demonio *devil*
la indumentaria *dress/attire*
la resistencia física *physical endurance*
el/la vencedor/a *winner*

ejecutar *to perform*
fusionar *to merge/fuse*
perdurar *to endure*
prohibir *to prohibit/ban*
rechazar (z:c) *to reject*
rendir tributo *to pay tribute/to honor*
simbolizar (z:c) *to symbolize*

divino/a *divine*
inmaterial *intangible*
profano/a *profane*

■

la chacra *farm*
el cultivo *crop*
el huerto *orchard*
el más allá *beyond*
la sabiduría *wisdom*
la sanación *healing*

formar parte *to join, become part of*
mezclar *to mix*
orar *to pray*
renacer *to be reborn*
superponerse *to overlap*

agradecido/a *grateful*
mayor *elder*
propio/a *own*
silvestre *wild*

Literatura

el aislamiento *isolation*
la bondad *goodness*
el colmillo *fang*
la cueva *cave*
el/la ermitaño/a *hermit*
la garra *claw*
el/la lobato/a *wolf cub*
el/la lobo/a *(she-)wolf*
la maldad *evil*
el/la mártir *martyr*

amansar *to tame*
empeorar *to make worse*
enfrentarse a *to face*
juzgar (a alguien) *to judge (someone)*
merecer *to deserve*

en mi (tu/su/etc.) contra *against me (you/him/her/etc.)*
feroz *fierce*
piadoso/a *merciful*

Ahora yo puedo...

- entender la mayor parte de textos orales y escritos sobre la religión.
- interactuar con un(a) agente de viajes hispanohablante para pedir información sobre un evento.
- describir y comparar una ceremonia religiosa en mi comunidad con otra de una cultura distinta.
- comparar las prácticas y perspectivas sobre las creencias en mi cultura y otras.
- reconocer la diversidad de culturas, religiones y estilos de vida.

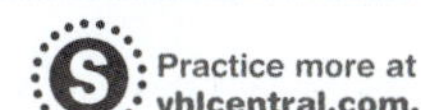

Literatura de peso En parejas, investiguen y comenten sobre los/as autores/as y las obras literarias más sobresalientes de sus países. Después, respondan: ¿qué tan famosos/as son ellos/as y sus obras? ¿Qué tipo de literatura escriben?

FORMAS DE EXPRESIÓN

El mundo de las letras

LECCIÓN

10

ESTADOS UNIDOS

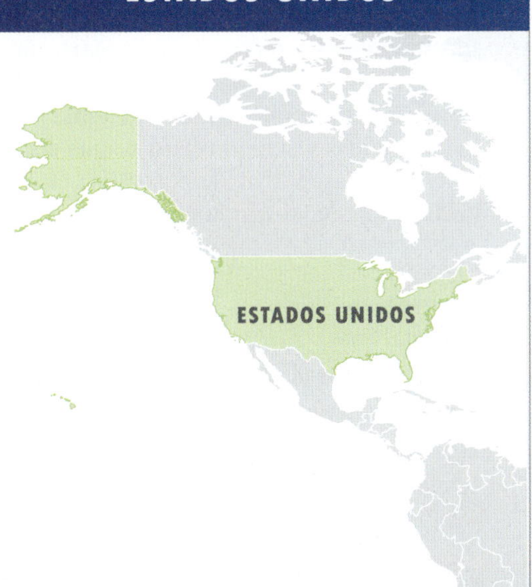

LESSON OBJECTIVES

You will learn how to...

- understand most of what is said or written in texts related to language and literature.
- participate in a debate about immigration and the status of Spanish in your community.
- write about the role Spanish and Spanish-language literature will have in your future.
- compare Latin-American products and practices in your own and other cultures.
- talk with a student from the target culture about their origins and experiences in your country.

La lengua

A Estefanía le encantan los **idiomas**. Su **lengua materna** es el español, pero aprendió inglés desde que era pequeña y es prácticamente **bilingüe**. En la universidad, decidió estudiar una tercera lengua y ahora también habla francés **con fluidez**. Cada semana, participa en un intercambio de idiomas para practicar su expresión y **comprensión oral**.

bilingüe *bilingual*
la comprensión lectora *reading skills*
la comprensión oral *listening skills*
con fluidez *fluently*
el dialecto *dialect*
didáctico/a *educational*
el/la hablante *speaker*
el idioma *language*
la lengua materna *mother tongue*

La literatura

Manuel está leyendo un libro que **trata sobre** una familia mexicana que se muda a los Estados Unidos. El **argumento** es sencillo y los personajes son muy realistas. Le está gustando mucho cómo la autora **narra** la historia. Cuando termine, quiere leer otros libros que esta escritora **haya publicado**.

el argumento *plot*
el borrador *draft*
los derechos de autor *copyright*
la editorial *publishing house*
la imprenta *printing house*
el/la lector(a) *reader*
narrar *to narrate*
publicar *to publish*
tratar de/sobre *to deal with*

Los géneros literarios

Las **memorias** son un género literario muy interesante en el que un autor o autora recuerda sus vivencias. Comparten características con las **autobiografías**, pero suelen ser menos rígidas y son un **relato** de una época concreta. Las autobiografías, por su parte, son una **crónica** de todos los hechos importantes en la vida del autor o autora.

la (auto)biografía *(auto)biography*
la crónica *chronicle*
la fábula *fable*
la literatura juvenil *young adult literature*
las memorias *memoirs*
la prosa *prose*
el relato *(short) story*

Práctica

Las profesiones

Para los **novelistas**, es fundamental trabajar estrechamente (*closely*) con otros profesionales. Por ejemplo, es importante contar con buenos **correctores** que revisen y editen sus textos o con **agentes literarios** de confianza que hagan de intermediarios con las editoriales.

el/la agente literario/a *literary agent*
el/la bibliotecario/a *librarian*
el/la corrector(a) *proofreader*
el/la intérprete *interpreter*
el/la lingüista *linguist*
el/la novelista *novelist*
el/la traductor(a) *translator*

Practice more at vhlcentral.com.

1 Vocabulario Completa el párrafo.

correctora	idiomas	novelista
didáctica	lengua materna	publicar
editorial	memorias	

De pequeña, a Sofía le encantaba leer y quería ser (1) ________ y (2) ________ varios libros. También soñaba con escribir sus (3) ________ algún día. Años después, empezó a estudiar (4) ________ y pensó que le gustaría tener una profesión más (5) ________ y enseñar su (6) ________ a otras personas. Al final, encontró un empleo perfecto para ella: ahora trabaja en una (7) ________ de idiomas como escritora y (8) ________ de libros de texto para estudiantes de español.

2 Reflexión En parejas, contesten las preguntas.

1. ¿Cuántos idiomas sabes? ¿Con qué fluidez los hablas?
2. ¿Crees que saber idiomas te puede ayudar en el futuro? Explica por qué.
3. ¿Cuál es el último libro que leíste? ¿De qué género es? ¿Sobre qué trata?
4. ¿Te gusta leer libros de autores extranjeros traducidos a tu idioma o prefieres leer a autores que escriban en tu lengua materna? ¿Por qué?

3 Idiomas Haz una lista de los aspectos positivos de ser bilingüe. Después, en grupos de tres, comparen sus listas y comenten sus opiniones. Por último, escriban un párrafo en el que resuman sus ideas.

Aspectos positivos de ser bilingüe

- Te ayuda a conocer otras culturas
- ...

PUEDO discutir sobre los beneficios de ser bilingüe.

Communicative Objective: Discuss linguistic services provided by immigrants in the United States

Vocabulario del documental		Vocabulario útil	
la aldea	*village*	**las dificultades**	*hardship, difficulties*
los antecedentes penales	*criminal record*	**el esfuerzo**	*effort*
el conflicto armado	*armed conflict*	**formarse**	*to educate yourself*
la higiene bucal	*oral hygiene*	**la superación personal**	*personal development, overcoming*
originario/a	*native*		
surgir (g:j)	*to develop, to come up with*		
el tribunal	*court*		

Expresiones	
dejar atrás	*to leave behind*
estar agarrando práctica	*to start a practicum*

1 Completar Selecciona la mejor opción para completar cada oración.

1. Carmelina nació allí. Ella es _____________ de Guatemala.
   a. originaria b. turista
2. Ella vivió en _____________ de unas pocas casas que se llama Coyá.
   a. una ciudad b. una aldea
3. El estudiante de odontología comenzó sus prácticas en un consultorio de _____________.
   a. antecedentes penales b. higiene bucal
4. Muchos emigrantes se van de sus países por _____________.
   a. muchos idiomas b. conflictos armados
5. Las personas detenidas se enfrentan a la justicia en _____________.
   a. los tribunales b. las escuelas
6. Para poder trabajar en clínicas en los Estados Unidos, a veces es necesario presentar _____________.
   a. los antecedentes penales b. la superación personal

2 Superación personal En parejas, háganse las siguientes preguntas.

1. ¿En qué momentos has tenido que trabajar duro para mejorar tu vida? ¿Qué pasó?
2. ¿De qué maneras te gustaría ayudar a los demás?
3. ¿Qué tipo de empresa te gustaría tener? ¿Por qué? ¿Qué harías en ella?
4. ¿Cómo podrías utilizar tus conocimientos de español en el mundo profesional? ¿Y cómo podrías ayudar a otras personas?
5. ¿Conoces alguna persona en tu familia o en tu comunidad que sea exitosa hoy, pero que haya comenzado desde abajo? ¿Cómo fue su progreso?

3 Lenguas indígenas En parejas, lean el párrafo y digan qué palabras creen que provienen de idiomas indígenas de Latinoamérica. Luego, contesten las preguntas, investiguen en Internet y compartan con la clase.

Para la fiesta de cumpleaños, vamos a cocinar un postre bien rico con aguacate y chocolate. También mezclaremos un poquito de chile para darle un toque picante. Pero primero, comeremos unas papas con maíz. ¡Entonces estaremos listos para ir al cenote, o quien quiera puede montar en canoa! Pero, por favor, no dejen comida fuera, pues hay mapaches y coyotes cerca de casa.

1. ¿Conocen otras palabras que se usan en español y provienen de idiomas indígenas?
2. ¿Por qué creen que palabras como: *cenote, canoa* y *chile* vienen de idiomas nativos de América? ¿De qué zonas creen que son?
3. ¿Qué saben de la historia de cómo llegaron las palabras indígenas del texto a formar parte del español?

4 Preparación En parejas, contesten las preguntas.

1. ¿Conocen a alguna persona que haya emigrado de Latinoamérica a Estados Unidos? ¿Cómo fue su experiencia?
2. ¿Cuál es la importancia de saber idiomas? ¿Creen que es importante para tener éxito en el país al que se emigra?
3. ¿Hablan otros idiomas que han estudiado o que les ha enseñado su familia? ¿Cuáles? ¿Cuál les gustaría aprender?
4. ¿Conocen alguna lengua indígena? ¿Cuál? ¿Qué pueden decir sobre ella?
5. ¿De qué manera puede ser útil saber hablar otras lenguas para ayudar a los demás?

5 Fotogramas En grupos de tres, discutan lo que ocurre en cada imagen.

De los campos de Florida a traductora maya en los EE.UU.

Una historia de superación entre idiomas y culturas

ARGUMENTO

Carmelina Cadena es una guatemalteca que migró a los Estados Unidos en la década de 1980 como consecuencia del conflicto interno en su país. Hoy es la fundadora de Maya Interpreters, una organización que ofrece servicios de interpretación y traducción a veintiún idiomas mayas en los Estados Unidos.

1 Vivo aquí en los Estados Unidos desde hace treinta y cuatro años.

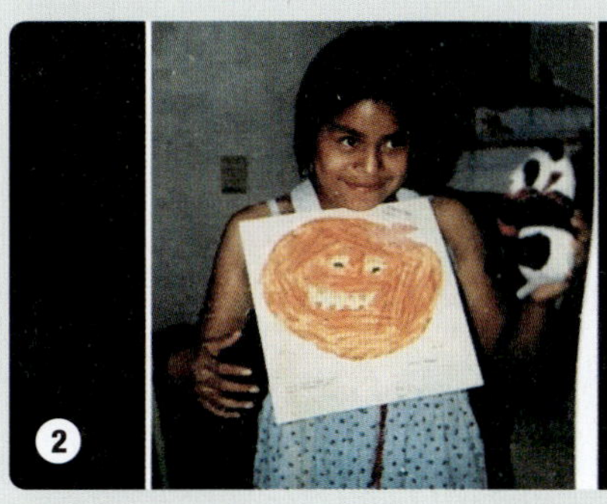

2 Salimos de Guatemala por el conflicto armado y dejamos todo atrás.

3 Todos esos años siempre salía a trabajar en el campo para ayudarle a mi mamá.

4 Dije: "—Bueno, pues ahora quiero estudiar".

5 Yo conozco gente dentro de la comunidad, aquí en los Estados Unidos, que habla ese idioma.

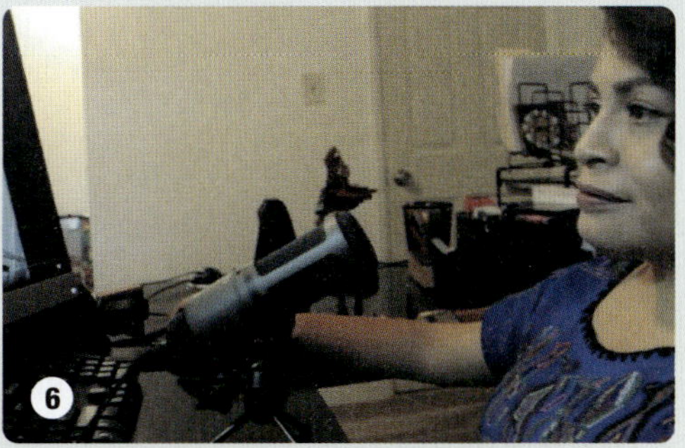

6 Servimos a los tribunales de 8 a. m. a 5 p.m., y en las noches, a hospitales y estaciones de policía.

1 ¿Cierto o falso? Indica si las oraciones son ciertas o falsas. Corrige las falsas.

1. Carmelina proviene de una aldea cercana (*near*), en San Miguel Acatán.
2. Carmelina vive en los Estados Unidos desde 1990.
3. Carmelina y su familia se fueron de Guatemala para sobrevivir (*survive*).
4. Carmelina trabajó en el campo por muchos años.
5. La mamá de Carmelina la sacaba de la escuela cada vez que se mudaban.
6. La mamá de Carmelina le decía: "Si no trabajas, no estudias".
7. Para hacer prácticas en las clínicas se necesitaba un permiso de residencia.
8. Carmelina creó Maya Interpreters porque los tribunales necesitaban intérpretes de español.

2 Empresaria Contesta las preguntas.

1. ¿Qué le facilitó a Carmelina crear una empresa de interpretación?
2. ¿Qué demuestra la actitud de Carmelina frente a su nueva vida en los Estados Unidos?
3. ¿De qué manera se usa el conocimiento de idiomas para ayudar a las personas?

3 Expresiones Elige la opción adecuada para completar cada oración.

1. Cuando abandonó su país, Carmelina dejó atrás...
   a. un conflicto armado. b. sus estudios. c. un idioma nativo.
2. Las personas que emigran a otro país dejan atrás...
   a. nuevas oportunidades. b. sus países de origen. c. un nuevo trabajo.
3. Ella trabajó duro para terminar su carrera y dejó atrás...
   a. las dificultades de la niñez. b. la traducción y la interpretación. c. los tribunales.
4. Los intérpretes que trabajan con Carmelina no dejan atrás a...
   a. sus familiares y amigos. b. los medios de comunicación. c. guatemaltecos que no hablan inglés.

4 Debate En grupos de cuatro, escojan una de las opiniones y debatan sobre ella. Dos de ustedes presentan argumentos a favor; las otras dos personas, en contra.

- Los inmigrantes deben hablar la lengua del país al que emigran.
- Estudiar idiomas es necesario para avanzar en el mundo laboral.
- Es mejor ser bilingüe que monolingüe.
- Los hijos de inmigrantes en los Estados Unidos deberían hablar su lengua materna.
- En un mundo globalizado, aprender otros idiomas no es una necesidad sino una obligación.

5 Traducción e interpretación En el video, Carmelina habla de cómo funciona su empresa. En parejas, contesten estas preguntas.

1. ¿Han utilizado en alguna ocasión un servicio de interpretación? ¿Cómo fue su experiencia?
2. ¿Qué servicios puede ofrecer una empresa como Maya Interpreters? ¿Por qué son importantes para la comunidad indígena latinoamericana?
3. ¿Qué pasaría si no hubiera empresas de intérpretes como la de Carmelina?
4. ¿Por qué es útil tener intérpretes en hospitales y estaciones de policía?
5. ¿Existen servicios de intérpretes en su comunidad? ¿Qué tan buenos son?

6 Herramientas En parejas, investiguen sobre qué tipo de herramientas tecnológicas se utilizan en la traducción. Contesten las siguientes preguntas.

- ¿Cómo se traduce en la actualidad? ¿Qué tecnología utilizan los traductores?
- ¿Cómo se puede aplicar la inteligencia artificial en la traducción? ¿Creen que es algo positivo o negativo? ¿Por qué?
- ¿Cómo ha cambiado la traducción con las nuevas tecnologías?
- ¿Cómo creen que se traducía hace muchos años, antes de que hubiera Internet?

7 En vivo En parejas, hagan de intérpretes. Imaginen que están en una situación en la que uno de ustedes tiene que interpretar a otro idioma lo que dice su compañero/a. Elijan una de las situaciones siguientes, preparen algunas preguntas que hacer e intenten traducir lo que dice su compañero/a del inglés al español.

- Una reunión universitaria con la directora del centro
- Un banco de alimentos donde van las familias
- Una oficina de inmigración
- Una cita con un(a) doctor(a)

8 Investigación En grupos, elijan un idioma maya y busquen información sobre él. Contesten las siguientes preguntas y compartan sus conocimientos con la clase.

- ¿Dónde se habla este idioma? ¿Cuántos hablantes tiene?
- ¿Qué características principales tiene este idioma y en qué se diferencia del español y del inglés?
- ¿Cuáles son algunas palabras comunes?
- ¿Está en peligro de desaparecer o es un idioma “sano”? Expliquen.

PUEDO discutir sobre lenguas nativas en Guatemala y sobre la traducción.

Communicative Objective: Write texts in which the focus of the sentences changes

TALLER DE CONSULTA

The following grammar topic is covered in the **Manual de gramática, Lección 10: 10.4 *Pero* vs. *sino*, p. 438.**

Passive statements may also be expressed with the passive **se**. See **7.3, p. 268.**

To review irregular past participles, see **7.1, p. 263.**

10.1 The passive voice

*Carmelina **fue sacada** de la escuela varias veces porque su familia tenía que mudarse constantemente.*

- In the active voice (**la voz activa**), a person or thing (agent) performs an action on an object (recipient). The agent is emphasized as the subject of the sentence. Statements in the active voice usually follow the pattern [*agent*] + [*verb*] + [*recipient*].

AGENT = SUBJECT	VERB	RECIPIENT
La escritora	**publicó**	**una nueva novela.**
The writer	*published*	*a new novel.*
El jurado	**ha seleccionado**	**a diez finalistas.**
The jury	*has selected*	*ten finalists.*

- In the passive voice (**la voz pasiva**), the recipient of the action becomes the subject of the sentence. Passive statements emphasize the thing that was done or the person that was acted upon. They follow the pattern [*recipient*] + **ser** + [*past participle*] + **por** + [*agent*].

RECIPIENT = SUBJECT	*SER* + PAST PARTICIPLE	*POR* + AGENT
Una nueva novela	**fue publicada**	**por la escritora.**
A new novel	*was published*	*by the writer.*
Diez finalistas	**han sido seleccionados**	**por el jurado.**
Ten finalists	*have been selected*	*by the jury.*

- Note that singular forms of **ser** (**es, ha sido, fue,** etc.) are used with singular recipients, and plural forms (**son, han sido, fueron,** etc.) are used with plural recipients.

El encuentro **es organizado** por los miembros del club de lectura.
The meeting is organized by members of the book club.

Sus dos relatos **fueron rechazados** por la editorial.
His two short stories were rejected by the publishing house.

- In addition, the past participle must agree in number and gender with the recipient(s).

Esta **lengua** es **hablada** por millones de personas en los Estados Unidos.
This language is spoken by milions of people in the United States.

Los **datos** han sido **analizados** por un grupo de investigadores.
The data has been analyzed by a group of researchers.

- Note that **por** + [*agent*] may be omitted if the agent is unknown or not specified.

Su novela fue premiada.
His novel was awarded.

Su libro nunca fue publicado.
His book was never published.

Práctica y comunicación

1 El artículo Lee las notas que tomó una periodista sobre un caso de robo y escribe el artículo utilizando la voz pasiva.

Notas sobre el caso

- Hace 25 años:
  asaltaron el Museo de Bellas Artes
  robaron seis cuadros muy famosos, destruyeron varios marcos antiguos en un pasillo, dañaron una estatua, golpearon a los dos guardias de seguridad, lastimaron con una navaja (*knife*) al cuidador
- El mes pasado:
  un detective descubrió los seis cuadros en París dos meses antes, un empresario de Taiwán los vendió a una galería francesa
- Ayer:
  la policía allanó (*raided*) las propiedades del empresario en Taipéi, encontró las otras obras de arte robadas, no atrapó al sospechoso
- Ahora:
  la compañía de seguros afirma: "considerarán el robo resuelto cuando atrapen a los culpables"

2 Cambio de país En parejas, túrnense para completar las oraciones en voz pasiva con la forma adecuada del participio pasado. Estén atentos/as y corríjanse si notan algún error.

1. Una fiesta fue ________ (organizar) por sus familiares para despedir a la familia Villar.
2. En el aeropuerto, sus pasaportes y visas fueron ________ (revisar) por los agentes de aduana.
3. Su equipaje fue ________ (examinar) antes de subir al avión.
4. Ya en los Estados Unidos, los jóvenes de la familia fueron ________ (admitir) en las escuelas de la comunidad.
5. Los hijos de los Villar ya no son ________ (considerar) extranjeros.
6. Cuando volvieron a visitar Argentina, los Villar fueron ________ (recibir) en el aeropuerto por todos sus familiares.

3 Titulares En parejas, elijan uno de los siguientes titulares y escriban un breve artículo para el periódico de su universidad. Utilizando la voz pasiva y las palabras de la lista, expliquen dónde y cómo fue el evento, quiénes participaron y qué consecuencias tuvo.

Hallan planeta habitado en el espacio		
descubrir	amenaza	investigar
establecer	extraterrestre	nave espacial

Entrega de premios a las mejores novelas del año		
dedicar	ganador(a)	presentar
inspirar	nominar	triunfo

Encuentran la cura de la obesidad		
aliviar	avance	enfermedad
lograr	científico/a	analizar

PUEDO redactar un artículo con base en información dada.

Communicative Objective: Express agreement or disagreement

10.2 Negative and affirmative expressions

TALLER DE CONSULTA

Pero and **sino** are also used to express contradictions. See **Manual de gramática, 10.4, p. 438.**

—[...] todos esos años ***siempre*** *salía a trabajar en el campo para ayudarle a mi mamá.*

- Negative words (**palabras negativas**) deny something's existence or contradict statements.

Affirmative words	Negative words
algo *something; anything*	**nada** *nothing; not anything*
alguien *someone; somebody; anyone*	**nadie** *no one; nobody; not anyone*
alguno/a(s), algún *some; any*	**ninguno/a, ningún** *no; none; not any*
o. . . o *either. . . or*	**ni. . . ni** *neither. . . nor*
siempre *always*	**nunca, jamás** *never; not ever*
también *also; too*	**tampoco** *neither; not either*

¿Dejaste **algo** en la mesa?
Did you leave something on the table?

No, **no** dejé **nada**.
No, I didn't leave anything.

Siempre he tratado de ir a clases de idiomas.
I have always tried to go to language classes.

¡Mentira! Tú **nunca** has estudiado **ninguna** segunda lengua.
That's a lie! You have never studied any second language.

- In Spanish, double negatives are perfectly acceptable. Most negative statements use the pattern **no** + [*verb*] + [*negative word*]. When the negative word precedes the verb, **no** is omitted.

No leo ensayos **nunca**.
I never read essays.

Nunca leo ensayos.
I never read essays.

Su opinión **no** le importa a **nadie**.
His opinion doesn't matter to anyone.

A **nadie** le importa su opinión.
Nobody cares about his opinion.

- Once one negative word appears in an English sentence, no other negative word may be used. In Spanish, however, once a negative word is used, all other elements must be expressed in the negative, if possible.

No le digas **nada** a **nadie**.
Don't say anything to anyone.

No hablo **ni** francés **ni** italiano.
I don't speak French or Italian.

¡ATENCIÓN!

Cualquiera can be used to mean *any, anyone, whoever, whatever or whichever.* When used before a singular noun (masculine or feminine), the **–a** is dropped.

Cualquiera haría lo mismo.
Anyone would do the same.

Llegarán en cualquier momento.
They will arrive at any moment.

- The personal **a** is used before negative and affirmative words that refer to people when they are the direct object of the verb.

Nadie me comprende. ¿Por qué será? *No one understands me. Why is that?*	Porque tú no comprendes **a nadie**. *Because you don't understand anybody.*
Algunos instructores de idiomas también trabajan como intérpretes. *Some language instructors also work as interpreters.*	Pues yo no conozco **a ninguno** que tenga dos trabajos. *Well, I don't know any who has two jobs.*

- Before a masculine, singular noun, **alguno** and **ninguno** are shortened to **algún** and **ningún**.

¿Estás estudiando **algún** idioma este semestre?
Are you studying any language this semester?

No, no estoy estudiando **ningún** idioma, pero el próximo año estudiaré chino.
No, I'm not studying any language, but next year I'll study Chinese.

- **Tampoco** means *neither* or *not either*. It is the opposite of **también**.

¿No quieren comprar el libro? Yo **tampoco**; prefiero ir a la biblioteca.
You don't want to buy the book? I don't either; I prefer to go to the library.

Mi hermano es bilingüe, y yo **también**.
My brother is bilingual, and so am I.

- The conjunction **o. . . o** (*either. . . or*) is used when there is a choice to be made between two options. **Ni. . . ni** (*neither. . . nor*) is used to negate both options.

Debo hablar **o** con el escritor **o** con su agente literario.
I have to speak with either the writer or his literary agent.

No me interesa leer **ni** memorias **ni** autobiografías.
I am interested in reading neither memoirs nor autobiographies.

- The conjunction **ni siquiera** (*not even*) is used to add emphasis.

Ni siquiera se despidieron antes de salir.
They didn't even say goodbye before they left.

No he leído ninguna novela de García Márquez, **ni siquiera** *Cien años de soledad*.
I haven't read any novel by García Márquez, not even One Hundred Years of Solitude.

Carmelina no tenía seguro social. ***Ni siquiera*** *era residente en los Estados Unidos.*

¡ATENCIÓN!

In the conjunction **o... o**, the first **o** can be omitted.
Debo hablar con el escritor o con su agente literario.

In the conjunction **ni... ni**, the first **ni** can be omitted when it comes after the verb.
No me interesa leer memorias ni autobiografías.

However, when the first **ni** goes before the verb, **no... ni** can be used instead of **ni... ni**.
La inmigración no/ni ha subido ni ha bajado.

COMPARACIONES

En español, la posición del adverbio en una oración es más flexible que en inglés. Por ejemplo, en inglés, los adverbios de frecuencia van antes del verbo: *I* ***never*** *eat meat.* En español, generalmente van o al principio o al final de la oración.

1. En parejas, escriban en español dos versiones de la oración de arriba: una con la palabra **nunca** al principio y otra con **nunca** al final. ¿Qué cambio tienen que hacer?
2. Busquen en estas dos páginas otra oración en la que el orden de las palabras es flexible en español. ¿Es flexible en inglés también?
3. Expliquen: ¿Por qué es importante considerar el orden de las palabras?

Práctica

1 Completar Completa la conversación usando expresiones negativas y afirmativas.

alguna	ni. . . ni	nunca	también
nadie	ninguna	o. . . o	ni siquiera

ANA: Pablo, ¿(1) __________ vez has ido a la librería Cervantes?

PABLO: No, (2) __________ he oído hablar de ella.

ANA: ¿De veras? ¿(3) __________ de la que está aquí en Miami (4) __________ de la que está en San Francisco?

PABLO: No, de (5) __________ de las dos. ¿Por qué me lo preguntas?

ANA: Porque creo que te interesaría, ya que tiene muchísimos libros en español. (6) __________ tiene libros en otros idiomas.

PABLO: Pues eres la primera persona que me habla de ella, (7) __________ me la ha recomendado nunca.

ANA: ¿No? ¿(8) __________ Carol? A ella también le encanta. ¿Qué te parece si vamos juntos?

PABLO: ¡Claro! Me encantaría. ¿Cuándo te viene bien?

ANA: Yo estoy libre (9) _________ el lunes (10) _________ el jueves que viene.

2 Viajar Imagina que eres un(a) viajero/a un poco especial y estás hablando de lo que no te gusta hacer en los viajes. Transforma las oraciones afirmativas en negativas usando las expresiones negativas correspondientes. Sigue el modelo.

Modelo **Siempre como la comida del país.**
Nunca como la comida del país.

1. Cuando voy de viaje, siempre compro algunos regalos típicos.
2. A mí también me gusta visitar todos los lugares turísticos.
3. Yo siempre hablo el idioma del país con todo el mundo.
4. Normalmente, o alquilo un carro o alquilo una motocicleta.
5. Siempre intento visitar a algún conocido de mi familia.
6. Cada vez que visito un lugar nuevo, siempre hago algunos amigos.

3 La fiesta En parejas, imaginen que están en una fiesta, pero solo escuchan parte de lo que la gente conversa. Escriban respuestas a estas oraciones, usando las expresiones indicadas.

1. —Podrías visitar a la abuela mañana, ¿no? (ni... ni)
2. —Sé que le mentiste al profesor sobre el examen. (jamás)
3. —¿Qué ocurrió con el dinero que faltaba? (nadie... nada)
4. —Ella decidió visitar el lugar del accidente. (nunca)
5. —No creo que ese texto esté bien traducido. (tampoco)
6. —¿Me recomiendas alguna escuela donde estudiar español? (ninguno/a)

4 Opiniones Responde si estás de acuerdo con estas opiniones de otras personas o si no lo estás. Usa expresiones negativas y afirmativas.

- Cada persona debe quedarse a vivir en su propio país.
- Los inmigrantes benefician la economía del país.
- La sociedad es responsable de integrar a los nuevos inmigrantes.
- Los inmigrantes deben aprender el idioma del país y no deben hablar su propio idioma nunca.
- Es responsabilidad de los gobiernos proporcionar los recursos justos y necesarios para que sus ciudadanos no se vean obligados a emigrar.
- Todo el mundo debería ser libre de vivir y trabajar donde quisiera.
- Nada es más difícil que vivir en un país extranjero por obligación.
- El inmigrante siempre piensa en regresar algún día a su patria.
- Nunca se puede decir: "Jamás viviría en otro país", porque nunca se sabe.

5 Escena En parejas, escriban una conversación entre un(a) hijo/a adolescente y sus padres, usando expresiones negativas y afirmativas.

Modelo

HIJA: ¿Por qué siempre desconfían de mí?
No me gusta que nunca crean lo que les digo.
No soy ninguna mentirosa y mis amigos tampoco lo son.
No tienen ninguna razón para preocuparse.

MAMÁ: Sí, hija, muy bien, pero recuerda que...

HIJA: Por última vez, ¿puedo ir...?

PAPÁ: ...

6 Representar En parejas, representen ante la clase la conversación que escribieron en la **Actividad 5**.

PUEDO conversar e indicar si comparto la opinión de otra persona o si no la comparto.

Communicative Objective: Retell particular events from someone's life or my own

Interactive Tutorials

TALLER DE CONSULTA

To review indicative verb forms, see:

Present 1.1, pp. 12–13	**Present perfect** 7.1, pp. 262–263
Preterite 2.1, pp. 56–57	**Past perfect** 8.1, p. 300
Imperfect 2.2, pp. 60–61	**Future perfect** 9.1, p. 336
Future 5.1, pp. 178–179	**Conditional perfect** 9.2, p. 338
Conditional 5.2, pp. 182–183	

10.3 Summary of the indicative and the subjunctive

The indicative

*—No **encontramos** este idioma. **Es** bien raro, no **sabemos** ni cómo **se llama**.*

- This chart shows when each of the indicative verb tenses is typically used.

PRESENT	*timeless events:* *habitual events that still occur:* *events happening right now:* *future events expected to happen:*	La gente **quiere** vivir en paz. Mi madre **estudia** español. Ellos **están** enojados. Te **llamo** este fin de semana.
PRETERITE	*actions or states beginning/ ending at a definite point in the past:*	Ayer **firmamos** el contrato con la editorial.
IMPERFECT	*past events without focus on beginning, end, or completeness:*	Yo **leía** mientras ella **estudiaba**.
	habitual past actions:	Ana siempre **iba** a la misma librería.
	mental, physical, and emotional states:	Mi abuelo **era** alto y fuerte.
FUTURE	*future events:* *probability about the present:*	**Iré** a Chicago en dos semanas. ¿**Estará** en su oficina ahora?
CONDITIONAL	*what would happen:* *future events in past-tense narration:* *conjecture about the past:*	Él **lucharía** por sus ideales. Me dijo que lo **haría** él mismo. ¿Qué hora **sería** cuando regresaron?
PRESENT PERFECT	*what has occurred:*	**Han cruzado** la frontera.
PAST PERFECT	*what had occurred:*	Lo **habían hablado** hacía tiempo.
FUTURE PERFECT	*what will have occurred:*	Para la próxima semana, ya **se habrá publicado** su nueva novela.
CONDITIONAL PERFECT	*what would have occurred:*	Juan **habría sido** un gran escritor.

The subjunctive

—Entonces, le ponemos un intérprete K'anjob'al para que ***pueda*** *comunicarse con el policía [...]*

- The subjunctive is used mainly in multiple clause sentences. This chart explains when each of the subjunctive verb tenses is appropriate.

PRESENT	*main clause is in the present:*	Quiero que **hagas** un esfuerzo.
	main clause is in the future:	Seguiré estudiando hasta que **consiga** un puesto como intérprete.
PAST	*main clause is in the past:*	Esperaba que **vinieras**.
	hypothetical statements about the present:	Si **tuviéramos** tiempo, leeríamos más.
PRESENT PERFECT	*main clause is in the present while subordinate clause is in the past:*	¡Es increíble que tu libro **haya ganado** el premio!
PAST PERFECT	*main clause is in the past and subordinate clause refers to earlier event:*	Me molestó que el periodista **hubiera criticado** mi novela.
	hypothetical statements about the past:	Si me **hubieras llamado,** habría salido contigo anoche.

Present subjunctive

Es necesario que **hagamos** un esfuerzo para superarnos.
It's necessary that we make an effort to better ourselves.

Past subjunctive

Yo no creí que **publicaran** su biografía.
I didn't believe that they would publish his biography.

Present perfect subjunctive

Me parece increíble que **hayas aprendido** tan rápido tu nuevo idioma.
I am impressed that you have learned your new language so fast.

Past perfect subjunctive

Si **hubiera tenido** tiempo, habría leído tu novela.
If I had had the time, I would have read your novel.

TALLER DE CONSULTA

To review subjunctive verb forms, see:
Present subjunctive
3.1, pp. 96–98
Past subjunctive
6.2, pp. 224–225
Present perfect subjunctive
7.2, p. 266
Past perfect subjunctive
8.2, p. 302
To review commands, see
3.3, pp. 106–107.

TALLER DE CONSULTA

To review the uses of the subjunctive, see:
Subjunctive in noun clauses 3.1, pp. 96–98
Subjunctive in adjective clauses 4.1, pp. 138–139
Subjunctive in adverbial clauses 6.1, pp. 220–221
***Si* clauses 9.3, pp. 340–341**

¡ATENCIÓN!

Ojalá (que) is always followed by the subjunctive.

Ojalá (que) se mejore pronto.

Impersonal expressions of will, emotion, or uncertainty are followed by the subjunctive unless there is no change of subject.

Es terrible que tú fumes.
Es terrible fumar.

The subjunctive vs. the indicative

- This chart contrasts the uses of the subjunctive with those of the indicative (or infinitive).

Subjunctive	Indicative (or infinitive)
after expressions of will and influence when there are two different subjects: Quieren que **vuelvas** temprano.	*after expressions of will and influence when there is only one subject (infinitive):* Quieren **volver** temprano.
after expressions of emotion when there are two different subjects: La profesora tenía miedo de que sus estudiantes no **aprobaran** el examen.	*after expressions of emotion when there is only one subject (infinitive):* Los estudiantes tenían miedo de no **aprobar** el examen.
after expressions of doubt, disbelief, or denial when there are two different subjects: Es imposible que Beto **haya salido** por esa puerta.	*after expressions of doubt, disbelief, or denial when there is only one subject (infinitive):* Es imposible **salir** por esa puerta; siempre está cerrada.
when the person or thing in the main clause is uncertain or indefinite: Buscan un empleado que **haya estudiado** español durante años.	*when the person or thing in the main clause is certain or definite (indicative):* Contrataron a un empleado que **estudió** español durante años.
after ***a menos que, antes (de) que, con tal (de) que, en caso (de) que, para que,*** *and* ***sin que*** *when there are two different subjects:* El abogado hizo todo lo posible para que su cliente **conservara** los derechos de autor.	*after* ***a menos de, antes de, con tal de, en caso de, para,*** *and* ***sin*** *when there is no change in subject (infinitive):* El abogado hizo todo lo posible para **proteger** mis derechos de autor.
after the conjunctions ***cuando, después (de) que, en cuanto, hasta que,*** *and* ***tan pronto como*** *when they refer to future actions:* Firmaré el contrato con la editorial cuando me **ofrezcan** buenas condiciones.	*after the conjunctions* ***cuando, después (de) que, en cuanto, hasta que,*** *and* ***tan pronto como*** *when they do not refer to future actions (indicative):* Firmé el contrato con la editorial cuando me **ofrecieron** buenas condiciones.
after ***si*** *in hypothetical or contrary-to-fact statements about the present:* Si **encontrara** un buen traductor, publicaría mi novela en inglés.	*after* ***si*** *in hypothetical statements about possible or probable future events (indicative):* Si **encuentro** un buen traductor, publicaré mi novela en inglés.
after ***si*** *in hypothetical or contrary-to-fact statements about the past:* Si **hubiera tenido** tiempo, habría ido a la biblioteca.	*after* ***si*** *in statements that express habitual past actions (indicative):* Si **tenía** tiempo, siempre iba a la biblioteca.

Práctica

1 Biografía Elige la forma correcta de cada verbo para completar el párrafo sobre la vida de la escritora Sandra Cisneros.

Sandra Cisneros (1) _________ (nacía/nació) en 1954 en Chicago. De adolescente, le (2) _________ (gustaba/gustó) mucho leer y (3) _________ (escribía/escribió) a menudo. (4) _________ (Decidía/Decidió) estudiar una licenciatura en Chicago y después se (5) _________ (mudó/mudaba) a Iowa. Allí, en 1978, (6) _________ (terminaba/terminó) su maestría en escritura creativa. Sandra (7) _________ (ha publicado/publica) numerosas novelas. Entre ellas, la más famosa (8) _________ (es/será) *La casa en Mango Street*. Desde hace unos años, (9) _________ (vive/vivía) en México y por ahora (10) _________ (continuará/continuaba) allí porque quiere entrar en contacto con sus raíces y su cultura materna.

2 Completar Completa las oraciones usando el verbo en subjuntivo o en indicativo.

1. Quiero que se ____________ (terminar) los problemas con los inmigrantes.
2. Me gustaría que mis hijos ____________ (tener) más tiempo para leer los diarios que escribió mi abuelo al emigrar.
3. El profesor me recomendó que yo ____________ (preservar) mi herencia cultural.
4. Me molestaba que ella ____________ (hablar) de esa manera sobre los inmigrantes.
5. Mi abuela hizo todo lo posible para que todos nosotros ____________ (visitar) su país de origen.
6. Cada día ____________ (llegar) al país muchos nuevos inmigrantes llenos de sueños.
7. La situación ____________ (cambiar) en los últimos años porque los españoles ya no emigran tanto como en el pasado.
8. Te aconsejo que ____________ (estudiar) la historia de la inmigración de tu país; es un tema muy interesante.

3 Pensamientos En parejas, escriban oraciones sobre lo que pensaban hace diez años y lo que piensan en la actualidad. Usen las diferentes formas del subjuntivo, del indicativo y del infinitivo, y las palabras y expresiones de la lista. Sean creativos/as.

Modelo Es una lástima que mis padres no hayan estudiado idiomas nunca.

bilingüismo	dudar	literatura	querer
buscar	es/era imposible	novela	salir
comprar	es/era una lástima	ojalá	tener miedo
desear	humanidad	poesía	viajar

4 Estudios Juliana ha llegado a España con la intención de estudiar allí.

A. Escribe oraciones siguiendo el modelo para hablar de sus planes. Usa el subjuntivo cuando sea necesario.

Modelo **tan pronto como / tener dinero**
Va a estudiar en la universidad tan pronto como tenga dinero.

1. con tal (de) que / estudiar español
2. en cuanto / tomar los exámenes de ingreso
3. cuando / encontrar un apartamento cerca de la universidad
4. hasta / terminar sus estudios
5. para / encontrar un buen trabajo en el futuro

B. Ahora, en parejas, utilicen las oraciones que han formado para escribir un diálogo entre Juliana y su madre. Juliana le explica cuáles son sus planes.

5 El abuelo En parejas, imaginen que su abuelo, de origen mexicano, emigró a los Estados Unidos. Escriban una hoja de su diario contando cómo fue su llegada al país. Usen el indicativo o el subjuntivo y algunas de las palabras de la lista.

amigo/a	**casa**	**extranjero**	**puerto (*harbor*)**
anuncio	**dinero**	**idioma**	**tormenta**
barco	**esperanza**	**familiares**	**trabajo**
cartas	**esposa**	**hijo/a**	**viento**

23 de diciembre de 1940

Hoy fue un día muy particular. Después de un pesado viaje de muchos días...

Practice more at vhlcentral.com.

Comunicación

6 **Los cincuenta** Mañana Manuel va a cumplir 50 años. Por ello, Manuel ha estado pensando en todo lo que le hubiera gustado hacer pero que nunca hizo. En parejas, miren el dibujo y hablen sobre lo que habría hecho Manuel si hubiera podido. Luego, inventen tres cosas que hizo, pero de las que se arrepiente (*regrets*).

7 **¿Quién es?** En parejas, escojan una persona famosa. Escriban una lista de los acontecimientos de su vida (pasados, presentes y los que puedan ocurrir en el futuro). Cuando hayan terminado, lean en voz alta la lista de los acontecimientos. El resto de la clase tendrá que adivinar de quién se trata.

8 **Tu vida** Primero, completa el cuadro con algunos acontecimientos de tu vida y con los planes que tienes para el futuro. Luego, cuéntale a un(a) compañero/a los eventos de tu vida y tus planes.

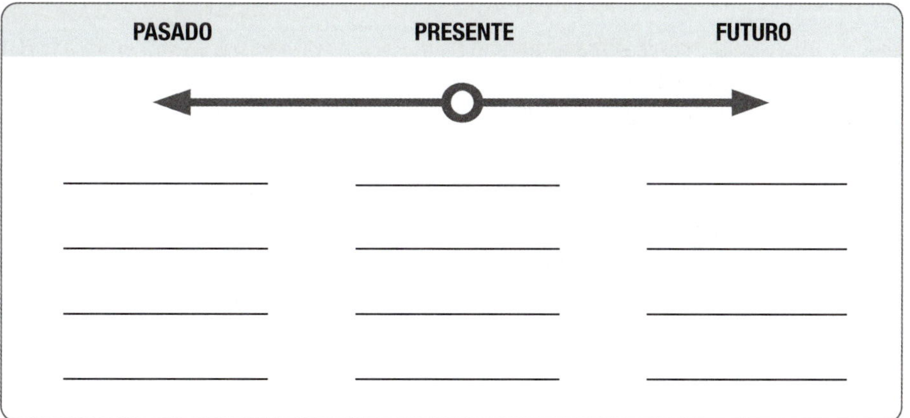

9 **Cuando se acabe *Perspectivas*** Se acerca el final de este libro de español. En grupos de cuatro, hablen sobre sus deseos, esperanzas y planes relacionados con el español que han aprendido. Usen el **presente**, el **futuro**, el **condicional** y el **subjuntivo**, según sea necesario. Al final, compartan sus comentarios con la clase.

Modelo Me gustaría encontrar un trabajo en el que pudiera hablar español. / Quiero pasar seis meses en un país donde se hable español.

PUEDO expresar mis expectativas, esperanzas y planes.

La Placita Olvera

En Placita Olvera se mantiene el estilo original del Pueblo de Los Ángeles, el cual fue territorio mexicano desde 1821 a 1847. Para preservar el patrimonio cultural, en 1930 se creó allí un mercado "como los de antes", entre árboles y edificios antiguos, tiendas de artesanías y restaurantes tradicionales con aroma a tacos, burritos, churros y tortillas. Hoy sirve como punto de reunión para la comunidad latina en eventos musicales y en fiestas como el 5 de mayo, la bendición de mascotas el Sábado Santo, el Día de Muertos y las posadas° de Navidad.

Fiesta en la Calle Ocho

Desde el año 2000, un viernes al mes, la Pequeña Habana, en Miami, celebra la cultura cubana con un festival artístico llamado Viernes Culturales. A partir del atardecer, en la Calle Ocho se organizan espectáculos de música y baile, degustaciones de platos y visitas guiadas. Hay dominó y café cubano, las tiendas y galerías de arte abren sus puertas hasta tarde y los restaurantes se llenan de residentes locales y turistas.

Harlem en español

A principios del siglo XX allí vivían muchos inmigrantes italianos. Cincuenta años después, la llegada de los puertorriqueños rebautizó° esta zona del noreste de Manhattan como el Harlem hispano, o simplemente El Barrio. Además del idioma, los nuevos habitantes llevaron su cocina, su música, su arte y los colores brillantes de la isla. La representación de la nueva identidad de la comunidad aparece en los murales pintados en sus calles, como *Spirit of East Harlem* de Hank Prussing, o *Espíritu* de Manny Vega.

Las pupusas salvadoreñas

La palabra "pupusa" viene del náhuatl. Una pupusa es una tortilla de harina de maíz o arroz rellena de queso y otros ingredientes como frijoles, chicharrón°, ayote° y loroco°. En El Salvador su receta pasa de generación a generación. La inmigración la llevó a los Estados Unidos a principios de los años 1980. Tradicionalmente se come con curtido° y salsa. Hoy compite en popularidad con la pizza y los tacos en las pupuserías de Los Ángeles, Houston y Washington, D.C., donde la salvadoreña es la comunidad más grande de hispanos.

posadas *Christmas celebrations* **rebautizó** *rebaptized* **chicharrón** *seasoned shredded pork* **ayote** *squash* **loroco** *squash vine* **curtido** *cabbage slaw*

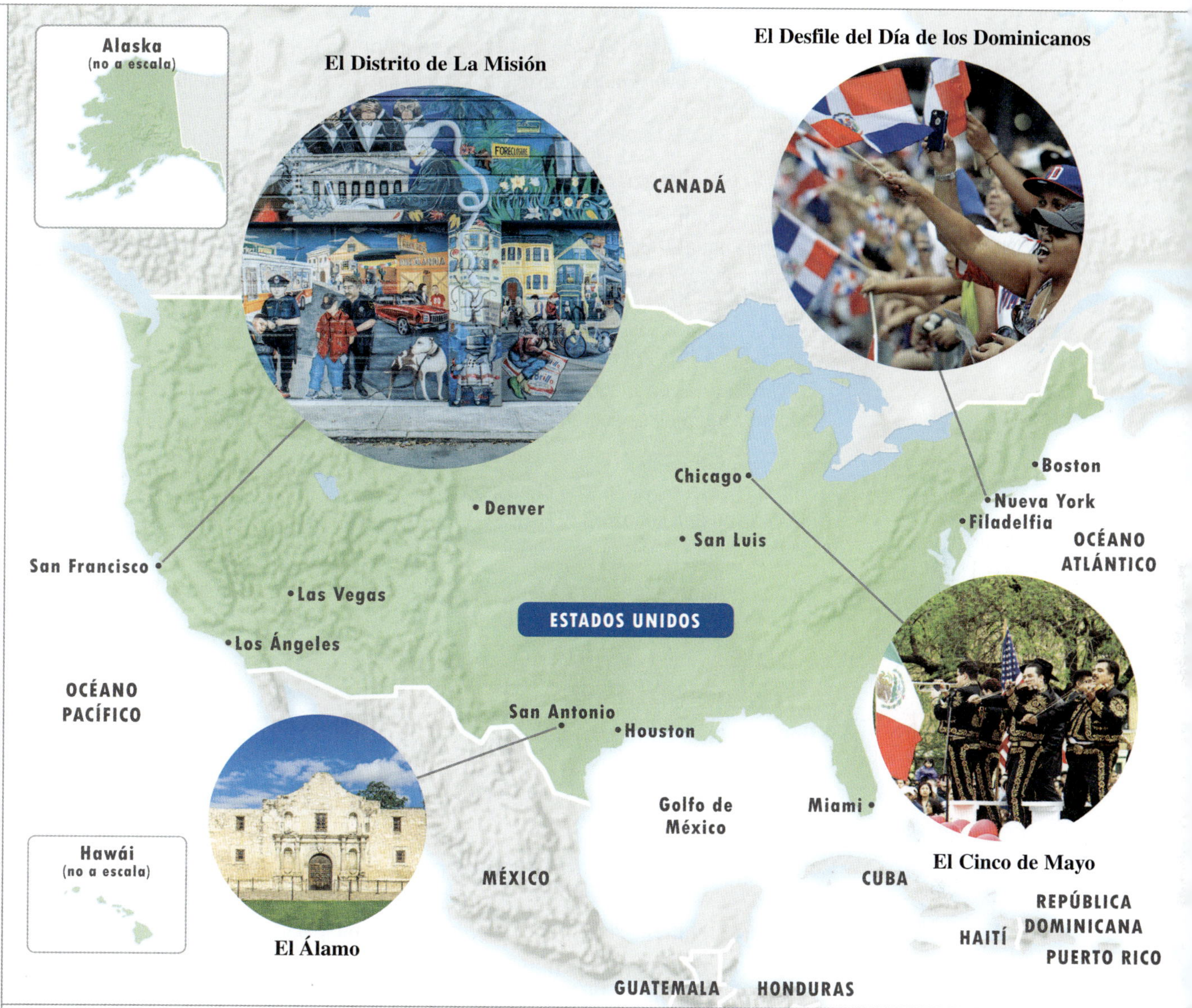

Alaska (no a escala)

El Distrito de La Misión

El Desfile del Día de los Dominicanos

CANADÁ

Chicago
Boston
Nueva York
Filadelfia
Denver
San Luis
San Francisco
Las Vegas
Los Ángeles
ESTADOS UNIDOS
OCÉANO ATLÁNTICO
OCÉANO PACÍFICO
San Antonio
Houston
Golfo de México
Miami
MÉXICO
CUBA
HAITÍ
REPÚBLICA DOMINICANA
PUERTO RICO
GUATEMALA
HONDURAS

Hawái (no a escala)

El Álamo

El Cinco de Mayo

1 Perspectivas En parejas, contesten las preguntas.

1. ¿Qué aspecto tiene un mercado típico de tu ciudad? ¿Se parece al de Placita Olvera?
2. ¿Qué opinas de los lugares como Placita Olvera que recrean el pasado? ¿Te gusta visitarlos o te parecen artificiales?
3. ¿Qué opinas de los Viernes Culturales de la Calle 8? ¿Cómo crees que ayuda a visibilizar la cultura e identidad cubana?
4. Si organizaras un festival con elementos de tu cultura, ¿qué incluirías? ¿Qué semejanzas y diferencias tendría con los Viernes Culturales?
5. ¿Existen en tu ciudad zonas o barrios donde predomine la población hispana? ¿Cómo son? ¿Se parecen al Harlem hispano?
6. ¿Conoces algún plato típico de otros países similar a las pupusas? ¿En qué se parecen y se diferencian? ¿Qué conclusiones puedes extraer?

PUEDO hablar sobre fiestas, comidas, lugares y comunidades hispanas.

Entrevista informativa

Communicative Objective: Reflect on bilingualism in the United States

En el audio "Sello de Lectoescritura Bilingüe de DPS", Jorge Robles, de las escuelas públicas de Denver, Colorado, explica en qué consiste este reconocimiento para los estudiantes.

Antes de escuchar

1 Activar el conocimiento previo En grupos pequeños, hablen sobre la importancia de ser bilingüe. ¿Cuáles son las ventajas de ser bilingüe? ¿Cómo les ayuda a los estudiantes? ¿Cómo ayuda a la hora de buscar un empleo?

Mientras escuchas

2 Estrategia: Ideas clave Mientras escuchas el audio, fíjate en las ideas clave que resume Jorge Robles sobre el bilingüismo. Haz una lista de las ideas importantes.

3 Escucha una vez Escucha el audio y concéntrate en el vocabulario nuevo. Anota palabras que no conozcas.

4 Escucha de nuevo Ahora, vuelve a escuchar el audio y completa tu lista inicial. Trata de descifrar el significado de las palabras nuevas.

Después de escuchar

5 Comprensión e interpretación En parejas, contesten las preguntas.

1. ¿Qué reconoce el Sello de Lectoescritura Bilingüe del departamento de Escuelas Públicas de Denver?
2. ¿Por qué los padres deben motivar a sus hijos para que estudien idiomas?
3. ¿De qué maneras abre posibilidades la obtención de este sello?
4. ¿Qué significa "ser competente en un idioma", según el audio?
5. ¿Por qué creen que es importante que se reconozca la variedad de culturas y lenguas en una comunidad?

6 Discusión En parejas, comenten sus opiniones sobre el Sello de Lectoescritura Bilingüe y el bilingüismo. Guíense por las preguntas.

- ¿Conocían el Sello de Lectoescritura Bilingüe antes de escuchar el audio? ¿Están de acuerdo sobre las ventajas de conseguir este sello? Expliquen.
- ¿De qué otra manera puede certificarse el conocimiento o dominio de un idioma? ¿Cómo se compara con el Sello de Lectoescritura Bilingüe?
- ¿Creen que los reconocimientos de este tipo ayudan a promover el bilingüismo? ¿Por qué?
- ¿Cómo les ayuda en su vida, dentro o fuera de la escuela, saber español? Compartan una experiencia en la que hablar este idioma haya sido beneficioso para ustedes.

Practice more at vhlcentral.com.

PUEDO conversar sobre los beneficios de hablar otras lenguas.

Vocabulary Tools

SOBRE LA AUTORA

Rosina Lozano es profesora de historia en la Universidad de Princeton. Doctora en Historia de la Universidad de Carolina del Sur, Lozano ha escrito varios artículos sobre la historia del español en los Estados Unidos, entre ellos el que aparece en esta sección, publicado originalmente en *Los Angeles Times*. En 2018, publicó su primer libro, *An American Language: The History of Spanish in the United States*, el cual ha presentado en numerosas charlas académicas y en el programa de Univision *Al Punto*.

Vocabulario de la lectura		Vocabulario útil	
la ciudadanía	*citizenship*	**argumentar (algo)**	*to argue (something)*
cruzar	*to cross*	**la etnia**	*ethnicity*
detener (e:ie)	*to detain, to arrest*	**los medios (de comunicación)**	*media*
difundir	*to disseminate*	**el prejuicio**	*prejudice*
obligar	*to force*	**quejarse (de)**	*to complain (about)*
otorgar	*to grant*	**el/la testigo**	*witness*
el tratado	*treaty*		

1 Vocabulario Completa las oraciones haciendo los cambios necesarios. Después, escribe dos oraciones más en las que uses otras palabras del vocabulario.

1. Gabriela reside en los Estados Unidos y va a solicitar la ______________.
2. Cada día aparecen casos de racismo y xenofobia en los ______________.
3. Esther y Mario fueron ______________ de un caso de discriminación.
4. Viajar y conocer otras culturas ayuda a eliminar ______________.
5. La discriminación por nacionalidad, raza o ______________ es ilegal.

2 ¿Qué sabes? Completa el cuestionario según tus conocimientos o suposiciones. Luego, en parejas, compartan y verifiquen sus respuestas.

1. ¿Qué posición ocupa el español en la lista de los idiomas más hablados en los Estados Unidos?
   a. primera b. segunda c. tercera
2. ¿Cuántas personas hablan español en sus casas en los Estados Unidos?
   a. menos de 30 millones b. entre 30 y 50 millones c. más de 50 millones
3. ¿Cuántos estudiantes de español hay en los Estados Unidos?
   a. menos de 5 millones b. entre 5 y 10 millones c. más de 10 millones
4. ¿Cuál es el idioma oficial de los Estados Unidos?
   a. el inglés b. el inglés y el español c. ninguno de estos
5. ¿Qué lengua europea llegó antes al territorio actual de los Estados Unidos?
   a. el inglés b. el francés c. el español

El español nunca fue una lengua extranjera en ESTADOS UNIDOS

Rosina Lozano

GRABACIONES DE VIDEO EN CONTEXTOS muy diferentes detectaron dos incidentes de hispanohablantes que fueron hostigados° o detenidos al ser percibidos como inmigrantes indocumentados en mayo.

En el centro de Manhattan, un abogado, Aaron Schlossberg, reprendió al° dueño de un restaurante después de haber escuchado a trabajadores hablar en español. El hombre despotricó° diciendo que debían hablar inglés en "su país", y amenazó con llamar al Servicio de Inmigración y Control de Aduanas°.

Muy lejos de allí, en Montana, dos ciudadanas estadounidenses, Ana Suda y Mimi Hernández, grabaron imágenes mientras enfrentaron a un agente de la Patrulla Fronteriza de EE.UU. que les había pedido sus identificaciones. Cuando le preguntaron por qué lo hacía, este respondió claramente que quiso ver sus documentos de identidad cuando "noté que hablaban en español, algo que no se escucha aquí". El agente las detuvo durante 40 minutos en un estacionamiento°.

El llamado a "hablar inglés" en Estados Unidos tiene una larga data°, que a menudo ahoga° nuestra historia —aún más larga— de uso del lenguaje diverso. El suroeste era originalmente parte de México. Cuando el Tratado de Guadalupe Hidalgo puso fin a la guerra entre Estados Unidos y México, en 1848, también otorgó la ciudadanía a los restantes colonos mexicanos. El tratado no les exigió que aprendieran inglés. Más aún: durante las décadas que siguieron, el gobierno federal permitió a los gobiernos locales de esa zona utilizar el español en sus cuestiones oficiales.

La primera Constitución estatal de California exigía que "todas las leyes, decretos, reglamentos y disposiciones° que, por su naturaleza, requieran publicación, sean difundidos en inglés y español". Algunos condados° de California usaban el español en sus sesiones legislativas y tribunales.

El uso del español en Nuevo México era especialmente amplio. Apenas cinco años después de tomar el territorio, Estados Unidos reconoció que debía pagar por traductores en las cámaras° legislativas. Los funcionarios° federales adoptaron el español como una forma necesaria para gobernar con justicia a este nuevo grupo de ciudadanos.

En algunas partes de ese estado, los resultados de las elecciones, los juramentos de lealtad°, las sesiones legislativas, las cartas a los funcionarios electos, los discursos de ambos partidos políticos, las transcripciones judiciales y muchos otros documentos oficiales se escribían en español. Estos son simplemente los usos registrados de ese idioma, que no incluyen su utilización oral generalizada.

Los senadores que visitaron Nuevo México en 1902 llegaron a la conclusión de que no podían realizar° sus actividades oficiales sin un intérprete. Se encontraron con maestros de escuela, jueces y un supervisor de censo que eran hispanohablantes únicamente.

Cuando los senadores preguntaron a un ex juez de paz, José María García, por qué seguía usando el español, este respondió: "Me gusta mi propio idioma más que cualquier otro, al igual que me gusta Estados Unidos más que cualquier otro país en el mundo." Para García, no había contradicción alguna en ser tanto estadounidense como hispanohablante.

El español siguió siendo un idioma oficial de la política y el gobierno en gran parte del suroeste durante todo el siglo XIX, pero eso cambió en las primeras décadas de la centuria posterior. El aumento° de la inmigración desde México, un impulso a la segregación escolar y otras iniciativas de "americanización" ayudaron a cambiar el rumbo°. Como lo demostró el historiador Paul J. Ramsey, 26 estados, entre ellos California, habían prohibido la enseñanza de idiomas distintos del inglés en las escuelas primarias públicas para 1921. California lo vetó en las escuelas privadas ese año.

El sentimiento antimexicano alcanzó° su punto máximo a principios de la década de 1930, coincidiendo con crueles campañas de repatriación que obligaron a cientos de miles de ciudadanos mexicanos y mexicoamericanos a cruzar la frontera hacia el sur. El condado de Los Ángeles fue especialmente efectivo en estas tácticas. Sin embargo, el español siguió siendo el idioma preferido en muchas partes del suroeste durante este período, y más de mil organizaciones cívicas lo promovieron en aras° del panamericanismo.

Los hispanohablantes también se establecieron mucho más allá del suroeste, por supuesto. Ya en 1891, el poeta y periodista cubano José Martí, que entonces vivía en la ciudad de Nueva York, escribía *Nuestra América* en un esfuerzo° por unir a los hispanohablantes de todo el hemisferio. Decenas de miles de cubanos más llegaron a principios del siglo XX, mucho antes de la Revolución Cubana.

El Congreso dio origen a muchos estadounidenses de habla hispana cuando otorgó la ciudadanía a los puertorriqueños, en 1917, a través de la Ley Jones, que tampoco tenía una disposición del uso del inglés. En la década de 1950, casi 200.000 puertorriqueños se habían mudado a la ciudad de Nueva York. El español es parte de la vida cotidiana en esa ciudad hace más de un siglo.

Cuarenta y un millones de hispanohablantes nativos residen hoy en Estados Unidos y esta cifra no incluye a los millones que aprendieron el idioma por elección. De hecho, este país se ubica segundo en cantidad de hablantes de español en el mundo, superado solo por México, según el Instituto Cervantes.

Estados Unidos no solo no posee un idioma oficial, sino que el español no es marginal aquí; desempeña un papel° mucho más profundo en este país del que sugieren los videos que llegaron a las noticias. Su uso no es nuevo ni es una anomalía. El español es un idioma americano. ■

hostigados *harassed*
reprendió al *reprimanded*
despotricó *ranted*
Aduanas *Customs*
estacionamiento *parking lot*
larga data *long standing*
ahoga *stifles*
disposiciones *provisions*
condados *counties*
cámaras *chambers*
funcionarios *officials*
juramentos de lealtad *oaths of loyalty*
realizar *perform*
aumento *increase*
rumbo *course*
alcanzó *reached*
en aras *for the sake*
esfuerzo *effort*
desempeña un papel *it plays a role*

1 Comprensión Contesta las preguntas.

1. ¿Por qué se quejó el abogado de Manhattan Aaron Schlossberg?
2. ¿De qué país formaba parte el suroeste de los Estados Unidos?
3. ¿Cuál era la situación lingüística en el suroeste de los Estados Unidos después de la guerra?
4. ¿Qué cambios ocurrieron a partir del siglo XX?
5. ¿Qué vetó California en el año 1921?
6. ¿En qué país del mundo se habla más español?

2 Ampliación En parejas, háganse las preguntas.

1. ¿Hay algún dato del artículo que te haya sorprendido? ¿Cuál? Explica por qué.
2. Antes de leer el artículo, ¿conocías el estatus que tenía la lengua española en los Estados Unidos en los siglos pasados? ¿Cómo ha evolucionado este estatus?
3. ¿Qué dijo el ex juez de paz José María García cuando le preguntaron por qué seguía usando el español? ¿Estás de acuerdo con él? ¿Sabes de algún político actual que estaría de acuerdo con él? ¿Y en desacuerdo?
4. ¿Alguna vez has sido testigo de un caso de microagresión o de discriminación porque alguien hablaba español en los Estados Unidos? ¿Qué ocurrió?

3 Una lengua americana Elige una de las opciones y completa la actividad. Después, comparte tus hallazgos con la clase.

Option A: Haz un recorrido por tu comunidad y anota todo lo que veas escrito en español: carteles, señales, panfletos, publicidad, documentos oficiales, etc.

Option B: Individuamente o con un(a) compañero/a, hagan llamadas o visiten la página web de algún organismo oficial o institución pública y averigüen si ofrecen información o documentos oficiales en español.

4 Todo son ventajas En grupos de tres, hagan una lista de todas las ventajas que tiene hablar español en los Estados Unidos.

5 Tu futuro Escribe un párrafo en el que reflexiones sobre el papel que va a tener el español en tu futuro. Usa estas preguntas como guía.

- ¿Vas a seguir tomando clases de español el próximo curso? ¿Vas a seguir estudiándolo después de graduarte? ¿Dónde?
- ¿Piensas leer libros en español? ¿Y leer o ver las noticias? ¿Vas a escuchar música o pódcasts en este idioma?
- ¿De qué otras formas puedes seguir en contacto con el español y la cultura hispana?
- ¿Te interesaría estudiar o trabajar en un país de habla hispana? ¿Dónde?

PUEDO conversar sobre el futuro del español en los Estados Unidos.

Preparación

Communicative Objective: Discuss about Hispanic writers in the United States

Vocabulario de la lectura		Vocabulario útil	
abordar	*to address*	**anglohablante**	*English-speaking*
abrir camino	*to pave the way*	**el desarraigo**	*alienation*
el auge	*boom*	**la generación**	*generation*
el día a día	*everyday life*	**el superventas**	*best seller*
el país natal	*home country*	**la temática**	*theme*
		el trasfondo	*background*

1 Vocabulario Completa el párrafo.

auge	generación	superventas
desarraigo	país natal	temática

A finales de la década de 1980, tuvo lugar un (1) _________ de la literatura hispanoamericana escrita en los Estados Unidos. Sandra Cisneros es una de las escritoras latinas más famosas de esta (2) _________. Su primera novela tuvo mucho éxito y entró en la lista de (3) _________ del año. Varios de sus libros tienen una (4) _________ similar, pues tratan diferentes aspectos de la inmigración, la identidad cultural y el (5) _________.

2 Autores En parejas, contesten las preguntas.

1. En *Perspectivas*, has aprendido sobre diferentes escritores hispanoamericanos. ¿Qué nombres recuerdas? ¿Qué otros autores hispanoamericanos conoces?
2. Aparte de los cuentos, poemas y extractos de novelas de este libro, ¿has leído otras de sus obras? ¿Cuáles? ¿En qué idioma?
3. ¿Cuáles de los temas que tratan te interesan más? ¿Por qué?
4. ¿Sobre qué temas crees que los escritores hispanoamericanos pueden dar una perspectiva interesante? Explica.

3 El arte de escribir En grupos de tres, den su opinión sobre estas citas de la escritora Isabel Allende. Luego, contesten las preguntas.

"Escribir es un proceso, un viaje en la memoria y el alma."

"Me di cuenta de que escribir sobre la felicidad es inútil, sin sufrimiento no hay historia."

1. ¿Creen que es positivo que los escritores se basen en experiencias propias para escribir sus novelas? ¿Por qué?
2. ¿Piensan que las situaciones complejas o traumáticas son interesantes como temas literarios? Expliquen.

El nuevo *boom* de la literatura hispanoamericana

NOTA CULTURAL

El *boom* latinoamericano es un fenómeno literario que surgió entre 1960 y 1970 en un contexto de tensión política en Latinoamérica, y que se caracteriza por el esplendor de las obras de escritores como Gabriel García Márquez, Julio Cortázar y Mario Vargas Llosa, entre otros. La narrativa de estos escritores se difundió por todo el mundo, provocando un gran impacto en el sector cultural y editorial del momento.

La literatura hispanoamericana prolifera en los Estados Unidos. Con una población de casi 60 millones de personas en 2018[1], los hispanos representan una parte esencial de la demografía del país, y ello se ve reflejado en sus productos culturales. Así, se puede decir que desde finales del siglo XX está teniendo lugar un nuevo *boom* de la literatura hispanoamericana. Si las obras del *boom* latinoamericano de los 60 y 70 reflejaban el malestar° con la situación política de la Latinoamérica de la época, la ola° actual habla de otra realidad social actual. Explora los conceptos de migración e identidad de los hispanoamericanos en los Estados Unidos.

Lo cierto es que la literatura hispanoamericana hecha en los Estados Unidos no es uniforme. No existe una única literatura hispanoamericana, sino autores hispanos con distintas voces. Algunos escriben en inglés. Otros escriben en español. Otros alternan las dos lenguas, como sucede en su vida. Sus obras se clasifican bajo diferentes géneros literarios. Los temas y argumentos de sus novelas son muy variados. Sin embargo, muchos de ellos plasman° su herencia cultural en sus libros. La migración y la interculturalidad son elementos presentes en esta literatura porque son elementos presentes en las vidas de muchos de los hispanoamericanos que viven en los Estados Unidos. Sus realidades no son minoritarias, sino que tienen una presencia masiva en la sociedad estadounidense y, del mismo modo, se han hecho su espacio en el mundo editorial.

malestar° unease
ola° wave
plasman° capture

Literatura hispanoamericana que se escribe en dos idiomas

Gran parte de los autores de raíces hispanoamericanas que viven en los Estados Unidos escriben sus obras en inglés. Una de estos grandes referentes es Sandra Cisneros, autora de *La casa en Mango Street* (*The House on Mango Street,* 1984). Sus padres eran mexicanos, pero Cisneros nació y creció en Chicago y durante años vivió en San Antonio.

[1] Datos del Pew Research Center

En 2013, se mudó a México, buscando entrar en contacto con sus raíces. En su obra cumbre, inspirada en su propia vida, refleja la infancia y adolescencia de la protagonista creciendo en un barrio hispano en Chicago. Cisneros fue una de las autoras que desencadenó el auge de la literatura hispanoamericana escrita en los Estados Unidos y abrió camino a otros escritores de su época como Francisco Goldman, Óscar Hijuelos o Julia Álvarez. El nuevo boom había comenzado y continúa hoy en día a través de numerosos autores más jóvenes.

Cristina Henríquez es una de ellos y, al igual que Cisneros, también escribe sus libros en inglés. Henríquez nació en Delaware, ya que su padre, de origen panameño, se había mudado a los Estados Unidos durante su juventud. En su novela *El libro de los americanos desconocidos* (*The Book of Unknown Americans*, 2014) describe en primera persona la vida de varios inmigrantes en los Estados Unidos.

Daniel Alarcón, por su parte, nació en Perú, se mudó a los Estados Unidos siendo niño y considera el bilingüismo como su día a día. Alarcón produce en español el pódcast Radio Ambulante, en el que cuenta historias de Latinoamérica. Sin embargo, su ficción la escribe casi exclusivamente en inglés. Uno de sus libros más recientes, *El rey está siempre por encima del pueblo* (*The King is Always Above the People*, 2017) recopila historias sobre inmigración y familias latinoamericanas.

La escritora Valeria Luiselli nació en México, vivió en diferentes países y en la actualidad reside en Nueva York. Luiselli define su vida como totalmente bilingüe. Escribió sus primeras obras en español, pero optó por el inglés en su novela más reciente, *Desierto sonoro* (*Lost Children Archive,* 2019). En ella, aborda el tema de la crisis migratoria y la situación de los niños que llegan a la frontera sur de los Estados Unidos.

También hay escritores hispanos que residen en los Estados Unidos y siguen escribiendo solo en español. En algunos casos, se mudaron de adultos y continuaron sus carreras profesionales en su lengua materna. En otros, a pesar de ser bilingües, eligen escribir en español por la conexión que este idioma les brinda° con su cultura, con su país natal o con las historias que quieren contar.

A pesar de ser bilingües, eligen escribir en español.

brinda° *provides*

La exitosa escritora chilena Isabel Allende es una de las figuras más representativas en este sentido. Vive en los Estados Unidos desde hace más de 30 años, pero continúa escribiendo sus novelas en español porque la creación literaria es un proceso que para ella solo sucede en su lengua materna. En una de sus últimas novelas, *Más allá del invierno* (2017), Allende ahonda en el tema de la inmigración. Otros escritores, como el boliviano Edmundo Paz Soldán y el peruano Hemil García también son un ejemplo de ello. Algunas de sus obras destacadas son *Norte* (Paz Soldán, 2011) y *Sesenta días para abandonar el país* (García, 2018), en las que también se reflejan las experiencias de personajes que han dejado sus países para mudarse a los Estados Unidos.

Las obras de estos y de muchos otros autores hispanoamericanos en los Estados Unidos demuestran que la literatura hispanoamericana se escribe en dos idiomas. También reflejan la complejidad de la identidad hispana y la diversidad de experiencias y perspectivas. ■

Watch related video at vhlcentral.com.

Análisis

1 Comprensión Completa las oraciones.

1. La _______________, la interculturalidad y la identidad son temas comunes en las novelas del nuevo *boom* hispanoamericano.
2. Sandra Cisneros nació en este país: _______________.
3. De todas las novelas que se mencionan en el artículo, _______________ abrió camino para otros escritores hispanoamericanos.
4. Francisco Goldman, Óscar Hijuelos y _______________ pertenecen a la misma generación que Sandra Cisneros.
5. Cristina Henríquez escribe sus novelas en este idioma: _______________.
6. La autora de *Desierto sonoro* (*Lost Children Archive*) es _______________.
7. _______________ es una de las escritoras más representativas que continúan escribiendo en español en los Estados Unidos.
8. En la novela _______________, Edmundo Paz Soldán narra las experiencias de personajes que dejan sus países para mudarse a los Estados Unidos.

2 Interpretación y reflexión En parejas, contesten las preguntas.

1. ¿Por qué el artículo compara la literatura hispanoamericana actual escrita en los Estados Unidos con el *boom* de las décadas de 1960 y 1970? ¿En qué son similares los dos fenómenos? ¿Y diferentes?
2. ¿Por qué piensan que muchos escritores hispanoamericanos en los Estados Unidos tratan temas comunes, a pesar de tener orígenes y experiencias diferentes?
3. Sandra Cisneros se mudó a México después de vivir en Chicago y San Antonio. ¿Cómo creen que esta decisión afectó su vida y su trabajo?
4. Valeria Luiselli escribió sus primeras novelas en español, pero después optó por el inglés. ¿A qué creen que se debió el cambio?

3 Club de lectura

A. **En grupos de cuatro, escojan una de las novelas mencionadas en el artículo u otra novela que pertenezca al nuevo *boom* de la literatura hispanoamericana en los Estados Unidos. Completen la información y presenten su novela ante la clase.**

- Autor(a)
- Breve biografía del autor(a)
- Año de publicación
- Idioma original
- Argumento

B. **Una vez que todos los grupos hayan presentado sus novelas, voten la que más les interesa y organicen un club de lectura sobre la novela seleccionada: determinen fechas para reunirse y decidan quién organizará y conducirá cada reunión.**

Practice more at vhlcentral.com.

PUEDO presentar información clave de una novela y discutirla en un club de lectura.

SOBRE LA AUTORA

Leila Guerriero nació en 1967, en Junín, provincia de Buenos Aires, Argentina. En 1992 envió uno de sus cuentos al periódico *Página 12*. El director lo leyó, lo publicó, le ofreció su primer trabajo y, desde entonces, se convirtió en periodista. Como escritora y periodista ha trabajado en medios como *La Nación* y *Rolling Stone*, de Argentina; *El País*, de España; *Gatopardo*, de México, y *El Mercurio*, de Chile. Ha publicado más de quince libros de crónicas, entre ellos: *Teoría de la gravedad* (2019), *La otra guerra* (2020) y *La llamada* (2024).

Vocabulario de la lectura		Vocabulario útil	
el aburrimiento	*boredom*	**avanzar**	*to move forward*
la antología	*anthology*	**la contratapa**	*back cover*
el artículo de portada del domingo	*Sunday cover story*	**la decepción**	*disappointment*
la aspiración	*aspiration/goal*	**disfrutable**	*enjoyable*
la desesperación	*despair*	**reflejar**	*to reflect*
el encierro	*confinement*	**la tesis**	*thesis*
el equívoco	*misunderstanding*	**trabajoso/a**	*laborious/arduous*
espeluznante	*creepy*	**vincular**	*to link*
llevar adelante	*to carry out*		
trabarse	*to get stuck*		

NOTA CULTURAL

El periodismo y la literatura en Argentina comparten una larga historia. Desde el siglo XIX, grandes escritores trabajaron como periodistas en los medios gráficos. Ya en la década de 1950, escritores como Rodolfo Walsh usaban técnicas de la literatura para contar hechos de la realidad política, social y cultural. Hoy, el periodismo literario resurge (*revives*) con María Moreno, Josefina Licitra, Cristian Alarcón y Martín Caparrós. Leila Guerriero es una de sus exponentes contemporáneas más reconocidas. En 2010 ganó el premio Cemex FNPI-Fundación Nuevo Periodismo Iberoamericano por su trabajo "Rastro en los huesos" sobre los médicos forenses que investigaron restos de los desaparecidos durante la dictadura militar (*military dictatorship*) argentina de 1976.

1 Vocabulario Completa los diálogos con sinónimos de las palabras indicadas entre paréntesis. Después, crea dos diálogos más para que los complete un(a) compañero/a.

1. —¿Podrías recomendarme algunos cuentos que ______ la cultura de Argentina? (muestren)
   —Te recomiendo que leas una ______ de diferentes autores para tener una idea variada. (compilación)
2. —La película que vimos es _______. (terrorífica)
   —Sí, me contaron que la sensación de ______ es increíble. (claustrofobia)
3. —El periodista que ________ la investigación es muy activo y valiente. (emprendió)
   —Sí, en el periodismo no hay lugar para el _______. (tedio)

2 Leer y escribir Contesta las preguntas

1. ¿Te gusta leer? ¿Cuál es el último libro que leíste?
2. ¿Te gusta escribir? ¿En qué situaciones escribes?
3. ¿Consideras que escribir es una tarea fácil o difícil? ¿Por qué?

Acerca de escribir

Leila Guerriero

—No disfruto —dice la chica, entre la sonrisa sicótica° y la desesperación—. Cuando escribo: no disfruto. Lo paso mal, me trabo, no sé para dónde ir.

—¿Y por qué pensás que tendrías que disfrutar? —le pregunto.

—Bueno, la gente que escribe dice que lo pasa bien.

Hay, con la escritura, un equívoco inexplicable: la idea de que es —o debería ser— una experiencia fabulosa. Quizás porque las herramientas para hacerlo —las palabras— están más o menos al alcance de todos°, escribir parece mucho más fácil que tocar la trompeta. La frase "Yo, con mi vida, tendría que escribir un libro" no encuentra su correlato° en otras artes: "Yo, con mi vida, tendría que componer un madrigal". La escritura parece fácil (y, en algún sentido, lo es: sólo se trata de elegir° palabras y de combinarlas para producir un efecto inconfundible) y, como parece fácil, se supone que es algo que deberíamos disfrutar (como tomar helados o tendernos al sol). Por eso, cuando un periodista se sienta por primera vez a escribir un artículo de varias páginas —con un clima, una voz propia, una mirada: eso que llamamos periodismo narrativo— y descubre que tiene ochenta veces más material del que puede usar y cinco estructuras posibles allí donde sólo tendrá fuerzas para llevar adelante una, se desbarranca° por la pendiente° de la desesperación y comprende que ha sido estafado° hasta las rótulas°. Que todas esas películas en las que los periodistas teclean° el artículo de la portada del domingo en la media hora que les queda libre entre un martini y un revolcón° son la más abyecta° mentira. La realidad es bastante más mediocre: la primavera agita sus alas° ahí afuera y, adentro, sumergido° en dos metros de papeles, el periodista es arrojado° al vértigo primero, el pánico después, al aburrimiento más tarde y, de allí, al parque más cercano, donde, golpeándose el pecho°, preguntará al sol, al cielo y a las nubes:

"¿Por qué, por qué, por qué no disfruto?"

Pasarlo mal cuando se escribe no es la regla (mucha gente siente enorme placer al hacerlo y lo hace rápido y asquerosamente° bien), pero, en todo caso, sucede, y no estaría de más dedicar algún tiempo a hablar del asunto para desactivar toda expectativa acerca de que escribir buen periodismo sea el arte de combinar una Mac Air con un par de horas libres. En todo caso, pasarlo mal no es la regla, pero pasarlo bien tampoco: cada quien debería encontrar su método, el punto justo° de presión, encierro, asfixia° o ausencia° de todas esas cosas en el que la producción fluya mejor. Pero, yendo más allá°, el punto es que no importa.

psychotic
within everyone's reach
correlate
it is just a matter of choosing
falls down / slope
has been swindled / up to the bones
type
a roll in the hay
abject
laps its wings / submerged
is thrown
beating his chest
disgustingly
the right point / asphyxiation / abse
going farther

Disfrutar o no disfrutar: no importa. Disfrutar no debería ser la aspiración de alguien que escribe. Uno escribe para ordenar el mundo, o para desordenarlo, o para entenderlo, o porque si no lo hace le da tos, o porque, como decía Fogwill, "es más fácil que evitar la sensación de sinsentido° de no hacerlo". Pero no escribe para disfrutar. Disfrutar es un verbo que se lleva mejor con otras actividades. A mí, lo dije muchas veces, no me gusta escribir. Me gusta, a veces, el resultado. El periodista colombiano Alberto Salcedo Ramos acaba de publicar, con enorme éxito en su país, un libro fabuloso llamado *La eterna parranda*° (Aguilar), que recopila° algunas de sus mejores crónicas.

meaninglessness

the eternal partying

compiles

Una de ellas es la que da título a la antología: un extenso perfil del cantante de vallenatos Diomedes Díaz que le tomó años investigar y semanas escribir. Después del encierro salvaje que se impuso para terminar ese texto, Alberto Salcedo Ramos, respondiendo a una consulta° por otra cuestión, me escribió un mail espeluznante —no porque contara nada espeluznante, sino por el espeluznante sentimiento de identificación que provocaba al leerlo— dándome algunos detalles muy discretos acerca de cómo había transcurrido ese encierro. El mail terminaba así: "Ahora me siento feliz de haberlo hecho, pero hace tres días me consumía la angustia. Por eso siempre cito esta frase de una escritora venezolana cuyo nombre no recuerdo ahora: odio escribir, pero amo haber escrito."

query

Otro periodista, el peruano Daniel Titinger, autor de un libro llamado *Dios es peruano* (Planeta, 2006), respondiendo a una pregunta acerca de cómo armaba la estructura de sus textos, me decía, entre otras cosas, esto: "Luego de investigar tengo (...) que pasarlo al papel. Y aquí empiezan los problemas, porque te confieso que no me gusta escribir. Odio escribir. Siento que escribir es como correr una maratón: se sufre demasiado mientras se corre, pero llegar a la meta° es lo más hermoso que hay en la vida. Escribo, entonces, para terminar de escribir."

reaching the finish line

En enero de 2011 la revista dominical del diario El País, de España, convocó a varios escritores para que respondieran a la pregunta "Por qué escribo". "Escribo —respondió el español Juan José Millás— por las mismas razones que leo, porque no me encuentro bien." Pocas veces una respuesta ha sido más salvaje, más honesta, más noble, más sincera.

Revista Sábado, *El Mercurio*, Chile, septiembre 2011 ■

Análisis

1 Comprensión Completa las oraciones con la opción correcta.

1. Al comienzo del texto, el problema de la chica cuando escribe es que…
   a. se aburre b. pierde el tiempo c. está insatisfecha
2. Para la autora, escribir es una experiencia…
   a. compleja b. fácil c. espeluznante
3. Para la autora, la idea del escritor para la mayoría de las personas es…
   a. mediocre b. realista c. idealizada
4. La autora piensa que una persona al escribir debería tratar de…
   a. eliminar las presiones b. trabajar al aire libre
   c. encontrar un método propio
5. Al recibir el correo electrónico del periodista Alberto Salcedo Ramos, la autora se sintió…
   a. hermanada b. decepcionada c. aterrorizada
6. El libro *La eterna parranda* de Alberto Salcedo Ramos es…
   a. una novela histórica b. una recopilación de crónicas
   c. una antología de cuentos

2 Interpretar En parejas, contesten las preguntas y compartan las respuestas con la clase.

1. ¿A qué se refiere Leila Guerriero cuando afirma que hay un "equívoco inexplicable" con respecto a la escritura?
2. Lean y comparen las siguientes frases. ¿Por qué la autora relaciona las actividades de escribir y componer?
   - "Yo, con mi vida, tendría que escribir un libro."
   - "Yo, con mi vida, tendría que componer un madrigal."
3. ¿Qué es el "periodismo narrativo" para Leila Guerriero?
4. ¿Cuál es el tema de investigación del periodista Alberto Salcedo Ramos en su libro *La eterna parranda*? ¿Cómo describe su experiencia?
5. ¿Por qué Leila Guerriero señala que "disfrutar no debería ser la aspiración de alguien que escribe"? ¿Qué otros verbos usarían para reemplazar la palabra "disfrutar"?

3 Escritores y periodistas En parejas, completen el cuadro con las nacionalidades de cada escritor o escritora y con su opinión sobre el proceso de escritura, de acuerdo con el texto. Después, compartan sus respuestas con la clase.

Escritor(a)	*Nacionalidad*	*Experiencia de escribir*
Alberto Salcedo Ramos		
Daniel Titinger		
Juan José Millás		
Leila Guerriero		
Rodolfo Fogwill		

4 Citas En parejas lean la lista de citas de los siguientes autores. Después, contesten las preguntas y compartan las respuestas con la clase.

"El escritor escribe su libro para explicarse a sí mismo lo que no se puede explicar."
Gabriel García Márquez

"La escritura es una larga introspección, es un viaje hacia las cavernas más oscuras de la conciencia, una lenta meditación."
Isabel Allende

"Escribir es servidumbre (*bondage*) y gozo (*joy*)."
Mario Vargas Llosa

"Saber leer es saber andar. Saber escribir es saber ascender (*rise*)."
José Martí

- ¿Cómo pueden relacionar las citas con el texto de Leila Guerriero?
- Elijan la cita que les parezca más apropiada y expliquen a la clase el motivo de la elección.
- Escriban una definición propia y original: "Escribir es..."

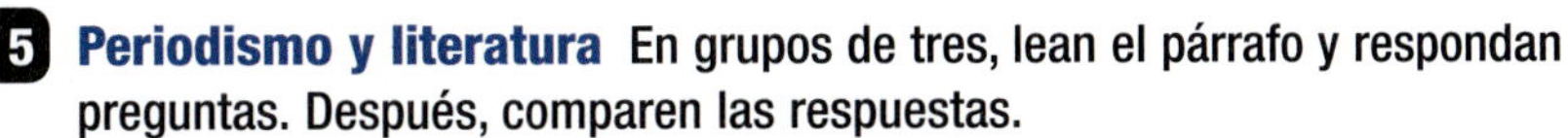

5 Periodismo y literatura En grupos de tres, lean el párrafo y respondan las preguntas. Después, comparen las respuestas.

El género de no ficción (*non fiction*) surgió a finales de la década de 1950 en Argentina, con la publicación de *Operación Masacre* de Rodolfo Walsh (1956) y en la década de 1960 en Estados Unidos, con escritores como Truman Capote y Norman Mailer. Con un estilo de periodismo literario, los escritores investigaban y narraban hechos de la realidad con los recursos expresivos de la literatura. El género se desarrolló en América Latina de la mano de autores como Gabriel García Márquez, Isabel Allende y Mario Vargas Llosa. Algunos críticos consideran que la convulsionada (*convulsed*) realidad política y social latinoamericana ha ofrecido un terreno fértil para el desarrollo de esta literatura.

- ¿Han leído algún libro de "no ficción" en inglés o en español? ¿Cuál?
- ¿Conocen algún escritor periodista célebre en su país? ¿A quién?
- ¿Por qué piensan que en América Latina el género resulta tan exitoso?
- ¿Sobre qué temas sería interesante investigar y escribir sobre su país y sobre América Latina?

6 Mi columna de opinión Escribe una breve columna de opinión titulada "Acerca de aprender español". Investiga qué opinan otras personas de esa actividad y comparte tu propia experiencia en primera persona.

PUEDO discutir sobre la experiencia de la escritura de escritores latinoamericanos notables.

Reseña literaria

Communicative Objective: Write a literary review

En esta lección has hablado sobre el lenguaje y la literatura. Ahora vas a escribir una reseña literaria.

Planificar y preparar la escritura

1 **Estrategia: Determina cómo organizar tus ideas** Elige un libro que hayas leído. Piensa en lo que te gustó del libro y en lo que no te gustó. ¿Qué te pareció en general? ¿Cómo escribirías una reseña sobre ese libro? Organiza tus ideas con ayuda del diagrama.

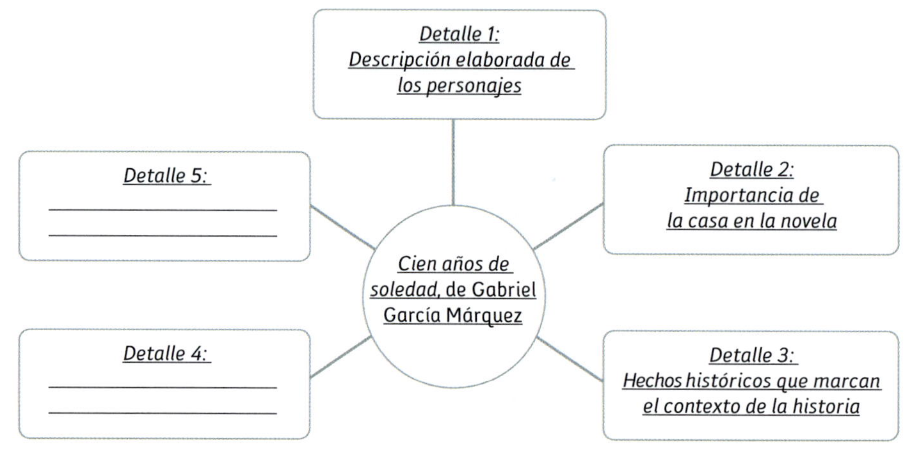

2 **Estrategia: Desarrolla el cuerpo de la reseña**

- Piensa en cómo usar los datos de tu diagrama para escribir tu reseña.
- Desarrolla el cuerpo de la reseña ampliando la información del diagrama de manera detallada.

Escribir

3 **Tu reseña literaria** Ahora escribe tu reseña. Utiliza la información que has reunido y sigue estos pasos.

- **Introducción:** Comienza tu reseña de manera ordenada, incluyendo datos sobre el libro: autor, año, género literario, argumento, tipos de personajes, etc.
- **Desarrollo:** Amplía tu reseña con detalles. Complementa tus ideas iniciales con citas memorables, reflexiones sobre los personajes, datos sobre el contexto, tu opinión personal, etc.
- **Conclusión:** Resume tus observaciones y termina la reseña.

Revisar y leer

4 **Revisión** Pídele a un(a) compañero/a que lea tu reseña y que te haga sugerencias sobre cómo mejorarla. Revisa tu texto prestando atención a estos elementos: estructura, uso de palabras descriptivas, enfoque crítico y gramática y ortografía.

PUEDO escribir una reseña literaria.

El mundo de las letras

Así lo decimos

el/la agente literario/a *literary agent*
el argumento *plot*
la (auto)biografía *(auto)biography*
el/la bibliotecario/a *librarian*
el borrador *draft*
la comprensión lectora *reading skills*
la comprensión oral *listening skills*
el/la corrector(a) *proofreader*
la crónica *chronicle*
los derechos de autor *copyright*
el dialecto *dialect*
la editorial *publishing house*
la fábula *fable*
el/la hablante *speaker*
el idioma *language*
la imprenta *printing house*
el/la intérprete *interpreter*
el/la lector(a) *reader*
la lengua materna *mother tongue*
el/la lingüista *linguist*
la literatura juvenil *young adult literature*
las memorias *memoirs*
el/la novelista *novelist*
la prosa *prose*
el relato *(short) story*
el/la traductor(a) *translator*

narrar *to narrate*
publicar *to publish*
tratar de/sobre *to deal with*

bilingüe *bilingual*
con fluidez *fluently*
didáctico/a *educational*

Documental

la aldea *village*
los antecedentes penales *criminal record*
el conflicto armado *armed conflict*
las dificultades *hardship, difficulties*
el esfuerzo *effort*
la higiene bucal *oral hygiene*
la superación personal *personal development, overcoming*

el tribunal *court*

formarse *to educate yourself*
surgir (g:j) *to develop, to come up with*

originario/a *native*

Artículo

la ciudadanía *citizenship*
la etnia *ethnicity*
los medios (de comunicación) *media*
el prejuicio *prejudice*
el/la testigo *witness*
el tratado *treaty*

argumentar (algo) *to argue (something)*
cruzar *to cross*
detener (e:ie) *to detain, to arrest*
difundir *to disseminate*
obligar *to force*
otorgar *to grant*
quejarse (de) *to complain (about)*

el auge *boom*
el desarraigo *alienation*
el día a día *everyday life*
la generación *generation*
el país natal *home country*
el superventas *best seller*
la temática *theme*
el trasfondo *background*

abordar *to address*
abrir camino *to pave the way*

anglohablante *English-speaking*

Literatura

el aburrimiento *boredom*
la antología *anthology*
el artículo de portada del domingo *Sunday cover story*
la aspiración *aspiration/goal*
la contratapa *back cover*
la decepción *disappointment*
la desesperación *despair*
el encierro *confinement*
el equívoco *misunderstanding*
la tesis *thesis*

avanzar *to move forward*
llevar adelante *to carry out*
reflejar *to reflect*
trabarse *to get stuck*
vincular *to link*

disfrutable *enjoyable*
espeluznante *creepy*
trabajoso/a *laborious/arduous*

Ahora yo puedo...

- entender la mayor parte de textos orales y escritos sobre lengua y literatura.
- participar en un debate sobre la inmigración y el estatus del español en mi comunidad.
- escribir sobre el papel que tendrá el español y la literatura hispánica en mi futuro.
- comparar prácticas y productos latinoamericanos en mi cultura y otras.
- conversar con una persona hispana sobre sus orígenes, su adaptación y sus experiencias en mi país.

MANUAL de GRAMÁTICA

Supplementary Grammar Coverage
for **PERSPECTIVAS**

The **Manual de gramática** is an invaluable tool for both instructors and students of Intermediate Spanish. It contains additional grammar concepts not covered within the core lessons of **Perspectivas**, as well as practice activities. For each lesson in **Perspectivas**, up to two additional grammar topics are offered with corresponding practice.

These concepts are correlated to the grammar points in **Estructuras** by means of the **Taller de consulta** sidebars, which provide the exact page numbers where additional concepts are taught or reviewed in the **Manual**.

This special supplement allows for great flexibility in planning and tailoring your course to suit the needs of whole classes and/or individual students. It also serves as a useful and convenient reference tool for students who wish to review previously learned material.

Contenido

1.4 Nouns and articles

Nouns

- In Spanish, nouns (**sustantivos**) ending in **–o, –or, –l, –s,** and **–ma** are usually masculine, and nouns ending in **–a, –ora, –ión, –d,** and **–z** are usually feminine.

Masculine nouns	Feminine nouns
el amigo, el cuaderno	**la amiga, la palabra**
el escritor, el color	**la escritora, la computadora**
el control, el papel	**la relación, la ilusión**
el autobús, el paraguas	**la amistad, la fidelidad**
el problema, el tema	**la luz, la paz**

- Most nouns form the plural by adding **–s** to nouns ending in a vowel, and **–es** to nouns ending in a consonant. Nouns that end in **–z** change to **–c** before adding **–es**.

el hombre → los hombres
la fiesta → las fiestas

la mujer → las mujeres
el disfraz → los disfraces

- If a singular noun ends in a stressed **–ú** or **–í**, usually the plural form ends in **–es**. If the last syllable of a singular noun ending in **–s** is unstressed, the plural form does not change.

el tabú → los tabúes
el israelí → los israelíes

el cumpleaños → los cumpleaños
la crisis → las crisis

Articles

- Spanish definite and indefinite articles (**artículos definidos e indefinidos**) agree in gender and number with the nouns they modify.

	Definite articles		Indefinite articles	
	singular	**plural**	**singular**	**plural**
MASCULINE	**el compañero**	**los compañeros**	**un compañeros**	**unos compañeros**
FEMININE	**la compañera**	**las compañeras**	**una compañera**	**unas compañeras**

- In Spanish, when an abstract noun is the subject of a sentence, a definite article is always used.

El amor es eterno.
Love is eternal.

BUT

Para ser feliz, se necesita amor.
In order to be happy, you need love.

- An indefinite article is not used before nouns that indicate profession or place of origin unless the noun is followed by an adjective.

Juan García es profesor.
Juan García is a professor.

Juan García es **un** profesor excelente.
Juan García is an excellent professor.

Ana María es neoyorquina.
Ana María is a New Yorker.

Ana María es **una** neoyorquina joven.
Ana María is a young New Yorker.

¡ATENCIÓN!

Some nouns may be either masculine or feminine, depending on whether they refer to a male or a female.

el/la artista *artist*
el/la estudiante *student*

Occasionally, the masculine and feminine forms have different meanings.

el capital *capital (money)*
la capital *capital (city)*

¡ATENCIÓN!

Accent marks are sometimes dropped or added to maintain the stress in the singular and plural forms.

canción → canciones
autobús → autobuses

margen → márgenes
imagen → imágenes

¡ATENCIÓN!

The prepositions **de** and **a** contract with the article **el**.

de + el = del
a + el = al

¡ATENCIÓN!

Singular feminine nouns that begin with a stressed **a** take **el**; adjectives remain in the feminine.

el alma gemela → las almas gemelas
el área vigilada → las áreas vigiladas

Práctica

1 Cambiar Escribe en plural las palabras que están en singular y viceversa.

1. la creencia ________
2. unos globos ________
3. el adorno ________
4. una crisis ________
5. unas ceremonias ________
6. un origen ________
7. las procesiones ________
8. el tabú ________

2 Un chiste Completa el chiste con los artículos apropiados. Recuerda que en algunos casos no debes usar ningún artículo.

(1) __________ pareja (*couple*) se va a casar. Él tiene 90 años. Ella tiene 85. Entran en (2) __________ farmacia y (3) __________ hombre pregunta:

—¿Tiene (4) __________ remedios para (5) __________ corazón?
—Sí —contesta (6) __________ farmacéutico.
—¿Tiene (7) __________ remedios para (8) __________ presión?
—Sí, también —contesta nuevamente (9) __________ farmacéutico.
—¿Y (10) __________ remedios para (11) __________ reumatismo?
—Sí. Esta es (12) __________ farmacia muy completa. Tenemos de todo.

Entonces (13) __________ hombre mira a (14) __________ mujer y le dice:

—Querida, ¿qué te parece si hacemos (15) __________ lista de regalos de boda (*wedding*) aquí?

3 El cumpleaños Completa el párrafo con la forma correcta de los artículos definidos e indefinidos.

Ayer celebramos (1) __________ cumpleaños de Leonardo. Fuimos a (2) __________ restaurante muy romántico que está junto a (3) __________ bonito lago. Desde nuestra mesa, podíamos ver (4) __________ lago y (5) __________ barcos que navegaban por allí. Comimos (6) __________ platos muy originales. (7) __________ pescado que yo pedí estaba delicioso. Nos divertimos mucho, pero al salir tuvimos (8) __________ problema. Una de (9) __________ ruedas (*tires*) del coche estaba pinchada (*flat*). (10) __________ próxima semana Leonardo comprará un coche nuevo.

4 Escribir Escribe oraciones completas con las palabras indicadas; utiliza los artículos definidos e indefinidos que correspondan y haz los cambios necesarios.

Modelo **Elisa / ser / buena profesora**
Elisa es una buena profesora.

1. mi madre / decir / amor / ser / eterno
2. ayer / nosotros / participar / desfile
3. lunes pasado / comprar / flores / tía Juanita
4. capital / Nicaragua /ser / Managua
5. personas optimistas / soñar / mundo mejor
6. Rodrigo / siempre / ganar / concurso / disfraces

1.5 Adjectives

- Spanish adjectives (**adjetivos**) agree in gender and number with the nouns they modify. Most adjectives ending in **–e** or a consonant have the same masculine and feminine forms.

Adjectives

	singular	plural	singular	plural	singular	plural
MASCULINE	**rojo**	**rojos**	**inteligente**	**inteligentes**	**difícil**	**difíciles**
FEMININE	**roja**	**rojas**	**inteligente**	**inteligentes**	**difícil**	**difíciles**

- Descriptive adjectives generally follow the noun they modify. If a single adjective modifies more than one noun, the plural form is used. If at least one of the nouns is masculine, then the adjective is masculine.

un ritual **apasionante**
an enthralling ritual

las fiestas **divertidas**
the fun parties

un hijo y una hija **maravillosos**
a wonderful son and daughter

la literatura y la cultura **hondureñas**
Honduran literature and culture

- A few adjectives have shortened forms when they precede a masculine singular noun.

bueno → buen
malo → mal
alguno → algún
ninguno → ningún
primero → primer
tercero → tercer

- Some adjectives change their meaning depending on their position. When the adjective follows the noun, the meaning is more literal. When it precedes the noun, the meaning is more figurative.

	after the noun	before the noun
antiguo/a	el edificio **antiguo** *the ancient building*	mi **antigua** casa *my old/former house*
cierto/a	una respuesta **cierta** *a correct answer*	una **cierta** actitud *a certain attitude*
grande	una ciudad **grande** *a big city*	un **gran** país *a great country*
mismo/a	el artículo **mismo** *the article itself*	el **mismo** problema *the same problem*
nuevo/a	un coche **nuevo** *a (brand) new car*	un **nuevo** profesor *a new/different professor*
pobre	los estudiantes **pobres** *the students who are poor*	los **pobres** estudiantes *the unfortunate students*
viejo/a	un libro **viejo** *an old book*	una vieja **amiga** *a long-time friend*

¡ATENCIÓN!

Adjectives ending in **–án**, **–ín**, **–ón**, and **–or**, like most others, vary in both gender and number.

dormilón → dormilona
dormilones → dormilonas

Adjectives ending in **–ior** and the comparatives **mayor, menor, mejor**, and peor do not vary in gender.

el **niño** mayor
la **niña** mayor

Adjectives indicating nationality vary in both gender and number (except those ending in **–a**, **–í**, and **–e**, which vary only in number).

español → española
españoles → españolas

marroquí → marroquí
marroquíes → marroquíes

¡ATENCIÓN!

Before a singular noun, **grande** changes to **gran**.

un gran esfuerzo
a great effort
una gran autora
a great author

Práctica

1 Descripciones Completa cada oración con la forma correcta de los adjetivos.

1. Mi abuela me contó una leyenda muy _______ (antiguo) e _______ (interesante).
2. Los hombres llevaban atuendos _______ (blanco) y _______ (rojo).
3. Es un _______ (bueno) espectáculo, pero es bastante _______ (largo).
4. El desfile fue muy _______ (divertido) pero la procesión fue más _______ (tranquilo).
5. El arreglo floral y la guirnalda son muy _______ (vistoso) y _______ (original).
6. Sandra, mi vecina, es una _______ (grande) amiga y ayer me preparó una fiesta sorpresa _______ (increíble).

2 La vida de Marina Completa cada oración con los cuatro adjetivos.

1. Marina busca una compañera de cuarto _______________________
(tranquilo, ordenado, honesto, puntual)
2. Se lleva bien con las personas _______________________
(sincero, serio, alegre, trabajador)
3. Marina tiene unos padres _______________________
(maduro, simpático, inteligente, conservador)
4. Quiere ver programas de televisión más _______________________
(emocionante, divertido, dramático, didáctico)
5. Marina tiene un amigo _______________________
(irlandés, talentoso, nervioso, creativo)

Marina

3 Celebraciones Inserta la forma correcta de los adjetivos de la lista. Puedes utilizar el mismo adjetivo más de una vez.

buen	gran	mal	ningún	tercer
bueno/a	grande	malo/a	ninguno/a	tercero/a

La Feria Isidra es una (1) _________ fiesta que se celebra el (2) _________ sábado de mayo en la ciudad de La Ceiba, en Honduras. Es considerada el evento más (3) _________ de Centroamérica, pues atrae a miles de turistas. Durante esta fiesta, Amelia siempre está de (4) _________. Ella no conoce a (5) _________ persona a la que no le guste la Feria Isidra. La celebración termina con un (6) _________ carnaval, el Carnaval Internacional de la Amistad. El año pasado llovió durante la fiesta, pero Amelia espera que este año no haga (7) _________ tiempo. Todos esperan que el carnaval vaya bien y no haya (8) _________ imprevisto (*unexpected event*).

2.4 Progressive forms

¡ATENCIÓN!

Progressive forms are used less frequently in Spanish than in English, and only when emphasizing that an action is in progress at the moment described. To refer to actions that occur over a period of time or in the near future, Spanish uses the present tense instead.

Estudia economía.
She is studying economics.

Llego mañana.
I'm arriving tomorrow.

- The present progressive (**el presente progresivo**) narrates an action in progress. It is formed with the present tense of **estar** and the present participle (**el gerundio**) of the main verb.

Estoy sacando una foto.
I am taking a photo.

¿Qué **estás comiendo**?
What are you eating?

Están visitando la ciudad.
They are visiting the city.

- The present participle of regular **–ar, –er,** and **–ir** verbs is formed as follows:

INFINITIVE	STEM	ENDING	PRESENT PARTICIPLE
bailar	**bail–**	**–ando**	**bailando**
comer	**com–**	**–iendo**	**comiendo**
aplaudir	**aplaud–**	**–iendo**	**aplaudiendo**

- **–Ir** verbs that change **o** to **u,** or **e** to **i** in the **Ud./él/ella** and **Uds./ellos/ellas** forms of the preterite have the same change in the present participle.

pedir → pidiendo **mentir → mintiendo** **dormir → durmiendo**

- When the stem of an **–er** or **–ir** verb ends in a vowel, the **–i–** of the present participle ending changes to **–y–**. The present participle of **ir** is **yendo**.

leer → leyendo **construir → construyendo** **oír → oyendo**

- Other tenses have progressive forms as well, though they are used less frequently than the present progressive. These tenses emphasize that an action was/will be in progress at a particular moment in time.

Estábamos terminando nuestros platos cuando el mesero trajo el postre.
We were finishing our dishes when the waiter brought the dessert.

No vengas a las ocho, todavía **estaremos cenando**.
Don't come at eight; we will still be having dinner.

Luis estaba lleno, pero sus amigos **siguieron comiendo**.
Luis was full, but his friends kept eating.

- Progressive tenses often use other verbs, especially ones that convey motion or continuity like **andar, continuar, ir, llevar, seguir,** and **venir,** in place of **estar**.

anda diciendo *he goes around saying*
continuarás trabajando *you'll continue working*
van acostumbrándose *they're getting more and more used to*
llevo un mes trabajando *I have been working for a month*
siguieron hablando *they kept talking*
venimos insistiendo *we've been insisting*

Práctica

1 Una conversación telefónica **Daniel es nuevo en la ciudad y no sabe cómo llegar al estadio de fútbol. Decide llamar a su exnovia Alicia para que le explique cómo encontrarlo. Completa el diálogo con la forma correcta del gerundio.**

ALICIA: Hola, ¿quién habla?

DANIEL: Hola, Alicia, soy Daniel; estoy buscando el estadio de fútbol y necesito que me ayudes... Llevo (1) ____________ (caminar) más de media hora por el centro y sigo perdido.

ALICIA: ¿Dónde estás?

DANIEL: No estoy muy seguro, no encuentro el nombre de la calle. Pero estoy (2) ____________ (ver) un centro comercial a mi izquierda y más allá parece que están (3) ____________ (construir) otro estadio de fútbol. (4) ____________ (hablar) de fútbol, ¿dónde tengo mis boletos? ¡Los he perdido!

ALICIA: Madre mía, ¡sigues (5) ____________ (ser) un desastre...! Algún día te va a pasar algo serio.

DANIEL: Siempre andas (6) ____________ (pensar) lo peor.

ALICIA: Y tú siempre estás (7) ____________ (olvidarse) de todo.

DANIEL: Ya estamos (8) ____________ (discutir) otra vez.

2 Continuamos escribiendo **Vuelve a escribir las oraciones usando los verbos andar, ir, llevar, continuar, seguir o venir.**

1. Mariela participa en el concurso de cocina y siempre gana el primer premio.
2. José estudia medicina desde hace diez años, y en los últimos meses sus padres le insisten en que se dedique a otra cosa.
3. Se acerca la hora de preparar esta receta, aunque falte uno de los ingredientes.
4. Mi prima siempre deja demasiada propina y hace años que le digo que deje de hacerlo. De todas formas, ella cree que es una buena idea.
5. Hace seis años que ese hombre viene al restaurante cada sábado, siempre para pedir el mismo plato.
6. Conversamos todo el tiempo mientras ellos se marchaban.

3 En diferentes tiempos **Completa cada oración con la forma correcta del verbo entre paréntesis.**

1. Anoche, Carlos y Raúl __________ (estar) cenando en un restaurante mexicano.
2. Mientras tú cocinabas, nosotros __________ (andar) poniendo la mesa.
3. Mañana a esta hora, __________ (estar) comiendo en la nueva marisquería.
4. Con un poco de tiempo, yo __________ (ir) aprendiendo a cocinar.
5. Ayer, Catalina __________ (estar) comprando todos los ingredientes necesarios.
6. Eduardo __________ (venir) siendo el mejor cocinero desde hacía años.

2.5 Telling time

- The verb **ser** is used to tell time in Spanish. The construction **es + la** is used with **una,** and **son + las** is used with all other hours.

¿Qué hora es? *What time is it?*	**Es la una.** *It is one o'clock.* **Son las tres.** *It is three o'clock.*

¡ATENCIÓN!

The phrases **y media** (*half past*) and **y/menos cuarto** (*quarter past/of*) are usually used instead of **treinta** and **quince**.

Son las doce y media.
It's 12:30/half past twelve.
Son las nueve menos cuarto.
It's 8:45/quarter to nine.

- The phrase **y** + [*minutes*] is used to tell time from the hour to the half-hour. The phrase **menos** + [*minutes*] is used to tell time from the half-hour to the hour, and is expressed by subtracting minutes from the *next* hour.

Son las once **y veinte**.

Es la una **menos cuarto**.

Son las doce **menos diez**.

¡ATENCIÓN!

Note that **es** is used to state the time at which a single event takes place.

Son las dos.
It is two o'clock.
Mi clase es a las dos.
My class is at two o'clock.

- To ask at what time an event takes place, the phrase **¿A qué hora (...)?** is used. To state at what time something takes place, use the construction **a la(s)** + [*time*].

¿A qué hora es la fiesta? *(At) what time is the party?*	La fiesta es **a las ocho**. *The party is at eight.*

- The following expressions are used frequently for telling time.

Son las siete **en punto**. *It's seven o'clock on the dot/sharp.*	Son las nueve **de la mañana**. *It's 9 a.m./in the morning.*
Son las doce del mediodía./Es **(el) mediodía**. *It´s 12 p.m./It's noon.*	Son las cuatro y cuarto **de la tarde**. *It's 4:15 p.m./in the afternoon.*
Son las doce de la noche./Es **(la) medianoche**. *It´s 12 a.m./It's midnight.*	Son las once y media **de la noche**. *It's 11:30 p.m./at night.*

- The imperfect is generally used to tell time in the past. However, the preterite may be used to describe an action that occurred at a particular time.

¿Qué hora **era** cuando llegaste? *What time was it when you arrived?*	**Eran** las cuatro de la mañana. *It was four o'clock in the morning.*
¿A qué hora **llegaron**? *At what time did you arrive?*	**Llegamos** a las nueve. *We arrived at nine o'clock.*

Práctica

1 La hora Usando oraciones completas, escribe la hora que aparece en cada reloj.

1.  ____________ 2.  ____________ 3. ____________

4.  ____________ 5.  ____________ 6. ____________

2 En el cineclub Gabriela quiere ver una película, pero necesita saber los horarios. Contesta las preguntas con oraciones completas usando las pistas (*clues*).

1. ¿A qué hora empieza *Relatos salvajes*? (12:05 p.m.)
   ____
2. ¿A qué hora empieza *El secreto de sus ojos*? (1:15 p.m.)
   ____
3. ¿A qué hora empieza *La forma del agua*? (3:30 p.m.)
   ____
4. ¿A qué hora empieza *Roma*? (4:45 p.m.)
   ____
5. ¿A qué hora empieza *Dolor y gloria*? (8:20 p.m.)
   ____

3 Interrogatorio Quedaste involucrado en la investigación de un crimen y la policía te pide que expliques lo que hiciste durante todo el día de ayer. Explica qué tenías planeado hacer y a qué hora lo hiciste realmente.

Modelo **Cita con el médico – 11:30 a.m. (15 minutos de atraso)**
Tenía cita con el médico a las once y media de la mañana, pero no pude llegar hasta las doce menos cuarto por culpa del tráfico.

1. Dejar el auto en el mecánico – 7 a.m. (30 minutos de atraso)
2. Desayunar con mi madre – 8:30 a.m. (1 hora de atraso)
3. Entregar los planos en la oficina – 11 a.m. (15 minutos de atraso)
4. Almorzar con mis compañeros – 2 p.m. (1 hora y media de atraso)
5. Ir al cine con unos amigos – 5:30 p.m. (2 horas de atraso)
6. Ir al supermercado – 8:30 p.m. (¡Ya había cerrado!)

3.4 Possessive adjectives and pronouns

- Possessive adjectives (**adjetivos posesivos**) are used to express ownership or possession. Unlike English, Spanish has two types of possessive adjectives: the short, or unstressed, forms and the long, or stressed, forms. Both forms agree in gender, when applicable, and number with the object owned, and not with the owner.

Possessive adjectives

short forms (unstressed)		long forms (stressed)	
mi(s)	*my*	**mío/a(s)**	*my/(of) mine*
tu(s)	*your*	**tuyo/a(s**	*your/(of) yours*
su(s)	*your; his; her; its*	**suyo/a(s)**	*your/(of yours); his/(of) his; her/ (of) hers; its/(of) its*
nuestro(s)/a(s)	*our*	**nuestro/a(s)**	*our/(of) ours*
vuestro(s)/a(s)	*your*	**vuestro/a(s)**	*your/(of) yours*
su(s)	*your; their*	**suyo/a(s)**	*your/(of) yours; their/(of) theirs*

- Short possessive adjectives precede the nouns they modify.

En **mi** opinión, la obra fue pésima.
In my opinion, the play was awful.

Nuestro juego preferido es el dominó.
Our favorite game is dominoes.

- Stressed possessive adjectives follow the nouns they modify. They are used for emphasis or to express the phrases *of mine*, *of yours*, etc. The nouns are usually preceded by a definite or indefinite article.

mi amigo → **un** amigo **mío**
my friend → a friend of mine

tus amigas → **las** amigas **tuyas**
your friends → friends of yours

- Because **su(s)** and **suyo(s)/a(s)** have multiple meanings (*your, his, her, its, their*), the construction [*article*] + [*noun*] + **de** + [*subject pronoun*] can be used to clarify meaning.

su casa / **la casa suya**	**la casa de él/ella**	*his/her house*
	la casa de usted/ustedes	*your house*
	la casa de ellos/ellas	*their house*

- Possessive pronouns (**pronombres posesivos**) have the same forms as stressed possessive adjectives and are preceded by a definite article. Possessive pronouns agree in gender and number with the nouns they replace.

No encuentro mi **libro**.
¿Me prestas **el tuyo**?
I can't find my book.
Can I borrow yours?

Si la **fotógrafa** suya no llega,
la nuestra está disponible.
If your photographer doesn't arrive,
ours is available.

¡ATENCIÓN!

After the verb **ser**, stressed possessives are usually used without articles.

¿Es tuya la calculadora?
Is the calculator yours?

No, no es mía.
No, it is not mine.

¡ATENCIÓN!

The neuter form lo + [*singular stressed possessive*] is used to refer to abstract ideas or concepts such as what is mine and *what belongs to you.*

Quiero lo mío.
I want what is mine.

Práctica

1 ¿De quién hablan? Completa los espacios con adjetivos posesivos.

1. La actriz Fernanda Luro habla sobre su esposo: "__________ esposo siempre me acompaña a los estrenos, aunque __________ agenda esté llena de compromisos."
2. Los integrantes del dúo Maite y Antonio comentan sobre su hijo: "__________ hijo empezó a cantar a los dos años."
3. El actor Saúl Mar habla de su ex esposa, la modelo Serafina: "__________ ex ya no es tan guapa como antes, aunque__________ seguidores piensen lo contrario."
4. La famosa cantante Celia Rodríguez habla de la relación con sus padres: "__________ padres me apoyan muchísimo cuando estoy de gira."

2 ¿Es tuyo...? Escribe preguntas con **ser** y contéstalas usando el pronombre posesivo que corresponda a la(s) persona(s) indicada(s).

Modelo **tú / libro / yo**
—¿Es tuyo este libro?
—Sí, es mío.

1. ustedes / revistas / nosotros
____
____
2. nosotros / periódicos / yo
____
____
3. ella / computadora / ella
____
____
4. tú / videojuego / ellos
____
____

3 Aficiones Completa el diálogo con los posesivos adecuados. Cuando sea necesario, añade también el artículo definido correspondiente.

AGUSTÍN: (1) __________ esposa es locutora de radio y tiene un programa para niños.

MANUEL: (2) __________ es redactora en el periódico *El Financiero.*

JUAN: Yo vivo con (3) __________ padres y (4) __________ hermano.

MANUEL: (5) __________ películas favoritas son las de acción. ¿Y (6) __________ ?

JUAN: A mí no me gusta el cine.

AGUSTÍN: A mí tampoco, pero a (7) __________ esposa le gustan las películas clásicas. Afortunadamente, las ve con (8) __________ hermana.

JUAN: (9) __________ pasatiempo favorito es la música.

MANUEL: ¡Ahh! ¿Es (10) __________ la guitarra que vi en la oficina?

JUAN: Sí, es (11) __________ Después del trabajo, nos reunimos en la casa de un amigo (12) __________ y tocamos un poco. A (13) __________ amigos y a mí nos gusta el rock. (14) __________ músicos preferidos son...

AGUSTÍN: ¡No te molestes en nombrarlos! No sé nada de música.

MANUEL: Parece que (15) __________ gustos son muy distintos.

3.5 Demonstrative adjectives and pronouns

- Demonstrative adjectives (**adjetivos demostrativos**) specify to which noun a speaker is referring. They precede the nouns they modify and agree in gender and number.

este disco
this record

esa baraja
that deck of cards

aquellos videojuegos.
those video games (over there)

Demonstrative adjectives

singular		plural		
MASCULINE	FEMININE	MASCULINE	FEMININE	
este	**esta**	**estos**	**estas**	*this; these*
ese	**esa**	**esos**	**esas**	*that; those*
aquel	**aquella**	**aquellos**	**aquellas**	*that; those (over there)*

- Spanish has three sets of demonstrative adjectives. Forms of **este** are used to point out nouns that are close to the speaker and the listener. Forms of **ese** modify nouns that are not close to the speaker, though they may be close to the listener. Forms of **aquel** refer to nouns that are far away from both the speaker and the listener.

¿Te gustan **estos** zapatos?

¿O prefieres **esos** zapatos?

Aquel coche es mío.

- Demonstrative pronouns (pronombres demostrativos) are identical to demonstrative adjectives. They agree in gender and number with the nouns they replace.

¿Quieres ver esta **exposición**?
Do you want to see this exhibit?

No, quiero ver **esa**.
No, I want to see that one.

¿Leíste estos **libros**?
Did you read these books?

No leí **estos**, pero sí leí **aquellos**.
I didn't read these, but I did read those.

- There are three neuter demonstrative pronouns: **esto, eso,** and **aquello**. These forms refer to unidentified or unspecified things, situations, or ideas. They do not vary in gender or number.

¿Qué es **esto**?
What is this?

Eso es interesante.
That's interesting.

Aquello es bonito.
That's pretty.

Práctica

1 La cantante Responde negativamente las preguntas sobre la cantante. Usa las pistas entre paréntesis y las formas correctas de los adjetivos demostrativos.

Modelo **¿Llevó esta camisa? (vestido)**
No, llevó este vestido.

1. ¿Se va a sentar en esa silla? (sofá)
   ____
2. ¿Quiere probar estos sándwiches? (langosta)
   ____
3. ¿Decidió hablar con ese reportero? (locutora)
   ____
4. ¿Llevará aquel suéter? (chaqueta negra)
   ____

2 En el centro comercial Completa las oraciones con los adjetivos y pronombres demostrativos que correspondan en cada caso.

1. Quiero comprar__________ teléfono celular que está a tu derecha.
2. No queremos __________ computadora que nos muestras, sino __________ de más atrás.
3. Hay rebajas en __________ libros y revistas que yo estoy mirando, pero no en __________ que tienes ahí.
4. Compra alguno de __________ juegos de mesa que tienes a tu izquierda.
5. Yo voy a escoger __________ película de aquí, que es más barata.
6. Antes de irnos, vamos a comer algo en __________ restaurante de la otra esquina.
7. ¡Me he quedado sin dinero! __________ no puede seguir así.
8. No vayas a __________ tienda de enfrente, que es muy cara; mejor pregunta en __________ de aquí al lado.

3 No y no Escribe un breve diálogo con las siguientes palabras, utilizando los adjetivos y pronombres que se indican.

Modelo **Ustedes / querer comprar / libros (este/aquel)**
—¿Ustedes quieren comprar estos libros o aquellos libros?
—No queremos comprar ni estos ni aquellos.

1. tú / querer ir / concierto (este/ese)
2. ella / preferir / asiento (este/aquel)
3. Daniel y Agustina / buscar / película (ese/este)
4. niños / conocer / canción (este/aquel)
5. Carlos / admirar / compositor (este/ese)
6. nosotros / poder / ir / fiesta (este/ese)

4.4 To become: *hacerse, ponerse, volverse,* and *llegar a ser*

- Spanish has several verbs and phrases that mean *to become*. Many of these constructions make use of reflexive verbs.

- The construction **ponerse** + [*adjective*] expresses a change in mental, motional or physical state that is generally not long-lasting.

  Me puse nostálgico después de mirar esas fotos.
  I got homesick after looking at those photos.

  La señora Urbina se **pone muy feliz** cuando su familia la visita.
  Mrs. Urbina gets so happy when her family comes to visit.

- **Volverse** + [*adjective*] expresses a radical mental or psychological change. It often conveys a gradual or irreversible change in character. In English this is often expressed as *to have become* + [*adjective*].

  ¿Te has vuelto loca?
  Have you gone mad?

  Durante los últimos años, mi primo **se ha vuelto insoportable.**
  In recent years, my cousin has become unbearable.

- **Hacerse** can be followed by a noun or an adjective. It often implies a change that results from the subject's own efforts, such as changes in profession or social and political status.

  El yerno de doña Lidia se **ha hecho profesor** de tango.
  Doña Lidia's son-in-law has become a tango instructor.

  Mi bisabuelo se **hizo rico** después de mudarse a otro país.
  My great-grandfather became wealthy after moving to a different country.

- **Llegar a ser** may also be followed by a noun or an adjective. It indicates a change over time and does not imply the subject's voluntary effort.

  Marcos y Lidia **llegaron a ser** amigos íntimos.
  Marcos and Lidia became close friends.

- There are often reflexive verb equivalents for **ponerse** + [*adjective*]. Note that when used with object pronouns instead of reflexive pronouns, such verbs convey that another person or thing is imposing a mental, emotional, or physical state on someone else.

  ponerse alegre → alegrarse
  ponerse furioso/a → enfurecerse
  ponerse deprimido/a → deprimirse
  ponerse triste → entristecerse

  Pasar tiempo con mi familia **me pone alegre / me alegra.**
  Spending time with my family makes me happy.

  Cuando pienso en el atentado, **me pongo triste / me entristezco.**
  When I think about the attack, I get sad.

Práctica

1 Seleccionar Selecciona la opción correcta para cada frase.

1. Siempre (se pone – se vuelve) nervioso cuando está frente a sus suegros.
2. Antes mi hijo era tímido, pero con el tiempo (se puso – se volvió) muy abierto.
3. Nunca (se pone – se vuelve) triste cuando está con su familia.
4. Después de quedarse viudo, (se puso – se volvió) un hombre solitario.

2 Completar Completa las oraciones utilizando la forma correcta de **volverse, llegar a ser, hacerse** y **ponerse.**

1. Con los años, mi sobrino ____________________.
2. Tras la muerte de mi abuelo, sus pinturas ____________________.
3. Ángela antes era cocinera, pero ahora ____________________.
4. Cuando nos mudamos a Chile, mi hermana ____________________.
5. A causa de la tragedia, Eduardo ____________________.
6. Después de casarnos, nosotros ____________________.
7. Ana y Eva no se conocían antes del viaje. Desde entonces ____________.
8. Cuando se casó su hija, Alberto ____________________.

3 Historias de familia Completa las oraciones con las expresiones de la lista. Utiliza el pretérito.

deprimirse | hacerse | llegar a ser | ponerse | volverse

1. Mi prima y su vecina __________ muy amigas.

2. Mi cuñado __________ un hombre muy famoso.

3. Mi primo __________ loco después del incidente.

4. Mis sobrinas__________ muy tristes al despedirse.

5.4 *Qué* vs. *cuál*

- The interrogative words **¿qué?** and **¿cuál(es)?** can both mean *what/which*, but they are not interchangeable.

- **Qué** is used to ask for general information, explanations, or definitions.

¿**Qué** es la vocación?
What is vocation?

¿**Qué** dijo?
What did she say?

- **Cuál(es**) is used to ask for specific information or to choose from a limited set of possibilities. When referring to more than one item, the plural form **cuáles** is used.

¿**Cuál** es tu oficina?
Which one's your office?

¿**Cuáles** son tus metas académicas?
What are your academic goals?

¿**Cuál** de las dos prefieres, la física o la química?
Which of these (two) do you prefer, physics or chemistry?

¿**Cuáles** escogieron, los rojos o los azules?
Which ones did they choose, the red or the blue?

- Often, either **qué** or **cuál(es)** may be used in the same sentence, but the meaning is different.

¿**Qué** quieres comer de postre?
What do you want to eat for dessert?

Tengo una manzana y una naranja. ¿**Cuál** quieres comer de postre?
I have an apple and an orange. Which one do you want to eat for dessert?

- **Cuál(es)** is not used before nouns. **Qué** is used instead, regardless of the type of information requested.

¿**Qué** ideas tienen ustedes?
What ideas do you have?

¿Beca? ¿**Qué** beca?
Scholarship? What scholarship?

¿**Qué** oferta te interesa más?
Which offer interests you more?

¿**Qué** empleados asistieron a la reunión?
Which employees attended the meeting?

- **Qué** and **cuál(es)** are sometimes used in declarative sentences that imply a question or unknown information.

No sé **qué** hacer.
I don't know what to do.

No sé **cuáles** escoger.
I don't know which ones to choose.

Elena quiere saber **qué** pasó ayer por la mañana.
Elena wants to know what happened yesterday morning.

Él me preguntó **cuál** de los dos puestos prefería.
He asked me which of the two positions I preferred.

- **Qué** is also used frequently in exclamations. In this case it means *What...!* or *How...!*

¡**Qué** estudiante más irresponsable!
What an irresponsible student!.

¡**Qué** trabajadora eres!
How hard-working you are!

Práctica

1 Elige Lee las preguntas y elige la opción correcta para cada una.

Opción	¿Qué	¿Cuál	¿Cuáles	
1.	☐	☐	☐	... de los dos es tu compañero de trabajo?
2.	☐	☐	☐	... tipo de empresa te gusta más?
3.	☐	☐	☐	... es una carta de presentación?
4.	☐	☐	☐	... son las salidas laborales que te interesan más?
5.	☐	☐	☐	... es tu asignatura favorita?
6.	☐	☐	☐	... empleos vas a solicitar?
7.	☐	☐	☐	... cerraron, las bibliotecas o las salas de estudio?

2 Completar Completa las preguntas con **¿qué?** o **¿cuál(es)?**, según el contexto.

1. ¿ __________ de los dos candidatos es tu favorito?
2. ¿ __________ piensas de la brecha profesional de género?
3. ¿ __________ son las mejores universidades del país?
4. ¿ __________ haces para concentrarte al estudiar?
5. ¿ __________ carrera quieres estudiar?
6. ¿ __________ son tus libros, estos o aquellos?
7. ¿ __________ es tu opinión sobre el desempleo?
8. ¿ __________ profesiones tienen sueldos más altos?
9. ¿ __________ son las facturas de este mes?

3 Preguntas Usa **¿qué?** o **¿cuál(es)?** para escribir la pregunta correspondiente a cada respuesta.

1. ____
La asignatura que más me gusta es matemáticas.
2. ____
Después del trabajo quiero ir al cine.
3. ____
Mis metas profesionales son emprender y tener mi propia empresa.
4. ____
Opino que el costo de los estudios universitarios en mi país es demasiado alto.
5. ____
Estos son los currículums que más me llamaron la atención.
6. ____
La oficina de Rosa es la que está a la derecha.

5.5 The neuter *lo*

- The definite articles **el, la, los,** and **las** modify masculine or feminine nouns. The neuter article **lo** is used to refer to concepts that have no gender.

*—**Lo** primero que tenemos que buscar es que los estudiantes aprendan lengua de señas.*

- In Spanish, the construction **lo** + [*masculine singular adjective*] is used to express general characteristics and abstract ideas. The English equivalent of this construction is *the* + [*adjective*] + *thing.*

Lo difícil es encontrar candidatos que reúnan todos los requisitos.
The difficult thing is to find candidates who meet all the requirements.

La reunión fue muy larga; **lo bueno** es que llegamos a un acuerdo.
The meeting was very long; the good thing is that we reached an agreement.

- To express the idea of *the most* or *the least,* **más** and **menos** can be added after **lo. Lo mejor** and **lo peor** mean *the best/worst (thing).*

Para solucionar la crisis económica, **lo más importante** es promover el empleo.
To solve the economic crisis, the most important thing is to promote employment.

¡Aún no te he contado **lo mejor** de mi nuevo trabajo!
I still haven't told you about the best part of my new job!

- The construction **lo** + [*adjective or adverb*] + **que** is used to express the English *how* + [*adjective*]. In these cases, the adjective agrees in number and gender with the noun it modifies.

lo + [*adjective*] + que	**lo + [*adverb*] + que**
¿No te das cuenta de **lo ineficiente** que es este método? *Don't you realize how inefficient this method is?*	Recuerda **lo bien que** te fue en su clase. *Remember how well you did in his class.*

- **Lo que** is equivalent to the English *what, that, which.* It is used to refer to an abstract idea, or to a previously mentioned situation or concept.

¿Qué fue **lo que** más te gustó de tu viaje a Colombia?
What was the thing that you enjoyed most about your trip to Colombia?

Lo que más me gustó fue el paisaje.
The thing I liked best was the scenery.

¡ATENCIÓN!

he phrase **lo** + [*adjective or adverb*] + **que** may be replaced by **qué** + [*adjective or adverb*].

No sabes qué difícil es hablar con él.
You don't know how difficult it is to talk to him.

Fíjense en qué pronto agotaremos nuestro presupuesto.
Just think about how soon we'll use up our budget.

Práctica

1 Completar Completa las oraciones con **lo** o **lo que**.

1. Las grandes empresas no quieren aceptar __________ los sindicatos piden.
2. __________ más preocupante son las altas cifras de jóvenes desempleados.
3. ¿Me cuentas __________ se decidió en la reunión del pasado viernes?
4. __________ malo es que no podemos contratar a nadie más este año.
5. __________ piden sus hijos es que no trabaje tantas horas al día.
6. __________ positivo del proyecto es que va a generar muchos beneficios.
7. __________ me gusta de esta empresa es el buen ambiente laboral.

2 Opiniones Combina las frases para formar oraciones que contengan la estructura **lo** + [*adjetivo/adverbio*] + **que.**

Modelo **parecer mentira / qué poco te preocupas por tus empleados**
Parece mentira lo poco que te preocupas por tus empleados.

1. asombrarme / qué alto es tu sueldo
   ____
2. sorprenderme / qué bien escrita está tu carta de presentación
   ____
3. no poder creer / qué larga fue esa entrevista de trabajo
   ____
4. ser increíble / qué profesionales son todos mis compañeros de trabajo
   ____
5. ser una sorpresa / qué rápido avanza el proceso de selección
   ____

3 La mascota Julián se va de vacaciones y le ha pedido a su amigo Sergio que cuide de su mascota (*pet*). Usa las expresiones de la lista para completar las recomendaciones que le da Julián a Sergio.

lo interesante que	lo mejor	lo que más
lo más	lo peor	lo rápido que

1. __________ le gusta es tomar el sol.
2. __________ difícil es darle su ducha diaria.
3. Es increíble __________ es vivir con él.
4. __________ es cuando te trae el periódico por la mañana.
5. Ya verás __________ se hacen amigos.
6. __________ es que lo voy a extrañar mucho.

6.4 Adverbs

- Adverbs (**adverbios**) describe *how, when,* and *where* actions take place. They usually follow the verbs they modify and precede adjectives or other adverbs.

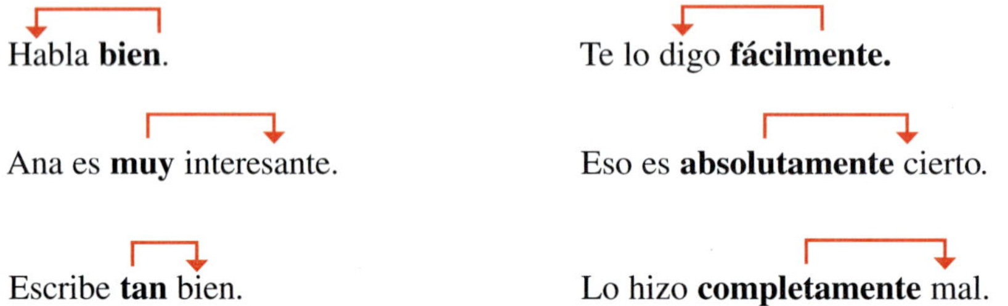

Escribe **tan** bien.

Lo hizo **completamente** mal.

¡ATENCIÓN!

If an adjective has a written accent, it is kept when the suffix **–mente** is added. If an adjective does not have a written accent, no accent is added to the adverb ending in **–mente.**

- Many Spanish adverbs are formed by adding the suffix **–mente** to the feminine singular form of an adjective. The **–mente** ending is equivalent to the English *–ly.*

ADJECTIVE	FEMININE FORM	SUFFIX	ADVERB
básico	**básica**	**–mente**	**básicamente** *basically*
cuidadoso	**cuidadosa**	**–mente**	**cuidadosamente** *carefully*
enorme	**enorme**	**–mente**	**enormemente** *enormously*
hábil	**hábil**	**–mente**	**hábilmente** *cleverly; skillfully*

- If two or more adverbs modify the same verb, only the final adverb uses the suffix **–mente.**

Se marchó **lenta** y **silenciosamente.**
He left slowly and silently.

Lo explicó **clara** y **cuidadosamente.**
She explained it clearly and carefully.

- The construction **con** + [*noun*] is often used instead of long adverbs that end in **–mente.**

cuidadosamente = con cuidado **frecuentemente = con frecuencia**

- Here are some common adverbs and adverbial phrases:

a menudo *frequently; often*	**así** *ike this; so*	**mañana** *tomorrow*
a tiempo *on time*	**ayer** *yesterday*	**más** *more*
a veces *sometimes*	**casi** *almost*	**menos** *less*
adentro *inside*	**de costumbre** *usually*	**muy** *very*
afuera *outside*	**de repente** *suddenly*	**por fin** *finally*
apenas *hardly; scarcely*	**de vez en cuando** *now and then*	**pronto** *soon*
aquí *here*		**tan** *so*

Por fin convocaron una manifestación.
Finally they called for a demonstration.

Casi ganó las elecciones.
She almost won the election.

¡ATENCIÓN!

Some adverbs and adjectives have the same forms.

ADJ: **bastante dinero** *enough money*

ADV: **bastante difícil** *rather difficult*

ADJ: **poco tiempo** *little time*

ADV: **habla poco** *speaks little*

- The adverbs **poco** and **bien** frequently modify adjectives. In these cases, **poco** is often the equivalent of the English prefix *un–*, while **bien** means *well, very, rather* or *quite.*

La situación está **poco** clara.
The situation is unclear.

El plan estuvo **bien** pensado.
The plan was well thought out.

Práctica

1 Adverbios Escribe el adverbio que se deriva de cada adjetivo.

1. básico ____________
2. feliz ____________
3. fácil ____________
4. inteligente ____________
5. alegre ____________
6. común ____________
7. injusto ____________
8. asombroso ____________
9. insistente ____________
10. silencioso ____________

2 Instrucciones para ser feliz Completa cada oración de forma lógica con un adverbio derivado de un adjetivo de la lista. Utiliza cada adverbio solo una vez.

cuidadoso	frecuente	malo	triste
enorme	inmediato	tranquilo	último

1. Tienes que amar a tu pareja ____________.
2. Haz ejercicio ____________.
3. Debes gastar el dinero ____________.
4. Si eres injusto/a con alguien, debes pedir perdón ____________.
5. Desayuna todas las mañanas ____________.

3 Recomendaciones Los padres de Mario y Paola salieron de viaje. Lee las recomendaciones que les dejaron a los chicos pegadas en el refrigerador. Completa los espacios con un adverbio o expresión adverbial de la lista.

a menudo	adentro	así	mañana
a tiempo	afuera	de vez en cuando	tan

Lunes

1. Pasar la aspiradora ____________. (¡Todos los días!)
2. Si llueve, poner los muebles del jardín ____________.
3. Llegar a la escuela ____________.
4. ____________, llevar a Botitas al veterinario para su cita.
5. Dejar que el gato juegue ____________ si no llueve.
6. Solo ir ____________ al centro comercial.

6.5 Diminutives and augmentatives

- Diminutives and augmentatives (**diminutivos y aumentativos**) are frequently used in conversational Spanish. They emphasize size or express shades of meaning like affection or ridicule. Diminutives and augmentatives are formed by adding a suffix to the root of nouns or adjectives (which agree in gender and number), and occasionally adverbs.

- The most common diminutive suffixes are forms of **–ito/a** and **–illo/a.**

Huguillo, ¿me traes un **cafecito** con unos **panecillos?**
Little Hugo, would you bring me a little cup of coffee with a few rolls?

Ahorita, abuelita, se los preparo **rapidito.**
Right away, Granny, I'll have them ready in a jiffy.

- Most words form the diminutive by adding **–ito/a** or **–illo/a**. For words ending in vowels (except **–e**), the last vowel is dropped before the suffix.

bajo → **bajito** *very short; very quietly*
Miguel → **Miguelito** *Mikey*
ventana → **ventanilla** *little window*
campana → **campanilla** *handbell*

- Most words that end in **–e, –n,** or **–r** use the forms **–cito/a** or **–cillo/a.** However, one-syllable words often use **–ecito/a** or **–ecillo/a.**

Carmen → **Carmencita** *little Carmen*
amor → **amorcito** *sweetheart*
pan → **panecillo** *roll*
pez → **pececito** *little fish*

- The most common augmentative suffixes are forms of **–ón/–ona, –ote/–ota,** and **–azo/–aza.**

Hijo, ¿por qué tienes ese **chichonazo** en la cabeza?
Son, how'd you get that huge bump on your head?

Me encantó esa sala de cine; la pantalla era **grandota** y vimos un **peliculón.**
I loved that movie theater; the screen was huge, and we saw a great movie.

- Most words form the augmentative by simply adding the suffix to the word. For words ending in vowels, the final vowel is usually dropped.

hombre → **hombrón** *big man; tough guy*
perro → **perrazo** *big, scary dog*
casa → **casona** *big house; mansion*
palabra → **palabrota** *swear word*

- In regions where diminutives and augmentatives are used heavily in conversational Spanish, double endings are frequently used for additional emphasis.

chico/a → **chiquito/a** → **chiquitito/a**
grande → **grandote/a** → **grandotote/a**

- Some words change meaning completely when a suffix is added.

manzana → **manzanilla**
apple *camomile*

pera → **perilla**
pear *goatee*

¡ATENCIÓN!

Diminutive and augmentative suffixes may vary from one region to another, and sometimes convey different meanings or connotations. For example, while **–ito/a** and **–illo/a** may both mean *small*, **–ito/a** may imply *cute, nice,* or *dear*, while **–illo** may be used lightly, depreciatively, or for things of little importance.

¡Ay, qué perrito más lindo!
Oh, what a cute little puppy!
¡Ay, qué perrillo más feo!
Oh, what an ugly little mutt!

¡ATENCIÓN!

Note the following spelling changes:
chico → **chiquillo**
amigo → **amiguito**
agua → **agüita**
luz → **lucecita**

¡ATENCIÓN!

The masculine suffix **–azo** can also mean blow or shot.
flecha → flecha**zo** (*arrow wound; love at first sight*)
rodilla → rodilla**zo** (*a blow to the knee*)
The letters **–t–** or **–et–** are occasionally added to the beginning of augmentative endings.
reggae → **reggaetón**
guapa → **guapetona**
golpe → **golpetazo**

¡ATENCIÓN!

For words ending in **–s** (singular or plural), diminutive and ugmentative endings precede the final **–s.**
besos → **besitos**

Práctica

1 La carta Completa el párrafo con la forma indicada de cada palabra. Haz los cambios que creas necesarios.

Querido (1) __________ (nieto, –ito):

Cuando yo era (2) __________ (pequeño, –ito) como tú, jugaba siempre en la calle. Mi (3) __________ (abuela, –ita) me decía que no fuera con los (4) __________ (amigos, –ote) de mi hermano porque ellos eran mayores que yo y eran (5) __________ (hombres, –ón). Yo, entonces, era muy (6) __________ (cabeza, –ón) y nunca hacía lo que ella decía. Una tarde, estaba jugando al fútbol, y uno de ellos me dio un (7) __________ (rodilla, –azo) que me rompió la (8) __________ (nariz, –ota). Nunca más jugué con ellos y, desde entonces, solo salí con mis (9) __________ (amigos, –ito). Espero que me vengas a visitar (10) __________ (pronto, –ito).

Tu abuelo César

2 Completar Completa las oraciones con el aumentativo o el diminutivo que corresponda a la definición entre paréntesis.

1. ¿Por qué no les gusta a los profesores que los estudiantes digan __________ (palabras feas y desagradables)?
2. El __________ (perro pequeño) de mi novia es muy lindo y amistoso.
3. Ese abogado tiene una buena __________ (nariz grande) para adivinar los problemas de sus clientes.
4. Mis abuelos viven en una __________ (casa grande) muy vieja.
5. La cantante Samantha siempre lleva una __________ (flor pequeña) en el cabello.
6. El presidente del partido tiene una excelente __________ (cabeza grande) para memorizar sus discursos.
6. A mi __________ (hermana menor) le fascina ir a la playa y hacer excursiones en el campo.

3 ¿Qué palabra es? Reemplaza cada expresión con el aumentativo o diminutivo que exprese la misma idea.

1. muy grande __________
2. lago pequeño __________
3. cuarto grande y amplio __________
4. sillas para niños __________
5. libro grande y grueso __________
6. gato bebé __________
7. hombre alto y fuerte __________
8. muy cerca __________
9. abuelo querido __________
10. soldados de juguete __________

7.4 Past participles used as adjectives

- Past participles are used with **haber** to form compound tenses, such as the present perfect and the past perfect, and with **ser** to express the passive voice. They are also frequently used as adjectives.

- When a past participle is used as an adjective, it agrees in number and gender with the noun it modifies.

un proyecto complicado *a complicated project*	**una exposición bien organizada** *a well-organized exhibition*
los artistas destacados *the outstanding artists*	**las artistas seleccionadas** *the selected artists*

- Past participles are often used with the verb **estar** to express a state or condition that results from the action of another verb. They frequently express physical or emotional states.

Felicia, **¿estás despierta?** *Felicia, are you awake?*	No, **estoy dormida.** *No, I'm asleep.*
Marco, **estoy enfadado.** ¿Por qué no compraste los boletos? *Marco, I'm furious. Why didn't you buy the tickets?*	Perdón, don Humberto. Es que el museo ya **estaba cerrado**. *I'm sorry, Don Humberto. It's that the museum was already closed.*

*Las obras **estaban** bien **conservadas.***

- Past participles may be used as adjectives with other verbs, as well.

Empezó a llover y **llegué empapada** a la inauguración.
It started to rain and I arrived at the inauguration soaking wet.

Ese libro **es** tan **aburrido.**
That book is so boring.

Después de pasar horas en el museo, nos **sentimos cansados.**
After spending hours at the museum, we felt tired.

¿Los cuadros? Ya los **tengo expuestos.**
The paintings? I already have them displayed.

- Note that past participles are often used as adjectives to d escribe physical or emotional states.

aburrido/a	**confundido/a**	**enojado/a**	**muerto/a**
(des)cansado/a	**enamorado/a**	**estresado/a**	**sorprendido/a**

Práctica

1 Trabajar en el museo Julieta trabaja en Recursos Humanos y está preparando sus preguntas para los candidatos que va a entrevistar para un puesto en el museo. Completa cada pregunta de Julieta con el participio del verbo entre paréntesis.

1. ¿Por qué crees que estás __________ (preparar) para este puesto?
2. ¿Estás __________ (informar) sobre la colección del museo?
3. ¿Te sientes __________ (sorprender) de todos los eventos que organizamos?
4. ¿Por qué estás __________ (interesar) en este puesto en particular?
5. ¿Trajiste tu currículum __________ (escribir) en computadora?
6. ¿Cómo manejarás el estrés cuando ya estés __________ (contratar)?

2 ¿Cómo están ellos? Mira las imágenes y relaciónalas con verbos de la lista. Después completa cada frase usando **estar** + [*participio*].

aburrir	enamorar	esconder	preparar
cansar	enojar	lastimar	sorprender

1. Ellos __________.
2. Juanito __________.
3. Eva __________.
4. Ellos __________.
5. Marta __________.

3 Dicho de otra forma Transforma las oraciones usando **estar** y el participio pasado del verbo correspondiente.

Modelo **Envió las cartas.**
Las cartas están enviadas.

1. Pintaron los cuadros.
2. Montaron todos los caballetes.
3. No preparó el plan todavía.
4. Ya inauguraron la exposición.
5. Rompieron su compromiso.
6. El museo abre por la tarde.
7. Los dos se aburrieron.
8. Guardó sus pinceles en el armario.

7.5 Time expressions with *hacer*

- In Spanish, the verb **hacer** is used to describe how long something has been happening or how long ago an event occurred.

Time expressions with hacer

PRESENT	**Hace** + [*period of time*] + **que** + [*verb in present tense*] Hace tres semanas que voy a clases de dibujo. *I've been going to drawing classes for three weeks.*
PRETERITE	**Hace** + [*period of time*] + **que** + [*verb in the preterite*] Hace seis meses que fueron a España. *They went to Spain six months ago.*
IMPERFECT	**Hace** + [*period of time*] + **que** + [*verb in the imperfect*] Hace treinta años que trabajaba como escultor. *He had been working as a sculptor for thirty years.*

- To express the duration of an event that continues into the present, Spanish uses the construction **hace** + [*period of time*] + **que** + [*present tense verb*]. Note that **hace** does not change form.

¿Cuánto tiempo **hace que vives** en Barcelona?
How long have you lived in Barcelona?

Hace siete años **que vivo** en Barcelona.
I've lived in Barcelona for seven years.

- To make a sentence negative, add **no** before the conjugated verb. Negative time expressions with **hacer** often translate as *since* in English.

¿Hace mucho tiempo que **no** visitas un museo?
Has it been a long time since you visited a museum?

¡Hace años que **no** visito un museo!
It's been years since I visited a museum!/ I haven't visited a museum in years!

- To tell how long ago an event occurred, use **hace** + [*period of time*] + **que** + [*preterite tense verb*].

¿Cuánto tiempo **hace que viajaste** a Madrid?
How long ago did you travel to Madrid?

Hace cuatro meses que viajé a Madrid.
I traveled to Madrid four months ago.

- **Hacer** is occasionally used in the imperfect to describe how long an event had been happening before another event occurred. Note that both **hacer** and the conjugated verb use the imperfect.

Hacía dos años que no estudiaba español cuando decidió tomar otra clase.
She hadn't studied Spanish for two years when she decided to take another class.

¡ATENCIÓN!

The construction [*present tense verb*] + **desde hace** + [*period of time*] may also be used. **Desde** can be omitted.

Estudia español (desde) hace un año.
He's been studying Spanish for a year.

No va al taller (desde) hace un mes.
It's been a month since he went to the studio.

¡ATENCIÓN!

Expressions of time with **hacer** can also be used without **que**.

¿Hace cuánto (tiempo) terminaste de pintar el cuadro?

Terminé de pintar el cuadro hace cuatro días.

1 Oraciones Escribe oraciones utilizando expresiones de tiempo con **hacer**. Usa el tiempo presente en las oraciones 1 a 3 y el pretérito en las oraciones 4 a 6.

Modelo **Ana / hablar por teléfono / veinte minutos**
Hace veinte minutos que Ana habla por teléfono.

1. Roberto y Miguel / estudiar / tres horas
____
2. nosotros / estar enfermos / una semana
____
3. tú / trabajar en esta empresa / seis meses
____
4. Sergio / visitar España / un mes
____
5. yo / pintar este retrato / un año
____
6. Esteban y Lisa / casarse / dos años
____

2 Minidiálogos Completa los minidiálogos con las palabras adecuadas.

1. **GRACIELA:** ¿__________ tiempo hace que vives en esta ciudad?
SUSANA: Mmm... __________ dos años que __________ aquí.
2. **GUSTAVO:** Hacía veinte años que Miguel__________ con nosotros cuando decidió estudiar diseño, ¿verdad?
ARMANDO: No, __________ quince años que trabajaba con nosotros cuando se hizo diseñador.
3. **MARÍA:** __________ a visitar la Sagrada Familia hace dos meses, ¿no?
PEDRO: Sí, __________ dos meses que fui a visitar la Sagrada Familia. ¡Me encantó!
4. **PACO:** ¿Cuánto tiempo __________ que __________ español?
ANA: Estudio español __________ hace tres años.

3 Preguntas Responde a las preguntas con oraciones completas. Utiliza las palabras entre paréntesis.

1. ¿Cuánto tiempo hace que fuiste de vacaciones a la playa? (cinco años)
____
2. ¿Hace cuánto tiempo que estudias bellas artes? (dos semanas)
____
3. ¿Cuánto tiempo hace que vieron a Nicolás? (un mes)
____
4. ¿Cuánto tiempo hace que llegaron Irene y Natalia? (una hora)
____
5. ¿Hace cuánto tiempo que ustedes van a clases de pintura? (cuatro días)
____

8.4 Prepositions: *a, hacia,* and *con*

¡ATENCIÓN!

Some verbs require **a** when used with an infinitive, such as **aprender a, ayudar a, comenzar a, enseñar a, ir a**, and **volver a.**

Aprendí a bailar flamenco.
I learned to dance flamenco.
Me ayudó a conseguir entradas.
He helped me get tickets.

A + [*infinitive*] can be used as a command.

¡A comer! *Let's eat!*
¡A dormir! *To bed!*

¡ATENCIÓN!

There is no accent mark on the **i** in the preposition **hacia**. The stress falls on the first **a**. The word **hacía** is a form of the verb **hacer.**

¡ATENCIÓN!

Spanish adverbs are often expressed with **con** + [*noun*].

con cuidado *carefully (with care)*

Note the following contractions:

con + mí = conmigo
con + ti = contigo
con + Ud./él/ella = consigo
con + Uds./ellos/ellas = consigo
It is never correct to say "con mí" or "con ti", but it is possible to use **con él mismo/con ella misma** instead of **consigo**.

- The preposition **a** can mean *to, at, for, upon, within, of, on, from,* or *by*, depending on the context. Sometimes it has no direct translation in English.

Fueron **al** cine.
They went to the movies.

Terminó **a** las doce.
It ended at midnight.

Lucy estaba **a** mi derecha.
Lucy was on my right.

Al llegar **a** casa, me sentí feliz.
Upon returning home, I felt happy.

- The preposition **a** introduces indirect objects.

Le mandó un mensaje de texto **a** su novio.
She sent a text message to her boyfriend.

Le prometió **a** María que saldrían el viernes.
He promised María they'd go out on Friday.

- When a direct object noun is a person (or a pet), it is preceded by the personal **a,** which has no equivalent in English. If the person in question is not specific, the personal **a** is omitted, except before the words **alguien, nadie, alguno/a,** and **ninguno/a**.

¿Viste **a** tus amigos?
Did you see your friends?

No, no he visto **a** nadie.
No, I haven't seen anyone.

Necesitamos un buen coreógrafo.
We need a good choreographer.

Conozco **a** una coreógrafa excelente.
I know an excellent choreographer.

- With movement, either literal or figurative, **hacia** means *toward* or *to.*

Él se dirige **hacia** Uruguay para asistir al carnaval.
He is going to Uruguay to attend the carnival.

La actitud de René **hacia** él fue negativa.
René's attitude toward him was negative.

- With time, **hacia** means *approximately, around, about,* or *toward.*

El desfile comenzará **hacia** las tres de la tarde.
The parade will start around three o'clock in the afternoon.

Sus obras se hicieron populares **hacia** la segunda mitad del siglo XX.
His plays became popular toward the second half of the twentieth century.

- The preposition **con** means *with.*

Trabajó **con** los mejores actores.
She worked with the best actors.

Quiero una máscara **con** plumas.
I want a mask with feathers.

- **Con** can also mean *but, even though,* or *in spite of* when used to convey surprise at an apparent conflict between two known facts.

No han podido conseguir boletos.
They've been unable to get tickets.

¡**Con** todo el tiempo que esperaron!
In spite of all the time they waited!

Práctica

1 Unir Completa cada oración con la opción correcta.

1. La clase de actuación comenzará ___
2. La actriz se negó ___
3. Trata de estar al día ___
4. Cuando terminó el ensayo, caminó ___
5. Manchó la ropa ___
6. El reportero hizo reír ___
7. La actitud de Alberto ___

a. hacia la salida.
b. con las noticias.
c. con el café.
d. a la bailarina.
e. fue muy positiva.
f. a interpretar ese papel.
g. hacia las nueve y media.

2 Completar Coloca *(Place)* la preposición **a** solo cuando sea necesario.

1. Vio _____ la cámara digital que quiere comprar.
2. La trapecista salió _____ la pista.
3. Le presentó _____ la directora el nuevo guion.
4. El periódico publicó _____ un artículo sobre el estreno de la obra.
5. Vimos _____ un espectáculo de circo anoche.
6. La compañía de teatro dio un informe _____ los periodistas.
7. _____ la protagonista no le gusta levantarse temprano.
8. ¿Conoces _____ un buen restaurante cerca de aquí?

3 Oraciones Escribe oraciones completas con los elementos dados. En cada una debes usar **a, con** o **hacia** por lo menos una vez. Haz los cambios que creas necesarios.

1. actores / dirigirse / escenario
   ____
2. dramaturgo / hablar / jefe / compañía
   ____
3. hace dos días / actor / salir / comer / directora de la película
   ____
4. nosotros / enseñarle / teoría / grupo
   ____
5. yo / compartir / información / mis compañeros
   ____
6. ayer / María / darle / clase de baile / Manuel
   ____
7. nosotros / ya / ir / teatro
   ____
8. tú / escuchar / CD / canciones que te gustan
   ____

8.5 Prepositions: *de, desde, en, entre, hasta,* and *sin*

- **De** often corresponds to *of* or the possessive endings *'s/s'* in English.

Uses of de

Possession	Description	Material	Position	Origin	Contents
el traje de la bailarina	**el espectáculo de circo**	**el recipiente de vidrio**	**la pantalla de enfrente**	**El protagonista es de Perú.**	**el vaso de agua**
the dancer's dress	*the circus show*	*the glass container*	*the facing screen*	*The protagonist is from Peru.*	*the glass of water*

- **Desde** expresses direction (*from*) and time (*since*).

Te escribo **desde** Uruguay.
I'm writing from Uruguay.

No lo he visto **desde** el martes.
I haven't seen him since Tuesday.

- **En** corresponds to several English prepositions, such as *in, on, into, onto, by,* and *at.*

El guion está **en** la mesa.
The script is on the table.

El profesor entró **en** la clase.
The professor went into the classroom.

Los resultados están **en** el cuaderno.
The results are in the notebook.

Nos vemos **en** la taquilla.
Let's meet at the box office.

- **Entre** generally corresponds to the English prepositions *between* and *among.*

entre 1976 y 1982
between 1976 and 1982

entre ellos
among themselves

- **Entre** is not followed by **ti** and **mí**, the usual pronouns that serve as objects of prepositions. Instead, the subject pronouns **tú** and **yo** are used.

Entre tú y yo. . .
Between you and me . . .

- **Hasta** corresponds to *as far as* in spatial relationships, *until* in time relationships, and *up to* for quantities. It can also be used as an adverb to mean *even* or *including.*

Avanzaron **hasta** el escenario.
They advanced as far as the stage.

Hasta las ocho, no comenzó el desfile.
The parade didn't start until eight.

Haremos **hasta** veinte funciones.
We'll do up to twenty shows.

Hasta el director quedó sorprendido.
Even the director was surprised.

- **Sin** corresponds to *without* in English. It is often followed by a noun, but it can also be followed by the infinitive form of a verb.

No veo nada **sin** los lentes.
I can't see a thing without glasses.

Lo hice **sin** pensar.
I did it without thinking.

¡ATENCIÓN!

De is often used in prepositional phrases of location: **al lado de, a la derecha de, cerca de, debajo de, detrás de, encima de.**

¡ATENCIÓN!

Common phrases with **de:**
de nuevo *again*
de paso *on the way*
de pie *standing up*
de repente *suddenly*
de todos modos *in any case*
de vacaciones *on vacation*
de vuelta *back*

Cuando entró la jueza, todos se pusieron de pie.
When the judge entered, everyone stood up.

Common phrases with **en:**
en broma *as a joke*
en cambio *on the other hand*
en contra *against*
en fila *in a row*
en serio *seriously*
en tren *by train*
en vano *in vain*

No lo digo en broma; te estoy hablando en serio.
I don't mean this as a joke; I'm talking to you in all seriousness.

Práctica

1 Completar Completa cada oración con la opción correcta.

1. ___ el actor principal no podemos estrenar la obra.
   a. En b. Hasta c. Sin
2. Unas entradas como estas pueden costar ___ doscientos dólares.
   a. hasta b. sin c. en
3. ¿Estás segura de que la obra es ___ esta sala?
   a. de b. en c. sin
4. Nos vemos a las once en la clase ___ danza.
   a. entre b. de c. desde
5. ___ mi asiento no podía ver todo el escenario.
   a. Desde b. Entre c. Hasta
6. Esta noticia debe quedar solo ___ tú y yo.
   a. entre b. en c. desde

2 Un artículo Completa el texto con las preposiciones **de, desde** o **en.**

Cuando llegué a la clase (1) ______ baile, todas mis compañeras estaban ya (2) ______ el escenario. Llevaban sus trajes (3) ______ colores y estaban preparadas para comenzar. (4) ______ ese momento me sentí avergonzada por llegar tarde. Además, estaba un poco nerviosa ya que no bailaba (5) ______ hacía tres años. Mi profesora fue muy simpática y (6) ______ el primer momento tuvo mucha paciencia conmigo. La clase comenzó con explicaciones sobre varios tipos (7) ______ pasos y movimientos. Poco a poco, fui sintiéndome más segura y me divertí mucho. Al final de la clase, estuve hablando con unas compañeras y decidimos cenar juntas (8) ______ un restaurante. ¡No me sentía tan contenta (9) ______ hacía mucho tiempo! La semana que viene hay clase otra vez y esta vez intentaré ser puntual. ¡Debería conseguirlo, ya que la escuela está muy cerca (10) ______ mi casa!

3 La hipótesis Completa las oraciones con las preposiciones **entre, hasta** o **sin.**

1. Él ha dirigido varias obras de teatro muy interesantes. ______ ellas, la que vimos juntos la semana pasada.
2. Llegó al ensayo casi ______ dormir, por lo que estaba muy cansado y no recordaba bien su parte del guion.
3. ______ ahora no he visto ningún espectáculo de circo en el que no haya un número de malabares.
4. ______ todas las obras de teatro que hay en cartel, ¿cuál prefieres ver?
5. Esta actriz es una de mis preferidas. ______ embargo, su actuación en esta película no me ha gustado mucho.
6. Desde el escenario, vi a mi familia y mis amigos sentados ______ el público.

Presentation

9.4 Transitional expressions

- Transitional words and phrases express the connections between ideas and details.

— Se teme que el sol se haya ido y la Tierra quede en tinieblas, ***por eso*** *se hace vigilia.*

- Many transitional words and phrases function to narrate time and sequence.

al final *at the end, in the end*	**hoy** *today*
al mismo tiempo *at the same time*	**luego** *then, next*
al principio *in the beginning*	**mañana** *tomorrow*
anteayer *the day before yesterday*	**mientras** *while*
antes (de) *before*	**pasado** *mañana the day after tomorrow*
ayer *yesterday*	**por fin** *finally*
después (de) *after, afterward*	**primero** *first*
entonces *then, at that time*	**segundo** *second*
finalmente *finally*	**siempre** *always*

- Several other transitional expressions compare or contrast ideas and details.

además *furthermore*	**ni… ni…** *neither. . . nor. . .*
al contrario *on the contrary*	**o… o…** *either. . . or. . .*
al mismo *tiempo at the same time*	**por otra parte/otro lado** *on the other hand*
aunque *although*	**por un lado… por el otro…** *on one hand. . . on the other. . .*
con excepción de *with the exception of*	**por una parte… por la otra…** *on one hand. . . on the other. . .*
de la misma manera *similarly*	**sin embargo** *however, yet*
del mismo modo *similarly*	**también** *also*
igualmente *likewise*	
mientras que *meanwhile, whereas*	

- Transitional expressions are also used to express cause and effect relationships.

así que *so; therefore*	**por consiguiente** *therefore*
como *since*	**por eso** *therefore*
como resultado (de) *as a result (of)*	**por esta razón** *for this reason*
dado que *since*	**por lo tanto** *therefore*
debido a *due to*	**porque** *because*

Práctica

1 Ordena los hechos Reconstruye el orden de los hechos asignando un número para cada uno. Ten en cuenta las expresiones de transición.

_____ a. Primero busqué información sobre la ceremonia del Inti Raymi en Cusco, Perú.

_____ b. Dos días después de llegar a Cusco, por fin asistimos a la ceremonia del Inti Raymi. ¡Fue genial!

_____ c. Antes de comprar los boletos de avión a Cusco, mis amigos y yo nos informamos sobre los precios en diferentes aerolíneas.

_____ d. Un mes después, fuimos al aeropuerto para tomar nuestro vuelo.

_____ e. Luego, elegimos un vuelo y compramos los boletos.

_____ f. Finalmente, llegamos a Cusco.

_____ g. Después, convencí a mis amigos para viajar conmigo a Perú y asistir a la ceremonia.

2 Escoge Completa las oraciones con una de las opciones entre paréntesis.

1. Me gustan las actividades al aire libre, __________ (sin embargo / por eso) la peregrinación a ese santuario en la montaña me interesa mucho.
2. Eres una persona muy espiritual pero, __________ (por esta razón / por otra parte), dices que no crees en ninguna religión.
3. Le expliqué mis creencias y __________ (sin embargo / debido a eso) no las respetó.
4. Me lastimé el pie __________ (como resultado / con excepción) de la caminata.
5. Después de dos meses de búsqueda, __________ (como / por fin) conseguí encontrar las figuritas.
6. Es muy supersticioso y __________ (mientras que / por lo tanto) cree que esto es una señal de mal augurio.

3 Completar Marcos acaba de regresar de un viaje por Bolivia. Completa su relato con las expresiones de la lista. Puedes usar algunas expresiones más de una vez.

además	**del mismo modo**	**por eso**
al contrario	**mientras que**	**por un lado**
debido a eso	**por el otro**	**sin embargo**

Hoy estoy muy contento, (1) __________ ven en mi cara una sonrisa. ¡Hice un viaje maravilloso por Bolivia! (2) __________, no fue estresante, sino que, (3) __________, descansé mucho. Mi paseo fue muy variado, (4) __________, pasé varios días en La Paz y (5) __________, hice una excursión al lago Titicaca. La Paz es una ciudad llena de historia y cultura, (6) __________ también es una ciudad con increíbles paisajes naturales a su alrededor. (7) __________, mi viaje terminó antes de lo que esperaba, (8) __________, pienso volver el próximo año.

10.4 *Pero* vs. *sino*

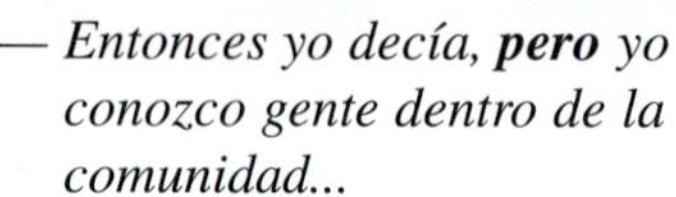
— Entonces yo decía, ***pero*** *yo conozco gente dentro de la comunidad...*

La empresa de Carmelina no solo ofrece servicios durante el día, ***sino*** *también en las noches.*

- In Spanish, both **pero** and **sino** are used to introduce contradictions or qualifications, but the two words are not interchangeable.

- **Pero** means *but* (in the sense of however). It may be used after either affirmative or negative clauses.

  Leí la novela que me recomendaste, **pero** no me gustó.
  I read the novel you recommended, but I didn't like it.

  Hace tres años que estudio español, **pero** todavía no lo hablo con fluidez.
  I've been studying Spanish for three years, but I don't speak it fluently yet.

- **Sino** also means *but* (in the sense of *but rather* or *on the contrary*). It is used only after negative clauses. **Sino** introduces a contradicting idea that clarifies or qualifies the previous information.

  No definiría ese libro como una autobiografía, **sino** como unas memorias.
  I wouldn't call that book as an autobiography but rather a memoir.

  No busco trabajo como traductora, **sino** como intérprete.
  I'm not looking for a job as a translator, but rather as an interpreter.

- When **sino** is used before a conjugated verb, the conjunction **que** is added.

  No quiero que mis hijos hablen solo inglés, **sino que** sean bilingües.
  I don't want my children to speak only English, but to be bilingual instead.

  No vive en los Estados Unidos, **sino que** se mudó a México.
  She does not live in the United States, but rather she moved to México.

- *Not only... but also* is expressed with the phrase **no solo... sino (que) también/además.**

  No solo habla español, **sino que también** está estudiando otros dos idiomas.
  Not only does she speak Spanish, but she is also studying two other languages.

- The phrase **pero tampoco** means *but neither* or *but not either.*

  No me gustan las novelas históricas, **pero tampoco** he leído muchas.
  I don't like historical novels, but I haven't read many either.

¡ATENCIÓN!

Pero también (*but also*) is used after affirmative clauses.

Pedro es inteligente, pero también es cabezón.
Pedro is smart, but he is also stubborn.

Práctica

1 Opciones Completa cada oración con la opción correcta.

1. Sofía no quiere aprender otro idioma y Marta _____
2. Mi compañero de cuarto no es de Chicago, _____ de Miami.
3. Mis padres querían que yo estudiara francés, _____ yo preferí estudiar español.
4. No terminé de leer la novela, _____ le dediqué mucho tiempo.

a. pero
b. pero tampoco
c. sino
d. tampoco

2 Completar Completa cada oración con **no solo, pero, sino (que)** o **tampoco.**

1. Las cartas no llegaron el miércoles, __________ el jueves.
2. Mis amigos no quieren ir a la biblioteca esta tarde y yo __________.
3. No me gustan los ensayos, __________ tengo que leer este porque lo pidió el profesor.
4. Carlos no me llamaba por teléfono, __________ me enviaba correos electrónicos con frecuencia.
5. Yo __________ esperaba aprobar el examen, __________ también sacar una A.
6. Mis amigos no habían leído ninguna novela de Sandra Cisneros, __________ yo les recomendé *La casa en Mango Street.*
7. Quiero aclarar que mi libro no es autobiográfico, __________ ficción.

3 El mundo de hoy Dos amigos están hablando sobre su visión del mundo contemporáneo. Uno es muy optimista y el otro es pesimista. Completa la conversación.

no solo	sino
pero	sino que
pero tampoco	

TOMÁS: El mundo de hoy es muy complejo, (1) __________ hay que reconocer que hemos avanzado mucho.

FELIPE: Yo no estoy de acuerdo. Me da la sensación de que últimamente (2) __________ hemos avanzado poco, (3) __________ vamos para atrás.

TOMÁS: ¡Cómo puedes decir eso, Felipe!

FELIPE: El mundo no es (4) __________ consumismo en los países ricos y miseria en los países pobres.

TOMÁS: Ese es un problema grave, (5) __________ creo que esa miseria ya existía antes. Acepto que tienes parte de razón, (6) __________ vas a negar que hay inventos que han mejorado nuestra calidad de vida.

FELIPE: Bueno, reconozco que yo no podría vivir sin el teléfono, el automóvil o la electricidad.

TOMÁS: Pues a eso me refería yo.

VERB CONJUGATION TABLES

Below you will find the infinitive of the verbs introduced as active vocabulary in **Perspectivas**, as well as other common verbs. Each verb is followed by a model verb conjugated on the same pattern. The number in parentheses indicates where in the verb tables, pages **442–449**, you can find the conjugated forms of the model verb. Many of these verbs can be used reflexively. To check the verb conjugation, use the tables on pages **442–449**. For placement of the reflexive pronouns, see page **450**.

abandonar like hablar (1)
abarrotar like hablar (1)
abordar like hablar (1)
abrazar (z:c) like cruzar (37)
abrir like vivir (3) *except* past participle is abierto
aburrir like vivir (3)
acabar like hablar (1)
acercar (c:qu) like tocar (43)
acordar (o:ue) like contar (24)
acosar like hablar (1)
acostar (o:ue) like contar (24)
acostumbrar like hablar (1)
actuar like graduar (40)
acudir like vivir (3)
adaptar like hablar (1)
adjuntar like hablar (1)
administrar like hablar (1)
adorar like hablar (1)
afeitar like hablar (1)
agotar like hablar (1)
agradecer (c:zc) like conocer (35)
aguantar like hablar (1)
ahogar (g:gu) like llegar (41)
ahorrar like hablar (1)
albergar (g:gu) like llegar (41)
alcanzar (z:c) like cruzar (37)
alejar like hablar (1)
alimentar like hablar (1)
aliviar like hablar (1)
alumbrar like hablar (1)
ajustar like hablar (1)
amanecer (c:zc) like conocer (35)
amansar like hablar (1)
amar like hablar (1)
amasar like hablar (1)
amenazar (z:c) like cruzar (37)
andar like hablar (1) *except* preterite stem is anduv-
añadir like vivir (3)
aparcar (c:qu) like tocar (43)
aplaudir like vivir (3)
apostar (o:ue) like contar (24)
apoyar like hablar (1)
aprender like comer (2)
aprobar (o:ue) like contar (24)
apuntar like hablar (1)
argumentar like hablar (1)
arreglar like hablar (1)
arrepentir (e:ie) like sentir (33)
arriesgar (g:gu) like llegar (41)
arruinar like hablar (1)
ascender (e:ie) like entender (27)
asimilar like hablar (1)
asistir like vivir (3)
asombrar like hablar (1)
atender (e:ie) like entender (27)
aterrizar (z:c) like cruzar (37)
atraer like traer (21)
atrever like comer (2)
ausentar like hablar (1)
avanzar (z:c) like cruzar (37)
averiguar like hablar (1)
ayudar like hablar (1)
bailar like hablar (1)
bajar like hablar (1)
bañar like hablar (1)
beber like comer (2)
bendecir (e:i) like decir (8)
besar like hablar (1)
borrar like hablar (1)
brillar like hablar (1)
burlar like hablar (1)
buscar (c:qu) like tocar (43)
caber (4)
caer (5)
callar like hablar (1)
cambiar like hablar (1)
caminar like hablar (1)
casar like hablar (1)
castigar (g:gu) like llegar (41)
cazar (z:c) like cruzar (37)
celebrar like hablar (1)
cerrar (e:ie) like pensar (30)
charlar like hablar (1)
clavar like hablar (1)
cobrar like hablar (1)
cocer (o:ue) like vencer (44) plus o:ue vocalic change
coleccionar like hablar (1)
colocar (c:qu) like tocar (43)
combatir like vivir (3)
combinar like hablar (1)
comer (2)
comisariar like enviar (39)
compaginar like hablar (1)
compartir like vivir (3)
comportar like hablar (1)
comprar like hablar (1)
comprobar (o:ue) like contar (24)
concienciar like hablar (1)
conciliar like hablar (1)
concluir (y) like destruir (38)
conducir (c:zc) (6)
confeccionar like hablar (1)
congelar like hablar (1)
conmemorar like hablar (1)
conocer (c:zc) (35)
conquistar like hablar (1)
conseguir (e:i) (gu:g) like seguir (32)
construir (y) like destruir (38)
contagiar like hablar (1)
contar (o:ue) (24)
contratar like hablar (1)
contribuir (y) like destruir (38)
construir (y) like destruir (38)
convencer (c:z) like vencer (44)
conversar like hablar (1)
convertir (e:ie) like sentir (33)
convivir like vivir (3)
convocar (c:qu) like tocar (43)
cooperar like hablar (1)
correr like comer (2)
cortar like hablar (1)
crear like hablar (1)
crecer (c:zc) like conocer (35)
creer (y) (36)
cruzar (z:c) (37)
cubrir like vivir (3) *except* past participle is cubierto
cuidar like hablar (1)
cultivar like hablar (1)
cumplir like vivir (3)
curar like hablar (1)
dañar like hablar (1)
dar (7)
deber like comer (2)
decir (e:i) (8)
dedicar (c:qu) like tocar (43)
defender (e:ie) like entender (27)
degustar like hablar (1)
dejar like hablar (1)
depositar like hablar (1)
derrotar like hablar (1)
desaparecer (c:zc) like conocer (35)
descargar (g:gu) like llegar (41)
desconfiar like enviar (39)
descubrir like vivir (3) *except* past participle is descubierto
descuidar like hablar (1)
desembolsar like hablar (1)
despedir (e:i) like pedir (29)
despertar (e:ie) like pensar (30)
destacar (c:qu) like tocar (43)
destrozar (z:c) like cruzar (37)
destruir (y) (38)
detener (e:ie) like tener (20)
devenir (e:ie) like venir (22)
difundir like vivir (3)
disculpar like hablar (1)
discutir like vivir (3)
diseñar like hablar (1)
disfrazar (z:c) like cruzar (37)
disfrutar like hablar (1)
disimular like hablar (1)
disminuir (y) like destruir (38)
disponer like poner (15)
distinguir (gu:g) like extinguir (46)
divertir (e:ie) like sentir (33)
doblar like hablar (1)
dormir (o:ue) (25)
duchar like hablar (1)
echar like hablar (1)
ejecutar like hablar (1)
ejercer (c:z) like vencer (44)
elaborar like hablar (1)
elegir (e:i) like pedir (29) *except* (g:j) before a and o
embalar like hablar (1)
emigrar like hablar (1)
empacar like hablar (1)
empatar like hablar (1)

empeorar like hablar (1)
empezar (e:ie) (z:c) (26)
encantar like hablar (1)
encarcelar like hablar (1)
encargar (c:qu) like llegar (41)
enfocar (c:qu) like tocar (43)
enfrentar like hablar (1)
engañar like hablar (1)
enojar like hablar (1)
ensalzar (z:c) like cruzar (37)
ensayar like hablar (1)
enseñar like hablar (1)
entender (e:ie) (27)
enterar like hablar (1)
enternecer (c:zc) like conocer (35)
enterrar (e:ie) like pensar (30)
entrenar like hablar (1)
entrevistar like hablar (1)
enviar (39)
esconder like comer (2)
escribir like vivir (3) *except* past participle is escrito
estar (9)
estrenar like hablar (1)
examinar like hablar (1)
exponer like poner (15)
exportar like hablar (1)
expulsar like hablar (1)
extinguir (gu:g) (46)
extraer like traer (21)
extrañar like hablar (1)
fabricar (c:qu) like tocar (43)
filmar like hablar (1)
fingir (g:j) like proteger (42) for consonant change only
firmar like hablar (1)
fomentar like hablar (1)
formar like hablar (1)
fortalecer (c:zc) like conocer (35)
freír (e:i) like reír (31)
fusionar like hablar (1)
ganar like hablar (1)
garantizar (z:c) like cruzar (37)
gobernar (e:ie) like pensar (30)
grabar like hablar (1)
graduar (40)
guardar like hablar (1)
guindar like hablar (1)
haber (10)
hablar (1)
hacer (11)
hechizar (z:c) like cruzar (37)
heredar like hablar (1)
hervir (e:ie) like sentir (33)
honrar like hablar (1)
hornear like hablar (1)
huir (y) like destruir (38)
hundir like vivir (3)
ignorar like hablar (1)
imponer like poner (15)
impulsar like hablar (1)
incluir (y) like destruir (38)
independizar (z:c) like cruzar (37)
indicar (c:qu) like tocar (43)
influir (y) like destruir (38)
inscribir like vivir (3) *except* past participle is inscrito
instalar like hablar (1)
integrar like hablar (1)
interponer like poner (15)
interpretar like hablar (1)
invertir (e:ie) like sentir (33)
investigar (g:gu) like llegar (41)
involucrar like hablar (1)
ir (12)
jubilar like hablar (1)
jugar (u:ue) (g:gu) (28)
jurar like hablar (1)
juzgar (g:gu) like llegar (41)
lanzar (z:c) like cruzar (37)
lavar like hablar (1)
leer (y) like creer (36)
levantar like hablar (1)
limpiar like hablar (1)
llegar (g:gu) (41)
llevar like hablar (1)
lograr like hablar (1)
luchar like hablar (1)
madrugar (g:gu) like llegar (41)
mandar like hablar (1)
marcar (c:qu) like tocar (43)
matar like hablar (1)
matricular like hablar (1)
meditar like hablar (1)
mejorar like hablar (1)
merecer (c:zc) like conocer (35)
meter like comer (2)
mezclar like hablar (1)
militar like hablar (1)
morir (o:ue) like dormir (25) *except* past participle is muerto
mudar like hablar (1)
narrar like hablar (1)
nombrar like hablar (1)
obedecer (c:zc) like conocer (35)
obligar (g:gu) like llegar (41)
odiar like hablar (1)
ofrendar like hablar (1)
oír (y) (13)
oprimir like vivir (3)
orar like hablar (1)
otorgar (g:gu) like llegar (41)
parecer (c:zc) like conocer (35)
partir like vivir (3)
pasar like hablar (1)
pasear like hablar (1)
pedir (e:i) (29)
pegar (g:gu) like llegar (41)
peinar like hablar (1)
pelear like hablar (1)
pensar (e:ie) (30)
perder (e:ie) like entender (27)
perdonar like hablar (1)
perdurar like hablar (1)
pertenecer (c:zc) like conocer (35)
pintar like hablar (1)
planificar (c:qu) like tocar (43)
plantar like hablar (1)
poder (o:ue) (14)
poner (15)
postular like hablar (1)
predecir (e:i) like decir (8)
predicar (c:qu) like tocar (43)
prescindir like vivir (3)
preservar like hablar (1)
prevenir (e:ie) like venir (22)
producir (c:zc) like conducir (6)
prohibir like vivir (3)
proteger (g:j) (42)
provenir (e:ie) like venir (22)
provocar (c:qu) like tocar (43)
publicar (c:qu) like tocar (43)
quedar like hablar (1)
quejar like hablar (1)
quemar like hablar (1)
querer (e:ie) (16)
quitar like hablar (1)
realizar (z:c) like cruzar (37)
rebajar like hablar (1)
rechazar (z:c) like cruzar (37)
recorrer like comer (2)
recuperar like hablar (1)
reemplazar (z:c) like cruzar (37)
reflejar like hablar (1)
reír (e:i) (31)
reivindicar (c:qu) like tocar (43)
remover (o:ue) like volver (34)
renacer (c:zc) like conocer (35)
rendir (e:ei) like pedir (29)
repartir like vivir (3)
repercutir like vivir (3)
resaltar like hablar (1)
residir like vivir (3)
resolver (o:ue) like volver (34)
retar like hablar (1)
reunir like vivir (3)
revocar (c:qu) like tocar (43)
rezar (z:c) like cruzar (37)
rodar (o:ue) like contar (24)
saber (17)
salir (18)
salvar like hablar (1)
sazonar like hablar (1)
secar (c:qu) like tocar (43)
seguir (e:i) (gu:g) (32)
sellar like hablar (1)
sembrar (e:ie) like pensar (30)
sentir (e:ie) (33)
ser (19)
significar (c:qu) like tocar (43)
silbar like hablar (1)
simbolizar (z:c) like cruzar (37)
sobresalir like salir (18)
sobrevivir like vivir (3)
solicitar like hablar (1)
solucionar like hablar (1)
soñar (o:ue) like contar (24)
soportar like hablar (1)
sorprender like comer (2)
subir like vivir (3)
sumar like hablar (1)
superponer like poner (15)
surgir (g:j) like proteger (42) for consonant change only
suspender like comer (2)
tallar like hablar (1)
tener (e:ie) (20)
tocar (c:qu) (43)
trabar like hablar (1)
traducir (c:zc) like conducir (6)
traer (21)
transgredir like vivir (3)
trasladar like hablar (1)
tratar like hablar (1)
triunfar like hablar (1)
valorar like hablar (1)
velar like hablar (1)
vencer (c:z) (44)
vender like comer (2)
venerar like hablar (1)
venir (e:ie) (22)
ver (23)
vestir (e:i) like pedir (29)
vincular like hablar (1)
vivir (3)
volar (o:ue) like contar (24)
volver (o:ue) (34)

VERB CONJUGATION TABLES

Regular verbs: simple tenses

	INDICATIVE					SUBJUNCTIVE		IMPERATIVE
Infinitive	**Present**	**Imperfect**	**Preterite**	**Future**	**Conditional**	**Present**	**Past**	
1 **hablar**	hablo	hablaba	hablé	hablaré	hablaría	hable	hablara	
	hablas	hablabas	hablaste	hablarás	hablarías	hables	hablaras	habla tú (no hables)
Participles:	habla	hablaba	habló	hablará	hablaría	hable	hablara	hable Ud.
hablando	hablamos	hablábamos	hablamos	hablaremos	hablaríamos	hablemos	habláramos	hablemos
hablado	habláis	hablabais	hablasteis	hablaréis	hablaríais	habléis	hablarais	hablad (no habléis)
	hablan	hablaban	hablaron	hablarán	hablarían	hablen	hablaran	hablen Uds.
2 **comer**	como	comía	comí	comeré	comería	coma	comiera	
	comes	comías	comiste	comerás	comerías	comas	comieras	come tú (no comas)
Participles:	come	comía	comió	comerá	comerían	coma	comiera	coma Ud.
comiendo	comemos	comíamos	comimos	comeremos	comeríamos	comamos	comiéramos	comamos
comido	coméis	comíais	comisteis	comeréis	comeríais	comáis	comierais	comed (no comáis)
	comen	comían	comieron	comerán	comerían	coman	comieran	coman Uds.
3 **vivir**	vivo	vivía	viví	viviré	viviría	viva	viviera	
	vives	vivías	viviste	vivirás	vivirías	vivas	vivieran	vive tú (no vivas)
Participles:	vive	vivía	vivió	vivirá	viviría	viva	viviera	viva Ud.
viviendo	vivimos	vivíamos	vivimos	viviremos	viviríamos	vivamos	viviéramos	vivamos
vivido	vivís	vivíais	vivisteis	viviréis	viviríais	viváis	vivierais	vivid (no viváis)
	viven	vivían	vivieron	vivirán	vivirían	vivan	vivieran	vivan Uds.

All verbs: compound tenses

PERFECT TENSES											
INDICATIVE								SUBJUNCTIVE			
Present Perfect		**Past Perfect**		**Future Perfect**		**Conditional Perfect**		**Present Perfect**		**Past Perfect**	
he		había		habré		habría		haya		hubiera	
has	hablado	habías	hablado	habrás	hablado	habrías	hablado	hayas	hablado	hubieras	hablado
ha	comido	había	comido	habrá	comido	habría	comido	haya	comido	hubiera	comido
hemos	vivido	habíamos	vivido	habremos	vivido	habríamos	vivido	hayamos	vivido	hubiéramos	vivido
habéis		habíais		habréis		habríais		hayáis		hubierais	
han		habían		habrán		habrían		hayan		hubieran	

PROGRESSIVE TENSES					
INDICATIVE				SUBJUNCTIVE	
Present Progressive	**Past Progressive**	**Future Progressive**	**Conditional Progressive**	**Present Progressive**	**Past Progressive**
estoy estás está estamos estáis están } hablando, comiendo, viviendo	estaba estabas estaba estábamos estabais estaban } hablando, comiendo, viviendo	estaré estarás estará estaremos estaréis estarán } hablando, comiendo, viviendo	estaría estarías estaría estaríamos estaríais estarían } hablando, comiendo, viviendo	esté estés esté estemos estéis estén } hablando, comiendo, viviendo	estuviera estuvieras estuviera estuviéramos estuvierais estuvieran } hablando, comiendo, viviendo

Irregular verbs

	INDICATIVE					SUBJUNCTIVE		IMPERATIVE
Infinitive	**Present**	**Imperfect**	**Preterite**	**Future**	**Conditional**	**Present**	**Past**	
4 caber	**quepo**	cabía	**cupe**	**cabré**	**cabría**	**quepa**	**cupiera**	
	cabes	cabías	**cupiste**	**cabrás**	**cabrías**	**quepas**	**cupieras**	cabe tú (no **quepas**)
Participles:	cabe	cabía	**cupo**	**cabrá**	**cabría**	**quepa**	**cupiera**	**quepa** Ud.
cabiendo	cabemos	cabíamos	**cupimos**	**cabremos**	**cabríamos**	**quepamos**	**cupiéramos**	**quepamos**
cabido	cabéis	cabíais	**cupisteis**	**cabréis**	**cabríais**	**quepáis**	**cupierais**	cabed (no **quepáis**)
	caben	cabían	**cupieron**	**cabrán**	**cabrían**	**quepan**	**cupieran**	**quepan** Uds.
5 caer	**caigo**	caía	caí	caeré	caería	**caiga**	**cayera**	
	caes	caías	**caíste**	caerás	caerías	**caigas**	**cayeras**	cae tú (no **caigas**)
Participles:	cae	caía	**cayó**	caerá	caería	**caiga**	**cayera**	**caiga** Ud.
cayendo	caemos	caíamos	**caímos**	caeremos	caeríamos	**caigamos**	**cayéramos**	**caigamos**
caído	caéis	caíais	**caísteis**	caeréis	caeríais	**caigáis**	**cayerais**	caed (no **caigáis**)
	caen	caían	**cayeron**	caerán	caerían	**caigan**	**cayeran**	**caigan** Uds.
6 conducir	**conduzco**	conducía	**conduje**	conduciré	conduciría	**conduzca**	**condujera**	
(c:zc)	conduces	conducías	**condujiste**	conducirás	conducirías	**conduzcas**	**condujeras**	conduce tú (no **conduzcas**)
	conduce	conducía	**condujo**	conducirá	conduciría	**conduzca**	**condujera**	**conduzca** Ud.
Participles:	conducimos	conducíamos	**condujimos**	conduciremos	conduciríamos	**conduz-camos**	**condujéra-mos**	**conduzcamos**
conduciendo	conducís	conducíais	**condujisteis**	conduciréis	conduciríais	**conduzcáis**	**condujerais**	conducid (no **conduzcáis**)
conducido	conducen	conducían	**condujeron**	conducirán	conducirían	**conduzcan**	**condujeran**	**conduzcan** Uds.

	INDICATIVE					SUBJUNCTIVE		IMPERATIVE
Infinitive	**Present**	**Imperfect**	**Preterite**	**Future**	**Conditional**	**Present**	**Past**	
7 **dar**	**doy**	daba	**di**	daré	daría	**dé**	**diera**	
	das	dabas	**diste**	darás	darías	des	**dieras**	da tú (no des)
Participles:	da	daba	**dio**	dará	daría	**dé**	**diera**	**dé** Ud.
dando	damos	dábamos	**dimos**	daremos	daríamos	demos	**diéramos**	demos
dado	**dais**	dabais	**disteis**	daréis	daríais	**deis**	**dierais**	dad (no **deis**)
	dan	daban	**dieron**	darán	darían	den	**dieran**	den Uds.
8 **decir (e:i)**	**digo**	decía	**dije**	**diré**	**diría**	**diga**	**dijera**	
	dices	decías	**dijiste**	**dirás**	**dirías**	**digas**	**dijeras**	**di** tú (no **digas**)
Participles:	**dice**	decía	**dijo**	**dirá**	**diría**	**diga**	**dijera**	**diga** Ud.
diciendo	decimos	decíamos	**dijimos**	**diremos**	**diríamos**	**digamos**	**dijéramos**	**digamos**
dicho	decís	decíais	**dijisteis**	**diréis**	**diríais**	**digáis**	**dijerais**	decid (no **digáis**)
	dicen	decían	**dijeron**	**dirán**	**dirían**	**digan**	**dijeran**	**digan** Uds.
9 **estar**	**estoy**	estaba	**estuve**	estaré	estaría	**esté**	**estuviera**	
	estás	estabas	**estuviste**	estarás	estarías	**estés**	**estuvieras**	**está** tú (no **estés**)
Participles:	**está**	estaba	**estuvo**	estará	estaría	**esté**	**estuviera**	**esté** Ud.
estando	estamos	estábamos	**estuvimos**	estaremos	estaríamos	estemos	**estuviéramos**	estemos
estado	estáis	estabais	**estuvisteis**	estaréis	estaríais	estéis	**estuvierais**	estad (no estéis)
	están	estaban	**estuvieron**	estarán	estarían	**estén**	**estuvieran**	**estén** Uds.
10 **haber**	**he**	había	**hube**	**habré**	**habría**	**haya**	**hubiera**	
	has	habías	**hubiste**	**habrás**	**habrías**	**hayas**	**hubieras**	
Participles:	**ha**	había	**hubo**	**habrá**	**habría**	**haya**	**hubiera**	
habiendo	**hemos**	habíamos	**hubimos**	**habremos**	**habríamos**	**hayamos**	**hubiéramos**	
habido	habéis	habíais	**hubisteis**	**habréis**	**habríais**	**hayáis**	**hubierais**	
	han	habían	**hubieron**	**habrán**	**habrían**	**hayan**	**hubieran**	
11 **hacer**	**hago**	hacía	**hice**	**haré**	**haría**	**haga**	**hiciera**	
	haces	hacías	**hiciste**	**harás**	**harías**	**hagas**	**hicieras**	**haz** tú (no **hagas**)
Participles:	hace	hacía	**hizo**	**hará**	**haría**	**haga**	**hiciera**	**haga** Ud.
haciendo	hacemos	hacíamos	**hicimos**	**haremos**	**haríamos**	**hagamos**	**hiciéramos**	**hagamos**
hecho	hacéis	hacíais	**hicisteis**	**haréis**	**haríais**	**hagáis**	**hicierais**	haced (no **hagáis**)
	hacen	hacían	**hicieron**	**harán**	**harían**	**hagan**	**hicieran**	**hagan** Uds.
12 **ir**	**voy**	**iba**	**fui**	**iré**	**iría**	**vaya**	**fuera**	
	vas	**ibas**	**fuiste**	**irás**	**irías**	**vayas**	**fueras**	**ve** tú (no **vayas**)
Participles:	**va**	**iba**	**fue**	**irá**	**iría**	**vaya**	**fuera**	**vaya** Ud.
yendo	**vamos**	**íbamos**	**fuimos**	**iremos**	**iríamos**	**vayamos**	**fuéramos**	**vamos** (no **vayamos**)
ido	**vais**	**ibais**	**fuisteis**	**iréis**	**iríais**	**vayáis**	**fuerais**	id (no **vayáis**)
	van	**iban**	**fueron**	**irán**	**irían**	**vayan**	**fueran**	**vayan** Uds.
13 **oír (y)**	**oigo**	oía	oí	oiré	oiría	**oiga**	**oyera**	
	oyes	oías	**oíste**	oirás	oirías	**oigas**	**oyeras**	**oye** tú (no **oigas**)
Participles:	**oye**	oía	**oyó**	oirá	oiría	**oiga**	**oyera**	**oiga** Ud.
oyendo	**oímos**	oíamos	**oímos**	oiremos	oiríamos	**oigamos**	**oyéramos**	**oigamos**
oído	oís	oíais	**oísteis**	oiréis	oiríais	**oigáis**	**oyerais**	oíd (no **oigáis**)
	oyen	oían	**oyeron**	oirán	oirían	**oigan**	**oyeran**	**oigan** Uds.

	INDICATIVE					SUBJUNCTIVE		IMPERATIVE
Infinitive	**Present**	**Imperfect**	**Preterite**	**Future**	**Conditional**	**Present**	**Past**	
14 poder (o:ue)	**puedo**	podía	**pude**	**podré**	**podría**	**pueda**	**pudiera**	
	puedes	podías	**pudiste**	**podrás**	**podrías**	**puedas**	**pudieras**	**puede** tú (no **puedas**)
Participles:	**puede**	podía	**pudo**	**podrá**	**podría**	**pueda**	**pudiera**	**pueda** Ud.
pudiendo	podemos	podíamos	**pudimos**	**podremos**	**podríamos**	podamos	**pudiéramos**	podamos
podido	podéis	podíais	**pudisteis**	**podréis**	**podríais**	podáis	**pudierais**	poded (no podáis)
	pueden	podían	**pudieron**	**podrán**	**podrían**	**puedan**	**pudieran**	**puedan** Uds.
15 poner	**pongo**	ponía	**puse**	**pondré**	**pondría**	**ponga**	**pusiera**	
	pones	ponías	**pusiste**	**pondrás**	**pondrías**	**pongas**	**pusieras**	**pon** tú (no **pongas**)
Participles:	pone	ponía	**puso**	**pondrá**	**pondría**	**ponga**	**pusiera**	**ponga** Ud.
poniendo	ponemos	poníamos	**pusimos**	**pondremos**	**pondríamos**	**pongamos**	**pusiéramos**	**pongamos**
puesto	ponéis	poníais	**pusisteis**	**pondréis**	**pondríais**	**pongáis**	**pusierais**	poned (no **pongáis**)
	ponen	ponían	**pusieron**	**pondrán**	**pondrían**	**pongan**	**pusieran**	**pongan** Uds.
16 querer (e:ie)	**quiero**	quería	**quise**	**querré**	**querría**	**quiera**	**quisiera**	
	quieres	querías	**quisiste**	**querrás**	**querrías**	**quieras**	**quisieras**	**quiere** tú (no **quieras**)
Participles:	**quiere**	quería	**quiso**	**querrá**	**querría**	**quiera**	**quisiera**	**quiera** Ud.
queriendo	queremos	queríamos	**quisimos**	**querremos**	**querríamos**	queramos	**quisiéramos**	queramos
querido	queréis	queríais	**quisisteis**	**querréis**	**querríais**	queráis	**quisierais**	quered (no queráis)
	quieren	querían	**quisieron**	**querrán**	**querrían**	**quieran**	**quisieran**	**quieran** Uds.
17 saber	**sé**	sabía	**supe**	**sabré**	**sabría**	**sepa**	**supiera**	
	sabes	sabías	**supiste**	**sabrás**	**sabrías**	**sepas**	**supieras**	sabe tú (no **sepas**)
Participles:	sabe	sabía	**supo**	**sabrá**	**sabría**	**sepa**	**supiera**	**sepa** Ud.
sabiendo	sabemos	sabíamos	**supimos**	**sabremos**	**sabríamos**	**sepamos**	**supiéramos**	**sepamos**
sabido	sabéis	sabíais	**supisteis**	**sabréis**	**sabríais**	**sepáis**	**supierais**	sabed (no **sepáis**)
	saben	sabían	**supieron**	**sabrán**	**sabrían**	**sepan**	**supieran**	**sepan** Uds.
18 salir	**salgo**	salía	salí	**saldré**	**saldría**	**salga**	saliera	
	sales	salías	saliste	**saldrás**	**saldrías**	**salgas**	salieras	**sal** tú (no **salgas**)
Participles:	sale	salía	salió	**saldrá**	**saldría**	**salga**	saliera	**salga** Ud.
saliendo	salimos	salíamos	salimos	**saldremos**	**saldríamos**	**salgamos**	saliéramos	**salgamos**
salido	salís	salíais	salisteis	**saldréis**	**saldríais**	**salgáis**	salierais	salid (no **salgáis**)
	salen	salían	salieron	**saldrán**	**saldrían**	**salgan**	salieran	**salgan** Uds.
19 ser	**soy**	**era**	**fui**	seré	sería	**sea**	**fuera**	
	eres	**eras**	**fuiste**	serás	serías	**seas**	**fueras**	**sé** tú (no **seas**)
Participles:	**es**	**era**	**fue**	será	sería	**sea**	**fuera**	**sea** Ud.
siendo	**somos**	**éramos**	**fuimos**	seremos	seríamos	**seamos**	**fuéramos**	**seamos**
sido	**sois**	**erais**	**fuisteis**	seréis	seríais	**seáis**	**fuerais**	sed (no **seáis**)
	son	**eran**	**fueron**	serán	serían	**sean**	**fueran**	**sean** Uds.
20 tener (e:ie)	**tengo**	tenía	**tuve**	**tendré**	**tendría**	**tenga**	**tuviera**	
	tienes	tenías	**tuviste**	**tendrás**	**tendrías**	**tengas**	**tuvieras**	**ten** tú (no **tengas**)
Participles:	**tiene**	tenía	**tuvo**	**tendrá**	**tendría**	**tenga**	**tuviera**	**tenga** Ud.
teniendo	tenemos	teníamos	**tuvimos**	**tendremos**	**tendríamos**	**tengamos**	**tuviéramos**	**tengamos**
tenido	tenéis	teníais	**tuvisteis**	**tendréis**	**tendríais**	**tengáis**	**tuvierais**	tened (no **tengáis**)
	tienen	tenían	**tuvieron**	**tendrán**	**tendrían**	**tengan**	**tuvieran**	**tengan** Uds.

	INDICATIVE					SUBJUNCTIVE		IMPERATIVE
Infinitive	**Present**	**Imperfect**	**Preterite**	**Future**	**Conditional**	**Present**	**Past**	
21 traer	**traigo**	traía	**traje**	traeré	traería	**traiga**	**trajera**	
	traes	traías	**trajiste**	traerás	traerías	**traigas**	**trajeras**	trae tú (no **traigas**)
Participles:	trae	traía	**trajo**	traerá	traería	**traiga**	**trajera**	**traiga** Ud.
trayendo	traemos	traíamos	**trajimos**	traeremos	traeríamos	**traigamos**	**trajéramos**	**traigamos**
traído	traéis	traíais	**trajisteis**	traeréis	traeríais	**traigáis**	**trajerais**	traed (no **traigáis**)
	traen	traían	**trajeron**	traerán	traerían	**traigan**	**trajeran**	**traigan** Uds.
22 venir (e:ie)	**vengo**	venía	**vine**	**vendré**	**vendría**	**venga**	**viniera**	
	vienes	venías	**viniste**	**vendrás**	**vendrías**	**vengas**	**vinieras**	**ven** tú (no **vengas**)
Participles:	**viene**	venía	**vino**	**vendrá**	**vendría**	**venga**	**viniera**	**venga** Ud.
viniendo	venimos	veníamos	**vinimos**	**vendremos**	**vendríamos**	**vengamos**	**viniéramos**	**vengamos**
venido	venís	veníais	**vinisteis**	**vendréis**	**vendríais**	**vengáis**	**vinierais**	venid (no **vengáis**)
	vienen	venían	**vinieron**	**vendrán**	**vendrían**	**vengan**	**vinieran**	**vengan** Uds.
23 ver	**veo**	**veía**	**vi**	veré	vería	**vea**	viera	
	ves	**veías**	viste	verás	verías	**veas**	vieras	ve tú (no **veas**)
Participles:	ve	**veía**	**vio**	verá	vería	**vea**	viera	**vea** Ud.
viendo	vemos	**veíamos**	vimos	veremos	veríamos	**veamos**	viéramos	**veamos**
visto	**veis**	**veíais**	visteis	veréis	veríais	**veáis**	vierais	ved (no **veáis**)
	ven	**veían**	vieron	verán	verían	**vean**	vieran	**vean** Uds.

Stem-changing verbs

	INDICATIVE					SUBJUNCTIVE		IMPERATIVE
Infinitive	**Present**	**Imperfect**	**Preterite**	**Future**	**Conditional**	**Present**	**Past**	
24 contar (o:ue)	**cuento**	contaba	conté	contaré	contaría	**cuente**	contara	
	cuentas	contabas	contaste	contarás	contarías	**cuentes**	contaras	**cuenta** tú (no **cuentes**)
Participles:	**cuenta**	contaba	contó	contará	contaría	**cuente**	contara	**cuente** Ud.
contando	contamos	contábamos	contamos	contaremos	contaríamos	contemos	contáramos	contemos
contado	contáis	contabais	contasteis	contaréis	contaríais	contéis	contarais	contad (no contéis)
	cuentan	contaban	contaron	contarán	contarían	**cuenten**	contaran	**cuenten** Uds.
25 dormir (o:ue)	**duermo**	dormía	dormí	dormiré	dormiría	**duerma**	**durmiera**	
	duermes	dormías	dormiste	dormirás	dormirías	**duermas**	**durmieras**	**duerme** tú (no **duermas**)
Participles:	**duerme**	dormía	**durmió**	dormirá	dormiría	**duerma**	**durmiera**	**duerma** Ud.
durmiendo	dormimos	dormíamos	dormimos	dormiremos	dormiríamos	**durmamos**	**durmiéramos**	**durmamos**
dormido	dormís	dormíais	dormisteis	dormiréis	dormiríais	**durmáis**	**durmierais**	dormid (no **durmáis**)
	duermen	dormían	**durmieron**	dormirán	dormirían	**duerman**	**durmieran**	**duerman** Uds.
26 empezar (e:ie) (z:c)	**empiezo**	empezaba	**empecé**	empezaré	empezaría	**empiece**	empezara	
	empiezas	empezabas	empezaste	empezarás	empezarías	**empieces**	empezaras	**empieza** tú (no **empieces**)
	empieza	empezaba	empezó	empezará	empezaría	**empiece**	empezara	**empiece** Ud.
Participles:	empezamos	empezábamos	empezamos	empezaremos	empezaríamos	**empecemos**	empezáramos	**empecemos**
empezando	empezáis	empezabais	empezasteis	empezaréis	empezaríais	**empecéis**	empezarais	empezad (no **empecéis**)
empezado	**empiezan**	empezaban	empezarán	empezarán	empezarían	**empiecen**	empezaran	**empiecen** Uds.

	INDICATIVE					SUBJUNCTIVE		IMPERATIVE
Infinitive	**Present**	**Imperfect**	**Preterite**	**Future**	**Conditional**	**Present**	**Past**	
27 **entender**	**entiendo**	entendía	entendí	entenderé	entendería	**entienda**	entendiera	
(e:ie)	**entiendes**	entendías	entendiste	entenderás	entenderías	**entiendas**	entendieras	**entiende** tú (no **entiendas**)
	entiende	entendía	entendió	entenderá	entendería	**entienda**	entendiera	**entienda** Ud.
Participles:	entendemos	entendíamos	entendimos	entenderemos	entenderíamos	entendamos	entendiéramos	entendamos
entendiendo	entendéis	entendíais	entendisteis	entenderéis	entenderíais	entendáis	entendierais	entended (no entendáis)
entendido	**entienden**	entendían	entendieron	entenderán	entenderían	**entiendan**	entendieran	**entiendan** Uds.
28 **jugar (u:ue)**	**juego**	jugaba	**jugué**	jugaré	jugaría	**juegue**	jugara	
(g:gu)	**juegas**	jugabas	jugaste	jugarás	jugarías	**juegues**	jugaras	**juega** tú (no **juegues**)
	juega	jugaba	jugó	jugará	jugaría	**juegue**	jugara	**juegue** Ud.
Participles:	jugamos	jugábamos	jugamos	jugaremos	jugaríamos	**juguemos**	jugáramos	**juguemos**
jugando	jugáis	jugabais	jugasteis	jugaréis	jugaríais	**juguéis**	jugarais	jugad (no **juguéis**)
jugado	**juegan**	jugaban	jugaron	jugarán	jugarían	**jueguen**	jugaran	**jueguen** Uds.
29 **pedir (e:i)**	**pido**	pedía	pedí	pediré	pediría	**pida**	**pidiera**	
	pides	pedías	pediste	pedirás	pedirías	**pidas**	**pidieras**	**pide** tú (no **pidas**)
Participles:	**pide**	pedía	**pidió**	pedirá	pediría	**pida**	**pidiera**	**pida** Ud.
pidiendo	pedimos	pedíamos	pedimos	pediremos	pediríamos	**pidamos**	**pidiéramos**	**pidamos**
pedido	pedís	pedíais	pedisteis	pediréis	pediríais	**pidáis**	**pidierais**	pedid (no **pidáis**)
	piden	pedían	**pidieron**	pedirán	pedirían	**pidan**	**pidieran**	**pidan** Uds.
30 **pensar (e:ie)**	**pienso**	pensaba	pensé	pensaré	pensaría	**piense**	pensara	
	piensas	pensabas	pensaste	pensarás	pensarías	**pienses**	pensaras	**piensa** tú (no **pienses**)
Participles:	**piensa**	pensaba	pensó	pensará	pensaría	**piense**	pensara	**piense** Ud.
pensando	pensamos	pensábamos	pensamos	pensaremos	pensaríamos	pensemos	pensáramos	pensemos
pensado	pensáis	pensabais	pensasteis	pensaréis	pensaríais	penséis	pensarais	pensad (no penséis)
	piensan	pensaban	pensaron	pensarán	pensarían	**piensen**	pensaran	**piensen** Uds.
31 **reír (e:i)**	**río**	reía	reí	reiré	reiría	**ría**	**riera**	
	ríes	reías	**reíste**	reirás	reirías	**rías**	**rieras**	**ríe** tú (no **rías**)
Participles:	**ríe**	reía	**rio**	reirá	reiría	**ría**	**riera**	**ría** Ud.
riendo	**reímos**	reíamos	**reímos**	reiremos	reiríamos	**riamos**	**riéramos**	**riamos**
reído	reís	reíais	**reísteis**	reiréis	reiríais	**riáis**	**rierais**	reíd (no **riáis**)
	ríen	reían	**rieron**	reirán	reirían	**rían**	**rieran**	**rían** Uds.
32 **seguir (e:i)**	**sigo**	seguía	seguí	seguiré	seguiría	**siga**	**siguiera**	
(gu:g)	**sigues**	seguías	seguiste	seguirás	seguirías	**sigas**	**siguieras**	**sigue** tú (no **sigas**)
	sigue	seguía	**siguió**	seguirá	seguiría	**siga**	**siguiera**	**siga** Ud.
Participles:	seguimos	seguíamos	seguimos	seguiremos	seguiríamos	**sigamos**	**siguiéramos**	**sigamos**
siguiendo	seguís	seguíais	seguisteis	seguiréis	seguiríais	**sigáis**	**siguierais**	seguid (no **sigáis**)
seguido	**siguen**	seguían	**siguieron**	seguirán	seguirían	**sigan**	**siguieran**	**sigan** Uds.
33 **sentir (e:ie)**	**siento**	sentía	sentí	sentiré	sentiría	**sienta**	**sintiera**	
	sientes	sentías	sentiste	sentirás	sentirías	**sientas**	**sintieras**	**siente** tú (no **sientas**)
Participles:	**siente**	sentía	**sintió**	sentirá	sentiría	**sienta**	**sintiera**	**sienta** Ud.
sintiendo	sentimos	sentíamos	sentimos	sentiremos	sentiríamos	**sintamos**	**sintiéramos**	**sintamos**
sentido	sentís	sentíais	sentisteis	sentiréis	sentiríais	**sintáis**	**sintierais**	sentid (no **sintáis**)
	sienten	sentían	**sintieron**	sentirán	sentirían	**sientan**	**sintieran**	**sientan** Uds.

	INDICATIVE					SUBJUNCTIVE		IMPERATIVE
Infinitive	**Present**	**Imperfect**	**Preterite**	**Future**	**Conditional**	**Present**	**Past**	
34 **volver (o:ue)**	**vuelvo**	volvía	volví	volveré	volvería	**vuelva**	volviera	
	vuelves	volvías	volviste	volverás	volverías	**vuelvas**	volvieras	**vuelve** tú (no **vuelvas**)
Participles:	**vuelve**	volvía	volvió	volverá	volvería	**vuelva**	volviera	**vuelva** Ud.
volviendo	volvemos	volvíamos	volvimos	volveremos	volveríamos	volvamos	volviéramos	volvamos
vuelto	volvéis	volvíais	volvisteis	volveréis	volveríais	volváis	volvierais	volved (no volváis)
	vuelven	volvían	volvieron	volverán	volverían	**vuelvan**	volvieran	**vuelvan** Uds.

Verbs with spelling changes only

	INDICATIVE					SUBJUNCTIVE		IMPERATIVE
Infinitive	**Present**	**Imperfect**	**Preterite**	**Future**	**Conditional**	**Present**	**Past**	
35 **conocer**	**conozco**	conocía	conocí	conoceré	conocería	**conozca**	conociera	
(c:zc)	conoces	conocías	conociste	conocerás	conocerías	**conozcas**	conocieras	conoce tú (no **conozcas**)
	conoce	conocía	conoció	conocerá	conocería	**conozca**	conociera	**conozca** Ud.
Participles:	conocemos	conocíamos	conocimos	conoceremos	conoceríamos	**conozcamos**	conociéramos	**conozcamos**
conociendo	conocéis	conocíais	conocisteis	conoceréis	conoceríais	**conozcáis**	conocierais	conoced (no **conozcáis**)
conocido	conocen	conocían	conocieron	conocerán	conocerían	**conozcan**	conocieran	**conozcan** Uds.
36 **creer (y)**	creo	creía	creí	creeré	creería	crea	**creyera**	
	crees	creías	**creíste**	creerás	creerías	creas	**creyeras**	cree tú (no creas)
Participles:	cree	creía	**creyó**	creerá	creería	crea	**creyera**	crea Ud.
creyendo	creemos	creíamos	**creímos**	creeremos	creeríamos	creamos	**creyéramos**	creamos
creído	creéis	creíais	**creísteis**	creeréis	creeríais	creáis	**creyerais**	creed (no creáis)
	creen	creían	**creyeron**	creerán	creerían	crean	**creyeran**	crean Uds.
37 **cruzar (z:c)**	cruzo	cruzaba	**crucé**	cruzaré	cruzaría	**cruce**	cruzara	
	cruzas	cruzabas	cruzaste	cruzarás	cruzarías	**cruces**	cruzaras	cruza tú (no **cruces**)
Participles:	cruza	cruzaba	cruzó	cruzará	cruzaría	**cruce**	cruzara	**cruce** Ud.
cruzando	cruzamos	cruzábamos	cruzamos	cruzaremos	cruzaríamos	**crucemos**	cruzáramos	**crucemos**
cruzado	cruzáis	cruzabais	cruzasteis	cruzaréis	cruzaríais	**crucéis**	cruzarais	cruzad (no **crucéis**)
	cruzan	cruzaban	cruzaron	cruzarán	cruzarían	**crucen**	cruzaran	**crucen** Uds.
38 **destruir (y)**	**destruyo**	destruía	destruí	destruiré	destruiría	**destruya**	**destruyera**	
	destruyes	destruías	destruiste	destruirás	destruirías	**destruyas**	**destruyeras**	**destruye** tú (no **destruyas**)
Participles:	**destruye**	destruía	**destruyó**	destruirá	destruiría	**destruya**	**destruyera**	**destruya** Ud.
destruyendo	destruimos	destruíamos	destruimos	destruiremos	destruiríamos	**destruyamos**	**destruyéramos**	**destruyamos**
destruido	destruís	destruíais	destruisteis	destruiréis	destruiríais	**destruyáis**	**destruyerais**	destruid (no **destruyáis**)
	destruyen	destruían	**destruyeron**	destruirán	destruirían	**destruyan**	**destruyeran**	**destruyan** Uds.
39 **enviar**	**envío**	enviaba	envié	enviaré	enviaría	**envíe**	enviara	
	envías	enviabas	enviaste	enviarás	enviarías	**envíes**	enviaras	**envía** tú (no **envíes**)
	envía	enviaba	envió	enviará	enviaría	**envíe**	enviara	**envíe** Ud.
Participles:	enviamos	enviábamos	enviamos	enviaremos	enviaríamos	enviemos	enviáramos	enviemos
enviando	enviáis	enviabais	enviasteis	enviaréis	enviaríais	enviéis	enviarais	enviad (no enviéis)
enviado	**envían**	enviaban	enviaron	enviarán	enviarían	**envíen**	enviaran	**envíen** Uds.

	INDICATIVE					SUBJUNCTIVE		IMPERATIVE
Infinitive	**Present**	**Imperfect**	**Preterite**	**Future**	**Conditional**	**Present**	**Past**	
40 **graduar**	**gradúo**	graduaba	gradué	graduaré	graduaría	**gradúe**	graduara	
	gradúas	graduabas	graduaste	graduarás	graduarías	**gradúes**	graduaras	**gradúa** tú (no **gradúes**)
	gradúa	graduaba	graduó	graduará	graduaría	**gradúe**	graduara	**gradúe** Ud.
Participles:	graduamos	graduábamos	graduamos	graduaremos	graduaríamos	graduemos	graduáramos	graduemos
graduando	graduáis	graduabais	graduasteis	graduaréis	graduaríais	graduéis	graduarais	graduad (no graduéis)
graduado	**gradúan**	graduaban	graduaron	graduarán	graduarían	**gradúen**	graduaran	**gradúen** Uds.
41 **llegar (g:gu)**	llego	llegaba	**llegué**	llegaré	llegaría	**llegue**	llegara	
	llegas	llegabas	llegaste	llegarás	llegarías	**llegues**	llegaras	llega tú (no **llegues**)
Participles:	llega	llegaba	llegó	llegará	llegaría	**llegue**	llegara	**llegue** Ud.
llegando	llegamos	llegábamos	llegamos	llegaremos	llegaríamos	**lleguemos**	llegáramos	**lleguemos**
llegado	llegáis	llegabais	llegasteis	llegaréis	llegaríais	**lleguéis**	llegarais	llegad (no **lleguéis**)
	llegan	llegaban	llegaron	llegarán	llegarían	**lleguen**	llegaran	**lleguen** Uds.
42 **proteger (g:j)**	**protejo**	protegía	protegí	protegeré	protegería	**proteja**	protegiera	
	proteges	protegías	protegiste	protegerás	protegerías	**protejas**	protegieras	protege tú (no **protejas**)
Participles:	protege	protegía	protegió	protegerá	protegería	**proteja**	protegiera	**proteja** Ud.
protegiendo	protegemos	protegíamos	protegimos	protegeremos	protegeríamos	**protejamos**	protegiéramos	**protejamos**
protegido	protegéis	protegíais	protegisteis	protegeréis	protegeríais	**protejáis**	protegierais	proteged (no **protejáis**)
	protegen	protegían	protegieron	protegerán	protegerían	**protejan**	protegieran	**protejan** Uds.
43 **tocar (c:qu)**	toco	tocaba	**toqué**	tocaré	tocaría	**toque**	tocara	
	tocas	tocabas	tocaste	tocarás	tocarías	**toques**	tocaras	toca tú (no **toques**)
Participles:	toca	tocaba	tocó	tocará	tocaría	**toque**	tocara	**toque** Ud.
tocando	tocamos	tocábamos	tocamos	tocaremos	tocaríamos	**toquemos**	tocáramos	**toquemos**
tocado	tocáis	tocabais	tocasteis	tocaréis	tocaríais	**toquéis**	tocarais	tocad (no **toquéis**)
	tocan	tocaban	tocaron	tocarán	tocarían	**toquen**	tocaran	**toquen** Uds.
44 **vencer (c:z)**	**venzo**	vencía	vencí	venceré	vencería	**venza**	venciera	
	vences	vencías	venciste	vencerás	vencerías	**venzas**	vencieras	vence tú (no **venzas**)
Participles:	vence	vencía	venció	vencerá	vencería	**venza**	venciera	**venza** Ud.
venciendo	vencemos	vencíamos	vencimos	venceremos	venceríamos	**venzamos**	venciéramos	**venzamos**
vencido	vencéis	vencíais	vencisteis	venceréis	venceríais	**venzáis**	vencierais	venced (no **venzáis**)
	vencen	vencían	vencieron	vencerán	vencerían	**venzan**	vencieran	**venzan** Uds.
45 **esparcir (c:z)**	**esparzo**	esparcía	esparcí	esparciré	esparciría	**esparza**	esparciera	
	esparces	esparcías	esparciste	esparcirás	esparcirías	**esparzas**	esparcieras	esparce tú (no **esparzas**)
Participles:	esparce	esparcía	esparció	esparcirá	esparciría	**esparza**	esparciera	**esparza** Ud.
esparciendo	esparcimos	esparcíamos	esparcimos	esparciremos	esparciríamos	**esparzamos**	esparciéramos	**esparzamos**
esparcido	esparcís	esparcíais	esparcisteis	esparciréis	esparciríais	**esparzáis**	esparcierais	esparcid (no **esparzáis**)
	esparcen	esparcían	esparcieron	esparcirán	esparcirían	**esparzan**	esparcieran	**esparzan** Uds.
46 **extinguir**	**extingo**	extinguía	extinguí	extinguiré	extinguiría	**extinga**	extinguiera	
(gu:g)	extingues	extinguías	extinguiste	extinguirás	extinguirías	**extingas**	extinguieras	extingue tú (no **extingas**)
	extingue	extinguía	extinguió	extinguirá	extinguiría	**extinga**	extinguiera	**extinga** Ud.
Participles:	extinguimos	extinguíamos	extinguió	extinguiremos	extinguiríamos	**extingamos**	extinguiéramos	**extingamos**
extinguiendo	extinguís	extinguíais	extinguisteis	extinguiréis	extinguiríais	**extingáis**	extinguierais	extinguid (no **extingáis**)
extinguido	extinguen	extinguían	extinguieron	extinguirán	extinguirían	**extingan**	extinguieran	**extingan** Uds.

Reflexive verbs: simple tenses

- In all simple indicative and subjunctive tenses, the reflexive pronoun is placed before the verb. In the imperative, there flexive pronoun is attached to the verb in affirmative commands, but precedes the verb in negative commands.

Infinitive	SIMPLE INDICATIVE TENSES	SIMPLE SUBJUNCTIVE TENSES	IMPERATIVE
casarse	me caso	me case	
	te casas	te cases	cásate tú (no te cases)
	se casa	se case	cásese Ud. (no se case)
	nos casamos	nos casemos	casémonos (no nos casemos)
	os casáis	os caséis	casaos (no os caséis)
	se casan	se casen	cásense Uds. (no se casen)

Reflexive verbs: compound tenses

- In all compound tenses, the reflexive pronoun is placed before the verb.

Infinitive	COMPOUND INDICATIVE TENSES	COMPOUND SUBJUNCTIVE TENSES
casarse	me he casado	me haya casado
	te has casado	te hayas casado
	se ha casado	se haya casado
	nos hemos casado	nos hayamos casado
	os habéis casado	os hayáis casado
	se han casado	se hayan casado

VOCABULARY

This glossary contains the words and expressions listed on the **Vocabulario** page found at the end of each lesson in **Perspectivas**, as well as other useful vocabulary. A numeral following an entry indicates the lesson where the word or expression was introduced.

Note on alphabetization

For purposes of alphabetization, **ch** and **ll** are not treated as separate letters, but **ñ** follows **n**.

Abbreviations used in this glossary

adj.	adjective	**pl.**	plural
adv.	adverb	**p.p.**	past participle
f.	feminine	**prep.**	preposition
m.	masculine	**phr.**	phrase
pej.	pejorative	**v.**	verb

Español-Inglés

A

abarcativo/a *adj.* inclusive 8
abarrotar *v.* to fill up 6
abogado/a *m., f.* lawyer 6
abordar *v.* to address 10
abrir *v.* to open
  abrir camino to pave the way 10
abstracto/a *adj.* abstract 7
abordaje *m.* approach 8
aburrimiento *m.* boredom 10
aburrirse *v.* to get bored 3
abuso *m.* abuse
  abuso de poder abuse of power 6
acero *m.* steel 7
acompañamiento *m.* side dish 2
acontecimiento *m.* event 7
acrobacia *f.* acrobatics 8
activista *m., f.* activist 6
actuación *m.* performance 8
actualidad *f* present time 8
actuar *v.* to act, to perform 8
acuarela *f.* watercolor 7
adivino/a *m., f.* soothsayer/diviner 9
admirador(a) *m., f.* fan 8
adorar *v.* to worship 9
adorno *m.* ornament 1
afán *m.* ambition 8
afición *f.* hobby 3
aficionado/a *m., f.* enthusiast 8
afligido/a *adj.* grief-stricken 1
agente *m., f.* agent
  agente literario/a literary agent 10
agnóstico/a *adj.* agnostic 9
agotado/a *adj.* sold out 3
agradecer *v.* to show gratitude, to thank 1
agradecido/a *adj.* grateful 9
agrio/a *adj.* sour 2
aguacate *m.* avocado 2
aguantar *v.* to put up with 1
ahorrar *v.* to save (money) 5
aire libre *m.* outdoors 3
aislamiento *m.* isolation 9
ajedrez *m.* chess 3
ajustarse *v.* to accomodate 5
al *(contraction of* **a** + **el***)*
  al aire libre outdoors 3
  al extranjero abroad 4
  al vapor steamed 2
alabanza *f.* praise 9
albergar *v.* to house 7
albóndiga *f.* meatball 2
alcalde/alcaldesa *m., f.* mayor 6
aldea *f.* village 10
alejado/a *adj.* far away 4
alérgico/a (a) *adj.* allergic (to) 2
alma *f.* soul 1
almacén *m.* warehouse 7
almeja *f.* clam 2
alojamiento *m.* housing 5
altar *m.* altar 1
alumbrar *v.* to light, to illuminate 1
alumnado *m.* student body 5
amansar *v.* to tame 9
amasar *v.* to knead 2
ambiente *m.* atmosphere 1
amenazar *v.* to threaten 6
amigo/a *m., f.* friend
  amigo/a íntimo/a close friend 4
amigote/a *m., f., pej.* buddy 4
amistad *f.* friendship 4
ananá *m.* pineapple 3
ancestral *adj.* ancestral 1
andino/a *adj.* Andean 9
anglohablante *adj.* English-speaking 10
anguila *f.* eel 2
anillo *m.* ring 4
ánimo *m.* mood
  sin ánimo de lucro nonprofit 6
aniversario *m.* anniversary 1
antecedentes penales *m. pl.* criminal records 10
antepasado/a *m., f.* ancestor 1
antifaz *m.* eye mask 8
antología *f.* anthology 10
apagado/a *adj.* turned off 1
apenas *adv.* barely 4
aperitivo *m.* appetizer 2
apodo *m.* nickname 4
apoyar *v.* to support 4
apoyo *m.* support 1
aprendizaje *m.* learning 1
aprobar *v.* to pass 5
apuntarse *v.* to sign up 3
arcilla *f.* clay 7
argumentar *v.* to argue 10
argumento *m.* plot 10
arquitecto/a *m., f.* architect 7
arquitectónico/a *adj.* architectural 7
arreglo *m.* arrangement
  arreglo floral flower arrangement 1
arriesgarse *v.* to take a risk 3
arte *m.* art
  arte callejero street art 7
  artes circenses circus arts 8
artesanías *pl.* crafts 3
artesano/a *m., f.* artisan 1
artículo de portada del domingo *m., phr.* Sunday cover story 10

ascenso *m.* promotion 5
aseguradora *f.* insurance company 6
asequible *adj.* affordable 2
asignatura *f.* subject 5
asimilarse *v.* to assimilate 6
asistencia *f.* attendance 8
asistir *v.* to attend 8
asombrar *v.* to amaze 7
aspiración *f.* aspiration/goal 10
asunto *m.* affair
  asuntos internacionales international affairs 6
ataúd *m.* coffin 1
atención *f.* service 2
atender *v.* to see (a patient) 6
atentado *m.* attack 4
ateo/a *adj.* atheist 9
atreverse *v.* to dare 4
atrevido/a *adj.* bold, daring 8
audición *f.* hearing, audition 5, 8
audífono *m.* hearing aid 5
auge *m.* boom 10
aula *m.* classroom 5
aura mística *m.* mystical aura 9
ausentarse *v.* to be absent 5
autobiografía *f.* autobiography 10
autogestión *f.* self-management 6
autorretrato *m.* self-portrait 7
avanzar *v.* to move forward 10
ayuntamiento *m.* city hall 6
azar *m.* fate 3
azulejo *m.* tile 7

B

bachillerato *m.* high school (studies) 5
bailarín/bailarina *m., f.* dancer 8
baile *m.* dance
  baile de salón ballroom dance 3
banda *f.* band
  banda de música marching band 1
bandera *f.* flag 6
baraja *f.* deck of cards 3
barquito de papel *m.* paper boat 3
barrera *f.* barrier
  barrera lingüística language barrier 4
beca *f.* scholarship 5
bélico/a *adj.* warlike 6
bellas artes *pl.* fine arts 7
bendecir *v.* to bless 9
bibliotecario/a *m., f.* librarian 10
bicho *m.* bug 2
bienal *adj.* biennial 8
bienestar *m.* welfare
  bienestar social social welfare 6
bilingüe *adj.* bilingual 10
biografía *f.* biography 10
blanco *m.* target 3
bocadillo *m.* sandwich 2
bocado *m.* bite 2
boceto *m.* sketch 7
bodegón *m.* still life 7
bol *m.* bowl 2
boleto *m.* ticket 3
bombardeo *m.* bombing 7
bombilla *f.* light bulb 7
bondad *f.* goodness 9
borrador *m.* draft 10
bóveda *f.* vault, dome 7
brecha *f.* gap 5
brillar *v.* to shine 7
budista *adj.* Buddhist 9
burguesía *f.* middle-class 7
burlarse de *v.* to mock 1
búsqueda *f.* search 4

C

caballete *m.* easel 7
cacahuate *m.* peanut 2
caer *v.* to fall 3
calamar *m.* squid 2
calavera *f.* skull 1
calcio *m.* calcium 2
caldo *m.* broth 2
calidad *f.* quality
  calidad de vida quality of life 4
camarín *m.* dressing room 8
camarón *m.* shrimp 2
camiseta *f.* T-shirt 4
campaña *f.*
  campaña electoral election campaign 6
campeonato *m.* championship 3
campesino/a *m., f.* country person 5
candidato/a *m., f.* candidate 5
candil *m.* oil lamp 1
cantante *m., f.* singer 3
cantautor(a) *m., f.* singer-songwriter 3
caos *m.* chaos 7
capilla *f.* chapel 9
carga *f.* burden 5
cargamento *m.* load 7
cargo *m.* position, post 1
cariño *m.* affection 4
carrera *f.* major, career 5
carroza *f.* float 8
carta *f.* menu 2
  carta de presentación cover letter 5
cartas *pl.* cards 3
casarse *v.* to get married 4
castigado/a *adj.* to be grounded 4
castigo *m.* punishment 5
catedral *f.* cathedral 9
católico/a *adj.* Catholic 9
celebrar *v.* to celebrate 1
cercano/a *adj.* close 4
ceremonia *f.* ceremony 1
ceviche *m.* raw (shell) fish cured with lime 2
chacra *f.* farm 9
chamán *m.* shaman 9
chamana *m.* shaman 9
chapulín *m.* grasshopper 2
chisme *m.* gossip 8
choque *m.*
  choque cultural culture shock 4
cincel *m.* chisel 7
cirugía *f.* surgery 6
ciudadanía *f.* citizenship 10
clase *f.* class
  clase presencial face-to-face class 5
clavar *v.* to stab 8
cobrar *v.* to be paid 5
cocer *v.* to boil, to cook 2
cocido/a *adj.* cooked 2
cocina *f.* kitchen, cuisine
  alta cocina haute cuisine 2
cocinero/a *m., f.* cook 2
coctel (de mariscos) *m.* (seafood) cocktail 2
colegio *m.* school 4
colmillo *m.* fang 9
colorido/a *adj.* colorful 8
comarca *f.* region 6
combatir *v.* to fight 7
combinar *v.* to blend 8
comensal *m., f.* dinner 2
comerciante *m., f.* business owner 3
comestible *adj.* edible 9
comida *f.*
  comida callejera street food 2
  comida para llevar takeout food 2
comisariar *v.* to curate 7
comisario/a *m., f.* curator 7
como si *phr.* as if 4
compaginar *v.* to combine 5
compañerismo *m.* fellowship 8
compañero/a *m., f.* partner
  compañero/a de trabajo coworker 5
comparsa *f.* troupe 1
compartir *v.* to share 1
compás *m.* beat 8
compatible *adj.* compatible 4
competencia *f.* competition 9
compositor(a) *m., f.* composer 3

comprensión *f.* understanding
comprensión lectora reading skills 10
comprensión oral listening skills 10
concienciar (sobre) *v.* to raise awareness (of) 7
concierto *m.* concert 3
conciliar *v.* to reconcile 5
concluir *v.* to end 4
concurso *m.* contest 1
confeccionar *v.* to make, to produce 3
confianza *f.* trust 4
conflicto armado *m.* armed conflict 10
conmemorar *v.* to commemorate 1
conmovedor(a) *adj.* moving 8
conocer *v.*
conocerse en persona to meet in person 4
conocido/a *m., f.* acquaintance 4
contar con *v.* to count on 4
contemporáneo/a *adj.* contemporary 7
contento/a *adj.* pleased 4
contratapa *f.* back cover 10
contratar *v.* to hire 5
convención *f.* convention 1
convocar *v.* to summon 6
coreografía *f.* choreography 8
corrector(a) *m., f.* proofreader 10
corriente *f.* movement
corriente pictórica pictorial movement 7
corto(metraje) *m.* short film 4
cosecha *f.* harvest 9
costo *m.* expense 4
costoso/a *adj.* costly 6
costumbre *f.* custom 4
cotidiano/a *adj.* daily 2
creencia *f.* belief 1
cristiano/a *adj.* Christian 9
crónica *f.* chronicle 10
cruento/a *adj.* bloody 7
crudo/a *adj.* raw 2
crujiente *adj.* crunchy 2
cruzar *v.* to cross 10
cuadro *m.* painting 7
cuartel *m.* barracks
cuartel militar military headquarters 6
cuarto *m.* bedroom 4
cubiertos *pl.* silverware 2
cuenta *f.* check 2
cuento de hadas *m.* fairy tale 1
cuerda *f.* rope
cuerda floja tightrope 8
cueva *f.* cave 9
cultivo *m.* crop 9
culto *m.* worship 9
cumpleaños *m.* birthday 1
cumplir *v.* to fulfill 8
cúpula *f.* dome 7
cura *m.* Catholic priest 9
curandero/a *m., f.* healer 9
currículum *m.* résumé 5
cursante *m., f.* student 5

D

dados *pl. dice* 3
dar *v.*
dar la vuelta al mundo *phr.* to travel around the world 4
dar lo mismo *phr.* to be all the same 4
dar palmas to clap 8
dársele bien/mal (algo a alguien) to be good/bad (at something) 3
de *prep.* from
de buen paladar of refined taste in food 2
de frente facing forward 7
de perfil from the side 7
deber *m.* duty 6
decepción *f.* disappointment 10
decorado *m.* scenery 8
decorativo/a *adj.* decorative 7
degustar *v.* to taste 2
delantal *m.* apron 2
demonio *m.* devil 9
denuncia *f.* complaint
denuncia social social criticism 7
deportista *m., f.* athlete 3
derecho *m.* right
derechos de autor copyright 10
derrota *f.* defeat 3
desahogo *m.* emotional relief 1
desarraigo *m.* alienation 10
desembolsar *v.* to pay out 6
desempleo *m.* unemployment 5
desenfocado/a *adj.* out of focus 7
desenlace *m.* outcome 8
desesperación *f.* despair 10
desfile *m.* parade 1
desglose *m.* breakdown 6
desigualdad *f.* inequality 6
despedir *v.* to fire, to lay off 5
destacado/a *adj.* outstanding 2
destino *m.* destination 9
desventaja *f.* disadvantage 5
detener *v.* to detain, to arrest 10
devenir *v.* to become 8
día *m.* day
día a día everyday life 10
día feriado holiday 1
día hábil business day 5
día libre day off 5
día señalado important day 1
diablo *m.* devil 7
dialecto *m.* dialect 10
dictadura *f.* dictatorship 5
didáctico/a *adj.* educational 10
dificultades *f. pl.* hardship, difficulties 10
difundir *v.* to disseminate 10
difunto/a *adj.* deceased 1
diputado/a *m., f.* congressman/congresswoman 6
disco *m.* record 3
discoteca *f.* nightclub 3
discriminatorio/a *adj.* discriminatory 5
discurso *m.* speech 6
diseñar *v.* to design 7
disfraz *m.* costume 1
disfrazarse (de) *v.* to dress up (as) 8
disfrutable *adj.* enjoyable 10
disfrutar *v.* to enjoy 3
disgustado/a *adj.* upset 10
divertido/a *adj.* fun 3
divertirse *v.* to have fun 3
divino/a *adj.* divine 9
docente *m., f.* instructor 5
dolor *m.* pain 7
dramaturgo/a *m., f.* playwright 8
dueño/a *m., f.* owner 5
dúo *m.* duet 3
duradero/a *adj.* lasting 10

E

echar de menos *phr.* to miss 4
edad *f.* age
Edad Media Middle Ages 7
editorial *f.* publishing house 10
educado/a *adj.* well-mannered 4
eficiencia *f.* efficiency 5
ejecutar *v.* to perform 9
ejercer *v.* to practice 6
ejército *m.* army 6
elaborar *v.* to produce 3
electo/a *m., f.* elected 6
elenco *m.* cast 8
emergencia *f.* emergency 6
emisora *f.* (radio) station 3
emocionado/a *adj.* excited 4
embalar *v.* to pack up 7
empacar *v.* to pack 4
empatar *v.* to tie (a game) 3
empeorar *v.* to make worse 9
empleado/a *m., f.* employee 5
empleador(a) *m., f.* employer 5
emprendedor(a) *m., f.* entrepreneur 5
emprender *v.* to undertake
empresa *f.* company 5

en *prep.* in
  en cartel now showing 8
  en defensa propia in self-defense 6
  en mi (tu/su/etc.) contra against me (you/him/her/etc.) 9
  en su punto medium (cooked) 2
encantar *v.* to love 4
encarcelar *v.* to imprison 6
encargar *v.* to commission 7
encierro *m.* confinement 10
encuadre *m.* framing 7
encuentro *m.* meeting
  encuentro familiar family gathering 1
enemigo/a *m., f.* enemy 7
enfocar *v.* to focus 7
enfrentamiento *m.* confrontation 6
enfrentarse a *v.* to face 9
engañar *v.* to deceive 4
ensalzar *v.* to praise 2
ensayar *v.* to rehearse 8
enseñanza *f.* teaching 5
enternecer *v.* to touch (emotionally) 1
entidad *f.* entity 6
entierro *m.* burial 1
entrenador(a) *m., f.* coach 3
entre *prep.* between
  entre bambalinas backstage 8
entrega *f.* delivery 7
entrenamiento *m.* practice 3
entrenar *v.* to train 4
entretenido/a *adj.* entertaining 3
envidia *f.* envy 8
envoltura *f.* wrapping 1
época *f.* time, era 5
equívoco *m.* misunderstanding 10
ermita *f.* shrine 9
ermitaño/a *m., f.* hermit 9
escenario *m.* stage 8
escolar *m., f.* student 5
esconder *v.* to hide 4
esfuerzo *m.* effort 10
espectáculo *m.* show 1
espeluznante *adj.* creepy 10
esperanza *f.* hope 9
espíritu *m.* spirit
  espíritu navideño Christmas spirit 1
Estado *m.* government 6
estar *v.* to be
  estar conectado/a to be online 4
  estar de baja to be on leave 5
  estar dispuesto/a to be willing to 5
estatal *adj.* public 6
estereotipo *m.* stereotype 4
estética *f.* esthetics 7
estilo *m.* style
  estilo de vida lifestyle 4
estreno *m.* premiere 3
estrofa *f.* stanza 7
etiqueta *f.* etiquette 6
etnia *f.* ethnicity 10
examinarse *v.* to take an examination 5
excursión *f.* field trip 5
éxito *m.* success 3
exitoso/a *adj.* successful 8
exponer *v.* to exhibit 7
exposición *f.* exhibition 3
exquisito/a *adj.* delicious 2
extraer *v.* to extract 6
extranjero/a *m., f.* foreigner 4

F

fábula *f.* fable 10
fachada *f.* facade 7
factura *f.* bill 5
familia *f.* family
  familia numerosa large family 4
familiar *m., f.* relative 4
farolito *m.* small lantern 1
farsa *f.* farce 1
feria *f.* fair 1
feroz *adj.* fierce 9
fibra *f.* fiber 2
ficha *f.* tile, game piece 3
fiel *adj.* loyal 8
fiesta *f.* party 3
fin *m.* purpose 8
financiación *f.* funding 6
fingir *v.* to pretend 1
fiscal *m., f.* prosecutor 6
fluidez *f.* fluency
  con fluidez fluently 10
fomentar *v.* to promote 8
formar parte *phr.* to join, become part of 9
formarse *v.* to educate yourself 10
fortalecer *v.* to strengthen 1
fortalecimiento *m.* strengthening 8
fortuito/a *adj.* coincidental 8
freír *v.* to fry 2
frito/a *adj.* fried 2
frontera *f.* border 6
frutilla *f.* strawberry 3
fuego *m.* fire
  fuegos artificiales fireworks 1
fuerza *f.* strength
funeral *m.* funeral 1
fusionar *v.* to merge/fuse 9

G

gabinete *m.* office 6
galería *f.* gallery 7
ganado *m.* cattle 9
garantizar *v.* to guarantee 5
garra *f.* claw 9
generación *f.* generation 10
genial *adj.* great 4
gerente *m., f.* manager 5
gesto *m.* gesture 5
gimnasio *m.* gym 3
giro *m.* spin 8
globo *m.* balloon 1
golpe *m.* hit
  golpe de estado coup d'état 5
grabar *v.* to record 3
grado *m.* degree 5
grasa *f.* fat 2
grupo *m.* band 3
guindar *v.* to hang 3
guion *m.* script 8
guirnalda *f.* garland 1
guiso *m.* stew 2
gusano *m.* worm 2
gusto *m.* taste 2

H

hábito *m.* habit 4
hablante *m., f.* speaker 10
hacer *v.* to do
  hacer diligencias to run errands 5
  hacer trampa to cheat 3
  hacer una reverencia to bow 8
  hacerse (de) rogar to play hard to get 8
hallazgo *m.* discovery 7
harina *f.* flour 2
hechizar *v.* to cast a spell 7
hecho *p.p.* made
  hecho/a a mano handmade 1
helado *m.* ice cream 3
herencia *f.* heritage 6
  herencia cultural *f.* cultural heritage 1
herida *f.* wound 7
herido/a *adj.* wounded 7
herramienta *f.* tool 3
hervir *v.* to boil 2
hierro *m.* iron 7
higiene bucal *f.* oral hygiene 10
hijo/a *m., f.* son/daughter
  hijo/a único/a only child 4
hindú *adj.* Hindu 9
hipocresía *f.* hypocrisy 1
hito *m.* milestone 6
hoguera *f.* bonfire 1

hongo *m.* fungus, mushroom 2
honrar *v.* to honor 1
hora *f.* hour, time
  horas extras overtime 5
hornear *v.* to bake 2
huelga *f.* strike 6
huerto *m.* orchard 9

I

idioma *m.* language 10
iglesia *f.* church 9
ignorar *v.* to be unaware 4
imán *m.* imam 9
impaciente *adj.* eager, impatient 4
imponer *v.* to impose 3
imprenta *f.* printing house 10
impuesto *m.* tax 6
impulsar *v.* to boost 8
incendio *m.* fire 7
inclusión *f.* inclusion 6
inclusive *adv.* even 4
independizarse *v.* to become independent 4
indumentaria *f.* dress/attire 9
industria *f.* industry
inédito/a *adj.* unprecedented 6
inesperado/a *adj.* unexpected 1
infierno *m.* hell 1
influencia *f.* influence 2
infraestructura *f.* infrastructure 6
ingenio *m.* ingenuity 7
inigualable *adj.* incomparable 1
inmaterial *adj.* intangible 9
inmigrante *m., f.* immigrant 4
innovador(a) *adj.* innovative 8
inscribir *v.* to enroll 4
inscripción *f.* enrollment 5
insoportable *adj.* unbearable 1
instalarse *v.* to settle 4
integrarse *v.* to become part of 6
íntegro/a *adj.* whole 7
interés *m.* interest 4
interponerse *v.* to interfere 3
interpretar *v.* to play (a role) 8
intérprete *m., f.* interpreter 10
íntimo/a *adj.* close 4
involucrarse *v.* to get involved 5
ir *v.* to go
  ir a las urnas to go to the polls 6

J

jerga *f.* slang 3
jolgorio *m.* revelry 3
jornada *f.* day, conference
  jornada laboral workday 5
joya *f.* treasure 7
jubilarse *v.* to retire 5
judío/a *adj.* Jewish 9
juego *m.* game 3
  juego de mesa board game 3
jugar *v.* to play 3
juez(a) *m., f.* judge 6
jugada *f.* move 3
juzgar (a alguien) *v.* to judge (someone) 9

L

ladrillo *m.* brick 7
ladrón/ladrona *m., f.* thief 8
lama *f.* lama 9
lanzar *v.* to release (an album) 3
lazo *m.* bond 4
leal *adj.* loyal 4
lector(a) *m., f.* reader 10
legado *m.* legacy 1
legislación *f.* legislation 5
lengua *f.* language, tongue
  lengua de señas sign language 5
  lengua materna mother tongue 10
leyenda *f.* legend 1
licencia *f.* leave 5
lienzo *m.* canvas 7
liga *f.* league 3
limbo *m.* edge 8
lingüista *m., f.* linguist 10
linterna *f.* flashlight 1
literatura *f.* literature
  literatura juvenil young adult literature 10
llama *f.* flame 1
llamativo/a *adj.* flashy 8
llevar *v.* to carry
  llevar adelante to carry out 10
  llevarse bien/mal to get along well/badly 4
lluvia *f.* rain 3
lobato/a *m., f.* wolf cub 9
lobo/a *m., f.* (she-)wolf 9
lograr *v.* to achieve 6
lucha *f.* fight, struggle 3
luminoso/a *adj.* bright 1

M

madrugada *f.* early morning 4
maduro/a *adj.* ripe 2
maestría *f.* Master's degree 5
maíz *m.* corn 2
mal, malo/a *adj.* bad
malabares *pl.* juggling 8
maldad *f.* evil 9
mandarse *v.* to move 4
mandatario/a *m., f.* president 6
mandato *m.* term of office 6
manifestación *f.* demonstration 6
manjar *m.* delicacy, feast 2
mantel *m.* tablecloth 2
maqueta *f.* model, mockup 7
maquillador(a) *m., f.* makeup artist 8
maquillaje *m.* makeup 8
marcar *v.* to mark
  marcar (un gol/punto) to score (a goal/point) 3
mariposa *f.* butterfly 5
marisco *m.* seafood 2
marisquería *f.* seafood restaurant 2
mármol *m.* marble 7
marqués/marquesa *m., f.* marquis/marquise 8
mártir *m.* martyr 9
masa *f.* dough 2
masacre *f.* massacre 7
máscara *f.* mask 8
masilla *f.* putty 3
más allá *m.* beyond 9
matar *v.* to kill 7
matiz *m.* overtone 8
matrícula *f.* tuition, enrollment 5
matricularse *v.* to enroll 5
matrimonio *m.* marriage 4
mayor *adj.* elder 9
mayores *m.* elders 4
mecenas *m., f.* patron of the arts 7
medida *f.* measure 6
medio de transporte *m.* transportation 4
medios (de comunicación) *pl.* media 10
meditar *v.* to meditate 9
mejora *f.* improvement 8
melodía *f.* tune 3
memorias *pl.* memoirs 10
mensual *adj.* monthly 5
mentira *f.* lie 5
merecer *v.* to deserve 9
merienda *f.* snack 5
meta *f.* goal
  meta académica academic goal 5
mezclar *v.* to mix 2
mezquita *f.* mosque 9
miedo *m.* fear
  miedo escénico stage fright 8
miembro/a *m., f.* member 8
militar (en) *v.* to be active in 6
militar *m., f.* soldier 6
mimo *m., f.* mime 8
misa *f.* mass 9
mitin *m.* rally 6
mito *m.* myth 1

mobiliario *m.* furniture 7
moda *f.* fashion 7
monasterio *m.* monastery 9
monje *m.* monk 9
monoteísta *adj.* monotheistic 9
montaje *m.* film editing 7
mosaico *m.* mosaic 7
motivo *m.* motif 7
mudarse *v.* to move (from one house to another) 4
muela *f.* molar 6
muerte *f.* death 1
municipio *m.* town 6
muñeco de nieve *m.* snowman 3
murga *f.* form of popular musical theater 8
musa *f.* muse 7
musical *m.* musical 8
musulmán/musulmana *adj.* Muslim 9

N

nacimiento *m.* birth 1
narrar *v.* to narrate 10
Navidad *f.* Christmas 1
nieve *f.* snow 3
nivel *m.* level
  nivel de vida standard of living 5
Nochebuena *f.* Christmas Eve 1
Nochevieja *f.* New Year's Eve 1
nombrar *v.* to appoint 7
nómina *f.* payroll 5
normativa *f.* regulation 5
nostálgico/a *adj.* homesick 4
novelista *m., f.* novelist 10
nudo *m.* crux, heart 8

O

obispo *m.* bishop 9
objetivo *m.* lens 7
obligar *v.* to force 10
obra *f.* work
  obra (de arte/teatro) work of art, play 3
  obra cumbre crowning work 7
  obra maestra masterpiece 7
obsequio *m.* gift 1
ocio *m.* leisure 3
oferta *f.* offer 5
ofrenda *f.* offering 1
ofrendar *v.* to offer up 9
olla *f.* cooking pot 2
óleo *m.* oil painting 7
olvido *m.* oblivion 8
operativo/a *adj.* operational 8
oprimido/a *adj.* oppressed 6
orar *v.* to pray 9
orgullo *m.* pride 1
origen *m.* origin 1
originario/a *adj.* native 10
ornamento *m.* ornament 7
otorgar *v.* to grant 10
oyente *m., f.* hearing person 5

P

pagano/a *adj.* pagan 1
país *m.* country
  país natal home country 10
paleta *f.* palette 7
palmas *pl.* clapping 8
pan *m.* bread
  pan de muerto sweet bread 1
papel *m.* role 8
  papel de envolver wrapping paper 1
papa *m.* pope 9
pareja *f.* couple, partner 4
partida *f.* game, hand 3
partido *m.* party 6
pasado/a de moda *phr.* outdated 8
pasante *m., f.* intern 5
pasar *v.*
  pasar el rato to spend time 3
  pasarlo bien/mal to have a good/bad time 4
pasatiempo *m.* pastime 3
Pascua *f.* Easter 1
Pascua Judía *f.* Passover 1
paseo *m.* avenue 7
pastor(a) *m., f.* pastor 9
patria *f.* homeland 2
patrón *m.* pattern 7
pausa *f.* break 5
pedir *v.* to order 2
pegar *v.* to hit 5
  pegar un tiro to shoot 6
pelear(se) *v.* to argue 4
peluca *f.* wig 8
peña *f.* club 3
pérdida *f.* loss 4
perdurar *v.* to endure 9
peregrinación *f.* pilgrimage 9
perfil *m.* profile 4
personaje *m.* character 3
personalidad *f.* personality 4
pertenecer *v.* to belong 6
pertenencia *f.* belonging 3
piadoso/a *adj.* merciful 9
picante *adj.* spicy 2
pilar *m.* pillar 7
pincel *m.* brush 7
pintar *v.* to paint 3
pista *f.* ring 8
  pista de baile dance floor 3
plano *m.* shot 7
plática *f.* talk, conversation 1
plato *m.* dish 2
pluma *f.* feather 8
poblador(a) *m., f.* inhabitant 9
polémica *f.* controversy 6
politeísta *adj.* polytheistic 9
político/a *m., f.* politician 6
poner *v.*
  poner la mesa to set the table 2
  poner música to play music 3
por ende *phr.* therefore 8
postularse *v.* to run for office 6
postura *f.* position
  postura política political position 6
predicar *v.* to preach 9
prejuicio *m.* prejudice 10
premio *m.* award 2
prescindir (de) *v.* to do without 6
preservar *v.* to preserve 6
presión *f.* pressure 4
préstamo *m.* loan
  préstamo estudiantil student loan 5
prestigioso/a *adj.* prestigious 7
primaria *m.* elementary school 5
privacidad *f.* privacy 4
procesión *f.* procession 1
proceso *m.* process
  proceso de selección hiring process 5
producto *m.* product
  producto interno bruto (PIB) gross domestic product (GDP) 6
profano/a *adj.* profane 9
prohibir *v.* to prohibit/ban 9
propina *f.* tip 2
propio/a *adj.* own 9
prosa *f.* prose 10
protagonista *m., f.* leading role, protagonist 8
proteger *v.* to protect 7
proteína *f.* protein 2
protestante *adj.* Protestant 9
provechoso/a *adj.* beneficial, nutritious 2
provenir de *v.* to come from 9
provocar *v.* to provoke 7
publicar *v.* to publish 10
público *m.* audience 8
pueblo *m.* people, town 6
puesta (en escena) *f.* staging 8
puesto *m.* position 5
pulpo *m.* octopus 2
puras mentiras *phr.* just lies 4
purpurina *f.* glitter 8

Q

quejarse (de) *v.* to complain (about) 10
querer(se) *v.* to love (each other), to want 4
quisquilloso/a *adj.* picky 2
quitar *v.* to remove
  quitar la mesa to clear the table 2

R

rabino/a *m., f.* rabbi 9
racimo *m.* bunch (of fruit) 2
raíz *f.* root
ramo *m.* bouquet 1
rasgo *m.* feature, characteristic 3
realizarse *v.* to take place 8
rebajar *v.* to reduce 6
receta *f.* recipe 2
rechazar *v.* to reject 9
rechazo *m.* rejection 7
recinto *m.* facility 7
reconocido/a *adj.* renowned 2
recorrer *v.* to travel throughout 4
recreo *m.* recess 5
recuperar *v.* to recover 4
recurso *m.* resource 7
red *f.* net
  red social social network 4
referencia *f.* referral 5
reflejar *v.* to reflect 10
regañada *f.* scolding 4
regla *f.* rule 3
reivindicar *v.* to reclaim 5
relación *f.* relationship 4
relato *m.* (short) story 10
relleno/a *adj.* filled 2
remorder conciencia *phr.* to feel guilty 4
remover *v.* to stir 2
renacer *v.* to be reborn 9
rencor *m.* resentment 6
rendir(se) *v.* to surrender, to give up 3
  rendir homenaje to pay tribute 7
  rendir tributo *phr.* to pay tribute/to honor 9
repartir *v.* to distribute 4
repercutir (en) *v.* to affect 6
resaltar *v.* to highlight 8
reseña *f.* review 2
resguardo *m.* protection 7
resistencia física *f.* physical endurance 9
restaurador(a) *m, f.* restorer 7
retar *v.* to challenge 6
retribuido/a *adj.* paid 5
reunido/a *p.p.* gathered 4
reunión *f.* meeting 5
reunirse (con) *v.* to meet, to get together (with) 3, 4
revocar *v.* to revoke 6
rezar *v.* to pray 1
rezo *m.* prayer 1
riqueza *f.* wealth 6
rito *m.* rite 1
rodar *v.* to film 7

S

sabiduría *f.* wisdom 9
sabor *m.* taste 2
sabroso/a *adj.* tasty 2
sacerdote/sacerdotisa *m., f.* priest 9
sala *f.* room
  sala de estudio study hall 5
sagrado/a *adj.* sacred 1
salida *f.* exit
  salida laboral job opportunities 5
salir (con) *v.* to go out (with) 3
saltar *v.* to jump 8
saludable *adj.* healthy 2
sanación *f.* healing 9
sanidad *f.* healthcare 6
santuario *m.* sanctuary 9
sartén *f.* frying pan 2
sazonar *v.* to season 2
sector *m.* sector
  sector inmobiliario real-estate sector 5
seguro *m.* insurance
  seguro médico health insurance 6
sembrar *v.* to sow 9
semilla *f.* seed 3
sencillo/a *adj.* simple 2
sentimiento *m.* feeling 2
sentir(se) *v.* to feel 4
servilleta *f.* napkin 2
siembra *f.* sowing 9
siglo *m.* century 7
silvestre *adj.* wild 9
simbolizar *v.* to symbolize 9
sin *prep.* without
  sin ánimo de lucro nonprofit 6
sinagoga *f.* synagogue 9
sinceridad *f.* sincerity 4
sincretismo *m.* syncretism 9
sindicato *m.* (labor) union 5
sobrenatural *adj.* supernatural 9
socio/a *m., f.* partner 5
solicitar (un empleo) *v.* to apply (for a job) 5
solista *m., f.* solo artist 3
solo/a *adj., adv.* lonely, alone 4
solucionar *v.* to solve 6
sombra *f.* shadow, shade 7
son *m.* sound, pace 8
sondeo *m.* poll 6
sordera *f.* deafness 5
sordo/a *adj.* deaf 5
soso/a *adj.* bland 2
sótano *m.* basement 7
sueldo *m.* salary
  sueldo mínimo minimum wage 5
sufrimiento *m.* suffering 7
sumarse *v.* to join 4
supeditado/a a *phr.* conditioned by 8
superación personal *f.* personal development, overcoming 10
superponerse *v.* to overlap 9
superventas *pl.* best seller 10
surgir *v* to develop, to come up with 10
suspender *v.* to fail 5
suspenso *m.* suspense 8

T

tablado *m.* dance stage 8
tabú *m.* taboo 1
tallar *v.* to sculpt, to carve 3
taller *m.* studio, workshop 7
taquilla *f.* box office 8
tarea *f.* task 3
tasa *f.* rate 6
tema *m.* song 3
temática *f.* theme 10
templo *m.* temple 9
tener *v.* to have
  tener ganas (de) to look forward to 4
  tener celos to be jealous 8
teniente *m., f.* lieutenant, deputy 6
terrenal *adj.* earthly 9
tesis *f.* thesis 10
testigo *m., f.* witness 10
tiempo *m.* time
  a tiempo completo/parcial full/part-time 5
  tiempo libre *m.* leisure 3
tierno/a *adj.* tender 2
tinieblas *pl.* darkness 7
títeres *pl.* puppet show 8
título *m.* degree 6
tocar *v.* to play (an instrument) 3
toma de posesión *f.* inauguration 6
trabajador(a) *adj.* hard-working 5
trabajo forzoso *m.* forced labor 3
trabajoso/a *adj.* laborious/arduous 10
trabarse *v.* to get stuck 10
tradicional *adj.* traditional 1
traductor(a) *m., f.* translator 10
tragedia *f.* tragedy 4
traicionado/a *adj.* betrayed 4
traje *m.* dress, costume 1
transgredir *v.* to break 4

transporte (medio de) *m.* transportation 4
trapecista *m., f.* trapeze artist 8
trasfondo *m.* background 10
trasladar *v.* to transfer 7
tratado *m.* treaty 10
tratamiento *m.* treatment
  tratamiento médico medical treatment 6
tratar de/sobre *v.* to deal with 10
tribunal *m.* court 10
trigo *m.* wheat 2
triunfar *v.* to succeed 8

U

ubicación *f.* location 2
universal *adj.* universal 7
universitario/a *m., f.* college student 5

V

vajilla *f.* plates and glasses 2
valentía *f.* courage 4
valor *m.* value
  valor nutricional nutritional value 2
valorar *v.* to value 4
vejigante *m., f.* popular character in some Puerto Rican traditional festivities 3
vela *f.* candle 1
veladora *f.* votive candle 1
velar (por) *v.* to look out for 6
vencedor(a) *m., f.* winner 9
venerar *v.* to worship 9
venganza *f.* revenge 6
vengativo/a *adj.* vindictive 6
ventaja *f.* advantage 5
verso *m.* verse 7
vestíbulo *m.* lobby 7
verano *m.* summer 3
verdad *f.* truth 4
vestirse *v.* to get dressed 3
vertiente *f.* aspect 8
videojuego *m.* video game 3
vidriera *f.* stained glass 7
vidrio *m.* glass 7
vieira *f.* scallop 2
vigilia *f.* vigil 9
villancico *m.* Christmas carol 1
vincular *v.* to link 10
vincularse *v.* to be linked 8
víspera *f.* eve 1
vistoso/a *adj.* eye-catching 1
vocación *f.* vocation 5

Y

yegua *f.* mare 7

Inglés-Español

A

abroad al extranjero *phr.* 4
abstract abstracto/a *adj.* 7
abuse of power abuso de poder 6
academic goal meta académica *f.* 5
accommodate ajustarse *v.* 5
achieve lograr *v.* 6
acquaintance conocido/a *m., f.* 4
acrobatics acrobacia *f.* 8
act actuar *v.* 8
activist activista *m., f.* 6
address abordar *v.* 10
advantage ventaja *f.* 5
affect repercutir (en) *v.* 6
affection cariño *m.* 4
affordable asequible *adj.* 2
against me (you/him/her/etc.) en mi (tu/su/ etc.) contra *phr.* 9
agent agente *m., f.*
agnostic agnóstico/a *adj.* 9
alienation desarraigo *m.* 10
allergic (to) alérgico/a (a) *adj.* 2
alone solo/a *adj.*, adv. 4
altar altar *m.* 1
amaze asombrar *v.* 7
ambition afán *m.* 8
ancestor antepasado/a *m., f.* 1
ancestral ancestral *adj.* 1
Andean andino/a *adj.* 9
anniversary aniversario *m.* 1
anthology antología *f.* 10
appetizer aperitivo *m.* 2
apply (for a job) solicitar (un empleo) *v.* 5
appoint nombrar *v.* 7
approach abordaje *m.* 8
apron delantal *m.* 2
architect architecto/a *m., f.* 7
architectural arquitectónico/a *adj.* 7
arduous trabajoso/a *adj.* 10
argue argumentar, pelear(se) *v.* 4, 10
armed conflict conflicto armado *m.* 10
army ejército *m.* 6
arrest detener *v.* 10
artisan artesano/a *m., f.* 1
as if como si *phr.* 4
aspect vertiente *f.* 8
aspiration aspiración *f.* 10
assimilate asimilarse *v.* 6
atheist ateo/a *adj.* 9
athlete deportista *m., f.* 3
atmosphere ambiente *m.* 1
attack atentado *m.* 4
attend asistir *v.* 8
attendance asistencia *f.* 8
audience público *m.* 8
audition audición *f.* 8
autobiography autobiografía *f.* 10
avenue paseo *m.* 7
avocado aguacate *m.* 2
award premio *m.* 2

B

back cover contratapa *f.* 10
background trasfondo *m.* 10
backstage entre bambalinas *phr.* 8
bake hornear *v.* 2
balloon globo *m.* 1
ballroom dance baile de salón *m.* 3
ban prohibir *v.* 9
band grupo *m.* 3
barely apenas ad*v.* 4
basement sótano *m.* 7
be absent ausentarse *v.* 5
be active in militar (en) *v.* 6
be all the same dar lo mismo *phr.* 4
be good/bad (at something) dársele bien/ mal (algo a alguien) *v.* 3
be grounded castigado/a *adj.* 4
be jealous tener celos *v.* 8
be linked vincularse *v.* 8
be on leave estar de baja *v.* 5
be online estar conectado/a *v.* 4
be paid cobrar *v.* 5
be reborn renacer *v.* 9
be unaware ignorar *v.* 4
be willing to estar dispuesto/a a *v.* 5
beat compás *m.* 8
become devenir *v.* 8
become independent independizarse *v.* 4
become part of formar parte *phr.* 9; integrarse *v.* 6
bedroom cuarto *m.* 4
belief creencia *f.* 1
belong pertenecer *v.* 6
belonging pertenencia *f.* 3
beneficial provechoso/a *adj.* 2
best seller superventas *pl.* 10
betrayed traicionado/a *adj.* 4
beyond más allá *m.* 9
biennial bienal *adj.* 8
bilingual bilingüe *adj.* 10
bill factura *f.* 5
biography biografía *f.* 10
birth nacimiento *m.* 1
birthday cumpleaños *m.* 1
bishop obispo *m.* 9
bite bocado *m.* 2
bland soso/a *adj.* 2
blend combinar *v.* 8
bless bendecir *v.* 9
bloody cruento/a *adj.* 7
board game juego de mesa *m.* 3
boil hervir, cocer *v.* 2
bold atrevido/a *adj.* 8
bombing bombardeo *m.* 7
bond lazo *m.* 4
bonfire hoguera *f.* 1
boom auge *m.* 10
boost impulsar *v.* 8
border frontera *f.* 6
boredom aburrimiento *m.* 10
bouquet ramo *m.* 1
bow hacer una reverencia *v.* 8
bowl bol *m.* 2
box office taquilla *f.* 8
break pausa *f.* 5; transgredir *v.* 4
breakdown desglose *m.* 6
brick ladrillo *m.* 7
bright luminoso/a *adj.* 1
broth caldo *m.* 2
brush pincel *m.* 7
Buddhist budista *adj.* 9
buddy amigote/a *m., f.* 4
bug bicho *m.* 2
bunch (of fruit) racimo *m.* 2
burden carga *f.* 5
burial entierro *m.* 1
business day día hábil *m.* 5
business owner comerciante *m., f.* 3
butterfly mariposa *f.* 5

C

calcium calcio *m.* 2
candidate candidato/a *m., f.* 5
candle vela *f.* 1
canvas lienzo *m.* 7
cards cartas *pl.* 3
career carrera *f.* 5
carry out llevar adelante *phr.* 10
carve tallar *v.* 3
cast a spell hechizar *v.* 7
cast elenco *m.* 8
cathedral catedral *f.* 9
Catholic católico/a *adj.* 9
Catholic priest cura *m.* 9
cattle ganado *m.* 9
cave cueva *f.* 9
century siglo *m.* 7
ceremony ceremonia *f.* 1
challenge retar *v.* 6
championship campeonato *m.* 3
chaos caos *m.* 7
character personaje *m.* 3

characteristic rasgo *m.* 3
chapel capilla *f.* 9
cheat hacer trampa *v.* 3
check cuenta *f.* 2
chess ajedrez *m.* 3
chisel cincel *m.* 7
choreography coreografía *f.* 8
Christian cristiano/a *adj.* 9
Christmas carol villancico *m.* 1
Christmas Eve Nochebuena *f.* 1
Christmas Navidad *f.* 1
Christmas spirit espíritu navideño *m.* 1
chronicle crónica *f.* 10
church iglesia *f.* 9
circus arts artes circenses *pl.* 8
citizenship ciudadanía *f.* 10
city hall ayuntamiento *m.* 6
clam almeja *f.* 2
clap dar palmas *v.* 8
clapping palmas *pl.* 8
classroom aula *m.* 5
claw garra *f.* 9
clay arcilla *f.* 7
clear the table quitar la mesa *v.* 2
close cercano/a *adj.* 4
close friend amigo/a íntimo/a 4
club peña *f.* 3
coach entrenador(a) *m., f.* 3
cocktail coctel (de mariscos) *m.* 2
coffin ataúd *m.* 1
coincidental fortuito/a *adj.* 8
college student universitario/a *m., f.* 5
colorful colorido/a *adj.* 8
combine compaginar *v.* 5
come from provenir de *v.* 9
come up with surgir (g:j) *v.* 10
commemorate conmemorar *v.* 1
commission encargar *v.* 7
company empresa *f.* 5
compatible compatible *adj.* 4
competition competencia *f.* 9
complain (about) quejarse (de) *v.* 10
composer compositor(a) *m., f.* 3
concert concierto *m.* 3
conditioned by supeditado/a a *phr.* 8
confinement encierro *m.* 10
confrontation enfrentamiento *m.* 6
congressman/congresswoman diputado/a *m., f.* 6
contemporary contemporáneo/a *adj.* 7
contest concurso *m.* 1
controversy polémica *f.* 6
convention convención *f.* 1
conversation plática *f.* 1
cook cocer *v.* 2
cook cocinero/a *m., f.* 2
cooked cocido/a *adj.* 2
cooking pot olla *f.* 2
copyright derechos de autor *pl.* 10
corn maíz *m.* 2
costly costoso/a *adj.* 6
costume disfraz, traje *m.* 1
count on contar con *v.* 4
country person campesino/a *m., f.* 5
coup d'état golpe de estado *m.* 5
couple pareja *f.* 4
courage valentía *f.* 4
court tribunal *m.* 10
cover letter carta de presentación *f.* 5
coworker compañero/a de trabajo *m., f.* 5
crafts artesanías *pl.* 1
creepy espeluznante *adj.* 10
criminal records antecedentes penales *m.* 10
crop cultivo *m.* 9
cross cruzar *v.* 10
crowning work obra cumbre *f.* 7
crunchy crujiente *adj.* 2
crux nudo *m.* 8
cultural heritage herencia cultural *f.* 1
culture shock choque cultural *m.* 4
curate comisariar *v.* 7
curator comisario/a *m., f.* 7
custom costumbre *f.* 4

D

daily cotidiano/a *adj.* 2
dance floor pista de baile *f.* 3
dance stage tablado *m.* 8
dancer bailarín/bailarina *m., f.* 8
dare atreverse *v.* 4
daring atrevido/a *adj.* 8
darkness tinieblas *pl.* 7
day off día libre *m.* 5
deaf sordo/a *adj.* 5
deafness sordera *f.* 5
deal with tratar de/sobre *v.* 10
death muerte *f.* 1
deceased difunto/a *adj.* 1
deceive engañar *v.* 4
deck of cards baraja *f.* 3
decorative decorativo/a *adj.* 7
defeat derrota *f.* 3
degree grado, título *m.* 5, 6
delicacy manjar *m.* 2
delicious exquisito/a *adj.* 2
delivery entrega *f.* 7
demonstration manifestación *f.* 6
deputy teniente *m., f.* 6
deserve merecer *v.* 9
design diseñar *v.* 7
despair desesperación *f.* 10
destination destino *m.* 4, 9
detain detener *v.* 10
develop surgir (g:j) *v.* 10
devil diablo *m.* 9
dialect dialecto *m.* 10
dice dados *pl.* 3
dictatorship dictadura *f.* 5
difficulties dificultades *f.* 10
diner comensal *m., f.* 2
disadvantage desventaja *f.* 5
disappointment decepción *f.* 10
discovery hallazgo *m.* 7
discriminatory discriminatorio/a *adj.* 5
dish plato *m.* 2
disseminate difundir *v.* 10
distribute repartir *v.* 4
divine divino/a *adj.* 9
diviner adivino(a) *m., f.* 9
do without prescindir (de) *v.* 6
dome cúpula *f.*, bóveda *f.* 7
dough masa *f.* 2
draft borrador *m.* 10
dress indumentaria *f.*, traje *m.* 1
dress up (as) disfrazarse (de) *v.* 8
dressing room camarín *m.* 8
duet dúo *m.* 3
duty deber *m.* 6

E

eager impaciente *adj.* 4
early morning madrugada *f.* 4
earthy terrenal *adj.* 9
easel caballete *m.* 7
Easter Pascua *f.* 1
edge limbo *m.* 8
edible comestible *adj.* 9
educate yourself formarse *v.* 10
educational didáctico/a *adj.* 10
eel anguila *f.* 2
efficiency eficiencia *f.* 5
effort esfuerzo *m.* 10
elder mayor *adj.* 9
elders los mayores *m.* 4
elected electo/a *m., f.* 6
election campaign campaña electoral *f.* 6
elementary school primaria *f.* 5
emergency emergencia *f.* 6
emotional relief desahogo *m.* 1
employee empleado/a *m., f.* 5
employer empleador(a) *m., f.* 5
end concluir *v.* 4
endure perdurar *v.* 9

enemy enemigo/a *m., f.* 7
English-speaking anglohablante *adj.* 10
enjoy disfrutar *v.* 3
enjoyable disfrutable *adj.* 10
enroll inscribir *v.* 4; matricularse *v.* 5
enrollment inscripción, matrícula *f.* 5
entertaining entretenido/a *adj.* 3
enthusiast aficionado/a *m., f.* 8
entity entidad *f.* 6
entrepreneur emprendedor(a) *m., f.* 5
envy envidia *f.* 8
era época *f.* 5
esthetics estética *f.* 7
ethnicity etnia *f.* 10
etiquette etiqueta *f.* 6
eve víspera *f.* 1
even inclusive *adv.* 4
event acontecimiento *m.* 7
everyday life día a día *phr.* 10
evil maldad *f.* 9
excited emocionado/a *adj.* 4
exhibit exponer *v.* 7
exhibition exposición *f.* 3
expense costo *m.* 4
extract extraer *v.* 6
eye mask antifaz *m.* 8
eye-catching vistoso/a *adj.* 1

F

fable fábula *f.* 10
facade fachada *f.* 7
face enfrentarse a *v.* 9
face-to-face class clase presencial *f.* 5
facility recinto *m.* 7
facing forward de frente *phr.* 7
fail suspender *v.* 5
fair feria *f.* 1
fairy tale cuento de hadas *m.* 1
fall caer *v.* 3
family gathering encuentro familiar *m.* 1
fan admirador(a) *m., f.* 8
fang colmillo *m.* 9
far away alejado/a *adj.* 4
farce farsa *f.* 1
farm chacra *f.* 9
fashion moda *f.* 7
fat grasa *f.* 2
fate azar *m.* 3
feast manjar *m.* 2
feather pluma *f.* 8
feature rasgo *m.* 3
feel guilty remorder conciencia *phr.* 4
feel sentir(se) *v.* 4
feeling sentimiento *m.* 2
fellowship compañerismo *m.* 8
fiber fibra *f.* 2
field trip excursión *f.* 5
fierce feroz *adj.* 9
fight combatir *v.* 3
fill up abarrotar *v.* 6
filled relleno/a *adj.* 2
film editing montaje *m.* 7
film rodar *v.* 7
fine arts bellas artes *pl.* 7
fire fuego *m.;* despedir *v.* 5
fireworks fuegos artificiales *pl.* 1
flag bandera *f.* 6
flame llama *f.* 1
flashlight linterna *f.* 1
flashy llamativo/a *adj.* 8
float carroza *f.* 8
flour harina *f.* 2
flower arrangement arreglo floral *m.* 1
fluently con fluidez *phr.* 10
focus enfocar *v.* 7
force obligar *v.* 10
forced labor trabajo forzoso *m.* 3
foreigner extranjero/a *m., f.* 4
framing encuadre *m.* 7
fried frito/a *adj.* 2
friend amigo/a *m., f.*
friendship amistad *f.* 4
from the side de perfil *phr.* 7
fry freír *v.* 2
frying pan sartén *f.* 2
fulfill cumplir *v.* 8
full-time a tiempo completo *phr.* 5
fun divertido/a *adj.* 3
funding financiación *f.* 6
funeral funeral *m.* 1
fungus hongo *m.* 2
furniture mobiliario *m.* 7
fuse fusionar *v.* 9

G

gallery galería *f.* 7
game juego *m.*, partida *f.* 3
game piece ficha *f.* 3
gap brecha *f.* 5
garland guirnalda *f.* 1
gathered reunido/a *p.p.* 4
generation generación *f.* 10
gesture gesto *m.* 5
get along well/badly llevarse bien/mal *v.* 4
get bored aburrirse *v.* 3
get dressed vestirse *v.* 3
get involved involucrarse *v.* 5
get married casarse *v.* 4
get stuck trabarse *v.* 10
get together (with) reunirse (con) *v.* 3
gift obsequio *m.* 1
give up rendir(se) *v.* 3
glass vidrio *m.* 7
glitter purpurina *f.* 8
go out (with) salir (con) *v.* 3
go to the polls ir a las urnas *v.* 6
goal aspiración *f.* 10
goodness bondad *f.* 9
gossip chisme *m.* 8
government Estado *m.* 6
grandchild nieto/a *m., f.* 4
grant otorgar *v.* 10
grasshopper chapulín *m.* 2
grateful agradecido/a *adj.* 9
great genial *adj.* 4
grief-stricken afligido/a *adj.* 1
gross domestic product (GDP) producto interno bruto (PIB) *m.* 6
guarantee garantizar *v.* 5
gym gimnasio *m.* 3

H

habit hábito *m.* 4
hand partida *f.* 3
hang guindar *v.* 3
handmade hecho/a a mano *adj.* 1
hardship dificultades *f.* 10
hard-working trabajador(a) *adj.* 5
harvest cosecha *f.* 9
haute cuisine alta cocina *f.* 2
have a good/bad time pasarlo bien/mal *v.* 4
healer curandero/a *m., f.* 9
healing sanación *f.* 9
health insurance seguro médico *m.* 6
healthcare sanidad *f.* 6
healthy saludable *adj.* 2
hearing audición *m.* 5
hearing aid audífono *m.* 5
hearing person oyente *m.* 5
heart nudo *m.* 8
hell infierno *m.* 1
heritage herencia *f.* 6
hermit ermitaño/a *m., f.* 9
hide esconder *v.* 4
high school (studies) bachillerato *m.* 5
highlight resaltar *v.* 8
Hindu hindú *adj.* 9
hire contratar *v.* 5
hiring process proceso de selección *m.* 5
hit pegar *v.* 5
hobby afición *f.* 3
holiday día feriado *m.* 1

home country país natal *m.* 10
homeland patria *f.* 2
homesick nostálgico/a *adj.* 4
honor honrar *v.* 1; rendir tributo *phr.* 9
hope esperanza *f.* 9
house albergar *v.* 7
housing alojamiento *m.* 5
hypocrisy hipocresía *f.* 1

I

ice cream helado *m.* 3
illuminate alumbrar *v.* 1
imam imán *m.* 9
immigrant inmigrante *m., f.* 4
impatient impaciente *adj.* 4
important day día señalado *m.* 1
impose imponer *v.* 3
imprison encarcelar *v.* 6
improvement mejora *f.* 8
in self-defense en defensa propia *phr.* 6
inauguration toma de posesión *f.* 6
inclusion inclusión *f.* 6
inclusive abarcativo/a *adj.* 8
incomparable inigualable *adj.* 1
inequality desigualdad *f.* 6
influence influencia *f.* 2
infrastructure infraestructura *f.* 6
ingenuity ingenio *m.* 7
inhabitant poblador(a) *m., f.* 9
innovative innovador(a) *adj.* 8
instructor docente *m., f.* 5
insurance company aseguradora *f.* 6
intangible inmaterial *adj.* 9
interest interés *m.* 4
interfere interponerse *v.* 3
intern pasante *m., f.* 5
international affairs asuntos internacionales *pl.* 6
interpreter intérprete *m., f.* 10
iron hierro *m.* 7
isolation aislamiento *m.* 9

J

Jewish judío/a *adj.* 9
job opportunities salida laboral *f.* 5
join formar parte *phr.* 9; sumarse *v.* 4
judge (someone) juzgar (a alguien) *v.* 9
judge juez(a) *m., f.* 6
juggling malabares *pl.* 8
jump saltar *v.* 8
just lies puras mentiras *phr.* 4

K

kill matar *v.* 7
knead amasar *v.* 2

L

labor union sindicato *m.* 5
laborious trabajoso/a *adj.* 10
lama lama *f.* 9
language barrier barrera lingüística *f.* 4
language idioma *m.* 10
lantern farolito *m.* 1
large family familia numerosa *f.* 4
lasting duradero/a *adj.* 10
lawyer abogado/a *m., f.* 6
lay off despedir *v.* 5
leading role protagonista *m., f.* 8
league liga *f.* 3
learning aprendizaje *m.* 1
leave licencia *f.* 5
legacy legado *m.* 1
legend leyenda *f.* 1
legislation legislación *f.* 5
leisure ocio, tiempo libre *m.* 3
lens objetivo *m.* 7
librarian bibliotecario/a *m., f.* 10
lie mentira *f.* 5
lieutenant teniente *m., f.* 6
lifestyle estilo de vida *m.* 4
light bulb bombilla *f.* 7
light alumbrar *v.* 1
linguist lingüista *m., f.* 10
link vincular *v.* 10
listening skills comprensión oral *f.* 10
literary agent agente literario/a 10
load cargamento *m.* 7
lobby vestíbulo *m.* 7
location ubicación *f.* 2
lonely solo/a *adj.*, adv. 4
look forward to tener ganas (de) *v.* 4
look out for velar (por) *v.* 6
loss pérdida *f.* 4
lost perdido/a *adj.* 9
love (each other) encantar *v.* 4; querer(se) *v.* 4
loyal leal, fiel *adj.* 4, 8

M

major carrera *f.* 5
make worse empeorar *v.* 9
make confeccionar *v.* 3
makeup maquillaje *m.* 8
makeup artist maquillador(a) *m., f.* 8
manager gerente *m., f.* 5
marble mármol *m.* 7
marching band banda de música *f.* 1
mare yegua *f.* 7
marquis/marquise marqués/marquesa *m., f.* 8
marriage matrimonio *m.* 4
martyr mártir *m.* 9
mask máscara *f.* 8
mass misa *f.* 9
massacre masacre *f.* 7
Master's degree maestría *f.* 5
masterpiece obra maestra *f.* 7
mayor alcalde/alcaldesa *m., f.* 6
measure medida *f.* 6
meatball albóndiga *f.* 2
media medios (de comunicación) *pl.* 10
medical treatment tratamiento médico *m.* 6
meditate meditar *v.* 9
medium (cooked) en su punto *phr.* 2
meet in person conocerse en persona *v.* 4
meet reunirse *v.* 4
meeting reunión *f.* 5
member miembro/a *m., f.* 8
memoirs memorias *pl.* 10
menu carta *f.* 2
merciful piadoso/a *adj.* 9
merge fusionar *v.* 9
Middle Ages Edad Media *f.* 7
middle-class burguesía *f.* 7
milestone hipocresía *f.* 6
military headquarters cuartel militar *m.* 6
mime mimo *m., f.* 8
minimum wage sueldo mínimo *m.* 5
miss echar de menos *phr.* 4
misunderstanding equívoco *m.* 10
mystical aura aura mística *m.* 9
mix mezclar *v.* 2
mock burlarse de *v.* 1
mockup maqueta *f.* 7
model maqueta *f.* 7
molar muela *f.* 6
monastery monasterio *m.* 9
monk monje *m.* 9
monotheistic monoteísta *adj.* 9
monthly mensual *adj.* 5
mosaic mosaico *m.* 7
mosque mezquita *f.* 9
mother tongue lengua materna *f.* 10
motif motivo *m.* 7
move forward avanzar *v.* 10
move mandarse *v.* 4; **(from one house to another)** mudarse *v.* 4
move jugada *f.* 3
moving conmovedor(a) *adj.* 8

muse musa *f.* 7
mushroom hongo *m.* 2
musical musical *m.* 8
Muslim musulmán/musulmana *adj.* 9
myth mito *m.* 1

N

napkin servilleta *f.* 2
narrate narrar *v.* 10
native originario/a *adj.* 10
New Year's Eve Nochevieja *f.* 1
nickname apodo *m.* 4
nightclub discoteca *f.* 3
nonprofit sin ánimo de lucro *phr.* 6
novelist novelista *m., f.* 10
now showing en cartel *phr.* 8
nuptials nupcias *pl.* 4
nutritional value valor nutricional *m.* 2
nutritious provechoso/a *adj.* 2

O

oblivion olvido *m.* 8
octopus pulpo *m.* 2
of refined taste in food de buen paladar *phr.* 2
offer oferta *f.* 5
offer up ofrendar *v.* 9
offering ofrenda *f.* 1
office gabinete *m.* 6
oil lamp candil *m.* 1
oil painting óleo *m.* 7
only child hijo/a único/a 4
open abrir *v.*
operational operativo/a *adj.* 8
oppressed oprimido/a *adj.* 6
oral hygiene higiene bucal *f.* 10
orchard huerto *m.* 9
order pedir *v.* 2
origin origen *m.* 1
ornament adorno *m.* 1
ornament ornamento *m.* 7
out of focus desenfocado/a *adj.* 7
outcome desenlace *m.* 8
outdated pasado/a de moda *adj.* 8
outdoors aire libre *m.* 3
outstanding destacado/a *adj.* 2
overcoming superación personal *f.* 10
overlap superponerse *v.* 9
overtime horas extras *pl.* 5
overtone matiz *m.* 8
own propio/a *adj.* 9
owner dueño/a *m., f.* 5

P

pace son *m.* 8
pack up embalar *v.* 7
pack empacar *v.* 4
pagan pagano/a *adj.* 1
paid retribuido/a *adj.* 5
pain dolor *m.* 7
paint pintar *v.* 3
painting cuadro *m.* 7
palette paleta *f.* 7
paper boat barquito de papel *m.* 3
parade desfile *m.* 1
part-time a tiempo parcial *phr.* 5
partner pareja *f.*, socio/a *m., f.* 4, 5
party fiesta *f.* 3; partido *m.* 6
pass aprobar *v.* 5
Passover Pascua Judía *f.* 1
pastime pasatiempo *m.* 3
pastor pastor(a) *m., f.* 9
patron of the arts mecenas *m., f.* 7
pattern patrón *m.* 7
pave the way abrir camino 10
pay out desembolsar *v.* 6
pay tribute rendir homenaje *v.* 9
payroll nómina *f.* 5
peanut cacahuate *m.* 2
people pueblo *m.* 6
perform actuar *v.* 8; ejecutar *v.* 9
performance actuación *f.*, 8
personal development, overcoming superación personal *f.* 10
personality personalidad *f.* 4
physical endurance resistencia física *f.* 9
picky quisquilloso/a *adj.* 2
pictorial movement corriente pictórica *f.* 7
pilgrimage peregrinación *f.* 9
pillar pilar *m.* 7
pineapple ananá *m.* 3
plates and glasses vajilla *f.* 2
play jugar *v.* 3; **(a role)** interpretar *v.* 8
play (an instrument) tocar *v.* 3
play hard to get hacerse (de) rogar *v.* 8
play music poner música *v.* 3
play obra (de arte/teatro) *f.* 3
playwright dramaturgo/a *m., f.* 8
pleased contento/a *adj.* 4
plot argumento *m.* 10
political position postura política *f.* 6
politician político/a *m., f.* 6
poll sondeo *m.* 6
polytheistic politeísta *adj.* 9
pope papa *m.* 9
popular character in some Puerto Rican traditional festivities vejigante *m., f.* 3
position puesto *m.* 1
post cargo *m.* 1
practice ejercer *v.* 6
practice entrenamiento *m.* 3
praise alabanza *f.* 9
praise ensalzar *v.* 2
pray rezar *v.* 1; orar *v.* 9
prayer rezo *m.* 1
preach predicar *v.* 9
prejudice prejuicio *m.* 10
premiere estreno *m.* 3
present time actualidad *f.* 8
preserve preservar *v.* 6
president mandatario/a *m., f.* 6
pressure presión *f.* 4
prestigious prestigioso/a *adj.* 7
pretend fingir *v.* 1
pride orgullo *m.* 1
priest sacerdote/sacerdotisa *m., f.* 9
printing house imprenta *f.* 10
privacy privacidad *f.* 4
procession procesión *f.* 1
produce confeccionar *v.* 3; elaborar *v.* 3
profane profano/a *adj.* 9
profile perfil *m.* 4
prohibit prohibir *v.* 9
promote fomentar *v.* 8
promotion ascenso *m.* 5
proofreader corrector(a) *m., f.* 10
prose prosa *f.* 10
prosecutor fiscal *m., f.* 6
protagonist protagonista *m., f.* 8
protect proteger *v.* 7
protection resguardo *m.* 7
protein proteína *f.* 2
Protestant protestante *adj.* 9
provoke provocar *v.* 7
public estatal *adj.* 6
publish publicar *v.* 10
publishing house editorial *f.* 10
punishment castigo *m.* 5
puppet show títeres *pl.* 8
purpose fin *m.* 8
put up with aguantar *v.* 1
putty masilla *f.* 3

Q

quality of life calidad de vida *f.* 4

R

rabbi rabino/a *m., f.* 9
radio station emisora *f.* 3
rain lluvia *f.* 3
raise awareness (of) concienciar (sobre) *v.* 7
rally mitin *m.* 6

rate tasa *f.* 6
raw (shell) fish cured with lime ceviche *m.* 2
raw crudo/a *adj.* 2
reader lector(a) *m., f.* 10
reading skills comprensión lectora *f.* 10
real-estate sector sector inmobiliario *m.* 5
recess recreo *m.* 5
recipe receta *f.* 2
reclaim reivindicar *v.* 5
reconcile conciliar *v.* 5
record disco *m.* 3
record grabar *v.* 3
recover recuperar *v.* 4
reduce rebajar *v.* 6
referral referencia *f.* 5
reflect reflejar *v.* 10
region comarca *f.* 6
regulation normativa *f.* 5
rehearse ensayar *v.* 8
reject rechazar *v.* 9
rejection rechazo *m.* 7
relationship relación *f.* 4
relative familiar *m., f.* 4
release (an album) lanzar *v.* 3
renowned reconocido/a *adj.* 2
resentment rencor *m.* 6
resource recurso *m.* 7
restorer restaurador(a) *m., f.* 7
résumé currículum *m.* 5
retire jubilarse *v.* 5
revelry jolgorio *m.* 3
revenge venganza *f.* 6
review reseña *f.* 2
revoke revocar *v.* 6
ring pista *f.* 8
ripe maduro/a *adj.* 2
rite rito *m.* 1
role papel *m.* 8
rule regla *f.* 3
run errands hacer diligencias *v.* 5
run for office postularse *v.* 6

S

sacred sagrado/a *adj.* 1
salary sueldo *m.* 5
sanctuary santuario *m.* 9
sandwich bocadillo *m.* 2
save (money) ahorrar *v.* 5
scallop vieira *f.* 2
scenery decorado *m.* 8
scholarship beca *f.* 5
school colegio *m.* 4
scolding regañada *f.* 4
score (a goal/point) marcar (un gol/punto) *v.* 3
script guion *m.* 8
sculpt tallar *v.* 7
seafood marisco *m.* 2
seafood restaurant marisquería *f.* 2
search búsqueda *f.* 4
season sazonar *v.* 2
see (a patient) atender *v.* 6
seed semilla *f.* 3
self-management autogestión *f.* 6
self-portrait autorretrato *m.* 7
service atención *f.* 2
set the table poner la mesa *v.* 2
settle instalarse *v.* 4
shade sombra *f.* 7
shadow sombra *f.* 7
shaman chamán/chamana *m.* 9
share compartir *v.* 1
shine brillar *v.* 7
shoot pegar un tiro *v.* 6
short film corto(metraje) *m.* 4
short story relato *m.* 10
shot plano *m.* 7
show espectáculo *m.* 1
show gratitude agradecer *v.* 1
shrimp camarón *m.* 2
shrine ermita *f.* 9
sibling relationship hermandad *f.* 1
side dish acompañamiento *m.* 2
sign language lengua de señas *f.* 5
sign up apuntarse *v.* 3
silverware cubiertos *pl.* 2
simple sencillo/a *adj.* 2
sincerity sinceridad *f.* 4
singer cantante *m., f.* 3
singer-songwriter cantautor(a) *m., f.* 3
sketch boceto *m.* 7
skull calavera *f.* 1
slang jerga *f.* 3
small lantern farolito *m.* 1
snack merienda *f.* 5
snow nieve *f.* 3
snowman muñeco de nieve *m.* 3
social criticism denuncia social *f.* 7
social network red social *f.* 4
social welfare bienestar social *m.* 6
sold out agotado/a *adj.* 3
soldier militar *m., f.* 6
solo artist solista *m., f.* 3
solve solucionar *v.* 6
song tema *m.* 3
soothsayer adivino(a) *m., f.* 9
soul alma *f.* 1
sound son *m.* 8
sour agrio/a *adj.* 2
sow sembrar *v.* 9
sowing siembra *f.* 9
speaker hablante *m., f.* 10
speech discurso *m.* 6
spend time pasar el rato *v.* 3
spicy picante *adj.* 2
spin giro *m.* 8
spirituality espiritualidad *f.* 1
squid calamar *m.* 2
stab clavar *v.* 8
stage escenario *m.* 8
stage fright miedo escénico *m.* 8
staging puesta (en escena) *f.* 8
stained glass vidriera *f.* 7
standard of living nivel de vida *m.* 5
stanza estrofa *f.* 7
station emisora *f.* 3
steamed al vapor *phr.* 2
steel acero *m.* 7
stereotype estereotipo *m.* 4
stew guiso *m.* 2
still life bodegón *m.* 7
stir remover *v.* 2
story relato *m.* 10
strawberry frutilla *f.* 3
street art arte callejero *m.* 7
street food comida callejera 2
strengthen fortalecer *v.* 1
strengthening fortalecimiento *m.* 8
strike huelga *f.* 6
struggle lucha *f.* 3
student cursante, escolar *m., f.* 5
student body alumnado *m.* 5
student loan préstamo estudiantil *m.* 5
studio taller *m.* 7
study hall sala de estudio *f.* 5
subject asignatura *f.* 5
succeed triunfar *v.* 8
success éxito *m.* 3
successful exitoso/a *adj.* 8
suffering sufrimiento *m.* 7
summer verano *m.* 3
summon convocar *v.* 6
Sunday cover story artículo de portada del domingo *m.* 10
supernatural sobrenatural *adj.* 9
support apoyar *v.* 4
support apoyo *m.* 1
surgery cirugía *f.* 6
surrender rendir(se) *v.* 3
suspense suspenso *m.* 8
sweet bread pan de muerto *m.* 1

symbolize simbolizar *v.* 9
synagogue sinagoga *f.* 9
syncretism sincretismo *m.* 9

T

tablecloth mantel *m.* 2
taboo tabú *m.* 1
take a risk arriesgarse *v.* 3
take an examination examinarse *v.* 5
take place realizarse *v.* 8
takeout food comida para llevar 2
talk plática *f.* 1
tame amansar *v.* 9
target blanco *m.* 3
task tarea *f.* 3
taste gusto, sabor *m.* 2
taste degustar *v.* 2
tasty sabroso/a *adj.* 2
tax impuesto *m.* 6
teaching enseñanza *f.* 5
temple templo *m.* 9
tender tierno/a *adj.* 2
term of office mandato *m.* 6
thank agradecer *v.* 1
theater curtain telón *m.* 3
theme temática *f.* 10
therefore por ende *phr.* 8
thesis tesis *f.* 10
thief ladrón/ladrona *m., f.* 8
threaten amenazar *v.* 6
ticket boleto *m.* 3
tie (a game) empatar *v.* 3
tightrope cuerda floja *f.* 8
tile azulejo *m.*, ficha *f.* 3, 7
time época *f.* 5
tip propina *f.* 2
tool herramienta *f.* 3
touch (emotionally) enternecer *v.* 1
town municipio, pueblo *m.* 6
traditional tradicional *adj.* 1
tragedy tragedia *f.* 4
train entrenar *v.* 4
transfer trasladar *v.* 7
translator traductor(a) *m., f.* 10
transportation (medio de) transporte *m.* 4
trapeze artist trapecista *m., f.* 8
travel around the world dar vuelta al mundo *phr.* 4
travel throughout recorrer *v.* 4
treasure joya *f.* 7
treaty tratado *m.* 10
troupe comparsa *f.* 1
trust confianza *f.* 4
truth verdad *f.* 4
T-shirt camiseta *f.* 4
tuition matrícula *f.* 5
tune melodía *f.* 3
turned off apagado/a *adj.* 1

U

unbearable insoportable *adj.* 1
unemployment desempleo *m.* 5
unexpected inesperado/a *adj.* 1
union sindicato *m.* 5
universal universal *adj.* 7
unprecedented inédito/a *adj.* 6
upset disgustado/a *adj.* 10

V

value valorar *v.* 4
vault bóveda *f.* 7
verse verso *m.* 7
video game videojuego *m.* 3
vigil vigilia *f.* 9
village aldea *f.* 10
vindictive vengativo/a *adj.* 6
vocation vocación *f.* 5
votive candle veladora *f.* 1

W

want querer(se) *v.* 4
warehouse almacén *m.* 7
warlike bélico/a *adj.* 6
watercolor acuarela *f.* 7
wealth riqueza *f.* 6
wedding nupcias *pl.* 4
well-mannered educado/a *adj.* 4
wheat trigo *m.* 2
whole íntegro/a *adj.* 7
wig peluca *f.* 8
wild silvestre *adj.* 9
winner vencedor(a) *m., f.* 9
wisdom sabiduría *f.* 9
witness testigo *m., f.* 10
wolf cub lobato/a *m., f.* 9
wolf/she-wolf lobo/a *m., f.* 9
work of art obra (de arte/teatro) *f.* 3
workday jornada laboral *f.* 5
workshop taller *m.* 7
worm gusano *m.* 2
worship adorar *v.* 9
worship culto *m.* 9
worship venerar *v.* 9
wound herida *f.* 7
wounded herido/a *adj.* 7
wrapping envoltura *f.* 1
wrapping paper papel de envolver *m.* 1

Y

young adult literature literatura juvenil *f.* 10

INDEX

S

T

V

CREDITS

Every effort has been made to trace the copyright holders of the works published herein. If proper copyright acknowledgment has not been made, please contact the publisher and we will correct the information in future printings.

Photography and Art Credits

All images © by Vista Higher Learning unless otherwise noted.

Cover: Jeff Cable Photography.

Lesson 1: 2: Rodrigo Sura/EPA/Shutterstock; **3:** Kobby Dagan/Shutterstock; **4:** Andresr/E+/Getty Images; Peter Giovannini/ImageBroker/Alamy; Deymosd/Deposit Photos; **5:** Aurora Angeles/ Shutterstock; **7:** Thais Llorca/EFE/Newscom; Marcos/Adobe Stock; Cristiam/Adobe Stock; **15:** José Blanco; Martín Bernetti; **18:** Dstephens/E+/Getty Images; **19:** Henryk Sadura/Moment/ Getty Images; Daniel San Martin Reategui/123RF; Sean Pavone/Shutterstock; Doug Berry/E+/ Getty Images; Salmon-negro/Shutterstock; Milosk/123RF; **22:** John Lund/Annabelle Breakey/Media Bakery; Martín Bernetti; Rawpixel/123RF; Mavoimages/Adobe Stock; Drazen Zigic/Shutterstock; Reed Kaestner/Corbis; **24:** AGF Photo/SuperStock; Monkey Business/Deposit Photos; Oscar Rivera/ AFP/Getty Images; Lucy Brown/Loca4motion/Shutterstock; **25:** Inspired By Maps/Shutterstock; La Prensa Gráfica; Rodrigo Abd/AP Images; Oscar Rivera/EPA/Shutterstock; **27:** Courtesy of Mary Soco; **28:** Kobby Dagan/Shutterstock; **30:** Agcuesta1/Deposit Photos; **33:** Aphotografia/Getty Images; **35:** Aphotografia/Getty Images; **37:** Fotografía © 2024 Rogelio Cuéllar; **40:** Amriphoto/E+/Getty Images; **41:** Amriphoto/E+/Getty Images.

Lesson 2: 46: Tim Hill/Alamy; **47:** Marcos Castillo/Shutterstock; **48:** Monkey Business/Deposit Photos; John A. Rizzo/AGE Fotostock/Alamy; Lunamarina/Deposit Photos; **49:** Mavo/Shutterstock; **58:** Mark Lewis/Alamy; **61:** James W. Porter/Corbis/Getty Images; **62:** Angus McComiskey/Alamy; **68:** Marcos Castillo/123RF; Doug Berry/E+/Getty Images; Nito500/123RF; Bill Perry/Deposit Photos; **69:** Tati Nova photo Mexico/Shutterstock; Hector Vivas/Jam Media/LatinContent/Getty Images; Bisual Photo/ Alamy; Swisshippo/Deposit Photos; **71:** Courtesy of Sebastián Seron; **72:** Marcos Castillo/Shutterstock; **77:** Archivo Agencia El Universal/EVZ/GDA Photo Service/Newscom; **79:** Roger-Viollet/TopFoto; **80:** Larisa Blinova/Shutterstock; **81:** BG Blue/DigitalVision Vectors/Getty Images.

Lesson 3: 86: Mirko Vitali/Adobe Stock; **87:** Cellai Stefano/EyeEm/Getty Images; **88:** Monkey Business Images/Shutterstock; Mark Bowden/123RF; Warrengoldswain/123RF; **89:** Photography33/ Deposit Photos; **91:** Dolores Ochoa/AP Images; Pepicat/Adobe Stock; Moab Republic/Adobe Stock; **99:** Lesinka372/Shutterstock; **104:** Ivan Apfel/Getty Images; **110:** Philippe Giraud/Sygma/Getty Images; Yamil Lage/AFP/Getty Images; Robert Fried/Alamy; José Blanco; **111:** Torontonian/Alamy; Ramon Espinosa/AP Images; Thais Llorca/EFE/Newscom; Javier Galeano/AP Images; **113:** Courtesy of Bárbara Vasallo; **114:** Cellai Stefano/EyeEm/Getty Images; **115:** Allg/123RF; **119:** MediaPunch Inc/Alamy; **121:** Rosa Fasolís; **123:** John McQuiston/Arcangel Images; **125:** Azeemud/peopleimages. com/Adobe Stock.

Lesson 4: 128: Carlos Mamani/AFP/Getty Images; **129:** Jovan Mandic/123RF; **130:** Monkey Business Images/iStockphoto/Getty Images; PeopleImages/Getty Images; Aldo Murillo/E+/Getty Images; **131:** Maskot/Getty Images; **133:** Miko/People Images/Adobe Stock; McKinsey/Rawpixel; Moodboard/ Adobe Stock; **139:** Oleg Gekman/123RF; **142:** Martín Bernetti; **144:** Paula Diez; **148:** Diego Grandi/123RF; **149:** Syda Productions/Adobe Stock; **150:** Pablo Aneli/AP Images; Marcela Lefort Valenzuela/Shutterstock; Mario De Fina/NurPhoto/Getty Images; Yakov/Adobe Stock; **151:** Javier Torres/AFP/Getty Images; Wolfgang Kaehler/LightRocket/Getty Images; Diegograndi/iStockphoto/ Getty Images; Holgs/iStockphoto/Getty Images; **153:** Renato Parada; **154:** Jovan Mandic/123RF; **158:** Hero Images/Getty Images; **161:** Courtesy of Blanca Luchaire Grütter; **163:** Misty Fugate/ Arcangel Images.

Lesson 5: 168: Erik Isakson/Getty Images; **169:** Antonio Diaz/123RF; **170:** Insta_photos/Adobe Stock; AllaSerebrina/Deposit Photos; Rido/123RF; **171:** Tonodiaz/Deposit Photos; **183:** Medioimages/Photodisc; **190:** Rob Crandall/Alamy; Nehomar Efren Hernandez Navas/123RF; Orchid Photo/Shutterstock; StreetFlash/Deposit Photos; **191:** Oscar Eduardo Arria Zerpa; Ariana Cubillos/AP Images; Ostill/123RF; Kike Calvo/Alamy; **193:** Gustavo Ocando Álex; **196:** Gustavo Ocando Álex; **200:** Antonio Diaz/123RF; **203:** Cristina Arias/Cover/Getty Images; **205:** Archives du 7e Art collection/Photo 12/Alamy.

Lesson 6: 210: Alexander Otárola/EFE/Newscom; **211:** Jayne Szekely/Arcangel Images; **212:** Gints Ivuskans/Alamy; Spani Arnaud/Hemis/Alamy; ShutterStockStudio/Shutterstock; **213:** Walter Hurtado Lozano/Bloomberg/Getty Images; **223:** Prathan Chorruangsak/Shutterstock; **230:** Rawpixel; **231:** Jorg Hackemann/Shutterstock; Ekaterina Pokrovsky/Fotolia; Hanibaram/iStockphoto; **232:** Jean-Michel Coureau/Gamma-Rapho/Getty Images; Dmitriy-rnd/Deposit Photos; Melba/AGE Fotostock; Mabelin Santos/Alamy; **233:** Riderfoot/123RF; Mario Godinez; BonkersAboutPictures/Alamy; Mabelin Santos/Alamy; **235:** Cindy Regidor; **236:** James L. Peacock/Alamy; **240:** Courtesy of UNDP-GEF Global ABS Project; **243:** Carlos Mario Lema Notimex/Newscom; **245:** Mark Goebel Photo Gallery/Archive Photos/Getty Images; **246:** Jayne Szekely/Arcangel Images.

Lesson 7: 252: *Retrato de Joaquina Candado Ricarte* (Ca. 1802–1804), Francisco de Goya y Lucientes. Oil on canvas, 169 x 118 cm. Colección Real Academia de San Carlos, Museu de Belles Arts de València, València, Spain/Paul Melling/Alamy; **253:** *Guernica* (1937), Pablo Picasso. Oil on canvas, 349.3 x 776.6 cm. Museo Nacional Centro de Arte Reina Sofia, Madrid, Spain/Nacho Hernandez/Alamy/© 2024 Estate of Pablo Picasso/Artists Rights Society (ARS), New York; **254:** Bloodua/123RF; Antonio Diaz/123RF; S4svisuals/123RF; **255:** Julieta xlf/Karl F. Schofmann/ImageBroker/Alamy; Collection Christophel/Alamy; **261:** *Las Meninas* (1656), Diego Rodríguez de Silva y Velázquez. Oil on canvas, 281.5 x 320.5 cm. Museo del Prado, Madrid, Spain/Erich Lessing/Art Resource, NY; **272:** KarSol/Deposit Photos; Gregorioa/Shutterstock; Moreno Novello/123RF; Gena Melendrez/Shutterstock; **273:** Raul Garcia Herrera/123RF; Gekaskr/123RF; Pabkov/Shutterstock; Mikhail Mandrygin/123RF; **275:** Courtesy of Fátima Uribarri/Taller de Editores, S.A.; **276:** *Guernica* (1937), Pablo Picasso. Oil on canvas, 349.3 x 776.6 cm. Museo Nacional Centro de Arte Reina Sofia, Madrid, Spain/Nacho Hernandez/Alamy/© 2024 Estate of Pablo Picasso/Artists Rights Society (ARS), New York; **279:** Qroy/Shutterstock; Tomas1111/123RF; **280:** John Silver/Shutterstock; **283:** Historic Images/Alamy; **285:** *El 3 de mayo en Madrid o Los fusilamientos* (1814), Francisco de Goya y Lucientes. Oil on canvas, 268 x 347 cm. Museo Nacional del Prado, Madrid, Spain/A. Burkatovski/Fine Art Images/SuperStock; **287:** *El columpio* (1779), Francisco de Goya y Lucientes. Oil on canvas, 260 x 165 cm. Museo Nacional del Prado, Madrid, Spain/Artefact/Alamy.

Lesson 8: 290: Miguel Rojo/AFP/Getty Images; **291:** Artistic Cast Anástasi/Paraguayan Zarzuela *Las Alegres Kygua Vera*/Photographer: Lourdes Franco; **292:** Paha L/Deposit Photos; Kasto/Deposit Photos; Kozlik/Shutterstock; **293:** Julio Etchart/Robert Harding/Alamy; **306:** Wavebreak Media Ltd/123RF; **307:** Julio Etchart/Robert Harding/Alamy; **308:** Emiliano Rodriguez/Alamy; Saimon Pala/Shutterstock; Andrés Cristaldo/EFE/Newscom; Rui Baiao/123RF; **309:** Jorge Saenz/AP Images; Victor Modino; Sopa Images Limited/Alamy; Roberto Galan/Shutterstock; **311:** Courtesy of Jimmi Peralta; **313:** Artistic Cast Anástasi/Paraguayan Zarzuela *Las Alegres Kygua Vera*/Photographer: Lourdes Franco; **316:** Carlos Dossena/Comedia Nacional; **319:** Imagen del video Flores para Pedro Orgambide, de la Fundación Biblioteca Virtual Miguel de Cervantes; **320:** MmeEmil/E+/Getty Images; **323:** Katie Wade.

Lesson 9: 326: Franck Guiziou/Hemis/Alamy; **327:** Carlos Garcia Granthon/Fotoholica Press/LightRocket/Getty Images; **328:** Demerzel21/Fotosearch LBRF/AGE Fotostock; Abaca Press/D'Orlando Giacomo/Abaca/Sipa USA/Newscom; Federico Tovoli Photo/Alamy; **329:** Carlos Garcia Granthon/Fotoholica Press/LightRocket/Getty Images; **344:** Sunsinger/Deposit Photos; Daniel San Martin Reategui/123RF; Kenta/Fotolia; Shanin/Deposit Photos; **345:** Yanchapaxi/Adobe Stock; Ermess/Shutterstock; Cezary Wojtkowski/123RF; Pierre Kapsalis/Alamy; **347:** Editora Perú/Agencia de Noticias Andina; **349:** Carlos Garcia Granthon/Fotoholica Press/LightRocket/Getty Images; **351:** Wavebreakmediamicro/123RF; **353:** David Gramal/Adobe Stock; **355:** STR/AP Images; **357:** Daniel Hernanz Ramos/Moment/Getty Images.

Lesson 10: **362:** Hryshchyshen/123RF; **363:** David McNew/Getty Images; **364:** Juan Garcia/123RF; Jose Luis Pelaez Inc/Digital Vision/Getty Images; Photographee.eu/Shutterstock; **365:** Fizkes/Shutterstock; **367:** Andrey Popov/Adobe Stock; Pixelfit/E+/Getty Images; Sonrisa Studio/Adobe Stock; **367:** Photographee.eu/Adobe Stock; **377:** SW Productions/Photodisc/Getty Images; **384:** Sean Drakes/Alamy; AS Food Studio/Shutterstock; *Spirit of East Harlem* (1978), Hank Prussing. New York City, New York. Andria Patino/Alamy/© 2020 Hope Community Inc.; Chon Kit Leong/123RF; **385:** Artur Begel/123RF; Xinhua/Alamy; Sean Pavone/Shutterstock; Kim Karpeles/Alamy; **387:** Nick Vossbrink; **388:** David McNew/Getty Images; **392:** Shannon Finney/Getty Images; **394:** EmirMemedovski/E+/Getty Images; **395:** Alejandra López; **397:** Seththomas/RooM/Getty Images.

Manual de gramática: **409:** Paula Díez; **416:** Martín Bernetti.

Back Cover: Demaerre/iStockphoto.

Guernica (1937), Pablo Picasso. Oil on canvas, 349.3 x 776.6 cm. Museo Nacional Centro de Arte Reina Sofía, Madrid, Spain. Castrovilli/123RF/© 2024 Estate of Pablo Picasso/Artists Rights Society (ARS), New York.

Text Credits

IAE-34: From *Two-Page Summary, World-Readiness Standards for Learning Languages* (4th ed), ACTFL, 2015; **IAE-35:** From *Overview and Introduction, NCSSFL-ACTFL Can-Do Statements*, ACTFL, 2017; **29:** Mary Soco/Xataka/Webedia; **38:** "¡Navidad!", texto incluido en *Obras completas* de Guadalupe Dueñas, pp. 649-652. D. R. 2017, Fondo de Cultura Económica, Carretera Picacho Ajusco 227, 14738 Ciudad de México; **72:** Sebastián Seron; **80:** Pablo Neruda, "Oda al caldillo de congrio," de *ODAS ELEMENTALES*. Copyright Pablo Neruda, 1954 y Fundación Pablo Neruda; **114:** Portions of this article were reproduced with permission from Onlinetours - Agencia de Viajes a Cuba. https://onlinetours.es/blog/post/2378/ni-barajas-ni-damas-ni-ajedrez-el-domino-es-el-juego-de-cuba; **122:** "...Después", *Primer Premio del Certamen Trienal de Narrativa "Alcides Greca"* de la Secretaría de Cultura de la Provincia de Santa Fe, 1988. Editorial Banco Bica; **154:** By Brian Winter, Editor-in-Chief of *Americas Quarterly*, www.americasquarterly.com. https://www.americasquarterly.org/content/estos-chicos-representaban-lo-mejor-de-argentina; **162:** Blanca Luchaire Grutter; **194:** BBC 2020. Reproduced by permission; **204:** 1995 Manuel Rivas, Licencia editorial otorgada por Penguin Random House Grupo Editorial, S.A.U.; **236:** France24/France Médias Monde; **244:** Gabriel García Márquez, "Un día de estos", *Los funerales de la Mamá Grande*. Copyright Gabriel

García Márquez, 1962 y Herederos de Gabriel García Márquez; **276:** XL Semanal; **312:** Diario La Nación, Paraguay; **320:** Laura Gdansky Orgambide; **348:** Editora Perú / Agencia de Noticias Andina; **356:** Pablo Mateo Mejía Echeverria, on behalf of the heirs of Manuel Mejía Vallejo; **388:** Rosina Lozano; **396:** Leila Guerriero, 2014, 2022. Copyright EDITORIAL ANAGRAMA, S. A. U., 2014, 2022 Pau Claris, 172 08037 Barcelona.

Video Credits

8: Trayectoria De Rab'in Ajaw - Alma I. López Mendoza, Miniserie Documental Pueblos Con Encanto, Coproducción de la Productora Audiovisual Yechel - Guatemala; **52:** DanyZuco; **92:** Obras del País, "Máscaras de Vejigante en Coco" (2022), www.obrasdelpais.com; **134:** Producciones Pampa; **174:** Modified from original video by Ministerio de Educación Nacional de Colombia; **216:** CB24; **258:** El País y *Las cajas españolas* por Alberto Porlan; **296:** TV Ciudad; **332:** TeleSurTV; **368:** El País 502.